国家出版基金项目
NATIONAL PUBLICATION FOUNDATION

让人民过上好日子

中国共产党解决民生问题的历史考察（1921—1949）上编

★ ★ ★ ★

郭　理◎著

安徽师范大学出版社
ANHUI NORMAL UNIVERSITY PRESS
·芜湖·

图书在版编目(CIP)数据

让人民过上好日子：中国共产党解决民生问题的历史考察：1921—1949. 上编 / 郭理著. -- 芜湖：安徽师范大学出版社，2024.6. -- ISBN 978-7-5676-6812-6

Ⅰ. K296.5

中国国家版本馆CIP数据核字第20241FE771号

让人民过上好日子

中国共产党解决民生问题的历史考察（1921—1949）上编

郭　理◎著

RANG RENMIN GUOSHANG HAO RIZI

ZHONGGUO GONGCHANDANG JIEJUE MINSHENG WENTI DE LISHI KAOCHA 1921—1949 SHANGBIAN

总 策 划：陈　艳　戴兆国　　　执行策划：陈　艳　李晴晴

责任编辑：陈　艳　李晴晴　　　责任校对：谢晓博　晋雅雯

装帧设计：王晴晴　冯君君　　　责任印制：桑国磊

出版发行：安徽师范大学出版社

　　　　　芜湖市北京中路2号安徽师范大学赭山校区　　邮政编码：241000

网　　　址：https://press.ahnu.edu.cn

发 行 部：0553-3883578　　　5910327　　　5910310(传真)

印　　刷：安徽联众印刷有限公司

版　　次：2024年6月第1版

印　　次：2024年6月第1次印刷

规　　格：700 mm×1000 mm　　1/16

印　　张：49　　插　　页：2

字　　数：740千字

书　　号：978-7-5676-6812-6

定　　价：296.00元(全三册)

凡发现图书有质量问题,请与我社联系(联系电话:0553-5910315)

★ 党的一大会址

★ 中华苏维埃政府的诞生地

——江西瑞金

★ 陕甘宁边区开展大生产运动

★ 解放区农民在分到的土地上插地标

序

《让人民过上好日子——中国共产党解决民生问题的历史考察（1921—1949）》（上、中、下编），是安徽师范大学马克思主义学院副教授郭理历时多年研究的成果。据我所知，在国内学界，郭理博士对中国共产党解决民生问题的关注是比较早的。民生问题虽然是我们党一直非常重视的问题，但正式明确提出这一问题并将其作为社会建设的重要内容则是在党的十七大上。党的十七大报告提出，必须"更加注重社会建设，着力保障和改善民生"，要"加快推进以改善民生为重点的社会建设"①。此后，学界对民生问题的研究逐渐成为热点，发表和出版了不少高水平、高质量成果。可能是受学界对民生问题研究热潮的影响，2010—2013年，郭理在北京师范大学师从张静如先生攻读博士学位时，就参与了先生主持的教育部哲学社会科学有关民生问题重大项目的研究，其博士论文选定的题目就是《抗战时期中国共产党认识和解决民生问题的历史与经验》。2013年郭理顺利通过学位论文答辩，取得优秀成绩，该论文也于2014年获北京师范大学优秀博士论文奖。同年，郭理对博士论文所研究的时限、内容、范围等进行了拓展、丰富与延伸，以"民主革命时期中国共产党解决民生问题的历史与经验"为题申报国家社会科学基金项目，并成功获得青年基金项目立项。2022年又以此项目结项成果为基础，由安徽师范大学出版社总编辑戴兆国教授牵头申报国家出版基金，

---

① 《十七大以来重要文献选编》上，中央文献出版社2009年版，第29页。

成功获批。本书是这些项目的最终研究成果。其间，郭理博士还发表了一些与本书论题有关的学术论文。大致算来，郭理博士对中国共产党解决民生问题的思考和研究前后已有10多年之久，呈现在读者面前的这一成果可谓是"十年磨一剑"的精品力作。

本书遵循思想认识为前提、实践探索为基础、经验总结为归宿的总体思路，以新民主主义革命时期中国共产党局部执政区域突出民生问题为切入点，首先梳理了新民主主义革命时期中国共产党人对民生问题的总体认识，接着按照党的历史分期方法，结合不同阶段革命斗争实际，重点考察了新民主主义革命时期中国共产党领导广大军民共同解决苏区、抗日根据地、解放区民生问题的具体实践，逐一分析了粮食、医疗卫生、社会保障、教育等四大突出民生问题的表现及成因、解决这些问题的方法举措、基本效果等内容。最后，概括总结出新民主主义革命时期中国共产党解决上述突出民生问题的经验和启示。这样的结构安排和探究分析，既有历史的追溯、理论的抽象，也有现实的观照、实践的阐释，比较好地实现了"历史"与"逻辑"、"理论"与"实践"、"宏观"与"微观"、"史"与"论"的有机统一，体现了作者对本书论题的成熟思考和对本论题研究的专业水平。

本书不仅有其自身特色，而且也有不少创新之处。概言之，主要表现在以下四个方面。

一是在概念界定上，对民生问题的解释有新意。一般来说，民生包含了一切与人们日常生活有关的事物，但并非所有民生领域的内容都会成为民生问题，只有当某一具体民生领域的问题发展到影响人们日常生活正常运转的地步，才会被称为民生问题。自古以来，民生的主要内容和具体领域基本上都是共通的，但民生问题却因社会大背景的变换而不断发生变化。本书以此理解为基为据，重点围绕粮食、医疗卫生、社会保障、教育四大突出而共通的民生问题，对新民主主义革命时期不同阶段中国共产党如何解决这些问题的历史进行了深入研究，较为系统地呈现出不同阶段、不同执政区域民生问题的"共通性"和中国共产党解决民生问题的连续性、发展性。

二是在研究视角上，突出问题导向。2016年5月，习近平总书记在哲学社会科学座谈会上的讲话中曾明确指出："理论思维的起点决定着理论创新的结果。理论创新只能从问题开始。从某种意义上说，理论创新的过程就是发现问题、筛选问题、研究问题、解决问题的过程。"①应该说，中共历史学界对民生问题的关注已久，也不乏从宏观、微观考察新民主主义革命时期民生状况的成果，但学界紧扣"让人民过上好日子"这一主题主线，以具体的民生问题为切入点，突出问题意识，系统地、整体地研究新民主主义革命时期党的民生思想和实践的成果并不多见。本书不仅筛选出新民主主义革命时期的四大突出民生问题作为重点加以研究，而且在展开论述时又将"问题"具体化，并按照阐述问题的表现及成因，解决问题的思路、举措和效果的逻辑理路渐次推进、逐步深入，较为充分地体现了习近平总书记所指出的"发现问题、筛选问题、研究问题、解决问题"的哲学社会科学研究方法。

三是在研究内容上，实现系统贯通。目前学界关于中国共产党民生思想史研究、民生建设史研究的专门性著作有10多部，其中：党的民生思想史研究多以建党百年为时段；民生建设史研究大多聚焦于1927—1937年、1949—1956年、1978年以来这几个时段，总体上尚缺少对1921—1949年党的民生建设史的系统性、贯通性研究。本书在吸收学界已有成果的基础上，既注重把研究重心下移到具体的民生问题，又将研究时段延伸拓展到整个新民主主义革命时期中国共产党局部执政的各个历史时段，具体考察了党在苏区、抗日根据地、解放区面临的突出的民生问题。通过这一方式，本书不仅将分散于经济史、社会史、教育史等领域的丰富成果系统化，而且按照"问题—行为—效果"思路逐层展开，深入考察了新民主主义革命时期民生问题的总体概况、解决措施、基本效果、经验启示，较为清晰地展现了这一时期中国共产党解决民生问题系统贯通的整体面貌。

---

① 《习近平谈治国理政》第2卷，外文出版社2017年版，第342页。

四是在研究方法上，力求丰富多样。本书是一部以"让人民过上好日子"为主题主线，以"中国共产党解决民生问题"为具体研究对象的断代专门史著作，属于中共历史学的范畴。著名历史学家钱穆曾言道："近人治学，都知注重材料与方法。但做学问，当知先应有一番意义。意义不同，则所采用之材料与其运用材料之方法，亦将随而不同。即如历史，材料无穷，若使治史者没有先决定一番意义，专一注重在方法上，专用一套方法来驾驭此无穷之材料，将使历史研究漫无山境，而亦更无意义可言。黄茅白苇，一望皆是，虽是材料不同，而实使人不免有陈陈相因之感。"①钱穆所言虽然强调史家治史"先决定一番意义"的重要，而反对"专用一套方法来驾驭此无穷之材料"的做法，但并未否定"方法"之重要。实际上，治史的方法与"先决定一番意义"同样重要。对中共历史的研究毫无疑义要遵循辩证唯物主义和历史唯物主义的方法论，同时也要遵照历史研究的具体方法，并吸收其他学科的研究方法。长期以来，学界对社会建设各领域开展了较为扎实的研究，取得了丰硕成果，这为本书的写作打下了良好基础。本书在坚持辩证唯物主义和历史唯物主义方法论的基础上，注意吸收借鉴政治学、社会学、教育学等学科的研究方法，这无疑增强了本书论题分析阐释的丰富性。

当然，本书也还有需要深化和完善的地方，除了作者在"余论"中所提到的，由于新民主主义革命时期时间跨度长、党的局部执政区域广、民生实践内容多，选择运用学界已有成果不够全面，篇章布局、"详"与"略"等方面的处理不够精当，对中国共产党解决民生问题的思想认识、对经验启示的概括提升显得薄弱等不足外，有些问题还有待进一步思考。比如，民生问题既然具有"共通性"，那么，中国共产党人在解决民生问题时，与古代中国、近代中国统治阶级在对民生问题的认识上、解决问题的具体举措和目的目标上又有何本质区别？再比如，历史有其特殊性、变异性和传统性，研究历史首先要注意的便是其特殊性，没有特殊性，就不成为历史。就新民主主义革命时期而言，中国共产党在不同历史阶

---

① 钱穆：《中国历史研究法》，生活·读书·新知三联书店2001年版，第1页。

段、不同执政区域关注和解决民生问题究竟有何不同特点，其连续性和阶段性、变异性和传统性又该如何清晰地得以呈现？这些问题虽然并不一定要单列章节加以分析，但如果在具体分析阐述时能够予以足够的观照，本书所论也许就会显得更加厚实丰满。

"让人民过上好日子"是我们党的初心，也是解决民生问题的出发点和落脚点。毛泽东曾经指出，中国共产党及其领导的革命队伍"完全是为着解放人民的，是彻底地为人民的利益工作的"[①]。"我们共产党人区别于其他任何政党的又一个显著的标志，就是和最广大的人民群众取得最密切的联系。全心全意地为人民服务，一刻也不能脱离群众；一切从人民的利益出发，而不是从个人或小集团的利益出发。"[②]这就是中国共产党的出发点。邓小平要求，每一个党的干部思考问题、推进工作时必须考虑群众拥护不拥护、赞成不赞成、高兴不高兴、答应不答应。习近平总书记反复强调，中国共产党是代表最广大人民群众利益的政党，它来自人民、根植人民、服务人民，江山就是人民，人民就是江山，"让人民生活幸福是'国之大者'"[③]。"我们的目标很宏伟，但也很朴素，归根结底就是让全体中国人都过上更好的日子。"[④]这样的论述，在党的百余年历史中一以贯之。中国共产党百余年历史，就是为人民谋幸福、让人民过上好日子的历史。人民对美好生活的向往，始终是中国共产党矢志不渝的奋斗目标。然而，历史是连续的又是分阶段的，是连续性和阶段性的统一，让人民过上好日子是一个历史过程，这一过程同样是连续的和分阶段的。本书只是对新民主主义革命时期中国共产党解决民生问题、让人民过上好日子的历史进行了阶段性的考察，紧接其后的还有社会主义革命和建设时期、改革开放和社会主义现代化建设新时期、中国特色社会主义新时代。在这三个历史时期，民生建设不断深化推进，人

---

① 《毛泽东选集》第3卷，人民出版社1991年版，第1004页。

② 《毛泽东选集》第3卷，人民出版社1991年版，第1094—1095页。

③ 《习近平在广西考察时强调 解放思想深化改革凝心聚力担当实干 建设新时代中国特色社会主义壮美广西》，《人民日报》，2021年4月28日，第1版。

④ 《习近平谈治国理政》第3卷，外文出版社2020年版，第134页。

民生活水平不断提高。今天的中国，人民的生活更加美好。对紧接新民主主义革命时期后的三个历史时期我们党解决民生问题进行分阶段的考察，依然是学界未竟的事业，期盼着学界同仁对其予以更多的关注，也希望郭理博士围绕这个主题继续研究下去，形成系列，成就自己的"独断之学"，为拓展党的历史研究视域和内容，为安徽师范大学马克思主义学院中共党史党建学科建设作出新的更大贡献。

王先俊

二〇二四年六月

目 录

Contents

导　论

　　民生问题是社会建设需要关注的基本内容，也是中国共产党执政所要解决的重要问题。中国共产党创建的初衷就是为了让人民过上好日子。党的十九大报告明确提出："全党必须牢记，为什么人的问题，是检验一个政党、一个政权性质的试金石。带领人民创造美好生活，是我们党始终不渝的奋斗目标。"[①]党的二十大报告强调："必须坚持在发展中保障和改善民生，鼓励共同奋斗创造美好生活，不断实现人民对美好生活的向往。"[②]一般来说，民生包含了一切与人们日常生活有关的事物，但并非所有民生领域的内容都会成为民生问题，只有当某一具体民生领域的问题发展到影响人们日常生活正常运转的地步，才会被称为民生问题。自古以来，民生的主要内容和具体领域基本是共通的，但民生问题却因社会大背景的变换而不断发生变化。由于民生问题是对一定社会政治、经济、文化发展状况的综合反映，不同时代赋予民生问题以不同内涵和要求，因此对中国共产党不同历史时期民生问题的研究都有其特殊价值。

---

　　① 习近平：《决胜全面建成小康社会　夺取新时代中国特色社会主义伟大胜利——在中国共产党第十九次全国代表大会上的报告》，人民出版社2017年版，第44—45页。

　　② 习近平：《高举中国特色社会主义伟大旗帜　为全面建设社会主义现代化国家而团结奋斗——在中国共产党第二十次全国代表大会上的报告》，人民出版社2022年版，第46页。

一、选题缘由与意义

民生问题具有突出的历史继承性和鲜明的时代特征。不断关注和解决新民主主义革命时期中国共产党执政区域内突出的民生问题，既是中国共产党创立的出发点、改变旧中国落后面貌的初衷，又是中国共产党建立革命政权、巩固和扩大执政基础、争取革命最终胜利的关键所在。建党初期和大革命时期，李大钊、陈独秀等共产党人认识到民生主义"就是如何解决劳动平民生计问题"①，在革命实践中将"以斗争谋求民生"作为解决民生问题的主要手段，广泛开展工农运动，争取改善民生。土地革命兴起后，中国共产党开始在苏区局部执政。毛泽东等共产党人认识到"组织革命战争，改良群众生活，这是我们的两大任务"②，顺利实现由"以斗争谋求民生"向"以政权保障民生"的转变。全面抗战爆发后，中国革命形势发生深刻变化。中国共产党认识到"民主与群众生活等问题的处理都要环绕于抗日问题"③，坚持"以斗争谋求民生"与"以政权保障民生"的有力配合，思考和解决了影响根据地巩固发展、关乎抗日战争成败的突出民生问题。解放战争时期，中国共产党面对民生问题新情况，立足人民立场，继续开展民生实践，逐步解决了影响军民温饱、健康、发展等方面的民生问题，改善了民众生活，保障了民众健康，为新中国民生建设积累了宝贵经验。

本书以新民主主义革命时期中国共产党局部执政区域的突出民生问题为切入点，梳理新民主主义革命时期中国共产党对民生问题的认识历程、解决路径，选取新民主主义革命时期最为突出的粮食、医疗卫生、社会

---

① 中共中央文献研究室、中央档案馆编：《建党以来重要文献选编（1921—1949）》第2册，中央文献出版社2011年版，第85页。

② 中共中央文献研究室、中央档案馆编：《建党以来重要文献选编（1921—1949）》第11册，中央文献出版社2011年版，第152页。

③ 中共中央文献研究室、中央档案馆编：《建党以来重要文献选编（1921—1949）》第14册，中央文献出版社2011年版，第108页。

保障、教育等具体民生问题，分别考察中国共产党解决苏区、抗日根据地、解放区民生问题的思路与举措，总结历史经验，形成当代启示。这对加强新时代的民生建设具有追溯历史和关照现实的双重意义，在学术研究层面推动中共历史研究开阔视野、深化内容。

其一，全面考察新民主主义革命时期中国共产党解决民生问题的历史进程，有助于系统把握中国共产党早期民生思想，深刻理解共产党人的群众立场和为民宗旨。从字面意义理解，民生问题看似仅是一定社会的百姓生存与发展状况的现实反映。事实上，民生问题关系民众福祉、关乎民心向背，民生问题是一个重大的政治问题和社会问题。在近现代史上，中国社会出现过多个阶级力量，他们力图改变民族衰亡的历史命运，努力探索实现国家发展的新出路，但是均以失败而告终。究其失败原因，除了这些阶级力量自身的历史局限性外，从民生视角来看，他们寻求新出路的努力之所以失败，不是他们提出的民生解决方案过于理想化而无法实际操作，就是他们脱离民众立场、尚未触及底层民众民生层面的根本需求。由此可见，如上阶级力量失败的关键原因在于他们没有很好地关注并从根本上解决旧中国的民生问题。

中国共产党的创立是为了让人民过上好日子。高度关注并致力于解决旧中国的民生问题是中国共产党的群众立场和为民宗旨的必然要求。建党伊始，中国共产党重视解决民生疾苦，即便在严峻斗争条件下也未忽略对民生问题的关注。在局部执政条件下，中国共产党正确认识和处理了革命战争、政权建设、百姓生活等多种关系，有效解决了民主革命不同阶段革命根据地突出的民生问题，积极探索民生状况的改善措施，民生建设富有成效。从研究现状看，学术界研究新民主主义革命时期中国共产党解决民生问题的成果虽然不少，但较为分散。本书研究以较长的历史跨度，力图全面考察新民主主义革命时期中国共产党解决突出民生问题的历程与经验，为学术界深入研究这一问题提供一定补充。

其二，深入研究新民主主义革命时期中国共产党解决民生问题的内容和举措，将经济史、社会史、文化史等研究成果运用于中共历史研究，有助于拓展中共历史研究领域，丰富研究内容。谈起民生建设，人们在认识上往往存在一些误区，比如认为只有和平时期才有条件建设民生，战争年代无法搞民生建设。一般来说，在一定社会中，和平稳定的社会条件为从根本上解决民生问题提供重要保障，使民生建设能够取得显著效果。同时我们也应该看到，执政党在革命时期解决执政区域突出的民生问题不仅是改善民众现实生活、体现政党阶级立场的实际需要，还是巩固革命政权、增强执政基础、支援前线战争的重要途径。事实上，早期中国共产党人在建党前后就已经关注民生疾苦，思考民生问题解决方案了，尤其在革命根据地建立后，中国共产党开始解决局部执政条件下突出的民生问题。可见，在新民主主义革命不同阶段，中国共产党人都高度关注和解决革命根据地突出的民生问题，并结合不同阶段斗争需要有侧重地解决具体民生问题，这既为根据地政权巩固、争取革命胜利提供物质保障和民众支持，又为新中国各项民生事业的顺利开展积累宝贵经验。

毋庸置疑，革命斗争的残酷性和民生问题的复杂性决定了新民主主义革命时期中国共产党认识和解决的民生问题大多停留于生存型民生层次上，主要涉及百姓吃饭穿衣等基本生存问题，尚不具备提出和解决较高层次民生问题的物质基础和社会条件。这一点在新民主主义革命不同阶段中国共产党领导创建的革命根据地均有体现。因此，学术界对新民主主义革命时期民生问题的研究大多围绕粮食、医疗、社会保障等具体民生领域展开，尚无法关注当今社会普遍存在的住房、养老等时代新问题。然而，正如前段所述，中国共产党人对解决民生问题这一决策的定位，具有目的和手段的双重意义。因此，中国共产党人在解决革命根据地的民生问题时，不仅仅考察粮食、医疗、社会保障等生存型问题，还关注文化教育等发展型问题，即以保障物质需要与推动精神发展并举来解决革命根据地突出的粮食、医疗、保障、教育等民生问题。因而，这一视角需要研究者进一步挖掘社会史、文化史研究成果，不断拓展中共历史研究领域，从而凸显新民主主义革命时期民生问题研究的重要价值。

其三，系统总结新民主主义革命时期中国共产党解决民生问题的经验与启示，对推进新时代社会建设，推进国家治理体系和治理能力现代化具有现实意义。民生问题从来不单单是一个社会问题，还是一个十分重要的政治问题。任何时代解决民生问题必然受到所处社会的发展程度、主要矛盾等诸多社会历史条件的影响和制约。考察中国近现代史可以发现，因革命形势的不断变化，中国共产党对具体民生问题的认识及解决方案的提出与其所处具体历史阶段的基本国情有着紧密联系，相应地党对一些具体民生问题的解决措施因时因地做出了相应调整。如在执行劳动者"八小时工作制"方面，党和苏区政府一度倡导八小时劳动权益，但在执行中犯了"左"的错误，后来又及时予以纠正。到了全民族抗战时期，党在执行这一劳动主张时考虑了抗日根据地实际情况，不再对八小时工作制作统一要求。由此可见，新民主主义革命时期中国共产党从巩固革命政权、夯实执政基础出发，结合革命具体实际，多方面探索解决苏区、抗日根据地和解放区突出民生问题，改善民生状况，为争取革命最终胜利提供了重要保障。

研究特定历史条件下的民生问题，一定程度上能够反映当时执政者的执政思维、执政能力和执政水平，有助于总结概括执政的经验教训。一方面，从理论和实践的相互关系看，实践是理论的基础和源泉，理论是对实践的总结和提升。新民主主义革命不同阶段，中国共产党在局部执政条件下，面对苏区、抗日根据地、解放区普遍存在的各项棘手民生问题，有针对性地提出解决思路、基本政策和具体方法，这深刻反映了新民主主义革命时期中国共产党人的执政思维、执政能力和执政水平，为总结中国共产党局部执政的经验教训提供历史素材，为把握新民主主义革命时期中国共产党的执政规律找到实践依据。另一方面，从较长跨度的历史视角看，每一段具体的历史都属于历史发展的特定时代，每个特定的时代又都是由历史发展中的多个具体阶段共同组成的。可以说，人类历史长河中每一段具体的历史都具有自身发展的阶段特性，同样蕴含着所处历史大时代的时代共性。新民主主义革命时期就是由中国共产党的创建和大革命时期、土地革命战争时期、全民族抗日战争时期、解放战争时期等多个具体阶段所组成的，这些具体历史阶段既反映了新民主主义革命的时代共性，又反映了社会历史条件和社会主要矛盾在每一阶段表现出的具体个性。因此，从较长的历史跨度出发，以各类具体民生问题的解决为切入点，研究新民主主义革命时期中国共产党认识与解决民生问题的基本历程，能够把握中国共产党解决新民主主义革命时期不同阶段民生问题的个性之处，也能够反映新民主主义革命时期民生问题的共性所在，从而折射出中国共产党从弱小到强大、从局部执政到全面执政这一历史进程背后的内在规律，为加强社会主义民生建设、全面建成社会主义现代化强国提供宝贵经验和现实启示。

二、国内外研究现状

通过检索文献发现，目前国内外学术界关于本选题的研究尚无专门著作。就国外而言，现有资料显示，一些国外学者在研究中国革命问题时，论述了革命根据地建设的个别领域。如澳大利亚学者大卫·古德曼撰书考察了晋冀鲁豫边区太行抗日根据地建设情况，作者以辽县、武乡、黎城三县为范本，研究了太行抗日根据地的减租减息运动和粮食问题。[①] 南开大学历史系出版的论文集中刊登了国外部分学者论及抗日根据地的研究文章。[②] 除此以外，美国学者费正清、赖肖尔撰写的著作中分专题研究了中国革命问题，埃德加·斯诺撰写了见闻性的回忆文章。这些著作中都有反映陕甘宁边区等抗日根据地的经济、军事、文化教育等情况的内

---

① 参见〔澳〕大卫·古德曼：《中国革命中的太行抗日根据地社会变迁》，田西如等译，中央文献出版社2003年版。

② 参见南开大学历史系中国近现代史教研室编：《中外学者论抗日根据地——南开大学第二届中国抗日根据地史国际学术讨论会论文集》，档案出版社1993年版。

容。①可以说，以上内容仅仅涉及中国共产党对革命根据地某一具体问题的关注，尚未针对性地对这些具体问题展开深入研究，也没能从民生视角系统研究革命根据地建设中的各种问题，使得国外学术界对本课题的研究显得领域较为分散。但应该肯定的是，这些研究成果仍然有助于本课题研究思路和视野的拓展。

就国内而言，现有学术界研究成果较多涉及建党以来中国共产党的民生思想及其实践。在此一并综述如下。

1. 从历史进程视角，学术界对中国共产党成立以来重点是新中国成立后民生思想和实践做了宏观梳理

总体上看，这些成果展现了建党以来中国共产党解决民生问题的思想渊源、历史进程、基本经验等。其中代表性研究成果有：单孝虹分析了马克思主义民生观、孙中山民生主义与中国共产党民生观的关系。②郭华茹、张菊香提出了改善民生是中国共产党的根本价值取向，概括出党注重、保障和改善民生的五条经验和启示。③李楠、周建华从坚持科学理论指导、关注民众根本利益、坚持党的领导与发挥民众主体、将发展经济放首位、坚持统筹兼顾、坚持制度创新等六方面，概括了建党90年来党在解决民生问题过程中的基本经验。④郜付见、贺方彬概括出党解决民生问题的七条基本经验。⑤其他观点如邬旭东、施光跃从领导集体发展历程

---

① 参见［美］费正清、赖肖尔：《中国：传统与变革》，陈仲丹等译，江苏人民出版社1992年版；［美］费正清编：《剑桥中华民国史（1912—1949年）》上卷，中国社会科学出版社1994年版；［美］埃德加·斯诺：《红星照耀中国》，董乐山译，新华出版社1984年版。

② 参见单孝虹：《中国共产党民生观演进探析》，《毛泽东思想研究》，2008年第5期，第129—134页。

③ 参见郭华茹、张菊香：《中国共产党改善民生的伟大实践和基本经验》，《社会主义研究》，2009年第6期，第36—40页。

④ 参见李楠、周建华：《90年来中国共产党解决民生问题的基本经验》，《学术论坛》，2011年第5期，第1—5页。

⑤ 参见郜付见、贺方彬：《中国共产党解决民生问题的基本经验》，《桂海论丛》，2011年第5期，第26—29页。

角度回顾了党对民生问题的思考。[①]甘信奎、康洪、黄明哲等人分别回顾了近百年来我国民生理论发展历程及创新成果，概括了中国共产党解决民生问题的经验及启示。[②]

　　具体来说，学术界已经分期研究了中国共产党不同发展阶段的民生思想和实践。这一部分内容研究较多，其中21世纪以来，尤其党的十八大以来，民生问题一度成为学术界研究热点。如王昇概括总结了新民主主义革命时期中国共产党人的民生思想、基本特征，得出了现实启示。[③]笔者将新民主主义革命时期中国共产党解决民生问题的历史划分为四个阶段，正是党在这四个阶段正确认识和处理好了革命斗争、政权建设与解决民生问题的关系，党才实现领导民众由斗争谋求民生向以政权保障民生的顺利转变。[④]曾丽雅具体分析了新中国在解决民生问题上的重要决策，将其划分为涉及重工业优先发展战略阶段、基本实现"小康"发展战略阶段、科学发展战略布局阶段等三个阶段。[⑤]瞿晓琳、郭松江以民族地区民生问题为切入点，研究了新中国成立初期中国共产党及毛泽东的民生思想。[⑥]李湘敏分析了改革开放以来中国共产党民生思想，认为改革

[①] 参见邬旭东、施光跃：《中国共产党民生思想的历史与现实考察》，《思想理论教育导刊》，2009年第9期，第58—62页。

[②] 参见甘信奎：《近百年来中国民生建设理论的发展与创新》，《郑州大学学报》（哲学社会科学版），2010年第3期，第169—173页；康洪：《中国共产党民生思想的回顾与思考》，《湖南师范大学社会科学学报》，2011年第3期，第65—69页；黄明哲：《中国共产党九十年来解决民生问题的历史经验及其启示》，《学习与实践》，2011年第6期，第61—68页。

[③] 参见王昇：《新民主主义革命时期中国共产党民生思想的历史考察》，《唯实》，2017年第10期，第49—52页。

[④] 参见郭理：《民主革命时期中国共产党解决民生问题的历程与经验》，《党史研究与教学》，2012年第3期，第9—15页。

[⑤] 参见曾丽雅：《新中国在解决民生问题上的重要决策与实践》，《当代中国史研究》，2012年第1期，第33—40、125—126页。

[⑥] 参见瞿晓琳、郭松江：《新中国建立初期中国共产党对民族地区民生问题的认识和探索》，《河南师范大学学报》（哲学社会科学版），2012年第4期，第175—179页；瞿晓琳：《新中国成立初期毛泽东关于城市民生问题的理论与实践》，《中南民族大学学报》（人文社会科学版），2011年第1期，第110—114页。

开放的历史进程，就是不断重视民生、改善民生的过程。①林祖华以党的十一届三中全会为界限，将新中国解决民生问题的历史划分为改革开放前后两个30年，并概括出四点基本经验。②章征科用"四化"概括了新世纪共产党人解决民生问题的新思想新方略，即问题认知哲理化、问题视野政治化、建设思路系统化、建设路径社会化。③胡洪彬重点回顾党的十六大以来民生问题理论研究状况，周蕴蓉总结了十八大以来党的民生思想在价值引领、法治精神、实际操作等方面的新发展。④此外，徐嘉祥、商琳以及付文玥、林敬雅等数篇学位论文分别考察了党的十六大以来、党的十八大以来共产党人对民生问题的认识及解决探索。⑤其他成果还有如柳礼泉、张红明的《新中国60年来我党解决民生问题的历史经验》、张嵩的《新中国成立以来中国共产党解决民生问题的实践探索与理论创新》、冯小燕的《新时期党对改善民生问题理念的新发展》等。

2.在人物研究方面，学术界集中研究了党和国家主要领导人在解决民生问题上的思想与实践

学术界对这一方面的研究较多关注了毛泽东、邓小平等党的主要领导人的民生思想与实践。

其一，毛泽东民生思想与实践研究。黄艳、柳礼泉概括了毛泽东对解

---

① 参见李湘敏：《改革开放以来中国共产党民生思想探析》，《福建师范大学学报》（哲学社会科学版），2009年第4期，第1—8页。

② 参见林祖华：《新中国成立以来中国共产党解决民生问题的历史考察》，《阅江学刊》，2011年第3期，第12—18页。

③ 参见章征科：《新世纪中国共产党解决民生问题的新思想新方略论要》，《理论导刊》，2017年第8期，第21—23页。

④ 参见胡洪彬：《十六大以来民生问题理论研究回顾与思考》，《当代社科视野》，2011年第3期，第31—41页；周蕴蓉：《十八大以来党的民生思想的新发展》，《岭南师范学院学报》，2017年第4期，第1—5页。

⑤ 参见徐嘉祥：《十六大以来中国共产党对解决民生问题的探索》，曲阜师范大学硕士学位论文，2013年；商琳：《十六大以来中国共产党解决农村民生问题的探索》，东北林业大学硕士学位论文，2015年；付文玥：《十八大以来中国共产党民生思想研究》，燕山大学硕士学位论文，2015年；林敬雅：《十八大以来中国共产党民生思想与实践的新发展》，南京师范大学硕士学位论文，2017年。

决中国民生问题的历史贡献，即确立"一个宗旨"、完成"两次革命"、协调"三者利益"。①杨渊浩将毛泽东民生思想的形成发展历程划分为思想形成、思想成熟、继承发展三个阶段，并具体考察了每阶段毛泽东民生思想的具体表现。②王禹军从马克思主义民生思想、毛泽东社会建设思想、孙中山民生主义等三个角度阐释了毛泽东民生思想的理论贡献。③也有学者从贡献与偏差两个视角着眼，力图全面概括毛泽东的民生思想。如邹智贤在概括毛泽东民生基本思想及主张基础上，揭示了其民生思想的实践困境，得出当代启示。④唐任伍、范烁杰纵观毛泽东一生，剖析其民生思想的历史局限，并在时代意义和价值导向上阐释其当代价值。⑤郑云天用大量材料考察了新中国成立头七年毛泽东对民生问题的认识与实践。⑥另有多篇学位论文从整体上考察了毛泽东的民生思想。

其二，邓小平民生思想与实践研究。张爱武以《邓小平年谱（1975—1997）》为切入点，概括了邓小平民生思想提出的依据、基本内容、主要特征和现实意义。⑦瞿晓琳认为，新时期邓小平民生思想回答了"什么是社会主义、怎样建设社会主义"这一理论问题，辩证观察和处理了人民生活与社会主义现代化建设的关系，具有鲜明的社会发展特征。⑧姜永建

① 参见黄艳、柳礼泉：《试论毛泽东对解决中国民生问题的历史贡献》，《湖湘论坛》，2011年第5期，第24—27页。

② 参见杨渊浩：《试论毛泽东的民生思想》，《华中师范大学学报》（人文社会科学版），2013年第5期，第22—27页。

③ 参见王禹军：《论毛泽东民生思想的理论贡献》，《求索》，2017年第1期，第69—75页。

④ 参见邹智贤：《毛泽东的民生思想及其启示——纪念毛泽东诞辰117周年》，《哲学研究》，2010年第12期，第24—30页。

⑤ 参见唐任伍、范烁杰：《毛泽东民生思想及其当代价值》，《河北经贸大学学报》，2016年第1期，第116—121页。

⑥ 参见郑云天：《1949—1956年毛泽东关于民生问题的思想和实践》，《党的文献》，2012年第3期，第38—43页。

⑦ 参见张爱武：《论邓小平的民生思想——〈邓小平年谱（一九七五——一九九七）〉解读》，《毛泽东邓小平理论研究》，2008年第7期，第15—21页。

⑧ 参见瞿晓琳：《新时期邓小平的民生思想初探》，《理论月刊》，2008年第7期，第15—18页。

重点分析了改革开放以来邓小平的民生思想，总结出其特定的理论来源、历史背景和现实依据；黄喜生将改革开放以来邓小平的民生思想概括为五方面，即解决民生问题的基本前提、基本手段、基本途径和人民群众生活的基本保障、基本内容，指出邓小平民生思想具有大局思维和开拓性特征。①其他成果如王强、王金水、李连中、高峰等分别从总体上考察了邓小平的民生思想及其实践。②

　　其三，江泽民民生思想与实践研究。赵异认为，江泽民的民生思想是"三个代表"重要思想在理论层面的最重要体现，它包括"高度关注人民群众的安危冷暖"和"不断改善人民的生活"两大基本内容，具有强调改善民生的目的性终极性地位、全景式地筹划民生大计、强调全体人民共享发展成果、把不断改善人民生活作为处理改革发展稳定关系的重要结合点等特征。③贺方彬、刘开法认为，江泽民的社会主义民生观主要表征为从发生论、本质论、特征论、价值论等方面，对什么是社会主义民生、怎样保障和改善社会主义民生问题作出解答，反映了社会主义民生观的核心内容与精神实质。④其他亦有陈成文、黄诚的《社会建设与改善民生——学习江泽民的社会建设理论》（《学术论坛》，2009年第4期），赵立永的《江泽民民生思想研究》（湘潭大学硕士学位论文，2011年），李阳、艾志强的《江泽民生态民生思想探析》（《文化学刊》，2017年第8期）等成果。

---

　　① 参见姜永建：《改革开放以来邓小平民生思想探析》，《内蒙古民族大学学报》（社会科学版），2014年第6期，第85—87页；黄喜生：《改革开放时期邓小平民生思想新探》，《毛泽东思想研究》，2015年第1期，第70—74页。

　　② 参见王强：《试论邓小平的民生思想》，《理论探索》，2008年第4期，第52—54页；王金水：《邓小平民生思想探析》，《中国井冈山干部学院学报》，2009年第1期，第11—18页；李连中：《邓小平民生思想研究》，山东师范大学硕士学位论文，2008年；高峰：《邓小平民生思想研究》，西南大学硕士学位论文，2012年。

　　③ 参见赵异：《江泽民民生思想初探》，《延边党校学报》，2007年第1期，第13—16页。

　　④ 参见贺方彬、刘开法：《江泽民对社会主义民生观基本问题的科学解答》，《重庆交通大学学报》（社会科学版），2011年第2期，第1—4页。

其四，胡锦涛民生思想与实践研究。窦孟朔、张瑞、苏献启等人认为，胡锦涛创造性提出关于全面改善民生的一系列新观点新思想，形成了具有标志性意义的民生观，丰富和发展了中国特色社会主义理论体系。①龙佳解、罗泽荣认为，胡锦涛民生思想是科学发展观的重要组成部分，主要体现在经济、政治、文化、社会等四个领域的具体实践中。②豆庆升提出，以人为本理念对胡锦涛民生思想提出了新要求，在地位上把民生摆在更加突出的位置，在内容上提出了民生"五有"新目标，在形态上使民生建设成为新常态。③此外，相关成果有贺方彬的《试论胡锦涛的民生观》（《理论探索》，2011年第2期）、车宇雄的《胡锦涛的民生观探讨》（《山西师大学报》社会科学版，2013年第A2期），李阳、艾志强的《胡锦涛生态民生思想探析》（《文化学刊》，2017年第9期）以及多篇硕士学位论文。

其五，习近平关于民生问题的重要论述与实践研究。学术界对这一方面的关注远超其他领导人。具体来看，刘开法认为，习近平的民生观的形成与中华优秀传统文化中的民本思想、群众史观、中国共产党历代领导人的民生思想及探索、习近平丰富的人生阅历和实践活动分不开，其丰富的民生观内涵体现在其核心思想和精髓、根本政治立场、原则和实现路径、重要价值理念和追求等方面。④于伟峰、孙兵兵、宋晓霖等人从中国传统文化积淀、马克思主义民生思想继承、共产党人民生思想的实践探索、习近平自身丰富的基层经验等方面提出了习近平民生观形成的依据，认为其核心内容是树立正确的民生权力观、民生地位观、民生利益观，并具有从抽象到具体、从民富到国富、从实践到理论的内在特

---

① 参见窦孟朔、张瑞、苏献启：《胡锦涛民生观的主要内容和时代价值》，《科学社会主义》，2014年第3期，第34—37页。

② 参见龙佳解、罗泽荣：《胡锦涛民生思想初探》，《学术论坛》，2009年第2期，第59—62页。

③ 参见豆庆升：《胡锦涛民生思想研究》，《宜宾学院学报》，2015年第7期，第58—63页。

④ 参见刘开法：《习近平的民生观研究》，《前沿》，2013年第6期，第4—7页。

点。①张永红关注了习近平总书记关于生态与民生关系的论述，认为习近平民生观立足于生态环境建设的高度，开拓了民生建设新领域；确立绿色发展理念，展现民生建设新策略；用最严格的制度、最严密的法治来保障民生，凸显真抓实干、身体力行和以人民为中心的真担当。其他相关研究成果也有很多，如韩琳的《论习近平的民生观》（《大连干部学刊》，2014年第7期），刘明松的《求解民生问题与习近平经济思想的理论线索》（《马克思主义与现实》，2017年第3期），金耀武的《试论习近平总书记关于民生问题的重要论述》（《毛泽东思想研究》，2018年第6期），袁凤香的《习近平关于民生问题重要论述探析》（《观察与思考》，2018年第11期）等。

此外，学界关于党的早期人物和其他主要领导人民生思想和实践的研究成果也很丰富。学界既关注到李大钊等党的早期人物的民生思想，也关注到朱德、周恩来等党的其他主要领导人的民生思想和实践。一方面，学界关于前者的研究主要关注了李大钊的民生思想。其代表性成果有王小梅的《从"问题"到"主义"：李大钊民生思想的发展与质变》（《河北学刊》，2016年第3期），王群、詹真荣的《李大钊民生思想的逻辑理路及意蕴探究》（《党政研究》，2017年第4期），以及胡跃灵的《李大钊民生思想研究》（贵州师范大学硕士学位论文，2023年）等。同时，学界逐步关注其他党的早期人物的民生思想，如孙秀玲的《"五四"前后陈独秀民生思想研究》（西南大学硕士学位论文，2012年）、毛慧的《恽代英民生思想研究》（浙江工商大学硕士学位论文，2017年）、谭景芳的《蔡和森民生思想述论》（《理论界》，2020年第4期）、秦田的《邓中夏民生思想研究》（中南民族大学硕士学位论文，2021年）、宋建坡的《方志敏民生思想研究》（华中师范大学硕士学位论文，2019年）等。另一方面，学界关于后者的研究内容主要包括朱德、周恩来、刘少奇、陈云等党的其他主要领导人的民生思想和实践。其代表性成果有单孝虹的《朱德的

---

① 参见于伟峰、孙兵兵、宋晓霖：《论习近平的民生思想》，《连云港职业技术学院学报》，2014年第2期，第1—4页。

民生思想及其当代价值》（《毛泽东思想研究》，2010年第3期）和倪鑫的《朱德民生思想研究》（西南科技大学硕士学位论文，2018年），贾凯、张静的《周恩来民生思想刍议》（《山西大学学报》哲学社会科学版，2015年第2期）和裴娅婷的《新中国成立后周恩来民生思想研究》（河南大学硕士学位论文，2024年），董一冰的《刘少奇民生思想研究》（中央文献出版社，2014年版），张瑞敏的《"一五"时期陈云对民生问题的认识与探索》（《史学月刊》，2013年第8期）和朱佳木的《从党风建设角度看陈云的民生思想》（《党的文献》，2019年第1期），以及虞志坚的《李达民生思想研究》（人民出版社，2022年版）等。

3.在具体民生领域层面，学术界初步探讨了新民主主义革命时期各阶段中国共产党解决民生问题的政策与实践

由于土地革命战争时期是中国共产党局部执政的起步阶段，故研究中国共产党民生实践多从研究苏区民生实践开始，逐步扩展到抗日根据地、解放区的民生实践。

（1）学术界关注了新民主主义革命不同阶段中国共产党解决民生问题的实践。

首先，关于土地革命战争时期中国共产党解决苏区民生问题的实践方面。蒲丽娟撰文指出，苏区时期党解决民生问题的成功经验在于坚持民生为本，重视发展经济和社会建设，践行共享和公平理念。[1]刘义程、曾敏动态地考察了土地革命战争时期中国共产党的民生观，总结了党解决当时民生问题的三条经验，即关注社会弱势群体的基本生存权利、关爱农民，重视解决农民的土地问题，关心苏区人民群众的生产生活等。[2]刘义程在专著《中国共产党解决民生问题的历史经验研究（1927—1937）》中全面梳理了土地革命战争时期南方各革命根据地在解决人民群众的生

---

[1] 参见蒲丽娟：《论苏区时期民生建设的基本经验及启示》，《中共南昌市委党校学报》，2010年第1期，第52—55页。

[2] 参见刘义程、曾敏：《土地革命时期中国共产党的民生观》，《湖南科技大学学报》（社会科学版），2010年第6期，第72—75页。

产生活、卫生防疫、文化教育、道路交通、邮政通信、社会保障等民生问题方面的基本史实。[①]许秀群提出了毛泽东的"以人为本"的民生理念、"求真务实"的民生哲学、"公平正义"的民生智慧。[②]其他成果如廖才茂的《井冈山和中央苏区时期民生实践的经验及启示》（《中国井冈山干部学院学报》，2011年第4期），亦考察了土地革命战争时期党的民生实践及其经验。

其次，学术界较为关注中国共产党解决抗日根据地民生问题。瞿晓琳研究了全民族抗战时期毛泽东的民生思想，认为毛泽东将解决民生问题放在争取抗日战争胜利的高度，在理论、政策上均有积极贡献。[③]值得注意的是，学术界关于这一时期的研究成果多聚焦于陕甘宁边区的民生建设，如付建成、任晓伟提出党在陕甘宁边区局部执政时期，用民生建设统领经济建设是根据地建设中最重要的历史经验，这一时期党开始对根据地生态建设有初步认识和实践。[④]王晓荣、朱雪平在研究陕甘宁边区民生实践基础上，认为党重视发展经济与促进生产、减轻民众赋税负担、实施民主政治、发挥民众组织的作用、重视法制建设五方面工作，对边区民生改善和社会和谐起到积极作用，提出要高度重视民生，着力于改善民生，必须以人民民主作保证，要从实际出发逐步推进。[⑤]魏彩苹以及笔者分别撰文研究全民族抗日战争时期党解决陕甘宁边区民生问题的历

① 参见刘义程：《中国共产党解决民生问题的历史经验研究（1927—1937）》，中国社会科学出版社2017年版。

② 参见许秀群：《中央苏区时期毛泽东民生思想的当代价值》，《梧州学院学报》，2011年第2期，第38—40页。

③ 参见瞿晓琳：《抗日战争时期毛泽东的民生思想述论》，《毛泽东思想研究》，2010年第2期，第14—18页。

④ 参见付建成、任晓伟：《用民生建设统领经济建设——陕甘宁边区经济建设的历史经验新探》，《中国延安干部学院学报》，2010年第5期，第89—94页。

⑤ 参见王晓荣、朱雪平：《抗战时期陕甘宁边区的民生实践与社会和谐》，《学术论坛》，2008年第10期，第82—86页。

史，概括具体措施，初步总结出一些历史经验。[①]

最后，学术界关于解放战争时期中国共产党解决民生实践方面的成果与前两个时期相比，成果相对较少。其中，罗花香认为，解放战争时期毛泽东高度重视民生，其民生思想的有效落实有力推动了解放战争得以取胜。[②]邓其志考察了解放战争时期邓小平对大别山根据地民生问题的探索后，认为大别山解放区的成功重建离不开邓小平对该地区民生问题所作的不懈探索。[③]

以上是学术界分时期对中国共产党领导革命根据地民生建设的总体考察，为进一步分析和解决本课题提供研究方法和史料铺垫。

（2）学术界对不同时期革命根据地具体民生领域展开研究，成果丰硕。

综合来看，这些研究成果呈现鲜明的地域性特征，如关于土地革命战争时期党对革命根据地民生问题的研究成果多集中于中央苏区以及鄂豫皖、闽浙赣等苏区，关于全民族抗日战争时期党对革命根据地民生问题的研究成果主要关注陕甘宁边区和晋察冀、晋绥、山东等敌后根据地，关于解放战争时期党对革命根据地民生问题的研究成果又以陕甘宁边区以及山东、华北、华中、东北解放区为主。从具体内容上看，这些研究成果都具有鲜明的时代性特征，如每个时段革命根据地的民生问题都分别涉及决定着苏区、抗日根据地、解放区巩固和发展的民众温饱问题、医疗卫生问题、文化教育问题甚至是社会保障问题。

第一，关于苏区具体民生问题的研究。

这一时期，中国共产党着重于解决影响军民温饱、生命健康、劳动保

---

① 参见魏彩苹：《试论抗战时期陕甘宁边区改善民生的举措》，《齐齐哈尔师范高等专科学校学报》，2010年第6期，第107—108页；郭理：《抗战时期陕甘宁边区解决民生问题的历史考察》，《哈尔滨学院学报》，2012年第8期，第35—40页。

② 参见罗花香：《解放战争时期毛泽东的民生思想及其启示》，《山西高等学校社会科学学报》，2011年第11期，第5—8页。

③ 参见邓其志：《论解放战争时期邓小平对大别山根据地民生问题的探索》，《大庆师范学院学报》，2012年第2期，第99—102页。

障、社会动员的粮食、医疗、社保、教育等问题。

一是关于苏区粮食问题的研究。路海江较早关注了鄂豫皖苏区的粮食斗争。①罗其芳考察了川陕苏区军政人员粮食供给问题，认为川陕苏区在实践中形成了多形式、多渠道的粮食筹措办法。②在研究中，中央苏区粮食问题成为学术界的重要关注点。如苏远新概括总结了中央苏区粮食工作的基本经验和基本启示③，黄惠运考察了中央苏区时期邓子恢的粮食工作思想与实践活动④，陈佳以永定为中心具体论述了中央红军长征前闽西苏区粮食问题⑤，罗福林则关注了中央苏区粮食干部队伍建设问题⑥，戴圆考察了中央苏区后期粮食调剂局的作用⑦，等等。

二是关于苏区医疗卫生问题的研究。顾鑫伟、刘善玖、钟继润关注了中央苏区医疗卫生管理体制建立与完善过程，具体考察了"一切为了伤病员"这一中央苏区医疗卫生服务的宗旨的提出与实践过程。⑧叶宗宝回顾了土地革命时期苏区医疗卫生防疫体系的初建过程，考察了鄂豫皖苏

---

① 参见路海江：《鄂豫皖苏区粮食斗争述评》，《许昌学院学报》，1989年第4期，第90—94页。

② 参见罗其芳：《川陕苏区军政人员粮食供给问题探究》，《四川文理学院学报》，2016年第1期，第7—11页。

③ 参见苏远新：《中央苏区粮食工作的基本经验及其启示》，《中国粮食经济》，2003年第1期，第46—49页。

④ 参见黄惠运：《中央苏区时期邓子恢的粮食工作思想与实践活动》，《龙岩学院学报》，2016年第4期，第10—16页。

⑤ 参见陈佳：《中央红军长征前闽西苏区粮食问题初探——以永定为中心的考察》，《福建党史月刊》，2017年第7期，第56—59页。

⑥ 参见罗福林：《中央苏区粮食干部队伍建设》，《中国粮食经济》，2001年第11期，第26—28页。

⑦ 参见戴圆：《中央苏区后期粮食调剂局的作用》，《北京印刷学院学报》，2017年第1期，第84—86页。

⑧ 参见顾鑫伟、刘善玖：《试论中央苏区医疗卫生管理体制建立与完善》，《赣南医学院学报》，2006年第5期，第807—808页；刘善玖、钟继润：《"一切为了伤病员"——论中央苏区医疗卫生服务的宗旨》，《赣南医学院学报》，2016年第5期，第697—700页。

区医疗卫生事业的开创及其历史经验。①学术界就中央苏区具体医疗卫生工作的研究形成了多领域、多视角的成果。如刘善玖、刘薇等人研究了中央苏区时期的药品筹措、药材供应与管理工作，考察了中央苏区的医学教育问题，深化了中央苏区医疗卫生事业的研究。②张莉芳、李媛深刻剖析了毛泽东苏区时期医疗卫生思想，总结出其对我国医疗卫生事业发展的重要指导意义。③

三是关于苏区社会保障问题的研究成果较多，内容涉及思想和实践两方面。肖贵清、王力对这一问题较为关注，概括了土地革命战争时期毛泽东采取一系列措施，以保障农民的经济利益、政治利益、文化利益，总结了土地革命战争时期毛泽东保障农民利益的现实启示。④黄惠运、潘瑾菁、周永根还考察了中央苏区时期刘少奇的社会保障思想在实践中的形成及其表现。⑤王永平较早研究了中央苏区的社会保障事业⑥，吴永明、孙西勇系统考察了中央苏区的社会保障立法实践⑦，黄惠运从机构设置、

① 参见叶宗宝：《土地革命时期苏区医疗卫生防疫体系的初步构建》，《中州学刊》，2014年第12期，第148—151页；叶宗宝：《鄂豫皖苏区开创卫生防疫事业及历史经验》，《中州学刊》，2021年第9期，第146—152页。

② 参见刘善玖、刘薇：《试论中央苏区时期的药品筹措》，《苏区研究》，2016年第6期，第62—69页；刘薇、黎小芳、刘善玖：《论中央苏区的药材供应与管理工作》，《赣南医学院学报》，2014年第5期，第660—662页；李媛、钟世华：《中央苏区红军卫生学校医学生的选拔与培养》，《赣南医学院学报》，2013年第5期，第650—652页；黄瑞忠、杨吉雯、刘善玖：《论中央苏区医学生的政治工作》，《赣南医学院学报》，2014年第5期，第663—666页。

③ 参见张莉芳、李媛：《苏区时期毛泽东医疗卫生思想浅析》，《赣南医学院学报》，2012年第5期，第691—692页。

④ 参见肖贵清、王力：《试论土地革命战争时期毛泽东保障农民利益的思想》，《思想理论教育导刊》，2004年第1期，第37—39页；王力、肖贵清：《土地革命战争时期毛泽东保障农民利益的历史启示》，《毛泽东思想研究》，2006年第1期，第50—53页。

⑤ 参见黄惠运、潘瑾菁、周永根：《中央苏区时期刘少奇的社会保障思想与实践》，《广西师范大学学报》（哲学社会科学版），2017年第3期，第46—50页。

⑥ 参见王永平：《中央苏区的社会保障事业》，《中南民族学院学报》（哲学社会科学版），1995年第1期，第62—65页。

⑦ 参见吴永明、孙西勇：《中央苏区的社会保障立法》，《中共党史资料》，2006年第4期，第137—144页。

职责、经费等方面深入研究了中央苏区的社会保障机构建设情况，总结出社会保障工作具有国家立法与强制实施、政府主导与社会监督、社会优抚与红属优先、保险福利与公正公平、互济救助与普惠民众等重要特征。①同时学术界亦对苏区社会保障事业中的具体问题开展了研究，如红军优抚安置、社会保险、社会救济等内容。

四是关于苏区教育问题的研究，学术界给予了高度关注，尤其是中央苏区教育问题曾是研究热点之一。路海江较早关注了鄂豫皖苏区的文化教育事业，认为鄂豫皖苏区的文化教育事业同其他建设事业一样，是伴随着革命政权的建立而产生的。②曾维才较早关注了中央苏区教育建设，并从六个方面总结了中央苏区教育建设的基本经验。③董子蓉在总体把握中央苏区各种教育基础上，考察了中央苏区在党的思想政治教育、儿童教育、工农业教育、干部教育、妇女教育等多个领域的具体成就。④此外，学术界对土地革命战争时期教育工作的研究，内容上涉及干部教育、群众教育、学校教育，对象上涉及妇女教育、儿童教育、农民教育、成人教育，工作机制上涉及教育巡视、教育改革、教材建设等各方面。

第二，关于抗日根据地民生问题的研究。

这一时期中国共产党同样关注了粮食问题、医疗卫生问题、社会保障问题和文化教育问题。

一是关于抗日根据地粮食问题方面。李分建将全民族抗战时期中国共产党的粮食政策史划分为休养民力时期、发展生产与保障供给时期两阶

---

① 参见黄惠运：《中央苏区社会保障机构建设述论》，《江西社会科学》，2010年第7期，第153—156页；黄惠运：《中央苏区时期社会保障工作的特点》，《求索》，2016年第8期，第168—172页。

② 参见路海江：《鄂豫皖苏区的文化教育事业》，《史学月刊》，1994年第6期，第81—85页。

③ 参见曾维才：《中央苏区教育建设的基本经验》，《赣南师范学院学报》，1990年第1期，第15—22页。

④ 参见董子蓉：《中央苏区教育：历史贡献与当代启示》，《福建论坛》（人文社会科学版），2018年第9期，第81—86页。

段。①王海龙着重探讨陕甘宁边区粮食危机的成因、解决措施和效果。赵刚印具体探讨了陕北农业生态系统和陕甘宁边区的粮食生产状况，赵平考察了陕甘宁边区的粮食工作机制。②与此同时，敌后根据地的对敌粮食斗争也受到了学术界关注，如刘庆礼、傅尚文、黄存林等人分别撰文考察了华北根据地、晋察冀边区、晋冀鲁豫边区等地的对敌粮食斗争问题，邢永光集中论述了晋冀鲁豫抗日根据地的粮食安全问题。③此外，其他学者对淮北抗日根据地的粮政问题、山东地区粮食问题与民众生活的关系等问题进行了具体探讨。

　　二是关于抗日根据地医疗卫生问题方面。姚力认为全民族抗日战争时期中国共产党已经将贯彻实践医疗保障思想、推行免费医疗作为抗日根据地为适应战时需要实施战时供给制度的一项重要内容。④温金童、李飞龙、秦爱民等人论述了陕甘宁边区医疗卫生防疫工作，对医疗卫生和疾病防疫问题、解决措施和效果做了分析与概括。⑤陈松友、杜君关注了陕甘宁边区的疫病防治工作，在考察边区疫病防治具体工作外，将边区疫病防治工作经验概括为三方面，即党和政府的高度重视领导、群众的充

---

　　① 参见李分建：《抗战时期中共粮食政策述略》，《文史杂志》，1994年第4期，第20—21页。

　　② 参见王海龙：《抗战时期陕甘宁边区的粮食危机及其解决》，兰州大学硕士学位论文，2009年；赵刚印：《陕甘宁边区大生产运动的历史背景及意义》，《宁夏大学学报》（人文社会科学版），2005年第4期，第47—51页；赵平：《抗战时期陕甘宁边区政府的粮食工作》，西北大学硕士学位论文，2008年。

　　③ 参见刘庆礼：《华北抗日根据地的粮食斗争》，《辽宁行政学院学报》，2010年第7期，第147—149页；傅尚文：《晋察冀边区北岳区的粮食战》，《历史教学》，1985年第2期，第13—16页；黄存林：《抗日战争时期晋冀鲁豫革命根据地的粮食斗争》，《历史与现实论稿》，中国文史出版社1991年版，第173—181页；邢永光：《抗战时期晋冀鲁豫边区的粮食安全》，河南大学硕士学位论文，2010年。

　　④ 参见姚力：《中国共产党对医疗保障制度的探索与经验》，《当代中国史研究》，2011年第4期，第28—35、124—125页。

　　⑤ 参见温金童、李飞龙：《抗战时期陕甘宁边区的卫生防疫》，《抗日战争研究》，2005年第3期，第153—173页；秦爱民：《论抗战时期陕甘宁边区的医疗卫生工作》，《宁夏社会科学》，2003年第5期，第56—60页。

分动员和参与、基层政府的积极贯彻推行。①还有学者在研究陕甘宁边区医疗卫生工作时，注意到边区医药卫生科技和医德建设基本情况。②在敌后根据地医疗卫生防疫方面，苑书耸、邓红、李洪河等人分别撰文考察华北抗日根据地卫生防疫情况，对华北抗日根据地卫生防疫工作问题及成因作出分析③，为本课题展开提供了一定帮助。此外，有学者研究了抗日根据地医疗卫生相关问题，如王元周考察了抗日根据地的疫病流行，邵晓秋、温金童考察了外籍医生在抗日根据地卫生建设中的贡献，林雄辉、王其林总结了抗日根据地医疗卫生事业所蕴含的人文精神。④

　　三是关于抗日根据地社会保障问题方面。学术界同样较为关注陕甘宁边区的这一问题。如颜葵较早关注了全民族抗日战争时期陕甘宁边区难民救济问题，提出灾难民问题是抗日战争中的一个严重的政治和社会问题，用大量史料分析了灾难民的来源、边区救治灾难民的政策及措施。⑤张丹聚焦社会保障机构、赈济救灾和拥军优抗，探讨了全民族抗日战争时期陕甘宁边区的社会保障事业建设。陈松友、韩晓春深入考察了这一时期陕甘宁边区的社会救济，概括出边区社会救济的六项具体措施，结

　　① 参见陈松友、杜君：《抗战时期陕甘宁边区的疫病防治工作》，《中共党史研究》，2011年第6期，第80—86、99页。

　　② 参见张启安：《陕甘宁边区的医疗卫生工作和医德建设》，《中国医学伦理学》，2001年第3期，第57—58页；王斐：《抗战时陕甘宁边区的医药卫生科技》，延安大学硕士学位论文，2009年。

　　③ 参见苑书耸：《华北抗日根据地的医疗卫生事业》，《辽宁医学院学报》（社会科学版），2009年第4期，第62—65页；邓红、邓立柱：《抗战时期晋察冀边区的疫病及其防治》，《河北大学学报》（哲学社会科学版），2004年第4期，第59—63页；李洪河、程舒伟：《抗战时期华北根据地的卫生防疫工作述论》，《史学集刊》，2012年第3期，第107—115页。

　　④ 参见王元周：《抗战时期根据地的疫病流行与群众医疗卫生工作的展开》，《抗日战争研究》，2009年第1期，第59—76页；邵晓秋、温金童：《外籍医生与抗日根据地的卫生建设》，《兰州学刊》，2009年第5期，第214—217页；林雄辉、王其林：《论抗日敌后战场的卫生医疗工作》，《长春师范学院学报》，2006年第7期，第51—55页。

　　⑤ 参见张承钧、刘建业主编：《中国人民抗日战争纪念馆文丛》第四辑，北京出版社1993年版，第92—105页。

合主要工作成效得出了基本经验。①在其他抗日根据地社会保障问题研究成果中，苑书耸分析了山东根据地灾荒的成因以及政府和民众两方面的救济灾荒政策。吴云峰、房列曙考察了华中抗日根据地对退伍伤残军人和抗属的优抚工作，总结出四方面特点。②此外，不少学者关注了抗日根据地的农民利益保障、劳动立法保障、人权保障等内容，丰富了对抗日根据地社会保障问题的研究。

四是关于抗日根据地教育问题的研究取得丰硕成果。在教育事业与根据地建设的关系上，张腾霄在《抗日根据地教育的地位与作用》中认为，与土地革命战争时期教育相比，抗日根据地的教育已经趋于成熟，其在教育的规模、对象、内容、方法和正规化程度上大大高于土地革命战争时期的苏区教育。③张红、谢丹芳从总体上考察了抗日根据地教育工作的教育目的、教育对象、教育内容、教育手段和教育体制等，对抗日根据地的教育政策及其实施、教育的特点及其影响做了探讨。④在具体教育问题上，学术界关注到了抗日根据地各种具体教育问题，如干部教育、社会教育、学校教育等内容。除上述文章以外，学术界推出了一批关于抗日根据地教育问题研究的专著，如董纯才主编的《中国革命根据地教育史》第1—3卷（教育科学出版社，1991年版），李国强所著的《中央苏区教育史》（江西教育出版社，2001年版），刘宪曾、刘端棻主编的《陕甘宁边区教育史》（陕西人民出版社，1994年版），苏甫主编的《东北解放

---

① 参见张丹：《抗日战争时期陕甘宁边区的社会保障》，《江西社会科学》，2000年第11期，第68—70页；陈松友、韩晓春：《抗战时期陕甘宁边区的社会救济》，《社会科学战线》，2011年第8期，第120—122页。

② 参见苑书耸：《山东抗日根据地的灾荒与救济》，《中国石油大学学报》（社会科学版），2012年第4期，第58—63页；吴云峰、房列曙：《论华中抗日根据地的优抚工作》，《安徽史学》，2011年第4期，第86—93页。

③ 参见张腾霄：《抗日根据地教育的地位与作用》，《纪念〈教育史研究〉创刊二十周年论文集（11）——中国革命根据地教育史研究》，2009年，第633—636页。

④ 参见张红：《论中国共产党抗战教育政策的实施及其经验》，《广西师范大学学报》（哲学社会科学版），2001年第3期，第11—15页；谢丹芳：《抗战时期根据地教育的特点及其影响》，《河北理工大学学报》（社会科学版），2006年第2期，第186—188页。

区教育史》（吉林教育出版社，1989 年版），曲士培的《抗日战争时期解放区高等教育》（北京大学出版社，2005 年版）等。

第三，关于解放区民生问题的研究。

这一时期，中国共产党重点关注了粮食、医疗卫生、教育等问题。虽然解放战争时期的社会问题亦很重要，党和政府也有所关注，但因战争形势发展迅速，上述三方面问题比起社会保障问题更为凸显。

一是关于解放区粮食问题的研究成果相对较少。现有成果对各解放区粮食生产运动、粮食运输、票证制度、征粮借粮问题进行了考察。如贺加贝关注到辽西解放区的粮食生产运动，汤锐考察了山东解放区的粮食流通问题，吴明恀考察了冀鲁豫解放区的粮食运输工作。[①]此外，各解放区的粮食征借、价格波动问题受到了部分学者的关注。如葛凯丽聚焦于1947 年至 1949 年豫皖苏解放区征粮问题，分析当地征粮问题的产生背景、主要表现和解决途径，强调征粮问题的解决为淮海战役的胜利提供了物质保障。[②]张昆亮分析了 1912 年至 1949 年山东粮食价格问题，认为抗战以后山东省的粮食价格由微升到大涨、暴涨甚至狂涨，既受经济规律限制，又受社会政治因素的影响。反过来，粮价波动又对山东社会的方方面面造成了巨大影响。[③]

二是关于解放区医疗卫生问题学界虽有关注，但仍显不足。现有成果较多关注了解解放区的防疫工作。如王彦龙分析了东北解放区严重疫情发生的原因，总结出东北解放区防控疫情的相应措施。荆蕙兰、林木考察了东北解放区的卫生防疫工作，梳理了东北解放区党和政府控制疫情

---

① 参见贺加贝：《解放战争时期辽西解放区粮食生产运动研究》，渤海大学硕士学位论文，2022 年；汤锐：《阶级·性别·革命传统——以山东抗日根据地、解放区粮食流通为中心》，《聊城大学学报》（社会科学版），2015 年第 4 期，第 1—9 页；吴明恀：《解放战争时期中共冀鲁豫区粮食运输工作探微》，《天中学刊》，2018 年第 4 期，第 151—156 页。

② 参见葛凯丽：《豫皖苏解放区征粮问题研究（1947—1949）》，郑州大学硕士学位论文，2016 年。

③ 参见张昆亮：《山东粮食价格研究（1912—1949）》，青岛大学硕士学位论文，2009 年。

的各项措施，认为党和政府有效控制疫情的同时也建立起科学的群众卫生观，为新中国的卫生防疫事业及社会管理积累了宝贵经验。①黄华平、袁浩则考察了中国共产党在东北解放区的铁路卫生防疫工作，形成了研究解放区医疗卫生工作的新视角。此外，部分学者还关注到解放战争时期各地的主要疾病防治、卫生工作动员、军队医疗卫生等问题，如冯佳伟考察了解放战争时期太行革命根据地的疾病预防与治疗状况，王炎等考察了解放战争时期中国共产党解决军队医疗卫生问题的具体实践等。②

三是关于解放区社会保障问题的研究成果方面。刘爽从社会救济、社会优抚、职工保险、社会福利等方面考察了解放战争时期中国共产党社会保障思想与实践，并从政党对比、历史对比视角对解放战争时期党的社会保障事业进行比较研究。③总体来看，现有成果大多都论及东北解放区的社会保障问题。如锡仁较早考察了东北解放区社会保障制度的创建，王彦龙对东北解放区社会保障问题进行了集中论述。④此外，部分学者关注到其他解放区社会救济等问题，如刘珊的《解放战争时期晋绥边区的政府救助研究》等论文。⑤

四是关于解放区教育问题的研究成果相对较多。张敏杰较早关注了东北解放区的教育工作，认为东北解放区紧紧抓住教育这条战线，适时适

① 参见王彦龙：《东北解放区的卫生防疫工作探析》，《社会科学战线》，2015年第7期，第260—263页；荆蕙兰、林木：《解放战争时期东北解放区的卫生防疫工作探析》，《江西社会科学》，2017年第4期，第151—159页。

② 参见冯佳伟：《解放战争时期太行革命根据地疾病预防与治疗状况研究》，太原理工大学硕士学位论文，2019年；王炎、郭理：《解放战争时期中国共产党军队医疗卫生问题研究》，《黄山学院学报》，2021年第2期，第103—108页。

③ 参见刘爽：《解放战争时期中国共产党的社会保障思想与实践研究》，中南财经政法大学硕士学位论文，2020年。

④ 参见锡仁：《东北解放区创建的社会保障制度》，《劳动保障通讯》，2001年第7期，第20—21页；王彦龙：《东北解放区社会保障研究》，吉林大学博士学位论文，2016年。

⑤ 参见王利军：《解放战争时期解放区的社会救助》，《地域研究与开发》，2011年第5期，第161—164页；刘珊：《解放战争时期晋绥边区的政府救助研究》，天津大学硕士学位论文，2016年。

势制定了教育工作的总方针，并投放了大量精力和众多干部，分阶段有所侧重地予以贯彻实施。①杜君、赵秋静等先后考察了东北解放区的各类教育，认为东北解放区各级教育丰富了新民主主义教育的理论宝库，为新中国教育的改革和发展提供了有益借鉴。其中，还有学者关注到东北解放区知识青年的思想教育改造问题。②此外，一些学者深入研究了其他解放区的各类教育。如张玉玲、迟丕贤考察了山东解放区妇女教育问题，殷琦以陕甘宁边区为中心考察了解放区的幼儿教育问题，郭莉娜、冯海通等则聚焦于山东解放区、太岳解放区的中等教育问题展开研究。③

4.各类资料汇集汇编、革命期刊提供了丰富的文献依据和史料支撑

需要说明的是，除了上述直接研究新民主主义革命时期中国共产党民生思想和解决民生问题的研究论著外，散落在各类党史资料汇集汇编、革命红色期刊中的相关文献也为本课题的研究提供了丰富史料。如20世纪八九十年代，中央档案馆与各地档案馆共同编辑的《革命历史文件汇集》等系列资料，为研究全民族抗日战争时期苏区以及抗日根据地民生问题提供了坚实的资料基础。如同一时期，中央档案馆与各地档案馆共同编辑的各革命根据地史料选编汇编、各革命根据地财政经济史料选编汇编，以及各革命根据地教育文献史料汇编选编等重要文献资料，为研究抗日战争时期的根据地民生问题、解放战争时期解放区的民生问题同样提供了坚实的资料基础。再如，《红色中华》《新中华报》《晋绥日报》

---

① 参见张敏杰：《解放战争时期东北解放区教育工作的特点》，《黑龙江教育学院学报》，1994年第1期，第8—10页。

② 参见杜君、王金艳：《浅谈东北解放区各级教育的发展历程及基本经验》，《史学集刊》，2009年第6期，第105—110页；杜君、赵秋静：《中国共产党对东北解放区知识青年的思想改造教育》，《辽宁师范大学学报》（社会科学版），2008年第5期，第114—116页。

③ 参见张玉玲、迟丕贤：《山东抗日根据地和解放区妇女的教育及启示》，《妇女研究论丛》，2005年第4期，第47—50页；殷琦：《试论战争时期解放区的幼儿教育——以陕甘宁边区为中心》，《陇东学院学报》，2013年第4期，第72—74页；郭莉娜：《山东根据地及解放区的中等教育》，山东师范大学硕士学位论文，2017年；冯海通：《太岳解放区中学教育研究（1945—1949年）》，太原理工大学硕士学位论文，2019年。

《解放日报》《东北日报》《人民日报》等报刊的影印出版，为本课题研究搜集所需的史料案例提供了有力帮助。

上述研究成果为本课题进一步展开奠定了良好基础，尤其具体民生问题的研究成果为本课题的研究提供了丰富素材，在研究视角方面亦有参考和借鉴意义。不过，就本课题的研究时段和范围来看，现有研究成果仍有需要进一步加强的地方。一是长时段的研究视域仍需加强。现有研究成果对民生问题分阶段、分时期的研究成果较多，但从新民主主义革命时期这一长时段对中国共产党认识和解决民生问题的贯通性研究较少，亟须加强对中国共产党局部执政各阶段粮食、医疗、社会救助、教育等突出问题的贯通性研究。二是一体化的集中研究有待推进。现有成果有的注重宏观经验总结，有的注重微观史料耙梳，有的强于个案具体分析，但较为全面反映新民主主义革命时期中国共产党认识和解决民生问题的专著极少。虽然有些成果对新民主主义革命时期某些具体民生问题做了探讨，但这些成果对单个领域关注较多，尚未系统地研究新民主主义革命时期的民生问题。三是多领域多方面的史料研究成果有待扩充。现有部分成果对具体民生问题的研究囿于篇幅，强于成功经验总体概括，但仍可以对史料做进一步的发掘使用。总体上看，目前学术界研究现状为本书的写作预留了空间，也为进一步加深新民主主义革命时期中国共产党认识与解决民生问题的研究提供了条件和帮助。

三、本书的总体安排

本书遵循思想认识为前提、实践探索为基础、经验总结为归宿的总体思路，首先梳理了新民主主义革命时期中国共产党人对民生问题的总体认识。随后按照中共历史分期方法，结合不同阶段革命斗争实际，重点考察新民主主义革命时期中国共产党领导广大革命根据地军民共同解决苏区、抗日根据地、解放区突出民生问题的具体实践。最后，概括出新民主主义革命时期中国共产党解决上述突出民生问题的基本经验和现实启示，力求对加强新时代我国社会建设，改善民生福祉提供一定的历史借鉴。

（一）本书的主要内容

本书总体上分为导论、正文和余论三部分。

导论部分主要介绍本书的选题缘由和意义、国内外研究现状和本书总体安排。

正文共十四章，分为上、中、下三编，基本对应中国共产党实现局部执政的土地革命战争时期、全民族抗日战争时期、解放战争时期等三阶段。每一编均选取了直接影响苏区、抗日根据地、解放区政权稳定、关乎革命斗争胜利的粮食问题、医疗卫生问题、社会保障问题、教育问题等具体民生问题作为考察对象。

具体来看，正文的上编包含第一章至第五章，共五章。第一章是新民主主义革命时期中国共产党对民生问题的总体认识。这一章从半殖民地半封建的基本国情出发，分析新民主主义革命时期中国共产党对民生问题认识的思想渊源、发展历程，概括中国共产党对解决旧中国社会民生问题的目标、路径的认识与选择。第二至第五章关注土地革命战争时期中国共产党解决民生问题的实践，分别聚焦苏区的粮食问题、医疗卫生问题、社会保障问题和教育问题的概况，具体展现中国共产党解决苏区上述民生问题的实践活动及其基本效果。正文的中编包含四章，即第六章到第九章。本编聚焦于全民族抗日战争时期，同样选取影响抗日根据地政权稳定、关乎全民族抗战胜利的粮食问题、医疗卫生问题、社会保障问题和教育问题，概括中国共产党对相关问题解决的举措及其效果。下编包括五章，其中第十章至第十三章沿用上编、中编的思路，考察了解放战争时期解放区突出的粮食问题、医疗卫生问题、社会保障问题和教育问题，逐一呈现中国共产党解决上述民生问题的实践活动。第十四章作为正文部分的总结，编入了下编。这一章在详细考察中国共产党解决苏区、抗日根据地、解放区突出民生问题基础上，总体概括了新民主主义革命时期中国共产党解决民生问题的基本经验和当代启示，力求为推进新时代民生建设、改善民生福祉，推进国家治理体系和治理能力现代化提供重要参考。

（二）相关问题的说明

为更好地展现新民主主义革命时期中国共产党对民生问题的认识和解决，本书尚有三个主要问题需要作出说明。一是本书未将建党初期和大革命时期中国共产党解决民生问题的努力单独成编的考虑。二是本书考察革命根据地民生问题时，只选择粮食问题、医疗卫生问题、社会保障问题、教育问题的理由和依据。三是关于新民主主义革命时期中国共产党对民生问题解决程度的理解与认识。

首先，关于为何未将建党初期和大革命时期中国共产党解决民生问题的努力单独成编。本书之所以作出上述安排，主要考虑在于新民主主义革命时期不同阶段中国共产党解决民生问题的历史条件和主要方式的差异。建党初期和大革命时期党的主要工作是组织工农运动、实现国共合作并组织发动大革命，党解决民生问题的方式还主要以经济斗争为主，而其后的土地革命战争时期、全民族抗日战争时期和解放战争时期党已经建立了革命根据地，先后实现在苏区、抗日根据地、解放区的局部执政，党解决民生问题的方式相应地发生了转变。

建党初期和大革命时期是中共历史起始阶段，也是新民主主义革命时期的重要组成部分。这一时期，李大钊、毛泽东等中国共产党人十分关注旧中国民生状况，对旧社会民众的生存条件、文化教育问题进行过深入思考，领导了工人罢工、农民抗租等经济斗争，开展过劳动立法等群众运动。这为改善旧社会民众生活起到了一定作用，也为后续中国共产党领导革命根据地民生建设积累了宝贵经验。然而，在半殖民地半封建社会的中国，封建军阀长期存在并把控国家政权，中国共产党开展革命斗争的方式尚以领导经济斗争为主，还不具备解决民生问题、开展民生建设的社会条件，这一时期党对民生问题的解决尚处在以斗争求民生的阶段。

大革命失败后，以毛泽东为代表的中国共产党人将长期的武装斗争作为革命斗争的主要方式，开辟了农村革命根据地，实行了土地革命，实现了土地革命战争时党在苏区的局部执政。正是由于苏区的建立和发展，中国共产党才有了独立的局部执政环境，这为其解决根据地民生问题提供了客观条件。与此同时，党在苏区以及抗日根据地、解放区的建立和发展过程中，一些与革命战争、根据地建设密切相关的民生问题先后出现，这些突出的民生问题亟须党和根据地政府予以高度关注和解决。因此，从土地革命战争时期开始，中国共产党解决民生问题的探索逐步实现以斗争求民生向以政权保民生的转变，并在处理革命战争和根据地建设关系中逐步解决广大革命根据地的民生问题。

此外，相比而言建党初期和大革命时期民生史资料相对有限，而土地革命战争以后民生史的资料十分丰富。因此，本书并未将建党初期和大革命时期中国共产党通过经济斗争等方式解决民生问题的实践单独成编，并将解决民生问题的考察范围限定在苏区、抗日根据地、解放区等党的局部执政区域。为了弥补正文结构编排上缺少这一时段的不足，本书将建党初期和大革命时期中国共产党解决民生问题的认识和实践，纳入上编的第一章"新民主主义革命时期中国共产党对解决民生问题的总体认识"中，将其作为党在局部执政条件下解决革命根据地民生问题的前期基础来处理。

其次，关于只选取粮食、医疗卫生、社会保障、教育等领域问题作为根据地民生问题的理由和依据。其主要理由和依据在于，上述四者都是新民主主义革命不同阶段广大革命根据地较为突出的民生问题，研究中国共产党对这些具体问题的认识与解决，能充分反映新民主主义革命时期党的民生思想和党对民生问题的解决思路。

理解民生问题，首先要从民生概念入手。从内容上看，民生涉及人的生老病死、衣食住行等领域；从程度上看，民生有着生存型民生和发展型民生之分。①可见，民生是一个内涵丰富、外延较宽的概念，也是一个与一定社会发展程度密切相关的概念。一方面，民生概念的丰富内容即民众的多样性需求并非同时产生、同时表现出来的。这些丰富多样的需求的产生既与个体生存和发展的需求层次相关，又取决于人类社会发展的程度。通俗地讲，在人类社会不同阶段，百姓的民生需求首先指向吃穿住行等生存型需求，随着人的生存型需求得以满足，百姓的民生需求会逐渐转向更为高级的发展型需求，从而使民生历史表现出明显的阶段性特征。另一方面，民生需求的阶段性特征决定了民生问题的形成和解决思路。民生概念的内容丰富性、发展阶段性决定了民生问题的复杂多样，其满足程度也必然是循序渐进的。民生问题与民生是既紧密联系又有所区别的相关概念。一般来说，民生问题的产生与否取决于民生需求能否被有效地满足。纵观人类社会发展史，一定社会的民生需求由于受到社会历史条件的制约，总是由低到高地呈现出来，因此一定社会民生问题的产生和发展也具有其阶段性特征。

　　由此我们可以得出两点认识：其一，在一定历史条件下，并不是所有百姓生计都会成为民生问题。在一定社会发展阶段，民生虽然是关乎百姓生计的丰富内容，但并非所有民生内容都会演变成民生问题。只有当一些民生内容在该社会内部已经影响到广大民众生存和发展需求满足的时候，它才会成为一定社会的民生问题。因此，新民主主义革命时期党和人民关心的民生问题与当前的民生问题，既有基本内容的共同点，也有时代发展的差异性。其二，并不是所有层次的民生问题都会在一定社会或者一定时期完全显现出来。一般来说，当人类社会发展到一定阶段时，随着较低层次的民生问题的解决，较高层次的民生问题才会出现。当然，在人类社会发展的复杂历史中，较低和较高层次的民生内容也会在一定社会发展阶段中长期并存、有所变化，只是它们并不会同时表现为突出民生问题，总是会遵循从低级到高级逐步显现的一般发展规律。

① 参见黄明哲：《中国共产党九十年来解决民生问题的历史经验及其启示》，《学习与实践》，2011年第6期，第61—68页。

据此分析，本书只选取新民主主义革命时期中国共产党局部执政条件下突出的粮食问题、医疗卫生问题、社会保障问题、教育问题作为研究着眼点，依据就在于此。

具体来说，一是新民主主义革命时期革命根据地的突出民生问题主要包括粮食、医疗卫生、社会保障、教育等内容。党的各级领导人普遍认识到这些问题不仅关乎民生，更关乎根据地的巩固和发展，甚至影响到中国革命大局，因此对这些领域的民生问题必须予以足够重视和解决。比如时任晋冀鲁豫边区政府副主席的戎伍胜曾提出："粮食是我们的生命线"，"又是动员广大群众，特别是许多敌占区的群众反对敌人封锁的有力武器"①。革命根据地医疗卫生问题同样如此，各根据地普遍缺医少药的局面，严重危及军民生命健康。革命根据地文化教育也很落后，各地原有的教育已经不能适应扫除文盲、为革命培养人才的现实需求，甚至影响到党员干部的领导能力和工作水平。因而，当时严峻形势迫切要求党和政府重视并解决各地最为突出的粮食问题、医疗卫生问题、社会保障问题和教育问题。二是虽然新民主主义革命时期广大革命根据地也存在其他民生需求，那些民生问题有时也很重要，但由于历史条件所限，它们并没有像以上四者那么突出。从民生问题产生发展的阶段性特征可以看出，根据地民生需求是否能上升为突出的民生问题，应该取决于根据地社会发展程度、民众认识程度。虽然，革命根据地民众在就业、住房等方面有一定需求，党和根据地政府也采取了相应措施，但从当时实际情况来看，就业问题虽然存在，但仍多属于财政经济政策所调整的范围，住房在今天看来是个重要问题，但当时民众居住条件都很落后，居住条件并未成为普遍性的问题。所以，本书没有将就业、住房等内容作为研究的着眼点。

最后，关于新民主主义革命时期中国共产党对民生问题解决程度的理解和认识。新民主主义革命时期，中国共产党对革命根据地民生问题的

① 晋冀鲁豫边区财政经济史编辑组、山西省档案馆、河北省档案馆、山东省档案馆、河南省档案馆：《抗日战争时期晋冀鲁豫边区财政经济史资料选编》第1辑，中国财政经济出版社1990年版，第290页。

解决程度与旧中国基本国情分不开。民生问题的产生和发展受到了社会发展程度的影响和制约，必然遵循着由无到有、由低到高的发展规律。在实践中，解决某一民生问题后必然会产生新的民生问题。即便是特定的民生问题，解决了其较低层面的需求后，其较高层面的需求仍会产生。然而，把握这些民生问题的形成原因和解决效果都应该立足于新民主主义革命时期的基本国情，并结合中国共产党局部执政各阶段的实际情况和党的中心任务来考察。

从革命根据地民生问题的产生和发展来看，粮食问题、医疗卫生问题、社会保障问题是各革命根据地长期存在的民生问题，并因根据地面临封锁、人口膨胀、战争加剧而急剧凸显。教育问题是各革命根据地落后社会经济产生的历史问题，随着革命形势的变化，原有的教育无法满足民众的战争动员、根据地的巩固和发展、党员干部领导能力水平的发挥等实际需求，教育问题自然成为党和政府关注的重点。由于如上民生问题形成与发展的内在需求、解决过程中所受的制约因素不同，党和政府在解决这些问题的过程中，一方面既要关注其形成原因的分析，另一方面也要受到社会经济发展阶段的制约和影响，故只能解决到一定的层次，有时各种具体民生问题解决程度也不均衡。今天来看，党和政府解决新民主主义革命时期革命根据地民生问题仍旧是低水平、不完善的，无法与新中国成立特别是改革开放以来党对民生问题的解决程度同日而语。但是，我们在做历史研究时，不应该用今天的标准去衡量昨天的历史，更不应该对过去的历史做求全责备，而是必须坚持历史的、发展的观点客观看待过去的实践。就本书而言，新民主主义革命时期党和政府解决粮食问题、医疗卫生问题、社会保障问题、教育问题，其目的就是能够解决民生基本需求，能够服务于中国革命大局，能做到较好地实现满足民生与服务战争的统一。

第一章 新民主主义革命时期中国共产党对民生问题的总体认识

思想是行动的先导，理论是实践的指南。新民主主义革命时期，中国共产党对民生概念和民生问题的认识经历了一个从模糊到清晰、从浅显到深入的过程。在此过程中，中国共产党对民生目标的确立、对民生实现条件的探索、对解决旧中国民生问题所涉之关键问题的把握，为新民主主义革命时期中国共产党解决突出民生问题提供了理论指引。

一、新民主主义革命时期中国共产党对民生问题认识的思想渊源

新民主主义革命时期中国共产党对民生概念及民生问题的认识，与马克思主义民生思想、近代资产阶级民生思想、中国传统民生思想有着紧密联系。

（一）马克思主义民生思想是其基本来源

马克思主义创始人高度重视人的生存和发展，强调实践是满足人的生存和发展需要、不断提升自身价值、实现人的自由全面发展的重要途径。新民主主义革命时期中国共产党遵循唯物史观基本立场，结合中国国情，在长期革命斗争中继承和发展了马克思主义民生思想。

1.继承了马克思主义对人的需要高度关注的思想

对人的需要高度关注是马克思主义民生思想的逻辑起点。马克思主义

诞生至今，马克思主义经典作家始终立足于现实生活中的人，关心人的生活，致力人的解放。在马克思主义看来，人之所以能够得以存活，来自自然界和人类社会提供给人以生命存在的环境和条件；而人所以能够实现发展，一定的社会物质条件和精神条件必不可少。人的需要包括生存需要、享受需要和发展需要，而人的生存需要又是三种需要中基础的根本的需要。

中国共产党人继承并发展了马克思主义高度重视人的生存和发展需要的思想。在新民主主义革命不同阶段，中国共产党领导的革命根据地大多军事上被包围、经济上被封锁，面临着极其困难的斗争环境。在如此窘困的环境里，中国共产党人不忘记关心群众的基本民生需求，解决群众的一切生活问题。苏区时期毛泽东在苏维埃全国代表大会上提出："我们应该深刻地注意群众生活的问题，从土地、劳动问题，到柴米油盐问题。妇女群众要学习犁耙，找什么人去教她们呢？小孩子要求读书，小学办起了没有呢？对面的木桥太小会跌倒行人，要不要修理一下呢？许多人生疮害病，想个什么办法呢？一切这些群众生活上的问题，都应该把它提到自己的议事日程上。应该讨论，应该决定，应该实行，应该检查。"[1]在全面抗战进入相持阶段后，抗日根据地经济困难愈发严峻起来，毛泽东要求全体党员干部必须认识到："我们的第一个方面的工作并不是向人民要东西，而是给人民以东西。""为着这个，我们应该不惜风霜劳苦，夜以继日，勤勤恳恳，切切实实地去研究人民中间的生活问题，生产问题，……并帮助人民具体地而不是讲空话地去解决这些问题。"[2]为此，中国共产党将全心全意为人民服务确立为全体党员和八路军、新四军必须坚持的根本宗旨。如上这些问题都是与百姓生活密切相关的最基本的民生问题，毛泽东的这些论述充分反映中国共产党人在苏区时期就

---

① 中共中央文献研究室、中央档案馆编：《建党以来重要文献选编（1921—1949）》第11册，中央文献出版社2011年版，第151页。

② 中共中央文献研究室、中央档案馆编：《建党以来重要文献选编（1921—1949）》第19册，中央文献出版社2011年版，第629—630页。

继承了马克思主义高度重视人的需要的思想。

2.继承了马克思主义通过实践解决人的需求的思想

通过实践来解决人的生存困境和满足人的发展需求是马克思主义民生思想的基本主线。马克思恩格斯以实践的视角，对劳动人民的生存困境和发展需求给予了极大关注，身体力行地加入改变欧洲各国工人阶级民生状况的斗争中。马克思恩格斯关于实践的认识及其行动充分表明，实践是贯穿于马克思主义民生思想的一条基本主线。

新民主主义革命时期，争取革命斗争的最终胜利无疑是党的一切工作的中心。只要革命任务没有完成，革命没有取得最终胜利，党的其他一切工作都要环绕着这个中心工作。然而，旧中国落后的民生状况能否支持长期的革命战争，中国共产党和根据地政权如何处理好战争、建设、民生三者关系，中国共产党人必须对此进行深入思考。为此，毛泽东初到延安以后写出了《矛盾论》《实践论》，为开辟中国革命道路奠定了哲学理论基础。在抗日战争中，中国共产党人强调"民主与群众生活等问题的处理都要环绕于抗日问题"，要求做到"军民兼顾""公私兼顾"，坚持"独立自主、自力更生"等，这是中国共产党在保障战争与解决民生问题上的理论总结，体现了唯物史观的基本立场，是马克思主义实践观点在民生领域的具体运用。

3.继承了马克思主义关于人的自由全面发展的思想

实现人的自由全面发展是马克思主义民生思想所要实现的终极目标。马克思主义产生于19世纪中叶的欧洲无产阶级运动中，其创立初衷是寻求无产阶级自身解放的未来道路，并成为无产阶级及其政党深刻揭露资本主义社会弊端的理论武器和指导无产阶级革命运动的行动指南。与此同时，马克思主义对未来新社会做出了规划和设想。在马克思主义创始人看来，人类未来理想社会是这样一种社会，"在那里，每个人的自由发展是一切人的自由发展的条件"[①]。在世界无产阶级运动中，这一实现人的自由全面发展的未来社会成为各国无产阶级及其政党不断奋斗的理想

---

① 《马克思恩格斯选集》第1卷，人民出版社2012年版，第422页。

目标。应该说，马克思主义创始人对人类社会发展理想目标的设想无疑是美好的。然而，由于各国国情不同和革命条件差别，如何实现这一目标就需要各国无产阶级及其政党在斗争中不断思考和探索，结合本国实际找到一条可行的革命道路。

中国共产党人秉承了马克思主义对共产主义、社会主义社会的理想追求，将马克思主义基本原理与中国革命具体实际相结合，在中国革命斗争中找到了一条实现中国社会变革和实现民生改善的现实道路，即通过新民主主义革命建立新民主主义社会，进而逐步走向社会主义和共产主义。在这里需要指出的是，新民主主义理论包括新民主主义革命理论和新民主主义社会理论两大部分。在新民主主义革命时期，中国共产党提出的新民主主义社会目标不但没有放弃马克思主义对民生最终目标的追求，而且还为旧中国架起一条通往未来理想目标的现实桥梁。从新社会建立过程看，新民主主义社会仅是一个过渡性质的社会，它必将发展到社会主义，并不断向马克思主义设想的社会目标靠近，最终实现人的自由而全面的发展。从民生状况的改善看，新民主主义社会的建立首先要推翻压在中国人民身上的"三座大山"，实现民族独立和人民解放，为中华民族伟大复兴创造根本社会条件，从而才有条件让中国人民过上好日子。

综上所述，新民主主义革命时期中国共产党人继承了马克思主义民生思想，开始了对民生问题的认识和思考，其理论成果成为中国共产党民生思想的重要内容，为推进当前社会民生事业建设提供了有益借鉴。从理论成果看，这一阶段中国共产党人对民生概念及民生问题的认识是近百年来中国共产党民生思想必不可少的组成部分。如早在苏区时期，中国共产党就已提出"关心群众生活、注意工作方法"，到了抗战时期党又提出"全心全意为人民服务"的宗旨，这些都是中国共产党民生思想的重要内容。从实践效果看，新民主主义革命时期中国共产党民生思想的具体实践值得肯定。如全民族抗日战争时期的陕甘宁边区，中国共产党关注民众的粮食、医疗卫生、社会救助、教育事业，以期解决当时突出的温饱问题、健康问题、保障问题、文化需求问题，其效果相当明显，为巩固发展抗日根据地，争取全民族抗战胜利提供了物质保障和民众基础。

（二）近代资产阶级民生思想是其重要来源

中国共产党创立前，孙中山先生倡导的民生主义是我国近代资产阶级民生思想的代表性学说。在创立前后，中国共产党对民生问题的认识和思考必然受到孙中山民生思想的深刻影响。当时，中国共产党坚持马克思主义的基本立场，认清并摒弃孙中山民生思想中的不足，积极吸收其合理内核，逐步形成中国共产党人对民生及民生问题的科学认识。

1.吸收借鉴孙中山民生思想的合理内核

孙中山毕生关怀民生，并致力于解决旧中国的民生问题。早在《上李鸿章书》中孙中山就使用了"民生"概念。在孙中山看来，民生即"人民的生活——社会的生存、国民的生计、群众的生命"[①]。后来孙中山在《关于民生主义之说明》《民生主义》等演讲中详细阐述了自己对民生主义和民生史观的理解，这些论述构成了孙中山民生思想两大组成部分，即民生史观和民生主义。

在历史观上，孙中山将"民生"概念引入政治经济层次，强调解决民生问题的重要性，形成其民生史观。在孙中山看来，将民生概念引入政治经济层次"非独中国向无新闻，即在外国亦属罕见"[②]。他认为"民生"二字是关乎"外国近百年来所发生的一个最大问题"，是一个重要的社会问题，"所以社会问题之发生，原来是要解决人民的生活问题"[③]。孙中山进而认为，只有实行了民生主义，一切社会问题才能解决，人的幸福才能实现。孙中山指出资本主义时代产生的"阶级战争""工人痛

---

① 《孙中山全集》第9卷，中华书局1986年版，第355页。
② 《孙中山全集》第9卷，中华书局1986年版，第112页。
③ 《孙中山全集》第9卷，中华书局1986年版，第360页。

苦"和"种种压迫""都是由于民生不遂的问题没有解决"①。在他看来，当一定社会的民生成为突出的民生问题时，民生问题就成为一切社会矛盾和冲突产生的原因。因此孙中山主张要解决社会问题必须重视民生问题。

在实现途径上，孙中山认为只有变革经济制度才能解决当时中国的民生问题。孙中山提出："解决民生问题应该用什么方法呢？这个方法，不是一种玄妙理想，不是一种空洞学问，是一种事实。"②为此，孙中山将"平均地权"与"节制资本"③作为解决中国社会民生问题的两大主张。首先，孙中山充分肯定"平均地权"在解决民生问题中的重要作用。在他看来，"土地问题能够解决，民生问题便可以解决一半了"④。"解决土地问题的办法，各国不同，而且各国有很多繁难的地方。现在我们所用的办法是很简单很容易的，这个办法就是平均地权。"⑤后来，孙中山在《三民主义》演讲中专门论述平均地权的具体含义和操作步骤，即采取土地国有政策限制地主拥有过多土地，逐步使农民获得自己的土地。其次，孙中山倡导"平均地权"的同时又提出节制私人资本、发展国家资本的主张。只不过他主张的节制资本"非反对资本，反对资本家耳"⑥，即不是一般的反对资本主义，而是"反对少数人占经济之势力，垄断社会之富源耳"⑦。至于如何在当时的中国实现节制资本，孙中山提出了通过发展国家资本来实现对少数人之资本的节制，强调"中国今日单是节制资本，仍恐不足以解决民生问题，必要加以制造国家资本，才可解决之"⑧。概括而言，孙中山所谓"制造国家资本"的主张，即要求国家通

---

① 《孙中山全集》第9卷，中华书局1986年版，第386页。
② 《孙中山全集》第9卷，中华书局1986年版，第381页。
③ 《孙中山全集》第9卷，中华书局1986年版，第377页。
④ 《孙中山全集》第9卷，中华书局1986年版，第390页。
⑤ 《孙中山全集》第9卷，中华书局1986年版，第388页。
⑥ 《孙中山全集》第2卷，中华书局1986年版，第338页。
⑦ 《孙中山全集》第2卷，中华书局1986年版，第338页。
⑧ 《孙中山全集》第9卷，中华书局1986年版，第393页。

过发展国家资本来经营和管控那些关乎国计民生的重要行业，以此来保障民生。

应该说，在当时的中国，孙中山民生思想无疑是有着很大进步性，其合理部分对中国共产党人有着重要启示。新民主主义革命时期中国共产党人对孙中山民生思想的合理成分予以了吸收借鉴，发展成为中国共产党人的民生主张。比如中国共产党在"平均地权"基础上形成了"改变封建土地所有制为农民所有"的土地革命政策，在斗争中将民族资产阶级和官僚资产阶级区分开来，把"节制资本"思想发展为"没收官僚资本归国家所有"和"保护民族工商业"，从而提出了新民主主义经济纲领，成为中国共产党在新民主主义革命时期指导经济斗争的基本纲领。

2.正确看待孙中山民生思想的理论不足

当然，孙中山的民生思想并非完美无缺，其民生史观存在立场错误，民生主义主张也并不彻底。因此，中国共产党人在借鉴孙中山民生思想之时，既要吸收其合理之处，又要摒弃其理论缺陷。

就历史观而言，孙中山提倡的民生史观是唯心主义的。首先，孙中山歪曲了唯物史观，指责马克思所主张的"阶级战争不是社会进化的原因"，认为其只是人类社会进化过程中的"一种病症"。在孙中山看来，马克思之所以提出这个观点是因为"没有见到社会进化的原理"[1]。因此，孙中山在对唯物史观作曲解之后，认为古今一切人类之所以要努力，就是因为要求生存，人类因为要有不间断的生存，所以社会才有不停止的进化。在孙中山的历史观中，民生被放在极其重要的位置。他认为"民生"存在的意义是为了满足"人类求生存"的需要，并最终得出结论："民生为社会进化的重心"，"民生问题才可说是社会进化的原动力"[2]。这一结论虽然高度肯定了民生在社会发展中的重要性，但从社会存在与社会意识相互关系上看，它显然是一种抽象的、超阶级的历史观，实质上是唯心主义历史观，它的哲学立场与中国共产党人秉持的唯物史

---

① 《孙中山全集》第9卷，中华书局1986年版，第369页。

② 《孙中山全集》第9卷，中华书局1986年版，第371页。

观截然相反。

就民生实施途径来看，孙中山提倡的民生主义摆脱不了资产阶级的局限性。在平均地权政策上，孙中山一边提出通过"土地国有"来实现"耕者有其田"，另一边又反对农民通过激烈的土地革命获得土地，妄图希望地主阶级能够服从于国家分田主张进而自觉交出土地，这显然是不切实际的理想主义。相比而言，中国共产党土地革命政策显然比民生主义主张更彻底，通过采取没收封建地主阶级的土地归农民所有的政策来真正实现"耕者有其田"。在节制资本方面，孙中山主张通过限制私人资本来发展国家资本。但是，在半殖民地半封建的旧中国，如果忽视国家的力量来节制私人资本是根本行不通的。后来的历史表明，孙中山的节制资本思想被蒋介石等国民党右派分子篡改了，南京国民党政府非但对私人资本节制不力，反而使得中国社会衍生出一个代表大地主大资产阶级利益的官僚资产阶级，从而抛弃了孙中山节制资本的民生主义。

综上可见，孙中山的民生思想突出了民众及其需求在社会发展中的地位和作用，他对民生问题的解决途径有着精辟的论述。当然，孙中山在民生史观和民生主义主张中也存在明显缺陷，其成因既有资产阶级自身局限性的因素，也有历史观上超阶级的因素，还缘于他对旧中国社会的封建性、腐朽性、反动性认识不足。今天看来，虽然孙中山在民生史观的基本立场上存在重大缺陷，且对解决旧中国民生问题的主张也不彻底，但是这些缺陷都不足以影响孙中山民生思想成为近代以来中国资产阶级民生思想学说的集中代表。因而，认识并分清孙中山民生思想的积极与消极成分，吸收其合理内核、摒弃其理论不足，就成为早期中国共产党人认识民生及民生问题过程中的必然要求。

（三）中国传统民生思想提供了文化土壤

任何思想理论的形成都有其深厚的文化背景，早期中国共产党人认识民生概念和民生问题的过程中也不例外。我国自古以来就形成了丰富的民生思想，它成为中国共产党人认识和思考民生概念及民生问题的文化土壤。

1.吸收运用了传统民生思想的精华

在中国古代，许多思想家多有"贵民""厚民"的阐述。屈原在《离骚》中有"哀民生之多艰"的感慨，王夫之提出过"圣人所甚贵者，民之生也"（《读通鉴论》卷十九），刘宗周认为"法天之大者，莫过于厚民生，则赋敛宜缓宜轻"（《刘周宗年谱》）。程颢、程颐则指出"民无生业，极困则虑生"，"设或遇大饥馑，有大劳役，奸雄一呼，所在必应"，故而"天下安危，实系于此"（《二程文集》）。从这些论述不难看出，中国古代思想家多将"民生"与"国计"相提并论，使民生概念自古以来就成为一个关乎治国安邦、社稷安危的重要话题。

中国古代思想家对民生如此重视，与古代浓厚的"民本"思想密切相关。在古代思想家和统治者看来，"民惟邦本，本固邦宁"（《尚书·五子之歌》），"夫民者，国之根也，诚宜重其食，爱其命。民安则君安，民乐则君乐"（《后汉书·陆凯》）。由于任何时期的民众都有基本的生活需要，民生状况就应该成为古代思想家和统治者必须重视的问题。为此，古代思想家积极倡导"民本"和"贵民"，如"国以民为本，民以谷为命"（《后汉书·张奋传》），"国以人为本，人以衣食为本"（《贞观政要》），"民非足也，而可治者，自古及今，未之尝闻"（《新书·无蓄》）等。由此可见，中国古代对"民本"有着足够重视，这就要求历代统治者必须做到敬民、爱民，唯有如此才能稳固江山社稷。

既然民众是国之根本，那么民生状况的好坏必将涉及社稷安危。在中国共产党创立前，早期马克思主义者继承古代中国敬民爱民的传统，对旧中国的民生问题给予了足够重视。1914年11月，李大钊在《国情》一文中指出了关注民生的重要性："然历代君人者，必以省刑罚、薄税敛为戒，其民始相安于无事，否则揭竿四起矣。"他还批评了当时的民生状况："近世国家政务日繁，财政用途亦日增，人民负担之重，已非昔比。"[①]至于如何解决民众日益沉重的经济负担，李大钊认为："恶政苦

---

① 《李大钊全集》第1卷，人民出版社2013年版，第205页。

民，有如猛虎，斯诚可痛，亦宜亟谋所以自救之道。"①后来，中国共产党人在传统"民本""贵民"基础上提出了为人民服务的思想。

2.正确认识传统民生思想的局限性

传统民生思想蕴含着强烈的人文关怀，古代统治者和思想家对民众作用的认知与判断、对民生的重视成为传统民生思想的积极部分。在传统"民本""贵民"思想背景下形成的中国共产党人民生思想，必将受到传统民生思想的深刻影响。我们也要看到，传统民生思想因其产生于古代落后的社会历史条件下，代表着落后剥削阶级的根本利益，难以摆脱其历史局限性和阶级局限性，这一点在其历史观、阶级立场上必然鲜明地表现出来。

从历史观来看，传统民生思想虽然肯定民众对稳定江山社稷起到的巨大作用，但是古代统治者和思想家并不承认也没有认识到，人民群众在社会发展中的根本作用。他们认为中国古代辉煌历史成就之所以能够出现，缘于尧舜、汤武等明主贤君，强调只要历代君王能够做到以民为本、重民爱民，其统治地位必将延续直至千秋万代。显然，传统民生思想背后的历史观具有浓厚的精英史观色彩，这与马克思主义群众史观是根本对立的。依据唯物史观，虽然古代贤明君主能够重视民众作用，强调贵民爱民，他们可能开创一时伟绩，实现社稷稳固。但一旦当他们的统治脱离民众时，他们必将被人民所抛弃，无法改变人类社会不断发展的历史潮流。

从阶级立场来看，奴隶主财产私有制、地主土地私有制是古代社会的统治基础，也是中华传统民生思想形成和发展的经济基础。传统民生思想的形成离不开奴隶社会和封建社会的私有制度，其最终目的也是维护这些私有制度。虽然传统民生思想强调"民本""贵民"，但它也仅仅是将这些主张作为维护君主专制制度的一种治国手段和统治策略。比如古代圣贤提出过"民贵君轻"思想，但他们在将"君君臣臣、父父子子"等人伦道德规范上升到国家意识形态层次后，赋予其更多的政治化含义，

---

① 《李大钊全集》第1卷，人民出版社2013年版，第251页。

最终使之成为封建社会长期奉行的最高准则和道德理念。不可否认，封建纲常伦理规范在维护社会秩序、规范人际关系上起着重要作用。但是我们也会发现，即便古代统治者和思想家的民生思想一定程度上休养了民力、缓和了社会阶级矛盾、规范了社会秩序，但是他们用已经定型的纲常伦理观念来约束民众行为，根本上仍然是为自身统治的合理性做道德辩护。在一定意义上，这些主张是钝化了民众斗志、延缓了历史发展进程。

二、新民主主义革命时期中国共产党对民生问题认识的发展历程

为中国人民谋幸福、为中华民族谋复兴是中国共产党创建的初心和使命。近代以来，中华民族处于内忧外患的境地，内有晚清王朝腐败统治，外遇帝国主义列强疯狂入侵。最终西方列强的入侵掠夺导致旧中国濒临亡国灭种的边缘。"自从这种势力侵入以后，中国曾行过几次旧式的反抗，反抗失败的结果，人民一方面因外来的政治力经济力强迫的痛苦，一方面发见了旧政治的腐败与缺点，渐渐觉悟非改良政治组织不足以抵抗外力，于是戊戌变法运动、君主立宪运动、辛亥革命运动渐次发生。"①这些民族先进分子的努力奋争最终都归于失败。究其失败之根源，既有领导力量阶级立场的历史局限性，也有革命斗争没能充分发动基层民众的原因。这一背景下，中国共产党人吸取了以往各阶级各阶层救亡斗争的历史教训，选择了马克思主义作为指导思想，逐步在斗争中形成新民主主义革命理论并成功指导中国革命斗争取得胜利。

中国共产党之所以能够带领中国人民取得革命最终胜利，与共产党人先进的指导思想、正确的革命理论和斗争策略密不可分，更与共产党人坚定的人民立场和正确的群众观密切相关。这种紧密联系和相关性直接表现为，新民主主义革命时期中国共产党始终重视民生疾苦，不断关注

---

① 中共中央文献研究室、中央档案馆编：《建党以来重要文献选编（1921—1949）》第1册，中央文献出版社2011年版，第88页。

和解决民生问题，努力让人民过上好日子。

（一）建党之初至大革命时期中国共产党对民生问题的认识

回看中国共产党早期领导人在建党前后的论著不难发现，中国共产党对民生概念的认识与孙中山的民生主义密切相关。

1.民生主义就是"如何解决劳动平民生计问题"①

关于民生概念的理解，中国共产党早期领导人一开始就把"民生"放在"主义"的高度。1924年6月，陈独秀在《国民党与劳动运动》一文中指出，民生主义"简单说，就是如何解决劳动平民生计问题，不是说解决全民生计问题。因为全民中富有的部分，当然不劳国民党锦上添花为他们来主张民主主义"②。瞿秋白更为具体地描述道："民生主义是中国一般民众要求经济生活的改善，小商人、自耕农要免除苛捐苛税，没有地的农民要田地，工资低的工人要增加工资……凡此都是极具体极明显的民众要求。"③可见，中国共产党早期领导人已经认识到，关注民生应该是关注平民百姓的生活，民生主义就是要解决劳动平民的各种生计问题。

党的早期领导人对民生概念的这一理解鲜明体现了马克思主义阶级立场，是对旧中国百姓生计惨状的深刻揭露和批判。西方列强的疯狂入侵、封建专制主义以及其后演变而来的军阀政治是造成近代中国落后和民众苦难的主要根源。对于此，陈独秀曾对旧中国社会景象做过一番评述："外迫于强敌，内逼于独夫，……试观国中现象，若武人之乱政，若府库之空虚，若产业之凋零，若社会之腐败，若人格之堕落，若官吏之贪墨，若游民盗匪之充斥，若水旱疫疠之流行：凡此种种，无一不为国亡种灭之根源。"④事实上，劳工阶层的困难生活就能深刻反映民不聊生的状况。

---

① 中共中央文献研究室、中央档案馆编：《建党以来重要文献选编（1921—1949）》第2册，中央文献出版社2011年版，第85页。

② 中共中央文献研究室、中央档案馆编：《建党以来重要文献选编（1921—1949）》第2册，中央文献出版社2011年版，第85页。

③ 《瞿秋白选集》，人民出版社2013年版，第329页。

④ 《陈独秀文集》第1卷，人民出版社2013年版，第162—163页。

在旧社会，新式的生产制度"一天一天的把劳动者集中到工厂里去，叫他们做机器的附属物。一班男女劳工在这种新式的生产制度下面的工作情况，简直是和牛马一样"。还有千万的小孩子们，"他们的健康是牺牲在这剥夺制度之下，他们定不能得受教育的机会。他们从极年幼的时候，就变成了本国或外国资本家的富源开发者并变成了资本家的新式奴隶"①。李大钊在《唐山煤厂的工人生活》一文中曾描写矿工的悲惨生活："这个炭坑，仿佛是在一座地狱。这些工人，仿佛是一群饿鬼。有时炭坑颓塌，他们不幸就活活压死，也是常有的事情。"然而，唐山煤矿工人做工的收入非常可怜，"一个工人的工银，一日仅有二角，尚不用供给饮食"。相比而言，"骡马的生活费，一日还要五角"，"这样看来，工人的生活，尚不如骡马的生活；工人的生命，尚不如骡马的生命了"②。

由上可知，作为无产阶级的先进代表，早期中国共产党人在认识和理解民生概念、民生问题之初就已经密切关注劳动平民的生计问题，体现出中国共产党鲜明的群众立场和爱民情怀。

2．"革命的中心，要是民众所真正需要的东西"③

面对旧中国的民生状况，中国共产党人开始探寻解决民生问题的道路。党的早期领导人陈独秀曾谈道，所谓"民生主义，于平均地权以外，更加上土地国有，机器国有，少者归国家教育，老者归国家赡养等主张"④。在旧中国，平民生计问题要想得以解决，"国民政府之经济政策及农工立法，尚在将来，眼前急需的经济组织（工会农会）及日常生活之改善，乃解决劳动平民生计之最小限度"⑤。至于如何满足民众这些最

---

① 中共中央文献研究室、中央档案馆编：《建党以来重要文献选编（1921—1949）》第1册，中央文献出版社2011年版，第45页。

② 《李大钊全集》第2卷，人民出版社2013年版，第435—436页。

③ 中共中央文献研究室、中央档案馆编：《建党以来重要文献选编（1921—1949）》第2册，中央文献出版社2011年版，第82页。

④ 《陈独秀文集》第2卷，人民出版社2013年版，第286页。

⑤ 中共中央文献研究室、中央档案馆编：《建党以来重要文献选编（1921—1949）》第2册，中央文献出版社2011年版，第85页。

小限度、极具体的民生需求，中国共产党人对此认识有一个逐步深入的过程。这一过程从中国共产党人改善民众生存、教育普及、社会生活习惯等领域的努力中能够得以体现。

其一，早期中国共产党人对改善劳工阶层民生状况的努力。建党初期，陈独秀认识到劳工阶层应该有改善自身境遇的觉悟。

在陈独秀看来，"劳动界的痛苦自然很多，一时也说不尽"。因此他对广大劳工阶层所盼望的，"并不是妄想大家像欧美劳动界那样有力量的运动，只盼望大家有自身所处的是什么境遇，并且有努力改善这境遇的觉悟"①。除要求劳工阶层有改善自身境遇的觉悟外，陈独秀还呼吁当时的政府和资本家"应该尽政府的职分，就应该注重民生问题，就应该把政府当做全国人的公共机关，不应该把政府当做专门保护少数人财产工商阶级利益的机关，不应该把多数人无产劳动阶级的痛苦不放在眼里"，"对劳动界施点'仁政'"②。然而，帝国主义与封建军阀不仅不会主动满足百姓的生计需要，反而会不断压制劳动阶层谋求生活改善的斗争和努力。为此，旧中国的劳工阶层必须寻求改善自身生存状况的新出路。这一新出路就是共产党领导劳工阶级建立工会组织，致力于劳动者的经济改良运动。"我们只有把一个产业底下的劳动者，不分地域、不分男女老少，都组织起来，做成一个产业组合。……要这样的组织法，劳动者才能用他们的组织力，做奋斗事业，谋改良他们的地位呢。"③

关于这种经济改良运动，建党初期中国共产党人尝试过全国性劳动立法运动，提出了改善工人待遇的各项要求。1922年，中国劳动组合书记部拟定了劳动法案大纲，提出19条立法条款。其主要内容概括为以下几方面：限制劳动时间、日工不得过八小时；禁止雇佣童工、保护青年工人和保护女工；提出国家须制定保障工人适当以至低限度的工钱，即最

---

① 《陈独秀文集》第1卷，人民出版社2013年版，第520页。
② 《陈独秀文集》第1卷，人民出版社2013年版，第521页。
③ 中共中央文献研究室、中央档案馆编：《建党以来重要文献选编（1921—1949）》第1册，中央文献出版社2011年版，第46页。

低工资保障；国家建立工人保险事业，费用完全由雇主或国家出；国家须立法保证工人受补习教育的机会；等等。这些经济改良主张尝试未果后以罢工为主的工人运动成为中国共产党领导劳工阶级改善生存状况的重要斗争途径。

其二，早期中国共产党人对解决平民百姓教育问题的努力。这一点主要体现为中国共产党对旧式教育的批判、对新式教育的倡导和对普及平民教育的重视。

在早期共产党人中，陈独秀对中国旧式教育的弊端有着深刻认识。1920年2月，陈独秀在武昌高等师范学校做《新教育之精神》的研究，批评了当时中国的学校教书是"最腐败的"。陈独秀指出，"现在的学校，那一个不是如此，都是以空相尚，讲究形式。学校的大权，掌在教长及少数教职员的手中，学生的困苦，全然不顾"，其结果造成了"学生只能在书桌子上做自己的功课，于外面社会上的实况，一点都不知道。学校是学校，社会是社会，出了学校，更不能在社会上立足"①。为此，陈独秀提出新的教育要在三方面加强革新，即"宜注意社会方面"，"当以学生为主体"，"打破形式的教育、以实际为主"，而且以上三点"更是新教育之精神"②。随后，他又在《教育的缺点》演讲中提出，中国要办新教育必须力戒主观主义、形式主义之流弊，"这两种主义不破，中国的教育决不会有进步的希望"③。这里要看到，主观主义、形式主义无疑是中国旧教育问题之一，陈独秀对其剖析也是相当犀利与深刻的，他所倡导的新教育思维也成为其在更高层次上改进旧教育的积极建议。然而，当时中国教育的弊端并不仅限于此，当时教育问题中更为迫切的是平民教育没有普及，民众现代民主思想觉悟尚未开启。随着中国共产党人政治运动和社会革命目标的确立，如何尽最大可能地启迪民众、发动民众参与革命运动成了当时教育的关键。

---

① 《陈独秀著作选》第2卷，上海人民出版社1993年版，第95页。
② 《陈独秀著作选》第2卷，上海人民出版社1993年版，第95、98页。
③ 《陈独秀著作选》第2卷，上海人民出版社1993年版，第122页。

建党以后，中国共产党开始平民教育的尝试。建党不久，毛泽东曾参与创办倡导学友自力的湖南自修大学，邓中夏、瞿秋白等参与改造了上海大学，中国共产党也曾短期开办过外国语学社、平民女校等新型学校。在探索基础上，中国共产党先后提出对教育问题的决议案，明确提出"青年工农的特殊教育运动""普遍义务教育""免除学费运动""教育平等运动"等内容。这些教育决议案的提出一方面反映了中国共产党针对旧式教育的弊端提出的革新要求，另一方面成为中国共产党启迪平民百姓、动员社会力量参与革命运动的重要途径。

其三，早期中国共产党人对改善当时民众生活方式的关注。早期共产党人十分关注一般民众的生活方式和日常习惯改善问题。

在倡导改善工人生存状况的同时，陈独秀认识到劳工阶级有必要通过不断觉悟来改善自身生活状态。陈独秀认为劳工阶级这种觉悟要体现在"消极努力"和"积极努力"两方面。"消极的努力，就是不赌钱，不吃酒，不吸烟，不扎吗啡针，不去当兵，不要早婚配多养儿女。积极的努力，就是创设同业联合、劳动休息所、职业介绍所、补习夜学、储蓄机关。"①为此他要求工人"各种同业各自联合起来，讲究自己的教育，清洁自己的卫生，维持自己的生计"②。李大钊也较早关注了民众的生活状态。他曾撰文尖锐批评过北京市民生活中"苦闷、干燥、污秽、迟滞、不方便、不经济、不卫生、没有趣味"的糟糕状况，"我们要是长久生活在这种生活里，恐怕要死；就是不死，也没有甚么生趣。我们急切的很要求一种新生活"③。他还把北京市民生活应该改良的地方概括为十六条，其中多数是国民政府需要改善的地方，有些又是市民自身应该注意的问题。其实，早在李大钊论述民主思想重要性的时候，就已经提出重视劳动群众文化生活方式改善的问题。他提出："现代生活的种种方面，都带着Democracy的颜色。"如果一个人享受不到教育，"他就同机械一

---

① 《陈独秀文集》第1卷，人民出版社2013年版，第520页。
② 《陈独秀文集》第1卷，人民出版社2013年版，第521页。
③ 《李大钊全集》第3卷，人民出版社2013年版，第71页。

样，牛马一般，久而久之，必把他的人性完全消失，同物品没有甚么区别。……这种罪恶，却比掠夺他们的资财更是可怕，更是可恶！"①从此论述可以看出，李大钊对民生状况的思考已不仅仅停留于劳工精神生活极度缺乏的感慨，而是已经深入探讨造成这一状况的制度根源。

然而，当时中国民众"目下所差的，只是还没有了解革命可以予他们生活上以切实的幸福之保证"。这就要求中国共产党人，"所应从事的，……便是怎样使他们信仰他们所望的好生活，只有革命能够给他。要做成这个功夫，那就须把革命弄得处处都在他们底生活上去着想"。作为共产党人，"我们革命要是为他们而革命"，"革命的中心，要是民众所真正需要的东西"②。就当时民众的需求而言，"人民所需要的，只是'和平与面包'"，因此，"我们今后应该切实地钻入民众间去，研究他们底实际痛苦是些什么？他们所希望的何在？什么东西才是他们所以感觉着必需革命的？"，至于"平均地权、节制资本、整理耕地、改良农村组织，那更是针对人民需要的实际问题"③。

综上所述，早期中国共产党人关于改善百姓生存、教育和生活方式的认识和思考，反映了中国共产党对民生及民生问题认识的不断深入。在民主革命思想不断发展的背景下，旧中国民生的改善不应该寄希望于反动军阀政府、资本家和西方列强会施行"仁政"，必须依靠广大劳工民众自身力量，逐步由经济斗争转向政治斗争，从而确立实现民生状况彻底改善的有效途径。

（二）土地革命战争时期中国共产党对民生问题的认识

谈起中国共产党对民生问题的解决，人们在认识上常存在一定的误区，即人们往往认为民生问题的解决只可能在新中国成立以后的和平环

---

① 《李大钊全集》第2卷，人民出版社2013年版，第407—408页。

② 中共中央文献研究室、中央档案馆编：《建党以来重要文献选编（1921—1949）》第2册，中央文献出版社2011年版，第82页。

③ 中共中央文献研究室、中央档案馆编：《建党以来重要文献选编（1921—1949）》第2册，中央文献出版社2011年版，第83—84页。

境中进行，在革命战争年代中国共产党是没有办法从根本上解决民生问题的。这一认识的误区在于，它既没有从政党根本属性上看到中国共产党的创立就是为了改变旧中国民不聊生的状况，也没能从历史发展中认识和肯定党在战争年代为此所做的努力。

1."一切群众的实际生活问题，都是我们应当注意的问题"①

土地革命时期，中国共产党人通过"工农武装割据"，开展土地革命，创建了多块红色革命根据地，开辟了一条中国革命的新道路。在此期间，共产党人把开展革命斗争与解决民生问题相结合，把搞好苏区经济建设与改善民众生活作为苏区政权工作的重要内容。从那时起，中国共产党对民生问题的解决思路实现了由建党初期的以斗争谋民生向以政权保障民生的转变，开始了中国共产党解决民生问题、探索民生建设的初步努力。

其一，回答"为谁解决问题"，找到解决民生问题的根本出发点。革命斗争环境下，中国共产党人认识到解决民生问题的服务对象应该是旧中国的广大百姓，只有如此中国共产党自身的阶级基础和群众基础才能得以巩固。在国共尖锐对峙的背景下，中国共产党解决民生问题的具体对象就是苏区的广大劳苦民众。当时，苏维埃政权就面临"革命与反革命生死存亡的斗争"②的局面。面对这一严峻形势，为唤起苏区民众达到对敌斗争的目的，中国共产党和苏维埃政权必然要巩固政权基础，必须重视和解决苏区广大百姓的民生状况。随后，党在苏区推行了"一切土地给予农民与红军士兵"，"工人实行八小时工作制，增加工资，救济失业，实行社会保险制度"，"组织民众的经济生活"，"组织民众的文化生活"③，等等。

---

① 中共中央文献研究室、中央档案馆编：《建党以来重要文献选编（1921—1949）》第11册，中央文献出版社2011年版，第150页。

② 中共中央文献研究室、中央档案馆编：《建党以来重要文献选编（1921—1949）》第11册，中央文献出版社2011年版，第88页。

③ 中共中央文献研究室、中央档案馆编：《建党以来重要文献选编（1921—1949）》第11册，中央文献出版社2011年版，第89页。

当然，中国共产党解决民生问题的服务对象并不仅仅只有苏区群众，党还在国统区开展罢工等形式的民生斗争。但是，在代表大地主大资产阶级利益的国民党政权内部，这些斗争都无法真正使国统区民众摆脱民生困苦。因此，坚持发展壮大苏维埃革命根据地，解决苏区民众切身的民生问题成为当时的工作重点。

其二，提出"关心群众生活"，明确解决民生问题的基本内容。在土地革命战争时期，要取得"革命与反革命生死存亡的斗争"的最终胜利，中国共产党必须依靠群众和动员群众。1934年1月，毛泽东提出党和政府要"关心群众生活，注意工作方法"，他认为既然"我们要胜利，一定还要做很多的工作"。这些工作既包括分给农民土地、发展生产和对外贸易，也包括解决百姓衣食住行、柴米油盐、疾病及婚姻等问题。"总之，一切群众的实际生活问题，都是我们应当注意的问题。"①由此可以看出，中国共产党已经把苏区民众的土地问题、劳动保障、柴米油盐等日常生活问题提到了议事日程上来。至于中国共产党为何能在这一时期把关乎民众生计的具体问题提出来，其原因在于中国共产党人对解决民生问题的重要性的认识，更在于其对巩固执政基础的必要性和对革命最终目的的深刻认识。

2. "组织革命战争，改良群众生活，这是我们的两大任务"②

土地革命战争时期，中国共产党人认识到"组织革命战争，改良群众生活，这是我们的两大任务"③。为此，中国共产党提出苏维埃工作的原则，指出必须要把苏维埃工作与革命战争、群众生活的需要完全结合起来。

苏维埃即工农兵代表会议，是俄国革命的产物。这一组织与资产阶级

---

① 中共中央文献研究室、中央档案馆编：《建党以来重要文献选编（1921—1949）》第11册，中央文献出版社2011年版，第150页。

② 中共中央文献研究室、中央档案馆编：《建党以来重要文献选编（1921—1949）》第11册，中央文献出版社2011年版，第152页。

③ 中共中央文献研究室、中央档案馆编：《建党以来重要文献选编（1921—1949）》第11册，中央文献出版社2011年版，第152页。

的议会制度完全不同。"议会制度表现了官僚主义的发展，并且是资产阶级压迫广大工农群众的工具。苏维埃则反是，他是站在生产地位的广大群众直接参加政权的反官僚主义的最好形式。……他对剥削阶级是专政形式，但对广大工农劳苦群众本身却是最民主的形式，正因为如此才能得到广大群众的拥护。"[1]1930年，中央苏区对苏维埃组织构成作出界定："苏维埃的组织立法机关和执行机关融化在一起，劳动民众所选出来的代表自己直接的去执行代表选举人所决定的一切行政事务，自己直接对选举人负责"；"苏维埃政权的组织，是最能够防止官僚主义的政治组织"；其选举办法"着重于从事生产的劳动者"[2]。苏维埃政权这些种种优点说明，工农兵会议（苏维埃）的政权真正是劳动群众自己的政权。

苏维埃政权建立以后，中国共产党认识到解决民生问题必须要上升到苏维埃政权的立法层面。1930年召开的全国苏维埃代表大会通过了一系列法令，其中多项法令旨在改善苏区的民生状况。1934年1月，第二次全国苏维埃代表大会高度评价这一成效。"在帝国主义、国民党统治的区域内，是国民经济总崩溃与成千百万工农劳苦群众的破产、失业与冻死、饿死。但在苏维埃区域内，不论帝国主义、国民党怎样残酷的进攻，怎样用经济封锁政策，企图来制苏区千百万民众的死命，苏维埃区域内的经济建设在第一次全苏代表大会之后，……得到了极大的成功，保障了前方红军四次战争中的给养，大大的改善了广大工农群众的生活！"[3]这一时期，中国共产党对苏维埃工作的原则和任务的明确，明确了党在苏区解决民生问题的行动主体和主要内容。

---

[1] 中共中央文献研究室、中央档案馆编：《建党以来重要文献选编（1921—1949）》第7册，中央文献出版社2011年版，第62页。

[2] 中共中央文献研究室、中央档案馆编：《建党以来重要文献选编（1921—1949）》第7册，中央文献出版社2011年版，第223—224页。

[3] 中共中央文献研究室、中央档案馆编：《建党以来重要文献选编（1921—1949）》第11册，中央文献出版社2011年版，第167页。

（三）全民族抗日战争时期中国共产党对民生问题的认识

七七事变爆发后，革命形势发生重大转变。中国共产党从大局出发，号召停止内战，倡导组建全民族的抗日统一战线。日本帝国主义企图灭亡中国的侵略行为和全国各族人民要求一致抗日的强烈呼声，迫使国民政府不得不顺应时局变化，接受了中国共产党的抗日主张。经过艰苦的谈判，国共两党实现了第二次合作，全民族抗战局面逐步形成。全民族抗战时期，中国共产党紧紧围绕争取全民族抗战的最终胜利，始终坚持抗日民族统一战线方针，不断加强抗日根据地建设，为实现根据地民生状况的改善做出了长期努力，在解决民生问题的立足点和重心上有了深化和发展。

1."全心全意地为人民服务"就是我们的出发点

马克思主义自创立以来就一直将人民群众放在至关重要的地位。唯物史观认为，人类社会发展的基本动力是一定条件下的社会生产力，社会生产力包含劳动者、生产工具等要素，在其中起主要作用的是劳动者。在人类社会生产力发展过程中，作为劳动者的广大人民群众不仅创造了丰富的物质财富，而且创造了灿烂的精神文明，从而推动了社会变革的不断发生。

唯物史观是中国共产党认识和解决民生问题的哲学基础，群众立场是中国共产党认识和解决民生问题的根本立场。中国共产党在革命斗争实践中坚持并发展了这一马克思主义立场。1937年元旦，周恩来发表纪念文章论述了共产党与人民群众的密切关系："中国共产党产生了十六周年，他曾经领导过一九二五——二七年的中国大革命，他创造了中国的苏维埃革命，并为他苦斗十年，现在他又在领导全中国的反日民族统一战线。这样一个年轻的幼稚的党，从包含几十个人的第一次代表大会，发展到包含十几万党员的第六次代表大会，又一直发展到现在。"[1]至于年轻的中国共产党为什么能够取得这些胜利，周恩来做出回答："中国共产

---

[1] 中共中央文献研究室、中央档案馆编：《建党以来重要文献选编（1921—1949）》第14册，中央文献出版社2011年版，第345页。

党是从他产生到现在，没有一刻忘记过与广大群众的联系，没有一刻不为工人、农人、兵士和一切被压迫中国人民的利益而奋斗的。所以他能取得全中国无产阶级、农民和一切被压迫人民的拥护。"[①]

抗战进入相持阶段后，中国共产党认识到人民群众在持久抗战中的重要作用。"一个国家的生命，系之于全国人民的身上；一个战争的胜败，也系之于人民的向背。中华民族能否从持久的抗日战争中，求得自己的独立、自由和解放，完全在于能否动员全国一切人力、物力，为争取抗战胜利而进行顽强的、不疲倦的斗争。"[②]严峻的抗战形势迫切要求全党必须加强与人民群众的紧密联系。为此，毛泽东提出"为人民服务"观点，并把"为人民服务"作为判断一个阶级、一种思想进步与否的价值标准。1945年，党的七大上"为人民服务"思想被放在了更高层次，作为区别其他政党与马克思主义政党的显著标志。至此，"全心全意为人民服务"被确立为党和人民军队的根本宗旨，作为一切工作的出发点和落脚点。这一认识鲜明体现出中国共产党人对民生服务对象和解决程度上的进一步深化。

2. "民主与群众生活等问题的处理都要环绕于抗日问题"[③]

抗日战争是全民族的事业。要实现全民动员，政府不关心民众生活是不行的。同时，国家没有一定的经济基础尤其是国防基础也是不行的。

其一，提出"更多的关心群众的切身问题"，进一步强调解决民生问题的着眼点。民众是战争伟力之最深厚的根源，要打赢抗日战争这场持久战，就必须发动民众。中国共产党认识到，在持久抗战环境下要想切实动员广大军民参加抗日斗争，就要关心与解决群众的切身问题。为此，毛泽东提出共产党人要"更多的关心群众的切身问题"，他强调"为了支持这个革命战争到最后的胜利，许多扩兵、征粮的动员工作是必要的，但每一次

① 中共中央文献研究室、中央档案馆编：《建党以来重要文献选编（1921—1949）》第14册，中央文献出版社2011年版，第346页。

② 中共中央文献研究室、中央档案馆编：《建党以来重要文献选编（1921—1949）》第14册，中央文献出版社2011年版，第703页。

③ 中共中央文献研究室、中央档案馆编：《建党以来重要文献选编（1921—1949）》第14册，中央文献出版社2011年版，第108页。

这类动员工作，对于群众也不能不是一种新的负担。所以我们对于群众的切身问题，也就应该给以更多的关心"①。"一切空话都是无用的，必须给人民看得见的物质福利。……我们第一个方面的工作并不是向人民要东西，而是给人民以东西。"②这就要求共产党人必须深入研究民众生活，通过发展生产、繁荣经济，切实地解决人民生产生活中的具体问题，从而充分动员民众服务于前线抗战，进而取得全民族抗战的最终胜利。

其二，提出"民主与群众生活等问题的处理都要环绕于抗日问题"，厘清解决民生问题与服务中心工作的关系。中国共产党为了争取全民族抗战胜利，倡导和建立抗日民族统一战线，重视和争取统一战线的领导权。在民生问题解决过程中，中国共产党牢牢把握抗日救国基本方针，提出"民主与群众生活等问题的处理都要环绕于抗日问题。这一方针是不能改变的"③。

一方面，中国共产党和根据地政府关注根据地具体民生问题，努力改善人民生活，从而进一步巩固后方，支援前线抗战。党的六届六中全会上，毛泽东在《论新阶段》的报告中提出，当前总任务是"坚持抗战，坚持持久战，巩固与扩大统一战线，以便克服困难，停止敌之进攻，准备力量，实行我之反攻，达到最后驱逐敌人之目的"。而在民生方面，这一总任务具体要求党和政府"改良民众生活，激发民众的抗战热忱与生产热忱"，"实行新的战时财政经济政策，渡过战争难关"，"实行抗战教育政策，使教育为长期战争服务"④，等等。1939年1月，林伯渠在总结陕甘宁边区政府两年多来的工作情况时指出，作为全民族抗战的重要模

---

① 中共中央文献研究室、中央档案馆编：《建党以来重要文献选编（1921—1949）》第17册，中央文献出版社2011年版，第352页。

② 中共中央文献研究室、中央档案馆编：《建党以来重要文献选编（1921—1949）》第19册，中央文献出版社2011年版，第629页。

③ 中共中央文献研究室、中央档案馆编：《建党以来重要文献选编（1921—1949）》第14册，中央文献出版社2011年版，第108页。

④ 中共中央文献研究室、中央档案馆编：《建党以来重要文献选编（1921—1949）》第15册，中央文献出版社2011年版，第610、617—618页。

范区，陕甘宁边区党和政府充分认识到，"我们的经济建设的目的，在于创造国防经济基础，改善人民生活"。其中，"边区财政的目的在于保证边区抗战经费底自给，满足各项工作上的最低限度的需要。我们的财政政策在于一方面增加政府的收入，另一方面还不致影响到人民生活底改善"①。上述措施的提出及其施行表明，全民族抗战之初的中国共产党已经充分认识到发展民生事业对根据地巩固与发展的重要保障作用。

另一方面，中国共产党清醒地认识到改善民生必须与抗战需要相符合，要与抗日民族统一战线的团结相协调。在全民族抗战时期，面对国民党顽固派不断制造摩擦破坏统一战线的行径，中国共产党必须回答如何协调改善民生与支持抗战的关系。1940年12月，毛泽东在《论政策》指示中做了深入分析："在整个抗日战争时期，无论在何种情况下，我党的抗日民族统一战线的政策是决不会变更的。"当然，"过去十年土地革命时期的许多政策，现在不应当再简单地引用"。全民族抗战时期党的统一战线政策是"综合联合和斗争两方面的政策"②。这一斗争策略在民生领域体现为各条战线上的统一战线政策。比如政权组织上，"必须坚决地执行'三三制'"。在劳动政策方面，"必须改良工人的生活"，"切忌过左，加薪减时，均不应过多"，"八小时工作制还难于普遍推行，在某些生产部门内还须允许实行十小时工作制"，"劳资间在订立契约后，工人必须遵守劳动纪律，必须使资本家有利可图"。在农村既"应该规定地主实行减租减息"，又"要规定农民交租交息"。在税收上，"一切有收入的人民，除对最贫苦者应该规定免征外"，"均须负担国家赋税，不应该将负担完全放在地主资本家身上"③。以上各项政策的制定和施行正是中国共产党为适应战争需要而实行的战时政策。"这种政策的目的，一方面保

---

① 中共中央文献研究室、中央档案馆编：《建党以来重要文献选编（1921—1949）》第16册，中央文献出版社2011年版，第64、69页。

② 中共中央文献研究室、中央档案馆编：《建党以来重要文献选编（1921—1949）》第17册，中央文献出版社2011年版，第699—700页。

③ 中共中央文献研究室、中央档案馆编：《建党以来重要文献选编（1921—1949）》第17册，中央文献出版社2011年版，第703、704页。

障各阶层人民，摆脱半殖民地半封建的束缚，能独立自由的发展；一方面团结全民族的经济力量，与敌人作坚决的经济斗争，求得自足自给，保障持久抗战的物资需要。这就是抗战建国不可分离的基本环节。"①

（四）解放战争时期中国共产党对民生问题的认识

解放战争时期，中国共产党对民生问题的认识及其实践在党的民生工作史上处于承前启后阶段。一方面，这一时期中国共产党继承了土地革命战争以来对民生及民生问题的认识成果，结合解放区实际，将苏区和抗日根据地解决民生问题的方针原则、成功举措付诸实施；另一方面，中国共产党顺应解放战争形势变化，开始谋划和思考战后新中国建设问题，恢复和发展生产，改善民生状况。

1.紧紧依靠群众"就将战胜一切困难，一步一步地达到自己的目的"②

群众路线是中国共产党的根本路线，是共产党人优良作风的集中体现。关注和改善民生在贯彻落实党的群众路线，推进各项事业发展方面有着重大意义。

首先，解决民生问题、改善民生状况是贯彻落实党的群众路线的现实要求。中国革命实践充分证明，中国革命呈现良好发展态势的时期，一定是群众路线得到很好贯彻的时期，也是中国共产党较好地关注了群众利益、解决了群众困难的时期。反之，中国革命出现曲折的时期，往往是党的群众路线没有得到很好贯彻的时期，也往往是党在工作中忽视群众利益、漠视群众困难的时期。正如1947年9月13日刘少奇在全国土地会议上所提出的："我们的政策，唯一目的是为了群众利益。""离开群众路线，党的政治、组织、军事及其他一切就不可能有正确路线。……一切

---

① 中共中央文献研究室、中央档案馆编：《建党以来重要文献选编（1921—1949）》第18册，中央文献出版社2011年版，第271页。

② 中共中央文献研究室、中央档案馆编：《建党以来重要文献选编（1921—1949）》第22册，中央文献出版社2011年版，第888页。

政策的决定、修改和执行，口号的提出与转变，都必须有群众观点，走群众路线。测量政策的正确与否，要以最大多数人民的最大利益为标准。"①1947年9月，董必武在晋察冀边区财经会议上再次强调："过去我们常说，党的利益高于一切。这是因为党的唯一利益（不是说'主要利益'）就是群众利益，除开为群众谋利益，党就不仅没有任何别的利益，即党的本身存在价值也须考虑。党决不是宗派，不能像青洪帮那样只给自己一党一派的人谋利益。所以党的利益高于一切，也就是群众的利益高于一切。"②鉴于此，解放战争时期中国共产党将贯彻落实群众路线与解决民生问题联系起来，通过改善民众生活来保障党的群众路线的贯彻实施，进而推动解放战争的顺利发展。

其次，关心百姓生活、解决民生困难是巩固和发展解放区的重要基础。百姓生活的改善影响到人民群众对党的接受和认可，影响到解放区的巩固和发展。抗战胜利后不久，毛泽东在抗大七分校发表讲话，特别强调"我们的队伍不论到什么地方，都要关心老百姓，解决他们的困难。我们每到一个地方，吃东西、住房子、穿衣服，都要靠老百姓帮助解决，如果关系搞不好，得不到老百姓的帮助，就没有办法打仗了"。"当然总的说起来，我们八路军、新四军对老百姓是好的。"③为建立巩固的东北根据地，1945年12月，毛泽东指示东北局："在我军数量上已有广大发展之后，我党在东北的工作重心是群众工作。"他告诫："如果我们不从发动群众斗争、替群众解决问题、一切依靠群众这一点出发，并动员一切力量从事细心的群众工作，……那末，我们在东北就将陷于孤立，不能建立巩固根据地，不能战胜国民党的进攻，而有遭遇极大困难甚至失败的可能；反之，如果我们紧紧依靠群众，我们就将战胜一切困难，一步一

---

① 中共中央文献研究室、中央档案馆编：《建党以来重要文献选编（1921—1949）》第24册，中央文献出版社2011年版，第370—371页。

② 中共中央文献研究室、中央档案馆编：《建党以来重要文献选编（1921—1949）》第24册，中央文献出版社2011年版，第394页。

③ 中共中央文献研究室、中央档案馆编：《建党以来重要文献选编（1921—1949）》第22册，中央文献出版社2011年版，第765页。

步地达到自己的目的。"至于如何争取群众，毛泽东总结提出："我党必须给东北人民以看得见的物质利益，群众才会拥护我们，反对国民党的进攻。"①当时东北地区已经广泛开展政治上经济上反汉奸反特务斗争，中共中央东北局负责人彭真也认识到"必须继续放手发动群众"，"应该把反汉奸的斗争与工人、农民改善生活的斗争联系起来，这样才能组织与保持群众运动的高潮，在短期间迅速把群众组织起来，并建立深厚的联系，以创造巩固的根据地"②。

最后，"使一般人民的生活有所改善"是党在新解放城市立足的关键。随着济南等大城市的解放，党在接收大城市工作中遇到了一些新问题，产生了不良倾向。比如有的党组织入城以后仍旧只与农民打交道，忽视对工人的重视和关心；有的城市党组织一味地满足工人增加工资的要求，给资方很大压力，造成工厂关门、商店停业。为此，党中央多次发出指示要求正确执行入城后政策。1946年1月9日，《解放日报》发表的社论《努力发动解放区群众》中描述道："过去在敌伪统治时，工商业遭受严重的摧残，许多工人与市民失了业，在业的工人与店员，也是食不饱衣不暖。而许多一贫如洗的市民，则受重利盘剥的迫害。"因此，上述社论提出"我们必须设法解除城市平民的痛苦，救济失业，适当的增加工资，实行减息，把工人、贫民、知识分子等广大群众组织起来，进行城市各项建设"③。解放战争胜利前夕，毛泽东在党的七届二中全会上再次强调："我们必须全心全意地依靠工人阶级，团结其他劳动群众，争取知识分子，争取尽可能多的能够同我们合作的民族资产阶级分子及其代表人物站在我们方面，……开始着手我们的建设事业，一步一步地学会管理城市，恢复和发展城市中的生产事业。"能否很好地发展生产，将影响到党

---

① 中共中央文献研究室、中央档案馆编：《建党以来重要文献选编（1921—1949）》第22册，中央文献出版社2011年版，第887—888页。

② 中共中央文献研究室、中央档案馆编：《建党以来重要文献选编（1921—1949）》第22册，中央文献出版社2011年版，第834页。

③ 中共中央文献研究室、中央档案馆编：《建党以来重要文献选编（1921—1949）》第23册，中央文献出版社2011年版，第19页。

在新解放城市能否立足、站稳脚跟。各级党组织认识到："如果我们在生产工作上无知，不能很快地学会生产工作，不能使生产事业尽可能迅速地恢复和发展，获得确实的成绩，首先使工人生活有所改善，并使一般人民的生活有所改善，那我们就不能维持政权，我们就会站不住脚，我们就会要失败。"[①]可见，"使一般人民的生活有所改善"成为党在新解放城市立足的关键前提。

2.恢复和发展生产的目的是"改善人民生活"和"支援人民解放战争"[②]

面对根据地严重的经济困难，毛泽东在抗战时期提出了"发展经济、保障供给"方针，发动军民开展了大生产运动，扩大了根据地财政来源。解放战争时期，中国共产党同样强调恢复和发展生产的重要性，在解放战争中始终重视恢复发展生产对改善民众生活和支援解放战争的重要作用。

在抗战胜利不久，中国共产党一边争取和平民主建国，一边发动群众开展生产。1945年11月，中共中央发出的《关于抓紧进行减租运动和生产运动的指示》中提出："在一切解放区发动群众减租与发展生产，为争取当前斗争胜利的重要关键。""所有各后方领导机关，除供应前线外，应以发动新解放区及尚未减租区域的减租运动与准备明年生产运动为中心任务。前方部队于不妨害战争与整训的条件下，亦应协助地方进行减租和生产。这一工作，望抓紧进行，万不可忽视。"[③]1946年3月，中共中央在《关于解放区经济建设的几项通知》中提出："解放区劳资关系必须取合作方针，以达发展生产繁荣经济之目的，无论公营、私营都是

① 中共中央文献研究室、中央档案馆编：《建党以来重要文献选编（1921—1949）》第26册，中央文献出版社2011年版，第161—162页。

② 中共中央文献研究室、中央档案馆编：《建党以来重要文献选编（1921—1949）》第25册，中央文献出版社2011年版，第248页。

③ 中共中央文献研究室、中央档案馆编：《建党以来重要文献选编（1921—1949）》第22册，中央文献出版社2011年版，第814页。

如此。"①

在解放战争爆发后，中国共产党为保障民众生活，支援解放战争，积极恢复和发展解放区生产。1948年4月1日，在晋绥干部会议上毛泽东强调："今后晋绥党组织的任务，是用极大的努力，继续完成土地改革工作和整党工作，继续发展和支援人民解放战争，不再加重人民负担，并酌量减轻人民负担，恢复和发展生产。""希望你们好好地领导这些生产事业，否则就不能算作一个好的马克思主义者。"同时毛泽东提出，广大解放区"在目前数年内，恢复和发展生产的目的是一方面改善人民的生活，一方面支援人民解放战争"②。1948年7月25日，新华社发表的《把解放区的农业生产提高一步》中提出"必须迅速恢复和发展解放区的生产，使解放区的生产能够在现有的水平上迅速提高一步，这是争取革命战争在全国胜利最基本最重要的一项任务。……因此也就能以充分而切实的事实去说服全中国的人民迅速地走上新民主主义的革命道路"③。1949年3月5日，在党的七届二中全会上，毛泽东再次告诫全党："从我们接管城市的第一天起，我们的眼睛就要向着这个城市的生产事业的恢复和发展。务须避免盲目地乱抓乱碰，把中心任务忘记了，以至于占领一个城市好几个月，生产建设的工作还没有上轨道，甚至许多工业陷于停顿状态，引起工人失业，工人生活降低，不满意共产党。这种状态是完全不能容许的。"④

① 中共中央文献研究室、中央档案馆编：《建党以来重要文献选编（1921—1949）》第23册，中央文献出版社2011年版，第178页。

② 中共中央文献研究室、中央档案馆编：《建党以来重要文献选编（1921—1949）》第25册，中央文献出版社2011年版，第248页。

③ 中共中央文献研究室、中央档案馆编：《建党以来重要文献选编（1921—1949）》第25册，中央文献出版社2011年版，第372页。

④ 中共中央文献研究室、中央档案馆编：《建党以来重要文献选编（1921—1949）》第26册，中央文献出版社2011年版，第161页。

三、新民主主义革命时期中国共产党对民生问题解决方案的选择

新民主主义革命时期，旧中国落后的民生状况及社会条件决定了中国共产党要根本解决旧中国民生问题，必须把解决民生问题与开展革命斗争联系起来。在这一过程中，中国共产党逐步加深对解决民生问题的目标及其途径的认识，并做出了相应选择。

（一）中国共产党对民生问题解决目标的认识与确立

自近代开始，面对旧中国的落后现实，一代又一代仁人志士不断找寻拯救民族危亡、解救民生困苦的国家出路和理想模式。从"开眼看世界"的魏源、林则徐，到追求天下人人平等的洪秀全；从地主阶级洋务派到资产阶级维新派，中国社会各阶级先进人士做出了艰苦尝试，但这些努力都归于失败。随后，以孙中山为代表的资产阶级革命派登上政治舞台。面对千头万绪的社会矛盾，孙中山提纲挈领地提出民族独立、民主政治、民生幸福的社会追求，倡导用革命手段来实现三民主义。这些主张一定程度上切中了旧中国的要害，它为国人树立了一个新的奋斗目标，深深地影响了当时的民众。在革命党人不懈努力下，资产阶级革命派成功发动辛亥革命，推翻了封建皇权专制，在亚洲建立了第一个资产阶级民主共和国。

辛亥革命后，国人热切期盼近代西方文明成果能够挽救民族危亡，实现民族独立和人民解放。然而，辛亥革命却是一次不彻底的革命，它从阶级立场到指导思想都存在着局限性。不久，辛亥革命的胜利果实被北洋军阀所窃取。中国不但没有走出民族危亡的困局，劳苦民众又重新陷入封建主义和帝国主义的双重压迫之中。那时的中国"国民经济正在总的崩溃，一般国民生活，正沉沦于饥饿和死亡线上挣扎着，除少数剥削阶级外，人人都有'今天不知明天怎样'的感觉"[①]。这种情况下，受到

---

① 《方志敏文集》，人民出版社1985年版，第152页。

辛亥革命影响的早期共产党人选择了马克思主义作为自己的理论武器，将实现共产主义作为求得旧中国民生问题根本解决的理想目标，将社会主义道路作为实现旧中国民族独立和人民解放的发展道路。

1.将共产主义和社会主义确立为根本解决民生问题的理想目标

建党之前，陈独秀在《新青年》中提出："我们理想的新时代新社会，是诚实的、进步的、积极的、自由的、平等的、创造的、美的、善的、和平的、相爱互助的、劳动而愉快的、全社会幸福的。"[①]在旧中国，要想实现这一理想社会并没有多少道路可供选择。辛亥革命的失败表明，资产阶级共和国方案在半殖民地半封建的中国是行不通的。以李大钊、陈独秀为代表的早期先进分子在探索国家出路过程中，逐步了解、认同社会主义学说，为旧中国找到了根本解决国家问题的科学方案。

其一，早期共产党人认识到社会主义"是要富的"，"是很愉快的"。共产主义和社会主义是马克思主义关于未来社会发展的理想模式。近代国人对共产主义和社会主义的理解有一个从陌生到熟悉、从了解到深入了解的过程。19世纪末，《万国公报》首次把马克思介绍给国人，后同盟会员又将马克思介绍给中国先进知识阶层。19世纪末20世纪初的日本，在社会制度和文明程度上比封建社会的中国要先进得多，中国早期知识精英大多选择远赴日本，学习先进技术和进步文明。那时日本社会出现了一批宣传社会主义学说的代表人物，撰写了介绍社会主义学说的著作，如日本早期社会主义者幸德秋水在1903年撰写了《社会主义神髓》一书。该书力图用马克思主义的理论来解释社会各种问题。尽管该书存在着一些不足，但对留学日本的中国先进知识分子来说，该书是他们较早接触和深入了解马克思主义的著作之一。俄国十月革命胜利后，中国早期先进分子对俄国革命道路及指导理论产生浓厚兴趣。随后李大钊撰写了《庶民的胜利》《法俄革命之比较观》等文章，中国大地上掀起了一股研究社会主义、宣传马克思主义的热潮。

早期知识分子理解的共产主义和社会主义是同一概念。在《三民主

---

① 《陈独秀文集》第1卷，人民出版社2013年版，第506页。

义·民生主义》的演讲中，孙中山认为："民生主义就是社会主义，又名共产主义，即是大同主义。"①"共产主义和社会主义两个名词，现在外国是一样并称的，其中办法虽然各有不同，但是通称的名词都是用社会主义。"②马克思主义学说是社会主义思想中的一个重要派别，这是因为马克思主义学说提倡"以革命的手段，废除财产私有制度，改用社会主义的生产方法"③。这种彻底革命的政治主张，使得马克思主义在传入中国之后立即受到了中国社会旧势力的歪曲和抵制。为此，要想深入地宣传共产主义和社会主义，必须说明这种道路在中国是否能为人民大众带来福利、谋得幸福。在宣传马克思主义、社会主义思想的时候，陈独秀和李大钊从批判当时社会的弊端出发，对社会主义理想做出正确解读。

李大钊在解读社会主义之时表现出情感上的积极认同。首先，李大钊指出了当时中国思想界对社会主义的误解："社会上有些人，以为在社会主义制度之下，是穷苦的，不是享福的，因此他起来反对社会主义。"对此，李大钊认为这些人没有看到只有社会主义才"能够使我们人人都能安逸享福，过那一种很好的精神和物质的生活"④。在谈及劳动时，李大钊指出，虽然社会主义制度下工人同样也要劳动，但是社会主义之下的劳动能让人感到"愉快"和"幸福"，工人不会有像在资本主义制度中"同那牛马一样"的感觉。至于为什么社会主义制度下劳动者会有这种愉悦的感觉，李大钊认为，这是因为工人只有实现"经济上的自由，才是真正的自由"。正如"我们日常生活上的喜悦，也多从工作中来。比如烹调，自己乔的东西，总比别人弄的好吃，倍觉津津有味，这都是因为自己经过一番工作，含有一分愉快之故。但是在资本主义社会的人，是永享不到工作的愉快的"⑤。陈独秀在研究和宣传社会主义时也对其优越性有过深刻认识。1921年，陈独秀在应广东女界联合会邀请所做关于中国

---

① 《孙中山全集》第9卷，中华书局1986年版，第355页。
② 《孙中山全集》第9卷，中华书局1986年版，第358页。
③ 《陈独秀文集》第2卷，人民出版社2013年版，第527页。
④ 《李大钊全集》第4卷，人民出版社2013年版，第457页。
⑤ 《李大钊全集》第4卷，人民出版社2013年版，第458页。

妇女问题的演说中指出，只有在社会主义制度下，只有妇女经济上的独立才能创造"独立人格"，才能避免"无数痛苦"。由于"女子与劳动者全是弱者，所以我们要帮助弱者抵抗强者。除了社会主义，更没有别的方法"①。当然，社会主义不止解决妇女问题，且可以解决一切问题，"就是使中国人从来未过过人的生活的'都'得着人的生活"②。

从上述李大钊、陈独秀对社会主义的分析中可以看到，他们已经深刻认识到社会主义在改善广大劳工生活、妇女阶层地位中发挥着重要作用。这些认识反映出早期共产党人之所以选择社会主义道路，不仅是为了用马克思主义阶级斗争学说争取社会制度变革的政治需要，还是为广大民众谋求生存状况改善的价值选择。

其二，早期中国共产党人认识到在社会主义学说中"我们应该择定一派"。作为一种学说，社会主义本是针对资产阶级社会内部的诸多弊端应运而生的。"欧战发生了之后，社会的进步很快，世界潮流已经到了解决社会问题的时期。凡是从前不理会社会主义的人，在此时也跟上社会主义的路来走。"③在孙中山看来，西方"实业革命以后，研究社会问题的人不下千百家，其中研究最透彻和最有心得的，就是大家所知道的马克思"④。但是自第二国际以来，在马克思的学说经过欧洲各国社会党、民主党的修正和改变后，人们对马克思主义学说存在一定认识误区。

在新文化运动时期，社会主义在当时中国思想界十分流行，各种流派的社会主义学说裹挟在一起传入了中国。当时中国思想界的"社会主义有五十七种，究竟不知那一种才是对的"⑤。由于各派既有共同之处，又有明显差别，分别吸引了为数不少的中国知识分子。面对这一情况，党的早期领导人陈独秀提出："我们应该择定一派，若派别不分明，只是一个浑朴的趋向，这种趋向会趋向到资本主义去；若觉得各派都好，自以

① 《陈独秀文集》第2卷，人民出版社2013年版，第147页。
② 《陈独秀文集》第2卷，人民出版社2013年版，第83页。
③ 《孙中山全集》第9卷，中华书局1986年版，第359页。
④ 《孙中山全集》第9卷，中华书局1986年版，第360页。
⑤ 《孙中山全集》第9卷，中华书局1986年版，第359页。

为兼容并包，这种胸无定见无信仰的人也不配谈什么主义。"①在《社会主义释疑》中，陈独秀把当时思想界流行的社会主义派别概括为包括共产主义在内的五大流派，并一一做出了评析。就共同点而言，这五派社会主义学说都坚持"废止资本私有"的观点，但他们又存在严重分歧。比如他们在是否采取阶级斗争的方式、是否形成组织严密的政党和政府等方面各持己见，尖锐对立。

具体来说，无政府主义在中国当时已经萌芽，北京、上海、四川、广东等地都有一小部分青年相信它。在陈独秀看来，无政府主义的精髓是"尊重个体和小团体底绝对自由"，但由于其主张的实现依赖于"先天的人性皆善和后天的教育普及"，这种要求在旧中国社会制度腐朽落后、教育无从普及的时代，"在政治经济两方面，都是走不通的路；明知此路不通，还要向这条路走，非致撞得头破额裂不可"②。国家社会主义是一种企图利用国家权力进行社会改革的资产阶级改良主义思想。在陈独秀看来，国家社会主义虽然主张"劳资携手""议会政策""民主政治"，其结果必然是"这种国家社会主义的国家里面，劳动阶级底奴隶状态不但不减轻而且更要加重"，"这种国家里面，国家的权力过大了，过于集中了统一了，由消灭天才的创造力上论起来，恐怕比私产制度还要坏"③。因此，早期共产党人必须要及时地与这一学说划清界限。关于工团主义，陈独秀认为，"工团主义算不得一种特别独立的学说，乃是由马格斯和无政府两派合演出来的"④。一方面，工团主义继承了马克思的学说，提倡阶级战争；另一方面，工团主义者又主张不要国家乃至政权。这一缺点正是受了无政府主义的影响，"工团主义者以为国家政治总会侵害工人底自由"⑤。1921年初，毛泽东在《给蔡和森的信》中对其提出了批评："工团主义以国的政治组织与工厂的政治组织异性，……不是故为曲说以

---

① 《陈独秀文集》第2卷，人民出版社2013年版，第127页。
② 《陈独秀文集》第2卷，人民出版社2013年版，第130页。
③ 《陈独秀文集》第2卷，人民出版社2013年版，第38页。
④ 《陈独秀文集》第2卷，人民出版社2013年版，第127页。
⑤ 《陈独秀文集》第2卷，人民出版社2013年版，第128页。

冀苟且偷安，就是愚陋不明事理之正。"①此外，行会社会主义也是当时流行的社会主义流派。陈独秀认为该学说一方面接受了工团主义的"工业自治"思想，主张"经济组织由行会管理"，但却丢弃了工团主义的"阶级战争"精神；另一方面，它承认并接受国家的存在，主张"政治组织由国家管理"，却失去了国家社会主义提倡的由国家干涉事业的作用。由于行会社会主义反对阶级革命和阶级专政，其鼓吹的"行会自治"或"产业自治"思想必然得依靠资产阶级国家才能实现。因而，它无疑是一种资产阶级的改良主义。

　　早期共产党人正是在对以上四种错误的社会主义学说深刻分析的基础上，逐步认清和接受了马克思的社会主义学说，并将马克思主义所追求的共产主义和社会主义作为自己的最终追求。1921年7月，党的一大通过纲领，将马克思主义思想运用于其中。1922年7月，党的二大通过决议案，明确提出中国共产党解决中国社会问题的最高纲领，即"组织无产阶级，用阶级斗争的手段，建立劳农专政的政治，铲除私有财产制度，渐次达到一个共产主义的社会"②。从此，马克思主义被确立为中国共产党的指导思想，共产主义和社会主义被确立为中国社会发展的理想目标。

　　2.将新民主主义社会确立为逐步解决民生问题的现实道路

　　共产主义是人类社会形态发展的最高阶段，是美好的理想的社会状况。虽然共产主义、社会主义目标已经被确立为中国共产党寻求国家独立、人民解放的最高目标。如何在旧中国这种社会制度下实现社会主义和共产主义，马克思主义创始人并未做出明确回答，这就需要中国共产党人为中国革命找到更为切合实际的现实道路。鉴于当时中国反动旧势力异常强大，如何既开展好革命斗争又解决好民生问题，成为中国共产党人探索民生问题解决过程中的重要课题。

　　自建党以来，中国共产党领导的革命运动不断取得胜利，实现了大革

---

　　① 《毛泽东文集》第1卷，人民出版社1993年版，第4页。

　　② 中共中央文献研究室、中央档案馆编：《建党以来重要文献选编（1921—1949）》第1册，中央文献出版社2011年版，第133页。

命的胜利推进，开创了土地革命兴起的局面。然而，由于党内错误路线的长期存在，中国革命遭受过重大失败，先后经历了国民大革命的惨痛失败、党和红军第五次反"围剿"失利。一直到全民族抗战时期，中国共产党实现了在陕甘宁边区的局部执政，全党有了相对和平条件去思考中国的未来走向问题。这一时期，中国共产党人从中国革命正反两方面汲取了宝贵经验和惨痛教训，实现了马克思主义中国化的第一次理论飞跃，创立了毛泽东思想。

新民主主义理论是毛泽东思想的重要组成部分。这一理论为全国人民争取抗战胜利、建设新中国规划了宏伟蓝图。通过新民主主义革命建立新民主主义国家和步入新民主主义社会，也成为中国共产党实现民族独立和人民解放、解决旧中国民生问题的现实之路。对于这条新民主主义道路，毛泽东等党的领导人有过多次论述。延安时期，毛泽东提出，抗战时期我们的目的"就是要打倒日本帝国主义，建设新民主主义的中国，也就是革命的三民主义的中国。现在的中国不能有别的目的，只能有这个目的"①。对于抗战时期的中国来说，新民主主义社会就是要能保障"全国人民都要有说话的机会，都要有衣穿，有饭吃，有事做，有书读，总之是要各得其所"②。具体来说，在政治上，新民主主义社会的"国体——各革命阶级联合专政。政体——民主集中制"③。在经济上，这一社会完全赞同孙中山主张的"耕者有其田"和"节制资本"的民生学说。在文化上，它"同样应该是'为一般平民所共有'的，即是说，民族的、科学的、大众的文化，决不应该是'少数人所得而私'的文化"④。总之，新民主主义社会目标是中国共产党在民主革命阶段的一般纲领。对中国共产党而言，只有践行这个纲领，我们才不会在民主革命阶段提出超越社会历史条件和革命发展阶段的错误，才不会犯"左"或右的路线

① 《毛泽东选集》第3卷，人民出版社1991年版，第807页。
② 《毛泽东选集》第3卷，人民出版社1991年版，第808页。
③ 《毛泽东选集》第2卷，人民出版社1991年版，第677页。
④ 《毛泽东选集》第3卷，人民出版社1991年版，第1058页。

错误。对中国人民而言，只有通过这个纲领，我们才能在中国共产党的领导下根本变革旧中国落后的民生状况。

（二）中国共产党对民生问题解决方式的认识与选择

在解决旧中国民生问题上，中国共产党在找准解决民生问题的根本出发点、主要切入点的同时，努力探寻解决民生问题的基本思路、具体途径、物质基础，反映了新民主主义革命时期中国共产党对民生问题解决方式的认识和思考。

1.协调革命、建设、民生的相互关系，厘清了解决民生问题的基本思路

武装斗争是中国革命的主要形式，也是中国革命的一大特点。毋庸置疑，任何性质的战争无疑都对社会生产力起着破坏性影响。然而，中国革命的长期性、艰巨性和复杂性决定了议会斗争等和平斗争道路在中国行不通，中国人民要推翻"三座大山"必然要采取暴力革命和长期的武装斗争。在战争条件下，中国共产党解决民生问题必须弄清楚革命战争、经济建设和改善民生的相互关系，这也成为党认识和解决根据地民生问题的基本前提。

其一，明确革命战争的中心地位，经济建设要为长期斗争提供保障。土地革命战争时期，中国共产党就已提出过"经济建设必须是环绕着革命战争这个中心任务"的观点。作为初创的红色政权，解决民生问题时首先要处理革命战争和经济建设的关系。当时，党内对这一关系的认识存在明显的两种误区：一种只强调革命斗争，不重视战争环境下的经济建设；另一种离开了革命战争谈经济建设。毛泽东认为，战争条件下经济建设必须服从革命战争，"如果不进行经济建设，革命战争的物质条件就不能有保障，人民在长期的战争中就会感到疲惫"，"这就不是服从战争，而是削弱战争"。同时他还指出："忽视革命战争，离开革命战争去进行经济建设，同样是错误的观点。""在现在的阶段上，经济建设必须

是环绕着革命战争这个中心任务的。"①这一观点既突出了革命战争的中心地位，更没有忽视根据地的经济建设，而是将服务战争与经济建设紧密联系起来。

其二，明确经济建设应该同改善民生联系起来，为改善民生提供条件。苏区时期，毛泽东已经提出过"关心群众生活，注意工作方法"的要求。全民族抗战初期，有些人借以发动抗战为由，提出了不关心群众生活、牺牲群众生活的错误观点。对此，党中央予以批评。1937年4月，张闻天撰文呼吁"经济建设应该同改善民生联系起来"，并对上述错误观点给予尖锐批评："现在正有些人高喊着，经济建设就要劳动者少吃饭多做工，要他们牺牲一切。……这显然是完全不正确的。""专门在自己同胞身上打算盘，想怎样使他们没有最后一粒米，失去最后一条裤，那是最下流的勾当。相反的，我们今天应该尽可能的改善同胞们的生活，鼓起他们为救国而赴汤蹈火的热情，发动他们积极的起来为中华民族的独立解放而战。这是我们大家的责任，也是我们大家的出路。"②因此，全民族抗战时期中国共产党要解决民生问题，必须厘清经济建设与改善民生的辩证关系，进行国家经济建设时不能以牺牲民生为手段。

其三，强调动员民众进行经济建设、支持革命战争，必须先要努力改善民生。人民群众是中国革命取得胜利的力量之源。中国革命的长期性和艰巨性决定了革命要想最终取得胜利，中国共产党既要发扬顽强的斗争精神和勇于献身的牺牲精神，更需要党能够领导和发动人民群众积极参加革命斗争。一方面，中国共产党认识到，只有关心群众生活，解决群众困难，中国共产党才能充分动员群众支持战争。我们必须承认，党和根据地的中心工作是争取战争的最终胜利，一切工作都要围绕这个中心。但是"如果我们单单动员人员进行战争，一点别的工作也不做，能不能达到战胜敌人的目的呢？当然不能"。这样无法真正调动群众的积极

---

① 《毛泽东选集》第1卷，人民出版社1991年版，第119—120、123页。

② 中共中央文献研究室、中央档案馆编：《建党以来重要文献选编（1921—1949）》第14册，中央文献出版社2011年版，第156—157页。

性，也无法为战争提供坚实的后勤保障，因此我们"就得关心群众的痛痒，就得真心实意为群众谋利益，解决群众的生产或生活的问题"①。另一方面，中国共产党人还认识到，根据地经济建设也应该注意改善民生，"必须改善群众的政治、经济、文化地位"②。新民主主义革命时期，党和政府开展土地运动、贯彻实施劳动法、发展人民群众文化教育等，都是改善民生状况的具体措施。这些举措的有效实行将直接激发民众的生产热情，鼓励他们迅速投入到根据地各项经济建设和争取战争胜利的各项工作中去。

2.将革命斗争与政权建设结合起来，找到了解决民生问题的具体途径

回顾党解决民生问题的历程可以发现，中国共产党主要通过两条途径来解决旧中国的民生问题：一是发动民众开展直接斗争，争取通过直接斗争来改善民生；二是建立和巩固人民政权，争取通过根据地建设来保障和改善根据地的百姓生活。随着中国共产党由小变大、由弱变强，这两条途径逐步实现了结合。

在建党之初和大革命时期，刚刚成立的中国共产党在军事上和思想上尚不成熟，解决民生问题的方式只能以直接斗争方式进行，通过发动工农群众以工人罢工、农民运动等经济斗争方式争取民生的改善。党的早期领导人在建党之初较多关注工人切身利益，领导工人开展罢工斗争。如1921年6月的广州机器工人罢工、10月的粤汉铁路武长段大罢工等斗争。党的二大以后，各地党组织深入地方，组织产业工会，在经济斗争中争取改善工人待遇，逐步领导工人运动走向高潮。与此同时，早期共产党人已经认识到："中国农民占全人口底大多数，无论在革命的预备时期，和革命的实行时期，他们都是占重要位置的。设若他们有了阶级的觉悟，可以起来行阶级斗争，我们底社会革命，共产主义，就有了十分

---

① 中共中央文献研究室、中央档案馆编：《建党以来重要文献选编（1921—1949）》第11册，中央文献出版社2011年版，第149、151页。

② 《陈云文选》第1卷，人民出版社1995年版，第166页。

的可能性了。"①党在创立后就积极领导浙、粤、湘等省份的农民运动。到了大革命时期，南方各省农村地区纷纷组建了农会等组织，开展打土豪、分田地，为创立苏区奠定良好的群众基础。

土地革命战争时期，中国共产党在全国领导创建多块革命根据地，各根据地普遍建立了苏维埃政权，为党领导群众改善民生的方式发生转变提供政权保证。面对依旧困难的苏区民生状况，党和政府从增强党的执政基础、巩固发展革命政权出发，在解决民生问题时开始将其与革命斗争、政权建设联系起来。当时，毛泽东清醒认识到："我们是革命战争的领导者、组织者，我们又是群众生活的领导者、组织者。"②各地苏维埃政权必须尽快适应这种工作身份的改变，在领导苏区建设经济的同时尽可能发展生产，改善民生。在劳动权益保护方面，中央苏区通过劳动法，提出实行八小时工作制、最低限度工资标准，实行劳动保护、社会保险和国家失业津贴制度等内容；在文化教育方面，各地苏区创建列宁小学等，大力兴办小学教育和社会教育；在医疗卫生方面，各地苏区创办早期医疗组织，开展群众性防疫运动，重视体育运动，增强军民体质。总体而言，土地革命战争时期中国共产党在可能条件下着力尝试以政权保障民生，实现了由斗争求民生向政权保障民生的适时转变，为民主革命时期党解决民生问题积累了初步经验。当然，由于党领导经济建设的经验不足、"左"的倾向影响等原因，苏区在改善民生实践中也曾出现了一些偏差。因而，如何更好地协调处理民生与根据地建设之间的关系，成为中国共产党在局部执政条件下必须思考的重要课题。

全民族抗战时期，为抗战服务成为党和政府的一项中心工作。在以陕甘宁边区为代表的抗日根据地，中国共产党结合斗争形势变化和各根据地实际，探索制定出切实可行的政策与措施，成效显著，逐步实现斗争

---

① 中国社会科学院现代史研究室、中国革命博物馆党史研究室编：《"一大"前后——中国共产党第一次代表大会前后资料选编（一）》，人民出版社1985年版，第207页。

② 《毛泽东选集》第1卷，人民出版社1991年版，第139页。

求民生与政权保障民生的配合发展。这一时期，各抗日根据地正确执行党的各项工作，缓和了阶级矛盾，推动了团结抗战。如在土地政策方面，各地贯彻执行党的减租减息政策，减轻了农民租息负担，缓解了农民和地主之间的矛盾，使得广大农民和开明地主的抗日积极性普遍高涨。在社会保障方面，陕甘宁边区在救助实践中逐步形成政府赈济和群众自救相结合的救助政策，解决灾民难民生活困难，推动了民众生产生活的改善。此外，各根据地重视发展生产，抗灾备荒，有条件地发展文化教育、医疗卫生事业。

解放战争时期，中国共产党同样重视发展经济对政权稳定和改善民生的重要作用。如面对解放区的粮食紧张问题，党和政府一方面重视通过发展粮食种植来增加粮食产量，另一方面加强粮食管控和对敌粮食斗争，积极保障政府财政供给，有力缓解解放区的粮食紧张局面。总体而言，新民主主义革命时期，中国共产党和政府紧紧围绕党的中心工作，协调处理了革命斗争与政权建设的关系，制定了符合斗争实际的各项民生政策，在根据地建设、民生改善方面都取得积极成效，反过来这些政策的施行又为前线对敌斗争提供了有力的后勤保障。

3. 开展土地革命、发展城市工商业，奠定了解决民生问题的物质基础

在对待土地和资本的态度上，孙中山曾强调"平均地权""节制资本"的民生主义，由于其阶级局限性，这些主张并未能真正得以实施。与孙中山不同，中国共产党深入分析旧中国社会性质和主要矛盾，在领导革命斗争和根据地建设中及时调整阶级政策，开展土地革命，发展工商业，为解决根据地民生问题奠定物质基础。

其一，逐步认识旧中国农村阶级关系，制定正确的土地革命路线。建党以来，中国共产党对土地问题的认识经历了一个不断深化、调整的过程。在旧中国，农民占据社会的绝大多数，由于封建土地所有制的长期存在，旧中国多数农民无地或少地。他们被迫租种地主土地，在缴纳大量地租以及其他苛捐杂税后，只能靠少数剩余劳动产品维持生活。因此，要想唤起中国农民的革命积极性，必须让农民在土地问题上得到解放；

要想真正改变中国农民的生活状况，必须变革地主阶级土地所有制为农民的土地所有制。在这一思路下，中国共产党自建党以来就开始了发动农民，成立农民协会，开展土地斗争。大革命失败后，党的八七会议确定开展土地革命和武装反对国民党反动派的总方针。随后，毛泽东领导开辟了井冈山革命根据地。1928年12月，《井冈山土地法》制定实施，成为中国共产党人在土地革命战争时期颁布的第一部比较成熟的土地法案。但是这部法案提出了"土地国有"主张，这一点并不符合当时土地斗争的实际。1930年9月，中共中央提出了"没收地主土地归农民"的主张。至此，《井冈山土地法》颁布以来的"土地国有"政策得到了逐步改正，为变革地主土地所有权确定了正确原则。

土地政策牵涉对待地主和富农的态度问题，关于是否分给地主和富农个人土地问题，党的土地政策也有一个不断调整的过程。1931年11月，中华苏维埃第一次全国代表大会通过的《中华苏维埃共和国宪法大纲》和《中华苏维埃共和国土地法》对以上正确土地政策给予了立法肯定，但也规定了"地主不分田""富农分坏田"的错误政策。直到1935年12月，中共中央提出"富农有与贫农中农分得同等土地之权"的政策，完成对富农土地政策的转变。1936年7月，中共中央发出指示，纠正了以往"地主不分田"的错误政策，使地主在土地财产被剥夺后仍有自食其力的出路。直到全民族抗战前夕，中国共产党明确将"没收地主阶级土地"调整为"减租减息"。这一政策的转变对缓和农村阶级关系、调动地主阶级的积极性、开展农业生产起到积极推动作用。

其二，逐步认清并区分中国的资产阶级，形成合理的城市工商业政策。由于新民主主义革命时期国内主要矛盾具体表现的先后变化，中国共产党对城市工商业政策也有一个不断深入认识和调整的过程。

建党初期，早期共产党人对中国资产阶级的认识尚不清晰。党在一大纲领中提出"消灭资本家私有制"的主张，说明新生的共产党主张的是消灭一切私有制。直到中共四大，党才将中国的资产阶级区分为"勾结资本帝国主义断送中国国民经济命脉"的"大商人买办阶级"和"在民族革命运动中也有相当的作用"的"新兴的工业资产阶级"①。中国共产党领导建立苏区政权后，如何正确对待认识中国的资产阶级，尤其是如何认识民族资产阶级的性质，成为苏区经济建设中必须搞清楚的重大理论和实践课题。一段时间里，党关于民族资产阶级的认识受到了"左"倾错误的影响，制定了一些较为"左"的工商业政策。土地革命战争后期，以毛泽东为代表的中国共产党人已经区分清楚民族资产阶级和大地主大资产阶级的差别，在工作中提出了"没收大地主大资产阶级企业归国有"，同时"保护民族工商业"的合理政策。1935年12月，中共中央政治局在瓦窑堡会议上提出："苏维埃人民共和国用比较过去宽大的政策对待民族工商业资本家，在双方有利的条件下，欢迎他们到苏维埃人民共和国领土内投资、开设工厂与商店，保护他们生命财产之安全，尽可能的减低租税条件，以发展中国的经济"，这就表明，"苏维埃人民共和国不但是政治上的自由，而且是发展中国工商业的最好的地方"②。这些论述标志着中国共产党对待民族资本主义政策走向成熟。这一正确政策的制定和推行，对于调动民族资产阶级革命性起到了积极作用。在此指导下，新民主主义革命时期中国共产党适时调整经济政策，大力发展城市工商业，巩固了根据地革命政权，推动了社会经济发展，为改善根据地人民生活奠定了物质基础。

---

① 中共中央文献研究室、中央档案馆编：《建党以来重要文献选编（1921—1949）》第2册，中央文献出版社2011年版，第218页。

② 中共中央文献研究室、中央档案馆编：《建党以来重要文献选编（1921—1949）》第12册，中央文献出版社2011年版，第542页。

第二章 土地革命战争时期中国共产党对苏区粮食问题的解决

粮食是个体赖以生存和发展的基本生活资料。粮食供给是否充足不仅关系到百姓温饱，还影响着国家安全和社会稳定。习近平总书记指出："我国是人口众多的大国，解决好吃饭问题，始终是治国理政的头等大事。"①中国共产党深知粮食问题对于苏维埃政权的建立和发展的深远影响，在领导苏区建设中将粮食问题作为解决苏区民生问题的首要任务。

一、苏区粮食问题概况

粮食问题关系到国家的稳定、政权的巩固。如果一定社会的粮食问题解决不力，势必引发粮食恐慌，严重情况下还会导致社会动荡和政治危机。总体来看，苏区的粮食问题主要是粮食短缺等。苏区粮食问题的出现与当地自然环境、社会条件和国内战争等多方面因素分不开。

（一）苏区粮食问题的主要表现

总体来看，苏区的粮食供求关系一直都处于紧张状态，尤其是在苏区初建、红军反"围剿"作战时期，各地粮食短缺问题颇为严重。这一时期苏区粮食短缺问题主要表现在两方面：一是各地粮食长年歉收，粮食

---

① 中共中央党史和文献研究院编：《习近平关于"三农"工作论述摘编》，中央文献出版社2019年版，第67页。

总产量较低，农民缺粮少粮；二是粮食歉收的年份，农民又遭受多种剥削和战争冲击，缺粮少粮现象更为严重。

1.苏区农业生产力水平低下，粮食总产量常年偏低

缺粮少粮引发的生存危机在旧中国由来已久。各地苏区粮食短缺现象一度也十分严重，影响到百姓吃饭和军队供给。在中央苏区，尽管赣南、闽西拥有优越的地理条件和丰富的自然资源，但长期封建统治下的封闭状态，导致该地区经济发展长期迟滞。尤其赣南、闽西的农业耕作技术落后，农作物产量很低。鄂豫皖苏区层峦叠嶂、河流众多，一遇暴雨山洪，易发洪灾，"大水年份全部受灾，平常年份也有数十万亩受灾，给农业生产带来不利的影响"[1]。在川陕苏区，民众为了多打粮食，"开荒种地，垒石造田，拦溪蓄水，凿渠修堰"[2]。但因粮食品种杂乱，耕作粗糙，产量很低，"高山区一般亩产100多斤，中低山区一般亩产200多斤"[3]。灾荒年景粮食产量更低，多数农民生活落入"三月杂粮三月糠，三月野菜三月荒"的境地。

2.经多方盘剥，贫苦农民常年缺粮少粮，生活温饱难以为继

旧中国农民长年遭受地主、商人、高利贷者的多方剥削。历史上，苏区当地在个别年份粮食虽有丰收，但经多方盘剥后，广大农民依旧缺粮少粮，生活温饱难以保障。在苏区建立前，瑞金县壬田乡枫田湾一年下来全村佃户"口粮一共只有34.5担，平均每人只0.63担，仅能维持一个半月的需要，缺十个半月的粮食"[4]。当地流传"种了万担粮，农民饿肚肠；织了万匹布，农民无衣裳；盖了万间屋，农民住草房"的民谣，正

---

① 谭克绳、马建离、周学濂主编：《鄂豫皖革命根据地财政经济史》，华中师范大学出版社1989年版，第2页。

② 四川省粮食局粮食志编辑室编：《川陕革命根据地粮政史长编》，四川大学出版社1988年版，第2—3页。

③ 四川省粮食局粮食志编辑室编：《川陕革命根据地粮政史长编》，四川大学出版社1988年版，第3页。

④ 中华人民共和国财政部、《中国农民负担史》编辑委员会编著：《中国农民负担史》第3卷，中国财政经济出版社1990年版，第62页。

是当地农民遭受封建地主长期剥削的生动写照。遇到青黄不接的时候，农民为了度日只得借贷，就又再次受到高利贷的盘剥。在旧中国高利贷利率高达30%—100%，有的甚至达到120%。农民一旦到期不能还贷，债主就收田、攥人、牵牛、赶猪，扣留各种物品作为抵押，从而加剧了农民的贫困。与此同时，由地主、富农推高的粮价也加重了贫雇农负担。贫雇农交了地租之后所剩的粮食很难维持一年生计，更不用说拿到市场上去卖。当他们拿着借来的高利贷去市场上买粮食的时候，粮价反而推高，这对贫雇农来说无疑是雪上加霜。

3. 在革命斗争形势严峻时，苏区粮食短缺现象愈发严重

各地苏区在创建和发展过程中遭受国民党军队多次"清剿""会剿""围剿"，其中中央苏区遭受"围剿"力度最激烈，面临形势最严峻。因国民党军队长期封锁，各地苏区粮食短缺问题愈发严重。1931年5月，张国焘向中共中央报告鄂豫皖苏区粮食短缺情形："这一苏区最感困难的就是粮食问题。皖西粮食情形更坏，商城要欠三个月的粮食，黄、麻、光、罗去岁也要缺少一个月，现在农民已经没有饭吃了。"[1]6月，"据麻城县委报告：现在赤区已有五六千人没有饭吃，内红军家属占三千人，残废者一千人，因没有办法吃饭已吊死一人，饿死二人。罗山报告：每日靠运输度日约一万人。黄安报告：城区二稻区一带民众甚至连糠粑没有吃的都有"[2]。

与地方苏区相比，中央苏区粮食产量并不算少，但粮食恐慌时有发生。1933年《红色中华》曾描述："我们苏区粮食的出产是很丰富的"，"我们粮食很好的收集和出口，是换取苏区工农群众所需的工业品之最重要的方法"[3]。受多种因素影响，中央苏区也出现了粮食短缺现象，以致

---

① 中央档案馆、湖北省档案馆、河南省档案馆、安徽省档案馆编：《鄂豫皖苏区革命历史文件汇集（中央分局文件）》（1931年—1932年），1985年，第40页。

② 中央档案馆、湖北省档案馆、河南省档案馆、安徽省档案馆编：《鄂豫皖苏区革命历史文件汇集（中央分局文件）》（1931年—1932年），1985年，第60页。

③ 《怎样进行粮食收集与调剂的运动》，《红色中华》，第94期，1933年7月14日，第5版。

民众中一度产生了粮食恐慌。1933年初，由于苏区各县"许多地方发生粮荒，米价飞涨，有钱无市，这是十分严重的现象"，"有些地方多余，有些地方缺少"，"红军驻地，医院近旁，粮食更缺"[①]。当年夏季，中央苏区出现了夏荒，"有些工农群众米不够吃，感受了很大的困难"[②]。当时苏区粮食短缺已经影响到红军的后勤保障。为此，1933年11月初，中华苏维埃共和国临时中央政府发布反"围剿"紧急动员令，要求各地必须保证红军物质供给，避免军粮短缺问题，"各级政府调济［剂］局贸易局必须用大力量，来保证红军的给养使红军粮食不至发生像今年春夏时的困难，而影响于红军的行动"[③]。

（二）苏区粮食问题的形成原因

总体来看，苏区粮食短缺现象源自多种因素。旧社会土地集中严重，农民受多方剥削，传统农业耕作技术落后，农田水利年久失修，自然灾害频发和战争导致劳动力短缺等都是苏区粮食问题产生的主要成因。

1. 土地集中严重，农民受多方剥削

旧中国的经济基础是封建地主土地所有制。长期的封建统治导致全国土地分配极其不均，大部分土地高度集中在地主和官僚等人手中，贫困农民多数无地少地。民国时期，陶直夫曾对当时土地问题进行专门统计。1934年前后全国耕地的分配情势，占旧中国人口总数4%的地主和6%富农掌握着全国68%的土地，而占总人口20%的中农和70%的贫雇农仅占有全国32%的土地（详见表2-1）。

---

① 《为调节民食接济军粮》，《红色中华》，第58期，1933年3月6日，第5版。
② 《关于倡办粮食合作社问题》，《红色中华》，第94期，1933年7月14日，第5版。
③ 《中央政府为粉碎五次"围剿"紧急动员令》，《红色中华》，第123期，1933年11月2日，第2版。

表2-1　1934年左右全国耕地的分配（东北除外）①

	户数/%	土地/%
地主	4	50
富农	6	18
中农	20	15
贫雇农	70	17

这种土地高度集中的现象在各地苏区创建前普遍存在。在赣南苏区，"遂川的土地最集中，约百分之八十是地主的。永新次之，约百分之七十是地主的。万安、宁冈、莲花自耕农较多，但地主的土地仍占比较的多数，约百分之六十，农民只占百分之四十。湖南方面，茶陵、酃县两县均有约百分之七十的土地在地主手中"②。在闽西苏区，1927年的土地调查显示，当地"有百分之六十五是地主的，百分之二十五是公堂的，农民所有的不过占有全土地的百分之十，因此，农民成分贫农占百分之六十五，中农占百分之二十，富农、雇农各占百分之五，流氓占百分之四"③。

旧中国农村不仅土地集中，而且总耕地面积也十分有限。据统计，1934年全国耕地面积14亿亩，人均耕地仅2.8亩左右，与20世纪初一些国家的人均耕地11.37亩比相差很远。土地所有制结构和耕地总量的限制使得农民自耕地占有量十分低下。1927年调查显示，福安县的柏柱洋乡，地主每人平均占有土地22.9亩，农民（包括富农在内）每人平均占有土地0.25亩，农民的土地只相当于地主土地的1%。④在瑞金的草田乡，贫农每

① 参见章有义编：《中国近代农业史资料》第3辑，生活·读书·新知三联书店1957年版，第747页。

② 《毛泽东选集》第1卷，人民出版社1991年版，第68—69页。

③ 江西省档案馆、中共江西省委党校党史教研室选编：《中央革命根据地史料选编》上册，江西人民出版社1982年版，第280页。

④ 参见中华人民共和国财政部、《中国农民负担史》编辑委员会编著：《中国农民负担史》第3卷，中国财政经济出版社1990年版，第59页。

人平均占有土地仅0.13亩。[1]

旧中国的地租高，无地少地农民长期遭受地主的地租剥削。高度集中的土地分配状况使得广大贫苦农民只得采取租种土地生活，并向地主长期缴纳地租。在旧中国农村，地主、富农收取高额地租，一般地租率是按照收获物的60%—80%计算。在赣南苏区，兴国永丰区"一乡（凌源里）、二乡（永丰圩）、四乡（猴迳）地租均是百分之五十，三乡（三坑）大部分百分之六十，小部分百分之五十"[2]。闽西地区"各县最低百分之六十，长汀百分之七十，连城南乡高至百分之八十"[3]。鄂豫皖边区的"封建地租一般占产量的百分之五十左右，有的竟高达百分之七十到八十。此外，农民租种地主的土地须先交一定数量的金额作押金，其金额一般占买田价款的六分之一"[4]。在川陕苏区，革命前农民遭受地租的剥削亦是如此，"地租一般是三七开、四六开或对半开"[5]。

除了地租外，广大贫苦农民还遭受地主、高利贷者的长期剥削，生活状况更加恶化。如鄂豫皖苏区的六安地区，佃农"纳十分之四给地主，但另外还有各种杂费以及各种馈送如新米，医麦，烧鸡等"[6]。当青黄不接时，农民不得不以借贷度日，地主、高利贷者趁机放贷，进一步盘剥农民。旧中国的高利贷名目繁多，"年利率从百分之三十至百分之一百，有些甚至高达百分之一百二十"[7]。在鄂豫皖地区，"当农民经济恐慌的

[1] 参见中华人民共和国财政部、《中国农民负担史》编辑委员会编著：《中国农民负担史》第3卷，中国财政经济出版社1990年版，第59页。

[2] 《毛泽东农村调查文集》，人民出版社1982年版，第201页。

[3] 江西省档案馆、中共江西省委党校党史教研室选编：《中央革命根据地史料选编》中册，江西人民出版社1982年版，第109页。

[4] 谭克绳、马建离、周学濂主编：《鄂豫皖革命根据地财政经济史》，华中师范大学出版社1989年版，第6页。

[5] 四川省粮食局粮食志编辑室编：《川陕革命根据地粮政史长编》，四川大学出版社1988年版，第8页。

[6] 安徽省财政厅、安徽省档案馆编：《安徽革命根据地财经史料选》（一），安徽人民出版社1983年版，第2页。

[7] 戴向青、余伯流、夏道汉等：《中央革命根据地史稿》，上海人民出版社1986年版，第5页。

时候，地主阶级以每元每月三分或四分的利息，借给农民以后又以复利息来计算"①。农民一旦陷入高利贷泥潭就不能自拔，有的甚至倾家荡产。川陕苏区建立前，旧政权下"旺苍县农民杜先春，借了地主1斗毛高粱，半年后还了1斗8升小麦，还帮地主做了1月苦工，才算还清债务。该县小河坎林孙氏，因在地主家借丝做抵押，一时不能偿还，后来仅在地主家吃了1顿饭，得了1升粮，就把自有的10几亩背田地抵得精光。逼得林孙氏哭瞎双眼，终因讨不到饭而饿死"②。在苏区建立前，这种受多重盘剥而破产的农民比比皆是。

2. 水利设施败坏，耕种技术落后

苏区地理环境复杂，水利基础设施相对落后。以中央苏区为例，赣西南、闽西等地属于亚热带湿润季风气候区，当地主要实行一年二熟的耕作制，在赣南盆地地区一年可以实现三熟。这种耕作制度在苏区历史上沿袭了很久。在水田地区，耕作一般以一季中稻或一季晚稻的耕作制为主，在盆地地区可以实现二季或中稻一季的耕作方式。在旱地，耕作一般实行轮换种植，春夏种红薯、玉米、高粱等，秋冬种蔬菜、豌豆、荞麦等。

苏区广大贫苦农民长期受到地主剥削，生活难以为继，也难于改进农业耕种技术。长期以来，苏区农业工具基本以犁、耙、铲、锹、锄等传统小农具为主，简易低级，生产能力有限。农民耕作还是主要靠人力，普遍缺乏耕牛。如中央苏区兴国县永丰区，一百户贫雇农中，"本区每家一条牛的只有十五家，两家共一牛的四十家，三家共一牛的十家，四家共一牛的五家，无牛的三十家"③。耕牛的缺乏给苏区农业生产带来了极大限制，尤其对于劳动力较少的家庭而言，缺少耕牛基本上意味着农业生产的停滞。原始的耕作制度、落后的生产力决定了苏区农业耕种技术

---

① 安徽省财政厅、安徽省档案馆编：《安徽革命根据地财经史料选》（一），安徽人民出版社1983年版，第13页。

② 转引自四川省粮食局粮食志编辑室编：《川陕革命根据地粮政史长编》，四川大学出版社1988年版，第9页。

③ 《毛泽东农村调查文集》，人民出版社1982年版，第221页。

的落后，"特别是偏僻山区，生产条件更加恶劣，有的甚至仍处于刀耕火种时代"①。加之土壤自身肥力不足，各种自然灾害又直接破坏土质，致使农业生产效力低下，粮食产量不高。

3. 天灾人祸致使农业劳动力流失

苏区仍采取典型的传统农业生产方式，充足的家庭劳动力是开展农业生产的基本保障。当时劳动力流失也是苏区粮食问题产生的一个重要原因。广大苏区劳动力的流失，既是由于受灾害频发等自然条件的影响，也有躲避战争等社会方面的原因。

天灾后大量人口逃荒是导致苏区劳动力流失的主要原因之一。苏区地理环境复杂，经常爆发的旱灾、涝灾等自然灾害给苏区生产带来严重影响。一方面，各类灾害使得当季农作物产量急剧下降，甚至颗粒无收。贫雇农守着租来的几亩薄田无法度日，只得举家外出逃荒。另一方面，各类灾害后续影响大，给农业耕作造成无法恢复的损失。如洪水裹挟的大量泥沙造成水沙冲压，破坏农田，耕地丧失耕作条件；遭受洪水浸渍过的土地，土壤中大部分碱性化合物被分解，耕地肥力下降。所以，在灾害爆发后，外出逃荒成为旧社会广大灾民求生的主要出路。

外出逃债、逃避战乱是造成苏区劳动力流失的另一主要原因。高额利率使广大农民生活陷入破产，甚至所有生活资料都不足以抵偿高额债款，于是破产农民只得外出逃债。比如中央苏区建立前，莲花县彭家坊雇农刘根连就是这样一个例子。他因为欠大土豪金保吾的租债无法还清，便被迫卖掉妻子，逃债在外。此外，战争等人为因素加剧了苏区劳动力的流失。为了消灭红军武装，国民党军阀对各地苏区开展多次军事"围剿"。为解决兵力不足问题，国民政府往往在苏区周边农村抓劳力壮丁以补充兵力，广大农村青壮年不得不外出躲避逃生，从而加剧了农村劳动力的外流，给当地农业生产带来巨大损害，有些地方出现了耕地撂荒，粮食减产。在中央苏区的江西省，当地原本是农业省份，粮食为出口之

---

① 余伯流、凌步机：《中央苏区史》（2017年修订版）上册，江西人民出版社2017年版，第39页。

大宗。1930年，因农村经济破产，连年粮食歉收和军阀混战大量征收，江西省粮价居高不下。同年5月，中共江西省委给中央的报告描述了当地的粮食恐慌。"往年江西米每石值洋五、六元，或六、七元，今年已涨至十九元或二十元了。这不仅使一般工人和劳苦群众的生活愈困苦化，就是大部分城市小资产阶级，也更快的破产，不但是米价高涨，而且根本缺乏粮食，如湖口、港口、乐平等处，已完全没有粮食了，就是南昌、九江大城市已经常的发生市面恐慌。"①面对这一情况，赣北党组织认识到"这时群众最迫切的要求是粮食问题"②，各级组织应该着力解决这一问题。

4. 为解决兵源开展的扩红运动加剧了粮食紧张

动员苏区青壮年加入红军是土地革命战争时期人民军队的主要补充渠道。但是扩红工作在壮大红军部队和充实革命力量的同时，也造成了苏区青壮年劳动力短缺，影响到农业生产，一定程度上加剧了粮食紧张。

这一问题在中央苏区最为典型。红军反"围剿"斗争激烈进行之时，中央苏区"粮食缺乏，谷价飞涨"，"有些地方已经发生夏荒"③。为此，中华苏维埃共和国临时中央政府发出"为解决粮食而斗争"的号召。但是红军长期作战已消耗了大量兵力，各地能够参加生产的青壮劳动力十分有限。截止到1934年4月，兴国县的红军家属达61670人，留在后方的基本都是老弱病残。④苏区政府只能通过其他方法来解决劳动力不足问题，如组织军属耕田队、机关人员义务劳动，甚至动员妇女参加田间劳动，发动地主富农等参加劳动，这些措施一定程度上缓解了扩红背景下

---

① 中央档案馆、江西省档案馆编：《江西革命历史文件汇集》1930年（一），1988年，第140页。

② 中央档案馆、江西省档案馆编：《江西革命历史文件汇集》1930年（一），1988年，第276页。

③ 《为发动群众节省谷子卖给粮食调剂局》，《红色中华》，第81期，1933年5月20日，第5版。

④ 参见黄道炫：《张力与限界：中央苏区的革命（1933—1934）》，社会科学出版社2011年版，第252页。

苏区劳动力紧张局面。

苏区扩红运动的持续开展，在补充红军兵力的同时，也给红军粮食保障带来极大挑战。面对反"围剿"斗争中的兵力消耗，各地苏区采取突击运动等方式来推动扩红工作的开展。在鄂豫皖苏区，1931年6月，第二次反"围剿"胜利后，苏区掀起大规模参军热潮。同年6月到8月，鄂东北、豫东南地区有7000多名青壮年工农参加红军，皖西北地区就有2000多人参加红军。[①]中共川陕省委在1933年4月发出关于红五月的决议案，提出"红五月内要扩大红军两万人"，各县还分配了任务："赤江县五千人；赤北县二千五百人；红江县二千五百人；巴中县三千人；南江县二千人；陕南特区五千人。"[②]1934年6月，中革军委在"红五月扩大红军突击运动"总结中宣布："我们已经胜利的达到了三万人，已经光荣的超过了党中央与中革军委提出的二万七千人的原定计划！"[③]与此同时，苏区扩红运动的胜利也给红军粮食供给带来更大挑战。1934年6月9日，《红色中华》在社论《红军等着我们的粮食吃》中，充分描述了军粮供应的紧张局面："新扩大的战士与前方英勇作战的红军，要求我们广大工农群众来保证他们的物质供给，特别是粮食的供给。"为此社论发出号召："在烽火连天的战区，我们每日与敌人肉搏的英勇红军，更需要大量的粮食，……我们无论如何，必须使前线的红军，不发生一点粮食的困难！"[④]这就表明，在扩红背景下保证红军粮食供给成为保障红军战斗力的关键，同样迫切要求党和政府着力解决苏区粮食生产和供给问题。

---

① 参见谭克绳、马建离、周学濂主编：《鄂豫皖革命根据地财政经济史》，华中师范大学出版社1989年版，第75页。

② 四川省财政科学研究所、川陕革命根据地博物馆编：《川陕革命根据地财政经济史料选编》，四川省社会科学院出版社1987年版，第24—26页。

③ 《中革军委总动员武装部关于红五月扩大红军突击运动的总结》，《红色中华》，第199期，1934年6月7日，第1版。

④ 《红军等着我们的粮食吃》，《红色中华》，第200期，1934年6月9日，第1版。

二、中国共产党解决苏区粮食问题的政策措施

面对粮食短缺的严峻形势，中国共产党在广大苏区从土地政策调整出发，通过兴修水利设施、发动耕种运动、采取互助合作、号召粮食节约等多项措施，努力缓解苏区粮食紧张局面，保障军民粮食供给。

（一）开展土地革命，实现土地农民所有

从根本上说，制约苏区粮食产量，导致粮食短缺的主要原因是旧中国长期存在的封建地主土地所有制。中国共产党解决苏区粮食问题的关键是变革封建地主土地所有制，把广大农民从封建剥削性质的土地关系中解放出来，充分调动农民扩大农业生产的积极性、主动性。

首先，土地革命战争时期中国共产党对解决农民土地问题方案进行了持续探索。自建党以来，中国共产党积极领导农民运动。1921年9月，中共早期党员沈玄庐在浙江萧山领导农民创建衙前农民协会，不久发展到浙江绍兴、曹娥等县。1922年，彭湃留学日本归国后在家乡广东海丰县成立了中国第一个县级农民组织即海丰县总农会。此后，农民运动在广东、湖南、湖北、江西等省蓬勃发展。在斗争中，中国共产党认识到开展农民运动必须解决农民的土地问题。1925年10月，中共中央在《中国现时的政局与共产党的职任议决案》中提出解决农民土地问题，开展土地革命的主张："中国共产党对于农民的要求，应当列成一种农民问题政纲，其最终的目标，应当没收大地主军阀官僚庙宇的田地交给农民。"[1]1927年，中共五大做出的《土地问题议决案》提出了土地革命政纲和斗争策略，其是党中央在大革命时期第一个关于土地问题的专门决议。可惜的是，随着大革命斗争形势的变化和党内右倾政策的影响，这一决议案及其政纲未能实施开来。

---

① 中央档案馆编：《中共中央文件选集》第1册，中共中央党校出版社1989年版，第462页。

　　大革命失败后，中国共产党在创建革命根据地的过程中继续思考农民的土地问题。1927年11月，中共中央临时政治局扩大会议制定的《中国共产党土地问题党纲草案》中提出一切私有土地完全归组织成苏维埃国家的劳动平民所公有。应该说，这一提法是一种"没收一切土地归国家所有"的"左"倾主张。1928年6月，中共六大通过的《土地问题议决案》对土地革命路线方针政策做出规定，虽然其本身也有缺憾，但该决议案原则上提出了土地革命的正确主张。随后，中国共产党在创立革命根据地的过程中逐步制定和颁布多个土地法案。1928年12月，毛泽东根据井冈山斗争实践主持制定的《井冈山土地法》，是党史上第一部具有可操作性的土地法。但是"这个土地法有几个错误：（一）主张没收一些土地而不只是没收地主土地；（二）土地所有权属政府而不是属农民，农民只有使用权；（三）禁止土地买卖。这些都是原则错误，后来都改正了"[1]。1929年4月，赣西南地区的兴国县制定颁布兴国土地法。1930年，赣西南苏区召开"二七"陂头联席会议提出"一要分、二要快"的要求，并制定了赣西南土地法。随着土地革命斗争的深入，1930年8月，中共中央在吸取实践经验基础上颁布苏维埃土地法。作为土地革命时期较为完备的土地法，该法案明确提出"暴动推翻豪绅地主阶级政权后，须立即没收一切私人的或团体的——豪绅、地主、祠堂、庙宇、会社、富农——田地、山林、池塘、房屋，归苏维埃政府公有，分配给无地、少地的农民及其他需要的贫民使用"，重申土地分配要以乡为单位，按人口为标准，"男女老幼平均分配"，按"抽多补少""抽肥补瘦"原则来实施。[2]这一法案成为中国共产党土地革命路线的基本内容。

　　其次，苏区各地普遍坚持正确的土地革命路线，激发了农民生产积极性，推动了苏区农业生产发展。在斗争中，党的各级组织深刻认识到分配土地的积极意义。"要根本解决吃饭问题，必须夺取城市，建立苏维

---

　　① 《毛泽东农村调查文集》，人民出版社1982年版，第37页。

　　② 参见中央档案馆编：《中共中央文件选集》第6册，中共中央党校出版社1989年版，第223、224页。

埃，分配土地，有了政权，有了土地，自然生活会有保障，不会饿肚皮。于群众由分粮食的斗争又更进一步作政权的要求，以及分配土地的要求。"①随着各地土地革命的开展，广大农民第一次有了自己的土地，生产积极性不断提高。在中央苏区，江西省境内的12个苏区县都分了田，农民平均每人最多的分到11担谷田（3担谷合1亩），普通的平均每人分到7担谷田，最少的平均每人分到了4担谷田。闽西地区的长汀、连城、上杭、龙岩、永定五县，有50多个区，600多个乡的农民解决了土地问题。②在鄂豫皖苏区，黄安县紫云区檀树乡的程璞畈地区，"分配土地前，占全畈总户数93%的贫困户，只有田156亩，占耕地面积的7.9%。其中打长工的有195人，做短工的几乎各家都有。分配土地后，贫雇农共分得土地1711亩，为原有土地的十倍多"③。苏维埃土地法实施后，苏区贫雇农被免除了封建地租，获得了自己的土地，分配到了大批耕牛、农具、粮食、房屋及其他生产生活资料，为开展农业生产提供坚实保障。对于土地革命的深远意义，毛泽东在第二届全国苏维埃代表大会上做出过描述："苏区土地革命的威力，扫荡了一切封建的残迹，千百万农民群众从长期的黑暗中惊醒起来，夺取了地主阶级的全部土地财产，没收了富农的好田，废除了高利贷，取消了苛捐杂税，打倒了一切与革命为敌的人，而建立了自己的政权，农民群众第一次从地狱中出来，取得了主人翁资格，这就是苏维埃政权下与国民党政权下农民状态的根本区别。"④在此毛泽东特别强调："只有苏维埃把土地分配给农民，加之以提倡奖励，农民群

---

① 中央档案馆、江西省档案馆编：《江西革命历史文件汇集》1930年（一），1988年，第279页。

② 参见马齐彬、黄少群、刘文军：《中央革命根据地史》，人民出版社1986年版，第205页。

③ 郭家齐、彭希林主编：《红安县革命史》，武汉大学出版社1987年版，第185—186页。

④ 《中华苏维埃共和国中央执行委员会与人民委员会对第二次全国苏维埃代表大会的报告》，《红色中华》（第二次全苏大会特刊），第3期，1934年1月26日，第7版。

众的劳动热忱勃勃起来了伟大的生产胜利才能得到。"①

（二）兴修水利设施，逐步推广种田经验

要解决苏区粮食短缺问题，除了实行土地革命解决土地所有权之外，苏区政府还需要大力兴修水利，提升种田效率。为此，广大苏区普遍开展春耕夏耕运动，明确"要切实耕耘，要增加肥料，开发水利"是春耕夏耕的中心工作②，利用现有条件兴修水利，推广种田经验。

1.在兴修水利设施方面的努力

水利是农业的命脉。苏区初建时，各地水利设施被普遍破坏，影响了农业生产。1932年3月，福建省工农代表大会上发动代表集中讨论了兴修水利问题，会议指出"一般农民被剥削得很穷苦，无力来注意水利，……欠水灌溉而荒废不少的田。因此，我们一定要把冲破了的坡圳很好的恢复起来，把老的坡圳要好好的修理起来"，"要和以风水来阻碍者作无情的斗争"③。为发动群众进行水利建设，同年7月，闽北分区工农民主政府颁布《改良水利宣传大纲》，向群众宣传改良水利，决定在"举行水利宣传周广泛地向群众宣传"，并计划"把各地所应修复建筑的堤坝、弯、圳、塘等做得很好"④。当时生产力状况决定了苏区兴修水利工作不仅要修复各种旧设施，还要积极开筑新坡圳。考虑到劳动力的紧张，苏区决定在兴修新坡圳过程中遵从便利原则，以节约劳力成本。为此，各地苏区政府打破了封建风水观念束缚，选择在最方便的地方筑坡开圳。比如，在中央苏区的江西会昌石径乡，长久以来群众就要求在该乡凹背处修筑坡圳，但是一户叶姓人家以修坡圳破坏其祖宅"来龙"为由一直反对修

---

① 《中华苏维埃共和国中央执行委员会与人民委员会对第二次全国苏维埃代表大会的报告》，《红色中华》（第二次全苏大会特刊），第3期，1934年1月26日，第8版。

② 参见《怎样领导夏耕运动》，《红色中华》，第73期，1933年4月26日，第5版。

③ 革命根据地财政经济史编写组编：《革命根据地财政经济史长编（土地革命时期）》上，送审稿，1978年印刷，第590页。

④ 革命根据地财政经济史编写组编：《革命根据地财政经济史长编（土地革命时期）》上，送审稿，1978年印刷，第591页。

筑。1932年春耕时，该乡苏维埃政府打破迷信，领导群众修筑了一条新陂圳，使300多亩旱田变成了水田。①

全国各地苏区纷纷整饬水利，建造坡圳，灌溉农田。在川陕苏区，1933年苏区政府在有条件地发动农民积极"开垦荒地"，"改良现存的灌溉制度，创立新的灌溉制度"，"实行凿井"，"在边地栽种树木"②。1934年春耕运动中，江西瑞金县"武阳区松田乡三天完成十三担田面，可灌溉二千多担的大塘，黄沙区二十天修好坡圳一百六十座，塘六口，筒车八十乘，新造八乘，会昌上堡区打通可以灌溉一万多担田过去因封建迷信阻塞百多年的大坡"③。在福建省，大埔区农民在政府发展水利号召下组织起筑坡委员会，新开了一座十里长的大坡。"这座大坡要经过大石壁三处，需要一万以上的人工，千余元的经费，时间也要两个多月"，为这一工程，乡苏维埃开过两次会号召群众共同分担，"这个号召马上得到各乡群众的热烈响应，有的帮助五十多工的，有的三十余工。在直接享受到水利的二三村里三百以上能够劳动的，每人抽工三十天，为要不影响到其他的工作，他们分为许多小组（大概是十人一组）轮流工作，每天都有百余人做工"④。由于修建这一水利工程需要大量经费，当时筑坡经费一部分由享受水利的农民分担，另一部分由区苏维埃发动募捐来解决。在该乡影响下，"东街乡又有一座三里长的大坡，需人工一千以上，可荫田四千多担，也在进行开筑。……这些都是猛烈发展水利的伟大事业"⑤。此外，苏区政府还积极推进农具改良，提倡各地创制各种筒车或牛车、压水车等，添置压田滚、耕田机、水碓、栽禾轮等。

---

① 参见革命根据地财政经济史编写组编：《革命根据地财政经济史长编（土地革命时期）》上，送审稿，1978年印刷，第591页。

② 《川陕革命根据地历史长编》编写组编：《川陕革命根据地历史长编》，四川人民出版社1982年版，第397页。

③ 《为什么得到成绩》，《红色中华》，第194期，1934年5月28日，第3版。

④ 《十里长坡大埔区开始兴筑》，《红色中华》，第174期，1934年4月12日，第2版。

⑤ 《十里长坡大埔区开始兴筑》，《红色中华》，第174期，1934年4月12日，第2版。

2.在推广种田经验方面的尝试

为发展农业生产、解决粮食短缺问题，苏区政府还大力倡导科学种田，并向农民传授农业知识。苏区政府积极改良种子，指导群众依据土壤类型选择禾苗品种，讲解下秧的注意事项。在中央苏区，1933年3月《红色中华》发布春耕运动通知，建议农民注意选种，"今年粘谷种得多，糯谷种得特别少。为要提前收获，充足红军给养，他们特别注意到少种早禾而多种禾也禾"①，因为禾也禾的生长周期短，成熟快、收获早。在春耕运动中，中央苏区特别强调耕耘，认为"增加收成的第一个保证，在于耕耘做得完备。要办到犁三次，耙三次，耘三次。番稻更要多耘，要使田里没有一寸草"②。1933年秋收之际，《红色中华》连续发表《怎样提选谷种？》《怎样选种怎样保存？》，提前介绍谷物的选种和保存，提出"要增加农业生产，秋收中就得选择谷种"，"要做一次提选谷种的运动"③。文章分别介绍了谷子以及豆、麦之类选种的经验。对于种子的保存，文章提出一些易操作的土办法："豆类要用器具储蓄，并且还要加燥草木灰封口，不使水气侵入。瓜类及胡萝卜之种子，要用纸包好放在石灰□内，……要放在火的温暖烟楼（即灶前火烟出口必经过的地方），使他过冬不会受到寒冻之害。"④1932年6月，福建苏区召开土地部长联席会议，决定设立农业试验场，开展种植技术研究。"每区推选一个耕田种植最有经验的人（如耕了十年、二十年、三十年的富有经验的人，头脑清醒的人，身体健全的人）；准备地埔［铺］、房屋、用具；准备一批资本；各区乡有最好的农产品及最坏的农产品都要选择送一些来（并且要说明他用什么方法去使农产品好的理由），［办］农产物陈列室；要随即准备搜拾所有农产品的种子及一切材料。"⑤

---

① 《在田野里》，《红色中华》，第65期，1933年3月30日，第2版。

② 《怎样领导夏耕运动》，《红色中华》，第73期，1933年4月26日，第5版。

③ 《怎样提选谷种？》，《红色中华》，第103期，1933年8月19日，第3版。

④ 《怎样选种怎样保存？》，《红色中华》，第106期，1933年8月31日，第3版。

⑤ 中央档案馆、福建省档案馆编：《福建革命历史文件汇集（苏维埃政府文件）》（1931年—1933年），1985年，第261—262页。

苏区广泛号召农民施肥造肥以提高土壤肥力。以往春耕积肥"一般的都是采用着牛粪草皮油粘等，但那个最能使土壤肥沃增加生产的石灰肥料，却少有人注意到"①。对此，苏区政府发动群众开展石灰积肥。截至1933年4月中旬，瑞金武阳区石水乡比上一年增加肥料70%，"他们增加来的肥料主要是铲草皮，割卤萁开塘泥，烧火土，壅草灰，捡狗粪……县区政府要指导有原料的地方，烧石灰窑"②。

苏区政府还以报纸、告示等形式向群众传播防治禾苗病虫害的知识。1933年，中央苏区在夏耕运动中出现了虫灾。同年6月7日《红色中华》专门刊发文章《怎样消灭禾虫?》，文章指出"驱除禾虫消灭禾虫成为目前夏耕运动中的重大战斗任务"。文章介绍了三种消灭禾虫的办法："黄烟骨及烟尘子可以杀死害虫"，"石灰（要当年的）可以毒杀害虫"，"茶藤（亦名如藤，即经常拿来毒鱼子的）头根"③。1934年夏，中华苏维埃共和国中央土地部编制了《防除虫害病害》，提供多项防止病害的方法。同年6月9日，《红色中华》专文介绍了"螟虫""卷叶虫"两种禾虫害的防除办法④，介绍了捕虫灯的做法等。

由于缺乏水土保护意识，樵采过甚现象在苏区十分普遍。为了防止水土流失，苏区政府重视植树造林，毛泽东曾提出森林的培养"也是农业的重要部分"⑤。为此，苏区政府一方面鼓励植树，尤其重视在荒山荒地、河堤两岸的植树，以利于涵养水源；另一方面禁止乱伐破坏森林，禁止烧山烧炭。1932年3月，中央苏区政府通过《人民委员会对于植树运动的议决案》，号召苏区群众植树造林。随后通过经常性的植树运动，中央苏区的植树造林取得很大成绩。"在瑞金植了六十万三千七百多头〔棵〕。兴国三十八万九千八百多头〔棵〕，就是多山的福建，也种了二十

① 《在田野里》，《红色中华》，第65期，1933年3月30日，第2版。
② 《怎样领导夏耕运动》，《红色中华》，第73期，1933年4月26日，第5版。
③ 《怎样消灭禾虫?》，《红色中华》，第86期，1933年6月17日，第5版。
④ 参见《禾的虫害防除方法》，《红色中华》，第200期，1934年6月9日，第3版。
⑤ 《毛泽东选集》第1卷，人民出版社1991年版，第131页。

一万三千八百多头［棵］，并且还种了木梓种一千六百九十九斤。"①

（三）发动耕种运动，扩大粮食播种面积

解决苏区粮食短缺，粮食增产是关键。抓耕作、重收秋、开荒田都是促进粮食增产的基本措施。

1.发动群众开展春耕夏耕运动

首先，党和政府认识到春耕是粮食增产的关键环节，高度重视春耕运动。1932年2月8日，中华苏维埃共和国临时中央政府发布《关于春耕问题的训令》，号召苏区群众积极开展春耕运动。训令提出："春天到了，春耕在即，这一问题，是苏区国民经济的主要部分，不但关系苏区工农群众日常生活的需要与改善，同时关系苏区经济的发展与巩固。"训令强调："在发动和加紧春耕运动中，特别要注意对于去年被白匪摧残区域，应当用各种办法帮助群众去解决春耕中各种问题——耕牛、种子、肥料、工具等以及在春秋之间的粮食问题，这是苏维埃政府一个实际任务。"为此，训令提出了七项决定，要求各级政府立即执行，"要把春耕运动作一大大宣传鼓动，动员广大群众彻底了解发展生产与加强生产增加革命力量的意义"②。

根据中央指示，各地积极开展春耕运动，制定具体方案，设定增产目标，制定多项措施来激发群众生产积极性。如有地方规定"谁乡谁人的土地先犁完，河圳先修好，肥料种子先准备好，先播种，先下秧，即由县区政府给予奖励"③。1934年2月18日，中华苏维埃共和国中央政府下发《关于春耕运动的决定》，提出"争取比去年增加两成粮食的收获，种

---

① 《今年春耕运动的成绩》，《红色中华》，第194期，1934年5月28日，第3版。

② 《临时中央政府关于春耕的训令》，《红色中华》，第9期，1932年2月10日，第9版。

③ 转引自革命根据地财政经济史编写组编：《革命根据地财政经济史长编（土地革命时期）》上，送审稿，1978年印刷，第486页。

五万担田的棉花，消灭四十万担荒田，多种杂粮疏［蔬］菜"①的任务，总结了以往春耕运动的经验，强调要"最大限度的发扬与组织广大劳苦群众在生产上的劳动热忱"，"适当的调剂劳动力，是组织春耕运动的最中心问题之一"，"应该特别注意于红军公田，红军家属的土地耕种"②。《关于春耕运动的决定》还提出要处理好"解决土地问题""收集粮食的突击运动"与春耕运动的关系。在党和政府高度重视和组织下，各地春耕成绩不错，比如在中央苏区的兴国、瑞金、上杭和其他一些苏区，"人工已广大的发动了，田已犁耙了两次，妇女儿童都参加生产。坡圳池塘修好了，有些开筑了新的。水车修好了，有些添置了新的。肥料增加了，有些地方增加到百分之七十。有些地方发动了群众实行耕牛农器的互助。有些地方调换了好的种子。红军公田红军家属的田也比去年耕得更好了"③。

其次，党和政府认识到杂粮蔬菜是应对粮食短缺的重要补充，积极组织夏耕秋耕。应该说，苏区开展夏耕秋耕的目的主要是解决夏荒问题。由于粮食缺乏和米价飞涨，夏荒在中央苏区许多地方已经成了一个严重问题。苏区政府认识到"解决办法，除谷米互相调剂外，最中心最可靠的办法，就是各县各区各乡普遍的多量的种起杂粮蔬菜来"④，以此补充谷米不足，解决粮食短缺问题。总体来说，虽然各地春耕成绩是不错的，但如不开展夏耕，这些地方年度增加收成计划就会落空，因此各地重视开展夏耕。1933年4月22日，中华苏维埃共和国临时中央政府土地部下发决定，号召群众积极开展夏耕，强调"夏耕是今年生产的紧要关

---

① 《中央政府人民委员会中国共产党中央委员会关于春耕运动的决定》，《红色中华》，第151期，1934年2月18日，第1版。

② 《中央政府人民委员会中国共产党中央委员会关于春耕运动的决定》，《红色中华》，第151期，1934年2月18日，第1版。

③ 《怎样领导夏耕运动》，《红色中华》，第73期，1933年4月26日，第5版。

④ 《多种什粮蔬菜解决夏荒》，《红色中华》，第81期，1933年5月20日，第5版。

头"①，"要多种杂粮，多种蔬菜，多种棉花，多出木油"②。

至于夏耕的耕作内容，第一仍是谷米。1933年，中华苏维埃共和国临时中央政府土地部提出："每担谷田（实谷）今年要收获一担二斗。有些地方肥料增加到百分之五十以上的。"③第二是杂粮，包括番薯、豆子、花生、高粱、包栗、芋头等农作物，苏区提出了"恢复革命前的生产"④目标。第三是蔬菜。俗话说"蔬菜半年粮"，"特别今年许多地方缺粮，离新谷登场又还有好几个月，只有多种蔬菜（菜子，苋菜，豆角，黄豆，各种瓜菜）才能解决青黄不接的困难"⑤。第四是木梓，第五是棉花和苎麻，第六是烟叶。至于烟草的种植量应结合实际来确定。以上六项作物是苏区夏耕的主要耕作物。此外，为了解决夏荒问题，苏区政府号召群众种植蔬菜杂粮和其他经济作物。番薯、豆子、花生、高粱都是极好的粮食补充，棉花、木梓、烟叶这些经济作物也可以适当种植，有条件的地方也可以尝试饲养鸡、鸭、猪、羊等牲畜，甚至挖深池塘，多养鱼。"这些生产，一半是人民的粮食，一半是工业原料，是发展苏区的经济基础。"⑥

夏耕成功的关键是群众动员问题，党和政府十分强调夏耕中的群众组织工作。中央苏区江西省瑞金县的武阳区是苏区组织群众春耕夏耕动员的先进典型。"全区八个乡春耕成绩一般都是好的，其中以石水下洲两乡最好。石水的成绩又超过下洲，占了全区的第一等。"⑦总体来说，石水乡的特点是党、团、政府及各种群众团体同时动员起来，党与政府当然是领导的中心。他们在群众动员中建立了个人负责制来推动动员工作，"每个乡苏代表对其几十个选民负推动督促之责，每个妇女代表会代表对

① 《怎样领导夏耕运动》，《红色中华》，第73期，1933年4月26日，第5版。
② 《怎样领导夏耕运动》，《红色中华》，第73期，1933年4月26日，第6版。
③ 《怎样领导夏耕运动》，《红色中华》，第73期，1933年4月26日，第5版。
④ 《怎样领导夏耕运动》，《红色中华》，第73期，1933年4月26日，第5版。
⑤ 《怎样领导夏耕运动》，《红色中华》，第73期，1933年4月26日，第5版。
⑥ 《怎样领导夏耕运动》，《红色中华》，第73期，1933年4月26日，第5版。
⑦ 《怎样领导夏耕运动》，《红色中华》，第73期，1933年4月26日，第6版。

其所住地方的妇女负推动督促之责，纠正了开会有讨论散会无工作的坏现象"①。

2. 开展垦荒运动，扩大粮食种植面积

由于劳动力大量流失，苏区土地撂荒严重。要发展农业生产，开垦荒地是另一项迫切任务。1930年3月24日，闽西第一次工农兵代表大会发布土地法令鼓励垦荒，提出："凡开垦荒田者六年之内不收土地税，十年之内任其使用，政府不予收回"，"农民开垦荒山者十年内免收山税"②。1932年2月，中央苏区政府发布的《开垦荒田荒地办法》要求："县区土地部乡政府要马上调查统计本地所有荒田荒地，切实计划，发动群众去开荒"③；要求各地成立开荒委员会统领开荒事宜；以农民自愿联合为原则组织开荒队，有难民的地方重点组织难民成立开荒队，各开荒队之间可以开展竞赛，优胜者给予奖励；本村开垦不完，可以由邻乡来开。此外，办法还规定，对于已经分配了的荒田，首先发动土地所有人限期开垦，如果本人能力有限或者不想开垦，则组织其他群众去开垦，土地收成的分配则由所有人与开垦者协商；对于没有分配的荒田，则号召群众主动去开垦，开垦者获得土地的所有权，并且享有一定的土地税收优惠。

在这一政策鼓励下，苏区各地积极开荒种田。在福建省，1931年4月27日，闽西苏维埃政府发布《关于深入土地革命分配土地的原则及制度问题》的公告，首先指出前期工作失误："不了解群众实际的要求，许多地方不把山林分配给农民，使山林成了荒芜。"为此公告提出："凡新垦荒田归农民所有，不收土地税，并得由苏维埃政府酌量情形予以物质上的帮助，但须向苏维埃政府登记。凡以劳动力直接耕种的农场山林一概

---

① 《怎样领导夏耕运动》，《红色中华》，第73期，1933年4月26日，第6版。

② 中央档案馆、福建省档案馆编：《福建革命历史文件汇集（苏维埃政府文件）》（1930年），1985年，第60、66页。

③ 《开展生产战线上的胜利开垦荒地荒田办法》，《红色中华》，第56期，1933年2月25日，第1版。

分配给农民（其分法与分田的原则相同）。"①1932年6月6日，福建省苏区土地部长联席会议决定，要加紧整理坡圳和开垦荒地，"由苏维埃管理，发动群众领导群众去进行"；"现苏区里各县区都荒了很多田地，要随即发动群众或移民领去开垦，尽量种植来增加苏维埃生产"；"苏维埃要奖励开荒，要帮助贫农、雇农以农具种子肥料去垦荒栽种。要反对苟且偷安的得过且过随随便便消极态度与不正确观念"②。1932年6月19日，福建省苏维埃政府土地部第一号训令要求："各县区土地部，马上要动员和领导广大的劳苦群众，把所有的荒地开来种番薯，种粟子。"③1932年10月，福建省苏维埃提出各地要发动垦荒运动，"要鼓励群众开垦，今年年底要把全省的荒田开完"④。在1934年春耕中，江西、福建不少县区超额完成开荒计划。"江西方面，已经开了荒田三万多担，福建一万八千九百四十八担，粤赣一万二千零十三担。"⑤在福建省上杭县，"红坊区三天内开荒埔七十七块。汀州市贫民，也开了许多荒园。其初步统计如下：上杭九九七担、新泉一三〇担、汀东三九二担、兆征一九〇担、长汀一一三七担、宁化一九〇〇担、清流一三〇担，共计四千八百七十六担"⑥。在苏区政府积极动员和群众积极参与下，各地生产战线上涌现出不少个人英雄，"下坊村桥头夫妻二人，开荒七十担，宁化一个女同志开了十五担荒田，兴国上沙区杨登乡杨牛村红属钟氏一人，开十八担荒田"⑦。

① 中央档案馆、福建省档案馆编：《福建革命历史文件汇集（苏维埃政府文件）》（1931年—1933年），1985年，第81页。

② 中央档案馆、福建省档案馆编：《福建革命历史文件汇集（苏维埃政府文件）》（1931年—1933年），1985年，第262页。

③ 中央档案馆、福建省档案馆编：《福建革命历史文件汇集（苏维埃政府文件）》（1931年—1933年），1985年，第267页。

④ 中央档案馆、福建省档案馆编：《福建革命历史文件汇集（苏维埃政府文件）》（1931年—1933年），1985年，第378页。

⑤ 《今年春耕运动的成绩》，《红色中华》，第194期，1934年5月28日，第3版。

⑥ 《消灭荒田五千担》，《红色中华》，第174期，1934年4月12日，第2版。

⑦ 《为什么得到成绩》，《红色中华》，第194期，1934年5月28日，第3版。

（四）采取互助合作，调剂劳动力和粮食

及时补充兵源是红军发展壮大中的一项极端重要的工作。这项工作一直受到中国共产党和苏区政府的高度重视，大批苏区青壮年也积极响应号召，踊跃参加红军。然而，随着广大青壮年的入伍，红军家属中多数为老弱妇幼，劳动力明显不足。为此，各地苏区采取了多项措施。

1.组织耕田队和劳动互助社，调剂苏区劳动力

为了解除前线战士后顾之忧，解决红属劳动力不足问题，苏区一些地方的农民自发组织耕田队，帮助红属犁地耕田。早在1929年，赣西南的东固根据地就产生过这种劳动互助社，其目的在于帮助缺乏劳力的农民耕田。毛泽东曾在《长冈乡调查》中介绍过这一组织："四村各一队，共约七十人，红军家属有劳动力者组织之，每队一个队长。队下分小队，比如长冈村模范队二十多人，分三小队，按住所接近，有三人的，有七人的。每小队管其附近几家或十几家，经常注意使这些人家的生产弄好。"[1]1930年6月，毛泽东视察才溪乡工作时充分肯定耕田队的作用。1931年夏收时才溪乡将耕田队发展为劳动互助社，"其任务是帮助红属与群众互助"。当帮助红属耕田时，本社员一般自己"带饭包（不带菜），带农具"；当社内群众互助时，社员"议定每天工钱二毛，男女一样，紧时平时一样"；当帮助孤老时，社员"只要吃饭，不要工钱"。由于耕田互助建立的初衷是帮助红军家属耕田，劳动互助社在工钱计算时，对红属有所优待。"红属帮助红属，每天一毛半；红属帮助群众，每天二毛；群众帮助红属，不要工钱。"[2]1933年秋，中华苏维埃共和国临时中央政府认真总结了苏区群众互助的实践经验，颁布了《劳动互助社组织纲要》，明确规定了劳动互助社的组织和管理，对互助社定位、参加人员、互助计酬等做了详细规定。此外，互助社还对红军公田和红军家属耕田的工日予以了照顾和优惠。在当时的长冈乡，"除红属外，凡有劳力的，

---

① 《毛泽东文集》第1卷，人民出版社1993年版，第299页。
② 《毛泽东文集》第1卷，人民出版社1993年版，第331页。

十分之八都加入了。全乡社员三百多"①。

　　总体上看，农民自发组织的耕田队和后来发展的劳动互助社，有效地缓解了劳动力缺少问题，增强了农民之间的团结互助精神，在不变更农民土地个体所有的基础上调整了生产关系，对恢复和发展苏区粮食生产起到重要作用。可以说，劳动互助社"这种比耕田队规模更大、能更有组织有计划地调剂劳动力的群众性劳动互助组织，成为我国农业合作化运动最早的发源地"②。

　　2.组织犁牛站和犁牛合作社，调剂苏区耕牛

　　耕牛是传统农业社会生产力的重要保障。土地革命战争前，苏区各地普遍缺少耕牛，后经战火摧残，各地耕牛更加缺乏。中央苏区成立后，苏区政府多次召开会议讨论春耕中的耕牛问题。1932年3月16日，中华苏维埃共和国临时中央政府通过人民委员会对于春耕中之耕牛粮食问题的决议，要求"对于各地缺乏耕牛和粮食状况，由该地区乡政府切实调查，将所缺的牛与粮食实数统计起来，由县政府综合全县的实际情形而加以实际调剂"，"为解决各地耕牛起见，群众中要鼓励耕牛互助，使有牛的或租或借来帮助无牛的农民，或集资共买一牛共用，使耕牛比较多的地方能抽一部分出卖给无牛的地方，以解决春耕之困难"③。

　　苏区政府组织建立犁牛站，努力解决缺少耕牛问题。1933年3月3日，《红色中华》发布的中央苏区中央土地部《保障春耕运动的顺利进行组织犁牛站办法》中指出："去年因为耕牛农具不够，荒了许多田，少了许多米谷什粮的收入，今年党和政府应该领导缺乏耕牛农具的基本农民群众，组织犁牛站，补救耕牛农具的不足，以便于扩大耕地面积。"④同

———————

　　① 《毛泽东文集》第1卷，人民出版社1993年版，第299页。

　　② 余伯流、凌步机：《中央苏区史》（2017年修订版）下册，江西人民出版社2017年版，第826页。

　　③ 《人民委员会对于春耕中之耕牛粮食问题的决议》，《红色中华》，第14期，1932年3月16日，第6版。

　　④ 《保障春耕运动的顺利进行组织犁牛站办法》，《红色中华》，第57期，1933年3月3日，第1版。

时规定，犁牛站的创立一定要坚持基本农民群众自愿原则之下组织之；基本站员应为分得耕牛农具的雇农及红军家属等，对于非站员的基本农民群众，如要求加入犁牛站愿出相当的入站基金，应可加入；犁牛站的耕牛农具，以没收豪绅地主及富农多余的耕牛农具为基础，基本站员可再合股购买添置；犁牛站的所有耕牛农具归全体站员公有，新生牛子应归站员公有；由全体站员选出一人负责管理，而每个借犁牛站的耕牛农具的站员，一定要出相当租钱；犁牛站的耕牛农具必须先耕种红军公田；等等。

犁牛合作社是犁牛站不断发展的一种群众互助合作形式。"它是一种以耕牛、农具为主要资本的农民合作经济组织。除将没收的豪绅地主及富农多余耕牛、农具组织起来外，还大力动员拥有耕牛、农具的农民将耕牛、农具入社，并发动社员集资入股或向信用社贷款购买耕牛农具。"[1]1933年4月13日，中华苏维埃共和国临时中央政府土地人民委员部总结推广了实践中各地犁牛合作社的经验，发布了为发起犁牛合作社的训令，指出"充实苏区群众的粮食，在这里首先就要解决耕牛农器缺乏的困难问题，最好的办法，是组织犁牛合作社"，"但是单把没收地主富农的耕牛农器组织起来，还是不够，必须发动群众入股，大家出本钱添买耕牛农器"，"用互助两利的办法，来解决贫苦农民缺乏耕牛农器的问题"[2]。随后，土地部门下发了犁牛合作社组织大纲，号召各地组织犁牛合作社，各地犁牛合作社取得较好发展。

为了保障耕牛数量，苏区各级政府发布布告通令，严禁宰杀耕牛。在福建省，"过去一般农村中的习惯，禾子一割即把耕牛卖的卖，杀的杀，到明年春天来临时买牛"[3]，等待到当年春耕时候，耕牛则大大缺乏，价

---

① 余伯流、凌步机：《中央苏区史》（2017年修订版）下册，江西人民出版社2017年版，第828页。

② 《中华苏维埃共和国临时中央政府土地人民委员部训令第四号——为发起犁牛合作社》，《红色中华》，第71期，1933年4月20日，第6版。

③ 中央档案馆、福建省档案馆编：《福建革命历史文件汇集（苏维埃政府文件）》（1931年—1933年），1985年，第318页。

格自然上涨。有奸诈屠户贪图高价，竟然先把耕牛脚骨打断，假说成牛脚"跌坏"再卖到白区。为此福建省苏维埃颁布通令强调："如有把耕牛卖出白区及故意打断牛脚者，严行处办。"[1]在闽浙赣苏区，"省苏为保护耕牛，发展苏区土地生产，充裕苏区经济起见，特发命令禁杀耕牛，无论公有私有耕牛，一律禁止宰杀，万一发生瘟疫，有不可救药的，须经苏区政府批准，才可宰杀"[2]。

实行犁牛合作减轻了农民长期依靠租借耕牛带来的租金压力。以江西省为例，瑞金县的"武阳区石水乡有六十八家乡民（二百七十二人，没有耕牛）。他们过去都是借牛耕种，每担谷田要交租谷五斤，该乡每人犁田七担半，这二百七十二人，就有二千零四十担谷田要借牛耕田，每年要出一万零二百斤牛税谷。这笔剥削是很大的"。随着该乡犁牛合作社的成立，农民所受剥削减轻了。当时该乡有四十七人加入犁牛合作社，"他们社金的来源，是以没收地主的两只耕牛及该耕牛借人所得的一百五十斤谷子为基本，但主要的还是靠社员的入社金。交入社金的多少，不以家数或人数计算，而以田面积数计算，……共值大洋五十元七角一分五厘。一只耕牛要大洋二十元，五十元即可买得两只半耕牛，加上原来两只，即有四只半。每只耕牛普通能耕八十担田，四只半耕牛，即能耕三百六十担。这样他们四十七个人的三百五十二担半谷田统统耕了还有牛力多余，以后不出谷，年年有力耕。比较借牛耕，每担谷田年年要交五斤牛租谷，要好万倍呀！"[3]

3.大力发展粮食合作社，调剂苏区粮食

为解决苏区粮食短缺问题，新成立苏区政权一般都设立了粮食工作部门。当时各级粮食工作部门称谓不同，省级、县级设立粮食部，区级设粮食科，乡级设粮食委员会。1933年2月，中华苏维埃共和国临时中央政

---

[1] 中央档案馆、福建省档案馆编：《福建革命历史文件汇集（苏维埃政府文件）》（1931年—1933年），1985年，第318页。

[2] 《闽浙赣苏区的经济建设》，《红色中华》，第136期，1933年12月20日，第3版。

[3] 《武阳区筹备春耕》，《红色中华》，第130期，1933年11月29日，第3版。

府成立了中央国民经济部，将原来由其他部门管理的粮食工作通归该部门负责。后来，规定省、县、区、市各级粮食部之下均设粮食委员会，作为讨论和建议关于粮食问题的机关。1934年，第二次全国苏维埃大会决定成立单独的中央粮食部，接管中央国民经济部主管的粮食相关工作。这样在组织架构上，全国苏区构建了从中央到各省、县、区的粮食工作部门。当时苏区粮食工作的中心任务是调节粮食产销，平抑粮价，确保苏区军民粮食稳定供给。而大力创办粮食合作社、建立谷仓、控制出口是调剂苏区内部粮食供应的主要手段。

积极创办粮食合作社是做好苏区粮食调剂工作的基础。合作社是一种群众性经济团体，"主要作用是调节粮食价格减少剪刀现象，是工农贫苦阶级抵抗商人富农商业资本剥削的一种经济组织"①。1930年3月24日，闽西苏区通过的《经济政策决议案》中提出"调节粮食之产销"的八项要求，具体规定了调节粮食的纪律和办法，"粮食缺少地方，组织办米合作社，向白色区域买米。米多地方要组织贩卖合作社，运米到别地消[销]售，政府对办米合作社要帮助其进行"②。这里明确提出的"办米合作社"和"贩卖合作社"成为闽西苏区粮食合作社的雏形。经过一段时间的实践，1932年8月21日，中华苏维埃共和国临时中央政府人民委员会制定了粮食合作社简章，提出要在全苏区迅速创办粮食合作社。不过由于种种原因，苏区创办粮食合作社的工作并不顺利。随后，中央国民经济人民委员部、中央人民委员会先后于1933年5月、7月，连续发布训令和布告，提出倡办粮食合作社的重要意义，积极推动苏区各地建立粮食合作社，明确了各级粮食合作社的主要任务是"预储大量的粮食，调剂苏区粮食价格的过高或过低，提高农民的生产兴趣，增加生产量，同时反抗富农奸商的投机剥削，和充裕红军以及政府机关的给养，改善

---

① 《人民委员会训令第七号——发展粮食合作社运动问题》，《红色中华》，第31期，1932年8月30日，第7版。

② 中央档案馆、福建省档案馆编：《福建革命历史文件汇集（苏维埃政府文件）》（1930年），1985年，第44页。

劳苦工农群众的日常生活"①。同年 8 月 16 日，中央国民经济人民委员部
再次发出号召："我们必须以最大的力量和速度将上述各种合作社普遍的
建立起来。要使每一乡至少有一个粮食合作社。"②粮食合作社保护了苏
区广大民众少受奸商的剥削。据统计，1934 年 2 月，中央苏区粮食合作社
发展到 10712 个，社员 243904 人，股金有 242079 元。③中央苏区大量的粮
食合作社一般具有一定的平抑市场价格的能力，其"为工农阶级的粮食
组织，以调节粮食价格，流通谷米，抵制商人富农买贱谷粜贵米之剥削
为目的"，这体现了粮食合作社建立的初衷。

此外，苏区粮食管理部门严禁粮食出境、流入白区。由于"苏区米谷
一因田地不多，二因受军阀团匪的烧抢，同时外面米谷不易入境，所以
粮食缺乏"④。为此，1931 年 8 月，闽西苏维埃政府发布通知禁止粮食出
境："为维持苏区内的粮食，凡赤区米谷都不准出境，如果有必要时，须
先得县苏或闽西政府的批准，才许出境。"⑤1932 年，福建省苏区粮食出
现了紧张情况。为防止粮食恐慌，同年 4 月福建省苏维埃政府发布严格禁
止米粮运出白区的通令，特别要求"各级政府尤其是赤区边境之政府应
特别注意，严格禁止米粮运出白区"⑥，同时要保障粮食在苏区的正常
流通。

---

① 《中华苏维埃共和国中央国民经济人民委员部训令第二号——关于倡办粮食合作
社与建造谷仓问题》，《红色中华》，第 83 期，1933 年 6 月 4 日，第 5 版。

② 《目前革命战争环境中的经济建设任务》，《红色中华》，第 102 期，1933 年 8 月 16
日，第 1 版。

③ 参见余伯流、凌步机：《中央苏区史》（2017 年修订版）下册，江西人民出版社
2017 年版，第 839—840 页。

④ 中共中央党史研究室、中央档案馆编：《中共党史资料》，中共党史出版社 2006
年版，第 140 页。

⑤ 中央档案馆、福建省档案馆编：《福建革命历史文件汇集（苏维埃政府文件）》
（1931 年—1933 年），1985 年，第 158 页。

⑥ 中央档案馆、福建省档案馆编：《福建革命历史文件汇集（苏维埃政府文件）》
（1931 年—1933 年），1985 年，第 240 页。

（五）号召生产节约，开展武装保卫秋收

在反"围剿"斗争中，苏区政府和群众认识到"假如一定要战争，那么一切应服从于战争的利益"[①]。为使苏区粮食丰收，党和政府发挥多方力量，积极开展生产节约运动、秋收运动。

1.动员妇女等参加生产节约运动

首先，党和政府积极发动广大妇女参加农业生产。在解决劳动力不足问题方面，苏区各地除了成立耕田队，实行区与区、乡与乡的劳动力调剂外，最重要的就是动员妇女参加劳动学习组织，学会一切农业生产上的主要劳动技能，努力完成各项春耕夏耕任务。苏区政府设立妇女劳动教育委员会，请有经验的老农做老师，教会妇女犁田、耙田、栽禾、莳田、割禾等，教会妇女下田做活。如在江西省兴国县"每乡建立了一个劳动生产教育委员会，并且普遍建立了妇女耕种学习组。全县统计有一千零二十一个妇女会犁田耙田，还有大部分正在学习"[②]。在1934年春耕中，福建省有1600多个妇女学会犁耙和莳田。江西的兴国县1934年1月还只有336个妇女会犁耙，到4月就有1080多人了。胜利县在1934年3月、4月两个月学会耕田的妇女也有200名左右。[③]瑞金武阳区的"妇女同志对于垦荒更是争先恐后"[④]。此外，兴国县上社、高兴、杰村，上杭县的才溪、通贤，瑞金县的下州、武阳、胜利县和平安的妇女，差不多已经完全可以胜任农业生产上的各项工作。

苏区的劳动互助社积极争取广大妇女入社学习。在江西瑞金，为解决秋收中劳动力问题，各区间订立组织劳动力的竞赛，经过一月的时间，成绩显著。"（一）扩大劳动互助社员一万余名，这里面，妇女占半数，超过春夏耕中发展数量的一倍。（二）成立了二百六十个妇女生产学习

---

① 《为粉碎敌人的五次"围剿"与争取独立自由的苏维埃中国而斗争》，《红色中华》，第99期，1933年8月4日，第6版。
② 《和兴国比一比》，《红色中华》，第182期，1934年4月30日，第2版。
③ 参见《为什么得到成绩》，《红色中华》，第194期，1934年5月28日，第3版。
④ 《武阳区印象记》，《红色中华》，第76期，1933年5月5日，第7版。

组，发展组员三千余名，内有小脚妇女四二五人，超过春夏耕发展的十余倍。（三）设立了五十七个托儿所。"同时，决定"再发展互助社员男一万五千，女二万（儿童在内），妇女生产学习组员一万四千人，设立九百二十个托儿所"①。

　　苏区政府还动员妇女老幼参加防治病虫害等轻体力劳动。苏区结合各群体年龄实际，争取全村全乡妇女老幼加入生产战线上来。由于南方苏区的冬季没有大冻大雪，许多虫子没有冻死，各地极易形成病虫害。为此，苏区各级土地部门积极发动妇女儿童参与消灭病虫害虫，保证粮食增收。在江西瑞金，武阳区的儿童团组织开展拾粪运动。"每星期三天为自己捡，三天为红军家属捡，一天为红军公田捡。他们的计划是每个儿童捡一百二十斤，儿童们都非常拥护这个计划。"②"就是那些确实无法学习的小脚妇女，也很可以发动他们积极的参加种菜，拔草，栽植棉花和什粮蔬菜，及一切农业上的生产与收获的轻微劳动。"③

　　其次，苏区发动党政军民开展多种形式的粮食生产与节约运动。在粮食生产中，各地重视发动广大干部、部队人员参加生产。在鄂豫皖苏区，1931年初，粮食问题已经到了非常困难的境地，"若完全靠前方运粮来给后方吃不是好的办法。我们必须领导苏区人民参加生产，……特委决定举行生产运动周，各级党部除领导群众积极参加生产外，各机关也必须切实执行"④。在粮食节约方面，苏区政府禁止浪费粮食。例如，1930年闽西苏维埃工农兵大会决议"禁止用粘米造酒，以免耗费粮食"⑤，禁止用粮食做粉干。福建省苏维埃也多次发布通告，严禁浪费粮食制酒、做粉

---

　　① 《瑞金在秋收中怎样解决劳动力的问题》，《红色中华》，第216期，1934年7月19日，第2版。

　　② 《武阳区印象记》，《红色中华》，第76期，1933年5月5日，第7版。

　　③ 《不让一寸土地荒芜着》，《红色中华》，第200期，1934年6月9日，第3版。

　　④ 安徽省财政厅、安徽省档案馆编：《安徽革命根据地财经史料选》（一），安徽人民出版社1983年版，第45页。

　　⑤ 中央档案馆、福建省档案馆编：《福建革命历史文件汇集（苏维埃政府文件）》（1930年），1985年，第16页。

干等，"在这发展革命战争的时候，应该尽力增加粮食的生产，多开荒多种杂粮，一面节省消耗，禁止造粉干，禁止食米造酒。……如在布告三日后，再发现有造的卖的一律没收"①。

2.发动秋收运动与武装保卫秋收

为保障春耕夏耕成果，苏区各地特别重视秋收工作。面对白区团匪经常破坏粮食收割，苏区纷纷组织武装，实行武装保护秋收。在中央苏区，苏区政府鼓励民众开展秋收秋耕工作。1933年在秋收前，《红色中华》发表多篇社论，加强秋收动员。社论指出要顺利进行秋收运动，各地必须注意下面几个中心问题："第一要有计划的调剂劳动力，普遍的提倡协助运动；第二，要准备粮食的储藏，和发展广大的粮食合作社运动；第三，在边区应该发动地方也［的］武装和游击队实行武装保护秋收。"②这指出了苏区秋收运动中的关键问题。

首先，苏区通过组织劳动互助社来调剂秋收运动中的劳动力。"每年的秋收，农民群众最感觉困难的就是劳动力的缺乏。因为在这一时期，各地都忙着收割，劳动力每每供不应求，所以工钱也特别贵，……很多缺乏劳动力的农民家里，简直冒［没］办法，他们辛苦了半年种出来的谷子不能适时收割，以致有些落在田里看他腐烂，或是给鸟虫风雨所糟踏［蹋］。"③为此，各地依照全国苏区临时中央政府土地部训令，组织劳动互助社，开展群众协作互助运动。"我们必须把分散的劳动力组织起来，使村与村屋子与屋子互相协助起来，先收了早熟的，然后去收迟熟的，一方面不致受天气变化的妨害，另一方面可以使劳动缺乏的区域受到别处的帮助，同时一般没钱雇佣帮工的贫苦农民更将受到极大的利益。"④

---

① 中央档案馆、福建省档案馆编：《福建革命历史文件汇集（苏维埃政府文件）》（1931年—1933年），1985年，第318—319页。

② 《为布尔什维克的秋收而斗争》，《红色中华》，第90期，1933年7月2日，第5版。

③ 《把广大农民群众的劳动热忱组织起来》，《红色中华》，第92期，1933年7月8日，第3版。

④ 《为布尔什维克的秋收而斗争》，《红色中华》，第90期，1933年7月2日，第5版。

各级政府积极鼓励党政军群团组织帮助红军家属和一般群众进行秋收。

苏区高度重视秋收粮食的处置问题。以往在秋收以后，农民往往是把收获的谷子以最低的价格卖给粮食商人，用极多的谷子换得少量现金去购置盐油和其他日常用品。秋收后大量谷米上市，谷价不升反降，卖价极低，辛苦一年的农民丰年里不得不低价卖粮而惨遭剥削。对此，苏区各地政府根据中央政府号令，"有计划的进行粮食收集运动，发展广大的粮食合作社运动来对付奸商富农的剥削"。在秋收运动中，"鼓励广大的基本农民群众加入粮食合作社，以他们自己多余的谷子卖给粮食合作社，使粮食合作社以大部分所有的谷子有计划的出口，或卖到价格较高的地方。这样农民生产品可以得到较高的代价，又使农民可以分得利润"①。

其次，苏区发动武装力量开展秋收斗争，防止敌人破坏秋收。每当秋收临近时，"敌人为要断绝我们的食粮，便在战区边区唆使刀团匪来破坏我们的夏耕运动，特别是在将要割禾的时候，他们一定要派大批的匪徒来抢劫我们的粮食和摧残我们的稻禾"②。1933年夏秋之际，粤赣省苏区周边地区秋收时遭到地主豪绅"铲共团""割禾队"的抢夺。"在门岭一带他们组织了四队割禾队，每队都有几百人以至千多人，分四路向着河敦，白埠，洞头，乌鸦泊等处进攻，企图更进一步的来抢我们站塘的秋收。在会西的高排，天心，水东一带，敌人好久即组织了割禾队集中在新开圩，准备到天心，水东，高排来抢禾。"③1934年秋收时，"各个战线上的白匪抢禾队都在张牙舞爪准备抢禾，有些正在侵入抢禾了"④。在赣南苏区，"登贤的茶梓区被敌人抢去谷子数担龙，……敌人已经组织好割禾队，时刻准备到苏区来抢禾"⑤。

①《为布尔什维克的秋收而斗争》，《红色中华》，第90期，1933年7月2日，第5版。

②《武装保护夏耕》，《红色中华》，第206期，1934年6月23日，第3版。

③《粤干［赣］省秋收续讯》，《红色中华》，第226期，1934年8月15日，第2版。

④《紧急动员起来，力争秋收胜利！》，《红色中华》，第222期，1934年8月4日，第1版。

⑤《赣南的武装保护秋收》，《红色中华》，第221期，1934年8月1日，第3版。

为保护秋收果实，中华苏维埃共和国中央政府要求各地注重武装保卫秋收斗争。1934年6月29日，中央人民委员会和革命军事委员会发布《关于武装保护秋收的决定》①，布置各地武装保护秋收运动：一是在各级苏维埃政府下组织"武装保护秋收委员会"。二是重点在边区与战区交汇区开展武装保卫秋收活动。三是调动劳动力争取迅速完成秋收。四是注意收割的谷子时区、分清楚各自归属。"收藏的地点，要依据战争的环境和参照群众自己的意见来规定，不应强迫。但苏维埃政府的公谷，则须依照粮食部决定的计划，运输到预先建立的仓库保存。"五是省县区各级都应做好秋收委员会工作计划。"在总的计划之下，各方面还须有最具体的行动计划，在那里必须明了规定收集运输的时间，动员的力量，确实的收藏与集中的地点，仓库的所在地，以及武装队伍的配合。"②

根据中央政府要求，各地组织武装保护秋收委员会和秋收队，开展武装保卫秋收。在鄂豫皖苏区，1931年秋收时苏区"至少要使每个机关工作人员、每个党员、每个团员以及群众的武装赤卫军等都要有一支锐利的武器，这样普遍的武装起来，才能实际保护秋收，参加革命的武装战争"③。在江西省，1933年6月初，永丰县委积极贯彻执行中央和省委决定，以区为单位召集活动分子会、支部大会、乡苏大会，充分讨论秋收动员与组织秋收突击队等。在该县秋收工作最好的沙溪区，"各乡组织了秋收队，乡设大队村设小组，全区群众对秋收动员的意义是多数了解，各乡凡能劳动的男女都加入了秋收队"，"虽然秋收紧迫时也不感觉人力的缺乏与空闲，沙溪区的秋收是很迅速的完成了"④。据统计，永丰县当年收成比去年增加了1/3。1933年秋收，瑞金武阳区在7月11日、12日以

---

① 参见《关于武装保护秋收的决定》，《红色中华》，第211期，1934年7月7日，第2版。

② 《关于武装保护秋收的决定》，《红色中华》，第211期，1934年7月7日，第2版。

③ 中央档案馆、湖北省档案馆、河南省档案馆、安徽省档案馆编：《鄂豫皖苏区革命历史文件汇集（中央分局文件）》（1931年—1932年），1985年，第186页。

④ 《永丰县秋收秋耕总结》，《红色中华》，第110期，1933年9月18日，第3版。

前，"就开始割禾，挑谷子到瑞金城及圩场上来卖就很多了"①。该县下肖区虽然受旱灾影响，"只有七成的收获"，但群众依旧加紧秋收，地方的区乡政府还积极领导秋耕，"继续种植山薯，蔬菜，以充实粮食"②。1934年秋收中，粤赣省苏区把发展游击战争和武装保护秋收密切联系起来，"两天工夫动员了一千八百多名武装割禾队，三次击溃敌人抢禾队保护了河敦等区的秋收"③。在赣南苏区，"赣县储潭区赤少队配合着我们的红色战士，今夜在这里，明夜在那里的去捣乱敌人，……他们又深入到赣江的浮桥边阻止从赣城出来的割禾队。特别是我们的挺进队，直挺进到离赣城二里地的地方，打坏白鬼子运军用品的洋船。并在田心子，肖背，储潭市等白区发动了群众秋收斗争"④。

三、中国共产党解决苏区粮食问题的基本效果

在解决苏区粮食问题过程中，中国共产党和苏区各级政府制定了一系列政策措施。这些措施的推行有助于改善农业耕作条件、恢复农业生产能力、弥补粮食短缺，改善了民众生活和保障了前线作战。

（一）修复基础设施，耕作条件逐步改善

中华苏维埃共和国中央政府一向重视农业基础设施建设。在经过苏区党政军民群众大力建设后，苏区农业基础设施有了很大改观，无论是旧设施的改造，还是新设施的建设都取得一定成绩，对农业发展起到巨大推动作用。

各地大量改造了旧有农田水利基础设施。在福建省，长汀、宁化、汀东三县共修好坡圳2366座。1934年春耕中，长汀全县有1086座坡圳，已

---

① 《武阳区的收秋运动》，《红色中华》，第98期，1933年8月1日，第3版。
② 《下肖区加紧收秋秋耕》，《红色中华》，第98期，1933年8月1日，第3版。
③ 《粤赣省秋收情报》，《红色中华》，第224期，1934年8月10日，第2版。
④ 《赣南的武装保护秋收》，《红色中华》，第221期，1934年8月1日，第3版。

修好 1018 座，还有大小 68 座决定在 4 月 25 日前全部修好；汀东有坏坡 130 座，已修好 108 座；宁化县有坏坡 585 座，仅修好 243 座，他们决定在 4 月前除四五座需人工 1000 以上的大坡外，全都修好。①在江西省，兴国县报告修好坡圳 820 座，水塘 184 口，水车、筒车 71 乘，共计花费人工 87489 天。瑞金县修好坡圳 2314 座，筒车、水车 515 乘。②

各地在农田水利设施建造方面也成绩斐然。福建省"完成了许多伟大的工程，几里到十几里长的坡圳，在各县区兴筑起来"。兆徽县大埔区修筑完成了一个长 12 里的坡圳，得到了其他各方面帮助，其中"省苏工作人员募捐帮助经费，各地群众帮助人工"。在汀东县新桥区，群众筑坡热情高涨，兴筑了一个长达 17 里的大水圳，需 17000 多人工，400 多元经费，并且要打通两处最大的石壁。这座大坡完成后可灌田 2445 担。③在江西省兴国县，新开坡圳 49 座，水塘 49 口，费人工 40642 天；在瑞金县新开了坡圳 26 座，新造了筒车、水车 30 乘；④1932 年春，广昌县新安区修建了一条身高 2 至 5 尺，长达 50 多丈，灌溉达 6 里多路的水圳，灌溉农田 1500 多亩，当年获得增产 35% 的大丰收。⑤这些坡圳和水塘的修筑和完善明显地缓解了苏区耕地灌溉问题。这些水利设施改造后，兴国县可灌溉耕田 520627 担，而瑞金县田地总数 341745 担，得到灌水的有 319938 担，有约 94% 的田得到水利的灌溉。⑥

---

① 参见《长汀全部修好坡圳一千余条》，《红色中华》，第 186 期，1934 年 5 月 9 日，第 3 版。

② 参见《今年春耕运动的成绩》，《红色中华》，第 194 期，1934 年 5 月 28 日，第 3 版。

③ 参见《长汀全部修好坡圳一千余条》，《红色中华》，第 186 期，1934 年 5 月 9 日，第 3 版。

④ 参见《今年春耕运动的成绩》，《红色中华》，第 194 期，1934 年 5 月 28 日，第 3 版。

⑤ 参见革命根据地财政经济史编写组编：《革命根据地财政经济史长编（土地革命时期）》上，送审稿，1978 年印刷，第 482 页。

⑥ 参见定一：《春耕运动在瑞金》，《斗争》，第 54 期，1934 年 4 月 7 日，第 8 版。

（二）提升土地效力，生产能力有所恢复

由于劳动力流失、耕具缺乏等，苏区一度出现严重的土地摞荒现象。为此，苏区政府推行鼓励垦荒政策，组建合作社、耕牛社调剂劳动力，动员各类人群参加生产，提高了土地利用率，推动了农业生产的恢复和发展。

面对大量田地荒芜现象，苏区临时中央政府发出"不让一寸土地荒废"的口号，号召民众积极开荒，大力消减荒田荒地。随着开荒工作的开展，中央苏区又陆续提出"为消灭四十万担荒田而斗争""彻底消灭荒田荒土"的口号，激励大家深入推进开荒拓荒。根据全国苏区中央土地部统计，1933年中央苏区（江西、福建、粤赣、闽赣四省）消灭21万担荒地，与闽浙赣合计，共消灭了32万担荒地。[1]据福建省委工作报告，截止到1933年10月末，"全省六万担上下的荒田，已经消灭了一半，在才溪、红坊、新桥、大埔等区，差不多完全消灭了"[2]。其中上杭县才溪乡开垦荒坝荒土1000多担，长汀县涂坊区1932年春耕时开荒就达到2800多担谷田。1934年，开荒工作继续向前推进，苏区涌现出一批成绩卓越的示范区和示范县。1934年前5个月，江西省开荒田3万多担，福建省开了18948担，粤赣省开了12013担。[3]"江西的兴国、博生及胜利的许多区乡，福建的宁化、汀东、上杭及长汀的濯田，红坊水口，粤赣西江的沙星，会昌的踏足、雩都的里仁，瑞金的武阳、云集、九堡、黄沙等许多区乡，不但完成了开荒计划，而且超过了计划，不但消灭了荒田，而且开发了许多荒土荒坝。"[4]1934年5月初统计显示，汀东、上杭、兆征的开荒情况都

---

[1] 参见亮平：《把春耕的战斗任务，提到每一劳苦群众的面前》，《斗争》，第49期，1934年3月2日，第17版。

[2] 江西省档案馆、中共江西省委党校党史教研室选编：《中央革命根据地史料选编》上册，江西人民出版社1982年版，第510页。

[3] 参见《今年春耕运动的成绩》，《红色中华》，第194期，1934年5月28日，第3版。

[4]《今年春耕运动的成绩》，《红色中华》，第194期，1934年5月28日，第3版。

超过了 4 月份计划，汀东超过 905 担，上杭超过 213 担，兆征超过 47 担；[①]1934 年的前 4 个月，福建全省开垦荒田 14983 担，荒坡 512 担，达全省开荒计划 1/2 以上。1934 年 4 月前，上杭开辟 997 担荒田，超过原定计划 197 担，新泉 130 担、汀东 392 担、兆征 190、长汀 1137 担、宁化 1900 担、清流 130 担，共计 4876 担。[②]

（三）增加主粮产量，杂粮蔬菜填补余缺

粮食增产增收对缓解苏区粮食短缺问题的作用最直接、效果最明显。在实行土地革命、分了田之后，各苏区普遍实现了粮食增收，有的地区增产达到一半以上。全民族抗战时期，朱德曾向外国记者史沫莱特回顾了 1929 年底闽西分田后的情况："那年收成很好"，"把地主赶跑以后，分了田，农民不但够吃，还有余粮拨给军队"[③]。攸县殷江乡在土改前每亩最高产量 300 斤，土改后提高到了 450 斤至 500 斤。赣南苏区农民生活也有了改善。当时赣县田村乡贫农谢仁地在革命前没有一块土地，全家租种地主 100 担谷田种，交完地租后一年只得 10 担谷，年年都要靠借贷维持生计。革命后全家分得 57 担谷田、7 丈 8 尺菜园地。在分田后的第一年，"他收了 72 担干谷，还有番薯、豆子等，除口粮 40 担，交土地税 3 担外，还余下 29 担谷子。菜园种的菜，除了自己吃的以外还可以出卖，生活有了根本的好转。当时，布价虽然很贵，但他每年都要买两匹。另外还有添置一些农具"[④]。1930 年是闽西地区分田的第二年，农民的劳动积极性高涨，在自己的土地上精耕细作，龙岩、连城的早稻收成比上年增加 20%，上杭、永定、长汀增加 10%。1932 年由于水旱灾害的影响，苏区多

---

① 参见《全省开荒田一万四千余担，还差两千六百余担》，《红色中华》，第 186 期，1934 年 5 月 9 日，第 3 版。

② 参见《消灭荒田五千担》，《红色中华》，第 174 期，1934 年 4 月 12 日，第 2 版。

③ ［美］艾格妮丝·史沫莱特：《伟大的道路：朱德的生平和时代》，梅念译，生活·读书·新知三联书店 1979 年版，第 308 页。

④ 中华人民共和国财政部、《中国农民负担史》编辑委员会编著：《中国农民负担史》第 3 卷，中国财政经济出版社 1990 年版，第 63 页。

数地区农业歉收，但是在一些地方还是实现了增产。在江西省，会昌县的收成较1931年比增产约20%，小密乡每亩稻谷产量较上年增加一倍；宁都黄陂稻谷产量比上年增加两成，上杭才溪农业生产增加10%。在川陕苏区，通江县永安等地分田后的两年里，"农民的积极性提高了，起早摸黑地干活；而且风调雨顺，得了两季大丰收，一亩产量三百多斤"[①]。南江、巴中一带，1933年以前每亩地收粮食约百斤，棉花一二十斤，而1933年至1934年每亩收200—300斤粮食。有的地方一挑田收了两挑谷子（即400—500斤），一株棉结桃五六十个。农民普遍赞扬说："红军走到哪里，哪里就有好收成。"[②]

除了粮食产量大幅增长之外，苏区蔬菜杂粮产量也稳中有升。1933年，苏区杂粮种植已经超过革命前水平，收成一般都增加两成左右，有的县份增加三成甚至四成。在中央苏区，赣南广昌县的莲子增产50%，烟叶增产30%；[③]闽浙赣的棉花收成大增，全省几乎不需要白区供给棉花；1934年，福建的麦子由35075石加种到70078石，油菜从38690石加种到71002石，湖豆、雪豆从6940石加种到10252石。[④]这些蔬菜杂粮的丰收有助于缓解苏区粮食短缺现象。

（四）缓解粮食短缺，民众温饱得以保障

经过党和政府采取一系列措施的施行，广大苏区农业生产得以恢复和发展，粮食逐步增收，基本缓解了各地的粮食短缺问题。

在鄂豫皖苏区，农业生产得到了较快发展，各地粮食产量都有不同程

---

① 转引自《川陕革命根据地历史长编》编写组编：《川陕革命根据地历史长编》，四川人民出版社1982年版，第410页。

② 转引自《川陕革命根据地历史长编》编写组编：《川陕革命根据地历史长编》，四川人民出版社1982年版，第410页。

③ 参见革命根据地财政经济史编写组编：《革命根据地财政经济史长编（土地革命时期）》上，送审稿，1978年印刷，第487页。

④ 参见定一：《两个政权——两个收成》，《斗争》，第72期，1934年9月23日，第19版。

度的增长。如麻城县粮食增产幅度就比较大（详见表2-2）。1930年，黄梅县农业生产收成增加了二三成，亩产400斤。1931年，黄陂县一些地方水稻亩产比往年增加了三四十斤，大麦没吃完，小麦又黄了。英山县水稻亩产增加了二三成，甚至五成。[①]其他县，如黄安、新集、金寨等地粮食也普遍增产。苏区农业生产的恢复和发展，使得民众有了一定数量的农副产品保障，苏区军民的吃饭穿衣问题得到初步解决。1932年，洛甫对此给予高度评价："鄂豫皖苏维埃政府能领导千百万工农民众去为了提高土地的生产力，所以鄂豫皖苏区在去年空前的水灾中，得到了大大的的丰收，冲过了饥荒的难关，保障了红军的给养。"[②]总体上，鄂豫皖苏区"由于反包围会剿的余暇去改良生产事业，种瓜种菜，协力春耕，发展互济，巩固边境苏区，粮食总依然困难，而比较从前，已竟［经］气象一新"[③]。

表2-2　鄂豫皖苏区麻城县土地革命前后粮食产量增长情况[④]

地区	田别	土地革命前	土地革命后	土地革命后较土地革命前产量增加情况	
		每斗田产量/斤	每斗田产量/斤	绝对量/斤	百分比
乘马区第八乡第八村各湾	上产田	300	380	80	26.7%
	中产田	220	240	20	9.1%
	低产田	180	200	20	11.1%
顺河区第四乡垸店附近各湾	上产田	325	375	50	15.4%
	中产田	250	320	70	28.0%
	低产田	175	250	75	43.0%

① 参见谭克绳、马建离、周学濂主编：《鄂豫皖革命根据地财政经济史》，华中师范大学出版社1989年版，第72—73页。

② 洛甫：《苏维埃政府怎样为粮食问题的解决而斗争？》，《红旗周报》，第45期，1932年7月10日。

③ 中央档案馆、湖北省档案馆、河南省档案馆、安徽省档案馆编：《鄂豫皖苏区革命历史文件汇集（苏维埃政府文件）》（1931年—1934年），1985年，第5—6页。

④ 参见谭克绳、马建离、周学濂主编：《鄂豫皖革命根据地财政经济史》，华中师范大学出版社1989年版，第91页。

土地革命后，苏区农民生产积极性大增，广大贫苦农民的生活发生了巨大变化。在中央苏区，土地革命前"农民的大多数，过去一年中有许多时候吃不饱饭，困难的时候有些竟要吃树皮、吃糠秕，现在则一般不但没有饥饿的事，而且生活一年比一年丰足了。过去大多数农民每年很少吃肉的时候，现在吃肉的时候多起来了。过去大多数农民衣服着得很烂，现在一般改良，有些好了一倍，有些竟好了两倍"[①]。在闽浙赣苏区，土地革命中"一般农民每人都分了五六亩田，每亩有四五担谷子的收成。米一块钱可以买到二斗八升，油一块钱八斤，猪肉一块钱也有八斤多。棉花及布是不缺乏了。……失业工人都分了田"[②]。在鄂豫皖苏区，紫云区檀树乡程璞畈地区有10个村庄，在分配土地前，占全畈总户数93%的贫苦农民仅有156亩田，只占总耕地面积的7.95%，其中打长工的195人，做短工的几乎各家都有；因生活无着落而"倒灶头"的就有118户，接近600人。在分配土地后，程璞畈地区的贫雇农共分得土地1711亩，为原有土地的10倍多。在获得土地后，农民生产积极性普遍提高，生活得到改善。如鄂豫皖苏区七里区联山乡的贫农肖世斌，全家5口人，原有土地2.5斗，每年收谷约500斤，租种佃田12.5斗，收谷2500斤，两项合计每年收谷3000斤，除交租1500斤、交苛捐杂税折谷500斤外，全家所剩无几，每年缺粮半年以上。如遇上灾年，所收粮食还不够交租，全家人不得不以野菜充饥和讨饭度日。经过苏区土地革命后，他家分得15斗田，每年收粮食约3000斤，人均600斤，生活可以实现自给自足。[③]

①《中华苏维埃共和国中央执行委员会与人民委员会对第二次全国苏维埃代表大会的报告》，《红色中华》（第二次全苏大会特刊），第3期，1934年1月26日，第8版。

②《闽浙赣苏区的近况》，《红色中华》，第139期，1934年1月1日，第5版。

③参见郭家齐、彭希林主编：《红安县革命史》，武汉大学出版社1987年版，第186页。

第三章 土地革命战争时期中国共产党对苏区医疗卫生问题的解决

"病有所医"既是和平年代人民群众对美好生活的向往之一，也是战争时期守护军民生命健康的基本保障。土地革命战争时期中国共产党认识到医疗卫生问题的解决与军民生命健康和苏区巩固发展密切相关，解决医疗卫生领域的突出问题是加强苏区民生事业建设的重要内容。为此，建立基本医疗卫生体系、解决军民医疗卫生问题被提上了苏区建立和发展的工作日程。

一、苏区医疗卫生问题概况

无论是苏区初创时期还是政权巩固阶段，军民医疗卫生问题直接影响到前线指战员的伤病救治和后方百姓的生命健康。土地革命战争时期，落后的社会经济基础，较差的日常卫生习惯，以及长期对敌作战环境，导致广大苏区医疗卫生问题十分突出。

（一）苏区医疗卫生问题的主要表现

苏区医疗卫生问题突出表现是在缺医少药的医疗卫生环境下，各地瘟疫肆虐、传染病猖獗。加之战争减员严重，伤病员人数不断增加，民众死亡率居高不下。

1.传染病猖獗，民众死亡率高

苏区医疗卫生事业基础薄弱，卫生条件差，传染病极易暴发。在川陕苏区，红四方面军入川前当地流行病较多，主要疾病有麻疹、天花、梅毒、结核病、钩蛔虫病。"劳动人民的子女死于麻疹、天花、蛔虫病者，据不完全统计约占35%—48%；初生儿死于破伤风者约占70%—80%；劳动人民患肺结核死者约60%以上；患梅毒者约占人口的80%以上。"[①]1931年2月至5月，四川省南充县"小儿流行麻疹，大人流行斑疹伤寒，死亡率约占30%，还有死亡灭户的"[②]。在鄂豫皖苏区，民众"文化娱乐简直不堪言，婚姻问题紊乱异常，疮痂满身疾病流行"[③]。

中央苏区建立之初，传染病也频繁暴发。瘟疫是一种高烈度的传染病。这种疾病一旦暴发，在苏区缺医少药的条件下是很难控制住的，"若是发生一种最危险的瘟疫（脑膜炎、鼠疫、虎拉列等等，一天内或几个钟头，人就会死的），就有药也无法解救了"[④]。"受传染的人发寒热，抽筋，吐泻，不到一二天，厉害的不到几个钟点，就把生命送掉，这种可怖的传染瘟疫非常危险。"[⑤]此外，疟疾、痢疾、天花、鼠疫等烈性传染病在中央苏区都有发生，病患大量死亡。1932年赣南苏区爆发了疟疾、痢疾。1932年11月，江西省苏维埃报告："防疫卫生这一工作，各县都未十分注意，有时什么地方瘟疫发生就蔓延一村庄到数村庄，甚至遍地皆是。"同年，安远县沙含区"发生痢症死亡十余人"；宁都县"数月中发生了痢症，被传染病者有一千三百余人，固村闵原东山坝等区，因病而

① 转引自《川陕革命根据地历史长编》编写组编：《川陕革命根据地历史长编》，四川人民出版社1982年版，第525页。

② 转引自《川陕革命根据地历史长编》编写组编：《川陕革命根据地历史长编》，四川人民出版社1982年版，第526页。

③ 中央档案馆、湖北省档案馆、河南省档案馆、安徽省档案馆编：《鄂豫皖苏区革命历史文件汇集（中央分局文件）》（1931年—1932年），1985年，第551页。

④ 《大家起来做防疫的卫生运动》，《红色中华》，第5期，1932年1月13日，第1版。

⑤ 《富田一带可怕的传染病发生》，《红色中华》，第5期，1932年1月13日，第4版。

死者一百余人";"赣县卫生防疫工作不甚注意,时而发生瘟疫痢疾,如白露良口清溪三区死亡极多"①。闽西苏区曾发生了天花,其他地区也有鼠疫病例报告。

2.战时条件下红军伤病员救治条件差

随着国民党部队不断加强对苏区的"围剿",前线战事频发,红军指战员牺牲和伤亡情况不断增加。由于苏区医疗卫生条件的限制,大量受伤红军指战员无法得到及时有效救治,致死致残率居高不下。

土地革命兴起阶段,由于缺乏及时的救治,红军部队非战斗减员十分突出。1928年下半年海陆丰根据地创建时,徐向前、刘校阁率领的红四师三四百人的部队活动在大安洞一带。部队经常作战,伤病员很多,敌人又不断上山剿袭,部队给养十分困难。"那时很难搞到药物,中药也难弄到。在恶劣的环境下,伤病员得不到必要的治疗,死亡很多,只好组织农民就地埋葬。"②后来,徐向前回忆过这段艰难岁月:"敌军整天搜山、放火、杀害群众,我们的处境日趋艰难,只好分散游击。"当时游击斗争中,"害病的同志不少,又没有药治。整天和敌人周旋……一些病号走慢了就被敌人捉去。我在一次战斗中腿部负了伤,天气炎热,伤口化脓,多亏医生采了些中草药敷上,过了个把月,伤口才愈合"③。此外,传染病大肆蔓延也给红军战斗力带来巨大损失。1932年10月,中共湘赣省委向中央局报告:"湘赣苏区今年的疾病也特别严重,主要是打摆子、烂脚和秋痢。萍乡死了2000人以上。"④其中烂脚病在红军中十分普遍,"八军前方只有2100人,后方医院伤兵与烂脚病者有2100多人,前后方数

---

① 江西省档案馆、中共江西省委党校党史教研室选编:《中央革命根据地史料选编》下册,江西人民出版社1982年版,第237—238页。

② 汕尾市革命老根据地建设委员会办公室、中共海丰县委党史研究室、中共陆丰县委党史研究室编:《海陆丰革命根据地》,中共党史出版社1991年版,第608页。

③ 徐向前:《徐向前回忆录》,解放军出版社2007年版,第46—47页。

④ 《江西省卫生志》编纂委员会编:《江西省卫生志》,黄山书社1997年版,第86页。

目几乎相等，部队减员惊人"①。

　　一旦红军指战员伤病发生和染上疾病，苏区医疗卫生工作遇到的最大困难就是药品和医生的极度匮乏。1929年12月古田会议上，毛泽东描述了伤病兵的痛处："全军各部队卫生机关不健全，医官少，药少，担架设备不充分，办事人少与不健全，以致有许多伤病兵不但得不到充分治疗，即大概的初步治疗有时都得不到"，"以致伤病兵看医院如牢狱，不愿留在后方"②。1930年9月，欧阳钦向中共中央作的《中央苏维埃区域报告》中提及中央苏区红军医疗资源匮乏问题。在鄂豫皖苏区，红军的后方医院中伤病员很多，"有将近三千人，假使在战争之后更要增加"，但是"那边的药品与医生都很缺乏，药品除缴敌人的之外，有时要被我们扣留的地主豪绅到吉安去买来。医生亦缺乏，除我们有少数的西医外利用俘虏过来的医生"③，而且"伤病兵在战场上搭救亦不快"④。除了缺医少药，红军医治条件也十分艰苦。1928年，毛泽东曾描述过湘赣边界斗争时期的伤员问题。"在白色势力的四面包围中，军民日用必需品和现金的缺乏，成了极大的问题。……红军士兵群众的生活的不安，有时真是到了极度。红军一面要打仗，一面又要筹饷。每天除粮食外的五分钱伙食费都感到缺乏，营养不足，病的甚多，医院伤兵，其苦更甚。"⑤"本来在伤兵应该要待遇特别好一点才对，可是在此经济困难伙食都难维持的时候，待遇要好的话是办不到的……伤兵住的地方，都是民房，人又多又肮脏，吃的是老南瓜老米饭，殊觉可怜，这事影响红军的作战能力，是值

---

① 邓铁涛、程之范主编：《中国医学通史（近代卷）》，人民卫生出版社2000年版，第555页。

② 《毛泽东文集》第1卷，人民出版社1993年版，第110—111页。

③ 江西省档案馆、中共江西省委党校党史教研室选编：《中央革命根据地史料选编》上册，江西人民出版社1982年版，第374—375页。

④ 江西省档案馆、中共江西省委党校党史教研室选编：《中央革命根据地史料选编》上册，江西人民出版社1982年版，第371页。

⑤ 《毛泽东选集》第1卷，人民出版社1991年版，第53页。

得我们注意的。"①由于红军中普遍缺医少药，一些部队中为多治疗本部队的伤病甚至滋生了狭隘的小团体倾向。"红军团结性是非常坚强，在指挥上完全是统一的，不过在些小小问题上如干部问题，医药问题等等，还有各军多顾及本军的小团体倾向。"②应该说，能在中国共产党领导的新式人民军队中产生这种小团体倾向，恰恰表明苏区时期广大红军部队中缺医少药非常严重，已经影响到红军部队的战斗力。

（二）苏区医疗卫生问题的形成原因

苏区的医疗卫生环境是极端恶劣的，普遍落后的经济基础是产生这一状况的根本原因，民众缺乏基本常识以及频繁的战争环境也是不可忽视的因素。

1.经济基础普遍落后，苏区军民缺乏医疗资源

近代以来，全国各地医疗卫生事业投入有限，导致乡村基层的卫生机构建立较晚，卫生工作人员十分缺乏，卫生工作经费普遍不足。这种情况在边远乡村尤其严重。1934年，中国乡村卫生调查委员会对民国政府乡村卫生状况展开抽样调查，结果显示在8个省市17县的样本中，全国"乡村卫生机关寥若晨星"，且均开办时间较晚。在所调查各县中，开办最早者"系在民国18年间"，"其余各处，则均在民国20年后，而以22年为最多，23年后忽又中断"。乡村卫生工作人员"实感缺乏"，"总计全国，医师34人、护士42人、助产士18人、药剂师9人、卫生稽查4人、其他人员80人，共仅187人"。乡村卫生事业经费更少，"最多之定县，年亦不过33550元，西山最少，则仅1200元。全国总计，乃约140338元"③。这种基层乡村卫生工作的落后情况充分反映了民国时期全国各地

---

① 江西省档案馆、中共江西省委党校党史教研室选编：《中央革命根据地史料选编》上册，江西人民出版社1982年版，第37页。

② 江西省档案馆、中共江西省委党校党史教研室选编：《中央革命根据地史料选编》上册，江西人民出版社1982年版，第372—373页。

③ 李文海主编：《民国时期社会调查丛编》（二编）（医疗卫生与社会保障卷）上册，福建教育出版社2014年版，第2、4页。

薄弱的卫生工作基础。

与白区相比，苏区创立前各地卫生事业更为落后，缺医少药情况极其严重。据民国政府记载，1934年江西省全部卫生经费只有63.81万元，人均只有0.05元。①由于财力不足，江西省全省拥有病床4396床、医务机关787所（包括诊所）、医师793人，平均2754人才有一张病床，平均143.5平方公里才有一所医务机关，平均15269人才有一个医师。②然而，这些医疗资源又主要集中于福州、泉州等国民政府统治下的大城市。与上述白区情况相比，苏区医疗卫生资源更为匮乏，各村县乡几乎没有专业医师，加上国民党部队的经济封锁，苏区民众日常用品都已极度短缺，更不用提治病救人的西医西药。

苏区医药资源匮乏问题长期存在，严重危及苏区军民的生命健康。在湘赣边界创建时期，"红军中感到困难的，就是伤兵问题，作一次战就要损失一次，就有伤兵，医院伤兵多的时候到过五六百，伤兵的问题，就在医药和待遇，可是医药很缺乏，虽然也有医院，中药西药处，但医生很少，且手术不好，药又不多且不好，所以打伤了没有药诊，的确不足以鼓励来者"③。由于营养不足、受冻和其他原因，官兵病的很多，然而"医生药品均缺"，虽然当时"湖南省委答应办药，至今不见送到"④。在赣西南根据地，1930年10月，"在赣西南的伤兵，大概至少有两千，医院设了很多，医官缺乏。西药更是大的问题，轻伤还可以用草药，重伤要开刀的就没有药，一天没有药，伤兵就会发生危险，这亦是比较困难问题之一"⑤。随着苏区的巩固和发展，红军有了自己的医院，培育了专门

① 参见《江西省卫生志》编纂委员会编：《江西省卫生志》，黄山书社1997年版，第6页。

② 参见根据福建省政府秘书处统计室编著的《福建省统计年鉴》（民国二十五年）所提供的资料计算而来。转引自傅祖德、陈佳源编：《中国人口（福建分册）》，中国财政经济出版社1990年版，第41页。

③ 江西省档案馆、中共江西省委党校党史教研室选编：《中央革命根据地史料选编》上册，江西人民出版社1982年版，第37页。

④ 《毛泽东选集》第1卷，人民出版社1991年版，第65页。

⑤ 江西省档案馆、中共江西省委党校党史教研室选编：《中央革命根据地史料选编》上册，江西人民出版社1982年版，第357页。

医护人才。然而，随着战势加剧，红军中缺医少药的问题仍旧十分突出。1932年，湘赣省成立了黄岗红军后方医院。该医院创建之初就困难重重，"最突出的一是伤病员增多、医疗技术人员却很缺乏；二是设备简陋。由于过去的频繁搬迁，就连最基本的手术室、手术台和一些常用的手术工具，如小钳子、小刀片也缺乏；特别严重的是药品奇缺。不但缺西药，而且缺中药，连最必需的消炎药品和麻醉品也没有"①。这种缺医少药情况在其他苏区同样存在。1933年初，在陕甘边革命根据地刚改编完成的红二十六军，部队内务状况"在卫生上简直糟糕的很，全军没有一个医生，也没有卫生材料，有病的时候没法调治，只随其自然（或愈或死亡）"②。对于红军部队和各地苏区普遍缺医少药的情况，毛泽东提出了尽快改变这一局面的重要性。"这种困难，在全国总政权没有取得以前当然是不能免的，但是这种困难的比较地获得解决，使生活比较地好一点，特别是红军的给养使之比较地充足一点，则是迫切地需要的。"③

2.基本卫生常识缺乏，民众养成较差卫生习惯

在国民党军队强大军事进攻下，广大苏区仍旧能够发展、壮大，与其所处的地理位置有着重大关系。然而，这种特殊的地理位置使得苏区交通十分闭塞，与外界沟通不畅，导致普通民众普遍缺乏正确的卫生意识、健康的卫生习惯和基本的卫生知识。

苏区群众对疾病大多持有漠视的态度，甚至得病后滋生了封建迷信思想。在广大苏区，民众生活较苦，对疾病的危害普遍认识不足。有的人身体有些不适，多数都选择忍一忍、扛一扛，实在扛不过去了，自己上山采点草药医治。有的人病情较重，也会寻求村里郎中号脉开药，但这些郎中大多是土郎中，医疗水平有限。更有的人"得病又不知如何求治，

① 王首道、肖克等：《回忆湘赣苏区》，江西人民出版社1986年版，第126页。
② 中共陕西省委党史研究室、中共甘肃省委党史研究室编：《陕甘边革命根据地》，中共党史出版社1997年版，第154页。
③ 《毛泽东选集》第1卷，人民出版社1991年版，第53页。

反且求神问佛"①，"请巫师做法驱除邪魅，往往导致延误时机而白白送命"②。广大民众不明白疾病的来源是什么，自然不明白如何去防治疾病。简单地说，疾病的大多数都是因传染来的，但对于为什么会传染，"一般人不明白这个道理，许多人说病是命招来的，许多人晓得吃了坏东西可以生病，又不晓得为什么吃了坏东西会生病"③。可以说，苏区民众之所以容易滋生封建迷信思想，正是缺乏基本卫生知识的表现。

各种传染病暴发蔓延与民众日常生活习惯紧密相关。认识上有偏差，自然行为上就会出问题。当时苏区群众个人卫生习惯普遍较差，往往不注意生活环境和公共卫生。"很多人家，邋遢成了习惯，门内秽物满地，灰尘满桌，粪缺便桶，臭气熏熏，……城市里，圩场里，大村庄里，秽物甚多，没人去管。"④就连中央苏区总供给部的粮秣厂，"住地十分龌龊，沟渠堵塞不通，尿桶到处置放，甚至尿就解在砻糠上"⑤。在这种恶劣环境下，疾病的发生难以避免。

3.长期对敌作战环境，加剧军民医疗卫生问题

长期战争环境下，百姓生存本已难以为继，群众只能更多关注自身温饱问题。如前文所述，苏区民众普遍缺乏卫生意识、养成不良卫生习惯，正是苏区的医疗卫生事业普遍落后的直接结果，也是苏区社会经济发展落后的主要表现。其实，苏区粮食的严重缺乏使得民众较少关注饮食卫生，甚至腐烂、不卫生的食物都不舍得扔掉。如在红军供给特别困难时期，游击队曾因给养缺乏而不得不吃腐烂食物。在海陆丰地区红军游击

① 《协和医院二十七年报告书》，1948年。转引自杨齐福：《近代福建社会史论》，社会科学文献出版社2011年版，第81页。

② 转引自吴巍巍：《西方传教士视野中的晚清福建社会研究》，福建师范大学博士学位论文，2009年。

③ 高恩显、高良、陈锦石编：《新中国预防医学历史资料选编（一）》，人民军医出版社1986年版，第72页。

④ 高恩显、高良、陈锦石编：《新中国预防医学历史资料选编（一）》，人民军医出版社1986年版，第73—74页。

⑤ 《粮秣厂忽视卫生工作瘟疫发生》，《红色中华》，第165期，1934年3月22日，第4版。

战时期，"苏维埃政权和红军转移到山区活动，给养失去正常来源。再由于敌人的封锁，红军和根据地干部群众的生活十分困难。农民常常是把家里仅有的一点大米或番薯偷偷送给部队，有时我们从平原弄到一些粮食，也是农民在晚上冒着生命危险送上山去，经常出现送粮食农民被敌人发觉惨遭杀害的情况。战士们经常接不上粮食，只好找草心、树皮充饥，有时甚至将敌人丢弃了六七天的死牛，也剥下皮来煮食"①。然而食用腐烂、变质的食物难免滋生疫病。

旧中国百姓居住条件本无太高要求，加之战争频发又使民众居住环境愈来愈差。在中央苏区，"人畜共居"的恶劣环境严重影响到民众的生命健康。"由于平时饮食和居住的地方不洁净，一切污秽肮脏的东西，随便堆积，抛露在屋里和居住的周围，经过腐烂，日光的蒸晒，就容易发酵起来，成为瘟疫。到了春天的时候，更易于发酵，发生瘟疫的可能性最大。"②具体如上述的中央苏区总供给部粮秫厂，"一个猪栏畜三十多个猪，已经臭得不堪，猪栏里二条门户，一条是通厨房里，一条通砻米室，这二处地方，真是臭气熏天"③。即便环境如此恶劣，"该厂的工作人员，依然毫无警觉的在那里食宿着，操作着，很多机关也在那里挑米吃"④。

国民党军队的战争破坏是导致苏区传染病肆虐的又一诱发因素。一般来说，遭受战争地区比其他区域更易暴发传染病，这是因为国民党军队往往将战死、病死的死尸直接"埋葬在农民的房子里（在富田地方），腐烂起来"⑤，极易引发瘟疫。在当时的中央苏区，凡是国共双方"作战的

---

① 汕尾市革命老根据地建设委员会办公室、中共海丰县委党史研究室、中共陆丰县委党史研究室编：《海陆丰革命根据地》，中共党史出版社1991年版，第571页。

② 《大家起来做防疫的卫生运动》，《红色中华》，第5期，1932年1月13日，第1版。

③ 《粮秫厂忽视卫生工作瘟疫发生》，《红色中华》，第165期，1934年3月22日，第4版。

④ 《粮秫厂忽视卫生工作瘟疫发生》，《红色中华》，第165期，1934年3月22日，第4版。

⑤ 《富田一带可怕的传染病发生》，《红色中华》，第5期，1932年1月13日，第4版。

地区，死人最多的地方，也就是容易发生瘟疫的区域"[1]。凡是国民党军阀破坏过的地方则"臭气蒸人，污秽不能插足"[2]。因此，对于党和苏区政府来说，"国民党军阀的武装进攻，我们倒不怕"[3]，但是瘟疫问题"如若发生或发展，不仅危害工农群众的健康和生活，而且要影响到阶级战争的力量损丧，这是我们应该严重注意的问题，应该立即解决的问题"[4]。而且民众对病人的隔离措施不力，极易导致传染病在短时间内大肆传播。面对传染病肆虐，党和苏区政府必须高度重视医疗卫生工作，尽快解决苏区严峻的卫生防疫问题。

二、中国共产党解决苏区医疗卫生问题的政策措施

苏区医疗卫生工作状况的好坏直接影响到军民的生命健康，也必然关系着苏区政权的巩固和发展。面对落后的医疗卫生状况和严峻的疫情频发局面，中国共产党从实际出发，从治疗与防疫两项任务着手，为红军和民众提供基本的医疗卫生服务，号召和领导军民开展卫生防疫运动，因地制宜地培养和发展医疗卫生工作力量，尽力解决苏区普遍缺医少药的问题。

（一）为军民提供最基本的医疗卫生服务

苏区医疗卫生事业是在红军医疗工作基础上逐步发展起来的。随着苏维埃政权建立后，党的领导人要求红军医疗卫生机构在救治红军伤病员

---

① 《大家起来做防疫的卫生运动》，《红色中华》，第 5 期，1932 年 1 月 13 日，第 1 版。

② 《大家起来做防疫的卫生运动》，《红色中华》，第 5 期，1932 年 1 月 13 日，第 1 版。

③ 《大家起来做防疫的卫生运动》，《红色中华》，第 5 期，1932 年 1 月 13 日，第 1 版。

④ 《大家起来做防疫的卫生运动》，《红色中华》，第 5 期，1932 年 1 月 13 日，第 1 版。

的同时，做好驻地群众卫生防治工作。这样苏区医疗卫生工作覆盖面就由红军系统逐步扩展到各地苏区。

1.利用有限医疗条件救治战时伤病员

在红军创建初期，党的医疗卫生工作重点主要在于对红军伤病员的救治。中国共产党领导三大起义不久，医疗卫生工作被提上了人民军队建设日程。"武装斗争早期，发生的伤病员即送其回家（或到熟人家）养伤。随着队伍的发展和斗争范围扩大，伤病员也逐渐增多，军政领导已认识到卫生工作的重要性，着手筹备医药，部队开始有了民间医生，尔后相继有了中医和西医。"①在南昌起义部队中，军、师、团级虽都相应设置军需处、军医处、卫生处，但这些机构器械简陋、缺乏医药，根本谈不上救护伤员。战斗中的轻伤员只能经过简单清洗救治后随部队行动，重伤员大都每人发适量经费或药品后，分散安置在群众家里、医院或慈善机构。1927年8月，起义部队攻占福建汀州后，在福音医院院长傅连暲医生的组织关照下，300多名伤员都得到治疗。②三湾改编后，秋收起义部队在"卢溪战斗中有三四十伤员，因痢疾、疟疾流行，部队病人也有一百多人。为便于部队作战，将伤员和战斗员分开，组建了卫生队，专心收容治疗伤病员"③。1927年10月7日，井冈山革命根据地创办了第一所后方医院茅坪后方医院，"有中西医生各2名，另有各由10多人组成的看护排、担架排和事务排。医院可容纳近50个伤病员"④。后来，井冈山革命根据地创建的小井医院则可以收治六百多名伤病员。

总体上看，在红军创建时期，"战伤救治是战时卫生工作的重点。频繁的游击战，我袭敌，敌围我，犬牙交错，伤员一方面分散，一方面不

---

① 高恩显、高良、陈锦石编：《新中国预防医学历史资料选编（一）》，人民军医出版社1986年版，第330页。

② 参见傅连暲：《南昌起义的伤员》，《中华护理杂志》，1957年第5期。

③ 田刚、陈莹编著：《20世纪30年代苏区卫生防疫研究》，中国财富出版社2017年版，第6页。

④ 中国老区建设促进会编：《中国革命老区》，中共党史出版社1997年版，第21页。

断发生，这给战伤救护和治疗造成很大的困难"[1]。在根据地发展阶段，党的医疗卫生工作的重心也一直是及时救治红军伤病员。这是缘于"边界的斗争，完全是军事的斗争，党和群众不得不一齐军事化"[2]。客观而言，医疗资源缺乏问题始终贯穿于苏区创立、巩固和发展的整个过程。相比苏区发展和巩固时期医疗卫生机构的普遍建立，苏区初创阶段的医疗卫生工作只能因地制宜，并无其他有效方法。

2.建立红军医疗机构服务广大军民

20世纪30年代，苏区由于生产力落后、交通闭塞等原因，医疗卫生工作开展受到很多限制。这一阶段，苏区医疗卫生工作只能依托红军医疗卫生工作体系逐步展开。1928年，毛泽东在思考湘赣边根据地建设问题时认识到，"建设较好的红军医院""修筑完备的工事""储备充足的粮食"[3]成为巩固湘赣边革命根据地的重要方法，这也是湘赣边界党需要切实做好的三件大事。然而，因受多种因素影响，中央苏区成立后红军一直没有建立起正规的红军医院。直到1931年春，中共中央委派贺诚、彭真等人到中央苏区协助开展医疗卫生工作。同年4月，中央苏维埃政府成立军委总军医处，统领红军医疗卫生工作，管理红军的医务行政、卫生防疫、药材供应等工作。1932年9月，中央军委将总军医处改建为红军总卫生部，扩大原来的各科建制，并决定在"红军中军团和师一级也设立卫生部，团设卫生队，连设卫生员"[4]。1933年，中央军委先后颁布《师以上卫生勤务纲要》和《连一级卫生勤务（卫生员工作大纲）》，具体指导军队中的卫生工作。

面对艰难的医疗条件，党和苏区政府要求红军医院既要服务红军伤病员，也要服务苏区人民群众。以中央苏区为例，1927年9月，江西省革命

---

① 高恩显、高良、陈锦石编：《新中国预防医学历史资料选编（一）》，人民军医出版社1986年版，第330页。

② 《毛泽东选集》第1卷，人民出版社1991年版，第63页。

③ 《毛泽东选集》第1卷，人民出版社1991年版，第54页。

④ 唐国平：《中央苏区红军卫生防疫工作的经验》，《山西师大学报》（社会科学版），2008年第1期，第70页。

委员会就已制定提出行动纲领，提出要"积极进行各种公众卫生事业的建设，如建立免费的普通医院，特别医院"①。同年11月，江西省苏维埃发布临时政纲，强调苏维埃是最民主的政权机关，"她不尽尽〔仅〕最接近劳苦群众，而与群众的关系最密切"，因此政府要设立病院等社会机构，"以养育并医治老弱、儿童及残废病疾者"②。1930年2月，闽西苏区永定县要求各区设立公共看病所1个或2个以上。同年3月，闽西苏区第一次工农兵代表大会决议重申了"各区、乡政府要设立公共看病所，由政府聘请公共医生，不收医费"③。1933年3月，闽浙赣省第二次工农兵大会议决案提出，"红军医院与工农医院必须尽可能培植一批医生，以医治红军和群众的伤病"④。同年4月，福建省苏维埃主席团就内务工作作出决议，提出"要保证革命群众的健康，解决工农疾病的切身痛苦，各级政府须加紧领导广大工农劳苦群众深刻去了解卫生"，"因此各地公共看病所有（已）建立的要健全，无（未）建立的要马上成立起来"⑤。

　　红军部队医院从建立起就始终承担着为广大人民群众医治伤病的任务。1927年10月，井冈山革命根据地创办的茅坪后方医院，既为红军看病，也为民众看病。1930年3月，赣西南苏区已经有了"一个医院、三个疗养所，中西医生都有一些"，"四军在赣西南的军医院，这医院除医治伤病兵外，还看工农的病，在那个地方有很多好处，群众中亦有相当影

---

　　① 江西省档案馆、中共江西省委党校党史教研室选编：《中央革命根据地史料选编》下册，江西人民出版社1982年版，第3页。

　　② 江西省档案馆、中共江西省委党校党史教研室选编：《中央革命根据地史料选编》下册，江西人民出版社1982年版，第4、13页。

　　③ 中央档案馆、福建省档案馆编：《福建革命历史文件汇集（苏维埃政府文件）》（1930年），1985年，第48页。

　　④ 赣南医学院苏区卫生研究中心编：《中央苏区卫生工作史料汇编》，解放军出版社2012年版，第249页。

　　⑤ 高恩显、高良、陈锦石编：《新中国预防医学历史资料选编（一）》，人民军医出版社1986年版，第80、81页。

响"①。中共中央发行的《红旗》报刊专文描述群众对免费看病的感受："区乡政府聘请了医生，设立公共看病处，苏维埃下的群众有去诊病，不取分钱，同时各地均设立药材合作社（或名公共药铺）。农民过去有病请不起只有问问菩萨一条路，现在农民不但发生政治问题要提出意见到苏维埃解决，就是身上小小的病患，都有苏维埃解决。"②在湘鄂西苏区，洪湖革命根据地的"沔阳县红军医院的医护人员，用五支（条）大船，组成水上医护队，巡回在湖上，每天要治疗伤、病灾民370多人。老中医孙光浩，在水上巡诊时，遇到大暴雨，不幸被淹死"③。在川陕苏区，红四方面军"总医院把群众的疾苦当成自己的疾苦，除了完成分内任务外，还抽出医务人员给群众治病，给儿童种牛痘，向群众宣传卫生知识"。当时总医院在当地窑湾里设了个中医房，"这里的医生常常利用工余时间给群众治病，不管大人、小孩，只要害了病就到窑湾里去弄药，有的人去的次数多了不好意思再去，医生还专程把药送到病人手里，当地群众把这个药房看成是自己的。……窑湾里这个地名就成了红军医院给群众治病的代名词"④。

（二）领导和发动军民开展卫生防疫运动

这一时期党和苏区政府十分注重疾病预防工作，相继颁布多个训令条例，要求各级政府重视卫生防疫，组织军民开展卫生防疫运动。

1.党和政府重视红军及地方的卫生防疫工作

据前述民国时期卫生工作调查可知，近代中国乡村卫生事业十分落

---

① 赣南医学院苏区卫生研究中心编：《中央苏区卫生工作史料汇编》，解放军出版社2012年版，第22页。

② 转引自田刚、陈莹编著：《20世纪30年代苏区卫生防疫研究》，中国财富出版社2017年版，第23页。

③ 高恩显、高良、陈锦石编：《新中国预防医学历史资料选编（一）》，人民军医出版社1986年版，第388页。

④ 高恩显、高良、陈锦石编：《新中国预防医学历史资料选编（一）》，人民军医出版社1986年版，第436—437页。

后，寥若晨星的乡村卫生机构和少之甚少的财政经费投入，使得全国乡村卫生事业建设根本无法展开。民国时期，全国乡村卫生工作"皆以治疗、防疫为主"，各处卫生机关的成立动机"或由于疫疠流行，始亡羊而补牢，或由于实验设施，因未雨而绸缪"①。因此，党和苏区政府在救治军民伤病的同时，对军队和地方的卫生防疫工作也给予高度重视。

一方面，红军部队中恶劣的战地卫生状况亟须改变。由于部队中战地卫生条件差，红军出现了大量的非战斗减员，严重影响到红军的战斗力。在各级医疗工作机构建立后，红军部队中伤员治疗效果明显，大都能伤愈后归队。但是当时红军病员发病率却居高不下。据统计，1932年8月红五军团"患病人数为1457人，占该军团减员总数的42.5%；在广昌、头坡、建宁医院收容的伤病员中，病员都多于伤员；湘赣军区给中央军委的报告中，说烂脚和下腿溃疡等患者，几占减员总数的1/2，严重地削弱了部队的战斗力"②。1933年7月8日，第二十三期《干部必读》中描述了红军中病员多于伤员的严峻形势。"据医院的统计，我军历来是病号倍于伤号的，最近有一连病半数者（军委会交通队），有的在驻军时还好，一到行军作战时则病号剧增（如前时30团等），这是很严重的问题。推其原因，主要即在于战地卫生极坏所致。"③

红军亟须改善战地卫生状况，使战地卫生有一个极大的转变。"在长期革命战争中，人马的死亡，病疫的传染，尤其敌人的毒害等，都是免不了的，如果没有战胜这种致病的方法，将来伤亡于枪弹者较少，病死于疾疫者独多，这可以影响到革命战争胜利与否之根本问题。因此，我

---

① 李文海主编：《民国时期社会调查丛编》（二编）（医疗卫生与社会保障卷）上册，福建教育出版社2014年版，第2、4页。

② 田刚、陈莹编著：《20世纪30年代苏区卫生防疫研究》，中国财富出版社2017年版，第69页。

③ 高恩显、高良、陈锦石编：《新中国预防医学历史资料选编（一）》，人民军医出版社1986年版，第134页。

军必须来一极大的转变。"①此后，1932年9月20日，中国工农红军第一方面军第三次卫生会议做出《卫生决议案》，与会人员形成"预防第一"的理念，就普通卫生、卫生防疫和卫生宣传制定了具体要求，提出对加强卫生和防疫工作，采取多种形式保证卫生宣传切实有效，要求"各级红军卫生机关接到决议案后，立即执行并须随时将执行情形呈报中革军委会总军医处以便考核"②。1933年，中革军委颁布《红军暂定传染病预防条例》，对红军卫生防疫工作提出了更加细节化的规定。

另一方面，在苏区政府领导下和军队医疗卫生部门帮助下，苏区地方卫生防疫工作开始逐步发展起来。"大概也在1931年前后，从中央到地方的政权系统也建立起来了，在政权系统中也陆续地建立起一套卫生组织机构。"③当时全国革命形势良好，但是瘟疫问题给苏区发展带来了极大隐患，"若不从速设法防止，将它（指瘟疫——引者注）消灭，这是与革命发展有重大损害的"④。1932年3月，中华苏维埃共和国临时中央政府向全国苏区发出开展卫生防疫运动的号召，要求"全苏区各地方政府，各地群众团体，领导全体群众一齐起来，向着污秽和疾病，向着对于污秽和疾病的顽固守旧迷信邋遢的思想习惯，做顽强的坚决的斗争"⑤。

为组织领导好全苏区的卫生防疫运动，中华苏维埃共和国临时中央政府先后颁布《苏维埃区暂行防疫条例》《卫生运动指导员工作纲领》，对苏区卫生防疫各项具体事项提出了指导性意见。条例要求，凡经过战争及发生霍乱、赤痢、天花等传染病的地区，都要进行防疫工作，定期将

---

① 高恩显、高良、陈锦石编：《新中国预防医学历史资料选编（一）》，人民军医出版社1986年版，第134页。

② 高恩显、高良、陈锦石编：《新中国预防医学历史资料选编（一）》，人民军医出版社1986年版，第60页。

③ 高恩显、高良、陈锦石编：《新中国预防医学历史资料选编（一）》，人民军医出版社1986年版，第356页。

④ 高恩显、高良、陈锦石编：《新中国预防医学历史资料选编（一）》，人民军医出版社1986年版，第45页。

⑤ 高恩显、高良、陈锦石编：《新中国预防医学历史资料选编（一）》，人民军医出版社1986年版，第71页。

防疫情况向上级汇报。未经战争但已发生传染病的区域，要第一时间上报传染病病症及蔓延情况；及时采取隔离措施，包括患者单独隔离以及整村隔离，减少聚众；病人用过的衣物、器具等要煮沸消毒或者彻底焚烧；患病死亡者的尸体要火葬或者在最短时间内深埋，要远离住房和水源。对于饮食的洁净问题，条例中也有明确规定：水源要远离厕所，并且井口要高于地面；要保证河水畅通，不往河道内抛弃杂物；食物煮沸来吃，不吃腐坏食物，少吃刺激食物；凡传染病人接触过的食物或水都不可食用。条例还要求各级政府在春夏之交，领导群众举行捕蝇运动，以竞赛的形式推进运动的开展。各地苏区政府接到中央号召后，结合本地区实际，积极展开医疗卫生防疫工作。如湘鄂赣省苏维埃于1932年6月5日发布《政府训令——加紧领导群众捕蝇灭蚊运动的工作》，湘赣省永新县苏维埃执委会在1933年3月通过《卫生防疫问题决案》等训令和指示，各地基层政府纷纷遵照执行，如长冈乡塘背村在1933年4月制定了村级卫生公约。以上各级政府训令、决案的颁布和村民卫生公约的制定，直接体现了党和苏区政府对卫生防疫工作的重视，为苏区开展卫生防疫工作提供了有力指导。

2. 广泛宣传基础上开展群众性卫生防疫运动

在传染病肆虐蔓延之际，有效的防疫比治疗更为必要。而卫生防疫工作要想取得显著收效，就必须动员全体军民参与，使大家明白防疫工作重要性，进而"造成一种大家要求清洁的情绪"[①]。但是苏区军民文化水平较低，加之封建迷信和不良卫生习惯影响，民众卫生防疫知识普遍缺乏。因此，苏区卫生防疫工作的首要任务是党和苏区政府采取多形式多手段向军民宣传卫生防疫知识。

首先，各级政府发布颁布训令，强调宣传防疫的重要性。1933年3月，中华苏维埃共和国临时中央政府内务人民委员部通过《卫生运动纲要》指出："在现时群众的大多数还缺乏卫生常识和卫生习惯的时候"，

---

① 高恩显、高良、陈锦石编：《新中国预防医学历史资料选编（一）》，人民军医出版社1986年版，第76页。

卫生宣传"决不是做一次两次就可完了的，要靠着经常不断的宣传鼓动和批评。……利用各种好的机会，对各部分群众宣传"①。纲要同时指出，细菌传染是得病的主要原因，还详细解释了减少细菌传染必须通光、通气、通水、煮熟饮食、除掉污秽、剿灭苍蝇、隔离病人等方法。纲要除了强调卫生宣传工作的重要性，还指出做好群众卫生工作必须要做到有卫生运动的组织、举行卫生竞赛、规定卫生运动日、做卫生检查。为此，"城市、乡村、机关、部队四种，都要组织卫生运动委员会和卫生小组"；"卫生竞赛是提高群众卫生运动的情绪，鼓励群众向着污秽和疾病做猛烈斗争的一种有效的方法"；而卫生运动日"起始可规定每月一次"，依据各地群众斗争的情绪的发展"可由每月一次进到每月二次"；"调查是推动工作的必要方法，不论城市，乡村，机关，部队，均由卫生运动委员会负责"②。1934年3月10日，为了保障工农大众生命安全，加强对防疫工作的指导，中央苏区组织成立"中央防疫委员会"总体领导防疫工作。该委员会由人民委员会通令中央一级机关各派代表一员组成，分设宣传、设计、疗养、总务各科及隔离所等组织。该委员会一成立就决定在疫区开展防疫运动周。

其次，苏区出版了各种报刊宣传卫生防疫方面的新闻和知识。土地革命战争时期，中央苏区出版有《健康》《卫生讲话》等卫生工作报刊，经常宣传卫生知识。同时中央苏区在《红色中华》《红星》《斗争》、红四方面军在《红军须知》上也经常发表卫生工作的社论、专论，刊载卫生运动动态和卫生常识。红二方面军出版有《医院小报》、川陕苏区印发《卫生常识》数期，介绍卫生常识和防病知识。有了众多报刊阵地，苏区党政负责人经常发表文章及社论宣传卫生工作。1931年1月30日，项英向大家发出做好卫生防疫的号召，提出开展卫生防疫工作的具体办法。《红

---

① 高恩显、高良、陈锦石编：《新中国预防医学历史资料选编（一）》，人民军医出版社1986年版，第76页。

② 高恩显、高良、陈锦石编：《新中国预防医学历史资料选编（一）》，人民军医出版社1986年版，第75、77页。

色中华》在第9期也刊登了《我们怎样预防瘟疫》一文，提出预防各种传染病的方法和卫生饮食方面的注意事项。1933年8月，徐向前在《干部必读》上撰写《简略卫生常识》一文提出："我们每个同志必须要讲求卫生的方法，要晓得病的来源和预防的方法，方能减少和免去疾病"[①]，详细介绍了夏秋之际容易产生的日射病、烂脚病、伤寒、痢疾、疟疾、疥疮、感冒等七种传染病的发病原理及预防方法。在赣南苏区，军区总指挥部编印了《防疫简则》，提出了天花、伤寒、痢疾、烂脚、疥疮等五种常见流行病的防治方法。临时中央政府还通过各种形式向群众宣传卫生防疫知识，如组织宣传队、办卫生短训班、办卫生晚会、演卫生新剧、出卫生墙报、贴卫生标语等具体形式。当时宣传工作者编写了朗朗上口的《卫生歌》："要同疾病作斗争，大家就要讲卫生。假使卫生不讲究，灵丹妙药也闲情。"这些做法使得卫生知识宣传浅显易懂，深入人心。尤其需要指出的是，苏区政府"已将卫生教育纳入文化教育之内，在列宁小学课本和战士识字课本中均有卫生教育的内容"[②]。

（三）多途径培养招纳医疗卫生专门人才

红军创建时期，部队中工农成分较多，知识分子很少，普遍缺乏医务人员。当时，军队和地方的医务人员的来源主要有如下渠道："一靠中央和省的党组织委派，这是个别的；二靠动员地方中西医药人员参加红军，这也只是少数；三靠解放过来的医务人员，争取他们为红军服务，这比前两种情况都多。但最根本的还是靠自己培养。"[③]随着红军医院的建立，医生护士短缺问题日益突出。培养医师、护士等专门医务人才就提上了医疗卫生工作的日程。

---

① 高恩显、高良、陈锦石编：《新中国预防医学历史资料选编（一）》，人民军医出版社1986年版，第131页。

② 《新中国预防医学历史经验》编委会编：《新中国预防医学历史经验》第1卷，人民卫生出版社1991年版，第5页。

③ 高恩显、高良、陈锦石编：《新中国预防医学历史资料选编（一）》，人民军医出版社1986年版，第356—357页。

1.开办医学教育是党和苏区培养医药卫生人才的主要途径

创办专门卫生学校是党和政府开办医学卫生教育的最早尝试。中国工农红军军医学校是人民军队创办的第一所红色卫生学校。1931年11月，经中革军委批准创办中国工农红军军医学校。1932年2月，红军军医学校在江西于都北门外的天主教堂旧址举行开学典礼。1933年5月，该校改名为中国工农红军卫生学校，8月学校搬迁到瑞金。1934年10月，红军卫生学校与傅连暲同志主持的红色医务学校合并。

1932年初，中国工农红军军医学校招生第一期学员。"根据政治坚定、身体健康、具有初等文化等条件，各部队派来150多名人员应试。他们中有看护员、通讯员、战士，也有医生、队长、文书，年龄从16岁到30岁，文化程度高的不多。经过文化考试，只录取了25名（19名正式学员，其中1名女同志；6名旁听生，其中3名女同志。6名旁听生在开课后不久，因文化程度太低，无法坚持学习而中途退学）。"[①]该校办学有其鲜明特点：一是办学方针，学校坚持毛泽东提出的"培养政治坚定、技术优良的红色医生"的基本方针。二是办学原则，"坚持从战争需要出发，为战争服务；坚持从部队实际出发，理论结合实际；坚持工农阶级路线；坚持艰苦奋斗的传统作风"[②]。三是学制一年，其中5个月基础，5个月临床，2个月实习，每周上课36学时，每天上课6小时，复习2小时。四是学生的组织，按先后班次顺序编期，期下分班，每期设期长（从学生中选出），每班有班长和学习小组长，每门课又有课代表负责与教员联系。[③]五是办学规模，除了开办军医班外，1933年8月到瑞金后又开办调剂班、卫生员班、看护班等，最多时有200多人。经过一年多学习，1933年4月第一期军医班学员完成学习计划，19名正式学员全部毕业。同年8

① 田刚、陈莹编著：《20世纪30年代苏区卫生防疫研究》，中国财富出版社2017年版，第85页。

② 高恩显编著：《中国工农红军卫生工作历史简编》，人民军医出版社1987年版，第57页。

③ 参见高恩显编著：《中国工农红军卫生工作历史简编》，人民军医出版社1987年版，第59页。

月，第二批学员中28人顺利毕业。①

为解决医药人才短缺问题，中央苏区开设许多短期培训班和各类看护学校。1930年7月，闽西苏维埃政府认识到"要使武装同志安全，便要扩大卫生队的组织，要使卫生队的人材〔才〕充实，便要招收医院实习生"。为此，通告要求闽西医院招收实习生，人选由各县苏维埃负责选派符合条件的3人或5人到医院实习。②红一军团红三军于1930年开办了一个看护训练班，11月30日江西省总行委通知各地"派三十个学生到三军看护训练班去受训练，不论男女均可收容"③。1931年2月15日，赣西南苏区在江西兴国城岗开办红色总医院女子看护学校，招收"学生名额一百名，年龄在十五岁以上二十二岁以下者，要忠实活泼可靠"，为此江西省苏维埃要求各地"选派活泼青年女子入看护学校"④。1932年1月，中华苏维埃共和国临时中央政府内务人民委员会在福建汀州开办一所看护学校，每期2个月，第一期"学生名额共六十名，江西闽西各三十名"⑤，当年4月第一期学生顺利毕业。1932年，湘赣省苏维埃要求军区总指挥部在当年6月20日之前成立一个看护学校，教授中西医科药知识，各地积极选派合适人员进行学习。1932年4月，红军漳州大捷后，毛泽东认为"现在环境更加稳定了，我们应该训练自己的军医"，随后中央苏区决定在汀州创办红色医务学校，以一年为期限，第一批共招收20名学员，"来源有二方面，其一为红色看护学校毕业生中成绩最好的学生；其二为新招收的一批学生"⑥。

---

① 参见田刚、陈莹编著：《20世纪30年代苏区卫生防疫研究》，中国财富出版社2017年版，第89页。

② 参见中央档案馆、福建省档案馆编：《福建革命历史文件汇集（苏维埃政府文件）》（1930年），1985年，第196页。

③ 高恩显、高良、陈锦石编：《新中国预防医学历史资料选编（一）》，人民军医出版社1986年版，第20页。

④ 高恩显、高良、陈锦石编：《新中国预防医学历史资料选编（一）》，人民军医出版社1986年版，第43—44页。

⑤ 《看护学校将开学》，《红色中华》，第5期，1932年1月13日，第4版。

⑥ 许文博等：《中国解放区医学教育史》，人民军医出版社1994年版，第8—9页。

　　与此同时，其他苏区也逐步尝试开办各类医药卫生短期培训班。在川陕苏区，1934年红军第四方面军进入川北后，"伤病员增多，医院扩大，而医务人员的奇缺，是当时医院建设中最突出的问题"①。为解决这一问题，红四方面军总医院根据红四方面军总部指示，办了卫生学校，自己培养医疗卫生人员。红四方面军下属各部也积极开办短期卫生人员训练班，缓解了各部队医务人员不足问题。"从1930年秋到1931年秋，由鄂豫皖省列宁高等学校抽调男女青年学生办了两期'高级医务培训班'（主要是培养医官、司药、团医务主任等）；又从区模范学校和列宁高小招收三、四十名学生，办了一期'看护训练班'。"②"在皖西，除麻埠中心医院成立有学生队五十多人在医院跟班学习外，皖西军委分会医院还举办了数期中医训练班"③；"中央分局军委会在新集举办的彭杨军政学校特种兵训练班里，也设有卫生专科班，培训有三、四十名学员"④；"红二十五军时期，军医院从部队中挑选有文化的年青战士举办了两期训练班，培训了不少看护和卫生员，充实到各师、团卫生组织中去；红二十八军时期，林之翰院长也曾主持办了一期卫生人员学习班，学员毕业后，分配到师、团、营及医院中去"⑤；在地方上，苏维埃政府还设有卫生职业

---

　　① 高恩显、高良、陈锦石编：《新中国预防医学历史资料选编（一）》，人民军医出版社1986年版，第418页。

　　② 秦光远：《红四方面军医务训练班》，《湖北卫生志》，1985年编印。转引自张全德、王先发：《鄂豫皖革命根据地医药卫生史简编》，河南省卫生厅、信阳地区卫生局、《新中国预防医学历史经验》编委会，1986年印刷，第118页。

　　③ 陉积德：《红四方面军医疗卫生工作的建设和各级卫生组织机构的发展扩大情况之概述》，1983年编印。转引自张全德、王先发：《鄂豫皖革命根据地医药卫生史简编》，河南省卫生厅、信阳地区卫生局、《新中国预防医学历史经验》编委会，1986年印刷，第118页。

　　④ 游正刚：《红四方面军电台之始末》，《丰碑》第二辑，1984年编印。转引自张全德、王先发：《鄂豫皖革命根据地医药卫生史简编》，河南省卫生厅、信阳地区卫生局、《新中国预防医学历史经验》编委会，1986年印刷，第118页。

　　⑤ 汪浩：《回忆红二十八军坚持鄂豫皖边区三年游击战争时期的医疗卫生工作》，《丰碑》第一辑，1984年编印。转引自张全德、王先发：《鄂豫皖革命根据地医药卫生史简编》，河南省卫生厅、信阳地区卫生局、《新中国预防医学历史经验》编委会，1986年印刷，第118—119页。

学校，培训了不少医务人员。据不完全统计，在十年土地革命战争时期，整个鄂豫皖革命根据地培训各类卫生技术人员有五六百人。[①]

除了正规学校和短期培训外，在职学习也是培养医学卫生人才的一种有效方法。苏区时期医疗卫生人员的在职学习有两种途径。一是在工作岗位上，边工作、边学习。"1932年秋红四方面军主力撤离根据地后，大部分医疗技术骨干均随军西进。这时钱信忠同志负责高家湾重伤医务所的工作，为了迅速提高医务人员的战伤救治技术，他每天要跑十几里到各所给同志们上课，对提高医务人员的技术水平帮助很大。"[②]二是以师傅带徒弟的方式培养医疗卫生人才，即"选拔一些部队中的战士或卫生机构中的男女卫生员到医院中拜技术水平较高的医务人员为师，以带徒弟的方式跟师学习，他们在工作中以学习实际操作为主，老师边作边讲，徒弟边听边作，进步很快"[③]。正是通过这种形式红军迅速培养了大批医学卫生人员。

2.吸收招纳各类医务人员是党和苏区解决缺医问题的重要手段

为缓解苏区缺医问题，除自己培养医药卫生工作人才外，苏区政府和红军部队还在红军所在驻地乃至全国范围内积极吸收招纳各类医务人员。

其一，党中央在全国范围内党组织中征调有医疗基础的专门人才。鉴于红军中特别需要医生，中央机关多次下发征调和选拔医疗相关人才的通知。1930年3月，中共中央发布关于征调军事人才的通告，要求"各省委军委以及各党部应从速调查该党部所辖的同志有无军事人才，军医、交通、修理军械人才，以及政治工作人才等，……如有上述特殊技能的人才，表同情革命而愿到红军中工作的同情者，各级党部亦可介绍到红军

---

① 参见张全德、王先发：《鄂豫皖革命根据地医药卫生史简编》，河南省卫生厅、信阳地区卫生局、《新中国预防医学历史经验》编委会，1986年印刷，第120页。

② 张全德、王先发：《鄂豫皖革命根据地医药卫生史简编》，河南省卫生厅、信阳地区卫生局、《新中国预防医学历史经验》编委会，1986年印刷，第119页。

③ 张全德、王先发：《鄂豫皖革命根据地医药卫生史简编》，河南省卫生厅、信阳地区卫生局、《新中国预防医学历史经验》编委会，1986年印刷，第119页。

中去工作，或列表报告中央军委，俟需要时可调集"①。同年8月3日，中共中央发布《关于为红军征召医务人员的通知》，"决定把全国党组织下的所有医学技术的同志（医学学生、医生及通西医的同志），只要身体健全的，无论如何即刻调来中央，预备送入专门传习学校，接受短期训练，以便送入红军中服务，务要成为红军中卫生救护的组织者。此事在目前形势之下，不简单是红军中一个技术问题，而是充分带有严重的政治意义和革命战争的组织任务的"②。8月4日，中国革命互济总会下发《关于加紧聘请军医的通知》，要求各级分会尽快办理红军军医聘请工作，"凡是医院中的分会会员，均全体调来上海分配各军工作"，"凡是医学学校的分会会员，均调来上海试行分配工作"，"公开登报招考，自由投聘的医生"③。通知还给各地分会下达了调配指标，如上海100名、武汉50名、北平40名、南京30名，天津、辽宁、郑州、杭州、香港均为20名，青岛、济南、哈尔滨、太原、开封、洛阳、安庆、芜湖、苏州、无锡、宁波、福州、广州均为10名。

其二，红军各部在驻地临时动员当地中医为部队服务。当时动员来部队救治伤病的大多是中医，这主要因为红军士兵往往遭受伤寒、痢疾和疟疾等地方性疾病传染，在西医资源短缺情况下，中医诊治比西医更有效。比如在川陕苏区，"红军战士或轻或重地分别染上各种疾病的人几乎要占十分之一。……要制止疾病流行，挽救许许多多垂危的病人，西医不仅缺乏医药，而且大多数医生都不熟悉这种带有地方性的流行病，面对这种情况，唯一的办法就只有请地方中医来解决"④。"当时虽然红军经

---

① 赣南医学院苏区卫生研究中心编：《中央苏区卫生工作史料汇编》，解放军出版社2012年版，第19页。

② 赣南医学院苏区卫生研究中心编：《中央苏区卫生工作史料汇编》，解放军出版社2012年版，第36页。

③ 赣南医学院苏区卫生研究中心编：《中央苏区卫生工作史料汇编》，解放军出版社2012年版，第37页。

④ 高恩显、高良、陈锦石编：《新中国预防医学历史资料选编（一）》，人民军医出版社1986年版，第431—432页。

济匮乏，但只要打听到哪里有个有名的中医，就拿出高价把他雇请来，有的竟高达每月几十块银元。"①为吸引更多医生加入革命队伍，各地纷纷制定措施，吸引医务人员参加革命队伍。在鄂豫皖苏区，党和政府制定《鄂豫皖区苏维埃政府优待医生条例》，对医生政治权利、家属待遇、生活待遇、土地耕种、子女教育、住房、就医等予以优先保障。此外，川陕苏区政府也制定优待医务人员条例，积极吸收地方医生参加革命。

其三，录用俘虏的敌方医务人员是红军医务人员的又一来源。当时红军最缺乏三种技术人员，"一是医务人员；二是报务人员；三是军械修理人员。所以，部队作战每打到一个地方，都很注意寻找这三方面的人员"②。为此，红军十分重视吸收被我军俘虏的敌方医务人员。"被我军俘虏的医务人员，只要不是国民党的坚决反共分子，有中华民族信念的这种人，都要录用。"③"凡是俘虏的医官，一个也不准杀。有的敌军医官被俘后，感到红军中生活难苦，偷偷逃跑了，我们把他找回来照常使用。"④1930年8月18日，中共中央机关报《红旗日报》上刊载了一封读者来信，描述了一名原国民党军医思想转变的内心状态："我是一个做军医的，现正请你设法介绍我到红军里去服务。这绝对不是我看见红军普遍发展而要来投机，而是我有深刻的政治觉悟，……红旗日报登载红军招考军官，我想，军医也是大半需要的。我发誓不再医蒋介石的活尸，要去医治为苏维埃而受伤的革命战士！"⑤

---

① 高恩显、高良、陈锦石编：《新中国预防医学历史资料选编（一）》，人民军医出版社1986年版，第418页。

② 高恩显、高良、陈锦石编：《新中国预防医学历史资料选编（一）》，人民军医出版社1986年版，第375页。

③ 高恩显、高良、陈锦石编：《新中国预防医学历史资料选编（一）》，人民军医出版社1986年版，第376页。

④ 高恩显、高良、陈锦石编：《新中国预防医学历史资料选编（一）》，人民军医出版社1986年版，第418页。

⑤ 赣南医学院苏区卫生研究中心编：《中央苏区卫生工作史料汇编》，解放军出版社2012年版，第39、40页。

（四）挖掘地方资源以弥补医药匮乏难题

普遍缺乏医药和器械是苏区医疗卫生问题的又一突出表现，尤其在游击战时期情况更为严重。在鄂豫皖边区，"1934年10月，红二十五军北上时，医院药品、器械、敷料基本上能够保证伤病员的需要。一是医院有老基础，二是红二十五军北上时带不走的东西都留了下来，包括药品等，但还是比较缺乏。1936年以后，药品就更加困难了"①。1937年是鄂豫皖边区留守部队最苦困难的一年。"敌人'围剿'、'清剿'更加疯狂，后方医院不断缩小，医务人员减少，医药奇缺，很一般的药品都没有。患疟疾病，没有奎林［宁］治疗；开刀取子弹、弹片、碎骨片，没有麻药，伤员就只有硬顶着。"②对于红军和苏区普遍存在这一难题，党和苏区政府竭尽所能，多途径予以解决。

1.主力红军战场收缴和没收地方豪绅等的医疗物资

战场缴获是战争年代人民军队获取医药卫生用品的主要来源。早在1929年，红军制定的行动纪律中就有"占城市注意收集机器医药"③的规定。每逢战斗结束后，红军战士将打扫战场时收缴的敌军医药品集中送到红军总医院。如1932年5月，红二十五军七十三师攻占正阳关（今属安徽寿县），缴获敌人大批食盐、布匹、药品等，用50支木船运往鄂豫皖苏区。1934年夏，红二十五军袭占罗田、太湖县城时，缴获与没收了敌军仓库及城内几家大商号的大批银元、药品及其他日用品。④这些医药成为红军医院医药的直接来源。

罚没地主豪绅、资本家和敌军被俘军官的医疗物资。当时红军对待地

---

① 高恩显、高良、陈锦石编：《新中国预防医学历史资料选编（一）》，人民军医出版社1986年版，第469页。

② 高恩显、高良、陈锦石编：《新中国预防医学历史资料选编（一）》，人民军医出版社1986年版，第469页。

③ 徐向前：《历史的回顾》上册，解放军出版社1984年版，第92页。

④ 参见张全德、王先发：《鄂豫皖革命根据地医药卫生史简编》，河南省卫生厅、信阳地区卫生局、《新中国预防医学历史经验》编委会，1986年印刷，第121—122页。

主豪绅大多采取"提案子"的办法，向地主、资本家罚款和没收药品、布匹、食盐等物资。1937年，红二十八军打下新洲镇（今湖北省新洲县），将镇上资本家开的粮店、布店、药店全部没收，仅药品器械、棉花、纱布等就装了两大箱。①红军还罚没了我军俘虏的敌军官的医疗物资。如鄂豫皖苏区，1931年3月，红军在双桥镇战役中活捉敌师长岳维峻，"罚他价值近一万元的西药，一百余挑，象［像］阿司匹林、喹林［啉］等一类西药都有了"②。

2.便衣队、地下党组织等到白区购买医疗物资

前往白区购药是红军获得医药品的又一途径，对缓和苏区药品短缺起到一定作用。第一种形式是请白区地下党组织购买大量药物，"特别是海碘酒、碘片、酒精、纱布等"③，并通过地下交通线转送到苏区。在鄂豫皖苏区，"1927年至1935年间，信阳党组织为了加强党中央、河南省委与根据地的连［联］系，曾在信阳城内中山路药店、大同医院等多处设有党的地下联络站"④。这些党组织用巧妙斗争方法，为苏区筹集药品及紧缺物资做出卓越贡献。第二种形式是派便衣队扮成商人到白区购买医药。苏区成立的便衣队都有一定的社会基础，对敌占区人熟、地熟、敌情熟，善于同敌人进行各种形式的斗争，他们在解决红军主力部队、党政机关及医院等物资供应方面发挥了很大作用。在鄂豫皖苏区，"1936年，苏区药品甚为缺乏，医院就开了一张四十多张药品的单子，交由罗陂孝便衣五队（即原灵山便衣队），到敌占区购买。便衣队就派人通过敌人的封锁

---

① 参见张全德、王先发：《鄂豫皖革命根据地医药卫生史简编》，河南省卫生厅、信阳地区卫生局、《新中国预防医学历史经验》编委会，1986年印刷，第122页。

② 张全德、王先发：《鄂豫皖革命根据地医药卫生史简编》，河南省卫生厅、信阳地区卫生局、《新中国预防医学历史经验》编委会，1986年印刷，第122页。

③ 高恩显、高良、陈锦石编：《新中国预防医学历史资料选编（一）》，人民军医出版社1986年版，第21页。

④ 张全德、王先发：《鄂豫皖革命根据地医药卫生史简编》，河南省卫生厅、信阳地区卫生局、《新中国预防医学历史经验》编委会，1986年印刷，第123页。

线，化装到鸡公山，将药品买回送到根据地，解决了医院很大问题"[1]。第三种形式是通过合作社开展对外贸易购买医药。苏区政府通过经济公社、合作社等机构与敌占区大城市如武汉、安庆、济南等地大商号挂钩，订立合同，用苏区的土特产及山货进行贸易，再购买医药及各类工业品运进苏区后，转销给苏区合作社销售。

3. 采植草药和使用土办法自制各种替代医疗器械

广大苏区地处农村山区，各地中草药资源丰富。在医药短缺情况下，红军和苏区政府不得不用中医或中西医结合办法给伤病员看病，如"疟疾用大蒜、艾叶灸疗；感冒服用柴胡、葛根、桔梗；肠炎、痢疾用黄芩、蒲公英等治疗"[2]；有时还不得不用土法自制各类医药和器械以替代，"没有镇痛药，就将收购来的鸦片烟提炼成吗啡给伤病员止痛"；"没有麻醉药，就将漂白粉和白酒混合蒸制一种名叫'哥乐方'的麻醉剂"；"没有消毒药品，就用盐开水代替，大型的剖腹和切肢等手术才用少量的硼酸、碘酒和红汞消毒。没有止血药物，就用浓碘酒遏止血液外流"；没有透视设备，"就用铁制或竹制的探针探寻"弹头和弹片的位置；没有脱脂棉，就自己加工"药棉"；"缺蒸馏汽水，就用铜壶自己烧制。没有镊子或其它医疗器械，就由总工厂的铁工自己打造"[3]。为能制造更多的替代药品器械，党中央批准成立卫生器械材料厂。1932年10月，中央苏区政府在瑞金成立中央工农红军医药卫生器材厂；1932年12月，福建军区卫生部在长汀又建立一个卫生材料厂。这些器械材料厂用土方法制造出药丸膏丹、纱布、急救包、酒精、碘酒以及镊子等医药器械，想尽一切办法自制器械来治病救人。

---

① 张全德、王先发：《鄂豫皖革命根据地医药卫生史简编》，河南省卫生厅、信阳地区卫生局、《新中国预防医学历史经验》编委会，1986年印刷，第124页。

② 张全德、王先发：《鄂豫皖革命根据地医药卫生史简编》，河南省卫生厅、信阳地区卫生局、《新中国预防医学历史经验》编委会，1986年印刷，第125页。

③ 高恩显、高良、陈锦石编：《新中国预防医学历史资料选编（一）》，人民军医出版社1986年版，第431页。

三、中国共产党解决苏区医疗卫生问题的基本效果

土地革命战争时期，中国共产党和苏区政府高度重视医疗卫生问题的解决，坚持从苏区具体实际出发，一边努力治疗，一边加强预防，群众医疗卫生意识有所改观，军民身体素质有所增强，军地系统医疗卫生工作体系初步建立，为保障红军前线作战和巩固苏区政权建设奠定坚实基础。

（一）降低了发病率，改善了军民伤病治愈水平

面对苏区肆虐蔓延的传染病，各级苏区政府采取一切可行办法，一方面争取控制已发疫情，另一方面致力预防新疫情的暴发。经过全体军民一致努力，苏区医疗卫生防疫工作有了大的发展，军民群众身体健康状况得到很大改善。

主要传染病治愈率得到了大幅提升，因病死亡率大大下降。面对苏区多发的传染性疫情，党和政府重视组织发动人民群众，广大军民共同参与各类卫生防疫运动，苏区传染病发病率明显下降。由于经常举行清洁卫生比赛，1932年闽浙赣苏区民众各类疾病"减少了百分之九十"[①]，比前一年有了很大的进步。在粤赣苏区，"西江县的黄安区，有部分群众好吃鼠肉，曾经发生一种剧烈的传染病——鼠疫"，随后，中央防疫委员会派专员进驻该县，县政府及内务部及时开展防疫工作，"于数日间，把群众的卫生工作在全县开展起来了，特别在城市，南门，黄安三区，更是焕然一新，全县的严重的时疫完全被消灭了"[②]。1933年七八月，红一军团开展了卫生运动，效果明显。据军团卫生部大概的统计，"这个时候的病员，特别是烂脚的人数，比去年大为减少"[③]。卫生防疫工作的开展和

---

① 江西省档案馆选编：《闽浙赣革命根据地史料选编》下册，江西人民出版社1987年版，第192页。

② 《消灭鼠疫的模范》，《红色中华》，第166期，1934年3月24日，第3版。

③ 赣南医学院苏区卫生研究中心编：《中央苏区卫生工作史料汇编》，解放军出版社2012年版，第396页。

完善有效预防了传染病的发生，使"预防第一"的口号真正落到了实处，保障了苏区军民的身体健康，改善了民众日常生活面貌，对于苏区的巩固和发展有着深远影响。

长征开始前，红军在中央苏区共建立了多个医疗机构。其中有"十个后方医院、十个预备医院、六个兵站医院、二个残废医院和一个疗养院。红军总医院，各军区医院（湘赣军区黄岗医院、福建军区四都医院、粤赣军区会昌医院、江西军区洛口医院、闽浙赣军区弋阳医院）和各后方医院不但设备较前充实、技术质量也都有较大提高"[①]，而且这些医院硬件设备也有了很大提高，这些医院在保障军民生命健康方面发挥了巨大作用。此外，红军各类卫生学校培养出了许多医护人员。截止到1934年10月，长征以前红军卫生学校共培养军医班学员181名，调剂班75名，看护班300名，保健班123名，研究班7名，共686名。[②]这些学员后来逐渐成为各级红军医院的技术骨干，为整个苏区医疗卫生事业的开创和发展作出了巨大贡献。

（二）逐渐扭转了苏区民众落后的医疗卫生习惯

解决苏区的医疗卫生问题，关键是要从转变苏区民众医疗卫生观念开始，让广大民众重视医疗卫生事业，排除封建迷信思想干扰，在生活中逐渐培养健康的日常卫生习惯。经过党和苏区政府的宣传发动，苏区广大群众对医疗卫生知识有了一定了解，能够积极响应号召，重视疾病预防与治疗。

民众能够打破封建迷信束缚，生病时不再求神拜佛，主动求医问药，配合治疗。当然，苏区医疗卫生事业的发展也为群众疾病的治疗和卫生观念的转变提供了坚实的基础。在川陕苏区，红四方面军刚入川北后，发现当地种植和吸食鸦片盛行，不少群众因吸毒成瘾，倾家荡产，卖儿

---

① 田刚、陈莹编著：《20世纪30年代苏区卫生防疫研究》，中国财富出版社2017年版，第54—55页。

② 参见《新中国预防医学历史经验》编委会编：《新中国预防医学历史经验》第1卷，人民卫生出版社1991年版，第52页。

卖女。红军医院和卫生部门积极配合地方苏维埃政府戒烟局，向群众宣传吸食鸦片的害处，发动群众禁止种鸦片吸鸦片。同时，他们把已经生产出来的鸦片收购起来，作为医院药物用料。经过反复的宣传教育，川陕根据地种鸦片吸鸦片的人数大大减少。广大群众高兴地说："共产党来了，连年收成好，少生疾病，人畜兴旺。"①

群众认识到良好卫生习惯对于传染病预防的重大意义，逐步重视日常卫生习惯的养成。在中央苏区，在以前的乡村"人畜共住"极其常见。"以前赣西的乡村，人和猪牛住在一起，经过卫生宣传队以及化装讲演等，有了很大的转变。"尤其是红军指战员给广大群众做出了很好的榜样，"红军部队不论到什么地方都把房子内外打扫得干干净净给群众以最大的影响"②。青年人较以前更加注意个人卫生，勤换衣多洗澡，经常洗头定期理发，睡前洗脸、洗脚、刷牙，勤剪指甲；合理饮食，多做运动。此外，苏区群众也开始注重疾病预防工作。一些有条件的苏区推行注射疫苗预防病疫，在部分地区牛痘疫苗基本保证每年接种一次。

总体上，苏区群众封建观念的破除、健康卫生习惯的养成、卫生防疫工作的重视，从源头上切断了传染病暴发与蔓延的渠道，迅速改变了苏区传染病肆虐的局面。

（三）初步建立了军队和地方医疗卫生工作体系

苏区医疗卫生事业主要是依托红军医疗卫生工作体系不断建立和发展起来的。红军医疗卫生体系较早就建立了，并在发展起来后带动了苏区各地医疗卫生事业的开创，使得苏区逐步建立了一套军区与地方密切配合的医疗卫生工作体系。

以中央苏区为例，红军的医疗卫生工作先是由中革军委总军医处来领

---

① 高恩显、高良、陈锦石编：《新中国预防医学历史资料选编（一）》，人民军医出版社1986年版，第421—422页。

② 《全苏大会代表访问记·湘赣代表访问记》，《红色中华》（第二次全苏大会特刊），第1期，1934年1月22日，第4版。

导，后改由红军总卫生部统辖，下设科局负责开展具体工作。截止到1933年底，党中央根据任务和性质，把红军医院划分为野战医院、兵站医院和预备医院，并且已建立前方和后方两套工作体系。在工作隶属关系上，前方的卫生系统主要由红军各大方面军卫生部领导，下设各军团卫生部、各师卫生部，而各军团卫生部下辖各野战预备医院，各师卫生部则下设各团卫生队。后方的卫生系统由红军后方总兵站卫生部领导，下设兵站医院、卫生材料分厂、各兵站预备医院、各军区后方医院等。

在地方医疗体系中，中央苏区的卫生工作由中华苏维埃共和国临时中央政府内部人民委员部（在县省称为内务部）分管领导，下设卫生管理局（在城市设卫生科），由中革军委总军医处处长贺诚兼任局长，负责管理医院，预防和制止瘟疫与传染病，注意公共卫生，检查车船公共食堂及公民住宅之清洁，考验并监督医师和药剂师，检查药品及药材之营业等。1931年11月，苏维埃中央执行委员会颁布《地方苏维埃政府的暂行组织条例》，规定省、县、区三级也要设立卫生部（后改为卫生科），任命部长一人；城市苏维埃政府成立卫生科，设科长一人。与此同时，苏区卫生防疫工作体系也不断健全。1933年9月，苏区各级政府和红军部队按照《卫生运动纲要》的要求，在城市、乡村、机关、部队四个方面都组织卫生运动委员会和卫生小组。同年10月，卫生管理局和军委总卫生部联合成立了中华苏维埃共和国卫生研究会，对苏区医药卫生方面的实验研究工作提供指导，帮助解决在疾病预防和治疗中遇到的技术难题。1934年3月10日，按照中央政府要求，中央防疫委员会成立，旨在加强对防疫工作的指导，进一步保障工农大众的生命安全。

在苏区落后的经济条件和严峻的医疗工作形势下，中国共产党领导军民开展了医疗卫生事业建设，相对解决了苏区突出的医疗卫生问题。今天看来这些解决方式、途径、效果还有待完善和提高，如制度不算规范、技术还不成熟、水平仍旧较低等。但苏区医疗卫生工作的创建和发展对保障广大军民生命健康、巩固苏区政权、保障前线战斗发挥了不可替代的作用，其历史贡献应当被充分肯定。

第四章 土地革命战争时期中国共产党对苏区社会保障问题的解决

社会保障是促进社会稳定、推动经济发展的重要基石，和平年代如此，战争年代也是如此。土地革命兴起后，中国共产党开始将各类社会保障思想付诸实践，针对苏区各地严峻的社会保障问题，探索应对之道，为保障民众基本权益、巩固和发展苏区政权作出积极贡献。

一、苏区社会保障问题概况

苏区社会保障问题涉及社会保障工作各个方面。在自然灾害频发、劳动力缺乏等各种因素相互影响作用下，苏区的社会保障问题不断加剧。

（一）苏区社会保障问题的主要表现

综观全国苏区，大量难民生活亟须救助，群众生产生活亟须保障，红军军属亟须优抚，这些是苏区各地社会保障的主要问题。

1.大量难民生活亟须救助

首先，苏区各地出现大量灾民。1928年，全国水旱受灾区达21省，共1093县，灾民达7000万人以上，受灾县份占全国14%，灾民占8%。①江西、湖南等地暴发洪灾，福建、湖北等地遭受旱灾。1931年，长江全流域大水灾，江西受灾严重。"仅长江中、下游受灾面积即达15万多平方

---

① 参见邓拓：《中国救荒史》，北京出版社1998年版，第47页。

公里，淹没农田 5000 多万亩，灾民达 2800 多万人，其中被洪水夺去生命的有 14.5 万人。"①1933 年，江西省又有 14 县遭受水灾，损失数百万元，灾民 10 余万人。1934 年，福建遭受水灾，江西、湖北等 14 省 313 县遭受旱灾和蝗灾，损失惨重。②频频暴发的水、旱、虫灾，使闽、赣、湘、鄂等省遭受严重影响，地处省际交界的苏区也不例外。各类灾害给苏区带来了重大经济损失和人员伤亡，产生大量被难民众，严重威胁苏区的稳定和发展。

部分白区民众受灾后逃荒到苏区谋生。1931 年，豫皖边境白区暴发水灾，河南灾民中竟有人"争食麦苗水藻草根，年轻妇女论斤出售"，"上蔡汝河与洪河地方，去岁大被水灾，半饿死的灾民，因粮食缺乏，争食水藻"，导致"市上水藻出售，每斤要一十八个铜子，其他粮食，价贵就可以想见"③。安徽北部情形日益严重，"该地居民，冻死饿死，以及因饮食不良而致病死的，盈千累万，吃树皮草芒是很普遍的现象，而且有些地方，连树皮草芒都吃光了，在那边人吃人"④。1932 年，全国各地水灾后，"湖北沿江一带，就有三十多万灾民"⑤。在华北地区，"被淹没的有百余县，生命财产损失甚巨"。鲁南苏北蝗蛹成灾，"遍野皆是，秋季树苗均为食尽，农产物已无收望"⑥。在华中各地，江西白区遭遇水、旱、疫三重灾害；在湖北省武汉市的农村遭受"水灾兵灾的饥寒难民，竟至十余万人"，这些灾民不得不沿街叫化，却又被国民政府"以有碍治安，令数万军队驱逐灾民出境，灾难的农民在武力压迫下，无可奈何，只有四面奔跑随地住宿"⑦。有的灾民无处可取，逃荒到了苏区。如河南省"周家口地方，灾民群集该地，无法谋生，……自红军占领南城后，该

---

① 孟昭华编著：《中国灾荒史记》，中国社会出版社 1999 年版，第 751 页。

② 参见邓拓：《中国救荒史》，北京出版社 1998 年版，第 48、49 页。

③ 《河南灾民惨状》，《红色中华》，第 19 期，1932 年 4 月 28 日，第 3 版。

④ 《安徽北部灾民惨状》，《红色中华》，第 21 期，1932 年 6 月 2 日，第 3 版。

⑤ 《国民党统治下灾民惨状》，《红色中华》，第 22 期，1932 年 6 月 9 日，第 3 版。

⑥ 《白区遍地灾荒》，《红色中华》，第 33 期，1932 年 9 月 13 日，第 4 版。

⑦ 《国民党统治下的武汉三镇》，《红色中华》，第 29 期，1932 年 7 月 28 日，第 4 版。

处灾民，纷纷跟随红军，逃入赤区谋生云"①。1933年初，据中央苏区革命救济会统计，"龙岩、上杭永定被福建军阀摧残的难民约三四千人，逃来赤区避难"②。1934年6月，广东省武平县北部地区被军阀抢掠后，十室九空，"该地工农群众都纷纷逃来苏区"③。

其次，赤白交汇区大量民众跑反。在苏区初创时期，赤白区民众跑反的现象时有发生。1929年，在鄂豫皖苏区的黄安、麻城、光山、罗田等县赤色区域，"跑反的革命民众成千上万的不能归家，甚至有五、六个月之久的，吃饭、穿衣、居住……都成了严重的问题"④。"跑反民众因长期跑反，干粮用尽不能回家运粮，……有的一日两餐（民众叫做扁担餐），有的两三天得不着一餐，只在山坡上煮野菜度日，老小男女饿得东倒西歪，一个一个的背着包裹在山阴、树林、村旁倒卧着。"⑤

群众跑反现象成为影响苏区巩固和发展的重要问题。在国民党反动派和地方豪绅煽动下，一些白区民众加入反动派的"割禾队"，"时常向革命区域进攻，将革命区域界边民众的房屋、柴才、谷米、衣服等烧得干干净净"⑥。"民团豪绅地主的极端剥削，匪军民团的抢夺，无粮、无衣、无屋、无耕具之农民，在鄂东北及豫东南一部分，约计总在十万左右。至于少粮、少衣、少耕具之农民，只要是前苏区之农民几乎莫不皆然。因冻饿而死者为数很大。"⑦"赤区群众受此打击，加以粮食困难，……情

---

① 《河南灾民惨状》，《红色中华》，第19期，1932年4月28日，第3版。

② 《苏区互济总会筹备会成立》，《红色中华》，第52期，1933年2月13日，第4版。

③ 《武北被难群众积极发展游击战争》，《红色中华》，第202期，1934年6月14日，第2版。

④ 中央档案馆、湖北省档案馆、河南省档案馆、安徽省档案馆编：《鄂豫皖苏区革命历史文件汇集（省委文件）》（1929年—1934年），1985年，第51页。

⑤ 中央档案馆、湖北省档案馆、河南省档案馆、安徽省档案馆编：《鄂豫皖苏区革命历史文件汇集（省委文件）》（1929年—1934年），1985年，第86页。

⑥ 中央档案馆、湖北省档案馆、河南省档案馆、安徽省档案馆编：《鄂豫皖苏区革命历史文件汇集（省委文件）》（1929年—1934年），1985年，第51页。

⑦ 中央档案馆、湖北省档案馆、河南省档案馆、安徽省档案馆编：《鄂豫皖苏区革命历史文件汇集（省委文件）》（1929年—1934年），1985年，第440页。

绪亦低落。"①

2.工农群众生产生活缺乏保障

土地革命以前，苏区广大农民长期受到国民党反动派的压迫和剥削，又逢天灾人祸不断，农民日子苦不堪言，生活基本无保障。农民除了需要缴纳基本田赋及田赋附加提征外，还需缴纳烟酒捐、薄地捐、市政捐、北伐捐等各种附加税，后来还增加了喜捐、丧捐与人头捐。②当时，国民党课税不仅种类多，而且税率十分高。"附税超过正税额少的一倍，多的几至八倍，……三十倍者有之，十倍则普遍皆是。"③当时南京国民政府75%的税收是从农民身上征收的。除田赋提高、附加税加重以外，国民政府为解决财政困难还允许政府预征钱粮。"预征年数各地不同，有的预征一年多至预征四十年（一九三二年四川刘存厚防区已预征至一九七二年的田赋），所以有些地方（陕北）农民将所有收获统统拿来完税还是不够的。"④

同样，广大城镇工人生活亦处于困苦边缘。在闽西苏区创立前，工人阶层每天工作时间从"上午六时至夜六时"，"薪金最多的，每月三十元，最少的，每月二、三元。家庭消费，有的父、母、妻、子、女、八人，有的妻、子、女、五人"⑤。工人生活极苦，工资经常入不敷出，工人失业现象时有发生，生活同样无保障。1932年，因国民党经济封锁和资本家逃亡，福建木船工人失业半年多。"福建省职工联合会，为着解除工人

① 中央档案馆、湖北省档案馆、河南省档案馆、安徽省档案馆编：《鄂豫皖苏区革命历史文件汇集（省委文件）》（1929年—1934年），1985年，第404页。

② 参见江西省档案馆、中共江西省委党校党史教研室选编：《中央革命根据地史料选编》上册，江西人民出版社1982年版，第2页。

③ 李作周：《中国的田赋与农民》，《新创造》，第1期、第2期，1932年。转引自赵朝峰：《中国共产党对灾荒的认识（1921—1949）》，《石家庄经济学院学报》，2001年第3期，第243页。

④ 阳春：《中国经济的和财政的破产（续）》，《斗争》，第39期，1933年12月19日，第8版。

⑤ 中央档案馆、福建省档案馆编：《福建革命历史文件汇集（省委文件）》（1927年—1928年），1983年，第5页。

痛苦，在全总执行局同意之下，给以社会保险费一千五百元，救济六七百失业工人。"①旧中国的妇女生活艰难程度不亚于男子。如闽西地区，妇女在生活上确比男子更苦。"闽西妇女都要劳动，与男子一样担负生产的责任。即以龙岩的小脚女人，除极少数的富家妇女外，没有一个不为穷困所驱逐，出来与男子同样劳动。闽西妇女在生活上比男子更苦。"然而，妇女相比男工所得工钱低得多。"如龙岩、上杭、武平、长汀等县女工工资比男子少一半，永定女工只得男工工资三分之一。至旧礼教的束缚与家庭的压迫，仍与其他一样。"②

各地苏区成立之初，有限的政府财政决定了投入社会保障的经费也十分有限。当时"苏维埃的两个困难问题：一是经济问题，一是救济问题"。1930年，鄂豫皖"赤区周围被反动派烧杀不能归家的群众在三万以上，救济问题只能靠赤区救济，但苏维埃所收累进税，也没有几多，同时大部要供给红军，因此这一问题也不能解决"③。此外，"在赤色区域中目前有严重的问题，即农村生产品价格低落，而且销售不出去，同时市场冷落，工人失业，而造成社会经济的恐慌"④。以中央苏区为例，"收获时米价大跌特跌，是两三年来苏区内的普遍现象，最厉害的是那些余米之地"。"据一般的估计，每担谷子并肥料要做七天人工，就照公略来说，以每天一毛钱工钱，一毛钱伙食计算，每担谷子要一块四毛钱成本，而现在粜出值价还不够一块钱，在农民每担谷子要蚀本五六毛钱，而到了青黄不接之秋，却又吃了贵米的亏（普通都比收获时贵两三倍），这样农民自然要受很大的损失，同时也就要影响到整个苏区经济的

<hr>

① 《福建失业木船工人获得社会保险的救济》，《红色中华》，第82期，1933年5月29日，第4版。

② 中央档案馆、福建省档案馆编：《福建革命历史文件汇集（闽西特委文件）》（1928年—1936年），1984年，第86页。

③ 中央档案馆、湖北省档案馆、河南省档案馆、安徽省档案馆编：《鄂豫皖苏区革命历史文件汇集（省委文件）》（1929年—1934年），1985年，第191页。

④ 江西省档案馆、中共江西省委党校党史教研室选编：《中央革命根据地史料选编》上册，江西人民出版社1982年版，第149页。

发展。"①

3.红军及军属优抚优待任务繁重

频繁战争导致红军战斗减员严重，亟须补充兵员。党和苏区政府发动群众开展扩红运动。要发动大量青壮年参加红军，不仅需要调动青壮年自身积极性，更需要得到广大家属的支持。然而，苏区红军及军属优抚优待工作任务繁重，工作中仍存在不足。苏区扩红后，青壮年劳动力的大量参军致使苏区劳动力短缺严重。在中央苏区，"长冈乡16岁至45岁的全部青年壮年有733人，其中出外当红军和做工作的320人，在乡的413人中，男、女各占87人和326人，两者比例是1∶4"②。"才溪乡百个人中有八十八个当红军去了。"③苏区红属劳动力的短缺使得春耕秋收、开荒拓土等工作均受到影响，粮食生产受到极大制约，有的红属甚至出现生活困难的情况。

新补充红属的安抚工作开展不力影响红军战士的思想稳定。当时，由于跑反人群中也有红军家属，这对一些红军新战士影响很大。在鄂豫皖苏区，1933年，"罗山、光山、黄安南部与北部，麻城北部都以数万计的跑反群众"，"因为这些区域青年大部去当红军去了，所余皆老弱残废，饥寒交迫，敌人更加摧残，无所不至。于是惊号哭泣，频频载道，我们与敌人作战时，马头马尾所在皆是。此种情况谁也会为之酸楚悲泣，加以许多是补充军自己的家室，致补充军的战士多有饮泣而散去照料家室者（黄陂、孝感的补充军跑回去一大半），且这些人都没有饭吃，需要大批粮食救济，所到地区与当地民众又发生冲突（常有影响民众利

---

① 《发展粮食合作社运动来巩固苏区经济发展》，《红色中华》，第31期，1932年8月30日，第8版。

② 高中华：《苏区时期的社会救济考察——以兴国县为例》，《中国井冈山干部学院学报》，2005年第3期，第50页。

③ 《关于中央执行委员会报告的结论》，《红色中华》（第二次全苏大会特刊），第5期，1934年1月31日，第1版。

益）"①。当时"红安三区的群众到底是最有基础"，但群众跑反时生活很苦，"跑反十几天，好多群众把耕牛杀得吃了，天天饿死有人，一区之内饿死者约在四、五百人，饿得举动无力的大半皆然"②。可见，加强红军及军属优抚优待势在必行。

（二）苏区社会保障问题的形成原因

苏区社会保障突出问题的形成与苏区社会保障基础弱、长期受战争影响等宏观因素相关，也与红军优抚优待任务繁重等具体原因分不开。

1.旧政府长期盘剥，社会保障基础薄弱

各地苏区建立前，由于财政长期入不敷出，国民政府对社会保障等民生经费投入少之甚少。南京国民政府财政报告显示，"在1928年6月30日止之经济年度短绌总数为八千万元，而1929年度短绌总数则为一万万零一百万元"③。具体到各省财政短缺状况大体如此。据《申报》记载："国民政府财政，每月须军费一千八百万元，政费四百万元，共二千二百万元，而收入仅四百万元，每月不敷一千八百万元。"其中，安徽省"在1930年即不敷二百五十万元，1931年不敷六百余万"。浙江省"1931年度，不敷四百余万，省有财产能抵押者，已抵押殆尽"。江西省在1931年"每月全省收入，只一万余元，而政费开支，每月达三十万元，无法维持"。"山西虽每年收入有一千六百万元，但不敷之数，达二千四百万元。""河南田赋已预征至1937年，各县市杂捐凡七十六种，但每年仍不敷七百余万元。""广东每年不敷四千余万元。上海市每年不敷五十余万元。天津每年不敷一百七十余万元。湖北财政更是不敷得更多，政费维

---

① 中央档案馆、湖北省档案馆、河南省档案馆、安徽省档案馆编：《鄂豫皖苏区革命历史文件汇集（省委文件）》（1929年—1934年），1985年，第215页。

② 中央档案馆、湖北省档案馆、河南省档案馆、安徽省档案馆编：《鄂豫皖苏区革命历史文件汇集（省委文件）》（1929年—1934年），1985年，第375页。

③ 《反动国民政府财政破产的窘状》，《红色中华》，第7期，1932年1月27日，第4版。

持，靠零星债钱。"①以上数据足以说明南京国民政府各级政府财政之窘况。

民国时期对社会保障事业重视不够，投入极少，导致全国各地社会保障事业基础薄弱。以蝗灾治理为例，民国时期治蝗除害方面毫无进展，蝗患频发、危害巨大。"1933年豫、皖、苏、冀、鲁、陕、浙等蝗灾，被害面积686.3万亩；1934年蝗患尤甚，笼罩于华北、华中各省。""当时政府在治蝗问题上全国缺乏系统组织，治蝗方法上墨守成规、迷信观念甚重，治蝗经费不能保障。"②

更让人痛心的是，国民政府各省却大量缩减民生开支、挪用专项经费。面对政府财政长期入不敷出局面，"国民党因中央及各省财政破产，'围剿'及'建设'均感困难，特召集财政会议，商量出卖中国及加重剥削民众的理财办法"③。一方面，除继续加重民众赋税外，国民政府各省纷纷减少教育等民生支出。1934年，据国民党审委会公布，山东省当年财政预算"特别减少了大部分教育经费，但尽管减少，收支不敷仍达九十余万元"④。浙江省当年财政"不敷约达一百七十万元，经过几次缩减，结果仍不敷八十九万元"⑤。另一方面，各派地方军阀挪用水利经费填充军费，甚至破坏水利设施。可以说，各地暴发的大水灾"并不是什么天灾，简直是帝国主义军阀豪绅地主残酷剥削所造成的人祸"⑥。第二次直奉战争失败后，军阀吴佩孚为筹军费，全然不顾黄河沿岸各县千余万人民的生命安全，竟将保护黄河河堤的柳树以500余万元的价钱伐倒卖

---

① 《反动国民政府财政破产的窘状》，《红色中华》，第7期，1932年1月27日，第4版。

② 金双秋：《中国民政史》下册，湖南大学出版社1989年版，第652页。

③ 《财政破产！经济破产！》，《红色中华》，第192期，1934年5月23日，第4版。

④ 《山东财政破产情形》，《红色中华》，第187期，1934年5月11日，第4版。

⑤ 《浙江财政破产情形》，《红色中华》，第187期，1934年5月11日，第4版。

⑥ 中央档案馆、福建省档案馆编：《福建革命历史文件汇集（苏维埃政府文件）》（1930年），1985年，第199页。

掉。①20世纪30年代初，蒋介石曾将武汉修筑堤防的数千万之积存金全部挪用军费。②1933年6月，长江湖北段暴发大洪水，直接原因在于大部分工程款被国民政府军委会提走，"致使筑堤工程，有名无实，稍有水涨，即成灾患"③。1933年5月，四川军阀刘文辉因内战的原因将灌县都江堰掘毁，使内江之水涌入外江，致川西36县良田或立即干涸或即被淹没，受淹良田不能耕种。④

2.灾害频发与战争破坏加剧社会保障问题

首先，水灾、旱灾等自然灾害频发是导致苏区大量难民出现的直接原因。自古以来，我国就是个灾荒频发的国家。自公元前206年至1936年，我国暴发的灾害总数已达5150次，平均约每四个月便有一次。就旱灾来说，共计1035次，平均约每两年强便有一次；就水灾来说，共计1037次，平均约每两年便有一次。⑤自民国以来，各种灾害的发生更是有增无减。仅1912—1937年，全国就发生77次严重灾荒。1930年，全国有517县遭受水旱灾害，灾民2000余万人，损失2亿余元；188县遭受虫灾，灾民800余万，损失1.5亿余元。⑥1933年9月，除"黄河决口被灾之各省尚不在内"，"在1月至8月各省报告水灾者达14省，总计灾区达到463县"⑦。1933年夏秋时，四川水灾中"被淹者有数县之多，为该省数十年来所未

---

① 参见守愚：《直系余孽对河南民众之剥削》，《向导》，1927年1月31日。转引自赵朝峰：《中国共产党对灾荒的认识（1921—1949）》，《石家庄经济学院学报》，2001年第3期，第244页。

② 参见陶直夫：《1931年大水灾中中国农村经济的破产》，《新创造》，1932年5月，第2版。转引自赵朝峰：《中国共产党对灾荒的认识（1921—1949）》，《石家庄经济学院学报》，2001年第3期，第244页。

③ 《白区水灾日益严重》，《红色中华》，第89期，1933年6月29日，第4版。

④ 参见阳春：《中国经济的和财政的破产（续）》，《斗争》，第39期，1933年12月19日，第9版。

⑤ 参见邓拓：《中国救荒史》，北京出版社1998年版，第53—54页。注：一年内不同地区同一时间发生同种灾害计为一次。

⑥ 参见邓拓：《中国救荒史》，北京出版社1998年版，第43—44、47页。

⑦ 《半年来全国水灾统计》，《红色中华》，第109期，1933年9月15日，第4版。

有之大水灾"①。1933 年，全国"又有三分之一的地域遭受水灾的蹂躏了"，黄河大泛滥"吞没了几百万家房屋，淹毙了几千万人口"②。广大苏区自然环境极端恶劣，灾害频发。就中央苏区而言，该地区位于闽赣交界地带，另有一部分位于赣西罗霄山脉中段，多山地丘陵，地表坡度大，阴雨天气较多，易发泥石流等地质灾害。一旦雨水较少，加上高温天气，旱灾又会波及全苏区。当时江西、福建等地曾多次遭受水灾，中央苏区也未能幸免。1930 年夏，闽西苏区"汀、连、杭各县同样的受了空前的大水灾，各灾区的田园、屋宇、纸木、牲畜以及一切衣服什物不知漂没了多少，统计损失总在数千万以上。现在各灾区的群众都在啼哭着没有衣穿，没有饭吃，没有屋住"③。

其次，连年战争对苏区边境民众生活影响很大。除了各类天灾，军阀混战对苏区民众生产生活产生的影响同样很大。如四川省从 1920 年以来实行"防区制"，各派军阀各据一块，称霸一方，各派军阀为抢夺辖区时常混战。据 1912 年到 1935 年的不完全统计，四川军阀大小混战 470 余次。④1930 年中原大战，河南洛阳等 27 县严重受灾，造成 30 多万人死亡，其中至少有一半是冀鲁豫等省的青壮年男子。⑤国民党军队对苏区的"清剿""会剿""围剿"不断，民众受损严重。1930 年，在赣西南苏区的吉安水东区、坊廓区、儒行区，吉水县延福区，安福县的道浦区、崇文区、峡江区一部分等地都遭白色势力的严重烧杀，"被难的群众有六七千之多"⑥。1931 年 9 月，江西省苏维埃政府统计，"在赣西南地区因受敌人

① 《四川又闹大水灾》，《红色中华》，第 113 期，1933 年 9 月 27 日，第 4 版。

② 《黄河大水泛滥五省记》，《红色中华》，第 114 期，1933 年 9 月 30 日，第 4 版。

③ 中央档案馆、福建省档案馆编：《福建革命历史文件汇集（苏维埃政府文件）》（1930 年），1985 年，第 199 页。

④ 参见文史资料研究委员会编：《文史资料选辑》第 10 辑，中华书局 1960 年版，第 27 页。

⑤ 参见千家驹：《中国农村经济论文集》，中华书局 1936 年，第 249 页。转引自赵朝峰：《中国共产党救治灾荒史研究》，北京师范大学出版社 2012 年版，第 18 页。

⑥ 江西省档案馆、中共江西省委党校党史教研室选编：《中央革命根据地史料选编》上册，江西人民出版社 1982 年版，第 251 页。

'围剿'的洗劫而需要救济的灾民约十五万人以上"①。仅在国民党反动派第三次"围剿"中，江西省永丰县的龙岗、良村、沙溪、潭头、石马等五个集镇被屠杀和逮捕的群众达879人，被烧房屋达9600间，还损失耕牛3726头。②在闽西地区，1931年国民党军阀的"围剿"行动"把江西的龙岗、东固等处房屋差不多烧个干干尽尽［净］，所有粮食、种子、耕牛、衣服、用具被烧被抢不计其数。据调查，受灾群众约三十余万人，单止耕牛抢去三千六百六十多头"③。在湘鄂赣苏区，"烧杀，抢掠，奸淫的白色恐怖，比任何时候都要残酷凶暴，自蒋介石下了'杀尽赤区壮丁''烧尽赤区的房屋'的命令以后……许许多多的市镇乡村，都是烧得瓦砾成堆，遍地丘墟"，"弄得现在在湘鄂赣省苏区境内，有数万被摧残的群众，无衣穿，无饭吃，无家可归，携男抱女，过极悲惨的生活"④。

3.大规模扩红运动亟须解决加强红军优抚等问题

中国共产党开辟农村革命根据地伊始，国民党反动派不断集结兵力，对各地红军实施军事"包剿"。在井冈山革命根据地，国民党军队先后发动三次针对井冈山根据地的"会剿"。在中央苏区建立、发展过程中，国民党反动派先后向中央苏区发动五次"围剿"，对其他苏区同样如此。

战事激烈，伤亡惨重，红军大量减员。如在1932年2月的赣州战役中，红军指战员在爆破攻城时"40多位最精干的'敢死队'战士"，"反复冲杀几次，还是站不住脚，人被打掉了一多半"⑤。1933年的延平之战

① 《江西省苏维埃政府布告第七号》（1931年9月27日）。转引自赵效民主编：《中国革命根据地经济史（1927—1937）》，广东人民出版社1983年版，第243页。

② 参见《三次战争中国民党在永丰摧残的成绩》，《青年实话》，1932年第15期。转引自赵效民主编：《中国革命根据地经济史（1927—1937）》，广东人民出版社1983年版，第243页。

③ 中央档案馆、福建省档案馆编：《福建革命历史文件汇集（苏维埃政府文件）》（1931年—1933年），1985年，第200页。

④ 《关于国民党军阀在湘鄂赣边境的兽性暴行》，《红色中华》，第78期，1933年5月11日，第4版。

⑤ 莫文骅：《莫文骅回忆录》，解放军出版社1996年版，第213—214页。

惨烈异常，"几个月之内，第十三团损失掉三个团政治委员"①。为了保持战斗力、补充红军数量，中央政府广泛动员广大人民群众积极参加红军。1933年2月，中共中央政治局向全国各地苏区提出创造一百万铁的红军的号召。1933年8月，苏区团中央局从闽赣两省征调八千人，正式成立"少共国际师"。同一时期，总政治部发布训令，要求"加紧扩大红军动员的政治工作，使成千上万的工农群众涌入到红军中去"②。1933年6月，苏区临时中央政府作出《关于扩大红军的决议》，动员全苏区18岁到45岁的全部劳动群众积极加入赤少队。

在苏区初建时，由于个别地方对伤残牺牲军人的抚恤工作政策没有落实到位，有的地方对军属生活上的困难关心不够，没有给他们提供生活福利待遇，结果造成前线红军战士思想波动，使青壮年对参加红军有了顾虑情绪。实际上，党和政府历来重视对红军和军属优待优抚，只不过在急速扩红时期，红军及军属优待优抚任务繁重，难以在短时间内完成。1932年，鄂豫皖省委认识到："扩大红军工作是目前最紧迫的工作，同时也是苏区工作最弱的一部份。我们要注意扩大红军的所以没有成绩的原因"，其中一方面就是"由于代耕，红军和红军家属分得好土地，伤亡抚恤条例和红军公田等工作做的不好"③。

二、中国共产党解决苏区社会保障问题的政策措施

土地革命战争时期，苏区外部严峻的军事斗争形势、内部复杂的政权建设等任务决定了苏区社会保障事业建设困难重重。即便如此，中国共产党人仍然领导苏区军民针对各地突出的社会保障问题开始了艰辛探索。

---

① 黄克诚：《黄克诚自述》，人民出版社1994年版，第117页。
② 肖甡：《略述中央苏区的红军建设》，《党的文献》，2001年第6期，第42页。
③ 中央档案馆、湖北省档案馆、河南省档案馆、安徽省档案馆编：《鄂豫皖苏区革命历史文件汇集（省委文件）》（1929年—1934年），1985年，第261页。

（一）将社会保障纳入苏区施政纲领

在现代社会，社会保障至少涵盖社会救助、社会保险、社会福利及社会优抚等基本内容。虽然苏区时期中国共产党并未建立起较为完备的社会保障工作体系，也未能施行现代意义上社会保障工作的所有内容，但党和政府在社会救助、劳动保障、优待抚恤及社会福利等领域均开始探索实践。

1.制定社会保障政策法令

制定社会保障政策法令和建立工作机关是党领导苏区民众解决社会保障问题的重要前提。中国共产党在革命斗争中逐步认识到保护劳动者劳动权益的重要性。1927年4月，党的五大通过《职工运动议决案》，"要求政府实行高度劳工政策，颁布劳工保护法、工厂法"，"要求社会保险之实施，救济失业工人"①等。1927年6月，第四次全国劳动大会根据这一决议通过《救济失业工人决议案》，开始关注城市工人的救济问题。土地革命兴起后，党又把社会救济关注对象转向农民。这样党的社会保障范围先后扩展到工农两大群体。

苏区时期，党和政府先后制定社会保障相关政策法令。较早通过社会保障法令的是鄂豫皖苏区。1929年12月2日，鄂豫边区通过《救济问题决议案》，决定救济跑反群众。②1930年1月10日，鄂豫边特委在给中央的报告中强调，"救济"和"剿匪"是当时鄂豫边苏区斗争中群众迫切需要的两大要求。③1930年2月，闽西苏区的永定县通过17项法令，涉及社会救助、劳动保障、红军优抚等内容。同年3月24日，闽西苏区在此基础上通过《第一次工农兵代表大会法案》，制定了《劳动法》《优待士兵

---

① 中共中央文献研究室、中央档案馆编：《建党以来重要文献选编（1921—1949）》第4册，中央文献出版社2011年版，第197页。

② 参见中央档案馆、湖北省档案馆、河南省档案馆、安徽省档案馆编：《鄂豫皖苏区革命历史文件汇集（省委文件）》（1929年—1934年），1985年，第51页。

③ 参见中央档案馆、湖北省档案馆、河南省档案馆、安徽省档案馆编：《鄂豫皖苏区革命历史文件汇集（省委文件）》（1929年—1934年），1985年，第89页。

条例》《保护妇女青年条例》《保护老弱病残条例》等16项法例。[①]此外，湘鄂西苏区对红军家属优待工作给予了较早关注，并于1929年颁布《优待红军家属及抚恤伤亡实施条例》。鄂豫皖边区也在1931年7月颁布《红色战士伤亡抚恤条例》，关注红军战士及其家属优待抚恤问题。

中华苏维埃共和国临时中央政府成立后就制定了一系列法案，涉及各项劳动者权益保护内容。更为重要的是，这些法令条例作为全国苏区最高层次的法令，为推动苏区社会保障建设奠定了法律基础。当时，中华苏维埃共和国临时中央政府颁布了《中华苏维埃共和国宪法大纲》《中华苏维埃共和国土地法》《中华苏维埃共和国劳动法》《中华苏维埃共和国婚姻条例》，通过了《关于红军问题决议案》《中国工农红军优待条例》《红军抚恤条例》等法令条例，对各项社会保障工作的基本内容和保障机构做出了规定。随着实践的检验，各地苏区根据地又对这些法令予以修改扩充。如红军优待方面，1932年2月1日，中华苏维埃共和国执行委员会发布第九号训令，颁布实施《执行优待红军条例的实施办法》。1934年1月至2月，中共中央和中华苏维埃共和国中央政府连续颁布《关于优待红军家属的决定》《优待红军家属礼拜六条例》《优待红军家属耕田队条例》等具体政策，内容既涉及红军休养、退休、安置办法，也包括红军及其家属在政治上生活上的优待形式。

2.设置实施社会保障的相关机构

苏区社会保障法令条例的贯彻执行需要有专门的执行机构，为此，苏区政府通过设立相应工作机构，发动组织群团组织来保障各项社会保障法令条例的具体实施。

首先，苏区初建时期各地建立了各类社会保障工作机构。各地苏区政府设立的社会保障工作机构称谓有所不同，如在江西苏区的社会保障工作机构为各级失业救济委员会，而在鄂豫皖苏区则为县、区级苏维埃的劳工委员会。1927年11月，江西省苏维埃颁布《苏维埃临时组织法》，规

---

① 参见中央档案馆、福建省档案馆编：《福建革命历史文件汇集（苏维埃政府文件）》（1930年），1985年，第49页。

定省、县、市苏维埃均要设立"土地委员会、教育委员会、内务委员会、劳动保险及失业救济委员会"①。1931年7月，鄂豫皖苏区通过的《关于苏维埃临时组织大纲》，分层级地在鄂豫皖区苏维埃的人民委员会、皖西北特区苏维埃以及县、区级苏维埃下设"内务、土地、粮食、文化教育、劳工各种委员会，执行各种工作"；在乡苏维埃中设"内务委员、文化教育委员、土地委员、粮食委员、劳工委员，执行各该上级委员会的决议，参加当地情形进行各该委员会所担负的工作"②。在实际工作中，苏区各项工作开展状况参差不齐。1931年，鄂豫皖苏区特委给中央的报告反映了当地"党的组织基础是有很大改进的"，但是"妇女工作此地完全是用封建残余式的办法，落在农民意识后"，"文化教育工作这是谈不上的"，最近特区苏维埃虽已开始注意卫生问题，但是非常的不够的。③

其次，中华苏维埃共和国成立后规范了各类社会保障工作机构。1931年，中华苏维埃共和国临时中央政府对社会保障工作机构做出统一设置，从中央到地方苏维埃都设置了劳动部、内务部这两个社会保障工作的专责管理机关。根据《中华苏维埃各级劳动部暂行组织纲要》要求，各地在中央、省、市、县分设相应机构。其中，中央劳动部下设劳动保护局、失业工人介绍局、经济评判局等；省级、中央直属市一级相应设置三个对应机构"所"；县与省直属市一级除了设立介绍所之外，其余机构成为"科"。这些局、所、科的主要任务即承担劳动部的职责，"专为执行和监督苏维埃保护工人阶级各种法令的实施，以保障工人的权利"④。1932年6月，中华苏维埃共和国中央人民委员会通过的《内务部的暂行组织纲

---

① 江西省档案馆、中共江西省委党校党史教研室选编：《中央革命根据地史料选编》下册，江西人民出版社1982年版，第6—9页。

② 中央档案馆、湖北省档案馆、河南省档案馆、安徽省档案馆编：《鄂豫皖苏区革命历史文件汇集（苏维埃政权文件）》（1931年—1934年），1985年，第11—12页。

③ 参见中央档案馆、湖北省档案馆、河南省档案馆、安徽省档案馆编：《鄂豫皖苏区革命历史文件汇集（省委文件）》（1931年—1934年），1985年，第231、233、234页。

④ 江西省档案馆、中共江西省委党校党史教研室选编：《中央革命根据地史料选编》下册，江西人民出版社1982年版，第167页。

要》又规定了中央及地方内务部设置情况。根据精神要求，中央一级的内务部下设社会保障管理局。这里的社会保障管理局是中央苏区国家社会保障专业机构，专管社会保障等事务。与中央级别不同，地方内务部门则依照级别分别设置。纵向方面，在省级苏维埃设置内务部，县级苏维埃设置内务科，区级苏维埃不设内务部门，但专设劳动人民委员。横向而言，省级苏维埃地方内务部门下设卫生科、优待红军科和社会保障科，分别负责群众卫生之指导、优待红军及军属工作之落实、受灾被难群众之救助、革命工作同志之抚恤等具体事宜。随着扩红运动的发展，红军及军属优待工作愈发重要。1934年1月，中央苏区增设了优待红军家属局，专门负责领导和管理优待红军及军属之工作。另外，人民军队的各级医疗卫生机构同时为军民提供服务，红军中还成立了抚恤委员会等负责红军优抚工作。

最后，苏区新设的各类群众性组织成为开展社会保障工作的重要机关。一是苏区工会起到了救助失业工人、开展工人运动的作用。在中华苏维埃共和国成立前，各地苏区已有各自工会。赣西南总工会于1930年9月在江西吉安县成立；江西省行委赤色总工会在同年10月成立；闽西总工会于同年11月在福建龙岩成立；1931年春，赣西南赤色总工会、赤色雇农工会先后成立。1931年至1934年，江西、福建、粤赣、赣南、闽赣各省先后成立省一级职工联合会、雇农工会。为加强对各省工会领导，1931年2月，中华全国总工会苏区执行局在江西吉安成立，1933年1月改立中华全国总工会苏区中央执行局。该局领导和管理中央苏区五省职工的农业工人、店员手工业工人、苦力运输工人、纸业工人和国家企业工人的职工运动。二是各地革命互济会及各类临时性社会保障委员会起到了有力补充。1932年4月10日，中央苏区颁布的《苏区革命互济会章程草案》规定："乡区、县和团革命互济会设主任一人，主任之下设组织、宣传、救济、财务四部。"[①]截止到1934年1月，"在乡苏维埃与市苏维埃

----

① 彭道宾：《中央苏区调查统计机构探索》，《统计与预测》，2000年第5期，第57页。

之下，组织各种经常的及临时的委员会，如优待红军委员会、水利委员会、教育委员会、粮食委员会、卫生委员会等，其数可以多至数十，……不但乡有委员会，村亦应该有某些必要的委员会"①。以上各类群众性组织的组建成为苏维埃工作的重要组成部分，有利于苏区社会保障工作体系的建设，使得苏维埃各项社会保障工作的落实有了机构保障。

（二）采取互济自救形式救助灾民难民

受天灾人祸的影响，各地苏区均出现了数量庞大的灾民难民。对此，各级组织采取有力措施，合理安顿灾民难民，对于苏区的巩固和发展有着重要意义。

1. 开展政府救助

党和苏区政府高度重视灾民难民问题。1931年4月21日，《中共中央关于苏区宣传鼓励工作的决议》指出："跑反群众，现在已经成了苏区内一个非常严重的问题。党与苏维埃必须在他们中间做很大的宣传鼓动工作，把他们组织起来，或把他们送回原地做帮助革命的工作。"②

党和苏区政府将解决灾民难民的吃饭问题作为政府救助的重中之重。1930年闽西苏区遭受水灾。本着革命互济精神，闽西苏维埃第二次执委会决定设立闽西赈灾委员会，长汀、连城、上杭等县苏维埃政府及接近灾区的区乡政府也设赈灾委员会司职募捐救济事项，同时要求"各灾区乡村暂时应平谷子以维持口食"③。1931年5月，江西省苏维埃政府发布《关于土地问题的布告》规定："被难的贫苦工农的土地未耕种的及原来的田，附近村庄的群众，应互助耕种（借耕牛、农具及出人力），把这些

---

① 江西省档案馆、中共江西省委党校党史教研室选编：《中央革命根据地史料选编》下册，江西人民出版社1982年版，第308页。

② 中共中央文献研究室、中央档案馆编：《建党以来重要文献选编（1921—1949）》第8册，中央文献出版社2011年版，第341页。

③ 中央档案馆、福建省档案馆编：《福建革命历史文件汇编集（苏维埃政府文件）》（1930年），1985年，第200页。

荒田，不论插禾、种杂粮都要很快的种好。"①此外，中国共产党继承了中国古代"调粟"救荒思想。1930年，闽西根据地率先成立平粜机关——粮食调剂局。1933年，中央苏区设立粮食调剂总局，各省、各县都分别设立粮食调剂分局、支局。粮食调剂局主要是根据粮食生产的地域差异和时间差异，在全局范围内调配粮食。其基本做法是在新谷上市时，以高出市场价1/3的价格从贫雇农手中收购谷米；待青黄不接时，以市场价95%的价格卖给农民。粮食调剂局的成立，有利于粮价的稳定，一方面有效防止了粮贱伤农，另一方面也保证了市场上的粮食供应，保障了难民的粮食供应。

对逃难而来的白区被难群众，苏区政府积极组织实施救助。1929年，鉴于苏区存在"成千上万不能归家"的跑反群众，鄂豫边区通过救济问题决议案，要求"搬运土豪劣绅的粮食、衣服来救济"，"酌量将农会三分之二的公谷"救济，并"给跑反的民众买盐"②。在反"围剿"战争中，不少根据地遭受国民党军破坏，党中央特地下拨一部分款项来救济当地群众。1931年12月，闽西苏区"龙岩及永定太平区、塘背区、杭武七区等被摧残逃出的群众有成万人"③，该区苏维埃连续发布两份通知，要求各地积极组织起来救助被难民众。对这些逃难群众，闽西政府"尽力从物质上来救济，……除派员携带现款五百元，耕牛八头，到永定救济外，另已呈报中央，兹由红军拨来款子五千元，救济闽西各属被国民党军阀团匪摧残群众"④。为了安置好这些难民，闽西苏区政府提出：一方面"各县区乡前所没收社党谷子提十分之五救济难民"，"凡难民买谷米

① 中国社会科学院经济研究所中国现代经济史组：《第一、二次国内革命战争时期土地斗争史料选编》，人民出版社1981年版，第530页。

② 中央档案馆、湖北省档案馆、河南省档案馆、安徽省档案馆编：《鄂豫皖苏区革命历史文件汇集（省委文件）》（1929年—1934年），1985年，第51—52页。

③ 中央档案馆、福建省档案馆编：《福建革命历史文件汇集（苏维埃政府文件）》（1931年—1933年），1985年，第221页。

④ 中央档案馆、福建省档案馆编：《福建革命历史文件汇集（苏维埃政府文件）》（1931年—1933年），1985年，第217页。

食物不许提高价格"，将红军部队"在连城没收土豪的衣服发给被摧残群众"①；另一方面注意解决难民的卫生、住房、招工等后续问题。当地政府要求"将中央政府给来救济被摧残群众的五千元，将一部分在虎岗、白砂设立公共看病所，聘请医生专替被摧残群众看病"；"以后被摧残群众所到各地都要到所在的乡苏报告登记，由乡苏分配房屋给他住"；"要帮他介绍工作及借用东西，买卖要公平，不好贵卖给被摧残群众，工资要照给，不好把难民的工资降低"，同时"要经常召集被摧残群众开会，宣传鼓动他，使他不会灰心失望，并帮他们解决一切问题"②。由此可见，党和各级政府对逃难而来的民众给予了尽可能的救济和帮助，初步解决了难民衣食住工等亟须解决的问题。

2. 实施民众互救

民众互救对于改善灾民难民生活起到重要作用。当时苏区主要依靠群众互助组织——革命互济会（简称互济会）来开展工作。互济会前身为济难会，"是由贫、雇、中农和其他劳动人民组成的广泛性的革命群众团体"，"隶属于国际互济会中国支部（中国互济总会）"③。1931年3月5日，中共中央《关于互济会工作的决议》提出，"革命互济会是党的群众工作之一，他的任务是救济被难战士，组织工农革命的群众"，要求各级党组织要加强对互济会的领导，把"互济会的工作要集中力量转变到救济工作方面来"④。早在1930年3月24日，闽西苏区政府已提出"扩大济难会工作以救济被难群众"⑤。1932年11月12日，鄂豫皖省委第一次扩

① 中央档案馆、福建省档案馆编：《福建革命历史文件汇编（苏维埃政府文件）》（1931年—1933年），1985年，第217、222页。

② 中央档案馆、福建省档案馆编：《福建革命历史文件汇编（苏维埃政府文件）》（1931年—1933年），1985年，第222页。

③ 江西宁都县志编纂委员会编：《宁都县志》，江西宁都印刷厂，1986年，第357页。

④ 中共中央文献研究室、中央档案馆编：《建党以来重要文献选编（1921—1949）》第8册，中央文献出版社2011年版，第265、266页。

⑤ 中央档案馆、福建省档案馆编：《福建革命历史文件汇编（苏维埃政府文件）》（1930年），1985年，第38页。

大会议通过决议案也提出加强互济会工作领导，要求县乡苏维埃"扩大赤区内互济会工作，对于跑反群众、对粮食困难区域的群众要实行互济"[①]。

革命互济会以互相帮助、救济遭受兵祸天灾的劳动群众为宗旨，活动经费主要来自四种途径："一、会员缴纳会费；二、群众自愿捐款；三、苏维埃政府拨给的救济款；四、没收豪绅地主的资财等。"[②]为做好互济会的工作，中共中央曾提出"互济会必须将他所有募捐来的经费以百分之八十以上用到救济方面来"[③]。如1932年，福建省互济会第一次代表大会因考虑到"被难革命战士痛苦，应当救济"，大会决议号召全体会员群众募集资金，随后上杭县、长汀县、新泉县、永定县和汀州市群众积极募捐，"总共募得大洋四百余元，已将大洋三百元转寄福州援助被难革命战士"[④]。

除了救济灾难民外，革命互济会也在积极扩大影响，壮大自身力量。党中央曾要求："在赤色区域中要广大的发展互济会的工作，要建立真正有群众的下层组织，吸引工人、苦力、红军、农民、农妇及被难家属来参加这一工作。"[⑤]为此，各地互济会"对于被难群众的救济，除酌发救济费，指定难民居住地地主屋宇及借东西与之使用外，每次群众被难后，即出席群众中讲演，散发传单宣言等件"[⑥]，使群众对救济难民工作有相

---

① 中央档案馆、湖北省档案馆、河南省档案馆、安徽省档案馆编：《鄂豫皖苏区革命历史文件汇集（省委文件）》（1929年—1934年），1985年，第270页。

② 上饶地区地方志编纂委员会编：《上饶地区志》上册，方志出版社1997年版，第591页。

③ 中共中央文献研究室、中央档案馆编：《建党以来重要文献选编（1921—1949）》第8册，中央文献出版社2011年版，第266页。

④ 《福建省互济会募捐援助和救济上海罢工和白区被难战士》，《红色中华》，第31期，1932年8月30日，第6版。

⑤ 中共中央文献研究室、中央档案馆编：《建党以来重要文献选编（1921—1949）》第8册，中央文献出版社2011年版，第267页。

⑥ 湖南省财政厅编：《湘赣革命根据地财政经济史料摘编》，湖南人民出版社1986年版，第578页。

当程度的认识，便于发动更多群众入救济会。1932年5月，湘鄂赣边省互济会"就分配修水派出14名干部向奉新、宜丰、修水县城及通山、崇阳一带的白区开展工作，发展会员1500人以上"①。互济会的工作人员还协助各地募捐工作，以保证互济会的正常运转。如修水县互济会自1930年7月至1931年10月的16个月中，募捐银洋8640余元。②这些善款为互济会救济群众提供了经费保障。

3. 强化生产自救

对于苏区灾民难民而言，政府与互济组织提供救助只能纾一时之急，一旦救济用品消耗殆尽，灾民难民生活依旧难以为继。为此，苏区政府改变救济思路，为灾民难民提供政策及物资支持，鼓励灾民难民参加生产自救。

首先，各级政府给灾民难民和贫困农民恢复生产提供政策保障。在较早建立的闽西苏区，1930年2月至3月，永定县及闽西苏区通过法案要求"被难乡村房屋被烧毁者由政府为之调节，将房屋有余者腾出与无房住者居住"③，"所有房客房屋，不准收租"，"房屋被反动派烧毁者准许在公山砍树修造，不收树价，该乡或区群众，应帮人工"，"城市贫民，移居各区乡者，政府一样同样发给土地耕种"④。1931年8月，闽西苏区政府又发出通知，规定如有难民（受白色摧残逃出来的革命群众）"曾向合作社借了款子无法还偿时，可将没收的谷子拿一部分出来救济难民"⑤。1931年11月，中华苏维埃第一次全国代表大会通过《关于经济政策的决

---

① 中共修水县委党史资料征集办公室：《修水人民革命史》，南海出版公司1989年版，第133页。

② 参见中共修水县委党史资料征集办公室：《修水人民革命史》，南海出版公司1989年版，第133页。

③ 中央档案馆、福建省档案馆编：《福建革命历史文件汇集（苏维埃政府文件）》（1930年），1985年，第62页。

④ 中央档案馆、福建省档案馆编：《福建革命历史文件汇集（苏维埃政府文件）》（1930年），1985年，第19、22页。

⑤ 中央档案馆、福建省档案馆编：《福建革命历史文件汇集（苏维埃政府文件）》（1931年—1933年），1985年，第153页。

定》，规定"苏维埃政府应该豁免红军、工人、乡村与城市贫苦群众家庭的纳税，如遇意外灾害亦应豁免或酌量减轻"；"城市苏维埃应采取一切办法改良贫苦人们的居住条件"，"苏维埃应实行相当调剂，以减轻城市贫民的房租"[①]。除了提供减免税金及生活帮助外，苏区政府还给灾难民提供生产资金和物资支持。在资金支持方面，如井冈山时期的湘赣边苏区"拨了二千银元救济"[②]给被难群众。在物质支持方面，苏区政府曾以借贷、免费发放的办法提供种子、耕牛、犁耙等生产资料。如湘鄂西苏区党和苏维埃能够部分地发给群众，依据各地实际情况发放，有的县发百余石的，有的区发数十石的，有的乡发十余石的不等，各县和中心区苏维埃组织有农具制造厂，补充群众对犁耙的需求，还将在新发展区域没收的多余耕牛发给群众，当时省苏维埃给各县耕牛达400多头。[③]

其次，广大灾民难民和贫苦农民响应政府号召，积极解决自身劳动力不足问题。各级苏维埃政府号召农民开展互助合作运动，即在农民已有的互助形式基础上逐渐建立正式的伴工组、耕牛队、劳动合作社、犁牛合作社、消费合作社等劳动互助社组织。1933年，中华苏维埃共和国临时中央政府先后颁布《耕田队条例》《劳动互助社组织纲要》等文件，要求各级地方政府认真贯彻执行，开展互助合作。1932年2月，中华苏维埃共和国临时中央政府号召各地"在春耕中实行耕种互助运动，无论人工、耕牛、农具、种子，概彼此帮助，以便相当的解决目前春耕中各种困难问题，来促成耕种的顺利进行"[④]。在中央政府号召下，苏区灾民难民及贫苦农民积极参加劳动合作组织，开展生产自救。1934年4月，由福建龙岩逃到瑞金的被难群众中，除大部分参加红军和机关工作外，还有200余

---

① 中共中央文献研究室、中央档案馆编：《建党以来重要文献选编（1921—1949）》第8册，中央文献出版社2011年版，第718、719页。

② 彭德怀：《彭德怀自述》，人民出版社1981年版，第129页。

③ 参见中央档案馆、湖北省档案馆、湖南省档案馆编：《湘鄂西苏区革命历史文件汇集》（1927年—1932年），1986年，第253页。

④ 《临时中央政府关于春耕的训令》，《红色中华》，第9期，1932年2月10日，第9版。

人被收容在中央互济总会。在中央政府消灭"四十万担荒田"的号召下，他们"均自己热烈的起来参加消灭荒田，组织了耕田队五十余人，能劳动的，用锄头挖土，不能劳动的，拔草捡石子"①。受难群众通过努力耕作，大力开垦荒田，修复受损设施，尽力挽回因天灾人祸而造成的损失。

（三）积极推行红军及家属优抚优待

优抚优待红军战士及其家属是中国共产党解决苏区社会保障问题的重要内容，也是解决广大红军及其家属后顾之忧的重要举措。

1. 制定优抚优待政策法令

对红军及其家属的优抚优待首先是从制定优抚优待政策法令开始。红军是中国共产党领导的人民军队，"是为解放工农阶级的压迫而作战，为苏维埃政权而作战的战士"，因此，"苏维埃政府和工农群众就应当对于他们加以特别的优待，使这些红军战士心里得到安慰，对于家庭没有什么挂念，可以一心一意去勇敢作战"②。

苏区创建时期，中国共产党和苏区政府先后在施政纲领、土地法令及劳动法令中对红军及其家属的优待问题给予规定。1930年二三月间，闽西永定县颁布了《优待士兵决议案》，闽西苏区通过了《优待士兵条例》。1930年12月，闽西苏区政府发布第10号通告《发动群众在新历年关慰问伤病红军》。1931年1月，闽西苏区政府发布第6号通告《各地供给红军给养问题》。同年5月，闽西苏区发布政府第50号通知《关于红军牺牲战士田地问题》；同年10月，又发布第102号通知《慰劳红军事》等。1931年7月，鄂豫皖苏区先后颁布《鄂豫皖区红色战士伤亡抚恤条例》《鄂豫皖区第二次苏维埃代表大会慰劳受伤战士书》。1931年11月，中华苏维埃共和国第一次代表大会通过的《关于红军问题决议案草案》《关于中国工农红军优待条例的决议》和《红军抚恤条例》，制定了一套优待红军及其

---

① 《龙岩被难群众消灭荒田》，《红色中华》，第170期，1934年4月3日，第1版。
② 《执行优待红军条例的各种办法》，《红色中华》，第8期，1932年2月3日，第8版。

家属的政策措施，成为苏区时期优抚优待红军及其家属的指导性政策法令。

　　为进一步做好红军及家属优抚优待工作，从中央到地方先后颁布法令、通知，保障优抚优待工作的开展和实施。在中央苏区，1932年2月1日，中华苏维埃共和国临时中央政府发布《执行优待红军条例的各种办法》，要求苏维埃政府和红军对优抚对象展开全面摸底调查，采取多种办法贯彻落实优待红军条例。1934年1月至2月，中共中央和中华苏维埃共和国中央政府连续颁布《关于优待红军家属的决定》《优待红军家属礼拜六条例》《优待红军家属耕田队条例》等，明确红军家属应该享有的优待和各级党政机关的义务。在各地方苏区，党和政府也开始优抚优待工作。鄂豫皖苏区政府曾发布《关于慰问红军与转送下级报告事》的第10号专门通知。1932年9月，福建省苏维埃政府发布第21号通知，规定了《地方武装战斗员及家属免税事》；10月，福建省苏区政府发布了第27号通知《关于残废同志领取残疾证与抚恤金事》，政府工农检察部发布关于《报告检查优待红军条例结果》。1931年11月，闽粤赣苏区发布《地方苏维埃政府对于出差或落伍的红军军人招待条例》。1931年12月，湘鄂西省总工会发布《关于拥护和扩大红军保证红军给养的决议》。1931年12月，陕西省委做出《关于士兵工作决议》。1933年2月，陕西军委发布《关于士兵工作问题》的第1号通知。1933年1月16日，全国苏区中央内务人民委员部又发布《关于城市红军家属优待办法》等。

　　2. 优待红军战士及其家属

　　优待人民军队及其家属是中国共产党领导人民军队建设的一项优良传统。土地革命兴起阶段，中国共产党认识到："达到建设苏维埃的新中国，而完成红军在历史上的阶级任务，因此，红军战士，及其家属，应得苏维埃共和国的优待。"[1]为此，苏区创建伊始党就提出"制定颁行红

---

　　① 江西省档案馆、中共江西省委党校党史教研室选编：《中央革命根据地史料选编》中册，江西人民出版社1982年版，第594页。

军优待条例、惩罚条例及各种条例"①。随后在土地革命战争时期，中国共产党和苏区政府采取了各种措施优待红军及其家属。

第一，积极分田分地给红军战士及其家属。1928年12月，湘赣边根据地制定的《井冈山土地法》就制定了给红军战士本人分田的办法。"红军及赤卫队的官兵，在政府及其他一切公共机关服务的人，均得分配土地，如农民所得之数，由苏维埃政府雇人代替耕种。"②后来《兴国土地法》继承这一规定。1931年6月，闽西苏维埃政府颁布《重新分配土地的条例》，规定红军战士在分田时"应得优待"，而且所有的红军与赤卫团的战士按照一类标准分好田（肥田、水田、秧田）；已牺牲的红军战士应分一部分田作为抚恤田，交给其家属，数目由乡自行决定；因伤残已回家者，照一类标准分田，并应酌量增加抚恤田。③这就保障了红军战士本人在分田中得到优待。

与此同时，苏区各级政府也积极优待红军家属。1931年10月，湘赣省苏维埃颁布的《土地问题决议案》对此做了明确规定，"红军本人及其家属须给以较好的土地，苏维埃须派人帮助他们耕种，同时帮助他们的耕牛、种子和肥料"④。1931年11月制定的《中国工农红军优待条例》结合红军战士的不同地域来源给予具体规定，保障了不同地区红军战士的分田权益："凡红军战士家属，家在苏维埃区域内的其本人及家属，均须与当地贫苦农民，一般的评分土地、房屋、沙林水池……""凡红军战士，家在白色区域的，以及新由白军中过来的，则在苏区内分得公田，由当地政府派人代耕"；"红军中退伍士兵，不能服务，准给长假的准由

① 中共中央文献研究室、中央档案馆编：《建党以来重要文献选编（1921—1949）》第8册，中央文献出版社2011年版，第645页。

② 张希坡编著：《革命根据地法律文献选辑》第2辑下卷，中国人民大学出版社2017年版，第703页。

③ 参见张希坡编著：《革命根据地法律文献选辑》第2辑下卷，中国人民大学出版社2017年版，第755页。

④ 张希坡编著：《革命根据地法律文献选辑》第2辑下卷，中国人民大学出版社2017年版，第762页。

红军公田内分配土地给他耕种，如有在苏区安家的，其家属仍分得土地"①。需要注意的是，当时红军中很多出身于地主富农的战士是否应当分得土地，一段时间内各地政策有所不同。为统一规定，保障这类红军战士及其家属的权益，1933年10月10日，中华苏维埃共和国临时中央政府予以补充："红军战士中地主富农出身的分子，在他们坚决为工农利益作战的条件下，不论指挥员战斗员，本人及家属都有分配土地之权。"②

第二，设立"红军公田"保障未得分配土地之新加入红军的分田权益。当时，为解决来自白区的红军战士分田问题，各地苏区专门设立了红军公田。在江西苏区各县都分了红军公田。1932年5月江西省委工作总结报告显示了各地红军公田概况，其中兴国2456.5石，公略2042石，赣县2630石，其他各县至少有200石。1932年11月，江西省苏维埃又报告了红军公田收成情况（详见表4-1）。③

表4-1　1932年11月江西省苏维埃各县红军公田收成情况统计④

县别	兴国	公略	安远	永丰	宁都	赣县	寻邬	万泰	零都
红军公田/石	2401.1	317.6	860.6	2410.1	8070.2	1673	803.5	825	未统计
已收公田/石	1174.99	137.5	550.7	762.2	尚不知	不详	原文缺	616	未统计
备注	1.红军家属分田，兴国132614.3石，万泰23029.5石；2.兴国红军公田仍有142石公田未收；赣县仅五区的数据，其余区未统计；寻邬二区被敌占，应减去约500石								

关于如何管理红军公田，1931年10月，鄂豫皖军委总政治部下发了宣传材料，详细解释红军公田问题。一是关于红军公田怎么分、分什么，

---

① 江西省档案馆、中共江西省委党校党史教研室选编：《中央革命根据地史料选编》中册，江西人民出版社1982年版，第594页。

② 江西省档案馆、中共江西省委党校党史教研室选编：《中央革命根据地史料选编》下册，江西人民出版社1982年版，第524页。

③ 参见江西省档案馆、中共江西省委党校党史教研室选编：《中央革命根据地史料选编》上册，江西人民出版社1982年版，第459页。

④ 参见江西省档案馆、中共江西省委党校党史教研室选编：《中央革命根据地史料选编》下册，江西人民出版社1982年版，第231—234页。

主要"以乡为单位，按照乡内土地多少，留一石或五石。不要山地，顶好路边的好田"。二是关于红军公田由谁管理，即"由当地群众开户讨论代耕法，顶好由代耕人公举一二人经常负看管责任"。三是关于红军公田出产怎样办。宣传材料规定："出产代耕人得十分之三，红军得十分之七，苏维埃负责保存，由红军自己支配。"①随后，各地分别颁布条例规定红军公田的分配及管理办法。1931年11月，鄂豫皖苏区人民委员会发布了关于《红军公田的代耕、分配等问题》的第45号通令，重申了红军公田政策，进一步规定出产品的分配，"除应留少数借用的耕牛、种子费外，其余完全交给该红色战士。没有分配的公田出产品，由当地苏维埃负责，作为救济红军家属和抚恤伤亡红色战士和中农、贫农土地的数量"②。

第三，组织耕田队帮助红军及其家属生产劳动。为解决红军及其家属耕田难的问题，有的苏区采取雇人耕田的形式来帮助红军家属，但是有的地方"过去这一点完全没有做到"③。1931年11月，中华苏维埃第一次全国代表大会通过《中国工农红军优待条例》第四条规定："红军战士在服务期间，无劳动力耕种家中田地或分得之公田，应由苏维埃政府（区政府计划，乡苏维埃执行）派人帮助全部耕种、灌溉、收获工作，所派人工，每年不得少于五十工，红军战士家中缺少劳动力的，应按其需要予以补助。"④1934年，中央苏区又通过《关于优待红军家属的决定》，规定："必须组织广大群众的义务劳动去帮助其耕种和收获。义务劳动的最好的组织方式是优待红军家属的耕田队，每个耕田队担任帮助一定的红

---

① 张希坡编著：《革命根据地法律文献选辑》第2辑下卷，中国人民大学出版社2017年版，第768页。

② 张希坡编著：《革命根据地法律文献选辑》第2辑下卷，中国人民大学出版社2017年版，第771页。

③ 张希坡编著：《革命根据地法律文献选辑》第2辑下卷，中国人民大学出版社2017年版，第760页。

④ 《毛泽东军事文集》第1卷，军事科学出版社、中央文献出版社1993年版，第260页。

军家属"，同时要求"共产党员或团员，都应加入耕田队"①。拥军模范乡公略县的东古区东古乡"对优待红军家属工作是动员了全乡男女老少，能劳动的组织耕田队，凡红军家属的田先耕先莳先割，并且在忙的时间，将红军家属的工作完全做好了，再做私人的工夫，在收割后，没有事的时候，七天或十天都去做一天工作"②。在兴国县，各乡首先开展劳动力调查工作。"调查后即由区统计分配劳动力，实行劳动调剂，妇女组织看护队，……儿童组织看牛队，看水队，帮助红军家属做工。"③

这里需要注意的是，如何看待地方政府雇人耕地管理红军公田的问题。如在闽西苏区，分配土地后无论男女老幼都分得了田地，可是参加红军的革命群众在耕田、劳动方面都存在困难。其他苏区也有这种情况。为了减少这些人的困难，使红军战士安心在外杀敌，更利于扩大斗争、增加土地生产，1931年12月，江西省苏区政府颁布条例允许出租红军公田。"红军公田主要是发动群众耕种，……必要时，再由政府帮助。如果在某种困难条件之下，可以出租，租额由租田人与政府商定。"④我们要看到，这种政府出租红军耕田的办法仅是一种权宜之策，其实质"是民权革命阶段过程中的一种办法，绝不是鼓动群众租田"⑤。

第四，建立"优待红军工作日""优待红军家属礼拜六"制度，帮助红军及其家属。为更好地解决红军及家属劳动力缺少难题，党和苏区政府在《中国工农红军优待条例》规定了"优待红军工作日"制度。《关于优待红军家属的决定》中提出"严格的普遍的实行优待红军家属的礼拜六"。《关于红军问题决议案》指出："凡未在红军中服务者，应实行无代

①　中共中央文献研究室、中央档案馆编：《建党以来重要文献选编（1921—1949）》第11册，中央文献出版社2011年版，第10—11页。

②　《优待红军家属的模范乡》，《红色中华》，第143期，1934年1月13日，第1版。

③　《在突击运动中兴国杰村区的优待工作》，《红色中华》，第143期，1934年1月13日，第1版。

④　张希坡编著：《革命根据地法律文献选辑》第2辑下卷，中国人民大学出版社2017年版，第782页。

⑤　张希坡编著：《革命根据地法律文献选辑》第2辑下卷，中国人民大学出版社2017年版，第749页。

价的'优待红军工作日'。每人每月帮助红军家属工作两天，时间与工作种类依红军家属之要求而定。"此外，还有条例规定："礼拜六的执行是每个机关工作人员在每星期实行优待红军家属的一日，定在星期六或在星期日。实行礼拜六的工作时间，必须算足四小时。""优待红军家属礼拜六的工作包括着替红军家属做一切关于土地，山林以及砍柴挑水日常家事等工作。""优待红军家属礼拜六，是每个机关工作人员的一定的职责，如不完成礼拜六的工作，当作不完成他在机关中的经常任务一律看待。"①随着条例的颁布，机关工作人员纷纷参与优待红军家属活动。1934年，中共中央局组织了优待红军家属耕田队。"各部门工作同志都纷纷自动加入礼拜六队，到现在全队五十六人，分了四组。在礼拜六礼拜日两天每日分两组出发，……帮助了附近的红军家属砍柴，挑水，砻谷，踏米，补衣，铲草等一切事情"②，仅两个月就完成预期工作，基本解决附近红军家属的困难。

第五，政府在税收、教育、医疗、住房等方面给予红军及其家属日常优待。如税收方面，"本人及家属免纳苏维埃共和国之一切捐税"；住房方面，"其家属所居住之国家房屋免纳租金"；购物方面，"本人及其家属得享受商店百分之五减价的优待，当必需品缺乏时，有优先购买之权"；交通方面，"凡红军战士，乘坐轮船火车，其费用概由公家发给"；文化方面，"一切戏场，每月须有一次免费，欢迎红军看戏，平时票价减半"；教育方面，"红军在服务期间，子弟读书免纳一切用费"③。

3. 优抚安置及抚恤家属

对于伤残牺牲红军，在苏区建立初期，党和政府采取过分田优待抚恤的办法。如1931年6月，闽西苏维埃政府颁布《重新分配土地条例》规定："已牺牲的红军战士应分一部分田作为抚恤田，交给其家属，数目由

① 《优待红军家属礼拜六条例》，《红色中华》，第144期，1934年1月16日，第1版。
② 《共产党中央局的礼拜六队》，《红色中华》，第158期，1934年3月6日，第3版。
③ 江西省档案馆、中共江西省委党校党史教研室选编：《中央革命根据地史料选编》中册，江西人民出版社1982年版，第595页。

乡自行决定"；"红军战士因伤残已回家者，照（一）标准分田，并应酌量增加抚恤田"①。1930年4月17日，皖西北苏区六安县通过决议案规定，苏维埃政府在"分配土地尽先分给革命死难家属"②。随后《中国工农红军优待条例》《红军抚恤条例》颁布，党和苏维埃政府、部队先后制定关于红军优抚安置和家属抚恤制度，对红军伤残、牺牲后各项权益均有保障。为执行红军抚恤条例之各项规定，中央革命军事委员会成立抚恤委员会，作为"决定与执行抚恤条例之最高机关"，"以军区或军委单位，组织一抚恤委员会"③。同时规定："凡红军优待条例，所规定优待红军办法，皆适用于伤病残废和死亡战士及其家属。"④

首先，优抚伤病残废红军，给予生活补助和医疗救助。除了给予工作期间红军以优待外，《红军抚恤条例》还对退职、伤病红军等待遇做出规定。一是对符合条件的退职红军给予终身生活补助。如"在红军服务五年以上，年龄在四十五岁以上自愿退职休养者，国家应补助其终身生活，其数目应按照当时当地生活情形而定，但每年不得少至三十元，有本人不愿退伍，愿继续服务者，除给以红军应有生活费外，应另给优待费，每年至少二十四元"。二是对伤病红军给予国家医疗保障。如"红军战士在服务期间，因伤病必须休养时，则送到红军医院医治，或红军休养所休养，其一切费用由国家供给，其生活费应较红军生活费增多二分之一，红军战士在服务期间，受伤罹病，又因工作关系，不能到医院医治或休养所休养者，除由医生诊治外，仍须给以医药补助费，一般的每月不能超过十元，以恢复其健康为度，此种补助费之发给与多少，由抚恤委员

---

① 张希坡编著：《革命根据地法律文献选辑》第2辑下卷，中国人民大学出版社2017年版，第755页。

② 张希坡编著：《革命根据地法律文献选辑》第2辑下卷，中国人民大学出版社2017年版，第718页。

③ 江西省档案馆、中共江西省委党校党史教研室选编：《中央革命根据地史料选编》中册，江西人民出版社1982年版，第597页。

④ 江西省档案馆、中共江西省委党校党史教研室选编：《中央革命根据地史料选编》中册，江西人民出版社1982年版，第597页。

会决定"。三是对因伤病无法工作的红军给予终身抚恤。如"红军战士在服务期间，因劳成疾病，不能担任任何工作时经医生证明须给以终身抚恤金，以当时当地之生活程度而定，但每年不能少至四十元，如因病而减少其工作能力，只能担任一部分工作时，经医生之证明则给抚恤金，每年不得少至二十四元，以恢复其健康或至死亡为止"。四是对伤残废红军给予休养及终身抚恤。如"红军在服务期间，因伤残废，不能服务者，则送到红军残废院休养，其生活费，应较红军生活费增多二分之一，其愿回家者，则给予终身抚恤金其数目以当时当地之生活程度而定，但全残废，每年不得少至五十元以下，半残废不得少至三十元以下"①。

其次，制定各项抚恤政策，抚恤牺牲红军家属。为让前线战士安心杀敌，党政机关报纸经常报道政府优待红军家属的消息。1931年4月，中共中央发布《关于苏区鼓动宣传工作的决议》提出："在苏区内必须经常做慰劳红军、欢送与欢迎红军、提高红军战斗力的群众大会。……对于红军的家属必须时常召集在一起同他们谈话，报告红军斗争的情形，特别给他们以安慰与厚遇，帮助他们写信给他们的父子或丈夫，鼓励他们为了苏维埃政权而斗争。"②1934年1月，《中共中央、中华苏维埃共和国人民委员会关于优待红军家属的决定》指出："红军总政治部及军区政治部，经常的将红军胜利及前方战士英勇战斗的消息介绍给红军家属知道。"③

红军战士牺牲后党和政府为红军家属制定了各项抚恤政策。一是规定对牺牲红军家属进行抚恤。"家属无生活能力者，则给予实际上的帮助，如优恤金、帮助耕田耕种、迁移等以能维持其生活为度"；"子女弟妹之幼小者，送入革命纪念学校，由国家供给其一切费用，以满十八岁，由国家介绍其职业为止，如本人愿意深造经甄别考试的认为合格时，仍由

---

① 江西省档案馆、中共江西省委党校党史教研室选编：《中央革命根据地史料选编》中册，江西人民出版社1982年版，第597—598页。

② 中共中央文献研究室、中央档案馆编：《建党以来重要文献选编（1921—1949）》第8册，中央文献出版社2011年版，第338页。

③ 《中共中央文件选集》第10册，中共中央党校出版社1991年版，第10页。

国家供给其学习之费用"；"一切职业介绍者皆有优先权"①。二是对伤残牺牲红军予以认定，对其事迹予以宣传。根据《红军抚恤条例》，中央军事委员会抚恤委员会制定了《患病休养证书》《残废证书》《死亡烈士证书》等，"以每年一月为发给抚恤金，与发给各项证书期间，各项证书，皆五年交换一次"②。党和政府还规定："死亡烈士的遗金，除在遗嘱中有特别支付外，应付与其家属"；"死亡烈士的遗物，应保存陈列于革命历史博物馆"；"死亡烈士的功绩，应刊登各报表扬"；"死亡烈士应择最优美最巩固之地区举行公葬，并勒碑以资纪念"③。

（四）初步实行劳动保险和社会福利

推行劳动保险和社会福利，为劳动者和老弱妇孺等提供基本保障和福利，这也是党和政府解决苏区社会保障问题的重要内容。及时制定和推行劳动立法是苏区保障广大劳动者权益的重要前提。

1. 推行劳动立法，保障劳工权利

建党伊始，中国共产党人就积极推动劳动立法。1922年8月，中国劳动组合书记部发动劳动立法运动，"参照西欧诸国之劳动法规，实现我劳动阶级之利益"，提出"保障政治上自由""改良经济生活""参加劳动管理""劳动补习教育"四项最低限度要求④，拟定了包含19条基本内容的《劳动法案大纲》。经过几年的工运实践和形势发展，该法案需要修改和补充。1926年5月，中国第三次全国劳动大会在上述大纲基础上，修订通过了新的《劳动法大纲决议案》。

---

① 江西省档案馆、中共江西省委党校党史教研室选编：《中央革命根据地史料选编》中册，江西人民出版社1982年版，第599—600页。

② 江西省档案馆、中共江西省委党校党史教研室选编：《中央革命根据地史料选编》中册，江西人民出版社1982年版，第600页。

③ 江西省档案馆、中共江西省委党校党史教研室选编：《中央革命根据地史料选编》中册，江西人民出版社1982年版，第599页。

④ 参见中华全国总工会中国职工运动史研究室编：《中国工会历史文献1》（1921.7—1927.7），工人出版社1958年版，第12—13页。

中国共产党在苏区局部执政后开始推行对劳动者的保障政策。1930年2月，闽西永定县第二次工农兵代表大会通过了《保护劳动法》。虽然该法律内容简略，但仍是一部党内较早颁布实行劳动保障的法律。同年3月，闽西苏区又通过《闽西劳动法》。此法案共9章，第一章是总纲，内容仍然简练，却涵盖政治权利、最低限度工资、组织会员大会、失业工人救济、取消工头制度、例假休息、医药抚恤、同工同酬等内容；第二至八章，分别按照不同类别工人制定了相应的劳动法规，即"工厂工人条例"10条、"商店工人条例"12条、"工场作坊工人条例"14条、"自由手工业工人条例"5条、"运输工人条例"11条、"女工条例"3条和"青工条例"12条；最后一章专设"失业工人救济条例"共5条。[1]1930年5月，全国性的《劳动保护法》和《劳动保护法解释书》在全国苏维埃区域代表大会上通过。这一劳动法共8章42条含附则，内容涉及工作时间、休息时间、工资、女工及未成年工人、保障与抚恤、社会保险及工会、劳动保障监察事项等；同时颁布的《劳动保护法解释书》对八项劳动保护政策出台缘由、意义、出资及操作等予以进一步解释。[2]随后，各地方苏区根据本地情况分别制定当地劳动法令。如1930年7月27日，红军夺取长沙后，湖南省工农兵代表大会制定共9章36条的《湖南省工农兵苏维埃政府暂行劳动法》。1930年11月，闽西永定县修订后的劳动法单列了第10章共4条内容的《劳工监督资本条例》。1931年11月，湘鄂赣边区第一次工农兵代表大会制定《湘鄂赣省工农兵苏维埃政府劳动法》。这一法令参照1930年全国苏区代表大会《劳动保护法》而制定，增加"雇工方法""安全与卫生"两章内容。

中华苏维埃共和国成立后制定了全国苏区统一性的劳动法规。1931年11月，中华苏维埃工农兵第一次全国代表大会通过的《中华苏维埃共

---

① 参见江西省档案馆、中共江西省委党校党史教研室选编：《中央革命根据地史料选编》下册，江西人民出版社1982年版，第73—77页。

② 参见张希坡编著：《革命根据地法律文献选辑》第2辑下卷，中国人民大学出版社2017年版，第852—858页。

和国劳动法》是一部适用于全国苏区的法律。从时间上看，这部法律在苏区推行近三年，基本体现了中国共产党人关于劳动保障的基本思想。但是，该法条文中有些地方不合于当时苏区实际，对于雇用辅助劳动力的中农、贫农与手工业者，没有变通办法的规定，在执行上存在困难，而且也有很多实际事项没有规定进去，而这些实际事项又迫切需要规定。为了增进工人的利益，巩固工人与农民的联盟，发展苏维埃的经济，在1933年4月，中央执行委员会组织了劳动法起草委员会重新起草劳动法。1933年10月，新版的《中华苏维埃共和国劳动法》经中华苏维埃共和国中央执行委员会修订后重新颁布实施。作为一份重要的社会保障文件，新版《中华苏维埃共和国劳动法》共15章121条，规定了多项劳动保障政策，如规定了劳动者被雇用的手续、集体合同、劳动合同的签订及其效力，规定了劳动者的工作时间、休假时间，规定了工资、保证与津贴，专门规定妇女及未成年人、学徒等群体的劳动政策，提出了劳动保护、社会保险政策，明确了劳动组织、管理规则、争议解决机关等。

2. 推行失业保险，救济失业工人

1928年7月9日，党的六大《政治决议案》提出"中国革命现在阶段的政纲"，号召对劳动者进行"失业救济与社会保险"①。根据六大会议精神，中国共产党和苏区政府先后发布政纲，明确提出实行社会保险的主张，保障工人利益的社会保险制度在全国苏区开始尝试实施。

一方面，党和政府对失业工人给予及时救济。早在1922年，党的二大就已倡导"改良工人待遇"和"保护失业工人"②。二大以后，中国共产党高度重视工人运动，组织发动工人开展斗争。土地革命兴起后，党的各级组织积极落实失业工人政策。在白区，党的组织"特别注意组织失业工人运动"，通过"建立失业工人委员会，用各种方式来组织和帮助

---

① 中共中央文献研究室、中央档案馆编：《建党以来重要文献选编（1921—1949）》第5册，中央文献出版社2011年版，第378—379页。

② 中共中央文献研究室、中央档案馆编：《建党以来重要文献选编（1921—1949）》第1册，中央文献出版社2011年版，第133页。

失业工人。领导失业工人斗争来解决目前切身生活问题"①。在赤色区域，面对"市场冷落，工人失业，而造成社会经济的恐慌"②，党和苏区政府一方面"执行党对小商人的策略，切实保护小商人，使市场得以维持"；另一方面"开办生产合作社，由苏维埃出本钱，叫工人来工作"，"用种种方法来救济失业工人"③。如1930年2月通过的永定县《劳动法》规定："失业工人，由县政府、总工会共同组织失业救济委员会，设法救济。"④1932年7月31日，中共中央通过《关于失业工人运动的决议》，又对救济工人的各方面工作做出规定。

另一方面，党和政府给予失业工人多方面工作出路，来解决失业问题。为解决工人失业问题，中华苏维埃临时中央政府劳动部下设了劳动保护局、失业工人介绍局、经济评判局。其中，"失业工人介绍局系专负失业工人登记，介绍工作，监督社会保险金之分配等任务。中央及省介绍局和所，下设救济、统计两科，县市介绍所只设科员，分管统计登记、失业救济、工作介绍。普通县以所长，区的劳动部长兼此种工作"⑤。

当时苏区政府主要采取两种形式解决工人失业问题。一是由失业工人介绍所给工人介绍工作。1930年3月，闽西苏区颁布《失业工人救济条例》，规定了工会给失业工人介绍工作、分给失业工人田地耕种、开办工厂招收失业工人工作、公办货物低价卖给失业工人、为失业工人募捐等五项解决措施。同年11月，闽西苏区永定县对《劳动保护法》做了修改，

---

① 中共中央文献研究室、中央档案馆编：《建党以来重要文献选编（1921—1949）》第8册，中央文献出版社2011年版，第679页。

② 江西省档案馆、中共江西省委党校党史教研室选编：《中央革命根据地史料选编》上册，江西人民出版社1982年版，第149页。

③ 江西省档案馆、中共江西省委党校党史教研室选编：《中央革命根据地史料选编》上册，江西人民出版社1982年版，第150页。

④ 中央档案馆、福建省档案馆编：《福建革命历史文件汇集（苏维埃政府文件）》（1930年），1985年，第23页。

⑤ 张希坡编著：《革命根据地法律文献选辑》第2辑下卷，中国人民大学出版社2017年版，第889—890页。

增加了"政府工会要设法组织各种合作社救济失业工人"[①]的内容。1931年11月，《中华苏维埃共和国劳动法》对劳动介绍所的建立和管理做了明文规定："所有失业劳动介绍所，须由各级劳动部组织并管理之。严格地禁止私人设立工作介绍所或雇佣代理处。""凡寻找工作的人，须在中央劳动部或各地劳动部所设立的失业劳动介绍所登记，列入失业劳动介绍所的名册内。"[②]随后各地在劳动法令中积极贯彻这一要求。二是分田给失业工人，鼓励失业工人参加合作社和参加红军。在分田给失业工人方面，1930年3月，闽西苏区通过《劳动法》规定了对于失业工人"政府应设法救济，并分与田地及介绍工作"，同期颁布的《土地法令》也制定了"失业工人可以酌分"[③]土地的内容。1930年7月，湖南省苏维埃通过《暂行土地法》，将"失业之雇农，且其要求分配土地有能力耕种不致荒废者及其家属"[④]纳入可以分配给土地的群体。在鼓励失业工人参加合作社方面，1932年7月，福建省召开劳动部长联席会议。会议给出了解决工人失业建议，"首先统计和登记失业工人多少"，"向工农群众及各级革命团体募捐，收容一部分的失业工人来开办合作社"[⑤]。1933年3月，闽浙赣省苏维埃通过劳动法令规定，"以后凡是苏维埃企业中及合作社中、私人企业中首先要雇用失业工人"，"目前主要的是要组织煤炭、烧石灰、做纸、织布、做瓷碗及苏区群众日常生活需要的各种手工业等生产合作社"，责成劳动部调查失业工人数量与生活状况，制订具体计划解决失业工人救

---

① 张希坡编著：《革命根据地法律文献选辑》第2辑下卷，中国人民大学出版社2017年版，第869页。

② 张希坡编著：《革命根据地法律文献选辑》第2辑下卷，中国人民大学出版社2017年版，第883页。

③ 中央档案馆、福建省档案馆编：《福建革命历史文件汇编（苏维埃政府文件）》（1930年），1985年，第58、69页。

④ 张希坡编著：《革命根据地法律文献选辑》第2辑下卷，中国人民大学出版社2017年版，第732页。

⑤ 张希坡编著：《革命根据地法律文献选辑》第2辑下卷，中国人民大学出版社2017年版，第893页。

济问题，"坚决肃清苏区内的失业现象"①。据统计，1933年中央苏区114个生产合作社和总社就吸收了964个失业工人。②在鼓励失业工人参加红军方面，福建省苏维埃政府规定"用政治上的领导鼓动失业工人到各级革命机关与红军中参加革命战争"③。在湘鄂赣省，平江县赤色总工会提出苏维埃要"介绍英勇积极地青工参加红军"④。在陕甘苏区，党中央指示陕甘苏维埃对"边区的失业工人，黄河的水手，以及其他失业与半失业的工人，应该设法去救济并领导他们去参加红军游击战争"⑤。1933年初，闽浙赣省苏区的失业工人绝大部分得了土地，并在苏维埃政府帮助之下建立了50多个生产合作社，缓解了失业工人的生活困难。截至1934年初，随着中央苏区失业救济机关的设立，失业工人一般都得到了救济，农村工人也都分配了土地。⑥

3. 推行各类保险，保障劳工安全

除了对失业工人实施救济以外，党和苏区政府制定了医疗、工伤和死亡等各种劳动保险政策。给劳动者提供社会保险是中国共产党开展工人运动的一贯主张。1926年5月，全国第三次劳动大会提出"国家应设立劳动保险"，"保险费由雇主或国库支出"⑦。土地革命时期，中国共产党颁布各类保险政策，保障劳动者生命安全，解决了广大劳动者的后顾之忧。

---

① 张希坡编著：《革命根据地法律文献选辑》第2辑下卷，中国人民大学出版社2017年版，第906页。

② 参见中央苏区工运史征编协作小组编著：《中央革命根据地工人运动史》，改革出版社1989年版，第49页。

③ 张希坡编著：《革命根据地法律文献选辑》第2辑下卷，中国人民大学出版社2017年版，第893页。

④ 湖南省总工会、湖南省社科院历史所、湖南省档案馆编：《湖南工运史料选编》第3册，1985年版，第329页。

⑤ 张希坡编著：《革命根据地法律文献选辑》第2辑下卷，中国人民大学出版社2017年版，第1149页。

⑥ 参见江西省档案馆、中共江西省委党校党史教研室选编：《中央革命根据地史料选编》下册，江西人民出版社1982年版，第314页。

⑦ 张希坡编著：《革命根据地法律文献选辑》第1辑，中国人民大学出版社2017年版，第45页。

首先，苏区政府实施了医疗保险政策。福建省上杭县于1929年10月颁布的《劳动法》、闽西永定县于1930年2月通过的《劳动法》，都规定了对劳动者的医疗保障政策。1930年3月，闽西第一次工农兵代表大会通过《劳动法》，规定"工人因病回家，要给以川资"①。同年5月，全国苏区代表大会通过的《劳动保护法》专章设立"社会保险"的内容，将"疾病时的医药津贴"纳入社会保险范围，规定"实施社会保险时，应遵照苏维埃政府法令，按工资成数由雇主出资缴付之，……社会保险由工会负责办理"②。1931年11月，中华苏维埃共和国临时中央政府重新修订颁布的《劳动法》就医疗保险对象做了具体说明，规定"免费的医药帮助——不论是普通病，或因工作致病，遇险受伤，职业病，都支付医药费。其家属也同样享受免费的医药帮助"③。此外，党和政府关注到农村雇农的医疗保障问题。如1930年4月，皖西北苏区六安县第六区苏维埃大会通过决议案，提出了雇工医疗保障事宜，规定"雇农如有疾病，医药费要有雇主承担"④。

其次，苏区政府制定了工伤和死亡保险政策。1930年3月，闽西第一次工农兵代表大会制定的《劳动法》就规定"长期工人遇疾病死伤者，其医药费、抚恤费由东家供给"⑤，并将这一要求适用于各类工人。1931年11月，苏区中央政府新修订的《劳动法》对社会保险发放对象和范围做出专门规定。该法规定："工人和职员，若暂时丧失劳动能力，雇主须保留他原有工作地位和原有的中等工资"，"在工作过程中，所得的职业

---

① 中央档案馆、福建省档案馆编：《福建革命历史文件汇集（苏维埃政府文件）》（1930年），1985年，第72页。

② 张希坡编著：《革命根据地法律文献选辑》第2辑下卷，中国人民大学出版社2017年版，第854页。

③ 张希坡编著：《革命根据地法律文献选辑》第2辑下卷，中国人民大学出版社2017年版，第888页。

④ 张希坡编著：《革命根据地法律文献选辑》第2辑下卷，中国人民大学出版社2017年版，第717页。

⑤ 张希坡编著：《革命根据地法律文献选辑》第2辑下卷，中国人民大学出版社2017年版，第847页。

病，本劳动法认为与职业遇险同，均应全部抚恤之"①。该法还列出免费的医药帮助、暂时失去工作能力者的津贴、残废及老弱的优恤金、婴儿的补助金、丧葬津贴费、工人家属贫困补助费等七种社会保险的优恤情况，并规定"疾病优恤金从病的第一天算起，可达工资同样的数目，但不能超过相当规定的最高限度。由职业病而残废的人同样可领疾病优恤金，到规定领残废金为止"②。

最后，苏区政府制定了保障妇女权益政策。1930年2月，闽西地区的永定县召开第二次工农兵代表大会，通过包括《保护救济青年妇女老弱残废决议案》在内的17项决议案。《保护救济青年妇女老弱残废决议案》规定保护女性的各项权益，如"禁止虐待童养媳，并废除妾、童养媳制度"，"绝对禁止贩买女子为婢、妾、娼妓"，"劳动妇女可组织劳动妇女会，与男子同样受教育，参加政权，及革命工作"③。随后，闽西苏维埃通过了《劳动法》，单列"女工条例"为一章，提出"女工与男工工作同等者工资同等"，"女工产前产后两个月内不做工，工资照发"和"禁止侮辱女工"等三项规定。④1930年5月，全国苏区代表大会《劳动保护法》又将女工与未成年工人合为一章，增加保护女性特殊权益的条款，如女工经期停止劳动照发工资，雇工应为女工设置托儿所，应给女工哺乳时间以及工资照给等。⑤1931年11月，新修订的苏区《劳动法》则更为具体地增加了对机关女职员、女性小产及产前产后假期、禁用十四岁以下男女童工等规定，保障了广大女性职工的劳动权利。

---

① 张希坡编著：《革命根据地法律文献选辑》第2辑下卷，中国人民大学出版社2017年版，第886页。

② 张希坡编著：《革命根据地法律文献选辑》第2辑下卷，中国人民大学出版社2017年版，第888页。

③ 中央档案馆、福建省档案馆编：《福建革命历史文件汇集（苏维埃政府文件）》（1930年），1985年，第26页。

④ 参见中央档案馆、福建省档案馆编：《福建革命历史文件汇集（苏维埃政府文件）》（1930年），1985年，第73页。

⑤ 参见张希坡编著：《革命根据地法律文献选辑》第2辑下卷，中国人民大学出版社2017年版，第853页。

4. 推行社会福利制度，保障妇女老幼残弱的生活

除了开展社会救助、劳动保险之外，中国共产党解决苏区社会保障问题时大力推行社会福利制度，保障妇女老幼残弱的基本生活。

一方面，党和苏区政府积极保障劳动者各项福利。

其一，保障劳动者休息权。1930年，闽西第一次工农兵代表大会通过的《劳动法》总纲和工厂工人条例中都有"纪念日例假休息，工资照给"①的规定。1931年11月，中华苏维埃共和国通过的劳动法令详细规定了八种纪念日和节日，工人"须一律停止工作：（甲）一月一日——新年。（乙）一月二十一日——世界革命的领袖列宁逝世纪念日。（丙）二月七日——军阀屠杀京汉工人纪念日。（丁）三月十八日——巴黎公社纪念日。（戊）五月一日——国际劳动纪念日。（己）五月三十日——五卅惨案反帝纪念日。（庚）十一月七日——苏联无产阶级革命纪念日和中华苏维埃共和国成立纪念日。（辛）十二月十一日——广州暴动纪念日"。同时附注："各级劳动部得商同当地的总工会得按当地情形规定地方纪念日作为特别休息日。"②如1930年5月，全国苏区代表大会还将"新年、端午、中秋等节日"和"地方革命纪念日"列入休息日。1931年10月，湘鄂赣省工农兵苏维埃政府颁布的《劳动法》第十五条中，在全国苏区劳动法基础上删减了元旦假期，增加"四月十二日上海惨案""五月五日马克思诞辰""五月七日纪念""七月二十七日夺取长沙纪念""八月一日，全世界反帝运动日"等五个新假期。③

其二，给予劳动者受劳动教育、生活住房保障。在劳动教育权益方面，早在1922年8月中国劳动组合书记部就将"劳动补习教育"作为劳动立法四项原则之一，"要求政府以法律保证男女劳动者有受补习教育之机

---

① 中央档案馆、福建省档案馆编：《福建革命历史文件汇编（苏维埃政府文件）》（1930年），1985年，第69页。

② 江西省档案馆、中共江西省委党校党史教研室选编：《中央革命根据地史料选编》下册，江西人民出版社1982年版，第136页。

③ 参见张希坡编著：《革命根据地法律文献选辑》第2辑下卷，中国人民大学出版社2017年版，第873页。其中"五月七日纪念"原文如此。

会"①。土地革命时期，各地苏区所制定的劳动法令中都涉及这一问题。1930年2月永定县制定的《劳动法》、同年3月闽西苏区《劳动法》先后规定"老板师傅，每天须给相当时间，给工人学徒读书"②，"青年工人晚间要读书不做工"，"工人晚间到夜校读书时不做工，学费由东家负担"③。1931年11月，苏区中央临时政府制定的《劳动法》更明确规定："设立工厂或商埠学校，以提高青年工人的熟练程度，并给他们以补充教育，经费由厂方供给。"④在住房保障方面，1930年3月闽西苏区通过的《建设问题决议案》规定："各区、乡政府应设法修理被烧房屋，木料由公家供给，使被难群众得以安居。"⑤其《土地法》规定："土豪房子、洋人房屋、教堂、祠堂、庙宇及其他公共建筑物等由政府没收，其房屋由政府分配与无房屋住者居住，免收租税，但须向政府登记。"⑥

另一方面，党和政府积极保障无劳动能力的老幼病残的基本生活。

其一，在保障孤老病残方面。1930年二三月，永定县和闽西苏区先后在相关条例中规定"老弱残废者，由政府设法给养"⑦。为了保障经费来源，1930年2月，闽西永定县在《税收问题决议案》中规定："为补助残废老弱及建设地方公共事业，并政府赤卫队等用费起见，政府得向农

---

① 中华全国总工会中国职工运动史研究室编：《中国工会历史文献1》（1921.7—1927.7），工人出版社1958年版，第13页。

② 中央档案馆、福建省档案馆编：《福建革命历史文件汇集（苏维埃政府文件）》（1930年），1985年，第23页。

③ 中央档案馆、福建省档案馆编：《福建革命历史文件汇集（苏维埃政府文件）》（1930年），1985年，第74、71页。

④ 江西省档案馆、中共江西省委党校党史教研室选编：《中央革命根据地史料选编》下册，江西人民出版社1982年版，第139页。

⑤ 中央档案馆、福建省档案馆编：《福建革命历史文件汇集（苏维埃政府文件）》（1930年），1985年，第48页。

⑥ 中央档案馆、福建省档案馆编：《福建革命历史文件汇集（苏维埃政府文件）》（1930年），1985年，第62页。

⑦ 中央档案馆、福建省档案馆编：《福建革命历史文件汇集（苏维埃政府文件）》（1930年），1985年，第25页。

民征收土地税。"①在分配土地时，1930年4月，皖西北苏区六安县通过各种决议案提出："凡鳏、寡、孤、独、残废及无力耕种者，由当地苏维埃酌量分配土地，其耕种办法得由雇人耕或由当地负责办理或代耕。""分配土地尽先分给革命死难家属。"②1931年10月，湘赣省通过的《湘赣苏区重新彻底平均分配土地条例》也规定："凡贫苦的老弱残废以及孤寡不能自己劳动而又没有家属可依靠的人，应分给一份土地，或由苏维埃实行社会救济。"③

其二，在幼儿托育方面。1930年2月，永定县通过的《保护救济青年妇女老弱残废决议案》规定："六岁以上之男女儿童，由政府予以免费教育"，凡无亲属之孤儿"由政府设法给养"④。幼儿托育机构的设立，既是对女工的关照，也是对幼儿的关爱。1934年2月，中华苏维埃共和国中央政府指出，组织设立托儿所的目的是"为着要改善家庭的生活，使托儿所来代替妇女担负婴儿的一部分教养的责任，使每个劳动妇女可以尽可能的来参加生产及苏维埃各方面的工作，并且使小孩子能够得到更好的教育与照顾"⑤。为纪念当年的妇女节，各地开始试办托儿所。比如，瑞金市南郊乡设置的一个托儿所"已经有了小孩子二十一人报名，每个保姆大概可以管理五个"⑥，瑞金下州区下州村组织了两个托儿所，上屋子托儿所"有二十个小孩，其中十四个是红军家属的小孩子"，下屋子托儿所"有二十三个小孩，其中十九个是红军家属的孩子，这些小孩子多数吃奶的，……小的睡在箩里，会坐的坐在椅上。并由群众募集了许多玩

---

① 中央档案馆、福建省档案馆编：《福建革命历史文件汇集（苏维埃政府文件）》（1930年），1985年，第15页。

② 张希坡编著：《革命根据地法律文献选辑》第2辑下卷，中国人民大学出版社2017年版，第718页。

③ 张希坡编著：《革命根据地法律文献选辑》第2辑下卷，中国人民大学出版社2017年版，第764页。

④ 中央档案馆、福建省档案馆编：《福建革命历史文件汇集（苏维埃政府文件）》（1930年），1985年，第25页。

⑤ 《托儿所组织条例》，《红色中华》，第155期，1934年2月27日，第4版。

⑥ 《城市区南郊乡的动员》，《红色中华》，第155期，1934年2月27日，第4版。

具给小孩子们玩耍"①。

三、中国共产党解决苏区社会保障问题的基本效果

苏区时期虽然社会保障工作体系还未完全建立，但是中国共产党面对苏区突出的社会保障问题，动员各方力量参与灾民难民救助，探索劳动保障和社会保险，广泛开展红军家属优抚优待。经过一段时间的推行，上述举措取得了积极效果，改善了受助群众生活状况，为红军发展壮大和苏区巩固奠定了广泛的社会基础。

（一）保障了各类群体的基本生活和基本权益

面对苏区频繁发生的自然灾害及国民党军队的多次"围剿"带来的巨大损失，党和政府采取一系列措施进行救援，尽力改善灾难民的生活，收到了很好效果。

第一，经过苏区政府和群众救助，灾民难民生活得到改善。1931年，江西、福建大部分地区遭受水灾，苏区也没有幸免。为应对灾害，苏区各地展开救灾工作，及时设立粥厂，组织群众积极恢复生产。经过生产自救，灾区农业生产有所恢复，粮食产量增加，粮价有所下降，各种副食品供应的紧张状况也有所缓解。就中央苏区来说，1933年比1932年谷米增收了一成多，1934年比1933年又增收了一成多。1934年苏区基本上消灭了"青黄不接"的情况。1934年，党和政府顺利完成了24万担粮食动员供给红军，同时市面的米价不涨而跌。例如瑞金，在粮食动员时期中米价从每元六升跌到每元七升。②这就说明，虽然灾荒给苏区造成的损害难以避免，但广大灾民温饱问题可以得到基本解决，苏区民众日常生活得以基本保证。

① 《下州村组织了托儿所》，《红色中华》，第155期，1934年2月27日，第4版。
② 参见定一：《两个政权——两个收成》，《斗争》，第72期，1934年9月23日，第14版。

相较于苏区政府，国民党政府的救荒工作极为不力。1934年，国统区爆发了百年来未有的旱灾和60年一遇的水灾：水灾偏重于中国北部，旱灾偏重于中部与南部，同时在大部分省份水旱两灾并重。"不完备的统计，在浙江有六十九县，江苏有四十三县，安徽有五十四县，江西六十五县，河南四十五县，湖北六十余县，湖南五十六县，河北水灾四十余县，贵州水灾四十县，福建水灾三十县，绥远水灾二十余县，以及其他各省总共受灾县区是在一千余县左右。完全无衣无食的灾民，在一万万以上。"①然而，"国民党所拨的赈款仅一百万元，不及国民党军队进攻苏区一天的消耗，而且在一百万元之中，十分之一是办公费，即使国民党官僚一个钱都不吞没，一万万无衣无食的灾民每人只能得到九厘大洋！"②由于南京国民政府的赈灾工作不力，白区群众生活状况十分恶劣。"农民从秋收时起就没有米吃，一万万以上的人口正在用树皮草根观音土做食料，正在卖妻鬻子苟延生命。"③灾民为了活命，捞尽水草，掘尽草根，剥尽树皮，最后还是出现饿殍遍野、鸡犬无声、耕畜绝迹的悲惨景象。

第二，包括失业工人在内的广大劳动者各项权益得到保障。在江西省，劳动者各项权益都基本得到保障。以毛泽东做调查的寻邬、拥军模范的兴国二县为例，我们可以从两县数据中观察当时各地劳动保障情况。寻邬全县工人395名（不含青工童工），其中"店员工人（城市）30名，苦力工人30名，水木工人30名，雇农117名。……八，六，四等小时工作制在城市已实行了"。"店员，缝工，烟叶工，理发工等增加了工资，比一年前增加了十分之四。农村沿门卖工的，工资增加了，时间未减"，"师傅老板没有压迫学徒童工的"④。而兴国"全县工人成工1933名，青工1235名，童工295名，女工74名"，"工人均增加了工资，城市比一年

---

① 《发动水灾旱荒斗争的提纲》，《斗争》，第72期，1934年9月23日，第6版。
② 定一：《两个政权——两个收成》，《斗争》，第72期，1934年9月23日，第15版。
③ 定一：《两个政权——两个收成》，《斗争》，第72期，1934年9月23日，第14版。
④ 《江西省苏报告（二）》，《红色中华》，第42期，1932年11月28日，第8版。

前增加了十分之三，乡村比一年前增加了三分之一。农村沿门卖工的工资增加了三分之一、但时间也减少一点。失业工人和雇农也分了田，……师傅老板对学徒童工没有发现压迫的事情"①。总之，与旧政权之下工人生活相比，苏区劳动者的生活有了保障。像以往国民党统治区压迫剥削工人的罪恶现象，"在苏区中便一扫而空了"②。

第三，各地优抚优待工作取得较大成绩，红军及其家属生活得到极大改善。在中华苏维埃共和国临时中央政府颁布优待红军及家属的相关条例后，各地苏区政府充分认识到做好红军的优抚工作对于根据地建设、革命发展、党的事业壮大有着深远意义。因而，党和政府关于优抚工作的条例、训令在各地都得到了很好的贯彻执行，各地积极组织成立耕田队为红军及其家属代耕。1932年，兴国县共有"耕田大队233个，耕田小队1528个，优待的人工达302423个"，各地的"优待红军家属礼拜六工作制"也逐步形成，保证了红军家庭春耕秋收的顺利进行。各地耕田队一般都做到了先耕红属的田，后耕自己的田，基本做到各县没有红属荒田现象，而且还能做到"三犁三耙"。在日常生活中，红军家庭生活也得到了政府和群众的悉心照顾，"红军家属没有柴米和水的，群众搬柴米挑水送给他们（宁都等地群众），或帮助他们设法借贷"③；"红军家属有病的有人代请医，买药喂猪鸡看护老人小孩"④，红军家属看病买药在一些地区还可以享受到"药价减两成"的优惠；在兴国县，红军家属到合作社买东西可以享受到5%到7%的价格优惠。

（二）受保障人员积极拥护苏区的政权建设

中国共产党和苏区政府对社会各类群体开展救助、保障及优抚工作，

---

① 《江西省苏报告（二）》，《红色中华》，第42期，1932年11月28日，第8版。
② 江西省档案馆、中共江西省委党校党史教研室选编：《中央革命根据地史料选编》下册，江西人民出版社1982年版，第313页。
③ 《江西省苏报告（二）》，《红色中华》，第42期，1932年11月28日，第7版。
④ 上杭通讯：《优待红军的光荣模范》，《斗争》，第35期，1933年11月19日，第13版。

改善了他们生产生活，缓解了当时突出的社会保障问题。在政府的关心和照顾下，红军及其家属的荣誉感大大增强，普通群众不断形成政权主人翁意识，苏区人民拥军参军积极性高涨。

一是红军及其家属的荣誉感大大增强，积极支持苏区各项事业。只有后方家属的生活困难得到解决，才能使前线作战的红军战士更加安心，士气得到鼓舞。优待红军礼拜六制度确定后，苏区党政机关工作人员纷纷组织礼拜六工作队，开展优待红军家属活动。1934年2月，第二次全国苏维埃代表大会之后，"大会代表在主席团号召之下，热烈帮助红军家属做劳动工。……红军家属说，我的儿子当红军有代表来给我做劳动工，是最光荣的事啊"①。

广大红军家属荣誉感增强，纷纷支持政府开展工作。在江西省，"许多红军家属自动武装起来加入赤少队……积极担任警戒，放哨，担架运输和一切后方勤务的工作，特别是慰劳红军督促逃兵归队等工作上更表现了伟大的成绩，到处都发动了红军家属和妇女群众赠送草鞋，菜干，被毯给红军的运动"②。政府还发动红军家属"每个月至少要写一次信给前方的战士，鼓动自己的父子兄弟和老公，在前方英勇作战。彻底粉碎敌人的'围剿'"③。红军家属在极困难情况下积极退还公债和借谷给红军。兴国县高兴区上敖乡，红军家属马朝彬同志"自动把二期公债券十五元，完全送交政府，不要政府还本。同时对于借谷运动，他又是非常热烈的参加，最近他把谷子挑到政府里去，愿意供给红军"④。在中央苏区，"到处都发动了红军家属和妇女群众赠送草鞋，菜干，被毯给红军的运动，"兴国，瑞京〔金〕，太雷的借谷运动有些区乡红军家属占了三分之二"⑤。

红军战士积极参加退回革命公债活动。考虑到当时财政经济紧张，苏

① 《大会代表作礼拜六》，《红色中华》，第146期，1934年2月6日，第1版。
② 王首道：《模范红军家属运动》，《斗争》，第70期，1934年8月16日，第6—7版。
③ 王首道：《模范红军家属运动》，《斗争》，第70期，1934年8月16日，第8版。
④ 《红军家属的模范》，《红色中华》，第79期，1933年5月14日，第2版。
⑤ 王首道：《模范红军家属运动》，《斗争》，第70期，1934年8月16日，第7版。

区政府号召群众参加退还革命公债活动及节省运动。1933年，中央苏区发动"退还革命公债八十万元、节省三十万"运动。红一、红三军团在节省经济与退还公债战线上开展了竞赛。红一军团全体指战员"计一月起至四月三十日止，共节省经费一万四千七百〇九元四角七分五厘，退还公债七千九百二十四元五角，捐助战费八百〇八元〇二分，总共二万三千四百四十一元九角七分七厘"①。而红三军团在"五月份自动退还公债二千六百八十二元，节省伙食大洋三千五百三十二元五角七分三厘，节省办公费四百〇四元六角七分七厘，特别捐五百二十元七角九分，共七千一百四十一元。加上四月份的两万三千余元"②，红三军团已经在四五月份突破了节省三万元的数目。

二是地方更多青年农民、工人在家属支持下积极参军。当时父送子、妻送夫、兄弟争先入伍的动人场面随处可见，有力支持了扩红运动。如在中央苏区，瑞金下肖区的七堡乡第三村有一家农民，家中兄弟八人"全体报名参加红军"。在下肖区的清水乡，妇女"全体鼓励各自的老公，儿子，兄弟报名当红军"③。兴国杰村区杰村乡，有一个姓彭的妇女同志"不但经常在群众中鼓动男子去当红军，这次更鼓励他（她）自己的二个儿子去当红军，把他们带到乡苏区去报名"④。长汀县红坊区吴坑乡的雇农工会支部，原有会员16名，已有3名自主报名去前线，自中国农业工人代表大会号召"创造农业工人师"后，该支部其余13名会员又自主报名加入红军了，其中有一个同志四十五岁，大家说他年纪太老不要到前方去，可留在后方担任工作，但他很坚定地说："我不去，怎样领导人当

---

① 《不让步的革命竞赛又是个突破了二万元》，《红色中华》，第80期，1933年5月17日，第3版。

② 《百战百胜的红三军团红五月又突破三万元》，《红色中华》，第88期，1933年6月23日，第5版。

③ 《全体鼓励丈夫当红军》，《红色中华》，第204期，1934年6月19日，第1版。

④ 《鼓动儿子当红军去》，《红色中华》，第70期，1933年4月17日，第4版。

红军!"①由于广大民众入伍情绪高涨，党中央提出的扩红目标在很短的时间里就完成了。

此外，广大民众也积极响应政府号召，积极参加退还革命公债、节约经济等运动。以中央苏区为例，胜利县响应"退回八十万公债票，不要政府还本息"的号召，1932年红五月运动中，"一般劳苦工农均热烈的自动的拿出来交到苏维埃政府，全县在红五月中，共退回一万八千一百六十一元一角四分九厘"，"特别是平安区在红'五一'那一天当中，一下子就退回一千余元，桥头区在'五卅'一天当中，也退回一千余元"②。虽然苏区城市工人并不多，但他们也积极参加各种运动之中。建宁城市工人热烈拥护苏维埃的经济动员，城市的工商人已予以有力的回答，在召开工人大会时，有许多工人自动提出全部退还所有的公债票，而且"全城市的商人不满三天就退还有八千余元"③。

（三）党初步积累了社会保障工作经验

土地革命战争时期，中国共产党解决苏区社会保障问题的过程是中国共产党人将民生思想付诸实施的具体过程，也是中国共产党领导社会事业建设的实践起点。党和政府推行的各项措施有力缓解了社会保障领域的突出问题，一些成功做法为全民族抗日战争时期及解放战争时期根据地社会保障建设积累了经验。

一是制定法令条例与组织各类机构相同步。作为局部执政的初步实践，中国共产党人在苏区创建伊始就非常重视颁布施政纲领、发布政府布告，以此表明新政权的基本立场和施政原则。在社会保障领域，党和政府较早就颁布了《劳动保护法》《优待红军条例》等法令条例，这是苏

---

① 《吴坑乡雇农工会整个支部加入了红军》，《红色中华》，第84期，1933年6月11日，第7版。

② 《退还公债的伟大成绩胜利县一个月退还一万八千多》，《红色中华》，第88期，1933年6月23日，第5版。

③ 《建宁城市工人商人的热烈动员三天退还八千余元》，《红色中华》，第88期，1933年6月23日，第5版。

区各级党政机关、人民军队开展社会保障工作的法律依据和政策规章。同时，各级机关根据工作需要，结合原有民间社会保障工作情况，设置相应社会保障工作机构。一方面，通过设立正式工作机构来推行社会保障。比如在劳动法颁布之后，从中央到地方都设置了劳动部、内务部及下属相应部门，开展劳动保障和检查工作。在红军优待原则确定后，中央革命军事委员会成立了抚恤委员会及下属各军区各军分委员会。另一方面，结合群众工作基础建立从事社会保障工作的各类非常任委员会。大致来看，属于这类委员会主要有中央防疫委员会、失业救济委员会、贫民委员会、房屋委员会、卫生委员会、建设委员会、赤色体育委员会、劳动保护特别委员会、劳工保护委员会、劳动互助委员会、秋收秋耕委员会、童团委员会、革命战争物品供给委员会、拥护红军委员会、优待红军委员会、妇女生活改善委员会、防空防毒委员会等。在苏区政府领导下，这些非常任委员会的相继成立，"把苏维埃工作组织成了网，使广大民众直接参加了苏维埃的工作"[①]。

二是推行统一政策与根据实际情况妥善应对相结合。1928年党的六大以来，党和政府制定各项政策决议，为苏区社会保障工作的开展提供了政策依据。然而，党的六大作为唯一在国外召开的中共党代会，其指导思想和具体政策难免受苏俄革命经验和共产国际指示的影响，党制定的苏区各项法令规章中不少部分是世界无产阶级革命经验和国际工人运动斗争成果的直接体现，如劳动法中对"八小时工作时间"的规定等。其实，现实的基本国情及革命斗争实际与前者有着很大不同，要借鉴国际工人运动斗争成果制定党的劳动政策并在苏区广泛推行，必须与中国国情及革命斗争实际相符合，否则将会适得其反。在职工运动中，当时出现"左"的倾向，"对于工人斗争的狭隘的经济主义的领导也还存在（如会昌）甚至走到监督资本，店员的工资增加得很高，老板不能维持而关店逃跑，这种'左'的错误，破坏经济政策的错误，实际是对保障工

---

① 江西省档案馆、中共江西省委党校党史教研室选编：《中央革命根据地史料选编》下册，江西人民出版社1982年版，第308页。

人利益实行劳动法的消极"[①]。据此，1934年中共中央和中华苏维埃共和国中央政府重新修订并颁布了《劳动法》，改正其中"左"倾错误，合理调整劳资关系，解决城市工人的失业问题。

此外，党政领导带头与动员群众运动相结合、制订工作计划与实施检查工作相结合，也是这一时期推行社会保障政策的宝贵经验。

客观地说，残酷的战争环境和落后的生产力状况决定了苏区社会保障能力和水平无法与当今现实相提并论。然而，作为中国共产党局部执政条件下自主领导社会保障事业的开始，土地革命战争时期中国共产党解决苏区社会保障问题的实践仍值得予以充分肯定。

---

① 江西省档案馆、中共江西省委党校党史教研室选编：《中央革命根据地史料选编》上册，江西人民出版社1982年版，第468页。

第五章　土地革命战争时期中国共产党
对苏区教育问题的解决

教育关系着人民素质的提高和国家的长远发展。中国的苏维埃革命不仅是一场武装革命、政治革命，同时更是一场思想革命、社会革命。因此，着力解决苏区落后的教育问题，向苏区民众宣传党的思想理念和革命主张，改变民众落后的文化面貌是中国共产党在苏区执政的一项极其重要的工作。

一、苏区教育问题概况

苏区创建以后，各地建立的新的经济制度和政治制度为开办新教育提供了前提条件。然而，在广大苏区开展新教育是一件极其困难的事情：一方面，封建剥削制度的长期存在和教育资源的严重匮乏成为影响苏区教育的严重阻碍；另一方面，苏区干部质与量两方面均无法满足革命战争和苏区建设的迫切需求。

（一）苏区教育问题的主要表现

土地革命战争时期，苏区教育问题主要表现在民众教育观念普遍落后、整体文化素质低下、干部短缺等方面。

1.封建思想长期盛行，教育观念普遍落后

教育的根本目的在于培养人。不同社会制度和不同阶级开展教育的根本区别在于"培养什么样的人，怎样培养人"，关键在于培养符合本阶级利益、服务于本阶级利益的建设者和接班人。然而，广大苏区的教育长期把持在封建剥削阶级手中，并为封建剥削阶级服务，劳苦大众长期被排除在受教育对象之外，国民政府虽然进行了一系列教育革新，但是封建思想在我国影响依旧广泛。

其一，乡村贫民子弟受教育权利事实上被剥夺。以小学教育为例，民国时期的小学不分城市乡村、不论公立私立一致都收学费，"规模较大的小学，征收费用之花着也越来得复杂。……简直要将人弄得眼花缭乱，蒙头转向，不用说无产阶级，不敢问津；就是小康之流，真也有些望而生畏"①。其结果是小学教育无法普及，义务教育无法推行。据1928年至1929年民国政府对23省的统计，每一儿童平均每年教育费之中数不下9.4元，花费名列前三的省份是黑龙江每生教育费19.2元，绥远18.3元，湖北16.1元。②"在此农村经济破产，生活难以维持情况之下，再加每年每一儿童之9.4元的教育费，怎能负担得了？况说每人不止一子一女呢？资产阶级，负担此等费用，当然不费吹灰之力；可是临到仅能维持生活，甚或不能维持生活的贫民身上，要知道比登天还要难呢。所以只此一项教育费，就将大多数贫苦子女，所应享的权利——小学教育——完全剥夺无余了！"③在苏区创立前，国民政府统治下的广大穷苦民众子女没有上学受教育的机会，当时受教育多为地主、资本家子女的特权。

其二，"男尊女卑"观念在教育领域仍有表现。1936年出版的《我国小学教育之检讨》曾描述道，在20世纪的中国，男女有别的封建思想早该打破，"所以社会上之一切制度，对于男女的性别，不再强分畛域。凡是男子所应享的权利，女子亦应享受；男子所应尽的义务，女子亦应履

① 李文海主编：《民国时期社会调查丛编》（二编）（文教事业卷）第1册，福建教育出版社2014年版，第528页。

② 参见李文海主编：《民国时期社会调查丛编》（二编）（文教事业卷）第1册，福建教育出版社2014年版，第528—529页。

③ 李文海主编：《民国时期社会调查丛编》（二编）（文教事业卷）第1册，福建教育出版社2014年版，第529页。

行。凡事都应如此，教育当亦不能例外。谁想大谬不然，不用说高等教育，女子不易享受；即名之曰义务教育的小学教育，女子亦在无形中受了莫大的限制，所以女子教育，至今不见若何发展"①。因此苏区创立前的旧教育，由于受到封建社会重男轻女等思想的毒害，各类私学一般不接受女学生。事实上，男女教育不均问题并非仅在经济落后的苏区存在，全国各地都有此问题。不仅闭塞区域的女子易于失学，即使文化发达的区域，大多数女子照样不易得到教育。据1915年外国人的报告，中国2万万的妇女，受教育的不过20万，只占全数的1/1000。据黄裳的《文盲研究》统计，民国时期全国男文盲为49.2%，女文盲为92%。②由此可知，我国妇女文盲之众多。再以民国时期教育模范县——河北省定县为例，该县号称文化发达的区域，却仍有许多女子享受不到小学教育。1930年至1931年，该县共有455村，"竟有341村的女子，没有受小学教育的机会，其他无名小县，当更不必论了。藉〔借〕此可见我国女子教育，太不普及之一斑了"③。

其三，封建思想在苏区教育中仍有残余。在革命前，苏区各地私学教授的依旧是儒家的"四书""五经"，不断强化地主豪绅子弟对贫苦农民的统治能力。教育方法则是一味地推崇书本、死记硬背，辅之以棍棒纪律教育。教育内容还停留在书本上，与现实的生产劳动完全脱离。私学老师思想十分保守落后，课堂枯燥乏味、毫无生机活力。

苏区建立之初，封建思想残余在苏区各地教育中仍有影响。在福建省，1932年汀州还以"维持教老书"为主，当地仅有1所象征性的列宁小学，只有两三名学生，而教老书的学校却有31所，学生有373名，而且"教老书的却向每个学生要收十毛至四十毛"的学费，贫雇农出身的孩子

---

① 李文海主编：《民国时期社会调查丛编》（二编）（文教事业卷）第1册，福建教育出版社2014年版，第529页。

② 参见李文海主编：《民国时期社会调查丛编》（二编）（文教事业卷）第3册，福建教育出版社2014年版，第851页。

③ 李文海主编：《民国时期社会调查丛编》（二编）（文教事业卷）第1册，福建教育出版社2014年版，第530页。

根本缴纳不起学费。[①]在江西省，"过去列宁小学不注意培养教师，编印教材，各地过去所编印的教材也有很多的错误，有些地方甚至以过去蒙馆先生当列宁小学教员，有些地方仍用商务印书馆中华书局课本的教材"[②]。其中，瑞金的瑞林区"□稳村乡祠堂下学校里教员都是读老书的"[③]。鄂豫皖的"赤区教育真成问题"，"特别是学校教育问题，更其严重，……各校教员，都是一般老秀才或道之流，教材都没有新的，有的学校还有四书五经，其余多半是国民党化的课本。因此赤区教育不独没有大的进步，并且只有坏的影响"[④]。

2. 文化素质整体低下，教育资源严重匮乏

旧中国政治经济发展不平衡，导致教育经费投入不足，民众文化程度整体低下，教育资源严重匮乏，文盲普遍存在。在苏区建立前这一情况更为突出。

首先，全国各地充斥着文盲，苏区民众识字率极低。文盲的大量存在主要缘于教育事业投入缺乏。"在国民党全部财政的支出方面，用在文化教育上的不到百分之一。……但这还不过是在纸头上。挪用教育经费充作其他用途的事，在国民党方面，是不算稀奇的。没有一个国民党学校的经费，不是拖延到好几个月的。近年以来，就是仅有的一些学校，也大半关门停办了。"[⑤]根据中华教育改进社的调查，1923年全国各类学校总数为17.8992万所，学生总数为661.9812万人。每个县平均只有80多所学

---

① 参见《汀市教育科维护封建教育》，《红色中华》，第86期，1933年6月17日，第6版。

② 江西省档案馆、中共江西省委党校党史教研室选编：《中央革命根据地史料选编》上册，江西人民出版社1982年版，第452页。

③ 《瑞金的文化教育》，《红色中华》，第21期，1932年6月2日，第5版。

④ 中央档案馆、湖北省档案馆、河南省档案馆、安徽省档案馆编：《鄂豫皖苏区革命历史文件汇集（省委文件）》（1929年—1934年），1985年，第190页。

⑤ 张挚、张玉龙主编：《中央苏区教育史料汇编》上册，南京大学出版社2016年版，第195页。

校，全国平均150人中才有一个学生。[①]

人均极低的教育经费投入，使得全国各地文盲率居高不下。据国民政府内政部估计，全国文盲数在16岁以上60岁以下者，共为20278.4153万人，专任教职员需13.5万人。1928年至1931年，民校学生每年度平均数（即化除文盲数）仅有77.5028万人。按此民校招生比例来推算，则上述文盲数之全部化除，照顾良杰先生估计必须得至261年以后。更严重的是，如果按照每年级平均毕业生数来推算，我国现有文盲全部之化除，当在870年以后。[②]就连国民政府的经济文化中心上海市也不例外。19世纪30年代，除去公共租界法租界之外，上海市户籍人口约200万，据说不识字的民众约占总人口的1/4。经过1935年专项调查，上海市不识字人口43.4452万人，其中14到25岁的青少年将近一半。[③]大城市文盲率已经如此之高，苏区所在的广大农村尤其是偏远山区的文盲数量更为惊人。1927年以前，湖北省黄安县青壮年中文盲占95%，适龄儿童很少有上学的。土地革命前，浠水县境内没有一所官学，只有零星的私塾。豫东南及皖西各县的文化教育同样十分落后。[④]

其次，各种因素导致失学学生比例居高不下，小学生失学最为严重。由于经济的浩劫和空前的灾难，"广大的劳苦阶层出身的学生，因为父母的失业，家庭的破产感受着痛苦，许多的学生失去了继续求学的机会，许多的学生儿童饿着肚皮去上学（根据不完全的统计在中国有百分之六十的学生失学）"[⑤]。一项民国时期的调查数据显示，在被调查的932所

---

① 参见董纯才主编：《中国革命根据地教育史》第1卷，教育科学出版社1991年版，第37页。

② 参见李文海主编：《民国时期社会调查丛编》（二编）（文教事业卷）第3册，福建教育出版社2014年版，第849—850页。

③ 参见李文海主编：《民国时期社会调查丛编》（二编）（文教事业卷）第1册，福建教育出版社2014年版，第722、729页。

④ 参见霍文达、王如、刘卫东：《鄂豫皖苏区教育史》，河南大学出版社1988年版，第5页。

⑤ 张挚、张玉龙主编：《中央苏区教育史料汇编》上册，南京大学出版社2016年版，第222页。

大中小学中，学生总数 15.9538 万人，失学学生 9.8145 万人，失学比例为
60%。其中，大学 33 所，学生总数 1.4324 万人，失学学生 0.7645 万人，失
学比例 52%；中学 125 所，学生总数 2.8514 万人，失学学生 1.5 万人，失
学比例 53%；小学 774 所，学生总数 11.67 万人，失学人数 7.55 万人，失
学学生占总数的 65%。[①]《第一次中国教育年鉴》显示，1930 年全国受义
务教育的儿童占学龄儿童的 22%，失学儿童占 78%。[②]国民政府调查显示，
浙江省学龄儿童有 250 万人，入学儿童仅 50 余万人，统计起来，入学儿童
只占全省 20%。[③]1931 年，安徽省教育厅的调查显示，安徽全省计有小学
4436 所，小学生 19.9664 万人，此数还不到安徽全省人口的 1%。[④]以上数
字充分显示了旧中国教育中适龄学童失学现象极其严重。

最后，在创建初期，苏区教育资源匮乏局面仍很突出。苏区多是一省
或数省交界的偏远乡村，文化教育事业十分落后，教育资源匮乏局面十
分突出。一是苏区普遍缺学生。学生是学校教育的主体。虽然苏区建立
后开办了一些学校，但由于当地百姓受封建传统思想的长期影响，很多
地方相当多适龄儿童仍未入校学习，学校利用率很低，浪费了原本十分
紧张的教育资源。江西瑞金"瑞林区的小学教员，每人平均所教的，不
过七个学生"[⑤]。有些学校由于管理不到位，许多顽皮学生逃学严重，
"父母送他们出门，'他们溜到山上打仗去了'"[⑥]。二是苏区普遍缺教
师，尤其是缺乏教新课的教师。在中华苏维埃共和国成立之前，在旧式
私学中任教的基本上都是封建遗老遗少，他们思想传统保守、知识陈旧

---

① 参见张挚、张玉龙主编：《中央苏区教育史料汇编》上册，南京大学出版社 2016
年版，第 222 页。

② 参见董纯才主编：《中国革命根据地教育史》第 1 卷，教育科学出版社 1991 年版，
第 37 页。

③ 参见张挚、张玉龙主编：《中央苏区教育史料汇编》上册，南京大学出版社 2016
年版，第 223 页。

④ 参见李文海主编：《民国时期社会调查丛编》（二编）（文教事业卷）第 3 册，福
建教育出版社 2014 年版，第 842 页。

⑤ 《瑞金的文化教育》，《红色中华》，第 21 期，1932 年 6 月 2 日，第 5 版。

⑥ 《毛泽东文集》第 1 卷，人民出版社 1993 年版，第 306 页。

落后，很难达到新式学校的教学要求。在江西瑞金的瑞林区，"有二校是用两个教员，其中有两校不看见一个教员"，直到巡视员第二次去巡视瑞林乡管子下才见到一个教员，而另一个教员"已有一月余没有来校"。"城区、九堡、黄安、三星等区，工作的坏，与瑞林区不相上下。"①为了缓解教师的短缺，苏区政府不得不用一些旧时知识分子来承担学校教员及管理工作，但在国民党进攻苏区的时候，这些人反水现象严重。像广昌、瑞金等县区教育部长带头反水。"广昌县教育部副部长雷德胜，在敌人还没有来到的时候，就实行叛变逃到白区"，瑞金"城市区的教员等有十多人投降敌人"②。从此就能看出，这些旧式知识分子与苏维埃的新型教育及新政权要求之间存在较大差距，对苏区文化教育工作造成了严重的消极影响。三是苏区教育缺少经费。苏区所在的广大乡村和山区经济基础薄弱，经济发展缓慢，政府财政力量有限，为优先供给战争和发展生产的需要，苏区政府向文化教育领域的经费投入十分有限。如湘赣苏区，1932年9月至1933年8月，苏区财政共支出25.2612万元，教育经费仅为275元，只占总支出的1‰强。③经费的短缺导致教师待遇较差，"每个教师三元伙食费还不可得，而中央政府颁布了对教员的待遇的条例各县限于经济而不能实施"，一些地方"形成政府无钱就不能发展文化工作的现象"④。此外，各地办学经费有限，教材和黑板、笔纸等基本教学用品短缺严重。

3. 干部短缺问题突出，工农干部文化水平低

干部问题是影响党的路线方针政策执行的一个重要问题。苏区创建以后，为了更好地促进苏区各项事业发展，干部教育工作被提上了日程。

---

① 《瑞金的文化教育》，《红色中华》，第21期，1932年6月2日，第5版。

② 瞿秋白：《阶级战争中的教育》，《斗争》，第62期，1934年6月2日，第16版。

③ 参见赵可师：《赣西收复区各县考察记（四）》，《江西教育旬刊》，1934年第10卷，第8期。转引自黄道炫：《张力与限界：中央苏区的革命》，社会科学文献出版社2011年版，第129页。

④ 江西省档案馆、中共江西省委党校党史教研室选编：《中央革命根据地史料选编》上册，江西人民出版社1982年版，第453页。

当时苏区普遍存在着工农干部总量严重短缺、现有干部文化水平不高的问题。

第一，各地普遍存在干部短缺问题。在赣南革命根据地创建初期，各地党组织在斗争中普遍感觉到干部和人才的短缺。1929年5月，郑乾元在总结湘赣边界党务工作时指出："攸县虽有特委以致现在还没有工作"，"原因是因为在边界找不着可以派往攸县工作的人材［才］"①。1929年8月，江西省委向中共中央报告："干部人才非常缺乏，现正青黄不接，在下级中没有提拔起来，也是过去没有注意提拔，所以现闹人材［才］的恐怖成一个大问题。"②同年9月，赣西苏区报告"干部的人才太属缺乏"及"无训练的人材［才］和缺乏训练的材料"③。1930年4月，赣委在赣西南苏区巡视总结后指出："干部问题是目前赣西南唯一严重问题，因为工作的开展，一时创造不出来这样多干部，现在各县区委工作，大都建立一二人身上。"④1931年9月，欧阳钦在关于中央苏区报告中指出："总的说来，江西地方党的组织力量是脆弱的"，"目前最困难的问题，现在旧的干部是没有几个了，自然我们亦了解要从下层提出新的干部及训练干部，但是不一定可以做到，在这一过渡时期工作非常繁重，没有干部实在是困难极了"⑤。当时福建省干部缺乏问题也很严重。1929年10月，福建省委在对闽西苏区巡视后总结："工作区域扩大，旧的干部应付不

---

① 江西省档案馆、中共江西省委党校党史教研室选编：《中央革命根据地史料选编》上册，江西人民出版社1982年版，第129页。

② 江西省档案馆、中共江西省委党校党史教研室选编：《中央革命根据地史料选编》上册，江西人民出版社1982年版，第107页。

③ 江西省档案馆、中共江西省委党校党史教研室选编：《中央革命根据地史料选编》上册，江西人民出版社1982年版，第140页。

④ 江西省档案馆、中共江西省委党校党史教研室选编：《中央革命根据地史料选编》上册，江西人民出版社1982年版，第210页。

⑤ 江西省档案馆、中共江西省委党校党史教研室选编：《中央革命根据地史料选编》上册，江西人民出版社1982年版，第390页。

来，而且不够分配，处处感觉人力少，这是闽西目前的普遍现象。"①

干部短缺现象在其他苏区同样存在。在鄂豫皖苏区，"干部缺乏是最大的一个困难问题"。"这里各种干部异常缺乏，特别是军事人才，专门做分局工作的人也少，多半兼任各项工作去了。"因瘟疫流行，鄂豫皖苏区一度1/3以上群众染病，该区主要负责同志也染病未愈，甚至导致"有整个区委县委区苏机关工作人员害病的，更是影响工作不小"②。"皖西北道委、道苏都已成立，党、苏维埃和红军中干部缺乏的情形与鄂东北不相上下。"③为此，1932年11月12日，鄂豫皖省委第一次扩大会作出决定，请求中央"务必设法多派干部来，我们的需要当然是很大的"，"知道中央干部也是困难的，不过这个苏区目前的状况实在是干部缺乏之困难到不可形容，请中央务必设法帮助我们"④。

第二，基层党的干部素质不高能力不强。当时基层干部理论素质不高是苏区的普遍现象。在中央苏区，1931年9月，欧阳钦向中共中央报告了江西党的干部理论素质不高的问题："一班同志的政治水平都低，党的训练教育工作都缺乏，训练的材料亦很少，并且文字的材料不能深入到群众中去。"⑤1932年3月2日，中华苏维埃共和国临时中央政府发布第六号命令指出："有许多地方的政府，往往因负责人的文化程度太低，了解问题太差，以及不能把政府的经常工作好好的建立起来，对于上级的命令和文件，多半不能了解，也就不能执行，政府本身的日常工作，大抵不

---

① 江西省档案馆、中共江西省委党校党史教研室选编：《中央革命根据地史料选编》上册，江西人民出版社1982年版，第151页。

② 中央档案馆、湖北省档案馆、河南省档案馆、安徽省档案馆编：《鄂豫皖苏区革命历史文件汇集（中央分局文件）》（1931年—1932年），1985年，第337、338页。

③ 中央档案馆、湖北省档案馆、河南省档案馆、安徽省档案馆编：《鄂豫皖苏区革命历史文件汇集（省委文件）》（1929年—1934年），1985年，第373页。

④ 中央档案馆、湖北省档案馆、河南省档案馆、安徽省档案馆编：《鄂豫皖苏区革命历史文件汇集（省委文件）》（1929年—1934年），1985年，第301页。

⑤ 江西省档案馆、中共江西省委党校党史教研室选编：《中央革命根据地史料选编》上册，江西人民出版社1982年版，第389页。

能有计划的推动和进行，甚至连本地方的零细问题，都不能解决。"①在湘鄂西苏区，中央分局1931年5月10日向中共中央报告："党内理论水平线非常薄弱，一般同志只知照上级命令做事，根本就没有懂得什么是路线，有些同时藉[借]口于反对形式主义，实际就走到杂乱无章。"②在鄂豫皖苏区政权中，"一部分干部虽然工作非常积极，但又无能力，工作干不了。这是我们教育的不足，是很大的缺点"③。

　　第三，部分干部中存在不良作风和消极情绪。除了素质不高、能力不强以外，有的地方党政干部中存在着命令包办作风、畏难情绪。1929年11月2日，中共闽西特委在检查苏维埃工作时发现："各处政权机关，只是挂着代表会议的招牌，实际上仍然是几个委员会包办一切。……大多数政府都由同志包办，各级没有党团作用。"④赣西南苏区也存在这种现象。"政权机关与群众关系不十分密切，包办制度、命令主义残余异常浓厚。"⑤苏区干部队伍中畏难情绪也普遍存在。在福建苏区，敌人进攻苏区时，有的苏维埃政府不仅不能积极地发动群众，反而"每每先群众而逃跑（如长汀县苏逃三四次；童坊区苏敌人走了三四天，还躲在大埔；馆前区苏有一晚，有人报告，见山上有一电光，便逃走不敢回来歇宿；长宁区苏听得宁化有敌人，相隔还有六十里，群众尚且没有走，他们便逃跑距寺背岭三十里之某地，两日才回头来）。这样一来，不仅不能领导群众，反而做了群众尾巴"。之所以出现这种情况，"其实并不是群众不好，也不是地方武装靠不住，而是因为领导者太不健全、不勇敢、不能

　　① 《政府工作人员要加紧学习》，《红色中华》，第12期，1932年3月2日，第6版。
　　② 中央档案馆、湖北省档案馆、湖南省档案馆编：《湘鄂西苏区革命历史文件汇集（中央分局文件）》（1931年—1934年），1985年，第24页。
　　③ 中央档案馆、湖北省档案馆、河南省档案馆、安徽省档案馆编：《鄂豫皖苏区革命历史文件汇集（苏维埃政权文件）》（1931年—1934年），1985年，第225页。
　　④ 江西省档案馆、中共江西省委党校党史教研室选编：《中央革命根据地史料选编》下册，江西人民出版社1982年版，第28、30页。
　　⑤ 江西省档案馆、中共江西省委党校党史教研室选编：《中央革命根据地史料选编》下册，江西人民出版社1982年版，第113页。

够从政治上发动群众，又不能从政治上去领导地方武装所得的结果"[1]。在鄂豫皖苏区，干部队伍中还出现消极怠工现象，"最严重的不好现象就是淹皮，怠工，不愿脱离家庭。敌人不出发时还作点工作敷衍，敌人出发时便跑回家去挑担子，害怕困难，甚至有的还不敢承认自己是苏维埃的委员。这种不负责怠工是最危险的现象"[2]。当时，鄂豫皖苏区党组织虽然有了很大改进，但黄陂、孝感两地，"党的干部多旧的分子，不是老大腐化或是脱离群众，即是缺乏积极性"[3]。而且新进的贫雇农干部因为没有经受过教育，积极性也提不起来。

第四，各地妇女干部更为缺乏。妇女是苏区各项工作的重要参与者，在推动扩红运动、保障农业生产、保障群众生活方面发挥着不可替代的作用。尤其在大量农业劳动力参加红军后，党和政府能否组织和发动广大妇女参加革命工作成为影响苏区各项建设的重要内容。然而，苏区各项工作中妇女干部却极少，质量也不好。1933年9月，一项调查显示：江西省16县县级干部中，妇女干部数目少得达到惊人的程度，只占总数6.4%；最大多数的干部是很年幼的，1927年及以前入党的只13个。这些妇女文化程度也非常低。前述江西省16个县一级的妇女干部中，受过中小学教育的25个，可写普通信件的129个，共占37%弱；此外略识字而不能写东西的181个，占43%；完全不识字的84个，占20%强；坐过训练班、列宁师范和红军学校的共只68人，占总数16%。[4]而且各地曾忽视了对青年党团员的发展工作，影响到了培养和提拔妇女干部。像江西省兴国县的妇女工作做得算是较好的，但该县女党员只占全体党员数量7%，

---

① 江西省档案馆、中共江西省委党校党史教研室选编：《中央革命根据地史料选编》下册，江西人民出版社1982年版，第214、215页。

② 中央档案馆、湖北省档案馆、河南省档案馆、安徽省档案馆编：《鄂豫皖苏区革命历史文件汇集（苏维埃政权文件）》（1931年—1934年），1985年，第224—225页。

③ 中央档案馆、湖北省档案馆、河南省档案馆、安徽省档案馆编：《鄂豫皖苏区革命历史文件汇集（省委文件）》（1929年—1934年），1985年，第232页。

④ 参见江西省档案馆、中共江西省委党校党史教研室选编：《中央革命根据地史料选编》上册，江西人民出版社1982年版，第687—688页。

全县有12万以上的劳动妇女群众，其中只有党员289个，约占1/415；最惊人的是宁都，在1500个党员中只有7个女党员，全县却至少有14万劳动妇女。[①]1934年1月4日，中共闽赣省委妇女部发布《加强训练干部工作》的通知，指出妇女工作中的不少缺点与错误。在湘鄂西苏区，"妇女识字的寥若晨星"，加上该区妇女工作重视不够，"对于提拔培养妇女干部的工作一点未做，所以现在想找几个贫雇农妇的干部成了问题。一般甚至负责同志认为她们足小，对政治无兴趣，无向之做工作的必要"[②]。

（二）苏区教育问题的不利影响

在领导军事斗争和苏区建设过程中，中国共产党认识到："革命战争与苏维埃建设事业，要求苏区工农群众的文化水平一般的提高"[③]，否则苏区教育中的诸多问题将会影响到苏区各项工作的开展。

1.苏区落后的教育状况不利于各项事业的开展

苏区教育落后的状况直接影响民众对党的路线方针政策的认识，对各项民生问题的解决产生不利影响。

一方面，不解决苏区教育突出问题将不利于苏区教育事业的长远发展。要解决苏区教育问题就必须加大教育事业投入，然而残酷的革命战争环境和敌人的封锁决定了苏区教育问题一时难以解决。此种情况下，地方苏区政府在处理服务战争和发展教育这对关系时，出现了过于强调斗争而忽略教育的错误倾向。比如，中华苏维埃共和国临时中央政府于1931年12月底发出通知，让江西、福建两省学派50名青年参加苏区工作训练班，"可已到了（1932年——引者注）1月底，江西省苏送来9人，福建省苏送来12人，瑞金3人，总共只有24人，又不按期送来，而且送来

---

① 参见江西省档案馆、中共江西省委党校党史教研室选编：《中央革命根据地史料选编》上册，江西人民出版社1982年版，第490—491页。

② 中央档案馆、湖北省档案馆、湖南省档案馆编：《湘鄂西苏区革命历史文件汇集（中央分局文件）》（1931年—1934年），1985年，第13页。

③ 《中华苏维埃共和国临时中央政府成立两周年纪念对全体选民的工作报告书》，《红色中华》，第122期，1933年10月27日，第1版。

的学生，大部分不是按照所规定的资格送来的，将收发，交通，以致不是在苏维埃工作的人送来敷衍塞责"①。再如，江西省石城县苏主席团开会单单不讨论教育工作。1933年8月3日，该县苏主席团会议上，"各部工作都讨论，独教育工作未谈到，最后教育部长接口说：我有问题讨论，各委员不愿，起身欲散，登时政治保卫局长，财政部长，即不告而退了；该教育部长只说了几句话，就跑了几个，结果只通过县教育委员的一个名单，而且只有一个人说同意，其余说别事的，起身跑的，不管你有问题无问题，话还未终结，就跑光了"。该县苏主席团对于教育工作这样忽视，"简直是削弱革命战争动员力量，帮助了敌人"②。对此，1933年9月，中华苏维埃共和国中央人民委员会发布训令，对苏区教育工作做出专门要求。训令认为："目前的教育工作显然的表现出还是落在其他苏维埃工作的后面，还是不能真正适应着革命战争胜利的向前发展的需要，这是由于在过去教育部的工作中存在着不少的错误与缺点，……这一现象是绝对不能容许继续存在的了。"③

另一方面，苏区教育的落后影响了苏区其他各项建设的开展。因文化教育的长期落后，苏区各县工作中存在着不良现象。比如在扩红运动中，有的地方对待红军家属代耕不到位，妇女对拥护丈夫参军存在顾虑。江西瑞金在扩红运动开始时，很多妇女尚未从思想上认识到参加红军的意义，不愿意接受帮助。当该县"党校一百六十多个同志去帮助红军家属耕田工作时，四十几家新战士家中，有三十五家被他的老婆等拒绝了，有的把门关起，要丈夫躲开，经过半天的宣传，才有大半妇女懂解到而接受他们做工，到集中的那一天，还有五个妇女到乡苏来找老公"。"这不是那乡妇女不好，不好的是对妇女的工作。"④还有的地方不注意教育

---

① 《反对忽视上级命令和敷衍塞责的恶习》，《红色中华》，第9期，1932年2月10日，第8版。

② 《忽视文化教育的主席团》，《红色中华》，第101期，1933年8月13日，第6版。

③ 张挚、张玉龙主编：《中央苏区教育史料汇编》上册，南京大学出版社2016年版，第6页。

④ 《七堡乡扩大红军的教训》，《红色中华》，第107期，1933年9月3日，第5版。

民众去改造封建思想，甚至借着纪念乡苏的名义来维持封建旧风俗。如新泉南阳区有好几个乡，"为了敷衍反封建，反扛菩萨的斗争，各乡苏把这些封建的季节改为纪念乡苏的日期（如南坑乡的一月半，南阳乡的七月半）这样藉［借］着纪念乡苏的名义，来维持封建残余"①。更有的不积极领导群众斗争，消极怠工，导致旧教育遗毒长期存在。如在福建省，"汀州市教育科有一个科长，两个科员，他们三人的工作，主要是维持教老书的"，"他们把共产儿童读本发给教老书的，让教老书的在有人来参观时就把儿童读本拿出来，把老书藏起。参观的人走了以后，又读老书"②。这种现象不利于苏区儿童接受新式教育。

2. 干部队伍现状不利于苏区政权巩固和军队建设

苏区干部总体数量的短缺和素质能力的不足，不利于苏区各项工作的开展。当时，"工农干部的缺乏，是中国革命的一个极大的障碍，它使得许多重要的工作完全建立不起来，造成了一种非常严重的状态"③。1931年9月，欧阳钦在向中共中央的报告中，汇报了江西党组织由于干部缺乏文化素质影响了党组织作用的发挥，"支部在群众中的核心作用亦表现得非常之脆弱"④。1932年3月2日，中央人民委员会认识到："有许多地方的政府，往往因负责人的文化程度太低，了解问题太差，以及不能把政府的经常工作好好的建立起来，……大大地减低了苏维埃政府的威信和作用，这是一个很大的缺憾。"⑤广大苏区80%以上甚至90%以上的文盲对革命工作影响很大。"因为不识字的结果，往往不能很理解的看各种文件和革命的书籍，使群众的水平不能充分和很快的提高起来。在工作上有

---

① 《封建俗例的季节变为乡苏纪念日》，《红色中华》，第59期，1933年3月9日，第3版。

② 《汀市教育科维护封建教育》，《红色中华》，第86期，1933年6月17日，第6版。

③ 霍文达、王如、刘卫东：《鄂豫皖苏区教育史》，河南大学出版社1988年版，第247页。

④ 江西省档案馆、中共江西省委党校党史教研室选编：《中央革命根据地史料选编》上册，江西人民出版社1982年版，第390页。

⑤ 《政府工作人员要加紧学习》，《红色中华》，第12期，1932年3月2日，第6版。

时因为不了解苏维埃的法令，使工作成绩不能完满，或者竟致弄错了。"①

基层干部的不良作风也不利于巩固党在苏区的执政基础。一些地方政府中的官僚主义作风和不良习气导致党群关系紧张。比如福建省，"长汀县河田区河田乡主席，他素不注意群众工作。有一次医院要几名洗衣队到医院去洗衣，他不发动群众，只打张条子来命令群众，不来的就处罚，并且说：'如不听上级命令，罚小洋二百角'。结果，来了不能做工的二个老妇女与二个幼年女子。这个不深入群众，不去艰苦的做动员群众工作而专以命令处罚来代替领导群众的官僚式的何田乡苏主席作的主席，这是十足的官僚主义"②。在湘鄂西苏区，"苏维埃工作人员有腐化、官僚化、豪绅化的倾向，脱离群众，有些地方滥用权力，而未领导群众来参加及监督政权，以致群众感觉苏维埃不是自己的"③。此外，干部素质和能力的异常薄弱影响到军事斗争，使得"军事方面好好的战术战略之决定，到火线上总发出岔子。在地方工作方面，许多动员群众计划无人实行"④。

3. 干部素质状况严重影响革命斗争和苏区建设的进一步开展

苏区基层干部由于理论水平较低，"因而执行的能力薄弱，致一切工作推不动"。为使党的一切策略马上能深入支部并正确地执行起来，加强同志的教育训练势在必行。当时"教育训练工作，主要为提高同志政治理论水平，增加同志的工作能力"⑤。在如何培养和创造干部问题上，"各级党部各地同志都明了，但缺乏创造的方法，所以新的干部目前仍是

---

① 张挚、张玉龙主编：《中央苏区教育史料汇编》下册，南京大学出版社2016年版，第582页。

② 《官僚式的何田乡苏主席》，《红色中华》，第27期，1932年7月14日，第8版。

③ 中央档案馆、湖北省档案馆、湖南省档案馆编：《湘鄂西苏区革命历史文件汇集（省委文件）》（1927年—1932年），1986年版，第12页。

④ 中央档案馆、湖北省档案馆、河南省档案馆、安徽省档案馆编：《鄂豫皖苏区革命历史文件汇集（省委文件）》（1929年—1934年），1985年，第390页。

⑤ 张挚、张玉龙主编：《中央苏区教育史料汇编》上册，南京大学出版社2016年版，第375页。

创造不出来。各级不明白自己创造干部的责任而只［指］望上级派人，因此人才缺乏的问题仍是不能解决"①。这就需要全党同志必须一致起来，加紧加强干部培养工作。

严格来看，在苏区创建发展时期党内干部教育工作是不够的。"党员对党内基本理论了解非常薄弱，实际工作与理论很少有联系。"②为此，1932年3月2日，中央人民委员会发布指示："每一个在政府工作的人都应当加紧学习，尽量提高自己的文化程度和工作能力，尤其是不识字的工农同志，更要努力识字，积极学习政治和工作，造成真正的工农干部。"③1933年6月12日，中共闽粤赣省委扩大会通过《组织工作决议》，做出"培养工农干部，加强党内教育"④的决定。为了解决妇女干部的缺乏问题，1934年1月4日，中共闽赣省委妇女部发布《加强训练干部工作》的通知，提出"更加必须要造就刻苦耐劳大批干部出来做工作"⑤。对于工农干部的培养问题，苏区的组织部门逐步认识到"工农干部不是空喊出来的"，"不是找些工农分子坐在各机关就能够说提拔了工农干部"。"对于已经提拔出来的工农干部，我们要督促他们识字，来培养并提高他们的能力。……使他们担负各种工作的领导"，对于"一般工农群众，我们也应该加紧组织他们到识字班，……这样使他们拿起文字这个工具来培养自己的能力"⑥。此外，党和政府认识到技术专门人才方面培养亟须加强，因为"各地政权的扩大军事的扩大，技术人才感觉非常的缺

① 江西省档案馆、中共江西省委党校党史教研室选编：《中央革命根据地史料选编》上册，江西人民出版社1982年版，第585页。

② 张挚、张玉龙主编：《中央苏区教育史料汇编》上册，南京大学出版社2016年版，第377页。

③《政府工作人员要加紧学习》，《红色中华》，第12期，1932年3月2日，第6版。

④ 张挚、张玉龙主编：《中央苏区教育史料汇编》上册，南京大学出版社2016年版，第413页。

⑤ 张挚、张玉龙主编：《中央苏区教育史料汇编》上册，南京大学出版社2016年版，第376页。

⑥ 霍文达、王如、刘卫东：《鄂豫皖苏区教育史》，河南大学出版社1988年版，第248页。

少，如电报，开火车，开轮船，开军舰，驾飞机，打大炮，架机关枪，开汽车等等的技术人材［才］，不然将来有这些东西也不能用……还有修理种种机械的人材［才］也要注意"①。

二、中国共产党解决苏区教育问题的政策措施

教育工作在整个苏维埃运动中居于极其重要的地位。应该说，教育事业与根据地的开辟、革命运动的发展休戚相关。教育的发展与完善有益于提高群众文化水平，有益于启发群众思想认识和阶级觉悟，有益于培养革命新后代和新社会建设者。因此，中国共产党和苏区政府采取了一系列措施，着力解决苏区突出的教育问题。

（一）确立教育方针，组建教育管理机构

在广大苏区创建之前，我国各地教育长期笼罩在旧文化旧教育之下。"谁都知道，国民党统治下一切文化教育机关，是操在地主资产阶级手里的。……因此在国民党统治之下，造成了人民的愚昧无知。"②为此，中国共产党将反对旧教育、建设新教育作为解决苏区教育问题的首要任务。

1. 党和苏区政府高度重视教育事业

为解除国民党旧教育强加给工农群众的精神枷锁，培养革命接班人，苏维埃必须实行文化教育改革，这就要求中国共产党人正确制定苏维埃文化教育方针。

各地苏区建立后，党和政府提出要反对国民党旧教育、建设无产阶级新教育。1927年9月，江西省革命委员会提出实行普及教育，提高革命文

---

① 江西省档案馆、中共江西省委党校党史教研室选编：《中央革命根据地史料选编》上册，江西人民出版社1982年版，第262页。

② 张挚、张玉龙主编：《中央苏区教育史料汇编》上册，南京大学出版社2016年版，第192页。

化。[1]1931年7月，鄂豫皖苏区提出"苏维埃政府在共产党领导之下，发展苏区的无产阶级文化教育"[2]。1932年9月6日，湘赣省苏维埃政府召开第二次代表大会，具体提出："建设工农阶级的文化事业使群众的知识增进，政治水平提高，以发动阶级斗争，坚强阶级意志，而巩固苏维埃政权的社会基础。"[3]同年9月23日，湘鄂赣省工农兵苏维埃第一次代表大会提出："要把旧社会里所流传下来的一切宗教风俗教育以及旧礼教等，彻底铲除，就必须开始建立工农阶级的各种文化事业"；"在苏区进行文化工作，就是要尽量灌输马克思列宁主义，及一切无产阶级革命的教育和理论"；"要使因过去在国民党政权底下，被抛弃于优越的教育生活以外的广大工农劳苦群众现在通通认识字，有书读，并且能够享受各种社会文化娱乐事业"[4]。随后，依据中央指示，各地结合地方实际开展了反对旧教育、建设新教育的实践。

在总结教育实践经验的基础上，中华苏维埃共和国临时中央政府对建设新教育做出指示。针对旧教育主张的"反动的武断宣传"和"愚民政策"，1931年11月，中华苏维埃共和国第一次全国工农兵代表大会上提出："工农劳苦群众，不论男子和女子，在社会、经济、政治和教育上，完全享有同等的权利和义务。"同时提出："一切工农劳苦群众及其子弟，有享受国家免费教育之权，教育事业之权归苏维埃掌管，取消一切麻醉人民的、封建的、宗教的和国民党的三民主义的教育。""在苏维埃政权之下，取消各种宗教团体的特别权利……政权组织、教育机关与宗教事业

---

① 参见张挚、张玉龙主编：《中央苏区教育史料汇编》上册，南京大学出版社2016年版，第31页。

② 张希坡编著：《革命根据地法律文献选辑》第2辑下卷，中国人民大学出版社2017年版，第580页。

③ 张挚、张玉龙主编：《中央苏区教育史料汇编》上册，南京大学出版社2016年版，第52页。

④ 张挚、张玉龙主编：《中央苏区教育史料汇编》上册，南京大学出版社2016年版，第61页。

绝对分离。"①1934年1月，第二次全国苏维埃代表大会通过的《中华苏维埃共和国宪法大纲》提出："中华苏维埃政权以保证工农劳苦民众有受教育的权利为目的，在进行革命战争许可的范围内，应开始施行完全免费的普及教育，首先应在青年劳动群众中施行，应该保障青年劳动群众的一切权利，积极的引导他们参加政治的和文化的革命生活，以发展新的社会力量。"

应该说，各苏区政权建设中多少存在着对教育工作的忽视现象。正如中华苏维埃共和国中央人民委员会1933年9月15日《关于教育工作》训令所指出的："过去教育工作中最大的缺点，首先应指出是直到现在我们还没有把目前教育方针明确的规定，在中央教育部第一号训令中虽然提出了这个问题，但是非常不够，而且是不完全、确当的。"②依据这一判断，毛泽东对苏区教育中的突出问题进行调研，思考苏区文化教育建设。

2. 提出苏维埃文化教育的总方针和中心任务

与国民党统治下"使一切教育机关变成黑暗的地狱"不同，苏区则"是一个自由的光明新天地"③。相比来看，前者是一种反动教育，它消灭了被压迫阶级的革命思想，将工农群众排除于教育之外；后者则是人民的教育，苏区的"一切文化教育机关是操在工农劳苦群众的手里，工农及其子女有享受教育的优先权"，并且"苏维埃政府用一切方法来提高工农的文化水平，为了这个目的，给予群众政治上与物质条件上的一切可能的帮助"④。可见，新教育与旧教育在阶级立场、服务对象及工作方向上有着本质区别。基于此，中国共产党人提出了苏维埃文化教育工作

① 张挚、张玉龙主编：《中央苏区教育史料汇编》上册，南京大学出版社2016年版，第3页。

② 张挚、张玉龙主编：《中央苏区教育史料汇编》上册，南京大学出版社2016年版，第6—7页。

③ 张挚、张玉龙主编：《中央苏区教育史料汇编》上册，南京大学出版社2016年版，第192页。

④ 张挚、张玉龙主编：《中央苏区教育史料汇编》上册，南京大学出版社2016年版，第192页。

的总方针和中心任务。

首先，明确了苏维埃文化教育的总方针。1934年1月，毛泽东在中华苏维埃共和国第二次全国苏维埃代表大会上阐述了苏维埃文化教育的总方针："在于以共产主义的精神来教育广大的劳苦民众，在于使文化教育为革命战争与阶级斗争服务，在于使教育与劳动联系起来，在于使广大中国民众都成为享受文明幸福的人。"①今天来看，"这一苏维埃文化教育的总方针，是完全正确的"②。一是它明确规定了苏维埃文化教育必须以"共产主义的精神"来教育民众，从而确保苏区教育的无产阶级性质。二是它明确提出苏区文化教育必须"为革命战争和阶级斗争服务"，这符合共产党人一贯倡导的各项工作必须服从和服务于党的中心工作的思想，这就为苏区教育工作指明了工作方向。三是这一总方针明确规定"教育与劳动联系起来"，这就要求苏区教育要将教授知识与劳动生产相结合，做到学用结合、知行统一。这不仅符合马克思主义认识论和实践论的基本思想，而且符合苏区社会实际和教育状况。③四是这一方针明确提出"使广大中国民众都成为享受文明幸福的人"，是为教育工作提出更高级的追求目标。

需要说明的是，一般来说民生领域中的粮食、卫生、保障等几类属于民生的低层次需求，而教育则属于民生的较高层次需求。如果前几类旨在满足民众物质层次的生存需求，那么教育则在于提升民众的精神层次的发展需求。因此，一定时期成功的教育既要面对现实社会的中心工作，也要体现未来发展的精神追求，毛泽东在此提出的"享受文明幸福"可以说是苏区教育工作发展的高层次理想目标。

其次，提出了苏维埃文化建设的中心任务。1934年1月，毛泽东指

---

① 张挚、张玉龙主编：《中央苏区教育史料汇编》上册，南京大学出版社2016年版，第193页。

② 余伯流、凌步机：《中央苏区史》（2017年修订版）下册，江西人民出版社2017年版，第939页。

③ 参见余伯流、凌步机：《中央苏区史》（2017年修订版）下册，江西人民出版社2017年版，第939—940页。

出："苏维埃文化建设的中心任务是什么？是厉行全部的义务教育，是发展广泛的社会教育，是努力扫除文盲，是创造大批领导斗争的高级干部。"①在此，毛泽东提出了苏维埃教育工作的主要类型。

就教育类型来说，苏区教育的中心任务是完成三种教育。一是义务教育，承担普及教育主要任务的小学教育，其对象是入学适龄儿童，目的是要使苏区全体适龄儿童都能入校读书，结合实际完成义务教育的普及。二是社会教育即群众教育，其对象是除了少儿以外的苏区全体公民，其目的是提高全体公民的文化素质，而在现阶段的重要任务就是"努力扫除文盲"，使苏区大批青壮年摘掉文盲的帽子。三是"创造大批领导斗争的高级干部"即党的干部教育，其对象是各级党政干部。当然，党和政府将义务教育、社会教育、干部教育作为苏区文化建设的中心任务，并非排斥红军教育、中等及高等教育等内容。相较于后者，前三类教育直接影响到苏维埃政权的巩固和发展，先予以解决是符合苏区实际的。

最后，纠正对待战争和教育关系上的偏差和误区。坚持苏维埃文化教育总方针，必须正确把握好革命战争与发展教育的关系。在土地革命战争时期，革命的中心任务是反帝反封建。党和苏维埃的工作总方针即"一切苏维埃工作服从革命战争的要求"，教育工作也必须贯彻这一要求，动员和教育广大人民群众积极参加革命斗争。

不过，当时教育在整个苏区的工作中曾被忽略过。"许多地方文化部负责人员有一种观念，以为没有人、没有经费"就没法开展教育工作；"有的地方偏重儿童教育和学校教育"，忽视了青年等人的社会教育；甚至"许多地方连文化部长都没有"②。总之，这些地方完全把文化教育工作放弃了。为纠正实践中的误区，1933年9月15日，中华苏维埃共和国中央人民委员会对教育工作做出指示："文化教育在整个苏维埃运动中占

---

① 《中华苏维埃共和国中央执行委员会与人民委员会对第二次全国苏维埃代表大会的报告》，《红色中华》（第二次全苏大会特刊），第3期，1934年1月26日，第10版。

② 张希坡编著：《革命根据地法律文献选辑》第2辑下卷，中国人民大学出版社2017年版，第614、615页。

着极重要的位置，在目前粉碎敌人五次'围剿'的战争运动中是不可缺少的一个力量。"①1934年1月，毛泽东再次提出："执行苏维埃的文化教育政策，开展苏维埃领土上的文化革命，用共产主义武装工农群众的头脑，提高群众的文化水平，实施义务教育制度，增加革命战争中动员民众的力量，同样是苏维埃的重要任务。"②

3. 建立苏区教育管理机构

开展苏区教育工作必须依托相应教育管理机构。在全国性的苏维埃政府成立之前，各地苏区已经建立了苏区教育工作的主管机构。

在中央层次，1931年11月，中华苏维埃共和国临时中央政府成立后，中央人民委员会下设中央教育人民委员部（通称中央教育部），瞿秋白任第一任中央教育人民委员部部长，徐特立、沙科夫先后任副部长。中央教育人民委员部下设教育管理机构，有初等教育局、高等教育局、社会教育局、艺术局、编审局、巡视委员会和总务处。前述三个教育局，分别负责管理初等普通教育、高等普通教育和管理扫盲识字、文化娱乐、地方报纸、图书阅览及革命博物馆、巡回演讲等，编审局则负责编辑普通教育、社会教育的各种材料，审查下级编辑的材料，并予以出版。

在地方层次，各省、县、区教育工作一般为文化部或文化委员会，直到中华苏维埃共和国临时中央政府成立后一段时期内，各省、县、区仍称为文化部。1933年4月15日，中央教育人民委员部颁布《省、县、区、市教育部及各级教育委员会的暂行组织纲要》，统一将各级教育行政主管部门改成教育部（市一级称教育科，乡称教育委员会）。省级教育部下设四个机构：普通教育科（负责管理成年补习教育、青年教育及儿童教育）、社会教育科（负责管理俱乐部的工作、地方报纸、书报阅览所、革命博物馆及巡回演讲等）、编审出版委员会（负责编辑普通教育、社会教

---

① 张挚、张玉龙主编：《中央苏区教育史料汇编》上册，南京大学出版社2016年版，第6页。
② 《中华苏维埃共和国中央执行委员会与人民委员会对第二次全国苏维埃代表大会的报告》，《红色中华》（第二次全苏大会特刊），第3期，1934年1月26日，第12版。

育的各种材料，审查下级编辑的各种材料，并予以出版）、总务科。另外，此类层次教育部还设立指导员5—10人，负责对所属区域教育工作的巡视、指导。至于省以下各级教育部及教育委员会则相应精简机构，合并办公。如县教育部只设普通教育科、社会教育科和指导员1—3人，文书1人，统计工作由普通、社会教育两科兼任。区教育部、市教育科，只分设普通教育干事、社会教育干事各1人，又分别兼任文书、统计员工作。乡一级教育委员会作为基层苏维埃教育行政领导机构，由乡苏维埃指定部分代表协同群众团体共同组成。

根据《暂行组织纲要》，全国苏区从中央到地方形成了规范性的教育管理部门，各层次教育工作按照分级管理原则，层次清楚，职责明确，保障了苏区教育管理工作的有序化。与此同时，"为讨论计划，建议并检查关于发展该管区范围内文化教育运动的一切问题"，中央教育人民委员部及省、县、区教育部之下和市教育科下，设立教育委员会。各级教育部设立的教育委员会负责上述任务，"市乡教育委员会，兼有帮助市教育科乡苏维埃直接动员群众进行教育工作的职务"[①]。

（二）重视教育普及，发展义务教育

苏区各地教育状况堪忧，基础教育发展十分滞后，不仅适龄儿童上学读书的观念淡薄，而且有上学需求的儿童因碍于私学甚少、学费高昂而无学可上。为解决这一问题，党和苏区政府重视普及基础教育，大力发展义务教育。

1. 推行小学阶段免费教育政策

旧教育的狭隘性将工农群众及其子弟普遍被排除在学校教育之外，旧社会普通劳动者要想享受免费教育是绝不可能的。"在地主资产阶级国民党的统治之下，无产阶级和劳动者，是没有可能来享受文化教育的幸

[①] 中央教育科学研究所编：《老解放区教育资料》第1卷，教育科学出版社1981年版，第67页。

福。"①因此，1931年11月，中华苏维埃共和国第一次全国工农兵代表大会宣言中指出："一切工农劳苦群众及其子弟，有享受国家免费教育之权，教育事业之权归苏维埃掌管，取消一切麻醉人民的、封建的、宗教的和国民党的三民主义的教育。"②

地方苏区政权建立后，党和政府开始施行免费教育政策。在江西省，1927年9月，江西省革命委员会提出"实行普及教育，提高革命文化"，对适龄儿童"实行免费的、强迫的、普遍的和工艺的教育，以培植全体男女儿童"③。1930年2月，闽西永定县通过《文化和建设问题决议案》，要求"每区最少开办高级劳动小学校一所，经费由区政府供给"，"每乡或城市至少办一初级劳动小学校，并附设工农补习学校一所，经费由乡政府供给"④。在福建省，1930年2月，龙岩第二次工农兵代表大会提出"各种学校一律免费，有可能时并由学校供给纸、笔、书、灯油"⑤。同年3月，闽西苏维埃则要求"各县应开办全县最高级的学校一所，招收男女学生读书，免收学杂费及书籍费"，"各区乡应普遍开办高级初级劳动学校招收男女学生读书，除膳费外一律免费"⑥。在湘赣，1932年8月，湘赣省工农兵苏维埃第一次代表大会通过决议，要求普遍建立各种学校并"实施免费教育"，规定"教育经费完全由各级苏维埃负担"，"凡入校

---

① 张挚、张玉龙主编：《中央苏区教育史料汇编》上册，南京大学出版社2016年版，第209页。

② 张挚、张玉龙主编：《中央苏区教育史料汇编》上册，南京大学出版社2016年版，第3页。

③ 张希坡编著：《革命根据地法律文献选辑》第2辑上卷，中国人民大学出版社2017年版，第81页。

④ 张挚、张玉龙主编：《中央苏区教育史料汇编》上册，南京大学出版社2016年版，第167页。

⑤ 张挚、张玉龙主编：《中央苏区教育史料汇编》上册，南京大学出版社2016年版，第168页。

⑥ 张挚、张玉龙主编：《中央苏区教育史料汇编》上册，南京大学出版社2016年版，第89页。

读书者实行一律免费（学费、杂费、书籍等）"①。1933年10月，全国苏区中央文化教育建设大会出台《苏维埃学校建设决议案》，规定苏区要兴办劳动小学校来"培养共产主义的新后代"，"一切儿童自满七岁至十三岁，施以免费的强迫教育"②。

苏区推行义务教育不得不考虑苏区财政经济的困难状况。当时苏区建设任务繁重，加上革命战争的巨大消耗，财政经济状况都已极端窘困。政府再推免费义务教育政策，难免加重苏区资金短缺问题。为缓和这一矛盾，一方面需要各级政府开源节流来增加财政收入，另一方面需要教育主管部门根据苏区实际，调整义务教育年限和层次，以减少义务教育阶段的总体经费开支，确保实施最基本的义务教育。

本着这一思路，1933年10月下旬，中央文化教育建设大会提出："估计着我们在战争情况之下，特别是实际的环境对于我们的需要，大会同意把义务教育缩短为五年。"③同时建议，为补救在义务教育没有实现以前已超过义务教育年限的青年和成年，苏区应通过创办补习学校、职业学校、中等学校和专门学校等来进行社会教育。缩短义务教育年限之后，苏区应该保障义务教育阶段的经费投入。1933年9月15日，中华苏维埃共和国中央人民委员会在《关于教育工作》训令中提出："在可能范围内，必须实施普及义务教育的免费与小学教育的优待，至少需做到由政府供给小学学生的书籍与文具费用，和小学教员的伙食。"④1934年2月通过的《小学校制度暂行条例》进一步解释道："小学教育的目的，要对于一切儿童不分性别和成分差别，皆施以免费的义务教育。但目前国内的

---

① 张希坡编著：《革命根据地法律文献选辑》第2辑下卷，中国人民大学出版社2017年版，第602页。

② 张希坡编著：《革命根据地法律文献选辑》第2辑下卷，中国人民大学出版社2017年版，第642页。

③ 张希坡编著：《革命根据地法律文献选辑》第2辑下卷，中国人民大学出版社2017年版，第644页。

④ 张挚、张玉龙主编：《中央苏区教育史料汇编》上册，南京大学出版社2016年版，第7页。

战争环境中，首先应该保证劳动工农的子弟得受免费的义务教育。"①这就从保障经费、覆盖对象两方面对施行免费小学教育提出最低限度的要求。由上可知，缩短后的义务教育年限与小学教育年限相一致，当时苏区义务教育主要的就是小学教学。经过最低办学开支的限定，苏区义务教育经费有了保障，有利于小学教育的实施，推动义务教育的普及。

2. 制定小学设置与管理规章制度

制定学校规章是开办学校和管理教育的制度保障。在各地开办小学教育的基础上，中华苏维埃共和国临时中央政府总结制定了多个规章制度。这些文件大致有，1933 年 10 月，中央文化教育建设大会通过的《苏维埃学校建设决议案》；1933 年 10 月，中央教育人民委员部发布的《小学教育制度草案》《小学课程与教则草案》；1934 年 2 月，中华苏维埃共和国中央政府人民委员会发布第八号命令《中华苏维埃共和国小学校制度暂行条例》；1934 年 3 月，中央教育人民委员部制定的《小学课程教则大纲》；同年 4 月先后制定的《小学管理法大纲》《小学学生组织大纲》。这些规章制度对苏区学校教育的层次划分、小学机构设置和课程设置、学生组织管理等方面做出了详细规定，有力地推动了苏区小学教育的快速发展。

首先，厘清小学教育在教育体系中的地位。根据《苏维埃学校建设决议案》，中央教育人民委员部将苏区学校划分为四类，即第一类的青年和成年的教育，第二、三、四类的学校教育。由于第一类教育属于"主要的是消灭文盲"的社会教育，因此，在苏区学校教育体系中小学教育是基础，承担教育普及的重任。至于小学教育应达到的程度，《小学课程与教则草案》提出："儿童是将来共产主义的建设者，同时也是目前参加阶级斗争的新后代"，因此对适龄儿童的小学教育应该使学生达到两方面要求：第一，"政治水平要达到了解马克思列宁主义的基础"，即"达到能了解阶级斗争一般的理论和策略"；第二，"知识、技能、身体要达到能满足目前斗争和一般生活最低限度的需要，同时要准备将来学习专门知

---

① 张希坡编著：《革命根据地法律文献选辑》第 2 辑下卷，中国人民大学出版社 2017 年版，第 647 页。

识和技能最低限度的基础"①。

其次，规定了小学教育如何开办。关于小学的设置，一般情况下，苏区政府通过划分学区设立小学，一学区内的学生距离学校至多不超过3华里，偏僻乡村一般也不超过3到5华里。关于学区的划分，具体工作由乡政府计划、区政府核准。每个学区开设一所小学，学校规模以能容纳本学区学龄儿童为限度。人口稀少、交通不便的乡村，有20名左右学生即可设立一校。关于小学内部的组织，小学设校长1人，由乡教育委员会提出，乡苏维埃主席团委任，报区教育部核准。教员由校长征求乡教育委员会主任同意后聘任，教员人数视学生多寡而定。②

再次，规定了学业课程的设置。关于修业年限与学时，小学修业年限以5年为标准，分前后两阶段。第一阶段为3年初级小学，第二阶段为2年高级小学。每年分为两个学期，暑假1个月，寒假20天，经区政府同意后可放农忙假，但全年不超过30天，每次不超过1周。关于科目的规定，初级小学科目为国语、算术、游艺（唱歌、运动、手工、图画），由于初级小学不单独开设政治、自然及其他科目，因此国语课程中必须要包括乡土地理、革命历史、自然和政治等，游艺课程必须与国语算术及政治劳动教育相结合。高级小学除了国语、算术、游艺课程外，还开设科学与政治科目。关于考试方面，小学课程考核分每周、每月、每学期三阶段进行，其中每星期教员以课内练习题为标准检查学生成绩1次，每月在儿童墙报上公布本月4周成绩总评表1次，每学期期末举行学期考试1次。至于考试方法，则采用竞赛及学生自我批评等。③

复次，规定了教学环境方面的保障条件。小学校舍要选在学区中心区域，如果是在圩场上则需要选在僻静处。校舍要卫生、干燥、宽敞，尽

---

① 张挚、张玉龙主编：《中央苏区教育史料汇编》上册，南京大学出版社2016年版，第421页。

② 参见余伯流、凌步机：《中央苏区史》（2017年修订版）下册，江西人民出版社2017年版，第959页。

③ 参见余伯流、凌步机：《中央苏区史》（2017年修订版）下册，江西人民出版社2017年版，第960页。

可能能容纳全学区适龄儿童；教员、校长办公室最好不设在学生教室之内；每一年级最好要单独有一间教室；学校应设立儿童俱乐部，尽可能有单独房间，方便学生活动。课堂至少要有黑板，且设置需适中，不影响学生视力；抹布用湿的，避免粉尘飞扬，妨害学生健康。学校必须设运动场和必要运动器械，如秋千架、单双杠、沙坑等。学校还必须设置劳动小工场或园地，附设儿童肥料所，作为儿童劳动实习场所。

最后，规定了纪律及组织方面的内容。关于纪律方面，学校要制定课堂规则、运动场规则、请假规则，并要求师生严格遵守。学生违反纪律，给予处罚。对于优秀学生，采取墙报表扬、学生大会上表扬、请求校长颁发奖品奖旗等三种形式给予奖励。关于学生组织方面，为"养成学生的集体生活和有组织的参加革命斗争的能力，使他们在实际工作中去了解集体的劳动和学习的意义"，《列宁小学校学生组织大纲》规定每个学校都必须建立学生会，"学生会在校长的领导之下进行工作，是各个学校学生的单独组织，不必建立上下级的整个系统"，其最高组织为全校学生大会。学生会主要任务在于"使教育与实际工作不相分离"，"组织学生自己的生活，发展自治的能力"[①]。

3. 注重师资教材配套，保障小学教育

其一，注重教材的审查和出版。教材出版在苏区文化教育工作中居于重要地位。"因为没有书，我们的学校就不能进行有系统的课程。"[②]各地对教育教材的重视早已有之。1931年7月，闽西各县区文化委员会联席会议规定："教材要与当前斗争、群众实际生活、地方实际情形联系起来"，"编辑辅助教材：如游戏、唱歌、画报等"，"过去所编课本，一概再行审查。教育委员会底下组织编审委员会，专门编辑与审查课本"[③]。1931年

① 张挚、张玉龙主编：《中央苏区教育史料汇编》上册，南京大学出版社2016年版，第440页。

② 中央教育科学研究所编：《老解放区教育资料》第1卷，教育科学出版社1981年版，第51页。

③ 中央教育科学研究所编：《老解放区教育资料》第1卷，教育科学出版社1981年版，第135—136页。

9月，湘鄂赣省苏维埃通过的决议案提出"改良教材内容"，"以实施阶级教育为原则"，"采用社会的实际教材，适合儿童、青年、成年的生理和心理"，同时还规定统一教材"由各县文化部搜集教材，由省苏维埃文化部审定印发"①。1933年12月，湘赣省苏区提出："重新审查各种文化教育材料，废除过去一切包含反革命思想以及腐朽不适用的材料。"②1933年10月，在全苏教育建设大会上何凯丰同志指出编写教材问题：过去"对于苏维埃的出版事业我们还没有特别重视。在今后我们应当首先印刷那些为千百万群众所需要的书籍、课本，而且应当大批的来印。……首先是小学的课本"③。以湘鄂赣地区《红孩儿读本》为例，这本初级小学儿童读本中编者开篇谈道："在目前我们感觉到一个困难问题，难得解决，这就是小朋友的读书问题。……我们为要努力打破这难关，供给小朋友以适当的读物，于是就不量力出版红孩儿！"④在中央教育部编写的《竞争游戏》中就有"节省粮食帮助红军""要团结""最勇敢的战士""冲破困难""飞机来了要躲避""伤病互助竞赛"⑤等符合苏区斗争实际的游戏内容。

其二，重视培养和优待小学教员。一方面苏区政府认识到："教育工作干部一个最大的问题，是国民教育的教员问题"，各地应注重培养小学教员。1934年3至4月，苏区先后制定各类学校及训练班简章，提出培养小学教员。其中，《短期师范学校简章》《小学教员训练班简章》提出

---

① 中央教育科学研究所编：《老解放区教育资料》第1卷，教育科学出版社1981年版，第103页。

② 中央教育科学研究所编：《老解放区教育资料》第1卷，教育科学出版社1981年版，第98页。

③ 中央教育科学研究所编：《老解放区教育资料》第1卷，教育科学出版社1981年版，第51页。

④ 张挚、张玉龙主编：《中央苏区教育史料汇编》下册，南京大学出版社2016年版，第713页。

⑤ 张挚、张玉龙主编：《中央苏区教育史料汇编》下册，南京大学出版社2016年版，第717—718页。

"以迅速培养教育干部及小学教员为任务"①。另一方面，苏区政府特别注意优待小学教员，颁布条例要求按照政府工作人员的待遇标准给小学教员发放生活费，并享受免费医疗、土地税减免；发动民众给城市小学教员提供物质上帮助；"小学教员每半年给奖一次"，"一个教员连续取得第一等奖学金两次的，按年增加原有奖金十分之二至十分之三"②。为了团结小学教员、改良教员生活，1934年2月，全国苏区教育人民委员部制定《红色教员联合会暂行章程》，组织各地列宁小学校长和教员积极加入红色教员联合会，以便于"团结小学教员，研究教授和管理儿童的方法，有组织有计划地领导儿童参加革命运动工作，并发展苏维埃小学的建设，改良教员本身的生活，实行教员群众的互助"③。

（三）着眼扫除文盲，普遍开展社会教育

毫无疑问，大量文盲的存在、人民群众过低的文化水平必然制约苏区革命事业的发展。扫除大量文盲，启发民众觉悟，成为党在苏区社会教育工作的一项重要任务。因此，1932年5月江西省工农兵第一次代表会议提出："群众教育不独与儿童教育并重，以目前革命需要发展斗争的形势而论，应视为首务。"④到1933年时，"社会教育虽然相当注意了，但尚没有提到高点。扫除文盲的口号没有提出，更没有形成一个运动"⑤。为此，党和苏区政府针对各种对象，创设多种形式，积极开展社会教育，并把解决社会教育问题的重点放在了扫盲识字运动上。

---

① 中央教育科学研究所编：《老解放区教育资料》第1卷，教育科学出版社1981年版，第242页。

② 张希坡编著：《革命根据地法律文献选辑》第2辑下卷，中国人民大学出版社2017年版，第649页。

③ 张希坡编著：《革命根据地法律文献选辑》第2辑下卷，中国人民大学出版社2017年版，第650—651页。

④ 张希坡编著：《革命根据地法律文献选辑》第2辑下卷，中国人民大学出版社2017年版，第595页。

⑤ 《人民委员会第四十九次会议》，《红色中华》，第109期，1933年9月15日，第2版。

1. 扫盲识字运动是社会教育的重点

首先，党和政府高度重视苏区扫盲识字运动。土地革命战争时期，面对高文盲率的现实，中国共产党认识到："苏区的文盲是过去地主资产阶级遗留下来的一个障碍物，我们必须扫除这一障碍物，而且在工农管理政权下，有充分的可能扫除这一障碍物。"①为此，各级教育机关重视对青年与成年的扫盲工作。1933年，中央教育人民委员部先后提出，教育工作"特别要加紧青年成年教育和社会教育"，"要坚决反对过去许多地方只办小学校忽视社会教育和成年青年教育的错误"②，"极大的发展社会教育，经过俱乐部，列宁室，识字班，工农剧社等的群众组织来提高群众的文化政治水平"③。

在实践中，党和苏区政府认识到"识字运动是目前苏维埃实施社会教育的主要工作"④。列宁曾谈及苏维埃范围内文盲现象存在的严重性，"这种现象存在一个国家中间，政治教育是至难谈及的。我们扫除文盲，乃是政治上的教育的先决条件，没有这个，要谈政治教育都不可能。文盲的人，立在政治之外，应该先行教育他们以A、B、C、D，除此之外，一切高谈，阔论，放空炮，偏见其他种种，都没有任何政治意味"⑤。在此，列宁在强调消灭文盲重要意义的同时，提出消灭文盲必须从最基础的文字教起。中国共产党人对此也深有体会："识字运动是文化工作的基础，在大多数群众还没有识字的能力的时候，文化工作只能在初步的最

---

① 张挚、张玉龙主编：《中央苏区教育史料汇编》上册，南京大学出版社2016年版，第27页。

② 张挚、张玉龙主编：《中央苏区教育史料汇编》上册，南京大学出版社2016年版，第15页。

③ 张挚、张玉龙主编：《中央苏区教育史料汇编》上册，南京大学出版社2016年版，第22页。

④ 张挚、张玉龙主编：《中央苏区教育史料汇编》下册，南京大学出版社2016年版，第611页。

⑤ 张挚、张玉龙主编：《中央苏区教育史料汇编》上册，南京大学出版社2016年版，第236页。

狭窄的几个部门内开始着。"①"识字运动是对于失学的成年和青年一种最初步的教育，缺乏这种教育，就不能再受进一步的教育。但是缺乏这种教育的人们大部份是最贫苦的最受压迫的，同时也是最革命的工农和城市贫民，就是我们革命所依靠的基本群众。"②因而苏区扫盲的基本要求首先是识字。当时，苏区"革命所依靠的基本群众"中充斥大量文盲，严重影响到军民政治水平的提高和战斗力的加强。譬如，当时有的乡村苏维埃主席不能看信，财政科长不能看收条，那么苏维埃政权就要在秘书之手。又如一般人民不能看标语，看传单，那么我们的宣传就不容易普及到大多数的群众中去。特别是红军的指挥员、战斗员，他们是最前线的战士，他们大多数不识字，这会影响到政治水平之提高和战斗力之加强。因此，"从各方面看，识字运动都有非常重要的政治意义，……解决正在斗争中的成年青年工农兵士群众的识字问题，就成为我们的一种迫切的任务"③。在鄂豫皖苏区，时任文化委员会主席的成仿吾曾指出："文字这个东西有些什么用处呢？它只是写介绍信和通行证等的工具吗？不单是这样的。文字堆积整理起来就成了知识，所以它是培养能力的伟大工具，工农认识了字，就是提高了自己的知识，也就是增加了自己的战斗力。"当然，有些生产和行政机关的工作不一定要识字，机械一样的工作可以照样做过，稍复杂的工作也可以由多年的经验学会，但是有许多的领导工作是一定要识字的。"所以中国的工农在得到了政治经济的解放之后，要马上自己拿起文字这个工具来培养管理各种机关的能力。"④

　　其次，苏区推行识字运动。虽然党和政府认识到识字的重要作用，但

---

① 张挚、张玉龙主编：《中央苏区教育史料汇编》下册，南京大学出版社2016年版，第582页。

② 福建省教育科学研究所、中共龙岩地委党史资料征集研究委员会编：《闽西苏区教育资料选编》，1986年，第136页。

③ 福建省教育科学研究所、中共龙岩地委党史资料征集研究委员会编：《闽西苏区教育资料选编》，1986年，第136—137页。

④ 霍文达、王如、刘卫东：《鄂豫皖苏区教育史》，河南大学出版社1988年版，第247—248页。

苏区仍然存在轻视识字工作的现象。1933年10月，中央教育部门认识到："过去消灭文盲的组织，如夜校、识字小组是有相当的成绩，但识字运动的程度，仍是很低落，没有把消灭文盲运动很尖锐地提出来，识字运动仅有乡以下的组织，没有建立全苏区整个系统，有些地方的识字小组，没有和夜学配合起来，用夜学的组织来帮助识字小组，乡教育委员会没有经常检查识字，乡委员会和识字小组工作，结果成为形式的工作，表现是寒热症。"[①]为此，大会要求每乡设立一个消灭文盲协会，领导夜学、识字小组、短期训练班、半日学校等开展扫盲运动。1934年3月，中央教育人民委员部颁布新修订的《消灭文盲协会章程》中指出："为着最大多数工农群众的学习识字和取得最低限度的常识起见，为着发展成年劳动者有系统的补习教育起见，我们组织了消灭文盲协会。""本会在广大群众的迫切要求及教育人民委员部的领导之下，以组织广大群众实行消灭文盲为任务。"[②]同时，章程规定了消灭文盲协会的组织架构。为了明确消灭扫盲协会的性质和工作要求，1934年9月30日，中央教育人民委员部颁布《消灭文盲协会组织纲要》。该纲要强调："消灭文盲协会，是各社会团体、各机关、学校、工厂、部队，在同级教育部领导下，以完全消灭文盲为目的而斗争的组织。它的任务是猛烈地开展消灭文盲运动。"[③]该纲要具体规定了协会六项工作：（1）各干事要动员本组织内不识字的人，一律加入工补或识字班，并使本组织内的识字工作健全起来。（2）组织宣传队，作消灭文盲的宣传。（3）有计划地把工补、识字班广泛地建立起来。（4）举行消灭文盲的运动周，消灭文盲运动大会，竞赛大会等。（5）检查工补、识字班、识字板工作，并使其健全起来。（6）在常委领导下举行各团体消灭文盲的工作竞赛。

---

① 张挚、张玉龙主编：《中央苏区教育史料汇编》上册，南京大学出版社2016年版，第27页。

② 张希坡编著：《革命根据地法律文献选辑》第2辑下卷，中国人民大学出版社2017年版，第664页。

③ 张希坡编著：《革命根据地法律文献选辑》第2辑下卷，中国人民大学出版社2017年版，第696页。

　　在中央要求指导下，以识字为任务的扫盲运动在各地得到了快速发展。1930年9月，瑞金召开文化委员会会议提出开展扫盲运动，要求各区乡采取行动切实减少文盲。1931年，赣东北特委提出要通过认字运动、读报工作来减少文盲。同年4月，闽西苏维埃政府提出开展"红五月"识字运动，把广大不识字的群众有序地分配到工农夜学中去学习。为响应中央号召，湘赣苏区要求各县积极开展识字运动，还设定了男子40%识字300个，女子30%识字200个的目标，要求各村根据就近原则分组，每次学习时间为二三十分钟并且多在晚上进行，认熟3到4个生字，可以制作识字板用以辅助学习，学习经费主要采取民众自筹的形式，倡导因地制宜、节省办学。[1]1934年4月，经中央教育人民委员部批准，江西省制定了《社会教育问题的决议案》，规定了消盲周、消灭文盲协会、补习学校、俱乐部、工农剧社等社会教育形式。[2]

　　最后，苏区将反对宗教破除迷信、铲除封建习俗作为社会教育内容。在广大群众中开展扫盲识字运动中，各苏区积极反对封建迷信，移风易俗。由于民众知识水平极低，封建迷信和旧习俗在苏区仍很盛行。以江西永新县为例，该县曾提出过废除封建迷信的主张，却成效甚微，"各地封建迷信骇人听闻的复活，有的地方儿童还放了天花，普遍的轰轰烈烈送娘娘，各城市起坛敬娘娘，扎起红红绿绿的神像与大旗纸马灯，……璐江区厚田建筑新官陂，开始接水的一天，会合全乡群众有千多人扯起清朝、明朝的大旗伞摆到官陂前面烧香放爆竹……这一切封建迷信的排演不单是浪费了很大经济，破坏了农村生产的发展，而且是降低了群众革命斗争情绪，特别是破坏了革命战争的发展"[3]。鉴于此，为消除封建残余、传统恶俗的影响，苏区文化教育工作普遍要求"反对宗教破除迷信，

---

　　① 参见张挚、张玉龙主编：《中央苏区教育史料汇编》下册，南京大学出版社2016年版，第595页。

　　② 参见张挚、张玉龙主编：《中央苏区教育史料汇编》上册，南京大学出版社2016年版，第44—45页。

　　③ 张挚、张玉龙主编：《中央苏区教育史料汇编》下册，南京大学出版社2016年版，第602页。

铲除封建习俗"。1931年9月23日，湘鄂赣省工农兵苏维埃第一次代表大会通过的文化问题决议案，将"反对宗教破除迷信"作为社会教育内容，同时倡导"根本肃清旧社会里所遗传下来的三从四德，男尊女卑、守节守贞等旧礼教、旧道德观念……废除穿耳、蓄发、束胸、缠足等封建残余"①。1932年秋，第二次闽浙赣省苏大会通过文化工作决议案，其中提出："反封建迷信还是要继续不断的进行，彻底肃清反动统治阶级利用麻醉工农群众的封建思想迷信观念。"②

但是一些基层机关在破除迷信中曾出现偏激行为，造成了不利影响。如前述的江西永新县，在反封建迷信习俗时工作人员"还不能用充分的宣传鼓动工作去发动群众起来做，一般的只是一味蛮干，致惹起群众的讨厌与仇视"。为此，永新县在总结教训后提出："使群众深刻地了解封建习俗和迷信，是压迫欺骗劳苦群众的封建工具"，"我们要取得广大群众的同情，经过充分的群众路线，切不可有丝毫强迫命令、蛮干的反群众路线的办法"③。万载县苏则指示各区、乡苏维埃，要"铲除封建残余，打破宗教迷信等恶俗，造成纯粹的赤色新社会"④，"彻底打破家族主义、土客界限，肃清一切封建残余"⑤。

2.创设多种形式，有效实施社会教育

苏区开创了多种多样的社会教育形式。1931年7月，鄂豫皖苏区提出："努力消灭文盲运动，除广大发展学校教育文化外，广泛组织识字

---

① 张挚、张玉龙主编：《中央苏区教育史料汇编》上册，南京大学出版社2016年版，第65页。

② 张挚、张玉龙主编：《中央苏区教育史料汇编》上册，南京大学出版社2016年版，第77页。

③ 张挚、张玉龙主编：《中央苏区教育史料汇编》上册，南京大学出版社2016年版，第82页。

④ 张挚、张玉龙主编：《中央苏区教育史料汇编》上册，南京大学出版社2016年版，第150页。

⑤ 张挚、张玉龙主编：《中央苏区教育史料汇编》上册，南京大学出版社2016年版，第83页。

班、读报班、读书班等组织。"①1933 年 8 月，少共中央局与中央教育人民委员部联席会议指出："极大的发展社会教育，经过俱乐部，列宁室，识字班，工农剧社等的群众组织来提高群众的文化政治水平，是非常的重要。"②当时，苏区社会教育主要有以下几种形式：第一类的群众自我学习组织，如识字组、识字班、列宁室等；第二类的非国民教育的学校组织，如工农补习学校、夜校、半日学校等；第三类的群众文娱组织，如俱乐部、工农剧社等。

为保障和推进苏区社会教育组织的建立和健全，中华苏维埃共和国临时中央政府先后发布训令法令规定社会教育的各类具体形式。1933 年 6 月，全国苏区中央教育人民委员部发布《关于建立和健全俱乐部的组织和工作》第二号训令；同年 8 月 6 日，中央教育人民委员部发布《颁布夜校办法大纲》第十二号命令。1934 年 4 月，中央教育人民委员部重新审订后发布《夜学校及半日学校办法》；同月，中央教育人民委员部重新修订了《识字班办法》《业余补习学校的办法》《俱乐部纲要》，制订了《苏维埃剧团组织法》等法令规章，为各地建立和健全社会教育形式提供了制度保障。相比而言，以上三类社会教育形式各有特点、作用互补。下面选择两种主要形式加以说明。

第一，苏区群众自创了自我学习形式的典型——识字班。一是识字班在识字运动中具有重要地位。当时苏区扫盲识字运动形式多样，最主要也是最有效的形式是识字班。相比而言，"识字班的作用，比列宁小学、工农补习班、夜校，更为重要，更易于收得大的效果。……识字班主要教育的对象，与工农补习夜校是相同的。但是它比较工农补习夜校，教学的方式，更为活泼，更容易吸收广大的工农群众来参加，甚至有时并没有学校的形式，都可以进行识字工作"。因此，"它在扫除文盲运动当中，

---

① 中央档案馆、湖北省档案馆、河南省档案馆、安徽省档案馆编：《鄂豫皖苏区革命历史文件汇集（苏维埃政权文件）》（1931 年—1934 年），1985 年，第 21 页。

② 张挚、张玉龙主编：《中央苏区教育史料汇编》上册，南京大学出版社 2016 年版，第 22 页。

应当是最精干、最有效果的一支军队"①。二是识字班的编制和组织。根据教育部规定，凡是政府机关、群众团体的基本单位，均得在自己的列宁室创办识字班。每个识字班要设一个主任，"不仅是一个和平教师，他应该是扫除文盲运动的宣传者，同时要有计划的动员广大群众加入识字班"②。三是参加识字班的程度一般分三阶段。第一个阶段一千字，第二个阶段两千字，第三个阶段三千字。每个人学满三千字，就可以读书应用，这一文盲就算是扫除了。而苏区实际决定了扫盲工作着重在完成第一阶段而努力。在第一阶段又细分五级，第一级一百字，第二级三百字，第三级五百字，第四级七百字，第五级一千字。四是识字班的教法与检查。识字班随时随地随着人数都可以教，起初划地为字，随后各立一簿，或用识字片。识字班工作或成绩实行检查制度，归消灭文盲协会负责。各地根据中央教育人民委员部的规定制定了符合实际的操作办法。如湘赣省苏文化部决定了选字的细则。"在第一个月的字，要取笔画少点的，渐次取笔画多点的。生字要采常见常用的字。写生字要端正笔画。"同时该部"拟定统一的生字（是根据工作人员的要求统一生字），以便出发到全县内任何地方得到同样的认字"③。

第二，苏区群众通过成立俱乐部来开展文娱活动。根据全国苏区临时中央政府训令，"在一切乡村，一切城市，一切机关，一切部队中，广泛地进行教育文化工作，最主要的机关，除识字运动委员会、夜校外，就是俱乐部"④。然而，在苏区统一要求制定之前，广大苏区俱乐部工作中存在多处薄弱环节。"在乡村，大部分的俱乐部，偏重在娱乐，忽略政治

① 张挚、张玉龙主编：《中央苏区教育史料汇编》下册，南京大学出版社2016年版，第582—583页。

② 张挚、张玉龙主编：《中央苏区教育史料汇编》下册，南京大学出版社2016年版，第583页。

③ 张挚、张玉龙主编：《中央苏区教育史料汇编》下册，南京大学出版社2016年版，第596页。

④ 张挚、张玉龙主编：《中央苏区教育史料汇编》上册，南京大学出版社2016年版，第16页。

及其他的文化工作，……有些乡村还没有俱乐部，或者只有一间小房子，没有大的群众集会场所。……尤其是在少先队、童团、赤卫军，每月定期会操时，是读报和讲演的好机会，俱乐部还没有和他们发生组织上的联系。……总括起来说，过去的俱乐部没有普遍的建立，尤其是在乡村没有系统的经常的工作，忽视了政治动员。"[1]如在江西省，到了1932年"俱乐部的工作没有建立"[2]。在湘赣省，"俱乐部、列宁室、识字运动，都做得没有成绩，都是空洞的形式主义，打一下锣鼓，玩一玩、笑一笑就了事"[3]。

为了规范和促进俱乐部工作的开展，1933年6月，中央教育人民委员部通过《关于建立和健全俱乐部的组织和工作》和《俱乐部的组织和工作纲要》。翌年4月又制定《俱乐部纲要》，保障了俱乐部工作有章可循。一是俱乐部的地位和作用。1934年4月，中央教育人民委员部通过的《俱乐部纲要》提出："俱乐部应该是广大工农群众的'自我教育'的组织，集体的娱乐、学习、交换经验和学识，以发扬革命情绪，赞助苏维埃革命战争，从事于文化革命为目的，所以俱乐部是苏维埃社会教育的重要组织之一。"二是俱乐部的设置和成员。"俱乐部是每一级政府机关或每一个大的工厂企业，每一地方的工会，合作社之内的组织。乡苏的俱乐部，同时也是该乡一切农民基本群众的俱乐部。每一俱乐部之下，按照伙食单位（或村庄）成立列宁室，每一列宁室至少须有识字班、图书室及墙报，此外，还必须有运动场或游艺室的设备。""凡是苏维埃公民都得加入他所在地方的某一俱乐部，非公民而能担负俱乐部工作，并无违

---

① 张挚、张玉龙主编：《中央苏区教育史料汇编》上册，南京大学出版社2016年版，第17页。

② 张挚、张玉龙主编：《中央苏区教育史料汇编》上册，南京大学出版社2016年版，第33页。

③ 张挚、张玉龙主编：《中央苏区教育史料汇编》上册，南京大学出版社2016年版，第59页。

反苏维埃法令的行为者，亦得加入。"①三是俱乐部的工作和组织。1933年6月，中央教育人民委员部规定俱乐部的工作主要有运动、游戏、集会、出版、展览等五种。俱乐部设立管理委员会，在管理委员会领导下分设五个委员会负责上述五项工作。上述委员会委员，由管理委员会提出名单，在俱乐部委员大会通过，各委员人数看工作繁简决定。1934年4月新制订的《俱乐部纲要》补充规定，最简单的俱乐部可分为演讲股、游艺股、文化股三部分。文化股下面可以设墙报委员会。四是俱乐部各部门的工作方法，主要有讲演会、识字运动、墙报、文艺、运动等。在工作中，俱乐部特别注意利用机会进行群众教育，利用赤卫军、少先队、儿童团的集会进行讲演（政治、科学、工业等的演讲）、读报（《红色中华》《青年实话》《斗争》等）、唱歌、游戏、识字，每次活动时间要短，至多不得超过一小时。

3. 针对多个群体普遍开展社会教育

首先，开展青年与成年的社会教育。一方面，党和苏区政府积极开展青年的社会教育，尤其发挥共青团组织作用。当时苏区的共青团开展社会教育的主要方式，是与教育部开展协助运动。1933年10月，中央文化教育建设大会决定，共青团协助教育部"消灭团内和少队内的文盲，并实现每个团员消灭十个文盲的任务，帮助建立消灭文盲协会的组织，在每个生产中，乡村中，建立并发展这种组织"，"动员年满入学的儿童全体加入学校，到一九三四年十月节为止，实现每五百居民一个小学，每一百居民一个夜学"②。另一方面，苏区注重对成年文盲的社会教育。在党中央"消灭文盲"的指示下，各苏区普遍开展"消灭文盲"识字活动，出现了各式各样的工农识字组织形式，有"露天学校""业余补习学校""工人夜校""俱乐部""列宁室""巡回图书馆""研究会""识字班""识

---

① 张挚、张玉龙主编：《中央苏区教育史料汇编》上册，南京大学出版社2016年版，第126页。

② 张挚、张玉龙主编：《中央苏区教育史料汇编》上册，南京大学出版社2016年版，第28页。

字组""读报组"等。这些生动活泼的识字教育形式为苏区工人农民创造了良好的学习条件。此外，苏区各列宁小学、列宁模范小学、列宁高级小学和列宁总学均附设有群众夜校，这些夜校成为广大民众学习文化的场所。以全国第二大苏区鄂豫皖苏区为例，据不完全统计，该区鼎盛时期人口达360万，在数量不多的10万多工人中参加业余补习学校、识字班、识字组学习的达2.3万人。1931年前后，鄂豫皖苏区的赤城县建有识字班103所。红安、麻城、光山、六安、霍山开办数均达80所以上。英山、潢川、罗山、霍邱、太湖等县的开办数也在50所左右。据不完全统计，鄂豫皖苏区各县参加识字教育的农民人数多达30余万人。[①]

其次，注重对妇女的社会教育。在广大苏区，"农村中的妇女文化程度特别较男子落后，因此加紧妇女群众的教育训练，提高妇女的政治水平是非常迫切的"[②]。当然，对妇女进行教育训练不单单是开展政治教育，还应该教会妇女识字、算数，学习保持家庭卫生、革命常识等日常事项。1932年5月，江西省通过文化教育工作决议提出："对于青年女工农妇，应使与男子受同等的文化教育；对于成年妇女也要设法劝其入俱乐部夜学及识字运动。"[③]实施运动中，由于工作人员认识不到位、妇女受到传统观念影响，一些地方妇女教育曾被忽视。如1933年秋收后，闽浙赣苏区忽视了妇女识字运动。"有些妇女加入工农补习夜校识字班的又经常旷课，有些地方的工农夜校与识字班还没有恢复起来，并有些妇女认为妇女在家里不识字不要紧，做革命工作不一定要识得字有秘书，以及重男轻女或只顾眼前小小利益留儿子在家里做些杂事，不允许自己的

---

① 参见霍文达、王如、刘卫东：《鄂豫皖苏区教育史》，河南大学出版社1988年版，第83、85、87页。

② 张挚、张玉龙主编：《中央苏区教育史料汇编》下册，南京大学出版社2016年版，第597页。

③ 张希坡编著：《革命根据地法律文献选辑》第2辑下卷，中国人民大学出版社2017年版，第595页。

女儿到列小去读书。"①为纠正这些错误观念，1934年1月4日，中共闽浙赣省委妇女部严厉指出了该区妇女识字运动中的不良现象、不正确观念，重申"我们为要迅速的提高妇女文化政治水平，在目前猛烈地开展扫除文盲运动"。同时规定"每个妇女每天至少要认识和写熟三个生字，三个月后要认熟二百七十个生字"；"迅速恢复识字班，工农补习夜学，每个妇女要加入识字班去，工农补习夜学去"；"不识字的妇女应经常积极热烈的找识字的人教授"；"要十天举行一次检查，测验每个妇女识字多少？对积极努力读书识字成绩好的妇女，应奖给纸笔墨，并要在会议、壁报上加以鼓励，对识字不努力懒惰的妇女，应在各方面和壁报上同她斗争，鼓励她前进，克服她的懒惰性，提高她的学习精神"②。

最后，对少先队员儿童团员的扫盲教育。一般来说，苏区少先队员的文化水平还较低。苏区儿童中"极大多数工农民众的儿童，以前是没有可能识字，读书，求得学问的"③。1932年，在少先队江西省总队给中央总队部的报告中指出，不识字的队员在赣县有7409人，胜利县有9300人，公略县有6374人，只有模范县兴国才较好些，不识字的也有898人。④为提高全苏区少先队员文化水平，少先队中央总部发布训令《加紧队员的文化教育工作》要求："各级队部严厉的注意，一切过去忽视提高队员的文化水平的观念与现象，是再也不容许有一分钟的继续。"训令要求各地结合实际采取三种主要形式开展队员文化教育：（1）组织识字组与识字班。"以居住在同一起的队员编成一组（三人至五人），用稍识字的队员为组长，识字课本暂时利用捷报传单、我们目前的中心任务的字句、口

---

① 张挚、张玉龙主编：《中央苏区教育史料汇编》下册，南京大学出版社2016年版，第598页。

② 张挚、张玉龙主编：《中央苏区教育史料汇编》下册，南京大学出版社2016年版，第598—599页。

③ 张挚、张玉龙主编：《中央苏区教育史料汇编》上册，南京大学出版社2016年版，第9页。

④ 参见张挚、张玉龙主编：《中央苏区教育史料汇编》上册，南京大学出版社2016年版，第243页。

号以及乡村中的壁上新写的标语等，在吃饭后休息时和晚上，由组长召集组员拢来教识字。"（2）看图识字。"以村为单位，在大多数人来来往往必定经过的地方或在大多数人工作后休息时集聚的地方，树立一个木板（最好是黑板），隔天或二天，用一张纸画一个图，在图的旁边写上一个字，……拿去贴在木板上。这要大队部指定一个文化水平较高的队员，或请乡村中文化水平较高的同志来负责。"（3）建立俱乐部。以乡为单位设立俱乐部，但少先队俱乐部与成人不同，"在开始进行工作时，不一定要将俱乐部中一切部门都去进行，先由队员选择几项中心的工作（象〔像〕唱歌、识字、跳高、跳远、讨论会等）来进行，然后一步一步的来增加其他工作"①。1932年8月，时任少先队中央总队部总训练部长的张爱萍发出倡议，积极进行少先队文化教育，要求"每个队员（最低程度应是出席总检阅的）应认识五百字，能读《少年先锋》及捷报"②。

（四）筹措多方资源，加强各类干部教育

苏区干部短缺和素质不高的现实迫切要求党和苏区政府加强干部教育工作。当时，中国共产党在苏区通过开展干部日常教育、创办干部学校及重点培养教员来解决干部教育中存在的突出问题。

1. 开展日常干部教育

首先，在一线工作和斗争中不断培养干部。至于如何开展在职干部教育培养工作，1934年1月10日，中华苏维埃共和国中央教育人民委员部颁布训令，决定对新干部采取四种训练方法，即"在工作中训练""在斗争中训练""用行政纪律来教育""开办短期的训练班"。实际上，苏区教育机关在解决干部短缺问题时采取的各种方法符合上述规定精神。关于在工作和斗争一线培养干部问题方面，1933年9月，洛甫同志曾有过论

---

① 张挚、张玉龙主编：《中央苏区教育史料汇编》下册，南京大学出版社2016年版，第523页。

② 张挚、张玉龙主编：《中央苏区教育史料汇编》下册，南京大学出版社2016年版，第526页。

述："苏维埃革命运动，本来就是一个极大的学校，……这对于苏区内千百万工农劳苦群众是最好的教育。""在斗争中来教育苏区内千百万的工农劳苦群众，自然是我们最主要的教育方法。"①实践经验不仅对广大群众具有重要的教育作用，对广大党员干部也是如此。事实上，很多干部在工作实践和斗争中，逐步提升了政治理论水平和文化水平。不过，这种培养训练干部的方式时间战线长、经验积累慢，因此，开展在职干部的短期培训成为干部教育培养的重要选择。

其次，举办各类型在职干部短期训练班。开设干部训练班是中国共产党在土地革命兴起阶段教育培养干部的一项重要经验。在干部学校创办前，党和苏区已经开办各种干部训练班。在干部学校创办后，各类干部训练班同样存在，并与干部学校一起构成各类干部教育培训的两大重要形式。1929年4月上旬，毛泽东率红四军到达兴国后，举办一期为期7天的土地革命干部训练班，培训了40余名兴国县的主要干部和党团活动分子。1929年下半年，闽西特委在苏家坡举办了两期干部训练班：一期有闽粤赣三省干部参加的政治训练班，一期是农民运动训练班。实践证明，举办短期训练班是加快干部培养的有效方法。随后，闽西苏区开办了一系列干部训练班，如政治工作人员训练班、宣传工作人员训练班、苏维埃工作人员训练班、少先队工作人员训练班、妇女干部训练班、卫生行政人员训练班等。②各班学员毕业后回到原工作岗位，成为党和政府开展各项基层工作的骨干。在鄂豫皖苏区，1929年中共鄂东北特委创办了党团干部训练班，开创了鄂豫皖苏区干部教育的先河。随后，红安县苏区举办了共产青年、青年干部、青年骨干、民政干部等培训班，陂安南苏区举办了党员、工会及农运干部训练班等。1930年，中共皖西特委在六安闻家店开办了两期党员干部训练班：第一期训练六区的干部，学员14

---

① 张挚、张玉龙主编：《中央苏区教育史料汇编》上册，南京大学出版社2016年版，第196、197页。

② 参见李国强：《中央苏区教育史》（修订本），江西教育出版社2001年版，第115页。

人，时间一星期；第二期训练各区的干部，学员 18 人，时间半个月。①1931 年春，皖西特委连续举办六届党员干部训练班，共培养出 158 名干部（男 126 人、女 32 人）。②1931 年 5 月，鄂豫皖中央分局成立后即着手培养党的干部，鄂豫皖党团分局与军区党委办有一个区委、支书一级的干部训练班，每期 40—50 人，3 星期期满，已经办了 6 期，分局还有一个 6 周的妇女训练班，参训人员共 30 人。到 1931 年 5 月，鄂豫皖苏区的固始县举办共青团青年干部训练班 5 期，共培养干部 400 余名。③

随着干部训练班开办经验的积累，党中央对各级干部教育培训提出了规范性要求。1933 年 8 月 10 日，中央组织局发出《关于党内教育计划致各级党部的信》，指出："随着革命形势发展猛烈的扩大，同样党的工作也随着革命战争的胜利大大的开展，我们必须继续不断的有计划有目的去进行大批干部的训练，才能解决干部缺乏的困难。"④为此，中央组织局对省县开办干部训练做出规定。具体来说，省委开办的经常的训练班，应当是教育培养县一级干部、县训练班的教员及区一级主要干部。县一级开办的流动训练班，应当是教育区一般干部、支部流动训练班的教员及一部分主要支部书记。其中，省委训练班的训练时间以 4 星期为限，每日上课 6 小时，余为自修时间，共有 144 小时；县委流动训练班以 3 星期为限，每天授课 6 小时，共计 108 小时。课目方面，省委训练班开设政治常识（主要为共产国际纲领）40 小时、党的建设 40 小时、苏维埃建设 40 小时，其余 4 天时间 24 小时为出外实习及其他各项特殊工作（合作社运动、地方武装中的政治与训练工作等）；县委流动训练班开设党员须知的

---

① 参见霍文达、王如、刘卫东：《鄂豫皖苏区教育史》，河南大学出版社 1988 年版，第 50—51 页。

② 参见霍文达、王如、刘卫东：《鄂豫皖苏区教育史》，河南大学出版社 1988 年版，第 53 页。

③ 参见霍文达、王如、刘卫东：《鄂豫皖苏区教育史》，河南大学出版社 1988 年版，第 53 页。

④ 张挚、张玉龙主编：《中央苏区教育史料汇编》上册，南京大学出版社 2016 年版，第 362 页。

解释 26 小时、区委应该怎样领导支部 12 小时、支部应该怎样做工作 16 小时、苏维埃政府的几个基本工作 12 小时、怎样在地方武装中工作 6 小时、工会工作 6 小时，其余时间为实习与临时请人讲演等其他特殊工作（如边区、白区工作，肃反工作）。①

最后，开展时政学习，成立马克思主义研究会。当时，全国苏区编辑出版了各种报纸杂志及学习材料供给干部阅读和学习。截至 1934 年 1 月，中央苏区已有大小报纸刊物 34 种，如《红色中华》《青年实话》等，还有中央政府各部门指导工作的机关刊物如《教育通讯》等。在鄂豫皖，该区创办了报纸 40 多种，出版了《列宁周刊》《党的生活》《苏维埃》《英特尔纳雄耐尔》《列宁青年》《卢森堡》等，还出版了《苏维埃建设大纲》《巡视制度》《土地问答》《夺取政权》《独山暴动》等。②这些读物对于苏区干部的学习和政治觉悟的提高起到了重要作用。为了检查干部学习效果，提高学习积极性，各级党和苏区政府经常组织学习竞赛，以检查、测验学习情况，有力推动了干部日常时政学习的开展。

苏区还成立了群众性学习和研究马克思主义的学术团体，即马克思主义研究会。1934 年 7 月通过的《马克思主义研究会的组织和工作大纲》指出，其"成立的目的是加强干部的马克思主义理论的准备，造成必不可少的理论基础，同时运用列宁室、俱乐部等机关提高一般的政治水平线"③。其最高领导机关是"苏区马克思主义研究总会"。中央组织局还规定了该会的设立"为着深造中央一级及省县一级工作人员的思想与理论，各机关应成立马克思主义研究分会，在马克思主义研究总会领导之下，经常有系统的研究马克思列宁主义，讨论中国革命的基本问题"。"其他加入马克思列宁主义研究分会程度不够的，统统加入列宁室，按照

---

① 参见张挚、张玉龙主编：《中央苏区教育史料汇编》上册，南京大学出版社 2016 年版，第 363—364 页。

② 参见董纯才主编：《中国革命根据地教育史》第 1 卷，教育科学出版社 1991 年版，第 125 页。

③ 张挚、张玉龙主编：《中央苏区教育史料汇编》上册，南京大学出版社 2016 年版，第 368 页。

程度高下编成小组。"①马克思主义研究分会积极开展理论学习和研究，每星期上课一次（或用讨论会的形式），每月四次，其中一次学习研究其他问题。每两个月完成一种课目。以六个月为一周期，每一周期完成三种科目。第一周期科目为共产党国际纲领、中国革命的基本问题、俄国党史与列宁主义三门课程。总体上看，马克思主义研究会虽然成立时间较晚，但因其理论讨论等形式，为党的各级干部尤其是基层干部学习马克思主义基本原理提供了理论学习研究的平台，有助于在职干部理论素养的提升。

2. 创办干部教育学校

苏区干部教育学校可以划分为苏维埃干部教育学校、红军干部教育学校两大类。其中，苏维埃干部教育学校是党和政府解决苏区民生领域中干部数量短缺问题、提升干部素质的重要途径。

苏维埃干部教育学校包括苏区中央、苏区地方两个层次。苏区中央层次的干部学校主要有苏维埃大学、马克思共产主义大学、中央列宁学校、高尔基戏剧学校、中央农业学校、商业学校、银行专修学校、中央红色医务学校等。

苏区地方层次的干部学校众多。赣南苏区开办了看护学校、赣南农业学校、江西省苏维埃干部学校、江西省第一短期师范学校、江西省第二短期师范学校。闽西苏区开办了闽西看护学校、闽西列宁师范学校。湘赣苏区开办了茶陵女子职业学校、中共湘赣省委党校、永新县赤色女子职业学校、莲花县赤色女子职业学校。在湘鄂赣苏区有平江列宁干部学校、黄石港地委干部学校。在闽浙赣苏区有赣东北省列宁师范学校、闽北列宁师范学校、赣东北省三八女子学校。鄂豫皖苏区开办了女子职业改进社、鄂东北党务干部学校、鄂豫皖苏区列宁高级学校、皖西北党员干部学校、鄂豫皖苏区财经学校、农业学校、鄂豫皖苏区师范学校。川陕苏区开办了中共川陕省委党校、苏维埃学校。湘鄂西苏区开办了鄂北

---

① 张挚、张玉龙主编：《中央苏区教育史料汇编》上册，南京大学出版社2016年版，第363页。

红色军政干部学校、湘鄂西省委党校、湘鄂西省青年模范学校。在湘鄂川黔苏区开办了中共湘鄂川黔省委党校、龙山县龙家湾青少年干部学校，以及陕北苏区开办的陕北特委党校、鲁迅师范学校等。由于苏区中央和地方创办的学校众多，现选择苏区中央层面的苏维埃大学做专门介绍，由此可见苏区干部教育学校的具体开办情况。

苏维埃大学是苏区干部教育学校的典型代表。该校是中华苏维埃共和国的最高学府。1933年8月，"因为革命战争的猛烈开展，现绕着革命战争的每个重大工作，……都需要大批干部。这不是几十几百人的事，而是要有几千几万人继续供给到各个工作的战线上去。中府各部都在办训练班，为着集中领导统一教授与学习的方向起见，决定开办苏维埃大学"①。1933年8月21日，苏维埃大学校委员会第一次会议决定招收1500余名学生，分普通班与特别工作班，并决定在中央政府附近建筑新校舍，以作为学生住宿上课之用。

1934年春，苏维埃大学改名为"国立沈泽民苏维埃大学"，以示纪念中共早期党员沈泽民，校长为瞿秋白，副校长为徐特立。4月1日，国立沈泽民苏维埃大学在瑞金沙洲坝举行开学典礼。人民委员会主席张闻天出席典礼并发表讲话，指出了苏维埃大学的中心任务："学生都应当学习领导广大的工农劳苦群众，进行一切战争动员工作，来帮助战争"；"应该学习改善群众生活问题，学习怎样去保护工人农民的日常利益；牺牲地主资本家富农的利益，来保护工人农民的利益"；"应该学习怎样管理苏维埃政权，怎样管理自己的国家，这是我们过去没有学习过的。""这些课程就是马克思列宁主义，苏维埃大学以马克思列宁主义的实际课程教育学生同志。"②

根据《苏维埃大学简章》，该校"以造就苏维埃建设的各项高级干部

---

① 《人民委员会第四十八次会议》，《红色中华》，第106期，1933年8月31日，第5版。

② 《国立沈泽民苏维埃大学开学志盛》，《红色中华》，第170期，1934年4月3日，第3版。

为任务"。（1）学生入学资格。"凡年在十六岁以上，不分种族、性别，曾在政权机关或群众团体，或党和团负责工作，有半年以上而积极的，在边区积极参加革命斗争的，其文化程度，能看普通文件，均有入学资格。"（2）学校的学业与课程。苏维埃大学设本科、预科两部。普通班是预科，招收文化程度较低的学员进行文化补习。特别工作班是本科，最初设土地、国民经济、财政、工农检察、教育内务、劳动、司法等8个班，1934年春又增加了外交、粮食两个班。修业年限本科不得少于半年，预科随学生入学时的程度来决定。设立预科的目的，是要对文化程度不足的学生给以补习的教育。（3）学校的管理。学校设校长一人及大学管理委员会，以领导全校，校长为委员会的当然主任。在校长和大学管理委员会监督之下，设立"学生公社"，由全体学生大会选举干事会领导之。（4）学校的师资及后勤。教员分正教员、副教员。正教员负各科目领导的责任，副教员帮助正教员搜集教材、编辑提纲及准备学生质问并检查学生的学习。学费、膳费、书籍、笔纸费由学校支给，被服及其他日常用品由学生自备。为实现生活军事化，全校工作人员、学生均进行经常的军事教育。①虽然这所大学开办时间不长，"当时有学员一千多人，女学员多，大概占总学员的百分之七十左右，……每个班都有一、二百学员，他们毕业后回到地方政府工作，如搞宣传土地法大纲，婚姻法，搞查田运动，办教育，办财政等"②。

三、中国共产党解决苏区教育问题的基本效果

中国共产党和苏区政府充分认识到教育发展与政权巩固之间的密切关系，十分重视解决苏区教育中存在的突出问题，采取了一系列措施推动

---

① 参见张挚、张玉龙主编：《中央苏区教育史料汇编》上册，南京大学出版社2016年版，第388页。

② 张挚、张玉龙主编：《中央苏区教育史料汇编》上册，南京大学出版社2016年版，第391页。

苏区教育事业的发展，取得了积极效果。

（一）坚持多管齐下，扫盲运动富有成效

在战争环境下，苏区各项工作必然服从并服务于革命需求，文化教育也不例外。面对苏区文盲大量存在的问题，党和苏区政府采取多种措施开展扫盲运动，效果明显。

首先，各地开办夜校、识字组、俱乐部等推动识字运动蓬勃发展。在苏区中央层次的消灭文盲协会成立之前，地方苏区已经通过开办夜校、识字组、俱乐部等大力开展识字运动。截止到1932年下半年，闽浙赣苏区已经成立310所工农补习夜校，湘鄂苏区的各乡及中心区都已经成立工农夜校、识字班、俱乐部等。1933年底，兴国县长冈乡有夜校9个，俱乐部4个（每村1个），识字班多个。全乡参加夜校的学生有300多人，平均每校有30多名，其中该乡大部分16到45岁的青壮年参加了学习，少数45岁以上的老同志也来读夜校。夜校十分受欢迎，群众纷纷说夜校顶好。[①]福建上杭才溪乡全乡有12所夜校，360多名学生，2个俱乐部，50组识字班。其中上才溪4个夜校就有学生120多人，24个识字组共240多人；下才溪有8个夜校，识字班有26个识字组，共260人。[②]每村的每个男女少先队员和儿童团员都有入校读书的义务和机会。

在苏区临时中央政府教育部门出台《消灭文盲决议案》后，扫盲运动得到推进，成果更加显著。据1932年8月和9月统计，江西省的胜利、兴国等14县夜校、识字组具有较好群众基础，共有夜校3298所，学生52292人，共有识字组19812个，组员89916人，俱乐部712个。到了1934年1月，江西省乃至中央苏区开办的社会教育机构数量明显增加。截止到1934年初，第二次全苏代表大会召开前，江西、福建、粤赣三省共有补习夜校6462所，参与学习人员达94517人次；其中江西、粤赣两省苏区有识字组32388组，组员155371人，有俱乐部1656个，工作员49668人。江

① 参见《毛泽东农村调查文集》，人民出版社1982年版，第318—320页。
② 参见《毛泽东农村调查文集》，人民出版社1982年版，第353—354页。

西省兴国县的扫盲工作走在了全苏区的前列。当时兴国县各乡成立识字运动总会130多个，各村的识字运动分会有561个，而识字小组全县有3387个，累计22529人次参加识字小组。①此外，每村差不多都有识字牌，全由小学教员负责，收效也很大。

其次，各类人员参与扫盲识字运动的热情十分高涨，尤其妇女群体参与识字积极性从来未见。如江西省，长冈乡9所夜校300多名学生中，男生30%，女生有70%。福建上杭才溪乡的上才溪4个夜学中，有学生120多人，大多数是女子。②兴国县夜校有学生15740人，女生占到69%，高达10752人；识字组中女子成员也占到60%。③妇女从文盲中得到了初步解放，而青年学生在扫盲运动中学习积极性也很高。当时，江西省于都县城内有夜校4所，每校有学生50余名，完全是青年和儿童团，"他们都有革命竞赛的精神，天天夜晚不缺课，学校整整齐齐"，"教员与学生非常亲密"④。

最后，大量夜校、识字组的成立使得许多人脱离文盲的行列。当时福建上杭才溪乡被誉为教育模范区。资料显示，截止到1934年1月，福建上杭县的才溪乡共有民众8782人，除小孩外，有6400余人，能看报纸《斗争》的约在8%，能看《红色中华》与能写浅白信的约在6%，能看路票与打条子的约在8%，能识50至100字的约占30%。其中，才溪通贤区在社会教育中吸收了大批工农群众参加教育工作，提高了工农的文化水平。通贤区共有人口7248人，扫盲运动中减少了65%的文盲。⑤这一时期各地创办的《工农日报》《红色青年》《红旗》等报刊发行量有大幅提升。

① 参见《中华苏俄埃斯共和国中央执行委员会与人民委员会对第二次全国苏维埃代表大会的报告》，《红色中华》（第二次全苏大会特刊），第3期，1934年1月26日，第9版。

② 参见《毛泽东农村调查文集》，人民出版社1982年版，第318、353页。

③ 参见《中华苏俄埃斯共和国中央执行委员会与人民委员会对第二次全国苏维埃代表大会的报告》，《红色中华》（第二次全苏大会特刊），第3期，1934年1月26日，第9版。

④ 《列宁学校的模范》，《红色中华》，第88期，1933年6月23日，第4版。

⑤ 参见张挚、张玉龙主编：《中央苏区教育史料汇编》下册，南京大学出版社2016年版，第1105页。

"'红色中华'从三千份增加到四、五万份以上,'青年实话'发行二万八千份,'斗争'只在江西苏区每期至少要销二万七千一百份,'红星'一万七千三百份。"①这些报纸发行量的增加从另一个侧面证明了苏区民众识字率的提升。

(二) 强调教育普及,基础教育发展迅速

青少年是苏区革命的后续力量,发动广大青少年投身革命对于根据地的发展有着深远意义。然而,广大苏区教育发展落后,儿童入校学习机会十分有限,他们文化素质普遍较低,不能适应革命发展的需要。

其一,苏区政府逐步满足适龄儿童上学需要。中国共产党创建苏区后,重视教育普及,发展小学教育。各级地方政府积极宣传,全力兴建列宁小学,使得越来越多的苏区儿童走入课堂,接受新式教育。经过宣传和教育,大部分父母已经认识到让儿童接受教育的重要性,转变了轻视教育的错误观念,不再让孩子早早地参加农业生产,而是送他们到列宁小学去读书以增长知识。

据1932年江西省苏维埃政府工作报告,胜利、会昌、寻邬、万泰、兴国等14县共有小学2277所,学生82342人(其中男生62661人,女生19681人)。1933年底,上杭县的才溪乡有列宁小学9所,共有学生近500人。而兴国县的长冈乡,总共有437户人家1784人,共有列宁小学4所,每村1所,小学生共有186人,占全乡适龄学童总数的65%。②在整个中央苏区,江西、福建、粤赣三省共有2931个乡,有列宁小学3052所,就读学生人数为89710人。在湘鄂西的江陵、石首、华荣、沔阳等地共有列宁小学293所,学生1200人。成立大量的列宁小学为适龄儿童的入学提供了便利条件,有越来越多的少年儿童走入学校读书识字。所以说,在一个

---

① 《中华苏俄埃共和国中央执行委员会与人民委员会对第二次全国苏维埃代表大会的报告》,《红色中华》(第二次全苏大会特刊),第3期,1934年1月26日,第9版。

② 参见张挚、张玉龙主编:《中央苏区教育史料汇编》下册,南京大学出版社2016年版,第1063页。

文盲占比高达90%以上的乡村地区，短时间取得如此教育成绩实属不易，值得肯定。

其二，各地列宁小学的创办受到群众欢迎。在闽浙赣省，省委省苏维埃驻地葛源是省属模范区。"模范区的列宁小学村村都有，遍地开花。"当时列宁小学大致可分三类：一类是省直属的列宁小学，二类是各乡的列宁完备小学，三类是各村的列宁劳动小学。模范区的各村列宁小学是按照自然村设立的，虽然办学条件差，"设备也差，有的要学生自己带凳子上课。村列宁劳动小学非常方便群众，学生可以就近上学，仅葛源一个乡就有南市街、西园街、舒溪街、店前街、牌楼底、后弄等六所小学，很受群众欢迎"①。在宁化，淮阳区淮阳乡创办的第一所列宁小学校，全校共有学生57人，"学生在学习上，生活上，遵守校规的规则上都非常有成绩，每天除上各种学科外，还有俱乐部工作，开讨论会，演讲会，读报会，做游戏和唱歌等等"②。而在同一时期，国民党统治区的教育却还十分落后，学校少、入学率低，而且教育经费常被挪用。据统计，1929年在国统区江西全省只有小学4426所，学生177849人。1930年，号称教育发达的江苏省适龄儿童入学率仅仅有13%，共580825人，而失学儿童竟有4012896名，占省学龄儿童的87%。③这和苏区儿童教育状况形成了鲜明对比。

党和苏区政府通过加强列宁小学的建设、提高学龄儿童入学率，促进了苏区儿童文化素质和政治觉悟的提升，极大地调动了他们参加革命的积极性，为革命的发展储备了充足的后备力量。

（三）突出工作重点，师资和干部得以补充

一方面，发展苏维埃教育事业，离不开教师队伍，离不开知识分子的

---

① 张挚、张玉龙主编：《中央苏区教育史料汇编》上册，南京大学出版社2016年版，第479页。

② 《一个淮阳乡的模范学校》，《红色中华》，第131期，1933年12月2日，第4版。

③ 参见张挚、张玉龙主编：《中央苏区教育史料汇编》下册，南京大学出版社2016年版，第1063页。

参与。苏区教育资源短缺严重，尤其学校教员缺乏，严重制约了教学活动正常开展。党和苏区政府采取各种措施，广泛培养各级教员。

党和政府积极利用旧有知识分子。在苏区建立初期，党和政府充分利用地主阶级出身的知识分子为苏维埃服务，尤其使其成为苏区教育事业发展的重要力量。1929年，党和苏区政府认识到："知识分子若肯参加革命，工农阶级均可收容他们，依就他们才干的大小，分派给他们相当的工作。"①1933年8月，少共中央局、中央教育人民委员部发布的决议指出："发展文化教育的一个重要的条件，是培养干部与利用旧的知识分子的问题。"这就要求对待旧的知识分子，"我们必须用革命的空气去包围他们，造成他们的工作环境，使他们为苏维埃而工作。……在某些情形之下，还给他们以优待"②。同年召开的苏维埃第二次全国代表大会提出："凡是愿意为着民众服务，愿意为着社会主义的前途而奋斗的知识分子，各种专家，技师等等，都受着苏维埃政府的优待。"③同时也要看到，这些旧的知识分子文化水平虽然相对较高，但是政治觉悟还有待加强。为此，党和苏区政府在对其进行思想改造之后，令其工作于苏区教育体系，从事教育机构的管理工作以及基层的教员工作。

党和政府重视新式知识分子的培养，致力于造就工农自己的知识分子。为了达到这一目标，苏区政府提出"须要采取一切的手段与方法来培养无产阶级的知识分子"④，"必须进行有系统的培养工农的干部，从工农积极分子，与文化水平较高的干部中，准备大批熟悉教育工作人材

---

① 赣南师范学院、江西省教育科学研究所编：《江西苏区教育资料汇编（1927—1937）》（一），1985年版，第81页。

② 张挚、张玉龙主编：《中央苏区教育史料汇编》上册，南京大学出版社2016年版，第22—23页。

③ 张挚、张玉龙主编：《中央苏区教育史料汇编》上册，南京大学出版社2016年版，第9页。

④ 张挚、张玉龙主编：《中央苏区教育史料汇编》上册，南京大学出版社2016年版，第23页。

［才］，提拔妇女参加教育工作，首先是列小的教员"[1]。遵循这一精神，苏区政府先后成立短期、初级以及高级师范学校专门培养学校教员，颁布简章以规范学校的运作。如1932年5月，江西省苏维埃第一次工农兵代表大会做出决议，提出"学校教育以养成教员、编印课本、规定经费、整理和改造学校为当前任务"，为此，"省政府继续开办列宁师范，以期养成苏区能担任文化教育工作的人材［才］，本年度省政府至少还要办两期列宁师范班。各县政府文化部也应有计划来训练列小教员，尽可能开办训练班（或与邻县合办）"[2]。其中，短期师范学校修业时间最短为2个月，"以能了解小学前三年的全部教科书"，并且政治积极者为培养对象，目的是在短期内迅速培养大批小学教员。初级师范学校则以6个月为修业标准，学习内容包括教育原理、教学方法、教育管理以及各种常识性知识，注重围绕实际问题展开。初级师范学校相对于短期学校学习时间更长，而学习的知识更为系统全面。高级师范学校的修业期为1年，其培养目标主要是各地急需的短期及初级师范学校的教员。

教员的培训和进修工作得到党和政府的重视。在寒暑假，苏区政府专门组织成立了小学教员训练班，"专收现任或将任列宁小学教员者为学生"[3]。对于其他教辅资源的短缺，苏区中央提倡利用民间力量进行筹措，学校的经费主要依靠学生自纳和民间捐款，而"黑板常利用祠堂、庙宇之牌匾，加以刨平，涂以光油；或即就壁上刷黑一块。灯油粉笔，由学生自备"[4]。1933年10月，公略县举行了一个月的列小教员训练班。虽然他们文化政治水平低落一点，但在培训和实习中有学习精神与劳动

① 张挚、张玉龙主编：《中央苏区教育史料汇编》上册，南京大学出版社2016年版，第25页。

② 张挚、张玉龙主编：《中央苏区教育史料汇编》上册，南京大学出版社2016年版，第34、35页。

③ 江西省教育学会编：《苏区教育资料选编（1929—1934）》，江西人民出版社1981年版，第215页。

④ 赵可师：《赣西收复区各县考察记》（四），《江西教育旬刊》，1934年第10卷，第8期。转引自黄道炫：《张力与限界：中央苏区的革命》，社会科学文献出版社2011年版，第129页。

纪律，所以都获得了相当好的成绩。①这些举措有助于提升现有各类学校的师资水平，尽量弥补教员短缺带来的不利影响。

另一方面，广大干部和专业人才得到培养，有利于苏区政权巩固和发展。土地革命战争十年，各级各地干部学校培养了大批干部和知识分子。具体数字难以统计，但就几个较大苏区而言，干部教育成就值得肯定。在中央苏区，"从一九三一年开始，中央先后在瑞金创办了苏维埃大学、马克思共产主义大学、中央红军学校、中央农业学校、中央教育干部学校、无线电学校和卫生学校以及中央工农剧社等高等和中等专业学校，为革命培养了大批干部和各种专业人才，使中央革命根据地成为当时国内教育的先进地区"②。

各地方苏区也是如此。1931年初，鄂豫皖苏区创办了一所新集列宁高级学校。该校的设备师资、教学内容和教学质量均反映了该区干部教育的发展水平。学校完全执行教育为革命战争服务、教育与生产劳动相结合的方针，坚持勤俭办学，在开办半年多时间内就为道委、县区苏维埃和红军培养出300多名领导骨干。从1931年3月创办到1932年10月停办，将近两年时间内，新集列宁高级学校为县、区苏维埃和红军培养了3430名党政军骨干。鄂豫皖苏区的彭杨军政学校也培养出各种军政干部1000多人，红军开办的各级学校和训练班，共培养军事干部和技术骨干5200多人。③

苏区各地培养的广大干部在推动地方政府各项工作建设和发展方面作用巨大。1933年江西于都县苏教育部召集各区部长及科长集中训练了七天。"在这次训练过程中，克服骄傲自大的坏倾向，引起了工农积极分子

---

① 参见张挚、张玉龙主编：《中央苏区教育史料汇编》下册，南京大学出版社2016年版，第1079页。

② 张挚、张玉龙主编：《中央苏区教育史料汇编》下册，南京大学出版社2016年版，第1096页。

③ 参见董纯才主编：《中国革命根据地教育史》第1卷，教育科学出版社1991年版，第315、398页。

的学习精神，并且完全证明工农分子的进步速度很快。"①而在较早开展干部教育的闽西苏区，1930年夏季，连城新泉区开办妇女骨干训练班3个月内培训80多名干部。她们结业回乡后，几个月内就在连城南部13个乡办起了18所夜校，学员达到700多人。②1932年，中共湘鄂赣临时省委在极端困难情况下开办了第一期党校，学员不多，党校结束后学员有4个自愿到红十六军做政治工作，其余有1/3由省委分配了县级工作的，2/3分配了区级工作的。这充分说明了训练骨干积极分子对苏区教育工作的贡献。

① 张挚、张玉龙主编：《中央苏区教育史料汇编》下册，南京大学出版社2016年版，第1077页。

② 参见董纯才主编：《中国革命根据地教育史》第1卷，教育科学出版社1991年版，第234页。

第九章 全民族抗日战争时期中国共产党对根据地教育问题的解决 / 431

目 录

Contents

图书在版编目(CIP)数据

让人民过上好日子：中国共产党解决民生问题的历史考察：1921—1949. 中编 / 郭理著 . -- 芜湖：安徽师范大学出版社, 2024. 6. -- ISBN 978-7-5676-6812-6

Ⅰ. K296.5

中国国家版本馆 CIP 数据核字第 20240BQ491 号

让人民过上好日子

中国共产党解决民生问题的历史考察（1921—1949）中编

郭　理◎著

RANG RENMIN GUOSHANG HAO RIZI

ZHONGGUO GONGCHANDANG JIEJUE MINSHENG WENTI DE LISHI KAOCHA 1921—1949 ZHONGBIAN

总 策 划：陈 艳　戴兆国	执行策划：谢晓博　晋雅雯
责任编辑：谢晓博　晋雅雯	责任校对：刘 翠　阎 娟
装帧设计：王晴晴　冯君君	责任印制：桑国磊

出版发行：安徽师范大学出版社

芜湖市北京中路2号安徽师范大学赭山校区　　邮政编码：241000

网　　　址：https://press.ahnu.edu.cn

发 行 部：0553-3883578　　5910327　　5910310(传真)

印　　刷：安徽联众印刷有限公司

版　　次：2024年6月第1版

印　　次：2024年6月第1次印刷

规　　格：700 mm × 1000 mm　　1/16

印　　张：49　　插　页：1

字　　数：740千字

书　　号：978-7-5676-6812-6

定　　价：296.00元(全三册)

凡发现图书有质量问题,请与我社联系(联系电话:0553-5910315)

国家出版基金项目
NATIONAL PUBLICATION FOUNDATION

让人民过上好日子

中国共产党解决民生问题的历史考察（1921—1949） 中编

★ ★ ★ ★

郭 理◎著

安徽师范大学出版社
ANHUI NORMAL UNIVERSITY PRESS

·芜湖·

第六章　全民族抗日战争时期中国共产党对根据地粮食问题的解决

粮食丰实则社稷稳定，粮食短缺则社会动荡。"经验告诉我们：谁有了粮食，谁就有了一切。"[①]全民族抗日战争时期，中国共产党充分认识到粮食的重要性，面对敌后抗日根据地普遍存在的粮食短缺情况，中国共产党和根据地政府积极加强农业生产，注重粮食生产与管理，发动军民生产自给运动和精兵简政，实现财政收支开源节流，加强以粮食为主的对敌经济斗争，破解根据地粮食危局。

一、抗日根据地粮食问题概况

全民族抗日战争时期，中国共产党在西北、华北、华中、华南创建了多块抗日根据地。[②]由于遭受日伪敌顽长期封锁，自然灾害的频发，加上大量外来人员涌入，抗日根据地普遍出现粮食短缺问题。

---

① 《邓小平文选》第1卷，人民出版社1994年版，第79页。

② 参见中共中央党史研究室：《中国共产党历史》第1卷（上册），中共党史出版社2002年版，第802页。抗日战争时期主要革命根据地一种说法有19个，这里引用了《中国共产党历史》第一卷的观点：截止到1945年春，全国抗日根据地不断发展壮大为18个解放区，即陕甘宁区、晋察冀区、晋冀豫区、冀鲁豫区、晋绥区、山东区、苏北区、苏中区、苏浙皖区、淮北区、淮南区、皖江区、浙东区、河南区、鄂豫皖区、湘鄂区、东江区、琼崖区。

（一）抗日根据地粮食问题的主要表现

联合国粮食及农业组织认为，粮食是指作为主食的各种植物种子总称，包括麦类、粗粮和稻谷类三大类。广义上的粮食概念涵盖一切能维持人体生存和生长的各种农产品及其替代品。全民族抗日战争时期，各根据地长期存在粮食问题。尤其在1940年至1943年，这一问题发展成为严重的粮食短缺。这里所指的根据地粮食问题既包括主食的短缺，也包括广义概念上满足人体充饥必需农产品的短缺。如沦陷区的河南等地的灾荒年份，灾民不仅无主食充饥，甚至连以供充饥的各类替代品都难寻觅得到。

粮食问题是影响抗日根据地政权巩固和社会稳定的突出问题。长期的战争对各地农业劳作的影响不断加重，全国各地接连遭遇涝灾、旱灾、蝗灾等自然灾害，战争和天灾形成大量难民灾民，加之日伪军和国民党顽固派的军事经济封锁，各抗日根据地经济遇到严重困难，粮食短缺问题亟须解决。

1. 休养生息、争取外援时期的粮食紧张

全民族抗战初期，国共两党处于亲密合作阶段。以陕甘宁为主的抗日根据地的军费以国民政府拨款为主，公粮征收和税额都很低，广大抗日根据地民众粮食能够基本自足。如陕甘宁地区，在苏维埃革命前因土地集中严重、杂捐赋税繁重，广大贫苦人民"终岁收入，不够温饱"。在土地革命后，"人民的生活才逐步的改善了，首先是取得了三餐粗饭，两季衣衫"，"而且人民不仅有饭可吃，有衣可穿，并且许多农民还不时可以吃肉吃面"[①]。在抗战初期，各抗日根据地原辖区乡村的经济面貌有所缓解，农业耕地面积有所扩大，牲畜养殖数量有所增加。（详见表6-1、表6-2）"仅仅三、四年耕地面积增加达百分之卅以上，个别地区耕地增加更为迅速。……廿九年比廿五年增加熟地30900垧。仅仅四年熟地增加达

---

① 陕甘宁边区财政经济史编写组、陕西省档案馆编：《抗日战争时期陕甘宁边区财政经济史料摘编》第9编，陕西人民出版社1981年版，第2页。

百分之六十一。"[1]

表6-1 安定五个区廿五到廿九年耕地增长表[2]

年份	可耕地/垧	熟地/垧	荒地/垧
廿五年	85000	50000	35000
廿六年	同上	52300	32700
廿七年	同上	55300	29700
廿八年	同上	72300	12700
廿九年	同上	80900	4100

注：每垧=3亩。

表6-2 陕甘宁边区牲畜养殖情况[3]

年份	牛/头	驴/头	骡马/头	骆驼/只	羊/只
廿七年	102676	70810	1468	1254	761464
廿八年	123963	97407	2040	1329	1012786
廿九年	148408	94334	1817	2458	1652170

全民族抗日战争爆发后，各种因素导致抗日根据地粮食出现紧张，影响到军政补给和民众生活。抗战之初，陕甘宁边区政府主要通过争取国民政府协助款来解决财政经费，军政人员粮食尚能保证。从1937年到1940年，陕甘宁边区财政收入中外援（主要指国民政府协助款）所占比重分别是77.2%、51.69%、85.79%和70.5%。[4]随着边区对粮食需求和财政开支增加，军政供给出现了困难，粮食紧张加剧。在晋察冀边区，全民族抗日战争开始后，因为各种灾害农民连年歉收，1939年晋察冀边区农

---

[1] 陕甘宁边区财政经济史编写组、陕西省档案馆编：《抗日战争时期陕甘宁边区财政经济史料摘编》第9编，陕西人民出版社1981年版，第26—27页。

[2] 参见陕西省档案馆、陕西省社会科学院编：《陕甘宁边区政府文件选编》第3辑，档案出版社1988年版，第191页。

[3] 参见陕甘宁边区财政经济史编写组、陕西省档案馆编：《抗日战争时期陕甘宁边区财政经济史料摘编》第9编，陕西人民出版社1981年版，第27页。

[4] 参见宋金寿主编：《抗战时期的陕甘宁边区》，北京出版社1995年版，第506页。

业生产产量比 1938 年下降了 1/3[①]，导致根据地粮食供应出现紧张局面。1938 年 5 月，任弼时曾谈到八路军后勤保障补给困难："因为八路军受着经费的限制，现在部队是过着极苦的物质生活。……至于干部，则与士兵生活相等，……也因经费困难，不能经常发给。"[②]

2. 遭受日伪敌顽全面封锁时期的粮食危机

抗战相持阶段，日伪军对敌后根据地展开重点进攻和疯狂"扫荡"，国民党在五届五中全会后转变对待共产党的政策，开始封锁抗日根据地，甚至制造军事摩擦。1940 年到 1942 年，全国发生多次自然灾害，造成粮食产量大幅下滑，加剧了抗日根据地的粮食短缺局面。

1940 年 10 月，广大抗日根据地的财政外援全部断绝。为应对党中央和根据地财政开支，各地只好采取提高救国公粮、向群众购粮、发行建设救国公债等方式来解决财政困难。如在陕甘宁边区，从 1940 年开始民众缴纳救国公粮数量逐年提高。1940 年，边区群众缴纳救国公粮为 97354 石，占边区粮食收获量的 6.38%；1941 年，边区实际征收救国公粮 201617 石，占边区粮食收获量的 13.85%，向群众购粮 49705 石，发行建设救国公债 618 万元（边币）。[③]群众一时负担不了，边区的粮食短缺局面更加紧张。在陕甘宁边区三边分区，"有许多群众在饿肚子，并且已有饿肿脸皮的；有因饿肚子而搬移他处觅食的"[④]。1947 年，南汉宸回顾了皖南事变后边区经济困难景象："在粮食上，1940 年对军需的严重性估计不足，还没有改变单纯的量入为出的财政方针，仅征公粮 9 万石。1941 年春，人数增加，缺粮太多，四月初即闹粮荒，又无通盘计划，曾被迫下令，两次借粮、一次征购。……但粮食供给仍不能保证，有的部队两天没有吃上

---

① 参见［瑞典］达格奋·嘉图：《走向革命——华北的战争、社会变革和中国共产党》，杨建立、朱永红、赵景峰译，中共党史资料出版社 1987 年版，第 9 页。

② 中共中央文献研究室、中央档案馆编：《建党以来重要文献选编（1921—1949）》第 15 册，中央文献出版社 2011 年版，第 329 页。

③ 参见宋金寿主编：《抗战时期的陕甘宁边区》，北京出版社 1995 年版，第 506 页。

④ 陕甘宁边区财政经济史编写组、陕西省档案馆编：《抗日战争时期陕甘宁边区财政经济史料摘编》第 9 编，陕西人民出版社 1981 年版，第 46 页。

粮"①，以上情况"致粮食恐慌与困难达于极点"②。

在晋察冀边区，1942年以后边区军民经济生活进入了前所未有的困难时期。聂荣臻元帅曾回忆起当时的情况："人民群众吃的、住的都发生了严重问题，许多地方的群众吃树皮、树叶。不少青壮年被敌人抓走，大量牲畜农具遭敌破坏，许多土地荒芜，生产大幅度下降。部队食粮不足，油盐菜蔬缺乏，不得不以黑豆、麦麸充饥。"③到了"一九四二年春天，青黄不接，群众和部队都发生了粮荒。入春后，杨树、榆树长出了嫩叶，老百姓就把树叶当成了主要的食粮"④。在晋冀鲁豫边区，冀南区党委会于1942年10月通告全区机关："由于日寇的掠夺与摧毁，社会积蓄、人民积蓄已大大的减少，今年收成不好，很多地区粮食只能吃到今年底，明年即无办法。"⑤这种情况并非个例。如太行分区的磁武县，1942年"秋收平均不及三成"⑥，粮食缺口很大。由于根据地政府粮食供应出现了严重困难，各机关不得不派出大批干部付出最大精力去催粮借粮，如学校大批学生出去弄粮食，军队成连成排地催给养。但是各机关各部队仍然"尚有吃不饱饭者，影响工作甚大，影响军民关系至巨"⑦。1943年上半年，晋冀鲁豫边区第十九专署区粮食亏欠超过158万斤，造成许多

---

① 陕甘宁边区财政经济史编写组、陕西省档案馆编：《抗日战争时期陕甘宁边区财政经济史料摘编》第9编，陕西人民出版社1981年版，第38页。

② 陕甘宁边区财政经济史编写组、陕西省档案馆编：《抗日战争时期陕甘宁边区财政经济史料摘编》第9编，陕西人民出版社1981年版，第39页。

③ 聂荣臻：《聂荣臻元帅回忆录》，解放军出版社2005年版，第427页。

④ 聂荣臻：《聂荣臻元帅回忆录》，解放军出版社2005年版，第429页。

⑤ 晋冀鲁豫边区财政经济史编辑组、山西省档案馆、河北省档案馆、山东省档案馆、河南省档案馆编：《抗日战争时期晋冀鲁豫边区财政经济史资料选编》第1辑，中国财政经济出版社1990年版，第487页。

⑥ 晋冀鲁豫边区财政经济史编辑组、山西省档案馆、河北省档案馆、山东省档案馆、河南省档案馆编：《抗日战争时期晋冀鲁豫边区财政经济史资料选编》第2辑，中国财政经济出版社1990年版，第375页。

⑦ 晋冀鲁豫边区财政经济史编辑组、山西省档案馆、河北省档案馆、山东省档案馆、河南省档案馆编：《抗日战争时期晋冀鲁豫边区财政经济史资料选编》第1辑，中国财政经济出版社1990年版，第605页。

不应有的现象。如"部队拿着支粮证到仓库取不到粮食，各部队各单位天天囔着饿肚子"，"以致影响了部队的巩固与扩大"[①]。在晋绥边区，1941年到1942年是边区抗战极其艰苦的阶段。"抗日根据地的局势日趋恶化，军民生活极端困难，没有盐吃，没有衣穿，医药、武器也十分困难。军队每人每天吃7两黑豆，还得勒紧腰带打仗、生产。有时军队连黑豆也吃不上，就用瓜叶、树叶、草根、野菜充饥。"[②]

（二）抗日根据地粮食问题的形成原因

1940年以后广大抗日根据地普遍出现粮食短缺现象，究其原因有多重因素。从生产力条件而言，长年战争严重破坏了根据地本已落后的生产力，导致粮食产量不足；在自然条件方面，各抗日根据地连年遭受自然灾害，大多粮食歉收；在军事因素方面，日伪敌顽对抗日根据地实施封锁，断绝了抗日根据地粮食进口与补给渠道；在内部因素方面，抗战以来外来人口短期激增打破了原有的粮食供求平衡，致使各地粮食供给出现紧张。

1. 常年战争破坏农业生产力致使粮食产量不足

从地理环境看，中国共产党领导的抗日根据地土地资源丰富，气候条件优越，适宜进行农业生产。如华北地区土壤肥沃，四季分明，日照充足，自古以来是我国小麦主产区。华中地区水陆交通便利，盛产稻米、小麦、油菜、棉花和各种水产等农产品。然而各抗日根据地的粮食产能却普遍较低。一方面，广大根据地沿用的传统农业生产方式制约着粮食总产量。除华北、华中个别地区以外，各地农业生产水平比较落后，耕作水平不高，农业技术落后。另一方面，广大根据地多处山区、丘陵或平原的落后地区，种植环境差，局部地区粮食产能非常低。如晋察冀边

---

① 晋冀鲁豫边区财政经济史编辑组、山西省档案馆、河北省档案馆、山东省档案馆、河南省档案馆编：《抗日战争时期晋冀鲁豫边区财政经济史资料选编》第1辑，中国财政经济出版社1990年版，第608页。

② 黄文主、赵振军主编：《抗日根据地军民大生产运动》，军事谊文出版社1993年版，第222页。

区地处3省交界，地形复杂、山峦重叠，既有陡峭挺拔的山地又有辽阔的大平原。在其北岳区的山区常年发生旱灾，甚至在丘陵和平原地带也是"十年九旱"。抗战前这一地区农作物产量每亩平均不过百斤，人民群众生活都很贫苦，农民吃糠吃树叶是常见的生活。①晋察冀边区的冀中区则是一马平川，河流纵横，土地肥沃，适宜农作物生长，一般作物可两年三熟，粮食产量高，除去自给之外，一部分粮食还能够外运外销，这就导致了根据地各区粮食生产的不平衡。

　　抗战进入相持阶段后，日军不断加强对敌后抗日根据地的军事进攻和经济掠夺。当时，日军主要采取"以战养战"政策发动总力战、经济战，对抗日根据地经济尤其是农业生产造成严重损坏。其一是战争消耗大量劳动力，导致土地荒芜。在敌占区，由于沉重劳力负担和广大劳动力被掠夺，粮食普遍歉收。在游击区，"有时万幸种上一些庄稼，也不能按时拔锄，竟荒芜成莠，不到成熟之时，敌人即强迫割去。……在这样的百般摧毁与破坏生产下，群众端难生存"②。其二是敌后抗日根据地反"扫荡"及备战也消耗不少劳动力，影响农业生产。在平时，根据地军民起早贪黑进行生产，一旦日伪"扫荡"，军民不得不放弃生产进行备战和对敌斗争。"敌人'扫荡'后，又是一番善后整复，消耗劳力更是庞大。如1942年'扫荡'，整整一月，人民不能恢复常态，对生产的影响不言可知了。"③表6-3列出了晋冀鲁豫边区太行分区在反"扫荡"过程中所耗费的民力情况。可见，因战争消耗了大量劳动力，粮食生产受到影响。原本各地已经存在粮食产能低、产量不平衡的问题，极易导致粮食紧缺。在

---

　　① 参见魏宏运主编：《晋察冀抗日根据地财政经济史稿》，档案出版社1990年版，第32、35页。

　　② 晋冀鲁豫边区财政经济史编辑组、山西省档案馆、河北省档案馆、山东省档案馆、河南省档案馆编：《抗日战争时期晋冀鲁豫边区财政经济史资料选编》第1辑，中国财政经济出版社1990年版，第561页。

　　③ 晋冀鲁豫边区财政经济史编辑组、山西省档案馆、河北省档案馆、山东省档案馆、河南省档案馆编：《抗日战争时期晋冀鲁豫边区财政经济史资料选编》第1辑，中国财政经济出版社1990年版，第562页。

日伪军全面封锁后，各抗日根据地粮食紧缺状况不断加重，灾荒之年形成严重的粮食短缺问题就不可避免。

表6-3　太行区人民反对敌人"扫荡"所消耗劳力情况统计[①]

年月	扫荡围攻的范围	时间/天	每次消耗劳力/人	消耗总数/人
1937年12月	六路围攻	5	150000	750000
1938年4月	九路围攻	15	1460000	21900000
1939年1月	和辽被占	10	150000	1500000
1939年7月	六路围攻晋东南	15	450000	6750000
1940年1—3月	冀西晋东年关扫荡	5	1400000	7000000
1940年5月	四、三分区的春季扫荡	7	300000	2100000
1940年10月	清漳三次扫荡	40	450000	18000000
1941年1—5月	平汉沿线蚕食扫荡清剿元氏-磁县	70	80000	5600000
1941年4—5月	四、二、三、五分区五月扫荡	7	260000	1820000
1941年6月	四、二分区扫荡	5	120000	600000
1941年10月	二、三、六分区秋季大扫荡二十二县	10	1000000	10000000
1942年5月	太行全区扫荡	30	2000000	60000000
1942年10月	二、六分区秋季扫荡七县	7	1000000	7000000
1943年5月	二、六分区各一部九个县	11	450000	4950000
1944年	四、二分区	27	120000	3240000
1944年	四、三分区秋季扫荡	7	270000	1890000
1945年	四、二分区	12	120000	1440000
总计		283	9780000	154540000

2.多种自然灾害频发导致粮食连年减产歉收

气候环境对农业生产的影响至关重要。全民族抗日战争时期，因连年暴发旱、涝、蝗虫等自然灾害，各抗日根据地农业生产普遍歉收。

其一，旱灾的影响。以陕甘宁边区为例，边区地处黄土高原，地势较

---

① 参见晋冀鲁豫边区财政经济史编辑组、山西省档案馆、河北省档案馆、山东省档案馆、河南省档案馆编：《抗日战争时期晋冀鲁豫边区财政经济史资料选编》第1辑，中国财政经济出版社1990年版，第563页。

高，境内多山，沟壑纵横，普遍缺水。"边区本来还有森林，森林是可以调节气候的。……但是几年来乱砍乱伐，许多地方的森林却遭到破坏"[①]，植被蓄水能力减弱。加上边区地面缺少覆盖，蒸发量逐渐增加，经常形成旱灾威胁。（边区降雨量与蒸发量的情况可通过两组数据来说明，具体可见表6-4）

表6-4　1940—1945年陕甘宁边区降雨量、蒸发量的情况记录[②]

年份	降雨量	蒸发量	说明
1940年	472.4公厘	/	缺少1940—1941年的蒸发量记录；公厘，旧时长度计量单位，已经被淘汰，1公厘=1毫米。
1941年	313.1公厘	/	
1942年	328.0公厘	1400.3公厘	
1943年	290.3公厘	1800.0公厘	
1944年	251.1公厘	1788.0公厘	
1945年	218.0公厘	2100.0公厘	

旱灾在其他抗日根据地同样存在。1941年至1942年，农业大省河南省连续遭受旱灾导致粮食歉收，加上蝗灾，最后河南发生严重大饥荒。华北、华中根据地也受到旱灾影响，特别是华北旱灾异常，"百年来无此苦旱"[③]。在晋冀鲁豫边区，1942年太行根据地五、六专区遭严重荒旱，1943年夏又普遍缺雨，"禾苗多形枯死，以致旧的灾荒尚未过去，新的灾荒又已袭来……其程度之严重，更超过去年许多；社会积蓄，空前

---

① 陕甘宁边区财政经济史编写组、陕西省档案馆编：《抗日战争时期陕甘宁边区财政经济史料摘编》第2编，陕西人民出版社1981年版，第19页。

② 参见陕甘宁边区财政经济史编写组、陕西省档案馆编：《抗日战争时期陕甘宁边区财政经济史料摘编》第2编，陕西人民出版社1981年版，第19—20页。

③ 晋冀鲁豫边区财政经济史编辑组、山西省档案馆、河北省档案馆、山东省档案馆、河南省档案馆编：《抗日战争时期晋冀鲁豫边区财政经济史资料选编》第2辑，中国财政经济出版社1990年版，第354页。

耗减。"①

其二，涝灾的影响。华北地区历来水患严重。据记载，1913年、1916年、1917年、1924年和1929年，华北多次发生水灾。特别是1939年华北地区大水灾直接导致粮食产量急剧下降。当年7月，华北暴发水灾时，日寇乘机在冀中决口185处，决堤120道。在此次数十年不遇的大水灾中，晋察冀全边区良田被毁17万顷，粮食损失60万石，人畜伤亡严重。其中冀中区受灾面积达30余县，淹没村庄6752个，占当时冀中行政村总数8625个的78%，田禾被淹15万顷，其中6万顷禾苗绝收。②"据苏联地理经济专家卡赞宁估计，一九三九年全中国水灾在华中被淹没的土地，就等于英伦的土地，其严重可见一斑。"③在陕甘宁边区，1941年气象记录表明，边区年降雨量在月份上非常不平均，在春耕时节需要雨水的4、5月份，降雨量仅有全年的11%，极易形成旱灾。而夏收秋种的7、8、9月份，不太需要雨水的时候，降雨量却高达全年的60%。④秋季雨水太多又会酿成水灾，或连阴太长，下霜前庄稼不能成熟，粮食就会减产。另外，边区植被覆盖率低，蓄水功能减弱，过多雨水也易成水灾。接连不断的天灾导致受灾地区粮食歉收甚至绝收，对根据地民众来说无疑雪上加霜。

其三，蝗灾的影响。各抗日根据地旱灾年后常常爆发严重蝗灾。1941年开始，蝗灾已在河南等地出现。这次蝗灾主要集中在黄泛区和黄河沿线，在敌后的晋冀鲁豫边区、晋察冀边区灾害较为严重。1943年，蝗灾已经波及晋冀鲁豫全边区。当年夏季，冀鲁豫分区"郓北三区南华的临河区、寿张的一、二区以及范县的三区等九个村庄，均先后发现蝗虫，

① 晋冀鲁豫边区财政经济史编辑组、山西省档案馆、河北省档案馆、山东省档案馆、河南省档案馆编：《抗日战争时期晋冀鲁豫边区财政经济史资料选编》第2辑，中国财政经济出版社1990年版，第352页。

② 参见魏宏运主编：《晋察冀抗日根据地财政经济史稿》，档案出版社1990年版，第117、118页。

③ 陕甘宁边区财政经济史编写组、陕西省档案馆编：《抗日战争时期陕甘宁边区财政经济史料摘编》第2编，陕西人民出版社1981年版，第21页。

④ 参见陕甘宁边区财政经济史编写组、陕西省档案馆编：《抗日战争时期陕甘宁边区财政经济史料摘编》第2编，陕西人民出版社1981年版，第20页。

有的禾苗已被啃食殆尽，而形成灾荒。"7月，"在豫北冀西一带，曾发现大批蝗虫，田禾损失甚重。据林（县）北二区的统计，仅黄泉坡等五个村，因蝗灾而减收三百石"①。"蝗虫灾害十分厉害，飞天蔽日，特别是向阳的地方有几尺厚。"②由于旱灾和蝗灾，1943年太行分区受灾民众占总人口的50%，秋收平均只有三成。③1944年，太行区的林县又有540个行政村771000余亩农作物遭受蝗虫侵袭。④面对蝗灾肆虐，党和政府纷纷组织军民开展打蝗运动，意在遏制蝗灾扩散。

其四，其他灾害的影响。除了旱涝和蝗灾外，广大抗日根据地还常发生雹、冻、霜等自然灾害。1942年夏，晋察冀边区的曲阳、完县、灵寿、行唐、平山、代县等，在久旱之后又受大风和冰雹灾害的袭击。行唐、灵寿等县，不少村庄房屋塌毁，牲畜被压毙。⑤1943年，陕甘宁边区发生雹灾，其中陇东的雹灾很为严重，受灾的范围多到六个县至少三县，冰雹小的大如豌豆，大的大如鸡子，时间短的十多分钟，长的四小时。1943年，环县、镇原、华池、合水、曲子、庆阳六县共打坏秋田145985亩，损失28062石以上。据1944年环县、华池、曲子三县不完全统计，共打坏秋麦24192亩。⑥这些自然灾害造成农田受损严重，粮食收成减少，加剧了各根据地的粮食短缺。

3. 日伪敌顽的全面封锁断绝粮食进出渠道

全民族抗日战争时期，日本侵略者除了以军事手段对抗日根据地进行

---

① 河南省财政厅、河南省档案馆编：《晋冀鲁豫抗日根据地财经史料选编（河南部分）》第3册，档案出版社1985年，第634页。

② 《史向生纪念文集》编委会编：《史向生纪念文集》，河南人民出版社2013年版，第35页。

③ 参见太行革命根据地总编委会编：《太行革命根据地史稿（1937—1949）》，山西人民出版社1987年版，第170页。

④ 参见林县档案局：《林县灾害志》，内部资料1983年印刷，第65页。

⑤ 参见魏宏运主编：《晋察冀抗日根据地财政经济史稿》，档案出版社1990年版，第197页。

⑥ 参见陕甘宁边区财政经济史编写组、陕西省档案馆编：《抗日战争时期陕甘宁边区财政经济史料摘编》第2编，陕西人民出版社1981年版，第22页。

军事进攻外，还加紧从经济战线上封锁抗日根据地，企图在经济上困死我们。

一方面，日军加强对华经济战，强化对抗日根据地的经济封锁。在敌占区，日本侵略者在伪华北政务委员会成立经济委员会和经济对策委员会。他们颁布封锁纲领，实施连保连坐的"经济封锁法"，训练专门同抗日根据地进行经济斗争的伪工作人员，严禁各种战略物资和其他生活必需品由敌占区输入抗日根据地。在经济贸易上，日本帝国主义实行贸易垄断，提高敌占区工业品的价格，压低抗日根据地土产品的价格，实行不等价交换，企图把抗日根据地经济逼进绝境。在粮食政策上，日占区实行粮食配给制度，其他生活必需品也以计口售物的办法，只准少量购买，禁止向抗日根据地输出。日军为切断敌后抗日根据地粮食供给，"据点增多，扫荡频繁，随军携带大量民夫、驮骡到处掠夺，无论粮食、衣服物品、器具，所到劫掠一空。"除了能带走的物品外，"每次扫荡的时候，寇军所遇一切生产工具总是打烂烧毁，牲畜总是杀掉抢走，不定孑遗"[1]。据统计，抗战期间，仅晋冀鲁豫边区太行分区就共计小米1200余万石粮食被烧毁和掠走。[2]

另一方面，国民党顽固派也对抗日根据地实施封锁，严控各地货物运输与贩卖。抗战初期，财政外援一直是抗日根据地财政收入主要进项。在陕甘宁边区，"粮食供给……从三七年至三九年，主要的依靠外援，从武汉、西安、洛川采买"[3]。（详见表6-5）1940年10月起国民政府停发了八路军军饷，这样边区和八路军的经济外援大部分断绝。当时，国民党军队在临近陕甘宁边区的彬县、西峰、平凉等地建立百货登记管理局，

---

① 魏宏运主编：《抗日战争时期晋察冀边区财政经济史资料选编（总论编）》，南开大学出版社1984年版，第412页。

② 参见晋冀鲁豫边区财政经济史编辑组、山西省档案馆、河北省档案馆、山东省档案馆、河南省档案馆编：《抗日战争时期晋冀鲁豫边区财政经济史资料选编》第1辑，中国财政经济出版社1990年版，第556页。

③ 陕甘宁边区财政经济史编写组、陕西省档案馆编：《抗日战争时期陕甘宁边区财政经济史料摘编》第9编，陕西人民出版社1981年版，第48页。

专管各类生活必需百货的销售和管理。凡是运销这些货物者必须持有该局核发的运销证，如不按照规定运销者，将以"走私"论罪，物资没收，货主法办。

表6-5　1937年至1940年陕甘宁边区财政收入情况[①]

年份	外援及占全年财政收入比重		国民政府拨发经费/元	国内外进步人士捐款/元
	金额/元	占收入比重		
1937年7—12月	/	/	1927672.84	36254.20
1938年	468500.00	51.69%	4480157.16	1973870.97
1939年	5664667.34	85.79%	5000436.10	604207.53
1940年	7550855.04	70.50%	4997074.11	5505901.69
合计	13684022.38	/	16405340.21	8120234.39

日伪敌顽的封锁和掠夺使抗日根据地各类物资无法实现内外流通，物资日趋短缺，加剧各地粮食短缺局面。长期率领新四军一部转战敌后的彭雪枫将军关于敌后抗战局面的表述，可以反映当时敌后抗日根据地粮食困难状况。"在敌人后方工作，是一件'说得出做得到'的事业，然而并不是一件'一伸手就拿来'的玩具。""敌人是要拔除他的'心腹之患'，他必然要实行他的'扫荡计划'，于是艰苦、困难、不如意、不顺心的各式各样意想不到的环境就要来了。""尤其是经济上的封锁，使我们没有西药，没有饭吃，没有器材，没有必需的轻工业用品。"[②]

4.外来难民和脱产人员激增打破粮食供求平衡

抗日根据地的粮食短缺问题，既是一个绝对概念，也是一个相对概念。原本广大抗日根据地粮食紧张的局面长期存在，而在1940年后粮食短缺情况愈演愈烈，这与抗日根据地内部人口大量增加，粮食需求剧增有着紧密联系。以陕甘宁边区为例，"抗战前陕北旧治二十三县中，有不

---

① 参见陕甘宁边区财政经济史编写组、陕西省档案馆编：《抗日战争时期陕甘宁边区财政经济史料摘编》第6编，陕西人民出版社1981年版，第427—428页。表中的财政收入为法币。

② 中共中央文献研究室、中央档案馆编：《建党以来重要文献选编（1921—1949）》第15册，中央文献出版社2011年版，第488、489页。

少县份的收入尚不足本身每月仅三百六十元的政费开支，其贫穷即可想见。陕甘宁边区自'双十二'事变前后，即成为中国革命的落脚点与出发点，皖南事变以前四年财政开支中有51.6%到85.79%依靠外援，皖南事变后即完全自力更生……因为这里是党中央所在地，是解放区的总后方，因而脱离生产人员特别多"[①]。当时抗日根据地外来人口和脱产人员的激增打破粮食供求平衡。

其一，沦陷区、国统区的受灾民众纷纷逃往敌后抗日根据地。长期战争给各地民众生活以摧毁性打击。1939年水灾、1940—1942年大旱灾造成沦陷区大批难民的出现。相比而言，抗战初期陕甘宁边区人民生活有所改善，农村经济欣欣向荣。两相对照下，大量灾难民纷纷逃往陕甘宁边区。1937—1945年，陕甘宁边区各级政府共安置了外来移难民63850户，266619人。[②]（详见表6-6）新增移难民几乎占边区原有人口的1/5，这无疑增加了对粮食的需求。

表6-6　陕甘宁边区1937—1945年移难民统计表[③]

数目	1937至1940年	1941年	1942年	1943年	1944年	1945年	合计
移难民户数	33735户	7855户	5056户	8570户	7823户	811户	63850户
移难民人口	170172人	20740人	12431人	30447人	26629人	6200人	266619人
移难民来源	1.因天灾任何剥削压榨，不堪黑暗统治，由河南、关中、汉中、榆林、横山、宜川、洛川、甘肃、宁夏等地移来。2.从敌占区的山西、河北等地移来。3.从绥德县、米脂、吴堡、佳县、清涧等地移来						
还乡难民数	50000人						

其二，各抗日根据地存在大量脱产工作人员。仅在陕甘宁边区，属于

①　陕甘宁边区财政经济史编写组、陕西省档案馆编：《抗日战争时期陕甘宁边区财政经济史料摘编》第6编，陕西人民出版社1981年版，第8页。

②　参见陕甘宁边区财政经济史编写组、陕西省档案馆编：《抗日战争时期陕甘宁边区财政经济史料摘编》第9编，陕西人民出版社1981年版，第399页。

③　参见陕甘宁边区财政经济史编写组、陕西省档案馆编：《抗日战争时期陕甘宁边区财政经济史料摘编》第9编，陕西人民出版社1981年版，第400页。

边区一级的行政机构脱产人员数量就在万人以上。边区的司法机构、民间团体以及各级学校、医疗卫生和经济机构等单位人员数量也不少。由于各单位经济上不能自给，只能依靠边区政府财政补贴。1937年9月，陕甘宁边区成立八路军后方留守处和边区保安司令部，负责边区防务。抗战转入相持阶段后，为巩固边区军事防卫，华北抗战前线八路军一二〇师三五九旅主力奉中央军委命令调回边区驻防。此时，陕甘宁边区总兵力达2个旅13个团，总人数22616人。1941年边区驻防3个旅20个团，兵力31777人。1942年5月，边区总兵力增加到5个旅21个团，共32292人。边区屯兵最多时曾达9个旅30个团，共52481人。①这些驻防部队的后勤补给和粮食供应均需边区承担。其他敌后抗日根据地在日伪军"扫荡""蚕食"下，各地巩固区面积缩小很多，抗日根据地人、财、物大为减少。相比而言，这些脱产人员的日常开支远远超过了政府供应能力和人民负担。如在晋察冀边区，1942年初北岳区的巩固区脱产人数占该区总人口的4.2%，平西区的这一数字高达5.5%。②大量脱产军政人员的供应无疑增加了抗日根据地财政和粮食支出。

其三，各界爱国人士不断涌向抗日根据地。中国共产党的全面抗战路线和抗日民族统一战线政策，得到了全国各界人士的积极响应和热烈拥护。远至海外华侨，近至进步学生，全国各地大批爱国人士和革命青年满怀爱国热情和崇高理想，冲破重重封锁，纷纷涌向陕甘宁边区政府所在地延安和其他抗日根据地。

全民族抗日战争时期，"'延安'这座僻处陕北边区的又古老又冷落的小城市，它的名字在近两年来，传遍了全中国、全世界，多少人对它至今还怀着'神秘'的心理。""'延安'两字，不知有多少青年人在脑海中回旋着、憧憬着，正与一九二五年大革命前，国内青年憧憬'黄埔'

---

① 参见房成祥：《陕西通史》（革命根据地卷），陕西师范大学出版社1997年版，第226—227页。

② 参见魏宏运主编：《晋察冀抗日根据地财政经济史稿》，档案出版社1990年版，第162页。

的情况差不多。"①仅在1938年5月至8月，经八路军西安办事处赴延安的知识青年就有2288人之多。（详见表6-7）有一批上海青年，他们表示"割掉皮肉还有筋，打断骨头还有心，只要还有一口气，爬也爬到延安城"②。他们历时11个月，行程1万公里，1939年底才抵达延安。此外，抗战开始后许多进步文艺工作者先后来到延安。如成仿吾、丁玲、周扬、郭小川、刘白羽、魏巍、贺敬之、赵树理、艾青、贺绿汀、萧军、艾思奇、陆定一、范文澜等。其他抗日根据地也同样吸引了许多爱国知识分子的加入。这些知识分子和爱国青年大多从事文化教育工作和学习，并不直接从事农业生产，他们一切开支和粮食供应都需要根据地政府负担。毛泽东有段话反映当时党中央的考虑："我们要有一批脱离生产事务的革命职业家，我们也要有一批医生、文学艺术工作者及其他人等，但是这些方面的人决不能过多，过多就会发生危险。"③可见，大量爱国青年、知识分子的短期剧增必然增加抗日根据地的粮食开支。

表6-7　经西安八路军办事处赴延安知识青年统计表(1938年5—8月)④

介绍单位	人数	备注
武汉八路军办事处	880	
西安八路军办事处	801	包括川陕晋鲁豫等省
兰州八路军办事处	30	
湖南通讯社	120	
广东通讯社	78	
东北救亡总会西安分会	50	
陕北同学会西安分会	35	

① 孙海照选编：《陕甘宁边区见闻史料汇编》第3册，国家图书馆出版社2010年版，第29页。
② 宋金寿主编：《抗战时期的陕甘宁边区》，北京出版社1995年版，第621—622页。
③ 《毛泽东著作选读》下册，人民出版社1986年版，第566页。
④ 参见曲士培：《抗日战争时期解放区高等教育》，北京大学出版社2005年版，第13页。

续　表

介绍单位	人数	备注
民先总队部	107	
第一游击总队	150	
第四军驻赣办事处	37	
总计	2288	男占70%，女占30%

二、中国共产党解决抗日根据地粮食问题的政策措施

为缓解抗日根据地粮食紧张局面和消除民众中的粮食恐慌，中国共产党和根据地政府从调整土地政策入手，发展生产尤其重视粮食生产，开展生产自给，实行"精兵简政"，开展对敌粮食斗争。这些政策和措施的实行后，广大抗日根据地粮食总量逐步增加，粮食供求关系达到相对平衡，粮食紧张局面得以缓解。

（一）及时调整土地政策，减轻农民负担

土地问题是农村社会经济的根本问题。农村中的其他问题，也大多由此而生。解决粮食问题首先要从解决土地问题开始。全民族抗日战争时期，中国共产党和根据地政府对粮食问题的解决首先从调整土地政策着手。

1.减租减息前根据地的土地关系和阶级剥削状况

各抗日根据地建立前，农业生产极其落后，农民生活难以为继。造成这种状况的根本原因在于土地占有情况极不合理，大量土地集中在少数地主富农手中，多数农民无地少地。农民长期遭受土地剥削，收成所剩无几，生活异常困苦。

其一，土地高度集中，广大农民少地无地。在陕甘宁边区，边区绥德分区的绥德、子洲、佳县、米脂，陇东分区的庆阳、合水、镇原及关中

分区其他县的某些区乡（如赤水、新正、新宁、淳耀等地），这些区域人口约占边区人口50%。在实行土地革命前，这些地方的土地集中现象相当严重。"如镇原五区四乡全乡土地一万三千零六十九亩，两家地主有地七千四百亩，占全乡土地百分之五十六·六强。绥德新店区延家岔乡共有二三二户，共有耕地二千九百二十三垧，而延家岔十四家地主就占有土地一千三百九十四垧，占全乡土地百分之四八，占全村土地数百分之八二，而延家岔五六户中，贫农仅占有土地三〇二垧，占全村地数百分之十七，每人平均地不到一垧，农民说他们是'大树下的草'。"[1]在边区子长县的王家湾村，土地革命以前该村社会各阶级经济状况相差悬殊。"豪绅、地主按其人数还占不到全村总人口的百分之一，但所占土地量达全村总耕地面积的百分之四五·七，近乎一半。若再以人平均，每口有地37垧，如果连同富农占有土地加在一起，百分之七十四的土地为他们占有；相反，占全村人口百分之七十九的贫、雇[雇]、中农，仅占有土地只达全村土地总面积的四分之一，其中雇农却无寸地，贫农每人平均一垧稍多一点，中农按人计算才不过4垧。"[2]中贫农的土地不仅在数量占有上很少，质量更远不及豪绅地富占有的土地。因为前者多是远山陡坡地，后者则大部分是平川地和缓坡地。

在华北地区，1942年秋中共北岳区党委组织了一次覆盖北岳区28个县80个村庄的调查工作，县以上干部近90人历时半年多完成了这项工作。数据显示，全民族抗战爆发前，北岳区占农村总户数将近一半的贫雇农，平均每户土地为2.5亩至7.5亩，而占农村总户数2%的地主，每户平均土地却达到97.9亩。地主富农不仅集中了大量的土地，而且好地、水地、大牲口也大部分集中在他们手里。地主富农在农村总户数中占9.29%，却拥有土地的38.4%、水地的45.7%、骡马的50%。贫雇农户数是

① 陕甘宁边区财政经济史编写组、陕西省档案馆编：《抗日战争时期陕甘宁边区财政经济史料摘编》第9编，陕西人民出版社1981年版，第13—14页。

② 陕甘宁边区财政经济史编写组、陕西省档案馆编：《抗日战争时期陕甘宁边区财政经济史料摘编》第9编，陕西人民出版社1981年版，第11页。

地主富农的 5 倍，却只占有土地的 20%，占有水地的 16%、骡马的 8.6%。①这些数据清楚地说明地主富农在当地农村经济中的优势。全民族抗战爆发前，北岳区的五台县一、五、六、七、九等 5 区共有 16881 户，人口 89513 人，土地 343474 亩。该县占总人口一半以上的贫雇农，平均土地只有 1.4 亩，而且大部分都是坏地，产量很低。当时五台县最大的地主是五台山青黄两庙的大和尚大喇嘛，共有庙产 193 处，土地 83817 亩。庙产土地大部分佃租给周围各县贫苦农民耕种，寺院通过"庄头"（二东家）统治和盘剥农民，佃户不堪其苦。②在冀西地区的唐县，没有土地的农户占农户的 16%，5 亩土地以下的贫农占总户数的 41.6%，而占有 50 亩至 100 亩土地的地主占总户数的 2.8%。100 亩以上的大地主占总户数的 0.7%。据统计，在冀西其他各县没有土地的农户，有的达到 20% 左右。③无地农民生活毫无保障，饿死或外逃是难以逃脱的命运。

在晋冀鲁豫边区，土地集中情况比较严重的地方，一是晋东南上党南部一带，二是豫北安阳、内黄一带。据上党地区安泽县 1936 年统计，全县有大地主 12 户，还有一些外来商贾或地主在安泽经营土地的 12 户。他们控制了安泽的大部分土地。地处漳河下游的安阳东部和内黄一带土地集中情况在晋冀鲁豫边区乃至华北都很少见。据记载，这里 60%—70% 土地掌握在仅占户数 5%—7% 的地主手里。在安阳的豆管营，全村共 60 顷土地中有 40 顷为一户大地主所占有。④在晋冀鲁豫边区土地集中不太严重的地区，如晋东、冀西、其南、鲁西各县，大地主少，中小地主多。据太行区 22 县 159 个村调查，户数不及 3% 的地主占有 26% 以上的土地。这

---

① 参见魏宏运主编：《晋察冀抗日根据地财政经济史稿》，档案出版社 1990 年版，第 96—97 页。

② 参见魏宏运主编：《晋察冀抗日根据地财政经济史稿》，档案出版社 1990 年版，第 95 页。

③ 参见魏宏运主编：《晋察冀抗日根据地财政经济史稿》，档案出版社 1990 年版，第 95—96 页。

④ 参见赵秀山主编：《抗日战争时期晋冀鲁豫边区财政经济史》，中国财政经济出版社 1995 年版，第 11 页。

个情况和全国其他各地调查比较，地主占有土地数量比例不算太高，但地主所占有的土地质量上却占绝对优势。当地大多数条件较好、产量较高的肥田沃地多被地主占有。冀西赞皇、晋东昔阳、晋东南平顺3县4个村抽样调查统计，地主所占有的土地中的上等地占40%，中等地占25%，而贫农所占有的土地中，下等地就占全部下等地的50%以上，中等地不足40%，上等地则仅有12%。[①]

在华中地区，1942年鄂豫边区调查研究室在应城、陂安南、京山、汉川、黄陂、孝感、云梦等7个县的6个乡100个保进行了调查。结果显示在上述地区，土地将近半数属于地主及一部分富农。在土地占有面积上，地主、富农仅占总人口的18.5%，而所占土地却达43%。[②]土地大都集中在地主、富农之手，其中以地主集中为最多；中农、贫农土地很少，又以贫农为最少。在土地质量上，以田地的肥瘦而言，地主富农所占土地亦比中农贫农有优势。在安徽，据抗战期间淮南区党委对所辖来安县安乐乡进行的调查显示，该乡在全民族抗战爆发前土地集中非常严重。全民族抗战爆发前，安乐乡共有地主19户，人口92人，有土地571.89石，占全乡土地81.92%。其中，该乡有大地主1户，人口12人，有土地12367.97石，占全乡总土地52.02%；中地主4户，人口27人，有土地112.07石，占总土地16.9%；小地主14户，人口53人，有土地91.85石，占总土地13%。而全乡259户农民，共1222人，拥有土地112.03石，占全乡总土地的15.76%。尤其是贫农共有110户，人口415人，仅拥有土地1.8石，占全乡总土地的0.25%；而雇农49户，共166人，仅拥有0.4石土地，仅占总土地的0.05%。该乡所有马、牛、驴等牲口地主占有90%。[③]从该乡土地集中状况不难看出，淮南区的土地大多集中于大中地主手中，农

---

① 参见赵秀山主编：《抗日战争时期晋冀鲁豫边区财政经济史》，中国财政经济出版社1995年版，第11—12页。

② 参见刘跃光、李倩文主编：《华中抗日根据地鄂豫边区财政经济史》，中国财政经济出版社2017年版，第71页。

③ 参见安徽省财政厅、安徽省档案馆编：《安徽革命根据地财经史料选》（一），安徽人民出版社1983年版，第284页。

民拥有土地较少，尤其贫雇农仅有极少的土地。

其二，贫雇农常年遭受封建地租和高利贷残酷剥削。广大抗日根据地建立前，农民长期受到封建地租和高利贷的双重剥削。由于土地大量集中在地主富农手中，广大无地少地的贫苦农民不得不向地主富农租种土地、借高利贷，遭受其残酷的封建剥削。

各地土地革命前，贫苦农民长期遭受封建地租剥削。在陕甘宁边区，土地革命前的地租十分严重。当时陕西省的佃农与地主之地租分配，最少为对半，最多地主则占2/3。即使遇到灾荒，亦须尽量先缴纳地租，若缴纳不足，则扣"顶手"。此种"顶手"乃是农民租地主之田时，如城市租房时之押租，先交若干钱于地主，"顶手"交的多者，则稍少收其地租，普通每亩须交二、三元"顶手"。而且佃租字约上还会写明："不论雨霜天旱，租谷不得短少升合，如若短少，准于'顶手'项下扣除。并交租之谷物'须晒干车净'。"①如此苛刻的地租契约把各种风险都转嫁到佃农身上。在四川省，由于农民争寻土地耕种，地主乘势大加押租与租谷，导致佃农破产，土地加速集中。据1943年8月30日《解放日报》消息："四川省垣附近各县乡村，近来发生租佃纠纷案件颇多。纠纷起因为地主增收押金，往年每亩十元者，现竟加至五百元至六百元。如此，租种二、三十亩的佃户，竟须付出一万元至二万元的押金，普通佃户如何有此负担能力。"这种地主趁机大幅提高租额的行为在川、陕、甘等省并不是个别现象。"以四川为例……水稻区域普遍增加，租额最高加四分之一，押金增至一百两，旱地区域租额最高加三分之一，押金增至二十两。陕南与陇南大致同四川相差不远。………有些人，实不堪重压，或遭受无理退佃而逃往城市，另谋生路。……像甘肃的某部，佃农缴租，施行五家或十家连坐法，一家不缴或缴纳不清，由连坐者负责平均偿付，这么一来，逼得全体逃奔。""巴县歇马场每年新谷收获时，佃户被迫将耕牛农具卖了，以补足老板的租谷，致全家大小沦为饿殍者，十中必有二

---

① 陕甘宁边区财政经济史编写组、陕西省档案馆编：《抗日战争时期陕甘宁边区财政经济史料摘编》第9编，陕西人民出版社1981年版，第9页。

三。"①租额和押金的大幅提高，实则给予佃农以致命的打击。

在华北地区，晋察冀边区建立前广大贫苦农民缴完地租后所余无几，终年不得温饱。五台县的佃农每户每年向地主借粮（当地叫吃大粮）3石左右，春借一石，秋还一石五，剥削量达到50%。②边区的农民除了负担地租外，每年还要额外向地主交纳"背租""房租""黑租"等。当时五台山青黄两庙大和尚大喇嘛对农民的地租剥削更是残酷。五台山周围的五台、繁峙、阜平西部方圆几百里的土地，大部分是寺庙的"产业"，大多数贫苦农民都是五台山寺院的佃户。大和尚大喇嘛凭借土地占有权和政教特权，作威作福，残酷地剥削和奴役农民。在沉重的封建地租剥削下，农民大部分的土地收成都被地主所占去。

在华中的鄂豫边区，减租减息前地租率高的可达土地总收获量的60%以上，一般的是40%至50%，低的也有32%。一般年成须交纳这个数目。歉收之年，可登田看课，斟酌减少。广大农民在封建地租剥削和苛捐杂税剥削后，佃户每年收入不会超过其总收获量的30%至40%，甚至还在这以下，仅够负担三个月的开支。③农民生活不足之数，只能靠卖工、借贷、纺织、养猪、卖柴、烧窑、捞鱼捕虾、采野菜维持。

与此同时，广大贫苦农民还常年遭受严重的高利贷盘剥。由于捐税加重，地租奇高，农民为了维持最低生活，有时不得不向高利贷者借贷。在土地革命前的陕甘宁地区，"农村中高利贷的利率从四、五、八至十几分不等，有所谓'十付七'者，即借时预扣十分之三；有'大加一'者，即月利十分；有'银子租'者，即借洋十元，三个月后还本并加上三、四斗麦子；有'驴打滚'、'连根倒'、'牛犊账'等，即利上加利的意思，四个月甚或一个半月后便本利相等，这样使农民一落到高利贷手里，就

---

① 《大后方农村经济破坏的惨象》，《解放日报》，1943年8月30日，第4版。

② 参见魏宏运主编：《晋察冀抗日根据地财政经济史稿》，档案出版社1990年版，第97页。

③ 参见刘跃光、李倩文主编：《华中抗日根据地鄂豫边区财政经济史》，中国财政经济出版社2017年版，第72—73页。

被抽筋剥皮的一直到破产！"[1]在土地革命前，绥德地区"最可赚钱的事业，第一便是高利贷。这里借钱，最低是月利三分，最高五分。也有一年借一元还两元的，俗名为'一年滚'。借粮食普通是借三还四。此间借钱不论数目大小，均须以地作押。期满不赎变为典地"[2]。如典地到期无法赎取或需用钱时，借贷的农民只有将地找价出卖。而地主即以最低廉的价格将典地买进，再出租给那些卖出田地的农民去耕种。在前述的安定县王家湾村，该村高利贷债主远超出本村范围。据调查该村贫雇农所负债1542.5元左右中，"绥德的债主占1000多元左右，月利仍是三至五分，即全年偿付利息数额达到545.2元—925.2元，其数目之大，要占贫雇农全年总收入的45—85%。……如果按期还不上债，就把抵押的房产或土地一下剥夺了去，或是利上加利"[3]。

在其他抗日根据地建立前，高利贷种类同样繁多，利息剥削沉重。在华中，减租减息前鄂豫边区的高利贷形式主要有月月红、亮晚钱、鞭子钱等。所谓月月红，即借钱十块，月利一元，如果这个月不能缴纳利息，下月即按十一元起利；亮晚钱，则是如头一天借钱十元，第二天天亮就得付利一元；鞭子钱，即借债十元，债主只给九元，但按十元起息，并按十元还本。此外这一地区还存在猴子蹦听涨不听跌等名目的高利贷。鄂豫边区的高利贷一般年息皆在50%以上，最高的曾达120%。[4]在淮南地区，前述的来安县安乐乡高利贷形式更为繁多，有月利、粮利、粮食青子、买麦青、放豆饼、转风钱、猪利等。"月利——月利就是钱利，轻的每月五分，重的八分加一不等。一年后本利对半过头。中农、贫农借上

---

① 陕甘宁边区财政经济史编写组、陕西省档案馆编：《抗日战争时期陕甘宁边区财政经济史料摘编》第9编，陕西人民出版社1981年版，第18页。

② 陕甘宁边区财政经济史编写组、陕西省档案馆编：《抗日战争时期陕甘宁边区财政经济史料摘编》第9编，陕西人民出版社1981年版，第17页。

③ 陕甘宁边区财政经济史编写组、陕西省档案馆编：《抗日战争时期陕甘宁边区财政经济史料摘编》第9编，陕西人民出版社1981年版，第6页。

④ 参见刘跃光、李倩文主编：《华中抗日根据地鄂豫边区财政经济史》，中国财政经济出版社2017年版，第73页。

百元债就爬不起来了，借的时候要有中人担保，极贫还不起者借不到。"
"粮利——借钱一元，每月利钱是小麦一斗。""粮食青子——春荒时（粮
食青了的时候）借钱一元，到午季还小麦一斗外加本钱，限期在古历五
月二十日本利各还。到期不还，秋天再加一斗豆子利，'本到利住'。午
季如本利不还，到秋天就利折成钱，利上加利，秋天照滚。""买麦
青——又叫'站粮食'，粮食长在田里，未收成就卖了，贫农急吃急用，
吃亏很大，一般只给半价，（每担二元至三元五不等）不得劲的还拿不
到。""放豆饼——春荒时放豆饼一块（一毛钱），午季还豌豆一斗。""转
风钱——就等于印子钱，借的时候先扣下十分之一（借十元给九元），以
后每集加一利（古城三天一次集），一个月本利双倍。借这种钱的大部分
是为了急事，如死人等。""猪利——卖猪给穷人养，六个月对半分帐，
一般不很多见。"①此外，该村所在地区还有钱利、粮利、牛利、请会等
其他高利贷形式。

在晋察冀边区，土地革命前当地农村流行的高利贷形式主要有放利
钱、现扣利、当租、门前利、借粮等。一般借贷利息往往视借钱者的房
产多少、借期长短、借贷时节而定。一般的年利率在1分7厘至3分、5
分，但贫民去借钱时利息最高，年关借钱利息竟能高达月利4分至5分。
此外，帝国主义的买办和部分银行也放高利贷，年利率在1分左右。②虽
然这种借贷年利率并不算高，但其放款往往与收买农民的生产物结合在
一起，即在贷款时就以极低的价格预定农民的收获物，有些兼买办的经
营地主，甚至把放高利贷和购买短工的劳动力结合起来，使短工因借贷
而成为变相的农奴。这些高利贷种类之多、利息之高，贫苦农民一旦借
债上身，如牛负重，终身无以摆脱。

其三，贫雇农所受封建地租剥削以实物地租为主。抗日根据地建立

---

① 安徽省财政厅、安徽省档案馆编：《安徽革命根据地财经史料选》（一），安徽人
民出版社1983年版，第289—291页。

② 参见魏宏运主编：《晋察冀抗日根据地财政经济史稿》，档案出版社1990年版，
第99页。

前，农民遭受的地租剥削形式主要是实物地租，此外在一些经济较发达地区也实行过货币地租，个别落后地区还存在劳役地租。

需要指出的是，货币地租在一些地区的存在并不能说明当时农村经济发展程度有多么高级，它仅仅是地主压榨剥削农民的另一手段。当粮价涨高时地主并不减少货币地租，而当粮价低落时农民不得不贱价卖粮，交还地主货币形式的地租，无形中农民就得多交粮食给地主。至于劳役地租，在全国各地中是普遍存在的。在陕甘宁边区有一种叫作"安伙子"（安庄稼）的劳役地租。"安伙子"的农民除了缴完地主约定的地租，还要无偿地给地主家做事情。在晋察冀边区，五台山的寺院每年向佃农收取正租约43000余石之外，还要求佃农负担各种杂租和无偿劳动，如"租鸡""租鸡蛋""租草""招待费"等。在某些地区喇嘛地主对农民的奏子还享有"住夜权"。①"租鸡"即每亩地交若干鸡，"租鸡蛋"即每亩地交若干鸡蛋，"租草"即喂庙里的牲口，"招待费"则是由租种寺庙土地的佃农在和尚喇嘛到庄上收租时要提供往返盘缠，还要给他们做好饭吃。佃户给他们送租子进寺院时还需数步一叩头，焚纸烧香献上。总体来看，广大抗日根据地建立前土地租佃形式是多种多样的，各地虽叫法不尽相同，但都以实物地租为主要形式，同时加上其他各种劳役地租或货币地租。

以陕甘宁边区为例，土地革命前边区流行的土地租佃形式大致有租种类、伙种类两种。

陕甘宁边区的租种类租佃形式主要有定租、包山租、活租。一是定租。定租的计算是按照租种的面积执行，与土地收成无关，收租时承租人缴纳商议好的固定地租，主要是实物地租。定租在陕甘宁边区占有绝对优势，主要是大、中地主出租土地的主要形式，农民和地主的关系是一种相对固定的长期租佃关系。在边区各地，定租的条件、习惯没有明显差别，而在租额上有悬殊。资料显示，边区各地定租租额以占平年收

---

① 参见魏宏运主编：《晋察冀抗日根据地财政经济史稿》，档案出版社1990年版，第98页。

获量的比重计算，绥米一带定租租额是 35%—40%；清涧、安定、直属县东地区各县则为 15%—20%；延安、安塞各县为 10% 左右，志丹、环县等地仅有 5%—6%；在关中、陇东有些地方定租租额和安定、清涧相近，有些地方和直属县西地区相近，甚至有些地方租额高达 30% 或以上。[①] 这种悬殊的原因主要是各地不同的土地条件和劳动力多少所决定的。二是包山租。包山租与定租既有联系又有区别。二者相同之处在于承租人向出租人租地，不论收成如何，每年缴纳固定地租；不同点是包山租土地面积计算较为模糊，大多是指定某座山、某片土地，往往包含部分荒地。包山租租额没有一定标准，主要以土地品质而定，租额一般比较低。有的承租人也会将租种不了的土地转租给其他人，这种土地转租具有转租剥削性质。因而，包山租的形式只在土地辽阔、人口稀少、荒地较多的地区流行。三是活租。活租是一种以收获量为基础，租佃双方根据每年收成情况来确定双方收入分配的比例。因其比定租操作灵活，故取名为活租。由于活租与土地收成密切相关，出租人都十分关心所租土地的收获量，每当庄稼收获和收成分配的时候，地主往往亲自派人监督。因为地主要时刻关心土地种植和收成情况，所以采取活租形式的出租方大多是中、小地主。一般来说，活租的土地多是近地、好地，因而租额一般较高，如"在靖边二八（租二佃八）或一九分或租一五佃八五，但在绥米关中等地却高到租四佃六或对半分，可见它的租额是很高的"[②]。

　　陕甘宁边区的伙种类租佃形式又可以分为伙种、安庄稼。第一种是伙种。伙种涉及牲畜、肥料、种籽等生产资料和生产工具，而出租人有部分和全部投入之分。伙种的收成分配复杂，"粮食绝大多数是对半分，也有少量是租四佃六分"；柴草的分配则有对半分、全归出租人、全归承租人、"跟粪走"即归出肥料方、"跟牛走"即归出畜力方等五种形式；种

　　① 参见陕甘宁边区财政经济史编写组、陕西省档案馆编：《抗日战争时期陕甘宁边区财政经济史料摘编》第 2 编，陕西人民出版社 1981 年版，第 232 页。

　　② 陕甘宁边区财政经济史编写组、陕西省档案馆编：《抗日战争时期陕甘宁边区财政经济史料摘编》第 2 编，陕西人民出版社 1981 年版，第 235 页。

籽和牲畜饲料的供给及归还条件也可以分为四种，即两家分担、谁出还谁、出租人出不还、承租人出不还等。[①]由上可见，伙种本身不是一种租佃形式，而是由许多种租佃形式所构成的。伙种的租佃形式在陕甘宁边区很普遍，主要流行于中农与贫农之间，在没有进行土地革命地区的一部分中、小地主也采取过伙种形式。另外一种是安庄稼，也叫安伙子，出租人既出租土地，还出借各种生产工具以及提供承租人及其家属吃粮、饲料、种籽、居住的窑洞等。收获时节，双方按照协议分配，承租人再把借的物资如数归还。安庄稼租额一般也是对半分，少数也有租四佃六的，剥削程度并不算轻。由于安庄稼的出租方基本上具有一定的生产工作或生活资料，所以它多成为富农或地主与贫农之间的一种租佃关系。

其他抗日根据地土地革命前的土地租佃形式与陕甘宁边区基本相似，都是以实物地租为主，辅之以劳役地租、货币地租。

在晋冀鲁豫边区，土地租佃以死租地、活租地、伙种地、安庄稼、顶地等为主，以及包锄地、萝卜地、包种地等形式。[②]一是死租地，又叫白租地。这是一种在晋冀鲁豫边区最普遍的租佃形式。这种租佃形式中地主只出租土地，规定租额，不论丰歉。租额则因为各地情况不同差别较大，在山西一带大多为每亩2—3斗，冀西通行秋三麦二，租额高的为6斗，在林县达6斗至1石。一般租额以50%左右为多，最高为75%，最低也在30%。由于全民族抗战前广大农村日益凋敝，租额曾几次提高，有的地方租额占到了正产物的100%。[③]但贫苦农民为了得到些瓜菜也被迫接受这种地租剥削。死租地的佃权一般没有保障，如佃农欠租，地主即可收回土地。二是活租地。这种租佃形式是地主出租土地，秋后按成分粮。地租率一般为50%，也有四六或三七分成的。除了地租之外，租种土地上

①　参见陕甘宁边区财政经济史编写组、陕西省档案馆编：《抗日战争时期陕甘宁边区财政经济史料摘编》第2编，陕西人民出版社1981年版，第237页。

②　参见赵秀山主编：《抗日战争时期晋冀鲁豫边区财政经济史》，中国财政经济出版社1995年版，第152—153页。

③　参见赵秀山主编：《抗日战争时期晋冀鲁豫边区财政经济史》，中国财政经济出版社1995年版，第152页。

柴草大多归佃户，山货归地主，有的地方柴草也对半分，此外佃户为地主服劳役的现象也很普遍。三是伙种地。这种租佃形式是地主除提供土地外，还出种籽、牲口、肥料等，秋后先将这部分成本给地主，余下的再对半分粮，佃户为地主还要做些杂役，如担水等。四是安庄稼，又叫寿庄稼（在安阳地区又叫小种地，以与地主仅出租土地的大种地区别）、伙庄稼等。这种租佃形式是地主除土地外还提供种籽、牲口、农具、肥料的全部，并借给佃农全年的粮食、住房。秋后除了种籽扣除，余下的对半分粮，柴草归地主，瓜菜按四六或三七比例分成。佃户是全家都住在地主处，为地主做一切劳役。此外佃户还要为地主捎种一些土地，收获物全归地主，这种捎种有的占总数的1/4左右。这种形式佃户受劳役剥削很重。五是顶地，又叫镢头地。此种租佃形式是地主占有大片荒山，外地农民向地主出价（顶价、镢头价）以取得土地使用权，以后每年交山钱或地租；顶地户可以转顶。顶地户租额一般为收获量的5%—15%。因为开荒时需付出很多劳动，土地一旦开好后，地主便要增租。此外佃户还要向地主送礼、送菜以及服些劳役。

在晋察冀边区，地租剥削形式因各地经济差别有所不同。在自然经济占优势的地区，地租主要是实物地租，同时存在一定的劳役地租。如佃户给地主无偿耕种一部分土地，或打零工服杂役，给地主家"帮忙"，在雁北地区叫"打伙计"。在商品经济比较发达的地区，如平汉线附近各县，农村中多为货币地租。在华中，鄂豫边区地租主要是实物地租。在产谷地区，实物地租主要的是交稻谷，也有产什么交什么的。至于劳役地租，鄂豫边区存在着一种"赶工"的办法，即地主给佃户三五亩田地，不收地租，但佃户须以大部分时间给地主做工，不给工资。这种佃户实际上是雇工。作为地主对农民无休止剥削的一种手段，在农忙时，农民需放弃自己的农活为地主"赶工"，如地主家有红白喜事，佃户也要去帮忙。更有甚者，连地主家的家务劳动如抱小孩、洗衣服也要佃户承担。

2.推行减租减息政策减轻农民负担

土地问题是中国革命的基本问题。全民族抗战爆发后，中日之间的民族矛盾上升为社会的主要矛盾，中国共产党根据形势的变化适时对土地政策进行了调整。

其一，制定减租减息政策。土地革命战争时期，中国共产党的土地政策是没收地主阶级的土地，分配给无地或少地的农民，消灭封建剥削的土地制度，实行耕者有其田。在井冈山革命根据地初创阶段，中国共产党最初执行的是"土地国有"政策，即没收一切土地归苏区政府所有，之后再分给农民使用。这样土地所有权属于苏维埃政权，农民只享有土地使用权，并不真正拥有土地。这一政策不利于发动农民参加革命斗争。为了改变这一局面，随后党又将原有土地政策调整为"没收地主土地归农民"的政策。这一政策调整的实质是将土地所有权和使用权都给了农民，真正实现了"耕者有其田"。

全民族抗战爆发后，为顺应形势的变化，中国共产党各项政策随之作出相应调整。1935年12月，中共中央在瓦窑堡会议上制定了建立抗日民族统一战线的政治路线。相应地，党的土地政策也随之作出调整。中共中央于1935年12月6日发出的《关于改变对付富农策略的决定》和1936年7月22日发出的《关于土地政策的指示》，标志着中国共产党开始了土地政策的初步转变。西安事变和平解决后，中共中央于1937年2月10日发出《给中国国民党三中全会电》，在国民党停止内战、一致抗日的条件下，作出包括"停止没收地主土地之政策，坚决执行抗日民族统一战线之共同纲领"在内的四项保证。同年5月，中共中央在延安召开的白区工作会议上，首次明确提出将土地革命政策改为减租减息政策，即实行"二五"减租，保障佃农对土地的永佃权。8月，中共中央洛川会议明确将"减租减息"政策列入抗日救国十大纲领。1940年12月，毛泽东在《论政策》中又对这一土地政策进行了进一步阐发。至此，减租减息政策成为中国共产党在全民族抗日战争时期改良人民生活和解决土地问题的基本政策。

全民族抗日战争时期的减租减息政策并不是中国共产党解决农民土地问题的全新提法。早在第一次国共合作时期，中国共产党在广东等部分地区已经实行减租和减息的政策。1926年7月，中共中央四届三次扩大会议通过的《农民运动议决案》中就提出"（甲）限定最高租额，农民所得至少要占收获百分之五十；（乙）限制高利盘剥，每月利息最高不能过二分五厘"①。当年9月，中国共产党人参加的国民党联席会议对此做了相应规定，这一政策成为国共两党在土地问题上的一致主张。1927年国民党反动派背叛革命后，中国共产党确立了土地革命和武装反抗国民党反动派的总方针，开始推行没收地主土地的政策。与此相反，大革命时期确定的减租减息政策在国统区则成了一纸空文。全民族抗日战争时期，中国共产党根据形势变化将原有的"没收地主土地归农民"土地政策调整为减租减息，表明了中国共产党停止内战、一致抗日的决心。事实上，全民族抗日战争时期由于减租减息政策逐步推行，农民遭受的封建剥削减轻了，地主对土地的权益也受到了保护，进而调动了地主和农民的生产积极性，促进了粮食生产，为解决抗日根据地粮食问题奠定了基础。

其二，制定减租减息的政策条例。为落实党的抗日主张，减轻广大农民封建剥削，动员农村社会力量一致抗日，各抗日根据地政府先后制定了各地的减租减息法令条例，为减租减息运动的开展提供政策保障。

以陕甘宁边区为例，随着党对土地政策的调整，陕甘宁边区党和政府先后发布减租减息布告指示，制定减租减息条例办法。1937年11月，八路军在绥德、米脂发布减租减息公告。1940年7月，陕甘宁边区绥德分区参议会通过《减租减息暂行条例》，规定当地定租的减租比例，丰年按标准租额减25%，平年减40%，歉年减55%，歉年普通耕地收成在三斗以下免租。此外，条例还规定伙种的分配、减息、保护典权等内容。②总体上看，绥德分区这一条例在陕甘宁边区算是比较完备的，所定办法符合实际。同年11月，八路军驻绥米佳吴清警备区司令部、绥德分区行政督查

① 中共中央文献研究室、中央档案馆编：《建党以来重要文献选编（1921—1949）》第3册，中央文献出版社2011年版，第300页。
② 参见张希坡编著：《革命根据地法律文献选辑》第3辑第2卷·陕甘宁边区（上）第2册，中国人民大学出版社2018年版，第230页。

专员公署作出《关于执行减租减息条例及解决土地问题纠纷办法的指示信》。指示信对地主收回耕地威胁佃户、提出地租苛刻条件和个别佃户抗租、个别投机分子企图夺取耕地的情况予以批评，要求各级行政人员"向农民做深入的宣传解释，将条例说成通俗的语句，务使每个人都能清楚地了解"①，并制定了宣传解释的要点。1942年9月，绥德分区制定《减租减息暂行条例的补充办法（草案）》，对前述减租减息条例进行了总结和补充，具体规定了每年之年成，分别列出了对地主和佃户违反条例予以处罚的各种情况，细化了"地主不得无故收回租地或更换租户"条款，规定了抽卖地之手续及优先权等事宜。1942年12月，陕甘宁边区政府委员会第三次会议通过并发布了《陕甘宁边区土地租佃条例》。该条例包含总则、减租、交租、租佃契约及佃权、其他和附则六章，共37条，规定了条例适用于边区内一切土地租佃关系，明确提出定租在"未分配土地区域，一般减租率，不得低于二五"，经过减租之后，活租"出租人所得最终不得超过收货量百分之三十"，伙种"出租人所得最多不得超过收获量的百分之四十"，安庄稼"出租人所得不得超过收获量的百分之四十五"，同时规定"若因天灾人祸致收成减少或毁灭时，承租人得商请减付或免付应交租额"②。1943年3月，绥德分区行政督察专员公署发出有关减租减息问题的通知，对民国政府的银洋、白银、法币与边币的折合率做了详细规定，规范了自民国以来到1939年底之前边区各地民众借粮和欠租的市价折算问题。1943年10月，中共中央西北局作出《关于进一步领导农民群众开展减租减息斗争的决定》，陕甘宁边区绥德分区专员公署作出《关于减租工作指示信》，分别对减租运动的开展进行了规定和指导。以上各项政策、条例、指示的制定和发布，为陕甘宁边区减租减息政策的推行提供了有力保障。

---

① 张希坡编著：《革命根据地法律文献选辑》第3辑第2卷·陕甘宁边区（上）第2册，中国人民大学出版社2018年版，第232页。

② 甘肃省社会科学院历史研究室编：《陕甘宁革命根据地史料选辑》第1辑，甘肃人民出版社1981年版，第228—230页。

其他敌后抗日根据地先后制定关于减租减息的政策条例。在晋察冀边区，1938 年 2 月，边区颁布实施《晋察冀边区减租减息单行条例》，发布了对该单行条例的相关执行问题的详细解释，并于 1940 年、1941 年对本单行条例进行修订。1940 年 2 月，边区行政委员会发出《关于减租减息的意义与执行问题的指示信》。1941 年 3 月，边区公布施行《晋察冀边区减租减息单行条例施行细则》。1943 年 2 月，边区行政委员会公布《晋察冀边区租佃债息条例》，同时公布实施《晋察冀边区租佃债息条例施行条例》。1943 年 10 月，边区行政委员会又再次下发《关于贯彻减租减息的指示》。在晋冀鲁豫边区，1941 年 11 月，晋冀鲁豫边区政府公布《晋冀鲁豫边区土地使用暂行条例》，后于 1942 年、1943 年和 1945 年进行了修订。1943 年，边区政府颁布施行《太行区租佃契约订立规则》。1945 年 4 月，边区政府公布《太岳区租佃单行条例》。在晋绥边区，1941 年 4 月，边区公布实施《山西省第二游击区减租减息暂行条例》。1942 年 11 月，晋西北行政公署公布《晋西北减租交租条例》和《晋西北减息交息条例》。

在山东省，1940 年 11 月，山东省临时参议会通过并公布实施《山东省减租减息暂行条例》。1942 年 5 月，又通过并公布施行《山东省租佃暂行条例》《山东省接待暂行条例》。1945 年 2 月，山东省战时行政委员会公布《山东省土地租佃条例》。此外，中共山东分局、山东省战时工作推行委员会还先后作出一系列指示和决定。1942 年 5 月，中共山东分局分别作出《关于减租减息改善雇工待遇开展群众运动的决定》《关于减租减息改善雇工待遇工作的补充指示（一）》《关于减租减息改善雇工待遇开展群众运动的补充指示（二）》。同月，山东省战时工作委员会作出《关于配合减租减息整理乡镇财政工作的指示》《关于减租减息增加工资工作的指示》。

在华中根据地，1938 年 1 月，新四军军部成立后立即挺进敌后，逐步创建了华中根据地，包括淮南、淮北、苏北、苏中、苏南、皖中（皖江）、浙东抗日根据地和苏皖边区。华中各抗日根据地分别制定保障减租减息政策贯彻实施的条例法令。具体列举如下：1938 年 10 月，新四军第一支队司令部政治部发布《关于减轻租息办法》的布告。1942年3月，苏南根据地公布《苏南行政区处理土地问题暂行条例》。同年5月，中共华中局作出《关于减租问题的指示》，苏中根据地制定《苏中区土地租佃条例》，淮海区重新修订并公布减租条例、减息条例，津浦路西联防临时参议会通过《津浦路西三七分租与改善佃东关系暂行条例》《津浦路西借贷付息暂行办法》。1943年8月，浙东三北地委作出《关于今年实行二五减租的决定》，并于1944年7月制定《浙东敌后临时行政委员会处理三北地区二五减租及其他佃业关系暂行办法》。1944年，苏中根据地制定《苏中区土地租佃条例》，盐阜区制定《盐阜区减租条例》《盐阜区减租条例》。1945年6月，苏皖地区制定《淮北苏皖边区减退租补充办法》。同年7月，浙东根据地制定《浙东区减租交租及处理其他佃业关系暂行办法》。

各抗日根据地党和政府所制定颁布的各项政策条例、作出的指示决定，为广大抗日根据地开展减租减息运动提供了政策依据，对减租减息政策的贯彻落实起到了积极的推动和保障作用。

其三，发动减租减息运动。全民族抗战初期，各抗日根据地土地关系在两类地区有着明显不同。一是已经分配过土地的区域，二是尚未分配土地的区域。大体上，尚未分配土地区域的土地关系和阶级状况和土地革命前的苏区情况差不多。鉴于上述两类地区的土地问题各有特点，中国共产党和根据地政府在执行土地政策时，必须考虑到这两类地区土地关系和阶级关系的差异。

一方面，对于已经分配过土地的区域，党的土地政策主要是巩固土地改革成果。当时陕甘宁边区已有约占土地面积60%、人口50%的地区进行过土地革命。1938年4月，陕甘宁边区政府规定："地主回来，与其他群众一样受到政府的保护，但须遵守法令。"[①]1938年5月、6月，边区政府、八路军留守处、边区党委先后下发训令，对全民族抗战前已经分配了的土地、林权、房屋、债务等问题的处理办法作进一步说明。这些法

---

① 陕西省档案馆、陕西省社会科学院编：《陕甘宁边区政府文件选编》第1辑，档案出版社1988年版，第60页。

令条例保证了农民在土地革命战争时期获得的利益不受损害，捍卫了土地革命斗争果实，也明确了土地、林地、房屋等的所有权归属，有利于处理返乡地主与农民的地权等方面的纠纷。

另一方面，对于尚未分配土地的区域，党的土地政策是推行减租减息政策，开展减租减息运动。全民族抗战初期广大敌后抗日根据地尚未建立，这些地区普遍为尚未分配土地的地区，另外陕甘宁边区八路军驻防区等地区也没有分配土地。虽然各抗日根据地创立时间上有先后之分，但根据地建立后各地先后实行了减租减息政策，开展了减租减息运动。

在陕甘宁边区，1937年11月，八路军在绥德米脂发布减租减息公告，提出对半减租（即减租50%），规定最高地租额不得超过收获量的30%，并按上、中、下三等地将减租到3斗、2斗5、1斗。[①]在晋察冀边区，1937年冬，该区战地动员委员会提出"二五减租""一分行息"的主张。但是由于没有很好地统一政策和缺乏斗争经验，边区各地减租减息情况差别较大。如阜平县最早实行对半减租，后改为25%减租。曲阳、津源、灵寿等地减租30%—60%。行唐县提出减租30%。为改变这一局面，1938年2月，晋察冀边区颁布实施《晋察冀边区减租减息单行条例》，规定"地主之土地收入，不论租佃、伙种，一律照原租额减收百分之二十五"，"钱主之利息收入，不论新债旧欠，年利率一律不准超过一分（即百分之十）"[②]，同时，废除送工等一切额外附加，出门利等高利贷则一律禁止。随后，晋察冀边区在《减租减息单行条例的执行问题》、晋察冀边区行政委员会《关于杂租、小租、送工的解释》的训令中，进一步明确减租减息中各种具体问题。另外在冀南、晋东南等新开辟抗日根据地，抗日民主政府也规定了减租减息办法，推动了减租减息运动在当地开展起来。

---

① 参见柴树藩、于光远、彭平：《绥德、米脂土地问题初步研究》，人民出版社1979年版，第53页。参见赵效民主编：《中国土地改革史》（1921—1949），人民出版社1990年版，第228页。

② 魏宏运主编：《抗日战争时期晋察冀边区财政经济史资料选编（农业编）》，南开大学出版社1984年版，第15页。

全民族抗战相持阶段到来后，抗日根据地进入巩固和发展时期。这一阶段抗日民族统一战线深受社会各界民众广泛拥护，减租减息政策得以贯彻。在陕甘宁边区，国民党反共摩擦被打退以后，绥德等地区结束了原有双重政权并存局面，边区政权实现了统一，随即开展了减租减息运动。在华中，皖东地区在1940年以后的减租减息斗争中提出了"三七分租""分半给息""废除旧债"的口号。"三七分租"是针对当地"对半分"和"四六分"的租息，将原来租率由40%、50%减到30%。皖南事变以后，重建的新四军军部决定通过组织向农民借粮和减租减息斗争来巩固根据地。1941年6月1日，中共中央华中局要求，华中各根据地在夏收秋种时推行减租减息政策，尽一切可能帮助与提高群众的生活水平。随后华中各地普遍开展起了减租减息斗争。在晋冀鲁豫边区，太行、晋西北等根据地也都开始了减租减息斗争。在太行区，1939年下半年至1940年上半年，部分地区开展起普遍的减租减息运动。如平顺县阳高村，全村共有218户，其中114户负债户清理了债务，占全村户数的56%，共清理银元9460元。①晋察冀边区的减租减息运动也取得一定成绩。据1940年1月不完全统计，冀中区有3万户佃户减了租，1万余户佃户免了租，并普遍实行了换约延期。据霸县1940年2月统计，全县共减租了1200户，合计8112亩土地900余户减息，减息额达4万余元。②

随着减租减息运动的开展，各抗日根据地在减租减息政策执行过程中也暴露出一些问题。一是各地减租减息推进不一。有的根据地只在部分地方实行，有的地方仅停在宣传阶段，尚未着手实行，也有的根据地没有认真贯彻政策，明减暗不减，结果导致"在这些地方，抗日根据地就无法巩固，经不起敌人的'扫荡'，变成软弱无力的地区。但是在另外若

---

① 参见中共山西省委党史研究室、山西省档案馆编：《太行革命根据地土地问题资料选编》，内部资料1983年印刷，第495页。

② 参见中共河北省委党史研究室、冀中人民抗日斗争史资料研究会编：《冀中抗日民主政权工作七项五年总结》（1937.7—1942.5），中共党史出版社1994年版，第18页。

干地方，则又犯了某些'左'的错误"①。二是运动中出现过火现象。如晋察冀边区，个别村减租竟达到90%，有的地方直接烧毁契约，更有少数农会代替政权机关捉人罚款，以致发生地主逃亡的现象。为了纠正各地减租减息运动中的偏差，巩固敌后抗日民主政权，1942年1月，经中共中央政治局审议后，中央发布《中共中央关于抗日根据地土地政策的决定》。该决定强调"抗战以来，我党在各抗日根据地实行的土地政策，是抗日民族统一战线的土地政策，也就是一方面减租减息一方面交租交息的土地政策"②；并规定了减租减息的斗争策略以及对待地主、富农有关政策。同年2月。中共中央又发出了《关于如何执行土地政策决定的指示》，进一步指出抗日根据地的土地政策是"我党在新民主主义革命阶段的长时期的土地政策，不但今天必须实行，而且还有很长时期要实行的"③。

以上决定和指示为各抗日根据地减租减息运动指明了正确方向，及时纠正了"左"和右的偏差，进一步推动了各地减租减息运动的发展。在华北，晋察冀边区平西地区在1943年下半年的减租减息运动中，据房涞涿24个村的初步统计，共退租461石5斗1升，订约395份，新订契约平均租额占总产量的30%左右。又据昌宛四区11个村的统计，66户佃户退租73石，一区换约335件，解决土地纠纷250件。④在晋冀鲁豫边区，1942年至1943年，太行区"减租清债，在先进县份已大都执行，就在一般县份和薄弱县份，这一法令也都在继续贯彻中"⑤。如武乡县半数以上

---

① 中共中央文献研究室、中央档案馆编：《建党以来重要文献选编（1921—1949）》第19册，中央文献出版社2011年版，第19页。

② 中共中央文献研究室、中央档案馆编：《建党以来重要文献选编（1921—1949）》第19册，中央文献出版社2011年版，第19页。

③ 中共中央文献研究室、中央档案馆编：《建党以来重要文献选编（1921—1949）》第19册，中央文献出版社2011年版，第54页。

④ 参见河北省档案馆编：《河北减租减息档案史料选编》，河北人民出版社1989年版，第123页。

⑤ 河南省财政厅、河南省档案馆编：《晋冀鲁豫抗日根据地财经史料选编（河南部分）》第2册，档案出版社1985年版，第72页。

的村庄都经过重大斗争，中小斗争则遍及全县各村庄。这些经过减租减息运动的地区，农民生活普遍得到改善，生产积极性逐步高涨，有助于缓解各抗日根据地的粮食问题。

（二）颁布政策鼓励生产，增加粮食种植

解决粮食短缺问题的根本办法是发展农业生产，尽快增加粮食产量。全民族抗日战争时期，各抗日根据地普遍采取扩大耕地面积，改进农业技术，加强互助合作，开展劳动竞赛，增加农业投入等办法来提高粮食产量。

1. 积极开垦荒地，扩大种植面积

动员全民开荒是抗日根据地农业政策的一项重要内容。广大抗日根据地虽然辖区较广，但是已经开垦出来的土地相对甚少。如陕甘宁边区在1940年"可耕之地约四千万亩。因为人口稀少，荒地甚多"，"甚至有些地方荒地占五分之四以上的。现有耕地约九百万亩（廿五年仅八百四十万亩）"[①]。在敌后抗日根据地，山区无人耕种的荒山荒地更多。鉴于此，积极开垦荒山荒地、扩大种植面积是恢复和发展根据地农业生产的一种必然选择，也是增加粮食产量和农民收成的可行方法。

为了鼓励民众垦荒，各地政府颁布奖励开垦荒地的条例法令。1938年，陕甘宁边区建设厅制定《关于春耕动员工作的讨论提纲》，把开荒工作纳入各级政府日常工作之中。1939年，毛泽东发出"自己动手，丰衣足食"号召后，陕甘宁边区广大军民开展了大生产运动，边区留守部队、机关学校人员也参加垦荒，大面积的开荒运动逐步达到高潮。在晋察冀边区，1938年2月，边区政府颁布的《垦荒单行条例》准许人民无租垦荒，规定"凡公私荒地荒山，经垦荒人垦竣后，其土地所有权，属于承

---

① 陕甘宁边区财政经济史编写组、陕西省档案馆编：《抗日战争时期陕甘宁边区财政经济史料摘编》第2编，陕西人民出版社1981年版，第8页。

垦之农民，但其所垦面积大小须请县政府转报本会备案，发给执证"①。这就在法律上保障垦荒者"无租垦种"的权利。除了荒山荒地外，晋察冀边区还有不少遭受水灾的滩地。1939年9月，晋察冀边区政府颁布《垦修荒滩办法》，鼓励农民修复滩地。

鼓励开垦荒地的政策法令激发了农民开荒种地的积极性，使得每年政府下达的开荒任务总能超额完成。如在陕甘宁边区，1942年安塞县原计划开荒4万亩，结果开了7.3万亩，全年超过计划近一倍。②1943年陇东分区春耕计划完成6万余亩，实际完成15.8万余亩，超过计划数9.8万亩，成效相当显著（详见表6-8）。③

表6-8　陕甘宁边区历年开荒面积统计表④

年份	1937	1938	1939	1940	1941	1942	1943	1944
开荒数/万亩	19.5	36.8	100.2	69.8	48.1	35.4	97.0	105.4

其他敌后抗日根据地开垦荒地、修复滩地工作也卓有成效。以晋察冀边区为例，该边区的北岳区积极发动群众，形成了垦荒热潮。据不完全统计，北岳区仅平山、阜平等9县在1938年和1939年垦荒15000余亩。⑤从1938年到1940年两年多的时间里，北岳区共垦荒270000余亩。1940年晋察冀边区的冀西、平西、晋东北29个县，共垦荒199950亩。⑥在修复滩地方面，1939年冬和1940年春，北岳区开展了大规模的修滩运动。据北

① 魏宏运主编：《抗日战争时期晋察冀边区财政经济史资料选编（农业编）》，南开大学出版社1984年版，第245页。

② 参见陕甘宁边区财政经济史编写组、陕西省档案馆编：《抗日战争时期陕甘宁边区财政经济史料摘编》第7编，陕西人民出版社1981年版，第35页。

③ 参见陕甘宁边区财政经济史编写组、陕西省档案馆编：《抗日战争时期陕甘宁边区财政经济史料摘编》第2编，陕西人民出版社1981年版，第575页。

④ 参见张水良：《抗日战争时期中国解放区农业大生产运动》，福建人民出版社1981年版，第73页。

⑤ 参见魏宏运主编：《抗日战争时期晋察冀边区财政经济史资料选编（总论编）》，南开大学出版社1984年版，第511页。

⑥ 参见魏宏运主编：《晋察冀抗日根据地财政经济史稿》，档案出版社1990年版，第109页。

岳区 21 个县的统计，冲毁的 147626 亩田中修复了 139495 亩。在一年多的时间里，北岳区就修复滩地和熟地总计 211000 亩以上。[①]河道滩涂基本恢复到灾前旧貌，部分地区耕地面积还有所扩大。

总体上看，广大抗日根据地通过大力垦荒、修复滩涂，直接扩大了根据地可耕地面积，很多地方当年粮食总产量获得了增长。

2. 兴修水利设施，改进农作方法

兴修水利是应对旱涝灾害，增加农田地力的基础性工作。在陕甘宁边区，黄河的一些小支流，如无定河、大理河、洛河、葫芦河、延水、马莲河、秀延水等河流是农业灌溉的主要水源。为有效利用河水灌溉，陕甘宁边区下辖各分区纷纷利用原有水利基础修渠灌溉，兴修主干沟渠。当时，靖边县清理了杨桥畔水渠，延安县清理了裴庄水渠，子长县修理了子长水渠。其他各县也先后兴修水利、改善农田。1943 年，延属分区民间修成小型水地 1738 亩，可增收粮食超过 1275 石；关中分区修水田 398 亩，可增收粮食 79 石多。[②]有的地方群众兴起凿井灌溉，只不过因地理条件限制，只在绥德分区黄河沿岸和延安各机关所在地打了一些井。

与此同时，其他抗日根据地为提高农业生产也兴修水利。在晋察冀边区，1943 年 1 月，宋邵文在边区政府工作报告中回顾了 1938 年以来边区水利建设情况："从二十七年（即 1938 年——引者注，下同）以来，我们就注意到山地农业生产的提高，主要在于兴修水利；因于二十八年（1939 年）春提出'变旱田为水田'的口号，三十年（1941 年）又提出发展'开小渠运动'以期积小成多，收效普遍。"[③]据不完全统计，从 1938 年到 1942 年，晋察冀边区的北岳区 29 个县总计开新渠 2272 道，浇地 418136.4 亩；修滩涂 146349 亩（22 个县），凿井 3114 眼，浇地 22128 亩（17 个县），

---

① 参见魏宏运主编：《晋察冀抗日根据地财政经济史稿》，档案出版社 1990 年版，第 110 页。

② 参见陕甘宁边区财政经济史编写组、陕西省档案馆编：《抗日战争时期陕甘宁边区财政经济史料摘编》第 2 编，陕西人民出版社 1981 年版，第 720—721 页。

③ 魏宏运主编：《抗日战争时期晋察冀边区财政经济史资料选编（总论编）》，南开大学出版社 1984 年版，第 513 页。

修堤坝175道，护地40911亩（5个县）。仅1940年，晋察冀边区的冀中区军民共修筑河道险工59处，筑堤528里，堵河道缺口197处，疏浚河道165里。[①]在敌后战争环境下，各抗日根据地能完成如上大量的水利工程实属惊人，这些工程对于灌溉农田、增加粮食产量作用巨大。

改进和提高农业生产技术是提高农业生产力的重要手段。一方面，各抗日根据地政府因地制宜，重视引进和培育农作物新品种工作。1939年，陕甘宁边区成立延安自然科学院，1940年2月成立边区自然科学研究会。二者成为整个陕甘宁边区的农业科学研究机构。1941年，边区政府将1939年冬成立的光华农场与农业学校试验农场合并，由供给性农场改为实验性农场。该农场设有农艺、园艺、森林和畜牧兽医四个研究组。农艺组引进和培育主要作物有谷子、玉米、马铃薯、棉花、大豆、黑麦、烟叶、花生、苜蓿等。园艺组从本地优选5个良种，引进28个新品种，在农场试种后确定了17个适合边区种植的品种。光华农场在农作物的推广方面取得了一定成绩。农艺组的狼尾谷推广两年，有17县播种，合计10180亩，平均每亩产量6斗7升，比边区本地谷高10%。[②]另一方面，各抗日根据地还开始重视农业生产技术改进工作。在土地耕种方面，陕甘宁边区主要提倡多耕、深耕、细耕，多施肥、多锄草、选良种和防治病虫害等。在施肥和选种方面，晋察冀边区指导农民开展压绿肥运动，推广绿肥种植，改革农家肥的保存方法，推广田间选种、温汤浸种等技术。

总体而言，广大抗日根据地农业实验水平和耕作技术仍然十分落后，与当时全国农业总水平相比也算不上高水平。但是我们要看到，在传统落后的农业生产条件下，广大抗日根据地所开展的农业实验和改进农技工作，对于帮助农民提高生产效率，增加粮食收成起到了积极作用。

---

① 参见魏宏运主编：《抗日战争时期晋察冀边区财政经济史资料选编（总论编）》，南开大学出版社1984年版，第512、514页。

② 参见陕甘宁边区财政经济史编写组、陕西省档案馆编：《抗日战争时期陕甘宁边区财政经济史料摘编》第2编，陕西人民出版社1981年版，第747页。

3.调剂农业劳动力，鼓励互助合作

劳动力的素质和劳动关系的组合状况对提高农业生产力具有关键作用。在抗日根据地实施减租减息政策后，农民获得了土地收益，推动了农业生产。同时，农业劳动力不足问题在一些地方逐渐显现出来。由于劳动者素质无法短期内提升，提供农业生产的关键途径只能靠改善劳动者之间劳动关系。在解决这一问题时，中国共产党和根据地政府通过调剂劳动力和发展互助合作，努力提高劳动生产率，实现粮食产量持续增加。下面对陕甘宁边区以农业劳动互助合作为中心加以考察。

全民族抗战初期，陕甘宁边区农业劳动力的特点是总量不足、分布不均。具体来说，在实行过土地革命的地方，农民生产、垦荒种植的积极性普遍高涨，对劳动力需求增高。相反地，在未经过土地革命地区却存在大量剩余劳动力，如土地稀少又长期存在双重政权的绥德、米脂等县是典型的农业劳动力过剩地区。为此，陕甘宁边区政府主要通过调剂生产力和"组织起来"两种途径来解决劳动力不足和分布不均问题。

首先，陕甘宁边区实行移民难民安置政策，调剂劳动力。当时土地革命后的地区对农业劳动力的需求愈发迫切。为实现边区内部劳动合理调配，陕甘宁边区政府注意做好移民和难民安置工作。当时边区的移民主要是边区内部的人口流动，大多是土地稀少地区如绥德、米脂、横山、榆林等地的民众，向有荒地的县区如延安、甘泉等地迁移。难民主要是来自沦陷区和国统区。据统计，1937年至1940年，边区的移民、难民达33735户，共170172人。[①]按照毛泽东在1942年底西北局高干会上的算法，如果5个移民和难民中有1个劳动力的话，那么这4年就迁移了34000多个劳动力。这对边区农业劳动力急缺的区县来说是一个丰富的劳动力资源。

为统筹开展移民工作和安置难民，将边区移民和外来难民转变成适于当地农业生产的劳动力，陕甘宁边区成立了移民垦殖委员会，专责移民垦殖事宜。1940年，陕甘宁边区政府颁布《边区移民垦殖暂行办法》，保

---

① 参见陕甘宁边区财政经济史编写组、陕西省档案馆编：《抗日战争时期陕甘宁边区财政经济史料摘编》第9编，陕西人民出版社1981年版，第400页。

障了移民和难民在边区内部的有序流动，对劳动力的调剂、土地的垦殖和粮食总量的增加，乃至社会秩序的稳定都发挥着积极作用。据不完全统计，从1938年到1942年，"五年来迁入边区内地的移、难民，在十万人以上。……五年来边区共扩大了两百四十多万亩耕地，其中有两百万亩是靠移、难民的力量开荒增加的"，1943年"全边区要增产细粮八万石，百分之六十的任务，仍然是要依靠移、难民区完成"[①]。可见，调剂农业劳动力对开荒垦殖和粮食增产的作用不言而喻。

其次，陕甘宁边区通过劳动者的互助合作，将农民"组织起来"。陕甘宁边区劳动互助合作运动以1942年12月召开的西北局高干会议为分界点，可以分为两个阶段。前一阶段是以边区民众自发形成劳动互助合作为主，后一阶段以政府主导的农民自愿参与的互助合作为主。

具体来说，在西北局高干会议之前的劳动互助合作运动中，边区民众在生产中创造了变工、扎工、唐将班子等劳动合作形式。一是变工。根据生产资料的不同，变工可以分为变人工、人工变牛工（或叫驴工）、伙喂牲口、伙耕牛（或叫合耕）、牛具的变工（或叫并耕）、输送及碾场牲口的变工、搭庄稼、并种地、抽牲口、伙种等十多种形式。在劳动性质上，变工是农民之间的人力、生产资料的合作，不属于雇佣性质的劳动关系。二是扎工。扎工是一种雇农集体出雇劳动的组织形式，主要流行于地多人少、劳动力不足的地区，如延安、靖边、定边、吴起等地。在不同的季节，因为干不同的活，它又有不同的名称，如锄草期间叫"锄工"，收麦季节又称"镰刀工"。一般以9到11人为一个"工"。与变工不同，扎工的内部结构和运行较为复杂，雇工和业主之间在性质上是雇佣劳动关系。三是唐将班子。这是一个居住在关中的陕南移民多用的劳动组合形式。它主要用于锄地，人数一般在15人左右，多的有30至40人。与扎工不同的是，唐将班子内部有一定的纪律和规矩。同样，参加唐将班子的雇工和业主之间也是雇佣劳动关系。

边区政府在指导民众开始劳动合作过程中，逐步形成以政府主导的互

---

① 《大量移民》，《解放日报》，1943年2月22日，第1版。

助合作形式。以上几种民众自发形成的互助合作形式，一定程度上缓解了人力缺少地区对劳动力的需求。但是其也具有区域狭隘、分散在各地、存在季节性临时性等缺陷。针对这些不足，抗战初期党和边区政府借鉴了苏区时期的做法，要求地方政府和民众团体组建劳动互助社等组织，逐渐引导农民走上正轨的集体生产。

由于政府的介入，边区的新型的劳动互助社发展很快。仅1939年陕甘宁边区各县参加新型的劳动互助组织的高达249163人。[①]然而，新型劳动互助组织在基层中遇到了不少阻力，"基本原因是由于它们不是农民群众自愿的组织，而是自上而下地按乡、村抄名单式地组织起来的空架子。许多农民还以为它们是政府为了动员义务劳动的组织"[②]。1940年以后，劳动互助社等新型组织都被非正式地取消了。农民自发结成的传统劳动互助形式又恢复和发展起来。1942年，毛泽东注意到了劳动互助合作上的这些变化。在中央西北局高干会上，毛泽东对陕甘宁边区原有的"变工""扎工"等劳动互助合作形式给予高度肯定。1943年，边区各地开始放手发动组织"变工""扎工"等形式的劳动互助合作，基层党组织和乡村政权积极参与其中，给农户以指导和帮助，逐步改造原有的雇佣剥削性质的项目和带有封建迷信的习惯，为这些传统劳动互助合作形式加注了积极健康的因素，推动了抗日根据地劳动互助的发展。通过互助合作形式将农民"组织起来"的政策在其他抗日根据地也逐步推行开。在晋察冀边区，1944年全区26个县总人口252.3万人，18至55岁的劳动力78.96万，组织起来的人数有23万人，占总人口和总劳动力的比例分别为8.11%和28.1%，到了1945年全区24个县统计中总人口达到293.42万，劳动力161.38万，组织起来的人数90.96万人，分别占总人口和总劳动力的11.1%和35.1%。一些新解放区、游击区的劳动组织建立得更为广泛，一

---

① 参见陕甘宁边区财政经济史编写组、陕西省档案馆编：《抗日战争时期陕甘宁边区财政经济史料摘编》第2编，陕西人民出版社1981年版，第424页。

② 陕甘宁边区财政经济史编写组、陕西省档案馆编：《抗日战争时期陕甘宁边区财政经济史料摘编》第2编，陕西人民出版社1981年版，第423页。

些县也达到8.8%以上，甚至在三专区的战斗英雄郝庆山村，全村93%的群众都组织起来。[①]

4. 实施农贷政策，开展劳动竞赛，奖励英模

发展农业生产，提高粮食产量，必须重视对农业生产的资金技术投入。全民族抗战初期，广大抗日根据地农业生产没有得到充分重视，各级政府和银行对农业投入非常少。1941年8月6日，毛泽东在与谢觉哉通信中提出："今后必须停止公业投资，发动私业投资，即大放农贷与合作社贷款，兼放畜牧贷款与私商贷款，以达增加粮食产量。"[②]1942年12月，毛泽东在陕甘宁边区高干会上提出："要使农业获得发展，帮助这个极大数量的农民群众解决他们的困难，是一个极其重要的政策，这里的一个办法就是增加农贷。"[③]此后，各抗日根据地注意向农民发放农业生产及畜牧贷款。1941年12月，陕甘宁边区成立了边区农贷委员会，各县随后成立县级农贷委员会，乡村普遍建立农贷小组，指导帮助农业贷款工作。为了便于开展农业贷款工作，陕甘宁边区银行还在各县成立了办事处。1942年3月，晋冀鲁豫边区政府颁布农业贷款办法，"贷款主要贷与贫苦农民充当农业之用"[④]。随后各根据地逐年增加了对农业贷款的发放。在陕甘宁边区，1942年发放农贷500万元，1943年增加到11978万元。[⑤]在晋察冀边区，1942年北岳区春耕计划分配贷款202.8万元贷款，实际贷出175.8294万元。[⑥]在晋冀鲁豫边区，仅太行区1943年就发放农贷900万元、

---

① 参见魏宏运主编：《抗日战争时期晋察冀边区财政经济史资料选编（总论编）》，南开大学出版社1984年版，第612—613页。

② 《毛泽东书信选集》，中央文献出版社2003年版，第159页。

③ 《毛泽东选集》第5卷，东北书店1948年版，第773页。

④ 晋冀鲁豫边区财政经济史编辑组、山西省档案馆、河北省档案馆、山东省档案馆、河南省档案馆编：《抗日战争时期晋冀鲁豫边区财政经济史资料选编》第2辑，中国财政经济出版社1990年版，第890页。

⑤ 参见陕甘宁边区财政经济史编写组、陕西省档案馆编：《抗日战争时期陕甘宁边区财政经济史料摘编》第5编，陕西人民出版社1981年版，第395页。

⑥ 参见魏宏运主编：《抗日战争时期晋察冀边区财政经济史资料选编（财政金融编）》，南开大学出版社1984年版，第780页。

水利贷款300万元。[①]在山东根据地，北海银行以大量资金投入农业生产。1943年下半年至1944年上半年，该行发放农业贷款2000万元。1945年春增加到1亿元。[②]各地农贷的积极发放解决了农民在农具、耕牛等生产资料方面的资金需求，促进了农业生产，提高了农民收入。

　　奖励劳模、开展竞赛也是各根据地发展农业生产的重要方法。当时党和政府发展农业生产采用过各种不同形式和方法，而劳模运动是其中"新的、比较有效的一种"。然而，怎样提高各项生产建设劳动效率，用最少的人力和时间完成较大的任务，这是一个很重要的问题。劳模运动"就是针对这问题提出来的方法之一，利用这种组织形式和工作方法来推动各种生产建设工作前进一步。边区过去将近十年的经验，证明了这是有效的"[③]。在这一认识指导下，各根据地普遍推广劳模增产经验，开展劳动竞赛。其中陕甘宁边区的吴满有是竞赛中涌现的优秀代表。吴满有是边区延安县柳林区吴家枣园的农户。他勤于耕作，精于农技，辛勤劳作，在生产中开荒多、打粮多，缴纳公粮多，带领全村上下辛苦劳动，他所在村也成为劳动模范村。1942年4月至6月，《解放日报》连续报道劳动模范吴满有的先进事迹，陕甘宁边区政府也大力表彰和宣传吴满有，号召全边区农民向吴满有学习。1943年3月，中共中央西北局向全边区发出通知，要求各地党委以学习劳模为时机，领导和推广吴满有等劳动模范，倡导生产竞赛运动。随后，边区各地相继涌现出大批劳动模范人物。1943年11月至12月间，陕甘宁边区在延安召开第三届生产展览会和第一届劳动模范大会，总结了边区一年来生产成果，表彰了劳动模范在生产建设中的贡献，号召人民向劳模学习。这些劳模人物在生产和工作中起

---

① 参见晋冀鲁豫边区财政经济史编辑组、山西省档案馆、河北省档案馆、山东省档案馆、河南省档案馆编：《抗日战争时期晋冀鲁豫边区财政经济史资料选编》第2辑，中国财政经济出版社1990年版，第905—906页。

② 参见朱玉湘主编：《山东革命根据地财政史稿》，山东人民出版社1989年版，第193页。

③ 陕甘宁边区财政经济史编写组、陕西省档案馆编：《抗日战争时期陕甘宁边区财政经济史料摘编》第2编，陕西人民出版社1981年版，第752页。

到了榜样激励和示范带头作用，有力地推动了农业生产运动的发展。

（三）发动军民生产自给，推行精兵简政

全民族抗战初期，各抗日根据地粮食供求状况尚能保持一种低水平的平衡。随着脱产人员的增加，这种脆弱的粮食供求平衡被打破，各地出现了粮食短缺现象。为解决脱产人员粮食供给，缓解民众负担，抗日根据地主要通过两个办法解决粮食问题。一是发动军民生产自给运动，二是精兵简政。双管齐下，开源节流，努力实现抗日根据地粮食供求逐步平衡。

1. 发动军政机关生产自给运动

开展大生产运动主要目的是缓解抗日根据地面临的财政经济困难。1940年10月开始，国民政府开始封锁抗日根据地，停发八路军供给和军饷。对此，毛泽东指出："我们希望有外援，但是我们不能依赖它，我们依靠自己的努力，依靠全体军民的创造力。……就用军民两方同时发动大规模生产运动这一种办法……不但要组织农民生产，而且要组织部队和机关一齐生产。"[①]根据这一指示，抗日根据地的部队、机关、学校工作人员纷纷响应号召参加大生产运动，力求实现生活必需品的自给自足。

在陕甘宁边区，部队和机关单位的生产自给运动大体上分为三个阶段。具体来说：第一阶段是1938年秋至1940年底。1938年秋天，陕甘宁边区的八路军留守兵团由于经费不足已经着手开展生产运动。那时生产的目的仅是为了改善战士们生活，还没有将生产运动作为解决财政困难的主要方法。1939年以来，抗日根据地机关学校普遍增多，国共两党关系也不如以前，各地财政遇到了严重困难。当时粮食收入在根据地财政收入中占有重要分量。因而，这一阶段的生产自给运动以发展农业生产为主。经过半年多的生产运动，八路军留守兵团不但完成了原定的计划，"伙食方面亦大大改善"，"不仅改善了部队的生活，同时在军备上，也得

---

① 陕甘宁边区财政经济史编写组、陕西省档案馆编：《抗日战争时期陕甘宁边区财政经济史料摘编》第8编，陕西人民出版社1981年版，第3页。

到了部分补充"[①]。部队机关干部全员参加生产运动也有助于增加粮食产量（详见表6-9）。第二阶段是从1941年初至1942年底，即1942年12月中央西北局高级干部会议召开前。这一阶段，抗日根据地面临的经济形势更为严峻，由于国民党对根据地实行断邮政策，各地外援完全断绝，这就要求抗日根据地生产运动必须快速地由半自给转向完全自给，必须依靠专门从事生产来解决广大机关工作人员的粮食供给。经过这一阶段的自给运动，各部队机关和事业单位的粮食供应得到了保障，各类人员生活得到进一步改善。第三阶段是1942年12月到1945年8月，即西北局高级干部会议召开以后到抗战胜利。这一阶段，抗日根据地军政脱产人员生产自给运动具备了牢固的基础，生产自给运动步入更为健全的发展阶段，生产经验相当丰富，生产自给效果明显，人员基本丰衣足食。

表6-9　1939年陕甘宁边区政府、军队机关、中央机关生产粮食统计表[②]

1939年11月25日

粮食类别	边区一级党政机关	军队系统机关	中央一级机关	说明
谷子	1957.175	4852.137	907.02	边区一级党政机关均以市斤计算；军队系统机关和中央一级机关以三十斤斗计算的
糜子	1307.72	2353.84	420.69	
荞麦	37.6	57.55	1.35	
玉麦	34.47	35.675	1.2	
豆子	18.44	18.44		
黑豆	37.475	31.415		
麻子	22.75	22.75		
共计	3410.21	7379.808	1330.265	

敌后抗日根据地军政机关也积极开展大生产运动。在华北，由于晋察冀边区深入敌后，连年遭受敌人"扫荡"、战斗频繁。1939年以后，边区

---

① 陕甘宁边区财政经济史编写组、陕西省档案馆编：《抗日战争时期陕甘宁边区财政经济史料摘编》第8编，陕西人民出版社1981年版，第61页。

② 参见陕甘宁边区财政经济史编写组、陕西省档案馆编：《抗日战争时期陕甘宁边区财政经济史料摘编》第8编，陕西人民出版社1981年版，第108—109页。

又遭受敌人封锁，晋察冀边区财政供给出现了严重困难。为此，晋察冀边区党和政府号召各级军政民团体学习陕甘宁边区留守兵团，开展生产自给运动。从1940年开始，晋察冀边区部队开始了生产自给运动。当年，边区部队开展的生产自给运动共收获粮食453328.8斤，还帮助群众春耕并收获粮食24472530斤。[1]此后三年的困难时期，边区部队的生产取得了显著成绩，还帮助群众恢复和发展了农业生产。1944年1月，晋察冀边区经济会议对机关部队生产运动作了具体部署。随后，各机关部队都根据各自的环境开展大生产运动，取得了惊人的成绩。在部队方面，根据1944年8月初的估计，北岳区机关部队能收获15000石以上的粮食，自种菜园还有吃不完的菜，6月至8月机关部队收获蔬菜300多万斤，有的机关蔬菜可以吃到1945年。在机关学校方面，依靠开荒与修滩获得土地482亩，农业与牧畜业收入占全部收入的20%。[2]由于部队机关实行了一定的自给生产，1944年边区向农民减征粮食2万石，减轻了人民的负担。[3]

在晋冀鲁豫边区，面对敌后抗战日益困难的严峻局面，八路军第129师官兵和边区人民一道开展了轰轰烈烈的大生产运动。1940年，中共中央北方局召开的黎城会议和高干会议，提出部队要自己动手、发展生产，改善部队生活，减轻人民负担。会后八路军第129师增设了生产部，专门负责组织领导部队生产工作。1942年以后，晋冀鲁豫边区连续遭受各类灾害。为了进一步推动生产救灾工作，1943年9月初，晋冀鲁豫边区和八路军第129师师部联合召开了全区生产动员大会，强调战争、生产、教育为敌后工作的三大任务，宣布了以后的部队生产计划。1942、1943两年晋冀鲁豫边区部队的大生产运动取得了显著成绩。仅太行军区，1942年生产总值就达215.4万元。当年全师共节约了16.01万元。如按太行区150

① 参见黄文主、赵振军主编：《抗日根据地军民大生产运动》，军事谊文出版社1993年版，第151页。

② 参见黄文主、赵振军主编：《抗日根据地军民大生产运动》，军事谊文出版社1993年版，第155—156页。

③ 参见黄文主、赵振军主编：《抗日根据地军民大生产运动》，军事谊文出版社1993年版，第159页。

万人口计算，则相当于支援每人1元多。①

在其他敌后抗日根据地的军政人员也积极开展大生产运动。在晋绥边区，1940年12月，晋西北区党委召开了地委书记联席会议，根据党中央提出的"发展生产，自力更生"的方针，决定把发展生产、加强经济建设作为1941年根据地中心任务之一。翌年，晋西北春耕委员会成立。该委员会特别规定机关部队生产，一律开垦荒地，不得耕种农民之土地。1944年1月，晋绥边区党和政府为了解决军队机关人员的吃穿问题，减轻人民的负担，根据中共中央和北方局的指示，向全区发出开展大生产运动的号召，提出实现"耕三余一""穿衣自给"和"主要工业自给"的生产目标。经过大生产运动的开展，"1941年全军区部队开荒6万亩，1942年开荒16万6千亩，打粮2万石，蔬菜除极少数部队外，均能全部自给。特别是八路军第120师358旅，他们不仅自己开荒种地，还自己开油坊、粉坊、豆腐坊，做到了每个伙食单位有羊10只，菜地10亩，8个人有一口猪，副食完全做到了自给有余"②。

为了坚持长期斗争，新四军各部队响应中央关于开展大生产运动的号召；为了加强大生产运动的组织领导，新四军军部和各师都成立了生产节约委员会。1943年，华中局针对各部队所处环境和斗争任务不同，对环境相对比较稳定的部队与地区不很稳定的部队提出不同的生产任务，而担任游击作战任务的部队，则免除其生产任务，照常发给伙食费及其他费用。1942年以来，新四军在抗日根据地开展以改善生活为主的生产运动，后于1944年进一步掀起了军民大生产运动的高潮。"为了完成生产任务，各机关部队制定了生产计划。农副业生产搞得较好的单位，均完成或超额完成了生产任务，每人每月可吃到2.5至3斤猪肉，差些的单位，也能吃到1.5至2斤猪肉。大多数的单位每月杀两口猪，过年过节，猪、

① 参见黄文主、赵振军主编：《抗日根据地军民大生产运动》，军事谊文出版社1993年版，第178页。

② 黄文主、赵振军主编：《抗日根据地军民大生产运动》，军事谊文出版社1993年版，第226页。

鹅、鸡、鸭连吃几天。"①在部队大搞生产的影响下，华中各抗日根据地的广大人民群众也掀起了互助合作和以农业为主的大生产运动。1944年，据淮北及皖南、津浦路以东地区、苏北盐阜地区的不完全统计，组织参加互助组的农民达66万人。1944年共修建和改建大小水利工程30余处。苏北、淮南、皖中几个地区兴修水利后灌溉面积达120万亩。在纺织业方面，1944年，仅淮北地区即发展了土纺织车3.6万余辆，土织布机近3000架。②此外，山东抗日根据地军政机关大生产运动也取得出色成绩。山东根据地各战略区大生产运动共扩大耕地346860亩，其中机关开荒77661亩，种熟地883亩。③

广大抗日根据地的部队机关学校开展的生产运动，是在极端困难条件下进行的，也是党中央为坚持持久抗战、积蓄力量所采取的重要举措。各抗日根据地的生产自给运动取得的巨大成效，使各地普遍度过了经济难关，缓解了粮食短缺危机，为取得全民族抗战的最终胜利奠定了物质基础。

2. 连续开展"精兵简政"减轻民众负担

为降低根据地军政人员财政和粮食支出，抗日根据地普遍实行"精兵简政"，减少非战斗人员数量，提高工作效率。这一政策从陕甘宁边区开始，并逐步扩大到其他敌后抗日根据地。七七事变前后，陕甘宁边区脱离生产的党政军人员不超过3万人。1938年后大批爱国青年奔赴延安，1939年边区非生产人员增至4万人。1940年至1941年抗战局势最为吃紧时，前线调回部队保卫边区，使边区非生产人员达7.2万余人。非生产人员的增加，给陕甘宁边区财政工作和粮食供给提出了更高要求。徐向前曾在回忆录中谈及这一点："陕甘宁边区的群众为了抗日，勒紧肚皮，节

---

① 黄文主、赵振军主编：《抗日根据地军民大生产运动》，军事谊文出版社1993年版，第233页。

② 参见黄文主、赵振军主编：《抗日根据地军民大生产运动》，军事谊文出版社1993年版，第236页。

③ 参见朱玉湘主编：《山东革命根据地财政史稿》，山东人民出版社1989年版，第195页。

衣缩食，供应部队和机关，贡献很大。但是，十个指头不一般齐，群众也有先进、中间、落后之分。""坏分子乘机造谣破坏。有些地方，政府与群众、军队与群众的关系，越来越紧张。"①可见，边区机构精简势在必行。1941 年 11 月，李鼎铭等人提出精兵简政提案，毛泽东给予高度肯定，认为"'精兵简政'，节省民力，是目前迫切的重要的任务"②。不久，党中央开始在抗日根据地政府机关推行精兵简政。随后各抗日根据地先后进行了三次大规模的精兵简政。

在陕甘宁边区，第一次精兵简政是从 1941 年 12 月到 1942 年 4 月进行的。依照计划和精简方案开展工作，经过 4 个月努力，边区机构裁减合并百余处，各级政府工作人员减少了 24%，达 1598 人。③但此次精简工作只是在边区政府和县区政府部门展开的，深入程度不够，成效不太理想。1942 年 4 月到 8 月，陕甘宁边区开始实施第二次精兵简政。此次精简工作汲取了第一次的不足，一开始就成立了以边区政府牵头，邀请中共中央、中央军委和中央西北局参加的边区总编制委员会。1942 年 6 月 30 日，边区政府通过《边区政府系统第二次精兵简政方案》及《实施方案纲要》，明确"紧缩上级，加强下级，政（务）事（务）分开，合署办公"④等四项办法，重点紧缩机构人员，主要将调整后的干部充实到县区级政府机关，以增强县区政权的工作水平。这次精兵简政基本达到预期目标。不过，第二次精简工作也存在一些不足，如有的地方缺乏工作经验，一些单位领导对精简工作重视不够，思想包袱重，等等。针对这些问题，从1942 年 9 月到 1944 年初，边区政府又开始第三次精兵简政。在第三次精简方案执行中，毛泽东针对某些同志思想上不正确认识，特别强调"这一次精兵简政，必须是严格的、彻底的、普遍的，而不是敷衍的、不痛

①《徐向前元帅回忆录》，解放军出版社 2005 年版，第 502 页。

② 中共中央文献研究室、中央档案馆编：《建党以来重要文献选编（1921—1949）》第 18 册，中央文献出版社 2011 年版，第 756 页。

③ 参见《林伯渠传》编写组编：《林伯渠传》，红旗出版社 1986 年版，第 255 页。

④《胡乔木回忆毛泽东》，人民出版社 1994 年版，第 145 页。

不痒的、局部的"①。1943 年初，陕甘宁边区颁布《边区简政实施纲要》《各级政府及参议会整编办法》。《边区简政实施纲要》是对边区政权建设经验的基本总结，实际上成为第三次精兵简政工作的纲领性文件，对基层精简工作起到了较好指导作用，各县区精兵简政基本依此实施。1943 年底，第三次精兵简政工作结束。经过三次精兵简政工作，陕甘宁边区原有"鱼大水小"的矛盾得到有效缓解。②

与此同时，敌后抗日根据地也遵循党中央指示，纷纷开展精兵简政工作。

在晋察冀边区，日军残酷的"扫荡"和"蚕食"政策使北岳区和平西区的巩固区面积比 1940 年缩小了 1/4，冀中区的基本区缩小了一半。北岳区人口到 1941 年底减少为 350 万，其中巩固区仅有 220 万。在根据地面积缩小和人力、物力、财力减少的情况下，军队和地方脱产人员的开支大大超过了人民负担的承受力。1942 年初，北岳区的巩固区脱产人员占总人口的 4.2%，平西区高达 5.5%。实行精兵简政，实为当务之急。1942 年初，晋察冀边区开始第一次精兵简政。精兵方面，1942 年 1 月，晋察冀军区召开军分区首长以上高级干部会议，提出了整编主力军、加强地方军的精兵政策。经过这次精兵工作，边区的主力军、地方军和军区指挥机关（包括抗大二分校）的总人数，由 1942 年 3 月的 60440 人减为 1942 年 9 月的 52590 人。除正常的减员与补充外，实际减少 5000 人，即减少 8.3%。在简政方面，鉴于各地环境不同，晋察冀边区简政的重点放在了北岳、平西两区。经过这次简政，北岳区地方系统脱产人员由精简前的 3.3 万人减少为 2.5 万人，即减少 25%。总体上，北岳区第一次精兵简政取得不少成绩，军地脱产人数占巩固区总人口的比例由 4.25% 降到 3.52%。③但这仍然高于中央规定的比例。为此，1943 年 2 月晋察冀边区进行了第二次精兵

---

① 《毛泽东选集》第 3 卷，人民出版社 1991 年版，第 895 页。
② 参见《胡乔木回忆毛泽东》，人民出版社 1994 年版，第 147 页。
③ 参见魏宏运主编：《晋察冀抗日根据地财政经济史稿》，档案出版社 1990 年版，第 163—164 页。

简政。这次精兵简政在精兵方面主要是紧缩机构和机关，充实战斗连队；在简政方面则着重从紧缩编制和改进作风两方面进行。经过第二次精兵简政，北岳区各军分区和军区的后方机关共裁减了2000人，使非战斗人数由精简前占总人数的26.51%下降到15.64%。到1943年秋，北岳区的脱产人数已减为63800人，占北岳区总人口（包括游击区）的3.2%，随后该区又陆续调往陕甘宁和晋绥边区12个团和几个学校共1.6万人，使脱产人数已接近北岳区巩固区人口的3%，基本上合乎中央的规定比例。①1944年，随着敌人逐步采取守势，边区部队需要由分散逐渐向集中发展。同年9月，边区进行了第三次精兵简政，精简了机关，继续实行主力部队地方化。

在晋绥边区，在党中央未作出精兵简政决定前，晋西北行署已对一些行政机构进行过裁减、合并，压缩精简了机构中冗员。1941年12月党中央发出《关于精兵简政的指示》后不久，晋西北军区部队实行精简整编，紧缩机关，充实连队。到1942年3月底第一次精兵简政结束时，全军区主力部队由39000余人减至35000余人，根据地内全部脱产人数仍占总人口的5%，仅比过去减少0.6%。②为此，1942年10月，中共晋绥分局召开高级干部会议，讨论部署进一步精兵简政。经过精兵简政，军区团以上领导机关人员由9151人减少到3580人，减少了60.9%；军区主力部队由30000人减至25000人，地方武装由6520人减为5000人，共减少了6600多人，占军区部队总数的16.9%；军区共减去骡马1076匹，减少了47%。经过这次普遍而又彻底的精简，晋绥边区全部脱产人数由57000人减至35000人，除因调至陕甘宁边区的部队减少的数目外，实际上精简了14600余人。③

---

① 参见魏宏运主编：《晋察冀抗日根据地财政经济史稿》，档案出版社1990年版，第168页。

② 参见刘欣、景占魁主编：《晋绥边区财政经济史》，山西经济出版社1993年版，第103页。

③ 参见刘欣、景占魁主编：《晋绥边区财政经济史》，山西经济出版社1993年版，第103—104页。

山东抗日根据地的精兵简政从 1942 年 1 月开始，到 1942 年底基本结束，也进行过三次。经过三次精兵简政，山东省政权干部共减少 7000 人，被精简人员占原脱产人口的 27%，精简后脱产人员约占基本区人口总数的 2.4%，达到中央规定的比例要求。党的机关平均减少 52%，政府机关减少 46%，当时各地区公所只有区长助理员 3 至 5 人。县机关也减少了，游击区的县政府有的只有县长、秘书和一两个科员，便于军事活动。再加上军队的精简，全省一年可节省粮食 3000 万斤，根据地平均每人可减征公粮 5 斤。[①]

在华中，1942 年起，鄂豫边区党政军领导机关遵照中央精兵简政的指示，着手精简、整顿各级臃肿庞大的组织机构，节约人力物力，以充实连队、提高战斗力，加强基层、提高工作效能。1943 年，鄂豫边区结合军事建设，改造地方党和强化政权。在淮北抗日根据地，1942 年 9 月底淮北行署进行第一次精简工作。通过裁减机构，行署各处、院人员减少了 22%。同年 12 月底，淮北行署又进行第二次精简，大批机关人员被调往生产、教育、武装和财政建设等部门，行政人员由原来的 360 人减为 101 人，减少 72%，使得每月节省公粮 18500 斤、公草 33000 斤、菜金 4262 元。1943 年 1 月，淮北行署又实行第三次精简，各处、院仅设一、二人办公，行署全体人员不超过 50 人。[②]

经过大规模的精兵简政，广大抗日根据地大大提高了政府部门工作效率，既节约了军政机关财政支出，又减轻了抗日根据地民众公粮负担，对缓和根据地粮食短缺问题、改善人民生活起到了重要作用。

（四）加强对敌粮食斗争，应对外部封锁

在战争年代，粮食不仅是民众生存的基本生活资料，还是决定战争胜

---

① 参见朱玉湘主编：《山东革命根据地财政史稿》，山东人民出版社 1989 年版，第 170—171 页。

② 参见朱超南、杨辉远、陆文培编：《淮北抗日根据地财经史稿》，安徽人民出版社 1985 年版，第 49 页。

利的重要战略物资。对此，党和根据地政府高度肯定粮食的重要性，认识到"粮食是我们的生命，也是今后敌寇掠劫的主要对象"，"粮食是有关国计民生的重要商品，又是动员广大群众，特别是许多敌占区（缺粮的地区、种棉花的地区）的群众反对敌人封锁的有力武器"①。总之，在抗日战争条件下，谁有了粮食，谁就有了一切。日本侵略者也深知粮食的重要性，在对敌后根据地实施"扫荡""蚕食"政策时大肆掠夺粮食。1938年8月，《晋察冀日报》曾提醒民众注意日军抢粮烧粮行径。"近来华北游击战争的开展，不断的向日寇进行袭击扰乱并破坏其交通，使日寇一切供给运输万分困难，特别是粮食遭致极度恐慌的时候，那么它为了破坏我们的秋收，增加我们经济上的困难，解决它粮食恐慌的问题，必然要寻机会开上它的兽军来向我们边区进攻的。必然会乘我们防备不周的地方进行袭击扰乱，妨害我们的秋收，以至劫抢我们秋粮与烧毁我们秋粮的。"②这样，"一个严重的战斗任务呈现在我们全边区军政民的面前：武装保卫秋收"③。为此，敌后抗日根据地军民针锋相对地与日伪敌军开展粮食斗争。

1. 加强粮食管理，实施粮食平粜

为了解决敌人封锁包围带来的根据地粮食紧张，各抗日根据地普遍在粮食管理上实行专卖制度，严禁粮食出口，同时厉行节约粮食。

一是加强粮食管理，严禁出口，鼓励进口。加强粮食管理的重点工作是实行粮食专卖。各地粮食专卖大都是由抗日根据地的工商管理总局直接负责，指定粮食专卖行、专卖商店，实行对外粮食专卖，严禁私自售卖粮食。为防止粮食外流，各抗日根据地成立县级查禁粮食出境委员会，

---

① 晋冀鲁豫边区财政经济史编辑组、山西省档案馆、河北省档案馆、山东省档案馆、河南省档案馆编：《抗日战争时期晋冀鲁豫边区财政经济史资料选编》第1辑，中国财政经济出版社1990年版，第290页。

② 晋察冀日报史研究会：《晋察冀日报社论选（1937—1948）》，河北人民出版社1997年版，第64—65页。

③ 晋察冀日报史研究会：《晋察冀日报社论选（1937—1948）》，河北人民出版社1997年版，第64—65页。

负责查禁边区内的粮食出口。在陕甘宁边区，边区政府于1939年10月发出政府训令"粮食禁止运输出口"①。1941年4月，边区政府制定《陕甘宁边区禁止粮食出境条例》，强调边区禁止粮食出境的目的在于"防止边区粮食外流资敌"②，"战胜日寇、汉奸、亲日反共派对边区粮食的破坏与封锁"以及"保证全边区部队、机关、人民的食粮供给"，为此"凡边区所有粮食不问属于原料或制成品（如面粉），一概严禁私运出境"③。同年11月，边区政府又对条例进行了修订。1939年2月，晋察冀边区行政委员会发出禁止粮食出境的通令，指出华北日军"粮秣大感缺乏，特于津济平石张等地各设军用经理处，大批收集粮秣，致华北各地，粮价日益涨等情，查粮秣为军用要品，关系胜败至巨，故本会禁粮出境"④。在晋冀鲁豫边区，沙河县发布粮食管理公告，规定"没有购粮证，或与购粮证不合者，任何人皆得查获，送区公所或当地事务所处理，并按过去缉私办法给提赏"⑤。1942年，山东省战地工作推行委员会制定《关于奖励粮食入境及严禁粮食出口资敌暂行办法》，对山东根据地内民众购买超过粮食百斤的、粮商贩运粮食数量在百斤以上二百斤以下和超过二百斤的各种情况进行提出相应要求，如村长开具证明文件、到区公所或县政府登记领证。尤其对接近敌占区和海岸线等交通要道的县份，办法规定"广泛深入的[地]在政治上动员群众，运用群众的力量去进行对敌反封锁"，"应在边区村庄制定警戒封锁线，凡在此线内往外运输之粮食，一

---

① 张希坡编著：《革命根据地法律文献选辑》第3辑第2卷·陕甘宁边区（上）第2册，中国人民大学出版社2018年版，第7页。

② 张希坡编著：《革命根据地法律文献选辑》第3辑第2卷·陕甘宁边区（上）第2册，中国人民大学出版社2018年版，第308页。

③ 张希坡编著：《革命根据地法律文献选辑》第3辑第4卷·陕甘宁边区（上）第2册，中国人民大学出版社2018年版，第21页。

④ 张希坡编著：《革命根据地法律文献选辑》第3辑第4卷·晋察冀边区，中国人民大学出版社2018年版，第234页。

⑤ 晋冀鲁豫边区财政经济史编辑组、山西省档案馆、河北省档案馆、山东省档案馆、河南省档案馆编：《抗日战争时期晋冀鲁豫边区财政经济史资料选编》第2辑，中国财政经济出版社1990年版，第1198页。

律阻挡扣留"，"应将边区村庄之粮商小贩由区村政权负责登记，并经常注意监督，以防其偷运粮食出境"[①]。

　　严禁粮食出口的同时，有的地方还将粮食斗争和货币斗争、经济斗争结合起来，鼓励粮食进口。在山东省，1942年制定的奖励粮食入境相关办法要求"凡接近敌占区之抗日民主政府，应大量的发动民资、游资或低利贷款给贫民，使民众集体或私人到敌占区贩运粮食，政府及群众团体得发动民众武装、民兵等给予帮助掩护"。为鼓励敌占区粮商贩运粮食到根据地，山东根据地对从敌占区运往根据地内的粮商予以特别优待，要求各地"抗日民主政府、群众团体及当地驻军应予以通行证，使其畅销无阻"，"不交关税，政府粮食部门得予以各方面之帮助。如倾销不完时，政府可按市价收买"，"必要时可以我之土货交换其粮食"，以及发动靠近大道之居户、店户，"不收或减收其房价，以表欢迎"[②]。在晋冀鲁豫边区，党和政府认识到："根据地物价，一般亦不甚平衡，东西距离百里，往往相差一倍，即系市场不发达所致。如能利用电话或其它交通网，沟通商情行市，发动运销贩卖，调剂各地有无，物价或不致如此激增。"[③]因此，晋冀鲁豫边区政府利用根据地东西两部相邻之敌占区的粮价和伪币币值存在着一定差价，采取西线大量购粮，再到东线转卖，所得利润用于购买边区急需物资。这样抗日根据地既获得丰厚利润，实现国库盈收，又使大批必需品流入边区，打破了敌人的经济封锁。

　　二是实施粮食平粜，厉行粮食节约。除了依靠粮食专卖、查禁出口、鼓励进口等手段来加强粮食管理外，抗日根据地还加强内部粮食调节，力求粮食供求相对平衡。为此，各抗日根据地普遍成立粮食平粜机关。

---

　　① 张希坡编著：《革命根据地法律文献选辑》第3辑第6卷·山东省（下），中国人民大学出版社2018年版，第19页。

　　② 张希坡编著：《革命根据地法律文献选辑》第3辑第6卷·山东省（下），中国人民大学出版社2018年版，第18页。

　　③ 晋冀鲁豫边区财政经济史编辑组、山西省档案馆、河北省档案馆、山东省档案馆、河南省档案馆编：《抗日战争时期晋冀鲁豫边区财政经济史资料选编》第2辑，中国财政经济出版社1990年版，第1190页。

1941年，陕甘宁边区率先成立粮食平粜处，其他敌后抗日根据地也陆续成立粮食平粜机构。粮食平粜的作用重在补充公粮和调节市场。具体来看，在粮价偏低时，抗日根据地的粮食平粜机关购进粮食，首先保障政府军队粮食需求，同时保存多余粮食；粮价高涨紧缺时，粮食平粜机关再出粜粮食用以平稳粮价。1942年4月至6月间，晋察冀边区粮价上涨，边区平粜处开始售粮平粜，很快平稳了市场粮价。一方面，粮食平粜能够使政府购粮补充军粮，无须再向市场采买，减少了粮食市场上竞买现象，使得粮价相对平稳。另一方面，平粜机构在粮价高时出粜，粮价低时收买，既保护了粮商利益，也消除了粮食垄断居奇现象。据初步计算，1942年晋察冀边区平粜机构各项平粜款项收入约517226万元，当年用于调剂公粮约430929万元，调剂民食36325.3万元，结余后转到下年度约33153.8万元。[①]

为保障军民食粮和备战备荒，各抗日根据地厉行粮食节约，禁止私自酿酒熬糖。1940年夏季，华北各地久未下雨，颇有发生旱灾的可能。为保障足食足兵和预防旱灾，中共中央书记处指示华北各地应该注意解决粮食问题，要求各地严禁多领粮食与浪费粮食，"必要时动员民众节省，禁止用粮烧酒喂牲口"[②]。早在1939年10月，陕甘宁边区政府在"粮食禁止运输出口"训令中就规定"为避免浪费粮食，应动员人民不准蒸酒熬糖"[③]。1945年4月，陕甘宁边区政府又专门制定《陕甘宁边区酒业管理及征税试行办法》。该法令本着禁酒储粮精神，严禁私人酿酒熬糖，只允许有节制的酿酒。首先，该法令明确规定"边区各县市村镇，不论任何公私团体机关或个人，一律禁止用粮食酿酒熬糖"。为满足医疗、军用、婚丧用酒需求，法令特别允许有计划的酿酒。为满足医药卫生及军用之

---

① 参见魏宏运主编：《抗日战争时期晋察冀边区财政经济史资料选编（总论编）》，南开大学出版社1984年版，第522页。

② 中共中央文献研究室、中央档案馆编：《建党以来重要文献选编（1921—1949）》第17册，中央文献出版社2011年版，第345页。

③ 张希坡编著：《革命根据地法律文献选辑》第3辑第2卷·陕甘宁边区（上）第2册，中国人民大学出版社2018年版，第7页。

需，法令规定"边区之卫生最高机关及军事最高机关，得商请边区政府批准，免税制造酒精"，同时严令"此项酒精不得作为饮酒出售"；为满足民间婚丧嫁娶用酒，法令规定"应防止粮食浪费起见，特允许分区统一造酒（以每县一个分厂为原则）但须从价纳税百分之二十"，同时"禁止各县、市、村、镇私酿酒熬糖"①。

2. 灵活运用策略，反对敌人抢粮

开展对敌粮食斗争是敌后抗日根据地军民应对日伪军毁坏和抢掠粮食的直接方式。在敌后抗日根据地，"粮食斗争已经成为敌我斗争的焦点，成为长期的残酷的斗争，我们要度过困难，战胜灾荒，坚持敌后抗战，就必须进行对粮食的保卫与埋藏"②。当时，敌人对根据地的许多"扫荡"，几乎全是为了抢夺粮食，"一九四二年，敌人打算在华北抢粮二千万石"③。因而，敌后抗日根据地党和政府认识到面对日伪军抢粮企图，根据地党和政府必须从政治上、军事上开展灵活的粮食斗争。

在政治斗争方面，敌后抗日根据地组建武工队和群众一起开展"反资敌斗争"。武工队抓住敌人的致命弱点（如日伪军的屠杀掠夺引起了全中国人民的反对），结合日常斗争，把敌占区、游击区的人民组织起来，建立隐蔽的"反资敌防线""秘密游击小组"和"保家民团"等组织。武工队和群众硬抗软磨，由妇孺老弱出面向催收粮食的伪组织人员诉苦、请愿或告状，不得已时主动给敌人稍微送些粮食去。到敌人征粮最后一天晚间，八路军就把维持村村长统统"抓走"，或者八路军就干脆"抢走"集中待运的粮食，让粮食重新回到每个农民的暗窖里。他们还给伪军和伪工作人员展开政治宣传攻势。有时夜间，敌人据点突然接到神秘电话，

①　张希坡编著：《革命根据地法律文献选辑》第3辑第2卷·陕甘宁边区（上）第1册，中国人民大学出版社2018年版，第514页。

②　晋冀鲁豫边区财政经济史编辑组、山西省档案馆、河北省档案馆、山东省档案馆、河南省档案馆编：《抗日战争时期晋冀鲁豫边区财政经济史资料选编》第2辑，中国财政经济出版社1990年版，第91页。

③　齐武编著：《一个革命根据地的成长：抗日战争和解放战争时期的晋冀鲁豫边区概况》，人民出版社1957年版，第71页。

或者就在碉堡附近，武工队同志用扩音筒向日伪军讲解国内外斗争形势或某一根据地的歼敌战，以瓦解敌人士气。有的伪军家里，来了"不速之客"让伪军家属告诫为虎作伥的子弟，要"少做坏事，替自己留后路"。有的地方通过当地群众，给伪军制作详细的"善恶簿"或"红黑榜"，经过相当时期，便加以公布。①以上办法不断在政治上瓦解伪军士气，减少了敌占区和游击区民众的粮食损失。

在军事斗争方面，敌后抗日根据地军民坚壁清野，武装击退敌人抢粮。面对敌人进村抢粮，抗日根据地依靠和发动群众掩埋、保护粮食。面对敌人到田地抢粮，根据地军民采取快收、快打、快藏的办法让敌人一无所获。在晋察冀边区，1943年9月敌军4万多人对北岳区进行"扫荡"，乘秋收时节抢夺粮食。在该区的阜平县，敌人准备抢夺沙河两岸即将成熟的庄稼，沙河两岸村庄纷纷动员民众连夜组织收割庄稼，让敌人无粮可抢。10月底，敌人企图到走马驿、倒马关、川里、神南等一带抢粮，军民与敌伪激战多次，抢回8034亩稻子，占全部稻田的84%。1944年，晋察冀边区北岳区的反抢粮斗争仍很激烈。仅1944年6月份，北岳区敌我抢粮斗争达到84次。其中军民在兴唐、贾木一带设伏击溃抢麦子的敌军，夺回粮食万余斤，在白沙等地夺回粮食5万余斤。②

3. 战斗与生产结合，武装保卫夏收秋收

面对日益残酷的斗争环境，敌后抗日根据地党和政府提出"战斗与生产结合"的方针，组织部队、民兵与农民一起武装保卫粮食生产和收获。1940年6月，中共中央书记处指示华北地区注意解决粮食问题，要求"军队应用一切办法保护夏收秋收，反对敌人破坏"③。在"战斗与生产结合"方针指导下，各敌后抗日根据地军民创造了多种劳动与武装相结合

---

① 参见齐武编著：《一个革命根据地的成长：抗日战争和解放战争时期的晋冀鲁豫边区概况》，人民出版社1957年版，第79页。

② 参见魏宏运主编：《晋察冀抗日根据地财政经济史稿》，档案出版社1990年版，第246页。

③ 中共中央文献研究室、中央档案馆编：《建党以来重要文献选编（1921—1949）》第17册，中央文献出版社2011年版，第345页。

的形式。如1943年以来，各地创造的"封锁沟墙内外的拨换工""劳武结合小拨工"等形式。以"劳武结合小拨工"为例，各地基层组织先把民众组织起来，分成游击、拨工两组。游击组负责生产和收获时警戒敌人，拨工组干完自己田里的活后，再给游击组种地、收割。这种组织形式鲜明体现了"战斗和生产结合"的精神，因其拨工形式较简便、能够满足武装保卫生产的需要，在广大敌后抗日根据地相当流行。

敌后抗日根据地非常重视武装保卫夏收和秋收。1943年，戎伍胜在总结敌后粮食斗争的经验时谈道："我们号召要快收，要动员男女老幼一体上地参加收获工作，政府应规定一定时间停止支差义运，并组织军政机关人力、畜力帮助人民收获。……村级政权应特别注意组织劳力，解决贫苦劳力抗属收获问题。……游击支队小组，可以深入前方活动掩护。"[1]在武装保卫粮食生产斗争中，敌后抗日根据地民众还开创了丰富的斗争案例。当日伪军侵扰根据地巩固地区时，各村民兵负责配合主力军作战。青壮男丁负责坚壁粮食，再疏散到田野，一面战斗一面坚持生产。老弱妇孺则躲入山中。在晋冀鲁豫边区，太岳区民兵李德昌，在围困紧张的战斗情况下，和村长村农会一起把全村男女老幼凡能参加生产的人都组织起来，互助生产。"一九四四年，他们不停地对敌作战，还比平常多种了两百亩河滩地，使当年全村生产的粮食，超过一九四三年一倍有余。"[2]在正确的组织形式下，武装保卫粮食生产取得了良好效果，最大限度地减少敌人对抗日根据地粮食物资的掠夺，保证了军民粮食供给。

---

[1]　晋冀鲁豫边区财政经济史编辑组、山西省档案馆、河北省档案馆、山东省档案馆、河南省档案馆编：《抗日战争时期晋冀鲁豫边区财政经济史资料选编》第2辑，中国财政经济出版社1990年版，第1205—1206页。

[2]　齐武编著：《一个革命根据地的成长：抗日战争和解放战争时期的晋冀鲁豫边区概况》，人民出版社1957年版，第143页。

三、中国共产党解决抗日根据地粮食问题的基本效果

全民族抗日战争时期，粮食短缺和粮食恐慌等问题直接影响着抗日根据地的粮食安全、政权稳定，乃至抗战之最终胜利。在中国共产党领导下，广大抗日根据地军民坚持自力更生、发展生产，从调整土地政策入手，努力解决粮食产能不足、总量短缺、供求失衡等突出问题，破解了抗日根据地的粮食不足困局。

（一）提高了粮食总产量，粮食供求相对平衡

全民族抗日战争时期，广大抗日根据地通过兴修水利、推广农业技术、增加农业贷款等措施，加大了农业基础设施建设投入；通过奖励移民、鼓励垦荒，扩大了农业生产面积；通过组织农业生产互助合作，奖励模范，开展竞赛，激发了农民生产积极性；通过发动军民生产自给运动，"精兵简政"、厉行节约，减少了军政人员财政开支和粮食支出。其中，陕甘宁边区农业生产成就尤其突出。1937年至1945年，陕甘宁边区农业耕地面积、粮食产量逐年增加（详见表6-10）。

表6-10　1936—1945年陕甘宁边区耕地面积和粮食产量①

年份	耕地面积/亩	耕地面积增长率/%	粮食产量/石	粮食产量增长率/%
1936年	8431006	—	—	—
1937年	8626006	2.31	1260000	—
1938年	8994487	6.68	1270000	0.79
1939年	10040319	19.09	1370000	8.73
1940年	11742082	39.27	1430000	13.49
1941年	12223344	44.98	1470000	16.67
1942年	12486937	48.11	1500000	19.05

---

① 参见陕甘宁边区财政经济史编写组、陕西省档案馆编：《抗日战争时期陕甘宁边区财政经济史料摘编》第2编，陕西人民出版社1981年版，第85—86页。

续　表

年份	耕地面积/亩	耕地面积增长率/%	粮食产量/石	粮食产量增长率/%
1943年	13774473	63.38	1600000	26.98
1944年	12205553	44.77	1750000	38.9
1945年	14256144	69.09	1600000	26.98

从上表可见，陕甘宁边区经过恢复农业生产、扩大耕地面积、加强粮食生产投入后，1939年与1936年相比，耕地面积扩大了19.09%，粮食产量增长8.73%。特别是与1939年相比，1943年边区耕地面积扩大37.2%，粮食总产量增长16.8%。这充分说明，在党和政府重视农业生产和粮食问题后，所采取的应时措施是积极有效的。尤其是从1940年以来，各抗日根据地的农业生产和粮食总产量均有不同程度的发展。在晋绥边区，从1941年到1943年，该区的兴县开荒数分别为30000垧、14951垧和24419垧，使该县耕地面积由1940年的390000垧增加到1943年的498296垧，3年耕地面积累计增长27.8%。到了1944年，晋绥边区又开荒748000亩，总计粮食产量达到16万石。①

总体来看，抗日根据地党和政府采取的一系列政策措施促进了农业生产的恢复和发展，实现了根据地粮食供求关系的相对平衡。在全民族抗日战争时期，晋察冀边区累计开生荒393819.9亩、垦熟荒848937.56亩，修滩涂352446.4亩，修梯田13898.7亩（仅统计1945年）。②尤其是1944年，晋察冀边区农业生产取得多年来未有之好成绩，北岳区农业生产取得了十年来未有的大丰收。是年，北岳区42个模范村粮食产量比上一年增加43%。③在晋冀鲁豫边区，1943年大生产运动在全边区开展后，农业耕地面积和粮食产量大幅增长。其中太岳区1943年有9个县扩大耕地面积

---

① 参见晋绥边区财政经济史编写组、山西省档案馆编：《晋绥边区财政经济史资料选编（农业编）》，山西人民出版社1986年版，第262页。

② 参见魏宏运主编：《抗日战争时期晋察冀边区财政经济史资料选编（农业编）》，南开大学出版社1984年版，第370页。

③ 参见魏宏运主编：《晋察冀抗日根据地财政经济史稿》，档案出版社1990年版，第350页。

123492.87 亩，当年增加产量 49397.148 石。[1]这样的成绩不仅在战时是空前的，就算在战前也是很少的。1944 年上半年，太岳全区群众开荒 19 万亩，部队机关团体半年开荒 8 万亩。每亩平均以五斗谷子计，可产谷子 12 万石。[2]太行区黎城霞庄，全村 571 人，土地 3172.6 亩，1945 年全村土地收入 5498.16 石，其他副业肩挑收入共 747.76 石，合计收入 6245.92 石，全村总消耗 4345.367 石，余粮 1900.553 石，耕三余一后尚余 1336.292 石。[3]

（二）基本保障了根据地人民群众的温饱生活

广大抗日根据地农业生产的恢复和发展起来后，粮食实现了增产增收，各地棉花产量、畜牧业等农业项目产值也实现逐年增长（详见表 6-11）。这些成绩对农民增加收入、改善生产生活起到一定帮助。

表 6-11　陕甘宁边区棉花产量和牲畜统计[4]

年份	植棉面积/亩	棉花产量/斤	牛/头	驴/头	羊/只
1939 年	3767	—	150892	124935	1171366
1940 年	15177	—	193238	125054	1723037
1941 年	39987	508131	202914	137001	1714205
1942 年	94405	1403646	209684	169966	1873120
1943 年	150473.5	2096995	214683	169404	1923163

抗日根据地民众生活有了很大改善。陕甘宁边区进行土地革命后，

① 参见晋冀鲁豫边区财政经济史编辑组、山西省档案馆、河北省档案馆、山东省档案馆、河南省档案馆编：《抗日战争时期晋冀鲁豫边区财政经济史资料选编》第 2 辑，中国财政经济出版社 1990 年版，第 132 页。

② 参见晋冀鲁豫边区财政经济史编辑组、山西省档案馆、河北省档案馆、山东省档案馆、河南省档案馆编：《抗日战争时期晋冀鲁豫边区财政经济史资料选编》第 2 辑，中国财政经济出版社 1990 年版，第 145 页。

③ 参见晋冀鲁豫边区财政经济史编辑组、山西省档案馆、河北省档案馆、山东省档案馆、河南省档案馆编：《抗日战争时期晋冀鲁豫边区财政经济史资料选编》第 2 辑，中国财政经济出版社 1990 年版，第 165 页。

④ 参见陕甘宁边区财政经济史编写组、陕西省档案馆编：《抗日战争时期陕甘宁边区财政经济史料摘编》第 2 编，陕西人民出版社 1981 年版，第 87、98 页。

"人民的生活才逐步的改善了，首先是取得了三餐粗饭，两季衣衫"，"而且人民不仅有饭可吃，有衣可穿，并且许多农民还不时可以吃肉吃面"[①]。全民族抗日战争时期，陕甘宁边区粮食产量逐年增加。1937年为126万石，1938年为127万石，1939年为137万石，1940年为143万石，1941年为147万石，1942年为150万石，1943年为160万石，1944年为175万石，1945年为160万石。此外，1941年到1943年连续三年，边区棉花产量由50.8131万斤、140.3646万斤发展到209.6995万斤。[②]这样就为保障边区群众的温饱提供了条件。以固林县更乐区的康家村为例，土地革命前康家村居民9户共48人，仅有5头牲畜和553堆耕地，全年收获粮食52石，但种种负担即占去40%以上，农民所剩粮食尚不够吃，生活苦不堪言。土地革命后该村的情况大不相同，人民生活逐年上升。截至1942年，该村人口增加到54人，劳动力12名，养殖牲畜91头，全村又开荒360堆，全年共收细粮179.5石，全年人口牲畜开支110.5石，交公粮15石，除此外尚余54.5石。1943年发展生产运动后，该村经济更向前发展，劳动力增到13名，牲畜157头，再开荒380堆，全年共收细粮203.7石，比1942年增加24%，除去全年人口牲畜用粮125石，出公粮16石后，还余细粮62.7石，比1942年增加15%，做到"耕二余一"。[③]这样基本上满足了村民最低水平的温饱需求。

经过鼓励垦荒等政策，陕甘宁辖区乡村的经济面貌有所缓解。这种缓解首先表现在农业耕地面积的扩大。"仅仅三、四年耕地面积增加达百分之卅以上，个别地区耕地增加更为迅速。……廿九年比廿五年增加熟地30900垧。仅

---

① 陕甘宁边区财政经济史编写组、陕西省档案馆编：《抗日战争时期陕甘宁边区财政经济史料摘编》第9编，陕西人民出版社1981年版，第2页。

② 参见陕甘宁边区财政经济史编写组、陕西省档案馆编：《抗日战争时期陕甘宁边区财政经济史料摘编》第2编，陕西人民出版社1981年版，第86—87页。

③ 参见陕甘宁边区财政经济史编写组、陕西省档案馆编：《抗日战争时期陕甘宁边区财政经济史料摘编》第9编，陕西人民出版社1981年版，第86—87页。

仅四年熟地增加达百分之六十一。"①其次表现在牲畜的增加。如表6-12、表6-13显示，陕甘宁边区争取外援、休养民力政策效果明显。

表6-12 1936—1939年陕甘宁边区安定五个区耕地增长表②

年份	可耕地/垧	熟地/垧	增长指数	剩余荒地/垧
1936年	85,000	50,000	—	35,000
1937年	同上	52,300	100	32,700
1938年	同上	55,300	105.7	29,700
1939年	同上	72,300	138.2	12,700
1940年	同上	80,900	154.7	4,100

注：每垧=3亩。

表6-13 1938—1940年陕甘宁边区牲畜养殖情况③

年份	牛/头	驴/头	骡马/只	骆驼/只	羊/只
1938年	102,676	70,810	1,468	1,254	761,464
1939年	123,963	97,407	2,040	1,329	1,012,786
1940年	148,408	94,334	1,817	2,458	1,652,170

注：表中1940年统计数字截止到当年上半年。

其他抗日根据地农民收入也有所增加，生活得到改善。在山东抗日根据地，民众负担在1942年底精兵简政后大大减轻。政府机关干部减少7000人，若按当时消费水平计算，减少7000人就省去700万元衣装费用、574.7万斤粮食开支，两项合计节省4573.5万元，使得山东抗日根据地民众每人每年可以减轻负担8.9元。加上军队精简后一年可省粮食3000万斤，这样根据地平均每人又可减征公粮5斤。④实际上，广大抗日根据地

① 陕甘宁边区财政经济史编写组、陕西省档案馆编：《抗日战争时期陕甘宁边政经济史料摘编》第9编，陕西人民出版社1981年版，第26—27页。

② 参见陕西省档案馆、陕西省社会科学院编：《陕甘宁边区政府文件选编》第3辑，档案出版社1988年版，第191页。

③ 参见陕甘宁边区财政经济史编写组、陕西省档案馆编：《抗日战争时期陕甘宁边区财政经济史料摘编》第9编，陕西人民出版社1981年版，第26—28页。

④ 参见朱玉湘主编：《山东革命根据地财政史稿》，山东人民出版社1989年版，第171页。

普通民众温饱问题也得以有效缓解。例如，1944年安徽的抗日根据地，来六地区张储乡的王家村民众生活有了改善。该村5年以前家家欠债，现在已没有一家欠债了。过年时，家家都添新衣。中农人家平均杀猪两口，贫农也能杀一口猪过年。①

（三）有力促进了根据地社会稳定和政权巩固

抗日根据地粮食短缺问题的解决，有助于缓解根据地民众的粮食恐慌心理，民众得以安居，社会得以稳定。粮食短缺和粮食恐慌心理的化解使根据地民众生活有了保障。在战争条件下，粮食一旦出现短缺，民众容易产生恐慌心理，反而大量购置粮食，结果造成市场粮食供应愈发紧张，粮价居高不下，民众买粮购粮难。1940年以来，抗日根据地遭遇经济封锁之后，各地粮价曾出现高涨情况。当年10月开始，陕甘宁边区粮价高涨，"粮价每斗谷米十三元仍找不到买处"②。粮食价格问题，关系到抗日根据地的经济安全和社会稳定。为此，广大抗日根据地的党和政府一方面进行粮食平粜，短期内实现对高涨粮价的控制；另一方面建立起粮食管理机构，综合管理粮食。经过短期的粮食平价运动，延安的工业品价格趋于稳定，粮价基本都下跌。陕甘宁边区平价运动前，麦子每斗最高达到48元，最低也有44元；平价后每斗最高仅39元。大米、玉米、黑豆等上市量增加40%。③尤其是1941年以后，各抗日根据地建立粮食调剂处、平粜处等机构，开展粮食平粜工作。这些机构的设立既规范了军队和政府粮食采购工作，又起到了总体调节粮食供求，保持市场粮价稳定的作用，保障了民众生活，有利于社会稳定。

回顾抗日根据地党和政府解决粮食短缺和化解粮食恐慌的实践，我们

---

① 参见安徽省财政厅、安徽省档案馆编：《安徽革命根据地财经史料选》第1册，安徽人民出版社1983年版，第353页。

② 陕西省档案馆、陕西省社会科学院编：《陕甘宁边区政府文件选编》第2辑，档案出版社1988年版，第508页。

③ 参见星光、张扬主编：《抗日战争时期陕甘宁边区财政经济史稿》，西北大学出版社1988年版，第248页。

可以发现，党对土地政策的调整、鼓励农业发展等各项举措，既逐步破解了抗日根据地突出的粮食问题，改善了广大民众的生活条件，又调动了各阶级的抗日积极性，消除了各种社会问题。如在土地政策方面，党和政府围绕抗战大局，充分考虑到实行过土地革命的地区和未实行过土地革命的地区之间的政策差别，在前一区域内既保护了农民的地权、佃权和土改后的土地收益，又保护了地主生活和参加生产的能力。在后一区域内实行了减租减息土地政策，减轻了农民受封建土地剥削程度，又保护了地主的地权和参加抗日政权的积极性，从而维护了抗日民族统一战线，推动了全民族抗战的胜利发展。

同时，民众生活的逐步改善也促进了抗日根据地的社会稳定和政权巩固。在斗争实践中，中国共产党认识到："在抗战过程中，如果能够改善人民的生活，我们一定更能进行很好的抗战建国工作，我们一定更能发挥伟大的民族的抗战的威力。"[1]经过党和人民的共同努力，广大抗日根据地的生产力大大提升，民众生产生活有了很大改善。在战争的废墟上，人民不但恢复了残破的家园，而且生活逐渐繁荣起来。应该说，当时根据地民众生活"虽还不能说怎样富裕，但'各得其所'，有饭吃，有衣穿，大部分地区是做到了"[2]。可以说，"人民的生活有了改善，抗战的物质基础已有了相当保障"[3]。如在缴纳公粮方面，仅以陕甘宁边区安塞四区二乡救国公粮的缴纳为例，1938年全乡缴纳公粮为37石，1939年缴出66石，"数目虽增一倍，人民仍甚为踊跃"[4]。此外，根据地以往存在的很多社会问题也得以解决。在土地革命前，广大抗日根据地民众生活

---

[1] 陕甘宁边区财政经济史编写组、陕西省档案馆编：《抗日战争时期陕甘宁边区财政经济史料摘编》第9编，陕西人民出版社1981年版，第21页。

[2] 陕甘宁边区财政经济史编写组、陕西省档案馆编：《抗日战争时期陕甘宁边区财政经济史料摘编》第9编，陕西人民出版社1981年版，第38页。

[3] 陕甘宁边区财政经济史编写组、陕西省档案馆编：《抗日战争时期陕甘宁边区财政经济史料摘编》第9编，陕西人民出版社1981年版，第39页。

[4] 陕甘宁边区财政经济史编写组、陕西省档案馆编：《抗日战争时期陕甘宁边区财政经济史料摘编》第9编，陕西人民出版社1981年版，第37页。

是极其艰苦的，"特别是工农大众吃没有菜的稀饭，穿褴褛的衣服……有了病只能听天由命，一遇天灾人祸则流离饥饿，为匪为盗。同时，由于经济文化的落后，人民中吸食鸦片，嗜好赌博的现象也很普遍"①。现在这些社会问题大大减少了，有的甚至已经杜绝，如陕甘宁边区已经没有乞丐，这是"有历史以来，全世界除苏联外没有的奇迹"②。

　　总体来看，全民族抗日战争时期广大抗日根据地通过制定和实行各项土地政策、农业政策和粮食政策，激发了根据地民众参加农业生产和抗日积极性，扩大了农业生产，增加了粮食产量，直接缓和了长期存在的粮食短缺危机，消除了民众中的粮食恐慌。这增强了中国共产党在民众中的威信，巩固了抗日民主政权的群众基础，实现了广大抗日根据地社会稳定，为争取全民族抗战最终胜利奠定了坚实基础。

---

　　① 陕甘宁边区财政经济史编写组、陕西省档案馆编：《抗日战争时期陕甘宁边区财政经济史料摘编》第9编，陕西人民出版社1981年版，第40页。
　　② 陕甘宁边区财政经济史编写组、陕西省档案馆编：《抗日战争时期陕甘宁边区财政经济史料摘编》第9编，陕西人民出版社1981年版，第40页。

第七章 全民族抗日战争时期中国共产党对根据地医疗卫生问题的解决

全民族抗战爆发后，除陕甘宁边区之外，中国共产党在敌后创建了大批抗日根据地。总体上看，广大抗日根据地，尤其是敌后抗日根据地的医疗卫生状况十分落后。为解决抗日根据地突出的医疗卫生问题，实现抗日根据地"财旺人也旺"，中国共产党和根据地政府坚持医疗服务基本原则，建立健全医疗管理和服务体系，采取群众运动方式开展卫生防疫，不断发展抗日根据地的医疗卫生事业。

一、抗日根据地医疗卫生问题概况

全民族抗日战争时期，中国共产党认识到"我国之所以能进行持久战，其客观条件之一，就是在于'人多兵多'。正被这战争的烈火烧炼的我们，必须健全自己的身体，才能担当起抗战建国的大业"。因此"我们必须要厉行卫生运动，保障人民的健康，才有消灭敌人的活的力量"①。然而，广大抗日根据地医疗卫生状况普遍落后，医疗卫生问题十分突出，不利于保障军民健康和开展持久抗战。

---

① 《把卫生运动广泛的开展起来》，《新中华报》，第19号，1939年4月7日，第1版。

（一）抗日根据地医疗卫生问题的主要表现

广大抗日根据地多处经济文化落后的偏远山地、农村，医疗卫生事业基础十分薄弱，加之各类传染病横行，民众医疗卫生意识淡薄，根据地民众医疗健康水平极低。

1. 传染病肆虐横行，人畜死亡率高

在广大抗日根据地，各类传染病多发。据统计，党中央到达陕北之前，陕甘宁边区每年死亡八九万人，病死率为60%，其中儿童妇女死亡最多。[①]历史上陕北地区时常暴发鼠疫、霍乱、天花等传染病，人畜死亡率都很高。比如鼠疫，1929年在安定、横山发生，到1931年8月蔓延到定边、靖边、米脂、府谷、佳县、绥德、榆林等县。据统计，截至1931年11月24日，各地因鼠疫死亡人数为安定县3000多人，横山2000多人，绥德1000多人，米脂两个区300多人，佳县南木头峁一带100多人，吴旗庙沟一带47人，上述6县共死亡达6400余人。[②]霍乱、天花也同样在陕北流行，死亡率也相当高。全民族抗战初期，陕甘宁边区医疗卫生状况仍很糟糕。1941年11月，边区政府主席林伯渠曾提及"关于民生方面，还值得严重注意的，是旧社会给我们的遗产——疾病时刻威胁着我们，尤其是儿童死亡率高得惊人……因为医生不够与药品缺乏，我们对群众的帮助实在太少"[③]。据统计，1942年至1944年，陕甘宁的部分地区婴儿的死亡率仍为29.1%，虽然较以前相比有所下降，但仍高于1943年全国27.5%的平均水平，而且和国内大城市如北平17.7%死亡率（1920—1931年）相比，边区仍高很多。[④]

---

① 参见陕西卫生志编纂委员会办公室编：《陕甘宁边区医药卫生史稿》，陕西人民出版社1994年版，第130页。

② 参见陕西卫生志编纂委员会办公室编：《陕甘宁边区医药卫生史稿》，陕西人民出版社1994年版，第131页。

③ 陕西省档案馆、陕西省社会科学院编：《陕甘宁边区政府文件选编》第4辑，陕西人民教育出版社2013年版，第186页。

④ 参见孔淑真：《陕甘宁边区的妇幼卫生事业》，《陕西卫生志》，1985年第3期。

其他敌后抗日根据地传染病肆虐的情况同样严峻。在华中地区，苏皖等省所辖抗日根据地因病死亡人口也很多。据1934年《安徽统计年鉴》记载，全省人口疾病率占46%。据当年安徽省各公安局辖境内统计，全省因病死亡人员3254人，其中男1656人，女1598人。[①]随着战事加剧，敌后抗日根据地疫病流行范围逐步扩大。全民族抗战期间，晋冀鲁豫边区曾连年发生严重的疟疾，"一九三八、一九三九年在冀西发生，一九四〇年赞皇一带发生甚炽，一九四一年至武北直到清漳河岸，一九四二、一九四三年到了武乡、襄垣等处，一九四四年又到了二分区，这种趋势，日有增加"[②]。经过各方面积极努力后，该区民众医疗卫生工作获得不少成绩，但是"疾病给予人民的危害还很严重，不少地区病灾流行，死亡率很大"，仅该区行唐下属的刘库池一个村在1944年春季"患瘟症死亡者即有八十三人，占全村人口百分之四十五"[③]。

在晋察冀边区，全民族抗战期间边区疾病流行最广而最凶猛者为疟疾、回归热、痢疾、疥疮、肠炎、流感及其他疾病（天花、麻疹、伤寒、肺炎、百日咳、肺结核等）。1939年秋到1940年夏，边区对涞源县和易县部分辖区疫病情况进行了调查。涞源县的四个区65550人中，得疫病50040人，死亡16500人，死亡率25.1%；易县的三个区45000人中，得疫病20000人，死亡12000人，死亡率26.6%。1940年秋到1941年，边区对唐县、灵寿县、阜平县部分辖区疫病情况调查中，唐县的六个区74055人中，得疫病49370人，死亡9894人，死亡率13.35%；灵寿县的两个区28000人中，得疫病22400人，死亡4480人，死亡率16%；阜平县的四个

---

① 转引自房列曙：《安徽敌后抗日根据地社会史研究》，安徽人民出版社2007年版，第213页。

② 太行革命根据地史总编委会编：《太行革命根据地史料丛书之八文化事业》，山西人民出版社1989年，第664页。

③ 张希坡编著：《革命根据地法律文献选辑》第3辑第4卷·晋察冀边区，中国人民大学出版社2018年版，第462页。

区 41712 人中，得疫病 39408 人，死亡 5911 人，死亡率 14.1%。[1]可见，晋察冀边区各类传染病流行十分严重。此外边区儿童中还流行过麻疹。1945 年 2 月，边区曲阳县麻疹流行，全校 133 个村 53200 儿童中，麻疹发病儿童 26600 人，死亡 4788 人，死亡率为 9%；而 1944 年当地新生儿童 4389 人，占总儿童数 8.2%，出生率和死亡率相差 0.8%。[2]全民族抗战以来，"以最低限度估计，抗日战争八年中，边区人民发病数为四千余万人，死亡为二百四十余万人。这是仅以疫病流行时期最低的估计。若加上八年来因敌人烧杀造成的伤病死亡，则伤病死亡人数最少还要增加一倍"[3]。肆虐的传染病严重威胁着广大抗日军民的生命健康。

2. 医药资源匮乏，医疗卫生工作人员短缺

要控制各抗日根据地肆虐的传染病，必须有足够的医疗卫生资源进行治疗防控。然而，各抗日根据地医疗资源匮乏，医疗卫生工作机构和医务人员严重缺乏，普通民众生病后得不到最起码的医治。

抗战爆发前，抗日根据地几乎没有现代西医，老百姓看病只能找中医治疗。这些中医主要是祖传世家、中医堂学徒以及江湖郎中。他们治病多是坐堂应诊或行走民间，相互之间联系少、人员分散、力量单薄。这种状况根本无法及时有效应对广大抗日根据地常发的疾病和疫情。况且这些中医"除自学校或学会毕业者尚具有相当之医学知识与经验外，凡一般祖传或来自药铺，或看护出身者，似无多大医学常识。至若江湖一流中医，更不足论矣"[4]。虽然，苏区时期中国共产党曾建立过现代红军医院和医药卫生学校，但其总体医疗卫生力量仍很弱小。比如在陕甘宁

---

① 参见北京军区后勤部党史资料征集办公室编：《晋察冀军区抗战时期后勤工作史料选编》，军事学院出版社 1985 年版，第 557 页。

② 参见北京军区后勤部党史资料征集办公室编：《晋察冀军区抗战时期后勤工作史料选编》，军事学院出版社 1985 年版，第 565 页。

③ 北京军区后勤部党史资料征集办公室编：《晋察冀军区抗战时期后勤工作史料选编》，军事学院出版社 1985 年版，第 568 页。

④ 李文海主编：《民国时期社会调查丛编》（社会保障卷），福建教育出版社 2004 年版，第 378 页。

边区，1932年苏区时期建立的"所谓红军医院，只不过几名医生随军转战，医疗器械更为简单，指导卫生工作还没有系统的卫生行政机构"[①]。直到南梁革命根据地建立后，红军医院规模才比以前有所发展。但是在"党中央进驻延安前，延安几乎没有正规的医疗机构，延安街上有六七家药铺，有少数坐堂医生行医看病"[②]。

敌后抗日根据地的医疗卫生资源亦很短缺。各地缺少医院，药品既紧缺又昂贵，民众中一些疾病得不到及时治疗，影响了人民的身体健康。在晋察冀边区，抗战以前当地卫生条件很差，全边区100多个县城没有一个像样的医院，有的县城只有几个中药铺，西药房更为奇缺。[③]当时"医生缺乏，是边区卫生建设上的严重困难（质量高低还是次要问题），几年来西医增加不多，中医则后继无人"[④]。聂荣臻元帅曾回忆晋察冀边区创建时期的医疗卫生困难，"当时既没有后方医院，又没有充分的医药，连棉花、绷带都缺乏。许多伤病员，往往得不到及时的治疗，因而延长了治愈时间"[⑤]。在华中抗日根据地，1938年夏，新四军军部入驻安徽泾县云岭村后，新四军4个支队都已挺进到大江南北敌后抗战。"国民党所发的军饷和军需品，仅能供应军部的直属机关，以及一部分前方部队。我前方部队每4个战士只能发到一套军装。医疗药品等严重缺乏。"[⑥]随着新四军各部队不断发展壮大，"原来的医务人员不仅医务知识感到不足，数

---

① 陕西卫生志编纂委员会办公室编：《陕甘宁边区医药卫生史稿》，陕西人民出版社1994年版，第2页。

② 中国人民政治协商会议延安市委员会文史资料研究委员会编：《延安文史资料》第2辑，内部资料1985年印刷，第94页。

③ 参见北京军区后勤部党史资料征集办公室编：《晋察冀军区抗战时期后勤工作史料选编》，军事学院出版社1985年版，第685页。

④ 张希坡编著：《革命根据地法律文献选辑》第3辑第4卷·晋察冀边区，中国人民大学出版社2018年版，第463页。

⑤ 聂荣臻：《聂荣臻元帅回忆录》，解放军出版社2005年版，第292页。

⑥ 中国人民解放军历史资料丛书编审委员会编：《新四军回忆史料》第1册，解放军出版社1990年版，第44页。

量也不能满足需要"①。在浙东，1942年5月是新四军浙东纵队卫生工作创建阶段，"营、连普遍缺乏卫生人员，医院伤病员药品器材奇缺，卫生机构编组尚未统一"②。这一时期浙东纵队后方医院医护人员很少。"医疗组只有四名医生，其中一位还是从地方聘请来的。医疗器械非常缺乏，做手术常常要磨好刀，截肢用的钢锯，是向修械所借来的。外用药只有碘酒、红汞、石碳酸，以及自己配制的攸琐儿、盐水内科用药也很少。"③

3.民众生活习惯落后，日常卫生状况差

抗日根据地医疗卫生问题的另一突出表现是民众卫生观念淡薄，卫生习惯非常落后。当时一项关于《乡村医药现况之调查》材料描述过乡村百姓糟糕的卫生状况："（一）乡村居民，类多蓬首垢面；（二）居住则搭棚为舍，厨房厕所，毗连一处；（三）街道多牛粪禾草，无人扫除；（四）饮食颇简单，且少滋养成分；（五）对于医药则信中医，而求神拜佛以为疗疾病者，亦颇不乏人。微闻我国乡村人口已渐趋减少，同时他方面，因乡村卫生之不讲求，以致死亡累累，亦未始无因。"④这种情况正是旧中国落后地区卫生状况的真实写照。在地处偏远的抗日根据地，其卫生状况也很糟糕。

在陕甘宁边区，林伯渠曾在边区第一届政府工作报告中描述边区落后的卫生状况："边区旧社会遗给我们的产业除愚昧和贫穷而外，最使我们苦恼的是不讲卫生……各山沟中出柳拐子，流行感冒、猩红热、斑疹、脑脊髓膜炎、天花、白喉，一年中不知夺去多少生命。老百姓除跳巫拜佛

---

① 中国人民解放军历史资料丛书编审委员会编：《新四军回忆史料》第1册，解放军出版社1990年版，第53页。

② 浙江省新四军研究会浙东分会、余姚市新四军研究会、慈溪市新四军研究会编：《浙东抗日根据地财经后勤卫生专辑》，内部资料1999年印刷，第168页。

③ 浙江省新四军研究会浙东分会、余姚市新四军研究会、慈溪市新四军研究会编：《浙东抗日根据地财经后勤卫生专辑》，内部资料1999年印刷，第205页。

④ 李文海主编：《民国时期社会调查丛编》（社会保障卷），福建教育出版社2004年版，第376页。

外，从不知道卫生医药为何事。"①在晋察冀边区，边区建立前民众生活环境糟糕，且不讲究卫生习惯。"炕上的被子一年也不洗一次，黑漆漆的像一张铁片，闻着有一股臭味儿；做饭的用具，也不常洗，就是洗也是'毛里毛草'地洗一下，洗碗的抹布，黑得也够瞧；地下这儿一些白菜片，那儿一些蔓菁头；出了院，一个臭水缸，破布条、碎瓦片搅在一块儿，柴柴草草堆成一堆。"②至于个人卫生更是不注意，连手和脸都不经常洗，刷牙、漱口等卫生习惯更没有养成，且长年累月不洗澡。"农村的男子在夏天可以在河里或晚上在井台旁边洗澡，冬天很少有沐浴的机会。至于乡间妇女就是夏天也不能像男人可以到井台去洗个痛快，屋内也没有一个洗澡的地方，她们仅能有时用一盆温水把上身衣服脱下来洗一洗，下身差不多是永远不洗。有的以为洗下身是羞耻，还有的以为洗下身要受风生病。至于漱口刷牙等习惯在大多数的农民家里是谈不到的。"③广大抗日根据地医疗卫生的糟糕状况和民众落后的生活习惯，严重威胁到民众生命健康，制约着抗日根据地的巩固和发展。

（二）抗日根据地医疗卫生问题的形成原因

在广大抗日根据地，社会经济长期落后致使医疗卫生事业财政投入不足，民众愚昧的思想观念致使卫生意识淡薄，而且灾民难民增多又易暴发大规模传染病。以上都是加剧抗日根据地医疗卫生问题的主要原因。

1. 经济长期落后导致财政经费投入不足

广大抗日根据地社会经济水平比较低。"因为过去处在封建势力的黑暗统治之下，人民被压榨得连吃饭都困难，卫生自然是无暇讲求，统治者也只知括［刮］钱，对民众医疗卫生设施，更谈不到。这是最主要的原因。"④革命以前，广大农村遭遇常年战争的摧残和破坏，国民政府卫

---

① 陕甘宁边区财政经济史编写组、陕西省档案馆编：《抗日战争时期陕甘宁边区财政经济史料摘编》第9编，陕西人民出版社1981年版，第213页。

② 张有福：《讲究干净少灾病》，《晋察冀日报》，1941年2月22日，第4版。

③ 李景汉编著：《定县社会概况调查》，上海人民出版社2005年版，第272页。

④ 《从速开展边区卫生工作》，《新中华报》，第145号，1940年7月20日，第3版。

生财政和经费长期投入不足，各地无力保障必要的医疗卫生事业费用支出。民国建立后，国内各派势力相互争斗，军阀混战连年不断，这些战事大多都发生在华北、华中地区的乡村。连续不断的战争对抗日根据地社会生产造成严重破坏，战后各地耕地大量荒弃，农业生产陷入衰败，社会经济遭受严重创伤。战争带来的经济衰败最终导致当地政府财政收入锐减，民国国库和地方财政财力相形见绌，对落后地区医疗卫生事业的经费投入必然十分有限。以陕甘宁边区为例，"抗战前陕北旧治二十三县中，有不少县份的收入尚不足本身每月仅三百六十元的政费开支"①。况且国民政府财政预案一直没有将卫生事业经费单列出来，仅是与保育、通信等普通事业费用一起成为民政经费中很少的一部分。由于政府医疗卫生事业经费长期投入不足，各地普遍存在医护人员短缺、医药资源紧缺状况。

在根据地建立后，党和各地政府逐渐认识到改善落后医疗卫生状况的必要性和紧迫性。但在抗战初期，党的工作重心是对敌作战以及根据地开辟和巩固，一度对医疗卫生工作重视不够，对基层群众卫生动员不充分，包括党中央所在地的陕甘宁边区，各县医疗工作基础仍很薄弱。"这原因在哪里呢？第一，是客观的困难：以前的陕北，无论在政治经济与文化各方面，都是最落后的……第二，也不能不指出，我们自己主观上的努力，也是不太够的"，即"各级党政机关与干部，对卫生工作比较不注意，也是原因之一"，而且"各县党政机关没有进行深入的动员"②。"特别严重的，是在此种情况下，许多党政工作人员，甚至相当负责的同志，对于开展群众医药卫生工作尚缺乏深刻的认识与积极的行动。"③随着抗日根据地的巩固和发展，党和政府着手改变根据地落后的医疗卫生状况。

---

① 陕甘宁边区财政经济史编写组、陕西省档案馆编：《抗日战争时期陕甘宁边区财政经济史料摘编》第6编，陕西人民出版社1981年版，第8页。

② 《从速开展边区卫生工作》，《新中华报》，第145号，1940年7月12日，第3版。

③ 《开展全边区卫生运动的三个基本问题》，《解放日报》，1944年7月10日，第1版。

2.思想观念愚昧导致民众卫生意识淡薄

广大抗日根据地落后的社会经济状况导致文化教育事业发展严重滞后，民众受教育机会很少。这在医疗卫生方面的直接后果，就是抗日根据地民众普遍缺乏科学知识和卫生常识，思想观念愚昧，封建迷信盛行。"穷干净，富邋遢""没干没净，吃了不生病""小孩子越脏越长命"的迷信落后思想盛行民间。当时抗日根据地民众中还流行着一些错误认识，如人们认为身上长的虱子是"革命虫"。这些迷信思想和错误观念必然影响抗日根据地军民的生命健康。"特别是那些封建迷信和不卫生的现象与习惯，还残留在民众中间，如平时不洗澡，不洗脸，不常换衣服，有了病，也不找医生看，而求神拜佛，求老天爷保佑。"①

抗日根据地民众科学知识和卫生常识的缺乏，给巫婆神汉大搞封建迷信活动提供了"温床"。民国时期，"乡村巫医，种类繁多，操是业者，男女皆有。男巫大都系农民或江湖庸医出身，女巫则多由三姑六婆出身。概括言之，巫医，乃一种以迷信之法术，为疗病之方法，使一般乡民果信其术之精，法之妙，因而实施其假医之名行骗钱手段，所谓江湖郎中者即此一类"②。在陕甘宁边区，改造巫医神汉运动前，全边区有西医百余人，中医千余人，而巫神竟达2066个。③"由于过去几千年来的封建迷信、落后思想的传统，在目前分散的广大乡村中，缺乏最低限度的医药设备，因此群众有病多是求巫神与抬爷，否则即听天由命。"④日伪统治时期，"山东的卫生事业十分落后，县以下没有卫生行政机构，除平原、沿海城市有少数西医和医院外，主要是靠中医走村串户行医，山区则更

---

① 《从速开展边区卫生工作》，《新中华报》，第145号，1940年7月22日，第3版。
② 李文海主编：《民国时期社会调查丛编》（社会保障卷），福建教育出版社2004年版，第382页。
③ 参见陕西卫生志编纂委员会办公室编：《陕甘宁边区医药卫生史稿》，陕西人民出版社1994年版，第193页。
④ 陈明光主编：《中国卫生法规史料选编》（1912—1949.9），上海医科大学出版社1996年版，第74页。

是缺医少药，巫医风行"①。在华中，1943年新四军第十八旅兼苏中第一军分区卫生部在地方卫生工作总结中描述了江都、高邮、宝应三县的巫医情况。"在江、高、宝都普遍存在巫医，个别地区则非常之多，如安丰有巫医50个以上，而中西医则为34人。一种叫'师姑'的女巫医，她们的医病法是用一个画画的先生，看病的时候烧纸烧香，给病人的药是香灰或请教书先生代笔，胡乱写了药方到药店去买，结果是贻误病人。……因为人民疾病状况的严重，没有法子，亦只好拿到'黄牛当马骑'，巫医以迷信号召，生意颇好，尤以老太婆最信巫医。"②

虽然抗日根据地党和政府积极开展破除迷信、改造巫神运动，但仍有巫神秘密地或在乡间私下活动，假托鬼神，坑害群众。在陕甘宁边区，延安县共有200余巫神，其中59个巫神共治死278人。华池温台区一个行政村49户300人口，每年每人因迷信消耗粮食达3斗零8合。③可见反对迷信和巫神，已成为当时陕甘宁边区卫生工作的当务之急。在晋察冀边区，群众因迷信，请巫婆治病、烧香摆供还不在少数。定唐八区孔庄子前街有医生，但病人不去求医，而是找后街的巫婆看病，结果被巫婆治死十几个人。高油村一巫婆经常下乡给人看病，老百姓亦经常请其治疗，生意很是兴旺。一区田辛庄无论谁家有了病人首先是上香烧纸，结果死人更多。④在晋冀鲁豫边区，抗战时期太行区农村中迷信落后遗毒仍深，巫婆还在到处害人，仅涉县弹音、七原等4个村就有神婆40个，大约1千人中就有11个（这当然是较为落后地区的调查），而陕甘宁边区每千人不过1个多巫神。⑤太行区的下温村有18个巫神，左权县南岐沟村46户中就有

① 《新中国预防医学历史经验》编委会编：《新中国预防医学历史经验》第1卷，人民卫生出版社1991年版，第131页。

② 石文光、伏斠主编：《新四军卫生工作史》，人民军医出版社1991年版，第337页。

③ 参见陕西卫生志编纂委员会办公室编：《陕甘宁边区医药卫生史稿》，陕西人民出版社1994年版，第193页。

④ 参见蔺进生：《中共定唐县委检查今年卫生运动》，《晋察冀日报》，1945年5月24日，第2版。

⑤ 参见《刘邓大军卫生史料选编》编写组编：《刘邓大军卫生史料选编》，成都科技大学出版社1991年版，第174页。

123人害病，用巫神治病的有74人，求神者占病人的一半以上。[①]

由于得不到及时治疗，民众得病后死亡率居高不下，也极易造成传染病的扩散传播，给广大抗日根据地军民身体健康带来了极大危害。

3.长期战争状态导致传染病极易流行

首先，连年自然灾害造成了灾民之中常发疫病。全民族抗日战争时期，尤其是抗战进入相持阶段后，抗日根据地出现了严重困难局面。除了长期战争的消耗、敌人的破坏和封锁外，各类灾情连年不断也是重要成因。全民族抗战爆发以来，广大抗日根据地多次遭遇水灾、旱灾、蝗灾等自然灾害侵袭，波及面广，受灾人口多。简要来说，1939年华北地区发生民国以来所未有的大水灾。1940年至1943年华北、华中各地又遭受不同程度旱灾和蝗灾。

各类灾害的肆虐导致灾民生活困难。仅1940年至1943年，陕甘宁边区多地发生旱、水、雹、冰、风、霜、虫等自然灾害，23个县遭受旱灾16次、水灾31次、冰雹灾害34次。[②]在晋冀鲁豫边区，1941年开始边区接连遭受两年的旱灾，受灾面积遍及7个专区，灾民35万人以上。[③]1943年和1944年，边区又发生了空前的蝗灾，波及6个专区32个县。在豫北和冀西一带，最大蝗群长达60里，宽50里，飞来时遮天蔽日，一落地几十顷，禾苗一扫而光。[④]在灾害面前，封建迷信思想蔓延起来，许多人参加祈雨求神活动，还有的见蝗虫太多，灰了心。在晋察冀边区，1939年大水灾导致边区17万顷良田被毁，波及村庄近万。1942、1945两年，冀西分区第三、四、五专区又发生旱灾，受灾39县，灾民达318万。1944

---

① 参见《刘邓大军卫生史料选编》编写组编：《刘邓大军卫生史料选编》，成都科技大学出版社1991年版，第420页。

② 参见陕甘宁边区财政经济史编写组、陕西省档案馆编：《抗日战争时期陕甘宁边区财政经济史料摘编》第9编，陕西人民出版社1981年版，第264页。

③ 参见魏宏运、左志远主编：《华北抗日根据地史》，档案出版社1990年版，第243页。

④ 参见魏宏运、左志远主编：《华北抗日根据地史》，档案出版社1990年版，第245页。

年，冀中、冀西分区又相继遭受冰雹、蝗虫之害，毁坏耕地 280 万亩，灾民近 200 万人，阜平一县 10 万人口，灾民竟达 23000 多人。[①]古语说"大灾之后必有大疫"。连年不断的自然灾害既导致抗日根据地粮食减产，加重了人民生活困难，导致灾民身体素质下降，又破坏了受灾地区的生态环境，使得灾区疫情多发。

其次，日军"扫荡"导致民众生存环境恶劣，难民流动加剧了疾病传播。一方面，长年战争导致敌后抗日根据地民众的生存环境愈发糟糕，加之民众自身抵抗力下降，极易感染各种疾病。全民族抗日战争时期，由于日军疯狂的"扫荡"和我军小部队分散游击，广大敌后抗日根据地卫生防病工作出现了许多困难。1941 年 10 月，晋察冀军区政治部分析了敌人对边区实行空前残暴的毁灭性"扫荡"带来的后果。"第一由于日寇对我边区人民的血腥屠杀后，无法及时掩埋，加之日晒雨淋，尸体浸蚀腐烂，毒菌飞散，遂致病疫发生；第二由于敌人的到处焚烧抢掠，使我边区军民被迫露营野外，饥寒之后无力抗拒病菌袭击，于是疾病发生，造成疾病流行。"[②]实际上，在艰苦环境里敌后抗日根据地的干部战士和人民群众患病者增多，传染病时常发生。在晋冀鲁豫边区，"连年战争'跑反'，挨饿受冻惊怕，使人民健康受到很大损害，加以营养不良，生活水平一下子提不高，疾病在各个地区普遍流行，最厉害的是疟疾、伤寒及疥"[③]。据统计，边区太行区辽县的拐儿镇从 1939 年到 1941 年所患伤寒、疟疾、疥等病的人口占总人口的比例分别是 2.1%、21%、22.3%，患

---

① 参见魏宏运、左志远主编：《华北抗日根据地史》，档案出版社 1990 年版，第246 页。

② 北京军区后勤部党史资料征集办公室编：《晋察冀军区抗战时期后勤工作史料选编》，军事学院出版社 1985 年版，第 475 页。

③ 晋冀鲁豫边区财政经济史编辑组、山西省档案馆、河北省档案馆、山东省档案馆、河南档案馆编：《抗日战争时期晋冀鲁豫边区财政经济史资料选编》第 2 辑，中国财政经济出版社 1990 年版，第 1371 页。

病人口大多是中农和贫农。①这种情况在八路军部队中也有发生。1940年到1941年晋察冀军区部队中疟疾发病逐渐增多，1942年部队中疟疾发病达到高峰。当年日军五一"扫荡"后，部队中疟疾发病很多，第九军分区个别部队80%—90%人员患病，其中大部分得的是疟疾。据统计，1942年晋察冀全军区部队疟疾发病共14922人。②1942年，晋冀鲁豫军区部队中传染病发病人数达到8990人，其中太行军区6500人，太岳军区2100人，山东纵队390人。③究其原因在于"在反'扫荡'时部队经常在'青纱帐'或贫困山区辗转作战，或风餐露宿，或饮食生冷，或卫生条件差，卫生制度难以坚持，加之营养不良，抵抗力弱等"④。

另一方面，大量难民出现及其无序流动扩大了疾病的传播空间，往往普通的传染病也会造成极高的发病率，且因人口流动难以及时被有效控制。"频繁的战争，不仅有大规模军队移动，而且还形成大批的难民，这些常常为传染病的流行和扩散提供了巨大动力源。"⑤在晋察冀边区，据1943年秋边区的安平、肃宁、饶阳、高阳、安国五县的病例统计，在155个村共收治27900名病人，大多得的是肠胃炎、疥、疟疾。这是因为"1941年'五一扫荡'后，粮食被敌人抢光，群众吃树叶、野菜、露宿野地，故肠炎特多"。"许多群众住在地洞里，地气潮湿，衣服脏，不卫生，故疥多"⑥。（详见表7-1）1943年秋到1944年夏，边区对行唐县患病人员

---

① 参见晋冀鲁豫边区财政经济史编辑组、山西省档案馆、河北省档案馆、山东省档案馆、河南档案馆编：《抗日战争时期晋冀鲁豫边区财政经济史资料选编》第2辑，中国财政经济出版社1990年版，第1371页。

② 参见《新中国预防医学历史经验》编委会编：《新中国预防医学历史经验》第1卷，人民卫生出版社1991年版，第88—89页。

③ 参见《刘邓大军卫生史料选编》编写组编：《刘邓大军卫生史料选编》，成都科技大学出版社1991年版，第868页。

④ 《新中国预防医学历史经验》编委会编：《新中国预防医学历史经验》第1卷，人民卫生出版社1991年版，第90页。

⑤ 张泰山：《民国时期的传染病与社会：以传染病防治与公共卫生建设为中心》，社会科学文献出版社2008年版，第79页。

⑥ 北京军区后勤部党史资料征集办公室编：《晋察冀军区抗战时期后勤工作史料选编》，军事学院出版社1985年版，第562页。

进行了调查。该县20650人中患病10758人，病亡2898人，病亡人数占总人数的14%；且疾病种类多，其中疟疾45.5%，回归热29%，流感10.1%，肠炎9.5%。据分析，"1943年冬敌对行唐扫荡四个多月，人民群众露宿野地是发病多的主要原因"[①]。1945年3月，边区曲阳县对下辖六、七两区的疥疮病人进行分析，发现疥疮治愈率仅在20%—30%，未愈率却占发病的70%—80%。至于发病多、治愈率低的原因，"（一）因敌人'清缴'，群众常住地洞；（二）买不到药品；（三）卫生条件差，预防不力，互相传染"[②]。

表7-1　1943年秋，安平、肃宁、饶阳、高阳、安国经治病类统计[③]

村数	经治人数	肠胃炎	疥	疟疾	流感	其他
155	27900	35%	30%	23%	8%	4%

最后，日军对中国战场实施灭绝人性的细菌战，直接引发疫情。全民族抗日战争时期，日本侵略者为了迅速摧毁中国军队的抵抗能力，瓦解中国军民的抗日斗志，先后在华北、华中和华南建立大规模的细菌战基地，多次发动灭绝人性的细菌战，造成了中国战场各地瘟疫流行。在华中，从1940年到1942年，日军在浙东衢州和宁波、湖南常德以及浙赣铁路沿线实施过细菌战。在华北，据现有保存下来的资料记载，1938年至1945年，日军在华北地区进行细菌战70余次，致使华北军民死亡人数在27万人以上。[④]敌后抗日根据地军民也深受其害。以晋冀鲁豫边区为例，由于日军散布鼠疫、霍乱、伤寒等病菌，导致瘟疫暴发，全民族抗战八

---

① 北京军区后勤部党史资料征集办公室编：《晋察冀军区抗战时期后勤工作史料选编》，军事学院出版社1985年版，第562页。

② 北京军区后勤部党史资料征集办公室编：《晋察冀军区抗战时期后勤工作史料选编》，军事学院出版社1985年版，第566页。

③ 参见北京军区后勤部党史资料征集办公室编：《晋察冀军区抗战时期后勤工作史料选编》，军事学院出版社1985年版，第562页。

④ 参见中央档案馆、中国第二历史档案馆、河北省社会科学院编：《日本侵略华北罪行档案·细菌战》，河北人民出版社2005年版，第326页。

年期间，该边区共计患病人数约1200万人。①

日军对敌后抗日根据地的细菌战，往往是在"扫荡"以后，将各类病毒撒播到饮水井、注射进农作物中。这种方式极易在短期内造成疫情暴发。1938年9月22日《新华日报》报道，"华北各铁路公路沿线敌，不时遭我游击部队袭击，损失甚重，敌军行动极不自由，恨我沿线民众助攻敌军，于各重要村镇饮水井内大量散放霍乱伤寒等病菌，故华北月来，疫病流行，势颇猖獗，我民众染疫而亡者在8月份之一个月中已达四五万人"②。在晋察冀边区，1939年冬敌人"扫荡"时边区疫病流行最严重。1941年秋，敌人对晋察冀边区又进行三个月的"扫荡"，随后边区再次发生疫病大流行。③在晋绥边区，1943年日军敌军"扫荡"八分区时，在屯兰川一带，散播了大量的伤寒病菌，后来伤寒病蔓延各村。④日军还将注射过病菌的老鼠、跳蚤等施放于抗日根据地村落内，以此散播病毒。为此日军经常在就近沦陷区收集大量老鼠、跳蚤用于实验和散播病毒。1942年春，"敌在五寨县城，公开提出所谓'毒疫攻势'，先收集了大批老鼠，在城内作所谓'鼠疫实验'，将五寨城内居民，曾'实验'死了一千五百多人"⑤。1945年4月2日《解放日报》报道："伪大同省1月13日，勒令所属各村限期交纳定量蚤虱、老鼠，朔、代等县要每间交老鼠5至10只，平鲁南丈于每村要老鼠2000只、虱子2两。据闻敌寇准备大量制造鼠疫，毒害我解放区军民。"⑥

---

① 参见中央档案馆、中国第二历史档案馆、河北省社会科学院编：《日本侵略华北罪行档案·细菌战》，河北人民出版社2005年版，第185页。

② 《疯狂残暴杀我人民 华北寇军放病菌》，《新华日报》，1938年9月22日，第2版。

③ 参见《新中国预防医学历史经验》编委会编：《新中国预防医学历史经验》第1卷，人民卫生出版社1991年版，第88页。

④ 参见中央党史研究室、中央档案馆编：《抗日战争时期中国解放区人口伤亡和财产损失档案选编》(1)，中共党史出版社2015年版，第56页。

⑤ 中央党史研究室、中央档案馆编：《抗日战争时期中国解放区人口伤亡和财产损失档案选编》(1)，中共党史出版社2015年版，第56页。

⑥ 中央档案馆、中国第二历史档案馆、河北省社会科学院编：《日本侵略华北罪行档案·细菌战》，河北人民出版社2005年版，第184页。

二、中国共产党解决抗日根据地医疗卫生问题的政策措施

针对抗日根据地落后的医疗卫生状况，中国共产党和根据地政府从制定医药卫生工作的政策方针、制度规范着手，组织建立医疗服务机构，为军政人员和普通群众提供医疗服务；通过兴办现代医疗教育，培养专业医务人才；利用传统中医药资源，弥补医疗卫生资源短缺；通过积极发动群众，开展群众卫生运动增强军民体质，实现广大抗日根据地"财旺人也旺"。本部分将以陕甘宁边区医疗卫生工作为中心，考察全民族抗日战争时期中国共产党和根据地政府解决根据地医疗卫生问题的政策与措施。

（一）制定医疗卫生方针法规，提供政策依据

中国共产党和根据地政府向来关心人民生命健康，重视发展医药卫生事业。1929年12月，毛泽东在古田会议上提出"以后各种会议，应该充分讨论卫生问题"，"卫生机关的组织应特别使之健全"[1]，要优待伤病员。1933年初，考虑到苏区各类疾病多发的情况，毛泽东指示红军医院院长傅连暲要"对疾病的预防和治疗要结合进行；要教育大家讲卫生"[2]。可见，早在苏区时期中国共产党已经认识到医疗卫生工作的紧迫性。由于陕甘宁边区是党在土地革命时期保存下来的革命根据地，党对抗日根据地医疗卫生问题的解决首先从陕甘宁边区开始。在中共中央进驻延安后，面对当时陕北地区落后的医疗卫生状况，党中央和根据地政府作出各项指示、决议和号召，努力发展边区的医疗卫生事业。

1. 确定医疗卫生工作方针

面对医药资源匮乏、传染疾病肆虐，陕甘宁边区党和政府摸索出医疗

---

① 《毛泽东文集》第1卷，人民出版社1993年版，第112页。

② 傅维康、傅维暲主编：《傅连暲诞辰100周年纪念集》，人民卫生出版社1994年版，第43页。

卫生工作基本方针，为具体工作指明方向。1937年3月，中央军委注意到边区卫生防疫工作，制定了卫生发展规划。1939年1月，边区政府提出"发展卫生保健事业，以增进人民的健康"的号召。同年11月，边区第二次党代会通过《关于开展卫生保健工作的决议》，成为陕甘宁边区医疗卫生工作的纲领性文件。在具体工作中，党和边区政府确立了医疗卫生工作的三大方针。

其一，"为全体军民服务"的医疗卫生服务方针。在战争条件下，支援前线作战无疑是医疗卫生工作的重心。在陕甘宁边区成立前，红军中已经建立并保存下来一支优秀的医疗卫生工作队伍。全民族抗战爆发后，这支队伍积极做好八路军前线指战员的医疗保障。面对边区民众生命健康遭受到的严重威胁，党和根据地政府逐步明确医疗卫生工作面向基层、面向群众的思想，努力解决陕甘宁地区落后的医疗卫生状况。1937年初，毛泽东提出："应当积极地预防和医治人民的疾病，推广人民的医药卫生事业。"[①]1939年，陕甘宁边区又将"推广卫生行政，增进医药设备，欢迎医务人才，以达减轻人民疾病之目的，同时实行救济外来的灾民难民"[②]。作为施政纲领之一，以立法形式明确了发展人民医药卫生事业的主张。在医疗卫生工作中，各级地方卫生工作机构逐步形成为全体军民服务的工作方针。如陕甘宁边区卫生处曾要求，"边区医院及其他所属院所，除治疗边区政府机关、学校、部队——公务人员、学生、工人、战士外，第一个任务便是诊治群众的疾病"，"处处必须以便利群众看病为原则"[③]。1943年，边区卫生处曾给群众看病9611名，占所有门诊出诊住院人数的30%。[④]1944年11月，边区召开文教大会提出医药卫生工作"必须

---

① 《毛泽东选集》第3卷，人民出版社1991年版，第1083页。

② 中央档案馆编：《中共中央文件选集》第13册，中共中央党校出版社1991年版，第93页。

③ 《边区卫生处决定所属各院所尽量便利群众看病》，《解放日报》，1944年4月15日，第2版。

④ 参见《边区卫生处决定所属各院所尽量便利群众看病》，《解放日报》，1944年4月15日，第2版。

动员一切部队、机关中的西医除为部队、机关服务外，兼为群众服务，尽量给老百姓看病或住院"，"必须动员和帮助一切中医和一切药铺为群众服务"①。广大抗日根据地在实践中形成的"为全体军民服务"工作方针，明确了根据地医疗工作的服务对象，为根据地医药卫生工作指明了方向。

其二，"防治结合，预防为主"的卫生工作方针。疾病防治是抗日根据地医疗卫生工作的重要内容。针对陕北地区传染病多发、疫情肆虐、人口死亡率高的严峻形势，党中央和边区政府提出"防治结合，预防为主"的卫生工作方针，培养骨干队伍，运用群众工作方法，有效预防控制疫情，迅速扭转了边区严峻的卫生防疫形势。

党中央和边区政府积极发动群众，开展卫生防疫运动。从1937年3月开始，延安境内曾开展卫生运动周活动，毛泽东、朱德同志亲自参加，这成为延安历史上第一次大规模的卫生运动。延安的卫生运动采取了群众大扫除的方式，通过张贴大标语，组织流动宣传队和化装宣传队，进行声势浩大的宣传活动，使卫生防疫工作家喻户晓。在运动中，延安市采取兴建公厕和居民家用厕所、禁止市场贩卖死病猪肉、清除延安城内堆积的垃圾等措施，取得了显著的短期效果。为巩固卫生运动周成果，使卫生防疫工作制度化，1940年5月26日，延安市成立市一级的防疫委员会，要求延安市各大单位、各区乡均要成立分委员会，具体负责领导各单位的卫生防疫运动。1942年3月21日，中央军委总卫生部提出"预防重于治疗"的口号。1942年6月，为统一管理边区的卫生防疫工作，陕甘宁边区成立总防疫委员会。时任该委员会主任的刘景范曾对该委员会的工作作出评价："在边区比较有组织有系统的办理防疫工作，这还属第一次，过去卫生机关多注重疾病治疗，而忽视预防工作。"②该委员会的

---

① 中共中央文献研究室、中央档案馆编：《建党以来重要文献选编（1921—1949）》第21册，中央文献出版社2011年版，第631—632页。
② 陕西卫生志编纂委员会办公室编：《陕甘宁边区医药卫生史稿》，陕西人民出版社1994年版，第187页。

建立，使边区各卫生机关认识到"加强预防工作，是每个卫生机关的职责，在各级行政负责人方面，亦应视此工作，为必办的工作之一"①。

为推动卫生防疫工作健康发展，党和政府积极在根据地营造浓厚的工作氛围。如中共中央机关报《解放日报》连续刊载多篇文章倡导疫病预防和普及卫生防疫常识。1942年9月15日该报"卫生"专版肯定了"预防胜于治疗"的思想："'预防胜于治疗'，就是说不叫人生病，那是上策；我们又知道及时的早期治疗的成效，是比'病入膏肓'再治，好的多。"②1943年5月底，该报刊载社论批评一些卫生工作者"还没有认识清楚防疫工作的重心"，要求今后工作"不仅要认真治疗已患传染病的人，而且主要的要积极预防传染病的蔓延和发生"③。1944年8月，该报又提出"积极的预防为主，治疗为辅"的观点。④在党中央积极倡导下，"防治结合，预防为主"的卫生工作方针得以确立。经过实践检验，这一卫生工作方针是符合当时广大抗日根据地的医疗卫生实际的，有助于改变当地落后的卫生状况。

其三，"中西医药结合"的医疗卫生发展方针。中医是人类医学史上的重要成果，是中国传统文化和古代哲学思想的精华。传统中医对古代人民诊治疾病、防病养生起到过不可磨灭的贡献。清末以来，近代"西学东渐"思维使中国人有机会接触现代西医，使其在传入中国后与传统中医并立为两种不同的医学体系。在接受现代西医治疗效果后，越来越多的中国人开始用西医的思维模式检视传统中医理论和方法，研究分析传统中医的不足之处。20世纪初，中国医学界对传统中医科学性有过争论，主张医学现代化的西医从业者及专家纷纷指责"中医理论皆为凭空结撰""中医病原学说阻扼科学化"，致使中医陷入"存"与"废"争论之中，在实践中限制了中医的发展。

---

① 陕西卫生志编纂委员会办公室编：《陕甘宁边区医药卫生史稿》，陕西人民出版社1994年版，第187页。

② 《加强干部保健工作》，《解放日报》，1942年9月15日，第4版。

③ 《夏季防疫工作》，《解放日报》，1943年5月31日，第1版。

④ 参见《延安市半年来的群众卫生工作》，《解放日报》，1944年8月13日，第4版。

与国民政府对待中医态度不同，中国共产党和根据地政府从基本国情和抗战实际出发，以科学态度提出中西医药团结合作的方针。这一方针既拯救了濒临灭亡的传统中医事业，又促成了中西医之间互相尊重、互相学习、共同合作的有利局面，为军民生命健康提供基本保障。1940年6月，陕甘宁边区政府召开国医代表大会，提出"国医科学化"主张，成立中医研究会。1944年4月，《解放日报》社论倡导：在目前情况下，中医和西医"应当团结起来，互相帮助，来同巫神作斗争"[1]。针对边区存在的中西医之间的门户之见，党和政府倡导医药工作也要努力建立统一战线，要对中医和西医分别进行科学的教育和利用。1944年10月至11月，陕甘宁边区文教会议期间，边区分别召开西医、兽医和中医座谈会，发出"中医要科学化，西医要中国化"的号召，以中西医相结合为目标，为医药领域的统一战线和保障军民生命健康而努力。

2. 制定一系列医疗卫生法令法规

抗日根据地医疗卫生事业要得以健全发展必须制定科学合理的医疗卫生法律法规。虽然，"卫生有些是个人问题，但基本上还是社会问题"[2]。因此在陕甘宁边区，党和政府结合边区实际，逐步建立相关医疗卫生法律法规，为展开医疗卫生工作提供制度保障。

在卫生行政管理方面，边区政府首先制定卫生行政机构的组织规章和条例。1939年7月，边区政府颁布《陕甘宁边区卫生行政系统大纲》《陕甘宁边区卫生委员会组织条例》。随后，边区各地卫生机关纷纷建立相应卫生组织，健全工作章程。如陕甘宁边区卫生处很快制定《陕甘宁边区卫生处处务规程》《陕甘宁边区卫生处组织条例》和《陕甘宁边区卫生处办公规程》等具体规章条例。1941年2月，边区政府发布《关于健全各级卫生组织的指令》，要求自上而下地逐步建立地方和基层的卫生领导机构。此外，为使陕甘宁边区医药卫生事业尽快发展起来，《新中华报》先后于1939年4月7日发表《把卫生运动广泛的开展起来》、1940年7月12

---

① 《开展反对巫神的斗争》，《解放日报》，1944年4月29日，第1版。

② 《卫生展览会的重要意义》，《解放日报》，1944年8月13日，第4版。

日发表《从速开展边区卫生工作》的社论和短评，为边区卫生工作发展营造舆论氛围。

陕甘宁边区制定的各项医疗卫生事业法律法规包含医疗卫生工作的方方面面。具体来说，为了加强医药技术和管理工作，陕甘宁边区政府颁布了《陕甘宁边区医务人员管理章程》《陕甘宁边区医师管理条例》等；为了发展中医保健和研究事业，边区制定《陕甘宁边区保健药社暂行章程》《陕甘宁边区国医研究会简章》《国医国药奖励优待条例（草案）》等；为了加强当时严峻的卫生防疫工作，边区颁发《陕甘宁边区防疫委员会组织条例》《延安市各防疫分区委员会组织暂行规划》《预防管理传染病条例》《陕甘宁边区兽疫防治暂行办法（草案）》等；为了加强党政高级干部的保健工作，边区政府还通过了《陕甘宁边区保健委员会组织规程》《保健实施办法》以及《陕甘宁边区干部休养所暂行条例》等。此外，边区政府医疗卫生工作的内容还细化到伤兵护送、市场管理、环境清洁等具体工作，如《陕甘宁边区政府关于护送伤兵办法的规定》《管理饮食物摊担暂行规则》和《环境清洁扫除暂行规则》等成为边区医疗卫生法律法规的重要补充。

在敌后抗日根据地建立过程中，党和根据地政府遵照党中央加强医疗卫生工作的相关指示，在开展对敌斗争的同时，颁布各项法令条例、作出指示决定，为敌后抗日根据地医疗卫生工作的开展提供政策保障。

晋察冀边区的医疗卫生事业建设在敌后抗日根据地中是开展较早且较好的。1938年9月，晋察冀军区召开第一次全军卫生扩大会议，通过《晋察冀军区第一次全军卫生扩大会议决议》，对全军区医疗卫生及其教育、救护及转运、防毒、药品器材的补充、医务人员技术津贴、各级卫生机关的联系、老弱病残及新战士之入伍检查等各方面具体工作形成决议，提出指导性意见。[①]1945年，该委员会发布《关于开展民众卫生医疗工作的指示》。为加强卫生工作，边区政府于1939年9月下达《向疾病现象作

———————
① 参见陈明光主编：《中国卫生法规史料选编》（1912—1949.9），上海医科大学出版社1996年版，第21—29页。

斗争》的训令，1940年6月下达《关于夏秋季防病问题的训令》、1942年发布《迅速办理医生登记》的命令。军区卫生部于1941年2月、4月、10月先后下达《关于自制代用药品的训令》《夏季卫生规条》和《关于开展卫生运动的指示》。1943年6月，军区政治部作出《晋察冀军区关于卫生部门政治工作几个问题的决定》，对从政治上提高医疗卫生工作水平提出了具体意见。为加强各类人员保健工作，晋察冀军区先后于1941年11月下发《干部保健条例》和《关于干部保健工作》的指示，1942年11月颁发《休养员的权利和义务》，1943年5月下达《关于建立护理制度的训令》。为规范和加强药材管理，边区于1944年下发《药材工作方针》，制定《药材制度的规定》《药材保管节约条例》等卫生法规。

其他敌后抗日根据地也积极贯彻党中央和中央军委医疗卫生工作相关指示，开展医疗卫生工作，先后制定各项具体政策指令。1937年9月22日，八路军第129师师长刘伯承在陕西富平庄里镇撰写《现在我军要遂行的卫生勤务》，就卫生工作的组织原则拟出了示例，并要求将其"作为教授指挥人员、政治人员、特别是卫生人员的教材"[1]。晋冀鲁豫边区发展过程中，1941年3月，冀太区联办指示各级加强卫生防疫工作。1943年2月，冀鲁豫军区作出《一九四三年上半年卫生工作指示》。1944年5月，太岳军区下发《关于突击伤病员归队运动和做好防疫工作的命令》，10月下发《太行军区卫生部卫生机关整训的规定》。在华中，1941年7月，新四军卫生部制定《新四军卫生工作条例》，详细规定军师旅三级卫生部、团卫生队和军区卫生部后方医院、华中卫生学校、抗大五分校卫生处等单位的组织、编制、职责和工作制度，通过较为完备的《医务工作条例》《救护工作条例》《部队卫生工作条例》《医政工作条例》，成为新四军开展医疗卫生工作的指导文件。[2]随后新四军军卫生部和各师卫生部先后作

---

[1] 《刘邓大军卫生史料选编》编写组编：《刘邓大军卫生史料选编》，成都科技大学出版社1991年版，第1页。

[2] 参见陈明光主编：《中国卫生法规史料选编》（1912—1949.9），上海医科大学出版社1996年版，第30—64页。

出《关于急救和战伤治疗的规定》《对目前部队医务卫生材料工作指示》《关于干部健康检查和鉴定给各级卫生机关的指示》和《一九四四年卫生工作指示》《一九四五年卫生工作四大要求》等具体工作指示要求。

以上各种条例和指示要求具体规定了抗日根据地医疗卫生工作的各方面内容，为根据地医疗卫生问题的解决提供了工作指导和制度规范。今天看来，虽然这些规范并不系统、内容也不全面，但其已经成为中国共产党在局部执政条件下探索医疗卫生事业发展的有益成果，并为后续建立较为系统的医疗卫生工作法律体系奠定基础。有了这些指导意见和制度规范，广大抗日根据地医疗卫生机关和工作人员就可以依章办事，对解决根据地医疗卫生问题、恢复发展医疗卫生事业起到积极作用。

（二）建立医疗卫生服务体系，提供制度保障

抗战时期特殊的环境决定了陕甘宁边区医疗卫生服务方向必然包括军队和民众两方面，从而逐步形成军队和地方两大医疗卫生体系。当时陕甘宁边区的医疗卫生机构分别属于三大系统，即中共中央、中央军委、抗日根据地政府的医疗卫生工作系统。

1. 中共中央系统的医疗卫生工作体系

在陕甘宁边区，隶属于中共中央系统的医疗机构比较多，他们均归属中共中央卫生处领导。中共中央卫生处是在1938年由傅连暲负责筹备成立的，傅连暲任首任处长。该处下设医政、保健、药材三科和一个保健药房。在其成立之前，中共中央的卫生工作由中央军委卫生部统管。后来，延安中央医院、中央直属门诊部、学生疗养院、中央各机关单位的卫生科和卫生所等机构都归属该处领导。中央卫生处既是中央机关卫生行政领导部门，也是医药卫生技术的指导机关，其主要任务是搞好卫生宣传、卫生防疫、环境卫生及群众卫生工作。这样在中央层面就形成了从中央卫生处到中央各机关具体卫生部门的机构体系。

2. 中央军委系统的医疗卫生工作体系

中央军委系统的医疗机构归属中央军委卫生部领导，主要负责抗战时

期大后方军委系统的医疗卫生工作。中央军委卫生部的前身是1935年10月中央红军到达陕北后设立的中央军委后方卫生部。1936年10月红军三大主力会师陕北后，军委后方卫生部改为军委卫生部，并于1937年1月随中央进驻陕北，统管边区军政卫生领导工作。1939年，该卫生部归属为中央军委成立的总后勤部。1942年6月，军委卫生部又与陕甘宁留守兵团卫生部合并为陕甘宁晋绥五省联防军卫生部，直至1945年10月30日，中央军委又将其合并，成立中央军委总卫生部即十八集团军总卫生部，负责领导整个军队系统医疗卫生工作。需要注意的是，红军时期中央军委除了设立后方卫生部外，还在红军前线设立过前方卫生部。全民族抗战爆发后，这个前方卫生部改编为八路军卫生部，后与十八集团军卫生处合署办公，受十八集团军司令部管辖，直至抗战胜利后又并回中央军委总卫生部。

　　全民族抗日战争时期中国共产党领导的军队系统曾经同时存在着两个军委卫生部，不过他们区域划分清晰，各自职责分明。十八集团军总司令部卫生部主要管理前方部队及友军卫生工作。作为军队系统卫生领导机关的中央军委卫生部主管后方和延安的卫生工作，主要领导八路军留守兵团野战医院、八路军军医院和直属门诊部、制药厂、抗日军政大学卫生处及下属分院、中国军医大学及附属医院等医疗机构。

　　除了八路军系统的医疗机构，华中地区的新四军在1937年底逐步筹建新四军医疗卫生机关。1938年2月，新四军军医处在江西南昌成立，下设医政科、材料科、保健科，随后，各支队设立军医处。党中央非常关心新四军的卫生工作，从延安调总部卫生部部长姬鹏飞到新四军担任新四军留守处主任兼军医处协理员。1939年下半年，新四军军医处做了组织调整，健全了医政、材料、保健、总务四科，设立了新四军江北指挥部军医处、江南指挥部军医处、小河口医院，军教导总队设立医务所。"当时部队的任务是，深入敌后打游击，流动性大，无固定根据地。……军部军医处对支队军医处的领导，以人员支援、药品器材供应和培训卫生干部为主，具体工作则由支队军医处根据当时当地情况和首长指示，独立自主地进行。"①1941年，皖南事变后在江苏盐城重建新四军军部时又成立了新四军军医部，随即设立师、旅和军分区的卫生部、医院和医务卫生学校。

在晋察冀边区，1937年11月，晋察冀军区在八路军115师军医处基础上组建晋察冀军区卫生部，下设医务、材料、管理三科，共11人。1938年1月开始，晋察冀军区所属的第一至第四分区逐步成立军分区卫生部，但卫生工作人员非常少。当年4月，冀中军区成立时，冀中军区卫生部随之成立，下设军医、兽医、药材和管理四科，并有后方医院和卫生材料厂作为直属单位。冀中军区下辖的第一至五军分区也先后成立分区卫生部。在军区卫生部门领导下，晋察冀边区在团级及以下基层单位先后建立卫生组织，团设卫生队，营设卫生所，连队有卫生员。这样，晋察冀边区军队系统卫生工作机构基本建立起来。军区卫生部直接领导下属各科、后方医院、卫生学校、卫生材料厂，军区卫生部和各分区卫生部则为业务指导关系。1941年到1943年，在精兵简政中，晋察冀军分区卫生部缩编为卫生处，冀中军区卫生部并入晋察冀军区卫生部。随着1944年战争形势发展，晋察冀军区又增设了冀晋、冀中、冀察、冀热辽等4个二级军区，下辖18个军分区。为适应军区组织体系的变化，晋察冀军区卫生部取消下辖的科级建制，4个二级军区恢复各自卫生部，二级军区下辖的18个军分区设立军分区卫生处，各卫生处又下辖休养所、团卫生队等。

3. 抗日根据地政府的医疗卫生工作体系

陕甘宁边区的医疗卫生工作机构均隶属于边区卫生处（署）。边区卫生处是1941年1月在延安市成立的，隶属民政厅管理，其任务是负责有关全边区卫生医疗事业，执行政府关于全边区医药事业的一切政策法令。1943年7月，边区民政厅决定将卫生处与边区医院合并，仍保留卫生处名义，实际工作通过边区医院开展。

随着边区建设事业的发展，陕甘宁边区卫生处不久恢复独立建制，工

---

① 中国人民解放军历史资料丛书编审委员会编：《新四军回忆史料》第1册，解放军出版社1990年版，第51页。

作有所加强。1945年2月，边区政府政务会决定正式成立边区卫生署。除了担任边区一级各机关的医疗工作外，边区卫生署还为全边区150万人民的身体健康服务。全民族抗日战争时期，隶属于边区系统管理的医疗卫生机构主要有边区医院、边区门诊部、结核病疗养院、边区医专学校、干部休养所、卫生材料厂、荣军疗养院，以及保健药社、卫生合作社、国医研究会等各类医疗服务、生产、研究机构。

在相当一段时间，敌后抗日根据地政府部门一般没有单独设立医疗卫生工作行政机关。"从抗战全面爆发到1943年，晋察冀边区系统尚没有专门的卫生行政部门，其为卫生行政工作主要是由政府民政部门负责领导和组织，卫生行政组织极其不健全和不普遍。直到1944年，抗战进入反攻阶段，边区系统的卫生行政工作体系才得到加强。"①1944年，晋察冀边区成立卫生设施指导委员会，作为政府的咨询组织。边区民政处下设卫生科，专区和县的民政科下设医务指导员，区设不脱产的卫生协助员，村设卫生员。1945年5月，边区行政委员会发出开展民众卫生医疗工作的指示后，边区民政处增设卫生干部，由边区医药研究会负责干部兼任。行署可成立卫生科，短小精悍，编制为1至3人，负责调查研究设计推动领导卫生工作。专署县的卫生组织，由行署根据各地实际情况具体确定。②

（三）培养人才与中西医结合，弥补资源不足

医疗卫生方针确定以后，医疗卫生人才培养成为关键。当时，改变军民落后医疗卫生状况，培养大批优秀的医药卫生工作人员，成为广大抗日根据地亟待解决的问题。在陕甘宁边区，党中央和边区政府采取创办医生和护士学校的方式培养新生力量，开展现有医护人员的培训工作，

---

① 李洪河、牟蕾等：《华北抗日根据地的医疗卫生事业研究》，人民出版社2023年版，第58—59页。

② 参见北京军区后勤部党史资料征集办公室编：《晋察冀军区抗战时期后勤工作史料选编》，军事学院出版社1985年版，第547页。

不断培养和充实医疗卫生人才。

1. 兴办医药卫生院校，培养医疗卫生人才

其一，创办医护人员教育培训学校。1940 年 9 月，中国医科大学在延安正式开学。其前身为创建于江西瑞金的中国工农红军卫生学校，全民族抗战开始后改名为八路军卫生学校。中国医科大学办学之初，开设了高级军医班、普通军医班、调剂班、特别班，共招收学员 300 多人。这些学员大部分是从部队及抗日军政大学、陕北公学、女子大学、青年干校招收的知识青年。这些班次在学习时间上有着严格要求。高级班开课学时须满 24 个月，普通班也要上足 18 个月，特别班因工作需要学习时间可具体掌握，但也尽量保障学习时数。中国医科大学从建校到抗战胜利，先后共举办 13 期培训班，培养数千名医药卫生人才。仅 1938 年至 1940 年，在八路军卫生学校时期总共培养出 498 名各类卫生人员。[①]该校培养的各级各类医药技术人员为抗战前线和新中国医疗卫生战线输送了大批领导人才和技术骨干。

陕甘宁边区医药学校是由边区卫生处开办的一所综合性学校。该校从 1941 年开始筹办，1942 年 9 月 25 日正式开学。边区医药学校坚持"为发展边区医药卫生事业，培养医药技术人才"的宗旨，举办预科和本科两个办学层次，开设医生班、司药班和护士班。该校首期招生 106 人，其中医生班招收初中文化程度的青年，学制 3 年。司药班招收高小程度及同等学力者，学制 2 年。护士班招收能认识 500 个字以上的青年，学制 1 年半。到抗战胜利前夕，边区医药学校招生两次，总共培养医生 110 人，护士 30 人，司药 13 人，合计 153 人。[②]边区医药学校毕业生大多数被派到农村和边区所属各医院工作。

全民族抗日战争时期，党和政府十分重视护理人才的培养。1942 年

---

① 参见陕西卫生志编纂委员会办公室编：《陕甘宁边区医药卫生史稿》，陕西人民出版社 1994 年版，第 98 页。

② 参见胡民新、李忠全、阎树声编著：《陕甘宁边区民政工作史》，西北大学出版社 1995 年版，第 279 页。

初，朱德在白求恩护士学校开学典礼上讲道："护士和医生一样重要，同是革命工作。……我们尊重医生，并尊重护士。"①大量培养护士就成为抗日根据地医疗卫生事业发展的重要内容。陕甘宁边区除在中国医科大学、边区医药学校开设护士班之外，在边区几所大医院都开办护士训练班。从1939年至1943年，中央医院先后开设四期护士训练班，共培养护士105人。②陕甘宁的边区医院在安塞期间也特别开设护士训练班。1942年2月，国际和平医院成立白求恩护士学校，共招收三期学员，首期60名学员1942年7月毕业时大多数分配到华北地区各抗日根据地。③各级学校培养的护士为前线医疗护理队伍输送了新生力量，大大提高了战时护理队伍的总体素质和护理水平，一定程度上保障了军民健康需求。

其他敌后根据地也积极兴办医药卫生院校，培养医疗卫生人才。在华中地区，随着新四军不断发展壮大，由游击分散到相对集中，原来的医务人员已经不能满足医务工作的需要。从1938年至1940年，新四军先后开办了6期卫生干部训练班和化验技术训练班，培养200多名卫生干部。第1期于1938年5月在岩寺开办，学员主要是红军游击部队卫生干部。第2期至第5期均在云岭开办，学员主要是沪苏浙皖新参军的知识青年和连队卫生员，第6期是在自皖南开始到苏北完成的。教学内容着重进行政治思想和卫生技术教育，学制为3至8个月，由于能从实际出发，收效良好。④1941年7月，日军发动"扫荡"形势非常紧张之际，新四军军部创办的华中卫生学校开学，军长陈毅还给学校题了词，这给新四军医务工作人员以极大鼓舞。1942年，新四军军部创办了华中医学院，以提高和

---

①《医大十五期学生毕业白求恩护士学校成立》，《解放日报》，1942年2月16日，第4版。

② 参见胡民新、李忠全、阎树声编著：《陕甘宁边区民政工作史》，西北大学出版社1995年版，第281页。

③ 参见胡民新、李忠全、阎树声编著：《陕甘宁边区民政工作史》，西北大学出版社1995年版，第282页。

④ 参见中国人民解放军历史资料丛书编审委员会编：《新四军回忆史料》第1册，解放军出版社1990年版，第53页。

培养部队营团级医务干部和优秀医务人员的医学理论和技术。1945年又成立了新四军军医学校，后改为华东白求恩医学院，积极吸收上海、解放区知识青年入学培养。"1941年至1945年军卫生部办了1期华中卫校、2期医训班，新建了华中医学院，毕业近3000人。"①这些学员在抗日战争、解放战争中均成为我党我军卫生部门的骨干。

其二，培养民间妇幼保健卫生人员。长年以来，广大抗日根据地的产妇死亡率和新生婴儿死亡率极高。因此，在抗日根据地培养民间助产士、推广新法接生成为实现"财旺人也旺"的当务之急。当时的根据地医疗条件无法开办更多更大规模的医疗卫生学校，因此党和政府通过培养民间卫生工作人员来解决民众的医疗卫生需求。

1944年5月24日，毛泽东发出了"每个乡要有一个小医务所"的号召。1944年10月，陕甘宁边区第一次开办助产训练班，培训学员80人。经过10个月学习培训后，学员被分配到边区各地，从事妇婴卫生工作。1945年5月，白求恩国际和平医院与边区卫生署合办助产训练班，招收学员45人。上课3个月，下乡实习7个月，在10余个县市采用新法接生68人，产前检查126人，创办接生班26处，培养接生员367人。1945年春，边区卫生署又联合中央和部队系统机构向基层派遣医疗队、助产班工作组等，先后在基层创办23个接生训练班，培养302名接生员，改造旧产婆共826人，有73%的地区推行了新法接生。②其他敌后根据地响应中央号召，通过举办训练班，培养民间卫生工作人员。

2. 鼓励中西医药结合，弥补医疗资源不足

全民族抗日战争时期，陕甘宁边区医疗卫生资源仍很匮乏。一方面，整个边区"只有部队、机关中有西医，农村中只有中医，好坏合计约有

---

① 中国人民解放军历史资料丛书编审委员会编：《新四军回忆史料》第1册，解放军出版社1990年版，第59页。

② 参见胡民新、李忠全、阎树声编著：《陕甘宁边区民政工作史》，西北大学出版社1995年版，第291页。

一千人；药品也是中药多而西药少"①。在国民党军队严密封锁下，西药器械很难进入边区，很多西医不得不学习使用传统中药方法治病救人。另一方面，边区各地中药材资源十分丰富，能为医生提供较为充足的药用原料。根据边区的这一情况，党中央提出"中医要科学化，西医要中国化"，号召中西医结合起来共同防治疾病。但"中西医合作的口号，提出已经很久了，究竟怎样去实现它，还很少有人提出更具体的更好的办法"②。这种情况下，发动广泛运动展开中西医的合作成为全民族抗日战争时期解决医疗资源不足的重要途径。

其一，成立医疗合作社，改良中医药。鉴于陕甘宁边区盛产中药材，为贯彻团结中西医的政策，充分挖掘当地药材资源，边区民政厅考虑设立中药保健药社。1939年7月，边区保健药社在安塞县成立，归属于边区卫生处领导。该社的创办初衷在于"为发展地方卫生医药事业，受各卫生机关及制药厂之委托，推销中西药品器材，采集中医药原料，尤其提倡采集土产药材，解决民生困难"，确立了以"改良中药，中药科学化，中药西药化，以及解决西药品困难，开展边区医药事业"③的工作任务。1940年7月，边区民政厅在延安市成立保健药社总社，要求各分区建立保健药社分社，以便供给当地民众医药，协助搞好一般卫生工作。1941年，绥德、陇东、三边等地首先建立保健药社分社。截止到1944年，边区共有20座县市成立分社26处。据统计，全民族抗战期间陕甘宁边区各地的保健药社共治病达2万多人。其中，著名的曲子县保健药社自成立以来，1/3药材靠自己采摘，试制药品20多种，治好病人11440人，给群众送药价值62万多元。④

在晋察冀边区，边区政府与私人医院、药铺合作，组织医疗合作社。

---

① 中共中央文献研究室、中央档案馆编：《建党以来重要文献选编（1921—1949）》第21册，中央文献出版社2011年版，第631页。

② 《中西医合作的几个问题》，《解放日报》，1944年9月30日，第4版。

③ 转引自陕西卫生志编纂委员会办公室编：《陕甘宁边区医药卫生史稿》，陕西人民出版社1994年版，第77页。

④ 参见《曲子保健药社扩大》，《解放日报》，1945年6月3日，第2版。

据1945年3月12日《晋察冀日报》记载，阜平四区和八区组建医药合作社，中医负责领导医救小组，召集医生研究各种病症，介绍经验推广土方，西医负责全区卫生教育，研究季节性流行病，内外科的治疗等。①

其二，组建中西医学术研究团体。为团结边区医药工作者，促进各类医药人员相互学习，1941年9月陕甘宁边区在延安成立边区医药学会。边区医药学会是延安医药界最高级别的学术团体，该学会通过定期学术讨论、交流研究成果和科研发明，广泛开展医学交流，提高各类医疗工作者的医疗技术和研究水平。1944年下半年，应中共中央西北局和陕甘宁边区政府要求，边区各分区也成立了医药卫生研究会。

为发展传统中医药提高医疗水平，解决战时医药短缺之需，边区政府在1940年6月召开第一届国医代表大会，成立国医研究会。该会创办的目的，"在团结与提高边区国医人才，研究国医国药之改造，推广边区医药事业，裨益边区人民健康，使国医科学化，国药能代替西药，以克服抗战时期之困难"②；"随时举行国医座谈会，国医演讲会，出版国医刊物，轮回下乡宣传等"；"组织关于国医各种专门研究会及开设国医训练班等"；"与外界国医团体取得联络"③。鉴于中西医结合工作的复杂性，设置综合性的中西医联合研究机构被提上了边区医疗卫生工作日程。1941年6月，应边区政府要求，光华药厂和医科大学合作成立了第一个中西医研究室。1945年3月13日，边区又成立了中西医药研究会总会。这样陕甘宁边区就有了一批专门从事中西医研究的医疗机构和学术团体。

其三，加强中西医相互交流合作。全民族抗日战争时期，中西医合作的有效方法之一是利用中医药资源开展西医替代品的试制和生产工作。从陕甘宁边区的实际情况看，实现中西医的这种合作是有可能的，也有

---

① 参见《阜平四、八区成立医药合作社》，《晋察冀日报》，1945年3月12日，第2版。

② 转引自陕西卫生志编纂委员会办公室编：《陕甘宁边区医药卫生史稿》，陕西人民出版社1994年版，第223页。

③ 转引自陕西卫生志编纂委员会办公室编：《陕甘宁边区医药卫生史稿》，陕西人民出版社1994年版，第225页。

充足条件。一方面，陕甘宁边区的林业资源中蕴含着丰富的中草药原料。据统计，边区各地可资采挖的药材就有33种（详见表7-2），这些丰富的中药材资源为开展中西医合作、共同制造中药、研制西药替代品、试制新药提供了充足的原料。另一方面，陕甘宁边区中西医之间的门户之见被逐步破除，中西医工作者逐步实现了合作交流。为响应中西医团结合作政策，陕甘宁边区国医研究会发动中医献出家传秘方。仅延安市一次中西医集会上公开秘方达百余种，边区名医李长春等献出秘方数十种。

表7-2　陕甘宁边区地方药材的产地及可药用部分统计[①]

名称	产地	药用部分	名称	产地	药用部分
麻黄	各地均有	根、苗	荆芥	神木、赤水	花实及茎
柴胡	各地均有	根、苗	细辛	关中一带	根
甘草	各地均有	根	前胡	富县、赤水安塞、志丹	华
党归	陇东	根	紫苑	志丹	根
黄连	关中、定边	根	款冬	合水、志丹甘泉、赤水	花
大黄	关中合水	地上块茎	益母草	各地均有	全草及种子
远志	各地均有	根或叶	山楂	梁山、万户山南	果实
桔梗	赤水、新正	根	射干	赤水、志丹	根
黄芪	关中	根或种子	防己	万花山一带	根
黄柏	赤水	皮或根皮	独活	赤水	根
黄精	关中、志丹	根	羌活	赤水	根
苍术	关中、志丹	根	五加皮	赤水及志丹	根皮
丁香	各地散见	花蕾	潞党参	关中、赤水、富县合水、华池、吴堡	根
莨菪	各地均有	根茎叶种	半夏	延长、关中	茎、根
沙参	赤水、志丹	根	地黄	散见沿河、洛河流域	块根
百合	各地均有	球根	瞿麦	新正一带	种子及穗

---

① 参见闻芷：《边区药材介绍》，《解放日报》，1944年9月24日，第4版。

通过加强中西医沟通交流，边区各类医疗研究人员利用现有中药资源，结合西药理论方法，不断尝试研制新药，取得了良好的临床效果。如边区卫生材料厂与光华药厂合作后，到1941年6月份，该厂已经出产新药30多种，有临床经验证明60%以上皆有功效。[①]此外，光华药厂利用仅有机器自行生产了百余种药品。边区卫生处则取用土产中药原料，摸索试制成功丸、散、酊剂等十多种，临床效果并不亚于西药，且成本低、药源广。当时边区所属医院及各卫生机关所用之药的2/3为边区自制品。[②]

陕甘宁边区中西医之间的门户之见逐步被打破，中西医工作者在相互学习和借鉴中，实现了中西医合作发展，这为弥补陕甘宁边区医疗资源短缺状况作出了贡献，也为广大敌后抗日根据地发展医疗卫生事业树立了榜样。

（四）进行卫生宣传教育，组织群众卫生运动

落后的社会经济和文化教育状况，使得抗日根据地多数民众头脑中充斥着封建迷信思想，民众日常生活中各种陋习常年存在。要想保障根据地军民生命健康，必须彻底破除民众生活中的这些落后思想和生活陋习。为此，党和政府借助多种教育形式，宣传医疗卫生知识，增强民众卫生观念，开展群众卫生运动，保持良好的生产生活环境，保障军民身体健康。

1.多渠道宣传科学卫生知识

其一，通过报刊等媒介宣传科学卫生常识，达到教育群众的目的，各抗日根据地通过印发报纸、开辟专栏、创办专刊等形式广泛宣传卫生知识。

报刊是开展卫生宣传教育的主要形式。陕甘宁边区的卫生宣传教育主

---

① 参见《光华药厂与医大卫生部合组中西医研究室》，《解放日报》，1941年6月19日，第2版。

② 参见《边卫所属院所大部用自制药品》，《解放日报》，1944年6月26日，第2版。

要是在《新中华报》《解放日报》等党报上刊登党和政府关于卫生工作最新指示，开展卫生宣传工作。《新中华报》是1937年1月由中华苏维埃共和国中央政府机关报《红色中华》改名而来的。当年9月该报第390期开始调整为陕甘宁边区政府机关报。1939年2月7日，《新中华报》又改为中共中央机关报。作为党中央和边区政府主管的新闻阵地，《新中华报》多次宣传卫生工作的重要性。1940年7月12日发表《从速开展边区的卫生工作》的批评与建议，大力宣传边区二次党代表大会通过的《关于开展卫生工作的决议》，指出开展卫生工作的重要性和迫切性。广大敌后抗日根据地依托党政军创办的主要报纸杂志来开展卫生知识教育。如晋察冀边区的《晋察冀日报》《抗日三日刊》连续地登载卫生宣传的内容，《晋绥日报》也刊登了大量卫生知识和典型经验。

为加强卫生知识的专门传播，各地还开辟报纸专刊、专栏或创办专门杂志。在陕甘宁边区，《新中华报》开设了"健康问题"专栏，连续刊载多篇文章介绍卫生常识。如该报刊发《痢是怎么一回事》之类的卫生普及短文，解释了有关民众生活中的常见疾病问题。《解放日报》创刊后，先是在"科学园地"专栏刊载宣传医疗卫生工作文章，后将第四版辟为"卫生专栏"，定期刊登各地区的卫生工作报告、成绩和卫生工作经验；请医药专家撰写防病常识，介绍各种传染病的防治方法；开展医药学术争鸣，起到了很好的宣传和组织作用。该专刊"仅1942年就出刊23期，及时提出回答每一时期的卫生问题及防病常识。……使'卫生专栏'真正成为开展群众卫生运动的有力武器"①。《晋察冀日报》在半月版的副刊中设有"卫生常识"专栏，向该边区民众宣传基本卫生知识。

各军政机关单位自行创办刊物，宣传卫生知识。中央军委总卫生部出版了《国防卫生》杂志，陕甘宁边区政府卫生处创办了《边区卫生报》，延安各大医院都印发了许多普通的卫生宣传小册子。晋绥军区党报《晋绥抗敌日报》于1940年开辟了"卫生"专栏，晋绥军区卫生部还出版了

① 陕西卫生志编纂委员会办公室编：《陕甘宁边区医药卫生史稿》，陕西人民出版社1994年版，第28—29页。

《西北卫生》《卫生通讯》两份卫生专业期刊，进行技术指导。①在华中，新四军军部军医处保健科编印了《大众卫生》季刊以及《春季卫生》《夏季卫生》《炊事员卫生课本》《军人卫生手册》等小册子。各师卫生部也印发了许多通俗的卫生小册子或卫生小报。《苏中日报》《抗敌报》《拂晓报》《大江报》《江淮日报》等开辟了部队卫生版或"卫生"专栏，每周或每旬刊载卫生报道和卫生防病常识，很受欢迎。②新四军第四师以《拂晓报》作为卫生教育的园地，1944年刊登的卫生稿件约有70篇，五六月份有关卫生的稿件与通讯，均达20篇。③

其二，组织多种社会力量开展卫生知识宣传。1944年，陕甘宁边区文教大会通过《关于开展群众卫生医药工作的决议》，向边区广大民众发出倡议："全边区各界人士，必须针对各地具体情况，用一切机会和方法（如小学校、干训班、自卫军、读报识字组、黑板报、歌谣、戏剧、秧歌、画报、画图、庙会、展览会等）进行对人民的卫生教育。"④全民族抗日战争时期，各抗日根据地在卫生宣传工作中，组织多种社会力量，开创多种宣传教育形式。

第一种方式是组织卫生宣传队，利用群众性会议进行宣传。他们通过秧歌、说唱等民间艺术形式，在庙会、赶集、村民集会的时候深入基层，宣传卫生知识。在陕甘宁边区，卫生宣传队利用"延安清凉山四月八日庙会，子长三月十八日娘娘庙会，分别以秧歌形式编写了'卫生歌'、'勤婆姨'、'怎样养娃娃'等节目，收到良好效果"⑤。当年编演的《卫

---

① 参见《新中国预防医学历史经验》编委会编：《新中国预防医学历史经验》第1卷，人民卫生出版社1991年版，第106页。

② 参见石文光、伏斟主编：《新四军卫生工作史》，人民军医出版社1991年版，第110页。

③ 参见《新中国预防医学历史经验》编委会编：《新中国预防医学历史经验》第1卷，人民卫生出版社1991年版，第163页。

④ 陈明光主编：《中国卫生法规史料选编》（1912—1949.9），上海医科大学出版社1996年版，第155页。

⑤ 陕西卫生志编纂委员会办公室编：《陕甘宁边区医药卫生史稿》，陕西人民出版社1994年版，第141页。

生歌》《李大旺看病》《劝婆娘》等，幽默风趣，有针对性，颇受群众欢迎。

第二种方式是组织区乡干部、积极分子、劳动英雄、变工队长、小学教员等力量宣传一般卫生常识。卫生宣传光靠专业人员不行，必须同各地先进人物结合，发动他们深入宣传。特别是教员作用更大，可以动员学生帮助家长了解卫生知识。如陕甘宁边区杨家湾小学教员陶端予既当教员，又当宣传员，还是卫生员，使该村成为卫生模范。"她们在开展每一件工作前先进行座谈，讲清为什么这样做的道理，使群众弄清道理就容易接受，干劲也会增大，还互相开展竞赛。"[1]1945年5月，晋察冀边区发出《关于开展民众卫生医疗工作的指示》，要求"政府民教部门和团体力量应集中统一使用，经常的定期的根据实际情况开展广泛深入的宣教工作。小学民校都应增设卫生科目。在群众教育方面，要打破群众的迷信落后思想……贯［灌］输卫生常识"[2]。

第三种形式是部队有组织地在驻地开展卫生知识宣传。在华中抗日根据地，新四军通过为附近的学校上卫生课，进行急救知识教育，举行急救演讲，受到群众的欢迎。1941年，军卫生部在盐城组织为地方学校上卫生课，开展由11所学校参加的卫生防病工作意义的讨论，有力地推动了群众性卫生运动。新四军在盐城还建立了妇幼检查室、托儿所，开展产前检查，宣传妇幼卫生知识；还为盐城少年夏令营派出专门医务人员，进行卫生防病工作。[3]

其三，举办卫生工作展览活动教育群众。各抗日根据地通过举办卫生展览活动，向参观群众介绍卫生常识，展示卫生工作成绩和经验。早在1937年冬，八路军军医处举办过一次卫生展览会。1941年，中国医科大

---

[1] 陕西卫生志编纂委员会办公室编：《陕甘宁边区医药卫生史稿》，陕西人民出版社1994年版，第142页。

[2] 河北省社会科学院历史研究所、河北省档案馆、石家庄高级陆军学校党史教研室等编：《晋察冀抗日根据地史料选编》（下册），河北人民出版社1983年版，第486页。

[3] 参见石文光、伏斠主编：《新四军卫生工作史》，人民军医出版社1991年版，第242页。

学在十周年校庆时举办过一次规模甚大的卫生展览会，毛泽东主席参观后赞扬这次展览，在留言簿上写了"办得很好"。同年5月，"为了扩大防疫运动，推进全市公共卫生，冀引起大家对身体健康的严重注意，延安医药界及市青救联合举办医药卫生展览会"[①]。1944年7月，陕甘宁边区卫生署举办了延安市卫生展览会，毛主席为这次展览会题词"为全体军民服务"。同年8月，中央总卫生处举办了卫生展览会。1944年延安市的这次卫生展览会以宣传医疗成果、妇幼卫生、斗改巫神为主要内容，参观人数达10097人，其中指挥员、干部5794人，老百姓有4303人。[②]通过卫生展览会的开办，广大参观群众认识到巫神的严重毒害，相信科学卫生知识，逐步形成尊重科学、反对迷信的良好氛围。

在华中，1938年新四军军部驻皖南泾县云岭时，军医处保健科先后在云岭、王村、仲村等部队驻地，举办多次卫生展览，以农村常见病、多发病为内容，以漫画、图片、统计表和显微镜下实物镜头等形式，配以通俗的讲解词，内容丰富，通俗易懂，参观者十分踊跃，收到了很好效果。1944年，新四军第四师和淮北行政公署联合发文开展夏季卫生运动，并规定各部队驻地群众卫生好坏，作为部队评比的条件之一。该师在"三八"国际妇女节举办展览会，专门开辟妇婴卫生展室，参观者甚多。[③]

2.开展群众性卫生防疫运动

改变抗日根据地落后的医疗卫生状况必须紧紧依靠广大民众，充分发挥人民群众的智慧和力量。各抗日根据地除了开展卫生宣传教育之外，还结合季节转变、疫情暴发等情况，开展经常性卫生防疫运动，并注重军民联动，健全各种卫生规章和卫生公约。

---

① 《延安医药界及市联举办医药卫生展览会》，《新中华报》，1941年5月15日，第4版。

② 参见《卫生展览会结束参观者达万余人》，《解放日报》，1944年8月11日，第2版。

③ 参见石文光、伏斟主编：《新四军卫生工作史》，人民军医出版社1991年版，第242页。

其一，开展经常性卫生防疫运动。中国共产党历来重视疾病预防工作。"对于疾病，着重预防是解放军卫生工作一开始就掌握的原则。这也正是有别于旧军队的。"①全民族抗日战争时期，面对抗日根据地传染病横行的局面，党和政府重视疫病预防的指导思想不断深化，"预防胜于治疗""预防第一""预防为主"的提法逐渐见之文件和报端。1942年3月21日，军委总卫生部公布防疫标语，明确提出"预防重于治疗"的口号。1942年9月15日，《解放日报》发表《加强保健工作》社论强调"预防胜于治疗"，要求"各卫生组织要把防疫保健工作列为主要工作，纠正过去重治疗而轻防疫保健的作风"②。1944年8月30日，《解放日报》在《延安市半年来的群众卫生工作》一文中指出："卫生机关特别是卫生合作社的业务方针应以积极的预防为主，治疗为辅。"③为贯彻落实"预防胜于治疗""预防第一""预防为主"的工作方针，各抗日根据地开展了经常性的群众卫生运动。

作为党中央所在地，陕甘宁边区率先开展了大规模群众卫生运动。党中央到达延安后，为改变陕北落后的卫生面貌，1937年3月中央军委卫生部决定大力开展卫生防疫工作，并在延安发动了一次清洁运动。当年延安开展第一次卫生运动周活动，1000多人进行大扫除，毛主席和朱总司令亲自参加。这次卫生运动周进行了声势浩大的宣传活动，在街头张贴大标语，组织了56个流动宣传队，50多个人的化装宣传队连续宣传了3天，使卫生工作深入人心，家喻户晓。④1940年5月，延安市防疫运动委员会组织了一次声势浩大的卫生运动，专门制订卫生防疫运动周实施计

① 《新中国预防医学历史经验》编委会编：《新中国预防医学历史经验》第1卷，人民卫生出版社1991年版，第65页。

② 《新中国预防医学历史经验》编委会编：《新中国预防医学历史经验》第1卷，人民卫生出版社1991年版，第65页。

③ 《新中国预防医学历史经验》编委会编：《新中国预防医学历史经验》第1卷，人民卫生出版社1991年版，第65页。

④ 参见陕西卫生志编纂委员会办公室编：《陕甘宁边区医药卫生史稿》，陕西人民出版社1994年版，第185页。

划。这次卫生运动的效果明显，运动之后延安市创造了4个卫生模范村、40个卫生模范家庭、1个模范行政村。①

　　其他敌后抗日根据地结合实际开展了群众卫生运动。以晋察冀边区为例，1939年夏，晋察冀边区疫病大流行。晋察冀军区党报《抗敌三日刊》于9月30日发表《向疾病现象作斗争》的文章，号召"全体指战员、政治工作人员、卫生员，必须以最大力量来坚决同疾病现象作斗争，使在最短期内克服这一现象，以至于彻底消灭病源"②。随后各部队根据指示进行深入动员，广泛开展群众卫生运动。为应对季节转换以及敌寇"扫荡"后易发传染病流行，晋察冀边区党政机关根据不同季节，适时下达防病工作指示，组织部队与居民共同进行卫生清洁运动。晋察冀边区下发的相关指示有1940年6月的《关于夏秋季防病的训令》、1941年2月24日的《春季卫生工作中心》、1941年2月的《开展卫生运动的指示》、1941年5月《乡村夏秋卫生办法》、1941年8月《疾病及其预防与治疗》、1941年11月《关于开展医疗卫生运动的指示》、1942年2月的《关于防疫卫生突击运动》、1942年3月的《关于开展地方卫生工作的几个决定》、1945年3月的《对各级卫生机关几项工作的指示》、1945年5月的《关于开展四五年群众卫生医疗工作的指示》《关于开展民众卫生医疗工作的指示》和1945年8月3日的《关于开展民众卫生医疗工作的补充指示》。③

　　其二，军民联动开展卫生运动。各抗日根据地卫生运动的开展不可能孤立地进行，必须有驻地部队和医疗工作人员广泛参加。但在全民族抗战初期，"由于部队流动性大，难以在一地久驻；人民群众受封建迷信的传统影响较深，缺乏卫生科学知识；而政府一时也顾不上组织。因此，在多数情况下，军队开展卫生运动，只能带动和影响部分群众参加。到

---

　　① 参见陕西卫生志编纂委员会办公室编：《陕甘宁边区医药卫生史稿》，陕西人民出版社1994年版，第140页。

　　② 北京军区后勤部党史资料征集办公室编：《晋察冀军区抗战时期后勤工作史料选编》，军事学院出版社1985年版，第417页。

　　③ 参见刘春梅、卢景国主编：《抗战时期晋察冀边区卫生工作研究》，研究出版社2018年版，第23—24页。

抗战中、后期，根据地建设加强了，环境较稳定，政权机构健全，人民生活得到改善，群众有了讲卫生的要求，在军队带动下，卫生运动才轰轰烈烈"[1]。

在陕甘宁边区，1941年5月26日，边区政府专门讨论卫生工作。其要点是：卫生工作应从机关、部队、学校、团体做起，以逐渐推广到一般居民，并定期进行卫生大检查。在华中的抗日根据地稳定后，新四军各师和地方领导机关通常通过以联合行文、联合检查评比的方式发动军民开展卫生运动。如第四师兼淮北军区司令部与淮北苏皖边区行政公署联合发通令，指示各部队和地方政府一起开展卫生运动，并规定将地方群众卫生运动的优劣作为军队评定模范单位的条件。当时抗日军政大学第四分校不仅自己卫生搞得好，且宣传群众、发动群众自觉起来搞卫生，改变了驻地的卫生面貌，该单位获得"第一优胜"单位称号。

群众卫生防疫运动的开展离不开部队机关医疗工作人员的努力。一是定期给群众接种疫苗，打防疫针。据1943年统计，陕甘宁边区的中共中央卫生处在23个单位中，给1963人种了牛痘，在24个单位中，给5592人打了防疫针。[2]在太行抗日根据地，"部队的每个医院分散在各地农村中，成为当地人民的卫生机关，为群众治疗、防疫。一九四三年仅卫生部直属单位为驻地种牛痘就有7463人"[3]。据新四军军部军医处在皖南时期的不完全统计，1938年为驻地民众接种牛痘950人，预防注射伤寒霍乱菌苗1886人次；1939年为驻地民众接种牛痘15416人，预防注射伤寒霍乱菌苗4034人次；1940年为军民共接种牛痘8154人，预防注射伤寒霍乱菌苗11330人次。二是部队医院经常派医疗队巡回治病。1941年秋，陕甘宁边区医院组成医疗手术队，到关中马栏为保卫陕甘宁边区的军民开展手术。1944年5月又先后派同志到南泥湾等地调查"吐黄水"病。至于延安周

---

① 石文光、伏斠主编：《新四军卫生工作史》，人民军医出版社1991年版，第116页。

② 参见傅连暲：《1943年卫生处工作总结》，《解放日报》，1944年3月1日，第4版。

③ 《刘邓大军卫生史料选编》编写组编：《刘邓大军卫生史料选编》，成都科技大学出版社1991年版，第174页。

围，哪里发生传染病，医院便及时派人去医治，并对疾病作调查，为农村地区群众防疫工作提供科学依据。[1]为解决地方群众疾苦，新四军第三师卫生部于1944年在阜宁县小杨村设立黑热病休养所，免费治疗地方患者，时仅1年就收治近千名病人，深得群众的好评。[2]

在抗日根据地医疗卫生工作发展过程中，一些地方出现了忽视卫生工作的认识。为纠正这一错误认识，打通干部的思想，党和政府要求党、政、军、民、学各方面力量，"切实纠正过去一切不重视卫生医药工作，不愿作卫生医药工作，对卫生医药工作必要的人力物力不予解决的错误态度"，"今后各分区各县、区、乡村的卫生医药工作，是否深入，是否有效，将成为边区政府对各地考查工作成绩的重要标准之一，各旅、团卫生部分对地方卫生医药工作帮助的大小，亦将成为联司考查工作成绩的标准之一"[3]。

为推动卫生防疫运动深入发展，各抗日根据地机关、学校、工厂、部队和乡村纷纷建立健全各项卫生制度和公约，帮助群众努力养成良好的卫生习惯。如白原村教师黄逸民发动学生制定了生动易记的卫生公约："①碗筷锅盆案，饭后要洗净；②若要不得病，不吃生和冷；③人人手和脸，每天洗两遍；④要将衣和裤，每月洗三回；⑤窑内和窑外，每天都要扫；⑥厕所经常铲，牛圈两次垫。"[4]上述公约、制度通过群众自己产生、自己执行，对卫生防疫运动深入开展起到了促进作用。

---

[1] 参见陕西卫生志编纂委员会办公室编：《陕甘宁边区医药卫生史稿》，陕西人民出版社1994年版，第48页。

[2] 参见石文光、伏斟主编：《新四军卫生工作史》，人民军医出版社1991年版，第127页。

[3] 陕西省档案馆、陕西省社会科学院编：《陕甘宁边区政府文件选编》第8辑，档案出版社1988年版，第430页。

[4] 周而复：《人民文化的时代》，《群众周刊》第10卷，第3、4期合刊，第110页。

三、中国共产党解决抗日根据地医疗卫生问题的基本效果

全民族抗日战争时期，中国共产党面对广大抗日根据地落后的医疗卫生状况，通过建立医疗卫生制度、组建医疗服务机构、统筹社会各界力量来解决这一问题。这些政策措施的贯彻实施，改变了根据地落后的医疗卫生状况，提高了民众的健康水平，为根据地各项建设的开展提供了持续的民力支持，支援了前线抗战。

（一）基本保障了广大根据地军民的生命健康

中国共产党和根据地政府建立的医疗卫生服务机构始终把为群众治病作为一项重要任务。在陕甘宁边区，除了边区卫生处所下辖的医疗机构为群众治病之外，中央系统的卫生处、中央医院及其所属门诊部也积极为群众治病。据1945年不完全统计，从1939至1945年，中央医院共计治愈群众12677人。仅在1944年1月至5月收治的1012名住院病人中，群众占约15.8%，为群众治病用去2462317元。[1]比如牙科主任李得奇从1938年到1945年，共为4600多人治疗牙病，还克服原料不足困难就地取材制作了标准牙刷。[2]军委卫生系统的白求恩国际医院除了为八路军伤病员、中央领导和军队高级干部进行身体检查和疾病治疗，还对广大群众实行免费医疗。从1937年到1944年，该院共收治伤病员7505名，另外为群众门诊达11470人。1944年1月至6月，白求恩国际医院就为群众出诊看病达1096人，全部实行免费，有的还免收饭费。据1943年统计，共计为老百姓节省医药费183.2万元。[3]陕甘宁边区民众的卫生工作状况处于逐渐改

---

① 参见陕西卫生志编纂委员会办公室编：《陕甘宁边区医药卫生史稿》，陕西人民出版社1994年版，第34页。

② 参见陕西省地方志编纂委员会编：《陕西省志·卫生志》第72卷，陕西人民出版社1996年版，第84页。

③ 参见陕西卫生志编纂委员会办公室编：《陕甘宁边区医药卫生史稿》，陕西人民出版社1994年版，第47—48页。

善中，"现在害了病，也可免费请医调治"①。

各敌后抗日根据地政府素来关心并医治人民群众的各类疾病。在华中地区，新四军医疗机关"门诊很忙，既为军人，又为民众看病，也为行军过路的国民党军队看病，影响很好"②。1939年春，新四军卫生训练班学员组成12个种痘队，分赴军部机关和驻地给军民普种牛痘，种痘人数平均达到总人数的80%。③据不完全统计，全民族抗战8年中，华北地区的各根据地广大医疗卫生人员对根据地人民群众用药即达270.98万磅。④其中，8年来晋察冀边军区共组织40个医疗队（组），医生165人，发放药品0.56万余磅，治疗病人23.85万人。⑤（详见表7-3）8年来，白求恩国际和平医院和部队给老百姓门诊看病中，初诊320.2万人，复诊1559.6万次，门诊合计1879.8万人次，治愈288.18万人，耗费26.938万磅药剂；住院治疗7.2万人，治愈5.904万人，手术2.16万人，耗费1.6万磅药剂。⑥

表7-3　抗战时期晋察冀军区卫生部派遣医疗队统计⑦

年份	组数/个	医生人数/人	经治人数/人	用药数/磅
1940	5	30	30000	750
1941	12	48	60000	1400
1942	3	15	12000	300

① 陕甘宁边区财政经济史编写组，陕西省档案馆编：《抗日战争时期陕甘宁边区财政经济史料摘编》第9编，陕西人民出版社1981年版，第2页。

② 中国人民解放军历史资料丛书编审委员会编：《新四军回忆史料》第1册，解放军出版社1990年版，第60页。

③ 参见中国人民解放军历史资料丛书编审委员会编：《新四军回忆史料》第1册，解放军出版社1990年版，第52页。

④ 参见华北军区后勤卫生部编：《华北军区卫生建设史料汇编》，华北军区后勤卫生部1949年出版，第407页。

⑤ 参见北京军区后勤部党史资料征集办公室编：《晋察冀军区抗战时期后勤工作史料选编》，军事学院出版社1985年版，第568页。

⑥ 参见北京军区后勤部党史资料征集办公室编：《晋察冀军区抗战时期后勤工作史料选编》，军事学院出版社1985年版，第574页。

⑦ 参见北京军区后勤部党史资料征集办公室编：《晋察冀军区抗战时期后勤工作史料选编》，军事学院出版社1985年版，第569页。

续　表

年份	组数/个	医生人数/人	经治人数/人	用药数/磅
1943	9	30	63500	1550
1944	7	28	55000	1200
1945	4	14	18000	400
总计	40	165	238500	56000

在战争环境下，广大抗日根据地医疗机构在救助部队伤病员工作取得显著成效，特别是开展战地救护工作，经过医护人员的组织协调、共同努力，负伤战士治愈率提高、死亡率降低。全民族抗战8年来，晋察冀边区的医疗机构收容部队伤病员286089人，治愈219058人，治愈率占收容总数的73%。①在华中地区，新四军在战场救护和疾病预防方面的成绩值得肯定。1937年到1940年皖南三年斗争中，前后方医院收治住院病人6000余名，其中治愈、好转的占82.9%，3年手术1443人。在1938年，新四军中疥疮发病数约占部队人数的90%，经过宣传教育，加强预防，积极治疗，至1940年，新四军后方人员中患有疥疮的只有4%，前方部队约为8%。②治愈率之高，预防效果之好，减少了患病士兵的痛苦，大大鼓舞了广大医务人员的工作热情。

（二）初步改变了抗日根据地落后的卫生面貌

抗日根据地许多疫病得到有效控制，人畜发病率降低，民众健康水平得到提高。在陕甘宁边区，1942年边区卫生处所属各院所共接诊病人43000余人，治愈患者占总数的99.8%。据报道，1943年该处所属各院所共接收门诊和住院的病人总数为35370名，比1942年减少病人1万多名。

---

① 参见北京军区后勤部党史资料征集办公室编：《晋察冀军区抗战时期后勤工作史料选编》，军事学院出版社1985年版，第576页。

② 参见中国人民解放军历史资料丛书编审委员会编：《新四军回忆史料》第1册，解放军出版社1990年版，第52页。

在35000多病人中，全年仅仅死亡12名。①此外，1943年，在整个"丰衣足食"的生活与伟大的整风运动中，中直军直的卫生工作，是有很大成就的。比如中央门诊部内科在1943年共接诊病例5728例，比1942年的9783例减少4055例，减少幅度达到41%。②

在晋察冀边区，1942年全区疫病大流行，疟疾发病率高达2.07%，病亡率0.81%，到了1944年两项数据分别下降到0.17%，0.3%。痢疾发病率也由0.52%下降到0.005%，病亡人数明显减少。③下面是1942、1944年晋察冀边区的葛公、柏崖村的群众健康状况调查表。表中数据直接显示，两村群众的发病率和死亡率明显降低，健康人口比例大幅增加。数据表明，经过党和政府组织群众预防和扑灭疾病，群众健康状况有所好转。（详见表7-4）

表7-4　1942、1944年晋察冀边区葛公村、柏崖村群众健康状况调查④

指标	1942年葛公村	1944年柏崖村
户数/户	320	84
人口/人	1456	362
受检人数/人	1445	350
发病人数/人	1235	221
死亡数/人	87	7
健康人数/人	123	129
发病占总人口比例	84.4%	61%
死亡占总人口比例	5.9%	1.9%
健康占总人口比例	8.8%	35.3%

① 参见《边卫所属各院所去年病员减少万名》，《解放日报》，1944年2月1日，第2版。

② 参见《1943年中央总卫生处工作总结》，《解放日报》，1944年3月1日，第4版。

③ 参见北京军区后勤部党史资料征集办公室编：《晋察冀军区抗战时期后勤工作史料选编》，军事学院出版社1985年版，第842页。

④ 参见北京军区后勤部党史资料征集办公室编：《晋察冀军区抗战时期后勤工作史料选编》，军事学院出版社1985年版，第571页。

党和根据地政府加强医疗卫生工作，开展群众性卫生运动之后，各抗日根据地病患比例相对下降，说明了抗日根据地在防疫治病、改造落后卫生状况方面取得了良好效果，实现了抗日根据地"财旺人也旺"。

（三）探索建立由上到下的医疗卫生工作网络

全民族抗日战争期间，以陕甘宁边区为代表的抗日根据地分别按党政军系统建立了各种医院、卫生学校、疗养所等，各机关设立了卫生科、卫生所、门诊部，负责驻地村庄群众医疗卫生保健服务。在发展中西医结合工作中，各根据地分别组建国药研究会、中西医研究会等医疗研究机构，不断加强中药研制和生产。在组织发动群众卫生运动过程中，各根据地建立健全各级卫生防疫委员会，形成各地卫生防疫网络。为服务基层人民群众，根据地的县区一级开设保健药社分社、卫生合作社、妇幼保健所等机构。直到抗战胜利前，广大抗日根据地基本实现毛泽东提出的"每乡设立一个小医务所"的号召。

广大抗日根据地基本形成一个由上到下、较为完整的医疗卫生工作网络。在组织领导方面，各级医疗指导机关依据广大根据地的医疗卫生实际，及时制定各项制度，纠正工作中的偏差，指导各地卫生工作得以正确开展；在基层的广大乡村，各地普遍设立的医务所、医疗队、保健所等卫生服务机构，使得医疗卫生保障能够深入到乡村，一旦老百姓患上常见病都能够得到及时治疗，这保障了基层民众的生命健康，也提高了应对各种突发传染性疾病反应能力。同时，各地设立的各种医疗科研组织机构，在研究各地的地方病和多发病、探究病因、寻求良法方面，做了许多开创性工作。除此以外，八路军各旅、团级单位也设有医院，连队配备有卫生员，实现了军队自身的医疗保障。

当然，中国共产党在解决抗日根据地医疗卫生问题方面也存在一些不足和缺陷。今天必须历史地、客观地看待全民族抗日战争时期中国共产党解决医疗卫生问题的成绩与不足。如由于受到战争环境的影响，在抗日根据地卫生体制建设方面，医疗机构主要服务于军队和机关，基层民众的服务机构相对有限、服务水平有待加强。如在反对封建迷信、变革社会风气方面并不彻底，个别巫医神汉在根据地科学知识尚未普及的地方仍一定程度存在并产生不良影响。再如在群众卫生运动中，由于缺乏科学知识的引导，在一些地方出现过较"左"的倾向。

与此同时，我们也应该认识到，中国共产党之所以能够取得广大抗日根据地医疗卫生状况的逐步好转，与以下几点是分不开的。

其一，保障前线抗战与服务群众相结合。在战争条件下，党的一切工作都要围绕着如何打败敌人取得胜利而展开，抗日根据地医疗卫生建设亦应如此。实践中，党和根据地政府形成的三大系统的医疗卫生工作管理和服务机构，均保持着这一服务方针，既满足部队战时救护、伤病员救治和医疗后勤保障，又实现对党和政府机关工作人员的医疗救治和健康保健，在尽可能情况下面向基层服务群众。

其二，政府领导与群众运动相结合。"群众中蕴藏着无限的力量，一切社会的困难问题，只要依靠群众都能获得适当的解决。"①中国共产党之所以能够尽快转变根据地落后的医疗卫生状况，与党和政府积极发动群众参与卫生运动是分不开的。毋庸置疑，广大抗日根据地群众有着改变落后的医疗卫生状况的迫切愿望。为此，党和根据地政府运用多种方式、多种途径在多个场合开展群众卫生宣传活动，让根据地民众相信科学卫生知识，反对封建迷信，积极参与到卫生运动中来。

其三，自力更生与争取外援相结合。自力更生是抗日根据地军民在根据地建设中形成的宝贵精神财富。各抗日根据地医疗卫生组织和全体人员靠着这种革命精神克服了重重困难，发展医疗卫生事业。尤其是在外部封锁加剧时，各地药品资源短缺，军民疾病无法得以及时救治。为应对这一问题，广大医务工作者坚持自力更生、因地制宜，采取各种措施弥补医疗资源的不足。如八路军制药厂就地取材研制新药，替代缺乏的紧缺药品；机械部门"以土代洋""土洋结合"，力所能及地自制各种医

---

① 中共中央文献研究室、中央档案馆编：《建党以来重要文献选编（1921—1949）》第15册，中央文献出版社2011年版，第3页。

疗器材；中医药研究机构研制中药替代西药，治病救人。与此同时，党和根据地政府积极争取外援，争取和团结国际友人，共同发展医疗卫生事业。中国人民抗日战争具有正义性，在中国共产党倡导的抗日民族统一战线政策的影响下，大批外国朋友和医学专家冒着生命危险奔赴抗日根据地。党和根据地政府积极吸收各地医疗专家加入医疗卫生建设，为根据地医药卫生领域增添了新的血液，充实了根据地医疗服务队伍。他们在思想、技术和工作作风各方面起到了革新和模范作用，提高了抗日根据地整体医疗卫生工作水平。

其四，政府主办与鼓励民办相结合。为了联合国内外抗日力量反对日本帝国主义，中国共产党在抗日战争时期提出"联合一切可以联合的力量"。在医疗卫生工作中，党和根据地政府充分重视民间力量在发展医疗卫生事业上的积极作用，提出在医疗工作中"必须坚持民办公助的方针"[1]。由此，党和政府提出了民办公助政策，在具体工作中一方面建立党中央和军队政府机关的医疗卫生机构，发展政府主导的医疗卫生事业。另一方面发动民间力量推动基层群众医疗事业发展。民办公助的目的就是在政府的指导和帮助下，通过群众自己觉悟与自己动手，形成群众卫生运动。当然，民办公助与完全私办、完全公办不一样。党和政府"反对脱离小公的大公，也反对脱离大公的小公。所以民办必须公助，所以民办不是不要公办"[2]。在工作中，党和政府坚决指出废除公办和"官逼民办"两种倾向，为推动抗日根据地医疗卫生事业民办公助指明了方向。

以上几点是中国共产党解决抗日根据地突出医疗卫生问题的初步经验，也是全民族抗日战争时期党的医疗卫生工作主要特点。正是依靠这些经验，党和根据地政府在解决根据地落后医疗卫生状况方面取得良好效果，为发展新民主主义医疗卫生事业作出了积极贡献。

---

① 《开展边区卫生运动的三个基本问题》，《解放日报》，1944年7月10日，第1版。
② 中共中央文献研究室、中央档案馆编：《建党以来重要文献选编（1921—1949）》第21册，中央文献出版社2011年版，第619页。

第八章　全民族抗日战争时期中国共产党对根据地社会保障问题的解决

全民族抗战爆发后，由于陕甘宁边区和广大敌后抗日根据地的社会保障事业基础薄弱，加上灾害频发和战争影响，相关社会保障工作面临突出困难。为此，中国共产党和抗日根据地政府通过开展救助救济、加强优抚优待、提供社会福利、推行社会保险，努力解决抗日根据地突出的社会保障问题，为根据地的民生改善和政权建设作出重要贡献。

一、抗日根据地社会保障问题概况

在国民政府时期，各抗日根据地成立过社会保障机构，并制定了社会保障政策，然而当时各地社会保障工作在内容和形式上的问题颇多。全民族抗战爆发后，天灾频发，抗日根据地社会保障工作面临着新的难题。

（一）抗日根据地社会保障问题的主要表现

一般而言，落后的社会经济发展水平决定了广大抗日根据地社会保障事业普遍落后，社会保障基础十分薄弱。全民族抗战爆发后，灾难民救助工作形势异常严峻，抗日军人军属优待优抚工作亟须加强，抗日根据地社会保障领域的问题突出。

1. 社会救助工作形势严峻

抗日根据地的社会救助工作主要在于救助各类灾难民。当时根据地灾难民主要有两种：一是本地区自然灾害等造成的灾民，二是因自然灾害及敌伪剥削外来的难民。全民族抗日战争时期，大量灾难民的出现及其带来的严重社会问题，亟须党和根据地政府解决，否则将影响抗日根据地的稳定和发展。

首先，抗日根据地存在大量本地灾民。在陕甘宁边区，各类天灾频发，受灾民众颇多。从1939年到1944年，边区连续遭受各种天灾，产生大量灾民。根据1946年6月陕甘宁边区政府民政厅数据显示，1939年到1944年，边区部分县受灾总面积达到7649607亩，损失粮食576820石，受灾人口1055470人。[①]1941年，陕甘宁边区神府县有2/3地区的民众无粮吃，延安县两个区的麦子在遭受冰雹后全部不能收割。[②]1945年，陕甘宁边区遭受旱灾、冰雹灾、霜冻灾，总受灾面积17886016亩，损失粮食656043石，受灾总人口544800人。[③]

1939年秋季，晋察冀边区爆发水灾，仅河北一省就有60余县之多。当地人民的"禾苗、房屋、粮食、衣服、牲畜、家具、农具，被漂去者不计其数，人民被淹死者亦不少，甚至因无路可走，全家男女老少用绳缚着，同归于尽。有的漂流水上，也无衣无食，不可终日。当地八路军部队虽冒险抢救，奈为敌军'扫荡'部队所扰，又因敌军到处决堤，所以也救不胜救。于是灾情扩大，至于无可收拾"[④]。1939年，晋察冀边区受虫灾、旱灾、水灾、烧杀等影响，粮食损失将近百万石，财物损失将近数千万元，人口大量死亡，特别是被大水冲去的、被敌寇烧杀的将近

---

① 参见陕甘宁边区财政经济史编写组、陕西省档案馆编：《抗日战争时期陕甘宁边区财政经济史料摘编》第9编，陕西人民出版社1981年版，第263页。

② 参见陕甘宁边区财政经济史编写组、陕西省档案馆编：《抗日战争时期陕甘宁边区财政经济史料摘编》第9编，陕西人民出版社1981年版，第264页。

③ 参见陕甘宁边区财政经济史编写组、陕西省档案馆编：《抗日战争时期陕甘宁边区财政经济史料摘编》第9编，陕西人民出版社1981年版，第262页。

④ 魏宏运主编：《抗日战争时期晋察冀边区财政经济史资料选编（农业编）》，南开大学出版社1984年版，第676—677页。

2000人。①1942年3月至6月，晋察冀边区的北岳分区各县多次受灾，北岳区下属六个专区11县中有调查数据的灾民共47520人，无调查数据的灾民估计有10万人。②

在晋冀鲁豫边区，1939年的华北大水灾中，冀南22县和1个特区中，受灾民众超过万人的有18个县，超过5万人的有11个县。受灾面积最大的隆平县，全县145个村庄中，有138个受灾，全县5000顷土地，被淹4800顷。③1943年，冀鲁豫的沙区、鲁西北、鲁西南三个地区受灾，在根据地和游击区共有灾民32万。其中沙区的灾害最为严重，受灾村庄400余，灾民16万人。"人民逃出者占13%（壮丁占60%以上），牲口大部分损失了，剩下的不足20%。农具除敌人烧掉一部分外，剩下的也都变卖吃掉了，各个村庄封门垒户者近半数以上。人民的主要食品为糠、花生皮、玉菱心子、棉花籽，甚至谷草等，目前吃树皮树叶。"④灾情仅次于沙区的鲁西北，受灾村庄200多个，灾民约8万人。因三年歉收，该地灾民逃出者占50%。鲁西南受灾村庄200多个，灾民亦近8万人，受灾程度与鲁西北相似。⑤截至1943年6月，林北县第一区9个自然村，共1809户，灾民419户，占23%强，最高占38%弱；第二区共9个自然村，灾民平均占

---

① 参见魏宏运主编：《抗日战争时期晋察冀边区财政经济史资料选编（农业编）》，南开大学出版社1984年版，第680页。

② 参见魏宏运主编：《抗日战争时期晋察冀边区财政经济史资料选编（农业编）》，南开大学出版社1984年版，第693页。

③ 参见晋冀鲁豫边区财政经济史编辑组、山西省档案馆、河北省档案馆、山东省档案馆、河南省档案馆编：《抗日战争时期晋冀鲁豫边区财政经济史资料选编》第1辑，中国财政经济出版社1990年版，第1297页。

④ 晋冀鲁豫边区财政经济史编辑组、山西省档案馆、河北省档案馆、山东省档案馆、河南省档案馆编：《抗日战争时期晋冀鲁豫边区财政经济史资料选编》第2辑，中国财政经济出版社1990年版，第365页。

⑤ 参见晋冀鲁豫边区财政经济史编辑组、山西省档案馆、河北省档案馆、山东省档案馆、河南省档案馆编：《抗日战争时期晋冀鲁豫边区财政经济史资料选编》第2辑，中国财政经济出版社1990年版，第365—366页。

22%强，最高占35%。①此外，安徽、山东等抗日根据地亦因各种天灾产生大量灾民。

其次，外来难民大量涌入抗日根据地。抗日根据地的外来难民大多是敌占区或边缘区域的民众，由于受到日伪、敌顽的长期抢掠，这些地区的民众不得不沦为难民。仅1941年前9个月，陕甘宁边区关中分区连遭顽军抢劫，新正、赤水、新宁、淳耀四县共计损失牲口47049元，什用物品7201元，食用品2264.5元，衣物财物6951元，各类物品共计64562.5元。②在晋冀鲁豫边区，"从平原到山地，没有不被摧毁的村庄，没有不被抢掠的村庄。黎城是太行区一个99000人口的腹心县，在1941年以前，就被焚烧了45000间房屋，抢走了35000石粮食，810头牲口，价值100万元的工具和衣服。全县平均每人损失538元。生产被摧残了，商业被阻滞了，人民已经没有什么积蓄"③。1943年，晋察冀边区发生灾荒，北岳区的灾荒波及3个专区、14个县、43个区，灾民总数为64393人。而敌人向灵、行一带蚕食又造成大批难民，约11600人。④

敌占区或边缘区域民众受灾后出现抛地逃荒现象。陕甘宁边区原本是没有什么难民的，但由于邻近战区，1939年初从山西、绥远以及冀、晋、豫各省流入的难民，前后在3万人以上。另外，边区四周的抗日军人家属，因在各地不能得到救济优待而逃入边区的亦不少。例如从绥德、米

---

① 参见晋冀鲁豫边区财政经济史编辑组、山西省档案馆、河北省档案馆、山东省档案馆、河南省档案馆编：《抗日战争时期晋冀鲁豫边区财政经济史资料选编》第2辑，中国财政经济出版社1990年版，第367页。

② 参见陕甘宁边区财政经济史编写组、陕西省档案馆编：《抗日战争时期陕甘宁边区财政经济史料摘编》第9编，陕西人民出版社1981年版，第292页。

③ 晋冀鲁豫边区财政经济史编辑组、山西省档案馆、河北省档案馆、山东省档案馆、河南省档案馆编：《抗日战争时期晋冀鲁豫边区财政经济史资料选编》第2辑，中国财政经济出版社1990年版，第407页。

④ 参见魏宏运主编：《抗日战争时期晋察冀边区财政经济史资料选编（农业编）》，南开大学出版社1984年版，第721页。

脂、清润等地逃入延安、延长、延川及安定等县。①据不完全统计，1941年移入难民有7855户，约20740人。到1943年移入难民有9863户，3万多人。从1941年到1943年，合计至少移入难民有7万。②在晋察冀边区，1943年的灾害导致大量民众外逃成为难民。在曲阳县野北450户逃走700余人，庞家口300户逃走60余户。完县到1943年2月底，灾民逃走者共计2542人。截止到1943年3月22日，易县三个区共计逃走5286口。唐县三区20个村庄，216户完全逃光。有一段时间，每天经过涞源走马驿出走者不下200人。徐定一带，许多灾民无食吃竟逃到东北去，满城四区汉奸乘机招华工，灾民被招去者甚多。此外，酝酿逃荒的亦甚多。③

最后，灾民大量逃荒引发的社会问题突出。各地因兵灾天灾造成大量难民逃荒，逐步产生了诸多社会问题。一是灾民难以温饱，时常饿死。当民众遭受灾害后，"一般的是先个别讨饭逃荒并逐渐增多，再到个别死人，土地变动，劳力减低，偷窃、离婚、父子不相顾，懒汉浪费增多，多的死人一直到度过灾荒，灾民负债累累为止"④。1943年3月，晋察冀边区"相当数量大的灾民，目前已经断炊。有些地区不断发生饿死现象，大多灾民以花生皮、花生秸、荞麦皮、山药秸、甘草等充饥，糠、菜、树叶，求之不得；在阜平集市上，灾民抓起豆子就往嘴里塞，小孩子捡地上的红枣核当吃的，行唐瓜家峪一家以140元出卖五岁的小孩，某村灾民，以孩子换几升红枣，诸如此类伤心惨目的现象，已不是很个别的！"⑤

---

① 参见陕甘宁边区财政经济史编写组、陕西省档案馆编：《抗日战争时期陕甘宁边区财政经济史料摘编》第9编，陕西人民出版社1981年版，第268页。

② 参见白誉：《移民难民的乐园》，《群众》第9卷，1944年9月15日，第751页。

③ 参见魏宏运主编：《抗日战争时期晋察冀边区财政经济史资料选编（农业编）》，南开大学出版社1984年版，第723页。

④ 晋冀鲁豫边区财政经济史编辑组、山西省档案馆、河北省档案馆、山东省档案馆、河南省档案馆编：《抗日战争时期晋冀鲁豫边区财政经济史资料选编》第2辑，中国财政经济出版社1990年版，第383页。

⑤ 魏宏运主编：《抗日战争时期晋察冀边区财政经济史资料选编（农业编）》，南开大学出版社1984年版，第722—723页。

二是各类丑恶社会现象出现。除逃荒现象外，受灾后一些抗日根据地出现青年妇女流浪堕落现象，乞食者增加、偷盗者迭起，甚至部分支部党员也有了变化。在晋察冀边区，北岳区的"易县龙居村有13个妇女过沟，其中8个青妇嫁给特务……相家庄妇救主任嫁给特务。某村妇救委员与主任亦跑过沟了。有的妇女以30元改嫁，有的以80元伪钞卖身"①。当人们饿得受不了时，会做出许多比偷盗更严重的事情。阜平曾发生过打倒残废军人抢走抚恤金，某些地区群众抢吃公粮不怕坐狱。在灾荒中有些农村党支部出现了不好的现象。一些地区受灾后，许多受灾党员发生逃散，"制度不能坚持，工作完全停顿，一些党员和村干部怨恨党，怨恨上级，对革命丧失信心"②，甚至"有些党员则甚至参加了佛教会"③。这些现象表明，抗日根据地出现的大量灾难民已经造成了严峻的社会问题。

2. 社会优抚工作任务繁重

优待抗日军人军属，做好抚恤安置工作是中国共产党加强人民军队建设的一项重要任务，也是解决军队指战员后顾之忧，提高军队战斗力的一项重要措施。

一方面，抗日军人家属优待工作亟待加强。为争取全民族抗战的胜利，中国共产党和根据地政府亟须动员广大青年儿女参加抗日队伍。"但是在民众的民族觉悟不够，国家的征兵制度未立的今日，可能参加部队的，最大多数都是穷人，而且大都是家族依以为生的壮丁……因此优待抗属，使前线上的战士不会有后顾之忧、家庭之累，是扩大部队、巩固部队的必要条件。"④抗日战争时期，各根据地因地域之别在抗日军属优待

---

① 魏宏运主编：《抗日战争时期晋察冀边区财政经济史资料选编（农业编）》，南开大学出版社1984年版，第723页。

② 魏宏运主编：《抗日战争时期晋察冀边区财政经济史资料选编（农业编）》，南开大学出版社1984年版，第705—706页。

③ 魏宏运主编：《抗日战争时期晋察冀边区财政经济史资料选编（农业编）》，南开大学出版社1984年版，第724页。

④ 张希坡编著：《革命根据地法律文献选辑》第3辑第4卷·晋察冀边区，中国人民大学出版社2018年版，第158页。

政策上存在差异。1939年，晋察冀边区颁布优待抗属指示以前，各地在开展优待抗日军人家属工作时，除了精神安慰和名誉奖励外，实物优待都由各县斟酌地方情形自定标准。当时，晋察冀边区各地优待抗属之差异主要有三种情形。一是因各地优待抗属工作开展程度不同导致的待遇差别。"工作开展的地方，民众抗日情绪高涨，关心抗日军人家属，无论募捐募粮、筹款筹粮，都易为力。"而没有切实开展优待抗属的，若"富的地方，或者做到相当满足抗属的要求，穷的地方，只有陷抗属于失望的绝境"①。二是因各地财力保障程度不同导致的待遇差别。"人物富庶的地方，民众的担负能力较大，无论募粮募款、筹粮筹款，也易为力……反之民众条件好的只能相当满足抗属的要求，民众条件坏的，就根本没法满足抗属的要求了。"三是因抗属数目的不同而导致的待遇差别。"抗属的多少，不在于地方的穷富，首先要看抗日工作开展的程高〔度〕，其次也与一县的人口有关……地方富而抗属少，就在工作不开展的条件下，也不难实行优待，在工作开展的条件下，那就更加容易实行。反之地方穷而抗属多，问题就无法解决了。"②这些抗日军属待遇的差异，不利于部队的扩大与巩固。"抗日军人家属就有了苦乐不均之感，于是不能满足要求、不能维持生活的抗属，只有去找他们的儿子或者丈夫回去养家，政治上不坚定的战士，固然要动摇逃跑，政治上坚定的战士，也难免痛心而苦恼吧？我们为了扩大部队、巩固部队，这问题就要适当解决、好好处理的。"③此外，一些地方是根据抗属的经济状况来决定必要粮食的补充，可是执行中的迟延现象也是常有的。④

---

① 张希坡编著：《革命根据地法律文献选辑》第3辑第4卷·晋察冀边区，中国人民大学出版社2018年版，第159页。

② 张希坡编著：《革命根据地法律文献选辑》第3辑第4卷·晋察冀边区，中国人民大学出版社2018年版，第159页。

③ 张希坡编著：《革命根据地法律文献选辑》第3辑第4卷·晋察冀边区，中国人民大学出版社2018年版，第159页。

④ 参见陕甘宁边区财政经济史编写组、陕西省档案馆编：《抗日战争时期陕甘宁边区财政经济史料摘编》第9编，陕西人民出版社1981年版，第545页。

另一方面，抗日军人优抚安置工作亟须加强。长期艰苦的革命战争让大量革命军人负伤残废或积劳成疾，无法继续献身疆场或从事相关工作，不得不退伍为民。因此，抚恤和优待牺牲战士家属和残疾战士是根据地政府的重要责任。全民族抗日战争时期，日伪敌顽的全面封锁导致广大抗日根据地财政陷入困境和粮食供应困难，为此党中央决定开展精兵简政。在精兵简政工作中，有的地方在对待伤残革命军人上产生了官僚主义倾向，出现了粗枝大叶态度。在陕甘宁边区，1944年边区民政厅发现"近来有些地方，往往有不符合优待抚恤意义之行动，以致残废同志不愉快"①。在优待抚恤工作中，"因为金融变动异常，影响边币的实质，抚恤优待金虽经过两次的提高，仍旧解决不了问题，影响残废老弱同志们的情绪甚大"②。在山东省鲁中区，"对老弱残废遣散回家者，只发几斤粗粮票、二十元北海票，并限日期到家；又如抗大对外籍人员遣散回家者，发给二百五十元，还要从中扣除九十元便衣费，以致沿途苦贷无门、饥寒交迫，对部队群众影响极坏；亦有借口情况紧张，对难以治疗与患慢性病的伤病员一律遣散回乡，如滨海区×医务所将病较重的一个除奸股长、一个宣教干事令其归乡，在路上又走不动，由群众送回部队，谈话时表示非常不满。这虽然是个别的例子，但确是严重的现象……这在客观上就是帮助敌人，削弱抗战力量"③。

3. 劳动保障和妇幼保育工作面临难题

首先，抗日根据地劳动保障工作亟须加强。一方面，由于战争摧残、物价上涨等原因，抗日根据地工人生活困难，有的工人失业，一些地方甚至出现工人外流现象。在晋冀鲁豫边区，工人大多数是在敌人点线区工作，边区内的小工厂、矿厂、作坊由于被日军轰炸与摧毁，"生产降

---

① 陕甘宁边区财政经济史编写组、陕西省档案馆编：《抗日战争时期陕甘宁边区财政经济史料摘编》第9编，陕西人民出版社1981年版，第565页。

② 陕甘宁边区财政经济史编写组、陕西省档案馆编：《抗日战争时期陕甘宁边区财政经济史料摘编》第9编，陕西人民出版社1981年版，第576—577页。

③ 张希坡编著：《革命根据地法律文献选辑》第3辑第6卷·山东省（上），中国人民大学出版社2018年版，第389页。

低，工人失业，广大工人无处谋生"①。1941年9月，陕甘宁边区"物价高涨，各项生活必需品，如米、布匹、菜蔬、肉类、鞋袜等均较'五一'前价格为高。因此，'五一'前所规定之工资标准，已不足以安定工人生活"②。在晋东南根据地，"由于敌占点线平原交通便利，工业品来源较易，而某些农产品价格则较我区高，因此一般生活水准亦较我区高……在我工作不深入，党政军民关系不正常，敌人高价吸收工人下，部分劳动力的外流是必然会发生的"③。另一方面，部分抗日根据地在创建初期的工会运动中犯了"左"倾错误，亟须建章立制，缓和劳资矛盾。在抗日民族统一战线建立时，一些抗日根据地出现了"妨碍劳动政策、妨碍国民经济发展的狭隘行会主义、经济主义思想，如只顾工人眼前狭隘利益，不管工厂本身是否可能解决的一些过分要求"④。有的地方提出不适合根据地当时条件的过高要求，"过高增加工资，改善待遇条件过多，如要雇主供给衣服鞋袜，要同雇主吃同等伙食"，有的地方实行不正确的斗争方式，"强迫雇主雇用失业工人"⑤。这些做法过分强调改善工人生活，使许多工商业关门倒闭，生产缩小，甚至引起工农对立的局面。

其次，保护妇幼。儿童保育工作是抗日根据地社会保障工作必不可少的部分。全民族抗战期间，党中央和根据地政府重视抗战将士的子女教育和长期抗战后备军的培养，建立托儿所、保育院，抚育战争中失去至亲的婴幼儿，开展根据地儿童保育事业。但在艰难环境下，妇幼保育工作面临着巨大挑战。一是经费困难。保育院"不敢大量的收容难童，特

---

① 张希坡编著：《革命根据地法律文献选辑》第3辑第5卷·晋冀鲁豫边区，中国人民大学出版社2018年版，第285页。

② 张希坡编著：《革命根据地法律文献选辑》第3辑第2卷·陕甘宁边区（上）第2册，中国人民大学出版社2018年版，第309页。

③ 张希坡编著：《革命根据地法律文献选辑》第3辑第1卷·总纲，中国人民大学出版社2018年版，第73页。

④ 张希坡编著：《革命根据地法律文献选辑》第3辑第1卷·总纲，中国人民大学出版社2018年版，第84页。

⑤ 张希坡编著：《革命根据地法律文献选辑》第3辑第1卷·总纲，中国人民大学出版社2018年版，第43页。

别是吃奶的婴孩"，"孩子的伙食无法改善"，"院舍不能扩大，大一点的孩子，到现在仍十几个人挤在一个土炕上。露天的广场成为了教室和饭厅"，"孩子的衣服常不够穿，破烂的衣服，抵不住烈日和寒风的侵蚀"。二是各种必需品缺乏。"在陕北，许多的日用品，买也买不着的，即使有时能买着，物价的昂贵也非我们购买力所及。"三是专门人才缺乏。"在我们整个工作过程中，因为专门人才的缺乏，发生了许多工作上的阻碍。"①在妇女保护方面，1940年11月山东省战时工作推进委员会曾发布规定，对保健养病育婴等各项费用及标准作出具体规定。到了1942年2月，该委员会认识到妇女干部保健及育婴工作上需要改进：一方面，"现在生活程度日渐增高，原定保健育婴各费不敷实际需要；另一方面，在实施上项规定的工作过程中，存在着某些亟应纠正的缺点"②。

（二）抗日根据地社会保障问题的形成原因

抗日根据地社会保障问题是多方面原因造成的，涉及经费投入、自然条件和战时影响等。

1. 社会保障事业的历史基础薄弱

作为社会建设的重要内容，社会保障工作的开展及其效果受到多种因素的影响和制约。社会经济发展水平决定着社会保障事业的发展程度，政府财政投入程度、官员素质能力影响着社会保障工作的实施效果。广大抗日根据地社会保障工作基础薄弱，社会保障事业总体落后。

首先，国民政府社会保障事业整体薄弱。南京国民政府曾在社会保障方面做过一些工作，如成立内政部，下设民政司主管各项救济工作；建立社会保障制度，颁布救济法规，成立救济组织。然而，民国时期社会保障工作仍旧存在很多问题。从社会保障领域来看，国民政府社会保障

---

① 转引自中国井冈山干部学院、中央档案馆：《新中华报》综合版（整理本），江西人民出版社2016年版，第1046—1047页。

② 张希坡编著：《革命根据地法律文献选辑》第3辑第6卷·山东省（上），中国人民大学出版社2018年版，第386页。

工作主要集中在救济救灾方面，涉及面较为狭窄。而且，政府创办的慈善机构较少，且多数由民间组织主办。为加强民间慈善团体的管理，国民政府曾颁布过各类法规细则，如《管理各地方私立慈善机构规则》《监督慈善团体法》和《监督慈善团体法实施细则》，详细规定了慈善团体如何建立、经费如何使用及慈善工作的内容。但因为财政投入不足等原因，这些法律实施成效甚微。在优待优抚方面，国民政府曾设立优抚部门，先后颁布《陆海空军抚恤委员会组织条例》《空军抚恤暂行条例》和《陆军平战时抚恤暂行条例》，但因国民政府兵制问题，条例无法落到实处，优抚制度最终流于形式。

其次，国民政府社会保障的投入经费不足。社会保障政策制定和社会保障措施实施都离不开政府支持和财政保障。旧中国经济凋敝，发展状况堪忧，财政长期入不敷出。以陕甘宁边区为例，1931年陕西省财政收入1399.48万元，财政支出2078.11万元；1932年陕西省财政收入1255.95万元，财政支出1262.67万元。①民国前期，抚恤费、救济费等包括在政府行政费内，并无单独费用支出。直至1934年，国民政府财政支出项目中才将抚恤和社会福利费支出单独列出。长期内战又使得国民政府军事开销激增，其军费占财政支出的很大一部分，政府投入到社会保障领域经费十分有限。1934年，陕西财政支出总计1589.07万元，其中抚恤和社会福利费支出仅有3.09万元，占总支出的0.19%。1935年，陕西财政支出总计1845.30万元，其中抚恤和社会福利费支出仅有4.24万元，占总支出的0.22%。②地处中国偏远地区的敌后抗日根据地，受到自然地理条件的限制，国民政府对这些省份社会保障方面的财政投入更加有限。

最后，国民政府投入的社会保障资金存在大量流失现象。各级大小官员私自挪用、贪污社会保障资金及资金监管不力等是造成社会保障资金

---

① 参见陕西省地方志编纂委员会编：《陕西省志·财政志》第37卷，陕西人民出版社1991年版，第125页。

② 参见陕西省地方志编纂委员会编：《陕西省志·财政志》第37卷，陕西人民出版社1991年版，第184页。

流失的重要原因。从中央层面来看，上级官僚集团对社会保障资金肆意挪用。如豫陕甘在1928年发生大旱灾，各地纷纷捐款用以救助。然而南京国民政府却"拨华侨捐款150万元，作为修筑首都中山路迎亲大道之用"[①]，却仅仅"于华侨捐款内，拨洋30万元，交赈款保管委员会，分配北方各灾区"[②]。原本的救灾款可以帮助更多灾民，但由于政府任意挪用致使各地救灾款严重缩水，救灾经费出现不足。从地方层面来看，基层官吏中存在贪污腐败现象。国民政府拨出的灾款分发到各省后，地方大小官员总会千方百计地从中捞"油水""分杯羹"，几经盘剥后实际用于赈济救灾的款项所剩无几。另外从资金监管方面来看，社会保障资金监管不力导致资金严重流失。当时国民政府监管的主要方式是监察机构监督、审计监督和社会监督，以监管社会保障资金不被挪用和贪污。然而，国民政府这些监察审计机构形同虚设，监督流于形式。对于违法犯罪的官员不能给予惩处，社会监督更是无从谈起。而且，全民族抗日战争时期，国民政府对广大敌后根据地社会保障工作财政投入不足。陕甘宁边区曾得到过中央拨款的10万元赈灾款用于赈济边区灾民，但仅解决了当年部分灾荒救治。1940年，随着断绝对抗日根据地财政拨款，国民政府就没有对根据地社会保障事业有任何的财政投入了。

民国时期虽设立中央及地方的社会保障机构，社会保障工作也曾开展，但广大抗日根据地社会保障事业基础十分薄弱，社会保障问题仍很突出。

2. 连续灾荒导致大量灾民出现

其一，旱灾的影响。以陕甘宁边区为例，边区地处黄土高原，地势较高，境内多山，沟壑纵横，普遍缺水，致使植被蓄水能力减弱，常面临旱灾威胁。旱灾不仅发生在陕甘宁边区，其他根据地也同样存在。1941

[①] 转引自李新军：《南京国民政府时期社会保障资金管理研究（1927—1937）》，《兰州学刊》，2011年第12期，第97页。

[②] 转引自李新军：《南京国民政府时期社会保障资金管理研究（1927—1937）》，《兰州学刊》，2011年第12期，第97页。

年至 1942 年，农业大省河南省连续遭受旱灾，粮食歉收，加上蝗灾，发生了严重的大饥荒。华北、华中各根据地也受到旱灾影响。1943 年 7 月，晋冀鲁豫边区政府在旱灾情况说明中提道："试看我太行根据地，自去年以来，五、六专区，即遭严重的荒旱，今夏又普遍缺雨，直到目前，禾苗多形枯死，以致旧的灾荒尚未过去，新的灾荒又已袭来……其程度之严重，更超过去年许多；社会积蓄，空前耗减。"①陕甘宁边区成立后，1939 年至 1945 年间灾害不断，每年边区都会发生或轻或重的自然灾害。据统计 1940 年，边区 22 个县市遭受各种灾害。其中 11 个县和 1 个市遭受旱灾，受灾者达到 60 万人。②在这 22 个县市中，志丹、安定、靖边、淳耀、神府五地遭受旱灾、水灾、雹灾等多种灾害，灾情更重。

其二，涝灾的影响。华北地区历史上经常洪水泛滥，其中河北省历来水患严重。1939 年，华北地区爆发的大水灾导致大量灾民出现。当年 7 月，华北地区夏雨连绵，多处河水暴涨，河水泛滥。日本侵略军却掘开河堤淹没华北各根据地，造成晋察冀全边区良田被毁 17 万顷，灾民达 300 万人。其中冀中区 30 余县被淹，200 万人无家可归。③在陕甘宁边区，由于降雨量分布不均匀，有的地区缺雨常发旱灾，有的地区降雨较多容易发生涝灾。

其三，蝗灾及其他灾害的影响。1940 年代，华北、华中各地出现蝗灾。晋察冀县区太行分区，1944 年林县遭蝗灾，造成该县 540 个行政村，有 771000 余亩农作物遭受蝗虫侵袭。④1945 年，晋察冀边区晋冀分区捕蝗灭蝻运动中，六个县捕蝗蝻 279269 斤，四县统计挖卵 41259 斤。这些蝗虫

---

① 晋冀鲁豫边区财政经济史编辑组、山西省档案馆、河北省档案馆、山东省档案馆、河南省档案馆编：《抗日战争时期晋冀鲁豫边区财政经济史资料选编》第 2 辑，中国财政经济出版社 1990 年版，第 352 页。

② 参见《全边区灾情均极严重灾民达六十万嗷嗷待哺》，《新中华报》第 165 号，1940 年 9 月 26 日，第 3 版。

③ 参见魏宏运主编：《晋察冀抗日根据地财政经济史稿》，档案出版社 1990 年版，第 117—118 页。

④ 参见林县档案局编：《林县灾害志》，林县档案局 1983 年版，第 65 页。

卵蛹"是一个惊人的庞大数字，如果发展起来，那就不仅是晋冀区，整个华北区的农产品，都会受到可怕的损害"①。此外，还有雹灾、冻灾、霜灾等其他灾害的影响。1942年夏，晋察冀边区曲阳、完县、灵寿、行唐、平山、代县、崞县等在久旱之后又遭遇大风和冰雹灾害。②1943年，陕甘宁边区发生雹灾，陇东的雹灾很为严重。这些自然灾害造成房屋农田受损，粮食减产，大量灾难民产生。

3. 战争连年不断带来严重破坏

长期战争造成抗日根据地社会经济普遍落后，而日伪敌顽的军事侵扰直接摧毁了民众的生产生活，加剧了广大抗日根据地的社会保障问题。

一方面，根据地民众遭受敌伪抢掠，损失惨重。全民族抗战八年，敌伪对敌后抗日根据地进行过无数次的"扫荡"，1940年以后更施行所谓的"三光"政策，制造大片"无人区"。根据七个主要抗日根据地初步统计，1937—1945年被敌伪杀死或被虐待伤病致死者320万人；被敌俘捕者276万人；现有鳏寡孤独残废296万人；被敌伪抢走或屠宰牛、驴、骡、马630万头；损失猪羊4800万只；被烧毁房屋1950万间，损失粮食115000万石；损失被服22900万件；损失农具、家具22200万件……由于以上损失，遂使解放区有2600万人之多，成为无衣、无食或无住的难民，他们饥寒交迫，疾病相连，亟待救济。③在晋冀鲁豫边区，太行区抗战后总人口有531.4万人，抗战以来该区民众被杀死170043人，被俘100294人，病死饿死495961人，合计死亡766928人，占抗战后该区总人口的14.43%。另有59839人负伤。其中晋冀鲁豫边区第四专区8个县，全民族抗战八年

---

① 参见魏宏运主编：《抗日战争时期晋察冀边区财政经济史资料选编（总论编）》，南开大学出版社1984年版，第611页。

② 参见魏宏运主编：《晋察冀抗日根据地财政经济史稿》，档案出版社1990年版，第197页。

③ 参见中央党史研究室、中央档案馆编：《抗日战争时期中国解放区人口伤亡和财产损失档案选编》（1），中共党史出版社2015年版，第3页。

来死伤总人数达到 312717 人，占抗战后四专区人口的近 30%。①在豫北 7 个县总人口 1083800 人，被黑枪打死、饿死、病死等，共有 318953 人。② 在晋察冀边区，太行区共损失房屋 22622688 间、小米 12056101 石、农具 5134944 件、牲畜 279774 头，房屋、粮食、家具、牲畜等损失共计约 2385.8924 亿元，合法币 11929.4619 亿元。③当时陕甘宁边区虽不属于抗战 前线，但也常遭到日本帝国主义飞机狂轰滥炸，损失惨重。"吴堡、佳县 遭进攻 14 次之多，炮击 18 次；延市、绥德等 13 处遭轰炸 65 次、敌投弹 2567 枚，据统计约炸死居民 411 人、伤 744 人，炸毁房屋 17771 间（延市 1579 间）、窑洞 1191 孔，损毁粮食 695000 石、衣物用具 143480 件，因轰 炸而迫使停办学校 12 所。"④

另一方面，根据地民众遭受国民党顽固派抢掠，损失加重。陕甘宁边 区就多次遭到顽匪烧杀抢掠。1939 年 2、3 月间，关中地区"顽固分子分 四路大兵围攻新正县，奸淫劫掠，实施恐怖政策，炮击马家堡民众遭惨 死"⑤。1940 年，顽固分子派兵抢劫边区安定第二区。"6 月 4 日上午 9 时， 忽有北来土匪 20 余人，趁四二区李家寨子开群众大会之际，将会场包围， 开枪射击，民众及军政工作人员被杀死达数十人，民众及区政府财物与

---

① 参见晋冀鲁豫边区财政经济史编辑组、山西省档案馆、河北省档案馆、山东省档 案馆、河南省档案馆编：《抗日战争时期晋冀鲁豫边区财政经济史资料选编》第 1 辑，中 国财政经济出版社 1990 年版，第 538—539 页。

② 参见晋冀鲁豫边区财政经济史编辑组、山西省档案馆、河北省档案馆、山东省档 案馆、河南省档案馆编：《抗日战争时期晋冀鲁豫边区财政经济史资料选编》第 1 辑，中 国财政经济出版社 1990 年版，第 549 页。

③ 参见晋冀鲁豫边区财政经济史编辑组、山西省档案馆、河北省档案馆、山东省档 案馆、河南省档案馆编：《抗日战争时期晋冀鲁豫边区财政经济史资料选编》第 1 辑，中 国财政经济出版社 1990 年版，第 555 页。

④ 胡民新、李忠全、阎树声编著：《陕甘宁边区民政工作史》，西北大学出版社 1995 年版，第 191 页。

⑤ 《关中顽固分子分四路大兵围攻新正县》，《新中华报》，第 136 号，1940 年 6 月 7 日，第 3 版。

文件公物，被抢劫不可计数。"①据《新中华报》报道，1940年边区赤水县群众常遭受着不明大义不顾大局的预三师、陕保团侵害，摧毁民众小学，强拉民夫去修日本式的碉堡线，包围边区，各类损失共计27万多元。②粮食、农具、牲畜在遭受顽固分子抢掠之后，"最足使人痛心者，是这些顽固分子，把农民经过了一年的辛苦，好不容易收割了的麦子，一把火烧个干净，延烧遍野有如燎原，老幼号啕连天，悲惨之状，不忍睹闻"③。

二、中国共产党解决抗日根据地社会保障问题的政策措施

全民族抗日战争时期，中国共产党高度重视根据地的社会保障事业，对社会保障问题的认识不断深化。面对薄弱的社会保障基础，党和政府紧紧围绕抗日大局，着眼于各地亟须解决的突出社会保障问题，制定相关政策措施，逐步解决灾民难民救助、抗日军人军属优抚优待、劳动者权益保障和妇幼保健等具体问题，推动了抗日根据地社会保障事业的发展。

（一）实施社会救助，救济移民和灾难民

全民族抗日战争时期，中国共产党和根据地政府将坚持抗战与改善民生相结合，发布了一系列社会保障政策法令，发挥多方面力量开展社会救助工作。抗日根据地的社会救助工作主要体现在救助移民和灾难民、赈济救灾两方面。

1. 制定社会救助工作方针政策

首先，发布施政纲领，注重改善民众生活。1937年，中国共产党发

---

① 《顽固分子派兵抢劫安定第二区》，《新中华报》，第138号，1940年6月14日，第3版。

② 参见《一九四〇顽军骚扰一年赤水居民损失二十七万》，《新中华报》，第205号，1941年2月16日，第3版。

③ 《顽固分子到处烧杀抢劫》，《新中华报》，第152号，1940年8月6日，第3版。

布《抗日救国十大纲领》，提出废除苛捐杂税、减租减息、救济失业、调节粮食、赈济灾荒等主张。1939年1月，陕甘宁边区第一届参议会通过《陕甘宁边区抗战时期施政纲领》，提出的民生主张中包括了"改善劳动待遇，保护工人利益"，"优待抗日军人与工作人员之家属"，"保育儿童，禁止对于儿童的虐待"，"抚恤老弱孤寡，救济难民灾民"①等内容。1941年11月，边区第二届参议会新通过的《陕甘宁边区施政纲领》再次提出"奖励外来移民"，"适当的改善工人生活"，"实行救济外来的灾民难民"，"给社会游民分子以耕种土地"②等主张。在晋察冀边区，1939年5月，边区农民抗日救国会第二次代表大会通过工作纲领，提出要"在抗日高于一切原则下改进人民生活"，"积极救济贫民、灾难民"③。1940年8月，边区施政纲领中规定了设立专门机构，切实救灾治水，保障劳动权益，减少工作时间，增加工人实际工资等内容。在晋冀鲁豫边区，1941年9月1日颁布的《晋冀鲁豫边区政府施政纲领》提出"努力经济建设，增加边区财富，确切保障一切抗日人民财产所有权"，"调节劳资双方利益，巩固阶级团结"④等。在晋绥边区，1940年2月，山西省政府第二游击区行署发布《晋西北抗日拥阎讨逆行政实施大纲》，规定了"彻底改善人民生活"，"实行抗日经济政策"，具体提出"救济灾民，优待抗战军人家属，实行八小时工作制，保障工人利益"⑤。1941年10月1日，绥察行政公署公布的施政纲领中提出：实行减租减息，整理劳资关系，确实优待抗属，救济灾、难民等。在山东根据地，1940年8月、1943年8月两次颁布的

---

① 陕西省档案馆、陕西省社会科学院编：《陕甘宁边区政府文件选编》第1辑，档案出版社1986年版，第211页。

② 陕西省档案馆、陕西省社会科学院编：《陕甘宁边区政府文件选编》第5辑，档案出版社1988年版，第3—4页。

③ 张希坡编著：《革命根据地法律文献选辑》第3辑第4卷·晋察冀边区，中国人民大学出版社2018年版，第6页。

④ 张希坡编著：《革命根据地法律文献选辑》第3辑第5卷·晋冀鲁豫边区，中国人民大学出版社2018年版，第13、14页。

⑤ 张希坡编著：《革命根据地法律文献选辑》第3辑第3卷·晋绥边区，中国人民大学出版社2018年版，第2页。

《山东省战时施政纲领》，分别提出："实行民生主义，改善人民生活……提高工农社会政治地位及文化水准"，"正确执行中共中央所提出之土地政策和劳动政策，调整阶级关系，改善工农生活"等指导原则，还提出"救济贫民、难民、灾民，扶助其参加生产"[1]。在华中地区，1940年4月，中共苏皖区委发布《为坚持江南敌后抗战之政治纲领》提出"实行民生主义，发展抗战经济，改善民生，破坏敌伪一切经济"。1941年10月，淮北行署发布施政纲领，提出"救济灾民难民，切实改善人民生活"[2]。

其次，制定多项政策法令，实施赈济救灾。在陕甘宁边区，党和政府坚持政府主导救灾和群众互济救灾相结合，多次作出决定和指示。1940年3月，边区发出《陕甘宁边区党委政府关于赈济工作的决定》，提出赈济工作不仅要依靠政府拨粮款，还应主要以发动群众进行相互调剂，并设立赈济组织。1941年7月，中共中央西北局发出《关于救济灾民的指示》，纠正赈济救灾工作中的不良现象，提出"在各县应进行极广泛的粮食调剂"[3]，"由边区政府及地方政府给灾民以赈粮赈款等救济"[4]等内容。为有效执行各项决定指示，陕甘宁边区政府发出一系列关于赈济救灾的指示。如1941年5月发布《陕甘宁边区政府民政厅关于赈济灾难民的指示信》，1942年8月发布《陕甘宁边区政府关于防洪救灾的命令》，积极贯彻赈济救灾工作重要决定指示，将赈济救灾工作具体化，最大限度降低灾害损失。

最后，党和根据地政府制定各项具体政策法令，救济移民难民。面对

---

① 张希坡编著：《革命根据地法律文献选辑》第3辑第6卷·山东省（上），中国人民大学出版社2018年版，第1—2、25—26页。

② 张希坡编著：《革命根据地法律文献选辑》第3辑第7卷·华中区，中国人民大学出版社2018年版，第4、10页。

③ 雷志华、李忠全主编：《陕甘宁边区民政工作资料选编》，陕西人民出版社1992年版，第276页。

④ 雷志华、李忠全主编：《陕甘宁边区民政工作资料选编》，陕西人民出版社1992年版，第276页。

众多外来难民和内部移民，各根据地制定多项法规以保障救助救济工作的开展。在陕甘宁边区，1940年春，边区政府《优待外来难民和贫民之决定》"明确规定，凡移入边区的难民贫民，应享受的各种优待和民主权利"①。随后，陕甘宁边区政府陆续制定和发布《边区政府优待难民办法》《边区优待移民实施办法》《优待移民实施办法补充要项》《边区优待移民难民垦荒条例》等法令条文，将救济移民难民与发展边区生产结合起来，确定优待移民难民的工作原则，实施生产救济。在其他解放区亦是如此。1941年10月，晋冀鲁豫边区制定《保护敌占区人民办法》，"为救济敌占区人民，反对敌人抽丁，争取敌占区青年，保护敌占区小学教员及知识分子"②。1943年4月，山东根据地党政军联合发出救济灾民号召，要求"救济本地区及过境难民外，还要救济最困难的泰山、鲁南两区难民"③，6月，山东战时工作推行委员会又发出《关于救济敌占区逃来难民的办法》，开展外来的敌占区难民救助工作。

抗日根据地政府制定发布的社会救济方针政策，明确了抗日根据地社会救助的工作方向，对社会救助工作的开展起到重要指导作用，为团结一切力量改善人民生活和支援抗战提供了重要支撑。

2. 安置各地移民和外来难民

全民族抗日战争时期，其他抗日根据地多深陷敌后而人口外流不便，地处后方的陕甘宁边区成为移民难民的主要流入地。抗日根据地救济安置移民难民工作主要也是在陕甘宁边区。当时，陕甘宁边区移民难民主要是指移入边区或垦区居住从事垦荒者，具体包括三类情况："甲、边区外之人民，因在原地生活困难，或因天灾影响及其他原因无法生活而自愿移入边区居住者。乙、沦陷区的人民，因不堪敌人压迫，而逃入边区

---

① 胡民新、李忠全、阎树声编著：《陕甘宁边区民政工作史》，西北大学出版社1995年版，第198页。

② 张希坡编著：《革命根据地法律文献选辑》第3辑第5卷·晋冀鲁豫边区，中国人民大学出版社2018年版，第16页。

③ 张希坡编著：《革命根据地法律文献选辑》第3辑第6卷·山东省（上），中国人民大学出版社2018年版，第407页。

居住者。丙、边区内地少人多区域之人民，因缺乏土地而自愿移入垦区，或经政府动员移入垦区从事开荒者。"①对于这些移难民，陕甘宁边区政府一律予以优待。"移入边区之难民或贫民得享受下列各项之优待：甲、得请求政府分配土地及房屋。乙、得请求政府协助解决生产工具。丙、得免纳二年至五年之土地税（或救国公粮）。丁、得酌量减少或免除义务劳动负担。"②

第一，及时救济移民难民。面对边区出现的大量移民难民，陕甘宁边区各级党政机关首先解决移民难民的食宿问题。1942年下半年，河南、陕西、甘肃数省难民纷纷迁来陕甘宁边区。因正值初冬节令，陕甘宁边区政府先行安置移民难民吃粮和住宿问题。如"新宁各级政府，凡移难民初到，一律请吃一顿饭，并发动老户分别招待食宿"③。当时，陕甘宁边区移民和外来难民吃粮问题的解决方式主要是民间调剂，"发动老户捐粮或借粮给他们吃"④。一方面，政府鼓励老户借粮，允许借粮时酌情收取利息。如1942年陕甘宁边区政府提出"春前借一斗，秋后还一斗三升，有三分的利，鼓励老户借粮，政府保证归还"⑤的调剂办法。另一方面，政府发动老户与难民通过"调份子""安庄稼""揽工"等形式来解决难民吃食。当时"调份子只能解决自己吃粮，安庄稼的、揽工的，则除自己外，还可解决家人吃粮"⑥。1942年，陕甘宁边区外来难民中安庄稼

---

① 陕甘宁边区财政经济史编写组、陕西省档案馆编：《抗日战争时期陕甘宁边区财政经济史料摘编》第9编，陕西人民出版社1981年版，第396页。

② 陕甘宁边区财政经济史编写组、陕西省档案馆编：《抗日战争时期陕甘宁边区财政经济史料摘编》第9编，陕西人民出版社1981年版，第392页。

③ 陕甘宁边区财政经济史编写组、陕西省档案馆编：《抗日战争时期陕甘宁边区财政经济史料摘编》第9编，陕西人民出版社1981年版，第409页。

④ 陕甘宁边区财政经济史编写组、陕西省档案馆编：《抗日战争时期陕甘宁边区财政经济史料摘编》第9编，陕西人民出版社1981年版，第393页。

⑤ 陕甘宁边区财政经济史编写组、陕西省档案馆编：《抗日战争时期陕甘宁边区财政经济史料摘编》第9编，陕西人民出版社1981年版，第395页。

⑥ 陕甘宁边区财政经济史编写组、陕西省档案馆编：《抗日战争时期陕甘宁边区财政经济史料摘编》第9编，陕西人民出版社1981年版，第395页。

466 户，揽工 184 户……这样的 650 户，一户以三人计算，共 1950 人，加上调份子的 359 人，共 2309 人，都是依靠主家解决吃粮的。[①]

为解决移难民的住宿问题，根据地各级政府积极为移民难民调剂住房。在陕甘宁边区，政府主要是鼓励老户让出剩余房子给移难民住。"开始是住旧窑破窑，以后再有人来，因为多是找亲戚朋友，社会关系来的，来时住在亲友窑中，住下就打窑。还有是头一年先来一人，把窑打下，第二年搬家眷来住。"[②]1943 年以后，陕甘宁边区政府制定补充规定："移难民无力自行打窑洞，或在未打好窑洞之前，得由县政府就当地公私窑洞或房屋予以调剂暂住，待该移难民自行建有窑洞或房屋后归还之。"[③]1942—1943 年，陕甘宁边区政府约计给移难民发救济粮 4000 余石，调剂窑洞 6240 孔。[④]仅 1943 年，全边区给移难民调剂粮食 3977 石 4 斗，调剂窑洞 4682 孔。[⑤]在陕甘宁边区的关中地区，政府为解决 1943 年新来的 4000 户移难民食宿问题，劝募了救济粮食 500 多石，人民又以低利借出了 900 多石；仓库借出了 1400 多石；总计 3000 石，还把以前遗留的破窑加以修理；又新修了很多窑洞草棚，仅新宁一、四区就修了 174 孔窑洞，赤水新打窑洞 60 孔，淳耀搭了 60 多间草棚，保障了每户至少有一处住室。[⑥]其他敌后抗日根据地亦是如此。在晋冀鲁豫边区，1943 年 11 月 23 日，冀鲁豫行署《关于安置流浪灾民的指示信》提出："关于此项大批流浪灾民，必

① 参见陕甘宁边区财政经济史编写组、陕西省档案馆编：《抗日战争时期陕甘宁边区财政经济史料摘编》第 9 编，陕西人民出版社 1981 年版，第 395 页。

② 陕甘宁边区财政经济史编写组、陕西省档案馆编：《抗日战争时期陕甘宁边区财政经济史料摘编》第 9 编，陕西人民出版社 1981 年版，第 394—395 页。

③ 陕甘宁边区财政经济史编写组、陕西省档案馆编：《抗日战争时期陕甘宁边区财政经济史料摘编》第 9 编，陕西人民出版社 1981 年版，第 397 页。

④ 参见陕西省地方志编纂委员会编：《陕西省志·民政志》第 53 卷，陕西人民出版社 2003 年版，第 384 页。

⑤ 参见陕甘宁边区财政经济史编写组、陕西省档案馆编：《抗日战争时期陕甘宁边区财政经济史料摘编》第 9 编，陕西人民出版社 1981 年版，第 406 页。

⑥ 参见陕甘宁边区财政经济史编写组、陕西省档案馆编：《抗日战争时期陕甘宁边区财政经济史料摘编》第 9 编，陕西人民出版社 1981 年版，第 410 页。

须予以适当安置救济。"如帮助灾民安置住房方面，"一面责成村长切实负责，一面教育群众，发扬灾难互助精神，借出空闲房间，让给灾民住，即无空闲房屋，亦应筹划将草棚、磨棚、场屋、圈屋等加以修补，借给灾民，不得索取任何报酬"；"无住处者，经检查确系良好灾民，介绍到适当村庄，安置住处，并发给居住证（居住证由县政府统一制发）"；"望切实动员社会力量，募集破旧棉衣，并尽先帮助无棉衣之灾童及老残灾民"①。

第二，给予移民难民生产优待。除了解决移民难民吃食和住宿外，各根据地政府帮助移民难民调剂土地农具等，在生产中予以优待。

在耕地方面，陕甘宁边区政府鼓励移民难民垦荒，在土地权限、公粮地租减免方面予以优待。1940年，陕甘宁边区政府规定，难民及贫民"免纳二年至五年之土地税（或救国公粮）"，"凡移入边区居住之难民或贫民不愿分受土地，而愿租用土地者，得由政府介绍之，并禁止对难民或贫民之高利盘剥"②。1943年，边区政府又规定："经移民难民自力开垦或雇人开垦之公荒，其土地所有权概归移民或难民，并由县政府发给登记证，此项开垦之公荒三年免收公粮；经开垦之私荒，依照地权条例，三年免纳地租，三年后依照租佃条例办理，地主不得任意收回土地。""如因种菜或种料粮，需少许熟地，得呈请区乡政府视可能情况酌予调剂。"③1943年，晋冀鲁豫边区"政府特颁布了移垦优待办法，拨发移民粮食1500石，规定移民开垦公私荒地5年不出租，不出土地资产负担，半

---

① 晋冀鲁豫边区财政经济史编辑组、山西省档案馆、河北省档案馆、山东省档案馆、河南档案馆编：《抗日战争时期晋冀鲁豫边区财政经济史资料选编》第1辑，中国财政经济出版社1990年版，第1314页。

② 陕甘宁边区财政经济史编写组、陕西省档案馆编：《抗日战争时期陕甘宁边区财政经济史料摘编》第9编，陕西人民出版社1981年版，第392页。

③ 陕甘宁边区财政经济史编写组、陕西省档案馆编：《抗日战争时期陕甘宁边区财政经济史料摘编》第9编，陕西人民出版社1981年版，第396—397页。

年不支差"①。在生产资料方面，政府对移难民予以借贷支持。1942年，陕甘宁边区在优待移民实施办法中规定："移民如缺乏食粮、籽种、农具等，应发动老户借贷之。移民安家以后，如缺乏耕牛，应帮助向银行取得耕牛贷款。"②1943年，陕甘宁边区又规定：移难民"如农贷尚不足需要时，得由乡政府帮助向老户借贷，或发动老户互助解决之"③。据不完全统计，1940—1942年，陕甘宁边区约计给移难民调剂熟地87000亩，农具9100件，耕牛1388头，籽种180多石。④仅关中分区的两个县和一个区就发动老户帮助新户开荒达4000余亩。⑤1943年，陕甘宁边区政府"所发放之两千余万元农贷，其第一对象，即指定为贫苦的难民和移民"⑥。

第三，开展移民难民生活优待。全民族抗日战争时期，党和政府对移民难民的生活优待主要体现在帮助移民工作、优待新安置移民难民两方面。

移民工作是陕甘宁边区社会救助工作的重要内容。"但是在四三年以前，只是局部地区注意移民，主要还是自流状态。在四二年十月高干会后，移民工作，就从自流状态进到了全边区各分区有计划、有组织的阶段了。"⑦为了解决内部移民问题，陕甘宁边区党和政府对组织领导、工

---

① 晋冀鲁豫边区财政经济史编辑组、山西省档案馆、河北省档案馆、山东省档案馆、河南省档案馆编：《抗日战争时期晋冀鲁豫边区财政经济史资料选编》第2辑，中国财政经济出版社1990年版，第390页。

② 张希坡编著：《革命根据地法律文献选辑》第3辑第2卷·陕甘宁边区（上）第1册，中国人民大学出版社2018年版，第346页。

③ 陕甘宁边区财政经济史编写组、陕西省档案馆：《抗日战争时期陕甘宁边区财政经济史料摘编》第9编，陕西人民出版社1981年版，第397页。

④ 参见陕西省地方志编纂委员会编：《陕西省志·民政志》第53卷，陕西人民出版社2003年版，第384页。

⑤ 参见胡民新、李忠全、阎树声编著：《陕甘宁边区民政工作史》，西北大学出版社1995年版，第201页。

⑥ 陕甘宁边区财政经济史编写组、陕西省档案馆：《抗日战争时期陕甘宁边区财政经济史料摘编》第9编，陕西人民出版社1981年版，第406页。

⑦ 陕甘宁边区财政经济史编写组、陕西省档案馆：《抗日战争时期陕甘宁边区财政经济史料摘编》第9编，陕西人民出版社1981年版，第401页。

作实施、移民方式等问题作出较为周密的安排，给予移民生活优待政策。在组织领导上，边区各地设立移民站，负责解决移民工作、发放移民补助以及每月向边区政府做工作报告等。在移民动员工作中，边区政府考虑到"移民地区，如人烟稀少，过于荒凉，不便安置移民时，应先组织机关部队居住该地区，以便利移民迁居"，"移民如因不熟悉垦区情形，得由数户联合一起，先派人到垦区向政府登记，确定土地、房窑再行迁移"①。在经费支持上，各地移民站视路途远近和人口多少，予以每户移民 30 元至 200 元路费补贴。1943 年，绥德分区已拨发移民费 50 万元，作为帮助移难民迁移的费用。②在移民安置方面，各地主要采取设置新村、安插落户等方式加以落实。在晋冀鲁豫边区，政府要求"灾民到达后，教育旧户自动积极帮助新户，借给家具，予以种种方便，以安灾民迁居心理"③。

优待新安置的移民难民工作中，政府主要采取减免负担、救助生活等形式。1943 年，陕甘宁边区政府规定："移难民自移入边区居住耕种之日起，对于运输公盐，运输公粮，修公路等义务劳动，第一年全免，第二年第三年分别家庭经济状况酌减，如第二年第三年仍然生活困难者，得全免。""凡边区以外移入边区之移难民，如暂时尚无基础从事开垦，须以按庄稼，或以雇工为生活，而本人又不能约到雇主者，得呈请县、区、乡政府介绍之。在未得到职业之前，如因经济困难，不能维持生活者，得请求县（市）政府酌量予以救济。""移难民有病确实无力医治者，得受公共医院免费医疗之优待。""各县、区政府，应经常检查移难民工作，督促各乡政府经常派人按户检查本乡移难民移入后的生活情况，如有困

---

① 张希坡编著：《革命根据地法律文献选辑》第 3 辑第 2 卷·陕甘宁边区（上）第 1 册，中国人民大学出版社 2018 年版，第 346—347 页。

② 参见陕甘宁边区财政经济史编写组、陕西省档案馆：《抗日战争时期陕甘宁边区财政经济史料摘编》第 9 编，陕西人民出版社 1981 年版，第 406 页。

③ 晋冀鲁豫边区财政经济史编辑组、山西省档案馆、河北省档案馆、山东省档案馆、河南档案馆编：《抗日战争时期晋冀鲁豫边区财政经济史资料选编》第 2 辑，中国财政经济出版社 1990 年版，第 391 页。

难应即设法解决。"①

3. 动员各种力量，赈济灾民

面对大量灾民的出现，各抗日根据地积极开展赈济救灾工作。在党和政府领导下，广大抗日根据地成立了救灾组织机构来管理赈济救灾工作，采取直接赈济与间接赈济相结合、官方赈济和群众互济相结合的措施，多途径救济灾民。

首先，建立专门组织机构负责赈灾工作。全民族抗日战争时期，中国共产党认识到赈济救灾不仅仅是救助灾害，更是巩固政权、支援抗战的重要内容。全民族抗战爆发后，陕甘宁边区即组织了民众抗敌互济会这一群众组织，其后各县相继成立互济会的地方组织，负责边区的赈济救灾工作。1937年10月，抗敌互济会附设在陕甘宁边区民政厅内，民政厅还设有社会保障科。这样赈济救灾工作就有了官方行政管理机构。1938年9月，陕甘宁边区赈济委员会成立。1940年4月，边区民政厅召开了延安、延长、靖边、安塞、志丹、甘泉六县互济会主任联席会议，检讨了救灾工作并决定改组互济会，同时组建民政厅查赈团，分赴各县实地检查救灾赈济开展情况。1940年11月，边区政府委员会决定将互济会合并于民政厅二科，同时边区党委、政府决定各县也组织赈济委员会。1942年，第一次编制整编时，民政厅由五科并为四科，救灾赈济由三科负责，取消民众抗敌互济会。在其他抗日根据地，因救灾工作需要各地也成立了政府机构和民间赈灾组织。

其次，采取直接赈济与间接赈济相结合的赈灾形式。发放赈济粮款是对灾民进行的直接赈济，以工代赈、发展生产等则属于对灾民的间接赈济。发放赈济粮是党和政府赈灾的紧急措施。发放赈灾款虽要灾民自行购买粮食，仍是有较强的临时赈灾性质。随着灾民大增，党和政府必须考虑采取更为长远的救灾措施。

直接发放赈济粮款。历次灾荒发生后，党和根据地政府无不积极设法

---

① 陕甘宁边区财政经济史编写组、陕西省档案馆编：《抗日战争时期陕甘宁边区财政经济史料摘编》第9编，陕西人民出版社1981年版，第397、398页。

救济。大的灾荒，根据地政府积极组织救济委员会、灾民慰问团、工作团等实施救济。小的灾荒，根据地政府则发动群众互助。据统计，从1937到1943年，晋察冀边区政府拨出赈灾款约200万，贷款1500余万，群众借粮互助者不下十数万石。①从1939年到1942年，陕甘宁边区政府合计拨发救济粮7227.4石，救济款809746.8元。1941年救济粮最多，达3662.4石；1942年救济款最多，达620000元。②在山东根据地，1941年到1942年在胶东、清河、鲁中和滨海四区，共发放救济粮3075082斤，下拨救济款375877.75元。③在晋冀鲁豫边区，1943年，林北县得到政府春耕贷粮2340石，救济粮60石。④1944年，太行区在大道上开设难民招待，为路过灾民施粥。在半个月里，灾民1492人经过林北县杨耳庄招待所，黎城县东阳关的施粥锅在一个月内用去2240斤小米，附近的老百姓还借给了3400个囫囵馍、2000斤柴。昔东县政府在一个月里救济灾民小米1854斤、玉茭2141斤，糠20774斤。⑤这些举措在及时救灾工作中发挥了重要作用。

发展生产，以工代赈。加强春耕、补种是灾区发展生产的直接形式。1943年7月，晋冀鲁豫边区政府、中共中央北方局连续发出指示，号召树立救灾新观点。"第一是救灾的长期观点，不要把救灾只简单看做临时突

　　① 参见魏宏运主编：《抗日战争时期晋察冀边区财政经济史资料选编（总论编）》，南开大学出版社1984年版，第509页。

　　② 参见宋金寿主编：《抗战时期的陕甘宁边区》，北京出版社1995年版，第406页。

　　③ 参见山东省档案馆、山东社会科学院历史研究所编：《山东革命历史档案资料选编》第10辑，山东人民出版社1983年版，第255页。

　　④ 参见晋冀鲁豫边区财政经济史编辑组、山西省档案馆、河北省档案馆、山东省档案馆、河南省档案馆编：《抗日战争时期晋冀鲁豫边区财政经济史资料选编》第2辑，中国财政经济出版社1990年版，第368页。

　　⑤ 参见晋冀鲁豫边区财政经济史编辑组、山西省档案馆、河北省档案馆、山东省档案馆、河南省档案馆编：《抗日战争时期晋冀鲁豫边区财政经济史资料选编》第2辑，中国财政经济出版社1990年版，第412页。

击的任务，只是抓一把的顾前不顾后"①，同时强调立即着重加强生产，"用一切办法抓紧时机，利用雨后增加生产，主要生产蔬菜、荞麦，采获一切可食用的野生植物，晒干储存"②。1943年春，太行区要求救灾与春耕相联系，"要着重救济有劳力没饭吃的灾民，解决春耕中劳力、种子等困难"③。1943年，该区发放春耕贷款300万元，着重分配给灾区。④在粮食抢种补种方面，太行区在1943年夏荒后下了雨，全区立即组织党政军民学群众等全部劳力，突击补种晚庄稼和蔬菜，10天内抢种大体结束。据不完全统计，当年太行区共补种晚庄稼7万多亩。⑤

　　在救灾中，各根据地政府认识到"救灾工作一定要与生产结合进行，给灾民充实物质基础，有了活动资本，才能度过长期灾荒"⑥。1943年7月，中共中央北方局就救灾工作指示各地政府应贷必要的款项，发展各种合作事业，如纺织、织布、织毛、运销合作事业。为此，晋冀鲁豫边区政府结合农业生产实际，采用公家贷花贷粮的方式，组织妇女开展纺织运动。当时灾民"每斤花纺成线，发工资米2斤，线织成布，发工资米

① 晋冀鲁豫边区财政经济史编辑组、山西省档案馆、河北省档案馆、山东省档案馆、河南省档案馆编：《抗日战争时期晋冀鲁豫边区财政经济史资料选编》第2辑，中国财政经济出版社1990年版，第352页。

② 晋冀鲁豫边区财政经济史编辑组、山西省档案馆、河北省档案馆、山东省档案馆、河南省档案馆编：《抗日战争时期晋冀鲁豫边区财政经济史资料选编》第2辑，中国财政经济出版社1990年版，第355页。

③ 晋冀鲁豫边区财政经济史编辑组、山西省档案馆、河北省档案馆、山东省档案馆、河南省档案馆编：《抗日战争时期晋冀鲁豫边区财政经济史资料选编》第2辑，中国财政经济出版社1990年版，第342页。

④ 参见晋冀鲁豫边区财政经济史编辑组、山西省档案馆、河北省档案馆、山东省档案馆、河南省档案馆编：《抗日战争时期晋冀鲁豫边区财政经济史资料选编》第2辑，中国财政经济出版社1990年版，第392页。

⑤ 参见晋冀鲁豫边区财政经济史编辑组、山西省档案馆、河北省档案馆、山东省档案馆、河南省档案馆编：《抗日战争时期晋冀鲁豫边区财政经济史资料选编》第2辑，中国财政经济出版社1990年版，第399页。

⑥ 晋冀鲁豫边区财政经济史编辑组、山西省档案馆、河北省档案馆、山东省档案馆、河南省档案馆编：《抗日战争时期晋冀鲁豫边区财政经济史资料选编》第2辑，中国财政经济出版社1990年版，第391页。

1斤。工商局派了90多个干部，专门下去指导"[1]。各抗日根据地政府在开渠修滩等水利工程中，实行以工代赈。在晋冀鲁豫边区，1942年秋以来，太行区发放水利贷款235万元、粮食20万石用于开辟水利事业。据不完全统计，仅林县一个县工人在此项工程中即赚工资米218520斤，磁武、涉县等小规模修滩等工程中共支付工资米242120斤。[2]在陕甘宁边区，政府在办厂、修路工作中实行以工代赈。1939年，国民政府所拨10万元中便有7万用于创办灾难民纺织厂，吸收其到纺织厂做工。1940年7月22日，陕甘宁边区政府在《关于救灾办法指令》中提出"兴修定环公路以工代赈"的办法，组织灾民举办纺纱、挖药材等事业，政府高价收买，以刺激生产解决民困。[3]1943年，边区政府发放农业贷款2080万元，且提前发放1944年农业贷款1亿元，支持贫苦农民发展生产。[4]

着眼长远，备荒度荒。多年灾荒经历让各抗日根据地军民意识到"要度过严重灾荒，大量准备代食品，采集野菜、树叶，实是一项重要工作"[5]。因此，各地积极开展备荒度荒工作。在晋冀鲁豫边区，为度过1943年灾荒，各地党政军民开展了普遍采摘野菜热潮，非灾区和灾区民众积极参与其中。仅黎城彭庄500余户，男女老幼结对采摘野菜，数日采集108000斤，可以补助代食品3个月，节省粮食800石。在机关团体中，

① 晋冀鲁豫边区财政经济史编辑组、山西省档案馆、河北省档案馆、山东省档案馆、河南省档案馆编：《抗日战争时期晋冀鲁豫边区财政经济史资料选编》第2辑，中国财政经济出版社1990年版，第391页。

② 参见晋冀鲁豫边区财政经济史编辑组、山西省档案馆、河北省档案馆、山东省档案馆、河南省档案馆编：《抗日战争时期晋冀鲁豫边区财政经济史资料选编》第2辑，中国财政经济出版社1990年版，第392页。

③ 参见邹腊敏、张欢：《抗日战争时期陕甘宁边区政府赈济救灾研究》，《延安大学学报》（社会科学版），2016年第4期，第43—47页。

④ 参见陕西省地方志编纂委员会编：《陕西省志·民政志》第53卷，陕西人民出版社2003年版，第382页。

⑤ 晋冀鲁豫边区财政经济史编辑组、山西省档案馆、河北省档案馆、山东省档案馆、河南省档案馆编：《抗日战争时期晋冀鲁豫边区财政经济史资料选编》第2辑，中国财政经济出版社1990年版，第400页。

仅边区政府全体人员一个月采集了3万多斤。[①]此外，各根据地积极调剂粮食度荒。由于敌后根据地财政普遍短缺，势必影响到赈济救灾工作的开展。为此，各抗日根据地政府不得不通过各种形式筹措赈济粮款。当时，利用粮食管理机关开展粮食调剂是一种重要形式。据不完全统计，从1942年10月到1943年6月，晋冀鲁豫边区太行区实行粮食调剂，筹措赈济粮89133石。[②]

最后，建立政府救济与群众互济相结合的赈灾来源。总的来说，"历次灾荒，政府无不积极设法救济。大的灾荒，组织救济委员会，灾民慰问团、工作团等，积极救济。小的灾荒，发动群众互助"[③]。

政府救济是抗日根据地救灾工作的主要途径。尤其重大灾害发生后，根据地政府直接赈济救灾。比如政府颁发救灾指示和法规，以施政纲领和具体规定形式，解决灾难民的食宿、土地、农具及其他生产生活资料问题，有力安置灾难民。然而，政府赈灾需要大量的财政经费支持，广大抗日根据地财政收入本身就很有限，无法完全解决政府赈灾所需经费。在陕甘宁边区，1939年10月，边区灾荒严重，国民政府拨救济金100000元（法币），边区政府用30000元赈急。1940年春，拨发急赈细粮990万石，急赈款91135元（法币）。[④]但是随着国民政府停止经援，实施封锁包围，甚至阻截进步人士捐助，抗日根据地遭遇前所未有的经济困难。为切实保障赈灾经费，救助灾难民生产度荒，各抗日根据地发动群众募捐、开展节省运动等，大力倡导群众互济。

群众募捐是解决赈灾粮款的重要方式之一。1939年8月30日，面对

① 参见晋冀鲁豫边区财政经济史编辑组、山西省档案馆、河北省档案馆、山东省档案馆、河南省档案馆编：《抗日战争时期晋冀鲁豫边区财政经济史资料选编》第2辑，中国财政经济出版社1990年版，第400—401页。

② 参见晋冀鲁豫边区财政经济史编辑组、山西省档案馆、河北省档案馆、山东省档案馆、河南省档案馆编：《抗日战争时期晋冀鲁豫边区财政经济史资料选编》第2辑，中国财政经济出版社1990年版，第389页。

③ 魏宏运主编：《抗日战争时期晋察冀边区财政经济史资料选编（总论编）》，南开大学出版社1984年版，第509页。

④ 参见雷云峰主编：《陕甘宁边区史》，西安地图出版社1994年版，第157页。

严峻灾情，晋察冀边区政府除拨款办理急赈外，提出将"救国献金十万元决定全数拨作赈款""开展募捐运动"等具体办法，"号召军政民各部门工作同志自动捐款起模范作用。启发群众互助精神，用竞赛奖励方式，开展广泛热烈的群众募捐运动"[①]。在晋冀鲁豫边区，太行区政府"提出急公好义，仗义疏输，富济贫，有济无，亲戚帮助，邻里互济，开展全区'一把米''一升糠'及某些地区的'一个窝窝'的运动"[②]。据不完全统计，太行区一专区各县"一把米运动"捐米350石、糠20万斤。三专区各县募捐小米690石、糠30万斤；四专区各县"一把米运动"募捐小米300石。另外，太行区实施一般劝募，仅平顺、壶关两县劝募粮食410石、糠114880斤。[③]在山东各根据地，滨海区共捐粮73594斤，鲁中区捐粮26500斤、种子4600斤，胶东区捐粮35226斤、种子20000斤，渤海区捐粮23000斤，鲁南区捐粮3056斤，军区直属单位捐粮34600斤，共计捐献粮食195981斤。[④]

民众节省是保障赈灾粮款的有力补充。1942年至1943年，晋冀鲁豫边区政府发出节约救灾号召，开展节约运动。党政军民学发出每日节省米钱以捐献灾民的号召。在这一号召之下，所有党政军领导下的各系统、各单位、各类群体都自觉参加这一运动，少则2个月，多则有8个月。节约方式很多，"有冷食一日，省得柴火费救灾者，有的稀食三日，拿余米救灾者，有的以野菜顶食，挪出粮食救灾者，有节省锅巴接济灾民

① 张希坡编著：《革命根据地法律文献选辑》第3辑第4卷·晋察冀边区，中国人民大学出版社2018年版，第357页。

② 晋冀鲁豫边区财政经济史编辑组、山西省档案馆、河北省档案馆、山东省档案馆、河南省档案馆编：《抗日战争时期晋冀鲁豫边区财政经济史资料选编》第2辑，中国财政经济出版社1990年版，第394页。

③ 参见晋冀鲁豫边区财政经济史编辑组、山西省档案馆、河北省档案馆、山东省档案馆、河南省档案馆编：《抗日战争时期晋冀鲁豫边区财政经济史资料选编》第2辑，中国财政经济出版社1990年版，第394页。

④ 参见山东省档案馆、山东社会科学院历史研究所编：《山东革命历史档案资料选编》第11辑，山东人民出版社1983年版，第360页。

者"①。在晋冀鲁豫边区，边区一级党政军民及直属单位即节省小米23401斤，杂粮2470斤，捐款在3万元。其中师直属单位即节省小米16584斤，五专区至三月底各县节米8131斤；六专区（缺武安）节米403石；四专区（缺潞城）节米7213斤，杂粮73斤；二军分区政治部节米2000余斤，捐款985元；内邱县政府节约1925斤。②

（二）加强优抚优待，保障军人抗属生活

优抚优待抗日军人及其家属是中国共产党解决军队指战员后顾之忧的优良传统，也是中国共产党解决抗日根据地社会保障问题的重要内容。全民族抗日战争时期，中国共产党制定针对抗日军人及其家属的优抚优待方针政策，通过调查了解军人及其家属的生活情况，给予他们物质支持与精神鼓励，推动优抚优待工作的开展。

1. 制定优抚优待政策法令

中国共产党始终高度重视拥军优属工作。全民族抗日战争时期党和政府继承土地革命战争时期优待红军的优良传统，通过制定一系列优抚优待政策法令，指导优抚优待工作，推动抗日根据地优抚优待工作的开展。

首先，颁布保障军人利益的优抚政策条例。1937年，陕甘宁特区政府"为了安慰已死将士之灵，激励抗战将士之志，特颁布抗日军人优待条例"③。1940年，边区政府公布《边区抚恤暂行办法》，目的在于保障"由边区内而直接参战的抗日战士之优老养病抚恤伤亡等"④。抗战胜利

---

① 晋冀鲁豫边区财政经济史编辑组、山西省档案馆、河北省档案馆、山东省档案馆、河南省档案馆编：《抗日战争时期晋冀鲁豫边区财政经济史资料选编》第2辑，中国财政经济出版社1990年版，第394页。

② 参见晋冀鲁豫边区财政经济史编辑组、山西省档案馆、河北省档案馆、山东省档案馆、河南省档案馆编：《抗日战争时期晋冀鲁豫边区财政经济史资料选编》第2辑，中国财政经济出版社1990年版，第394页。

③ 张希坡编著：《革命根据地法律文献选辑》第3辑第2卷·陕甘宁边区（上）第1册，中国人民大学出版社2018年版，第317页。

④ 张希坡编著：《革命根据地法律文献选辑》第3辑第2卷·陕甘宁边区（上）第1册，中国人民大学出版社2018年版，第320页。

前夕，根据优待工作经验，1944年9月，陕甘宁边区政府公布实施《边区抚恤优待条例（草案）》，规范了军人及工作人员的抚恤、优待政策，对优抚范围、残废标准、优待数目等给予具体规定。其他根据地对抗日军人及家属优待工作亦十分重视。在晋察冀边区，1940年9月颁布的《抚恤残废军人办法》中对残废军人等级、待遇及保障予以规定。1942年6月，边区又制定《荣誉军人抚恤办法》，对"有一定职务，名列军籍之军人因抗战光荣负伤致成残废者"[①]予以抚恤。晋绥边区于1941年5月颁布《晋西北抚恤残废军人暂行条例》。晋冀鲁豫边区于1940年12月颁布《优待抗战军人军属条例》，1941年3月公布《边区荣誉军人抚恤暂行条例》，并于1943年5月予以修正。在华中根据地，1942年5月制定了《津浦路西优待抗日军人军属暂行办法》，1944年颁布《苏中区优待在乡荣誉军人暂行办法》。1943年4月山东省政府施行《山东省抚恤阵亡将士、荣誉军人暂行条例》，颁布了《山东省抚恤阵亡将士、荣誉军人暂行条例实施办法》。

其次，制定保障军属生活的优待政策法令。在陕甘宁边区，除了优待抗日军人条例所规定的抗属优待政策以外，边区民政厅加强抗属代耕工作的检查工作，改正过去优待抗属工作中的缺点，提出合理化建议。1941年8月，边区政府民政厅总结了近年代耕工作经验，制定《边区优待抗属代耕工作细则》，对优待工作内容与原则、代耕工作领导及组织、代耕队员和抗属的认识及行动等作出规定。1942年12月，边区政府委员会修改《边区优待抗日军人家属条例》，通过《优待抗日工作人员家属暂行办法》，界定了抗日军人及其家属范围，提出优待工作原则及优待内容。在晋察冀边区，1939年2月，边区行政委员会发布《关于优待抗属的指示》指出："优待抗属是扩大部队巩固部队的必要条件"，要求各地"对于抗属的生活问题，应该斟酌情形，分别解决"，"彻底调查抗属的生活状况、

---

① 张希坡编著：《革命根据地法律文献选辑》第3辑第4卷·晋察冀边区，中国人民大学出版社2018年版，第180页。

工作能力，以便在各种工作部门中适当安插"①。1940年12月，边区通过《优待抗日军人家属暂行办法》，1943年9月又根据工作经验重新颁布《优待抗日军人家属办法》。1940年9月、1942年6月，边区先后两次通过《阵亡将士遗族抚恤办法》和《抗战牺牲将士遗族抚恤办法》，提出阵亡将士遗族除享受抗属优待外应按各条政策抚恤之。为了解除抗战民兵后顾之忧，1943年2月27日，边区政委会通过了《北岳区民兵伤亡抚恤办法》。晋绥边区于1941年3月公布《晋西北优待抗日军人家属暂行条例》，1941年5月制定《晋西北抚恤阵亡将士遗族暂行条例》，1941年7月颁布《绥察行政公署关于优待抗日军人家属的暂行条例》等。晋冀鲁豫边区，1940年12月颁布《优待抗战军人军属条例》。在华中根据地，1942年5月根据地政府制定《津浦路西优待抗日军人军属暂行办法》，1944年颁布《苏中区优待抗日军人家属条例》和《苏中区优待抗日军人家属代耕代工办法》。在山东根据地，1940年12月通过《山东省优待抗日军人家属条例》，1943年先后制定了《修正优待抗日军人家属暂行条例实施办法》《山东省抗日政民工作人员贫苦家属暂行条例》等。这些文件为开展抗日军人家属优待优抚工作提供了政策和法律依据。

2. 开展抗日军人及家属情况调查

"没有调查，没有发言权。"②调查是为了更好地解决问题，只要把问题的来龙去脉调查得清楚明白，自然就能找到解决问题的办法。面对大量抗日军人及其家属亟须优抚优待的需求，党和政府首先开展调研工作，掌握优抚优待对象的情况，并在工作过程中及时找出差距，改正缺点。

首先，通过调查全面掌握优待优抚对象的基本情况，做到有的放矢。为保障优抚优待工作的有的放矢，掌握优抚优待对象的基本情况是前提。在优待抗日军人及其家属工作中，组织代耕队帮助抗日军人及其家属耕地是开展优抚优待的一项重要举措。1939年，陕甘宁边区颁布的《义务

---

① 张希坡编著：《革命根据地法律文献选辑》第3辑第4卷·晋察冀边区，中国人民大学出版社2018年版，第158、160页。

② 《毛泽东选集》第1卷，人民出版社1991年版，第109页。

耕田队条例》规定："义务耕田队，依据当地抗属多少，及需要劳动量，由各乡政府决定组织之。"①这就要求边区党和政府掌握抗属的总体数量和基本情况。在拥军运动方面，各地党和政府十分重视拥军运动中调查统计工作。1943年，陕甘宁边区拥军运动月就要求"调查统计各县去年为军队动员人工、畜工和抗日军人数目、归队战士数目、退伍残废军人数目及其生活情形，由各县汇集呈报边府"②等内容，要求各项调查统计工作应定期完成，并经常注意之，对于各县抗日军人数目、抗属户口数目、给抗属代耕的土地数目和无法维持生活的抗属户口数目每月都要统计清楚，以区为单位调查已退伍的残废军人的数量及他们的生活状况。

其次，通过调查及时掌握优抚优待工作的偏差与不足，做到查缺补漏。在陕甘宁边区，党和政府密切关注优抗优属工作的开展情况，通过调查发现边区优抗代耕中存在诸如"优待工属很好，优待抗属很差，优待当地干部家属更好，优待外处干部家属便差"③等问题。为及时改正错误，使代耕工作有效开展，1941年边区颁布《陕甘宁边区优待抗属代耕工作细则》，规定边区党和政府对抗日军人及其家属生活情况开展调查，包括调查"抗属人口、土地、劳动力，每年的用度及生活情况"，"当地居民之劳动力、土地情况、生产收获量以及工商业者数量及收入情形"，"已往优抗情形，代耕收获量，抗属生活是否低于一般人民生活水准以及代耕队的组织与工作等"④。通过及时调查，党和政府既了解了需要代耕的相关情况，也掌握了能够参与代耕工作人数及负担程度，总结了工作得失，做到查缺补漏。1941年10月陕甘宁边区各县代耕情况得出粗略统

① 甘肃省社会科学院历史研究室编：《陕甘宁革命根据地史料选辑》第1辑，甘肃人民出版社1981年版，第54页。

② 胡民新、李忠全、阎树声编著：《陕甘宁边区民政工作史》，西北大学出版社1995年版，第115—116页。

③ 甘肃省社会科学院历史研究室编：《陕甘宁革命根据地史料选辑》第1辑，甘肃人民出版社1981年版，第82页。

④ 甘肃省社会科学院历史研究室编：《陕甘宁革命根据地史料选辑》第1辑，甘肃人民出版社1981年版，第112页。

计。延安市抗工属户数 40 户，人数 188 人，需代耕户数 21 户，代耕人数 104 人；延安县抗工属户数 1268 户，人数 3756 人，需代耕户数 394 户，代耕人数 1019 人；甘泉县抗工属户数 400 户，人数 2289 人，需代耕户数 131 户，代耕人数 650 人；固临县抗工属户数 954 户，人数 5337 人，需代耕户数 461 户，代耕人数 1865 人。①这些详尽数据的获取离不开调查工作的开展。其他抗日根据地也十分重视优待优抚工作中的调查工作。山东根据地曾在优待军人家属工作中"犯了严重粗枝大叶的毛病，对于应受优待的抗属没有深入详尽的调查"，为解决优抚工作中的问题，1943 年 1 月山东省作出指示，"强调调查研究工作，做到'实事求是'。切实调查各该地区应受优待之贫苦抗属户数、人口，按照其家庭经济确定等级，反对粗枝大叶的作风，消灭'有抗皆优'和'应优不优'的现象"②。

3. 坚持物质优待与精神优待并重

在优抚优待工作中，党和政府认识到优待工作"要物质与精神两方面并重"，"物质优待，保障抗属生活不低于一般人民；精神优待，则在政治上提高抗属的地位，使人民尊重抗属，抗属自尊自重，自觉的帮助抗战部队之巩固与继续扩大"③。

一方面，物质优待是优待优抚工作的基本内容。各根据地给予抗日军人及其家属的物质优待主要体现在住房、土地、纳税、教育、交通、医疗、购物等方方面面。在陕甘宁边区，党和政府对抗日军人军属的物质优待的规定很多。如在抗日军人服役期间，军人及其家属在纳税方面，享有"免纳特区一切捐税"；在住房方面，"家属所居住的公家房屋免纳租金"；在教育方面，"子弟读书免纳一切费用"；在交通方面，"抗日军人乘坐轮船火车、汽车其费用由公家发给"；在医疗方面，"因伤病需休

① 参见胡民新、李忠全、阎树声编著：《陕甘宁边区民政工作史》，西北大学出版社1995 年版，第 132 页。

② 张希坡编著：《革命根据地法律文献选辑》第 3 辑第 6 卷·山东省（上），中国人民大学出版社 2018 年版，第 390—391 页。

③ 张希坡编著：《革命根据地法律文献选辑》第 3 辑第 2 卷·陕甘宁边区（上）第 1册，中国人民大学出版社 2018 年版，第 336 页。

养时，休养费用由公家供给"；在购物方面，抗日军人"本人及家属享受公家商店百分之一减价的优待，当必须品缺乏时有优先购买之权"。"服务五年以上，年满四十五岁者可退职休养，公家补助其终身生活。"①1940年12月，晋冀鲁豫边区规定了对待贫寒抗属优待政策，规定"贫寒抗属，如有诉讼事宜，得免纳诉讼费"，"在公立医院治病得予免费治疗"②等。1942年5月，华中根据地颁布的《优待抗日军人家属技术暂行办法》还规定了抗日军人军属"借用公共贷款得酌量减免利息"，可以享受"免除各种伕役并享有一切公益设施之优先权（如开荒贷借公款等）"，"抗战前所借之债务，得延至抗战胜利后归还"③。

代耕工作是物质优待抗日军人家属的基本形式。在陕甘宁边区，截止到1939年1月，边区脱离生产直接参加前后方抗战工作的约2万户，"他们一般的都是耕有土地，且是比较贫苦的农民，有的不仅耕具种子不足，甚至简直没有耕具的也有不少"④。为使抗属不因家庭生活困难而影响情绪，早在1937年陕甘宁特区政府就已颁布《抗日军人优待条例》，提出"抗日军人家属缺乏劳动力耕种之土地，特区人民应尽代耕代收之义务"⑤。为加强对抗属代耕土地的组织领导，陕甘宁边区政府于1939年颁布《陕甘宁边区义务耕田队条例》，明确规定"义务耕田队，是群众自愿条件之下一种义务劳动组织，帮助无劳动力，或缺乏劳动力之抗日军人

---

① 雷志华、李忠全主编：《陕甘宁边区民政工作资料选编》，陕西人民出版社1992年版，第208页。

② 张希坡编著：《革命根据地法律文献选辑》第3辑第5卷·晋冀鲁豫边区，中国人民大学出版社2018年版，第111页。

③ 张希坡编著：《革命根据地法律文献选辑》第3辑第7卷·华中区，中国人民大学出版社2018年版，第172、173页。

④ 陕甘宁边区财政经济史编写组、陕西省档案馆编：《抗日战争时期陕甘宁边区财政经济史料摘编》第9编，陕西人民出版社1981年版，第537页。

⑤ 张希坡编著：《革命根据地法律文献选辑》第3辑第2卷·陕甘宁边区（上）第1册，中国人民大学出版社2018年版，第318页。

家属，进行代耕代锄代收等工作"①。其他抗日根据地也先后制定条例，将为抗属代耕作为物质优待抗属的基本任务。在晋冀鲁豫边区，1940年12月公布《晋冀豫区优待抗战军人家属条例》规定："因家人出征（参军）而致无法继续耕种之贫寒抗属的土地，本村或附近村庄之自卫队、青抗先，应以村为单位，组织经常的代耕队，负责代为耕种。"②在晋绥边区，1941年3月制定《晋西北优待抗日军人家属暂行条例》提出优待抗属办法，"有土地无劳动力之抗属，如土地原属自耕者，须由代耕队为其经营耕作或协助其经营耕作。但代耕之土地以维持其配偶及直系亲属之生活为限"③。随着优待抗属工作开展，各根据地政府逐步发现代耕中存在不重视代耕、负担不均等问题。为此，1941年3月5日，陕甘宁边区政府民政厅发出指示，强调义务代耕要"克服倾向纠正缺点"，"代耕队要按时种收按期检查"，强调义务代耕要"合理负担合理享受"，要让那个抗属认识到"优待抗属不是供给"，要"教育抗属、发动抗属生产达到自给自足"④。全民族抗日战争时期，为抗日军人及家属代耕在优待抗属工作中发挥了巨大作用。在陕甘宁边区，仅志丹县1939年就给抗属代耕105户、339人、土地1083垧，给工属代耕68户、252人、土地790垧。⑤1943年，陕甘宁边区21个县抗属有13114户，占全区总户数的6.6%，其中享受代耕的4842户，人口15861人，占全区总户数的36.9%，代耕共收粮食

---

① 张希坡编著：《革命根据地法律文献选辑》第3辑第2卷·陕甘宁边区（上）第1册，中国人民大学出版社2018年版，第318页。

② 张希坡编著：《革命根据地法律文献选辑》第3辑第5卷·晋冀鲁豫边区，中国人民大学出版社2018年版，第111页。

③ 张希坡编著：《革命根据地法律文献选辑》第3辑第3卷·晋绥边区，中国人民大学出版社2018年版，第172页。

④ 张希坡编著：《革命根据地法律文献选辑》第3辑第2卷·陕甘宁边区（上）第1册，中国人民大学出版社2018年版，第325—326页。

⑤ 参见陕甘宁边区财政经济史编写组、陕西省档案馆编：《抗日战争时期陕甘宁边区财政经济史料摘编》第9编，陕西人民出版社1981年版，第546页。

7574.12石，人均粮食0.47石。①

　　抚恤工作是开展物质优待中不可缺少的内容。各抗日根据地政府对老弱伤残以及牺牲军人的物质优待主要是发放钱粮来进行抚恤。全民族抗日战争时期，各地政府为保障抚恤工作的开展制定了多个抚恤工作办法条例。这些办法条例主要有陕甘宁边区制定的《关于残废牺牲老病等抚恤的规定》《边区抚恤暂行办法》《边区抚恤优待条例（草案）》、晋察冀边区制定的《边区阵亡将士遗族抚恤办法》《边区抗战牺牲将士遗族抚恤办法》及《边区抚恤残废军人办法》《边区荣誉军人抚恤办法》等。以陕甘宁边区为例，据1941年10月统计，该区1939年残废数3590人，发残废金（含1938年）51949元；1940年残废数5449人，发放金额41012元；1941年上半年残废数5612人，发放金额33511元。1939年抚恤牺牲将士56人，发给家属抚恤金1160元；1940年40人，发给抚恤金800元；1941年上半年72人，发抚恤金1940元。②

　　另一方面，精神优待在优待优抚工作中也具有重要作用。各根据地给予抗日军人及其家属的精神优待主要体现在提高抗属政治和社会地位，给予其抚慰和褒扬等方面。

　　党和政府引导广大民众普遍尊重帮助抗日军人及其家属。除物质优待外，还"注意提高抗属社会地位，并给予精神上安慰（如群众大会时请抗属坐前排，每逢重要节日公私向抗属访问等）"③。在晋冀豫区，《优待抗战军人军属条例》提出优待抗战军人军属时，可以采用"慰问尊敬表扬抗属，提高抗属社会地位，如贺节，写慰问函件，颁发奖章旗幛等，以及其他尊崇抗属之办法"。在安置军人时，"荣誉军人所在县之政府，应教育与领导群众，对荣誉军人之尊重、爱护与帮助"，对待"外籍之荣

---

　　① 参见陕甘宁边区财政经济史编写组、陕西省档案馆编：《抗日战争时期陕甘宁边区财政经济史料摘编》第9编，陕西人民出版社1981年版，第556页。

　　② 参见胡民新、李忠全、阎树声编著：《陕甘宁边区民政工作史》，西北大学出版社1995年版，第123页。

　　③ 张希坡编著：《革命根据地法律文献选辑》第3辑第2卷·陕甘宁边区（上）第1册，中国人民大学出版社2018年版，第358页。

誉军人，应尽量帮助其在地方上安家落户（娶妻、种地），以稳定与固定其生活"①。在山东根据地，1943年4月战时工作推进委员会制定《优待抗日军人家属暂行条例》及实施办法，规定抗属应受到表扬、慰问，"除年节书面、口头慰问外，并可召开抗属座谈会，询问疾苦，解决问题"②。

教育鼓励抗日军人及其家属自强自立。在晋冀豫区，《优待抗战军人军属条例》提出在安置荣誉军人时，"所在县之政府，应经常教育荣誉军人，俾其服从政府法令，遵守纪律，并学习技术，参加生产，以求自给自足"③。在陕甘宁边区，1944年1月政府在关于拥军工作指示信中提出，"在帮助抗属建立家务，保证丰衣足食的基础上，应注意抗属的政治教育，提高他们的觉悟程度"；"在退伍残废军人中进行思想政治教育……使他们在地方上成为公民模范"④。此外，党和政府不仅对抗属进行思想政治教育，提高其政治觉悟，还号召抗属参加各种社会活动，提高其文化水平。

4. 开展拥军运动和关爱政府人员健康

拥军优属是中国共产党和全国各族人民的一项优良传统。全民族抗日战争时期，党和根据地政府高度重视抗日军人优待，通过政府决定、公约等方式，有组织地开展群众性拥军运动。

1939年10月，陕甘宁边区第二次党代会召开，通过《关于拥军和扩大八路军的决议》，要求动员全边区党、政、民要增强对八路军的爱护。为进一步推动拥军工作开展，陕甘宁边区掀起了群众性拥军运动。1943

---

① 张希坡编著：《革命根据地法律文献选辑》第3辑第5卷·晋冀鲁豫边区，中国人民大学出版社2018年版，第114页。

② 张希坡编著：《革命根据地法律文献选辑》第3辑第6卷·山东省（上），中国人民大学出版社2018年版，第400—402页。

③ 张希坡编著：《革命根据地法律文献选辑》第3辑第2卷·陕甘宁边区（上）第1册，中国人民大学出版社2018年版，第173页。

④ 张希坡编著：《革命根据地法律文献选辑》第3辑第2卷·陕甘宁边区（上）第1册，中国人民大学出版社2018年版，第376页。

年1月，陕甘宁边区颁布《拥军运动之决定》，决定从1月25日至2月25日开展拥军运动。《解放日报》发表了林伯渠撰写的《造成拥军热潮增强拥军工作》一文，在总结以往拥军工作经验后指出："拥军运动月，正是当着阴历新年的时间，这是民间一年一度的欢乐和团聚的时候。这正是各级政府领导人民造成拥军运动热潮的最好时机。要在这个时候开展广泛的军民联欢运动。"①为此，陕甘宁边区发布了《拥军月指示》，制定了《拥军月具体办法》和《拥军公约》。在拥军运动中，陕甘宁边区各机关单位学校纷纷募集慰劳品，组织艺术团队开展文艺演出活动，举办各种形式规模的军民联欢会，从物质和精神两方面对当地革命烈士的家属、伤残抗日军人及抗日军属、抗日工作人员家属给予慰问。比如枣园乡有6户抗属，过春节时每户得到12斤慰劳肉，1斤粉条，1斗米。延安市春节期间邀请驻军和抗属会餐，占抗属总数的47%。边区政府拨慰劳专款62300元，并由林伯渠主席等亲率慰问团慰劳延安附近的驻军和抗属。②1943年2月17日，林伯渠还亲自到南泥湾金盆湾一带慰劳当地驻军，使战士们认识到党、政府和人民都衷心感谢他们在战斗和在生产中的努力，给他们带来极大的安慰和鼓励。

群众性拥军运动的开展及其所取得的成效，受到了党中央和毛泽东的高度重视。1943年10月1日，毛泽东发出党内指示，要求各抗日根据地举行拥军运动。1944年1月1日，中共西北局发布《关于拥政爱民及拥军工作的决定》，要求拥军运动"不仅要普遍的举行，而且要使之更加深入"，"不限于春节期中的开会检讨和互相联欢、慰劳、慰问，而应该在经常的军民关系中，随时和切实解决一切实际性的问题（如民众方面的优抗归队工作，及军队方面的还物赔偿等）"③。在中共中央和毛泽东的推动下，抗日根据地的拥军运动得到深入发展。

---

① 雷志华、李忠全主编：《陕甘宁边区民政工作资料选编》，陕西人民出版社1992年版，第101页。

② 参见雷云峰：《陕甘宁边区史》，西安地图出版社1994年版，第344页。

③ 雷志华、李忠全主编：《陕甘宁边区民政工作资料选编》，陕西人民出版社1992年版，第138页。

此外，各抗日根据地对政权工作人员及其家属给予必要关照。为保障抗日民主政权工作人员及其家属的生活、健康等，各根据地结合实际情况发布相关法令，制定了相应政策。1941年8月17日，晋察冀边区发布《关于政权工作人员保健问题的决定》，规定了卫生设备、病员住食、费用发放及病假休养等基本保健内容。为保障边区现任脱离生产之政民工作人员的利益，1942年2月，晋察冀边区制定《边区政民工作人员抗战伤亡褒恤条例》。在陕甘宁边区，针对边区税务人员、粮食运输人员等伤亡较多的情况，边区政府特地颁布《陕甘宁边区税务人员待遇及抚恤办法》和《陕甘宁边区粮食局运输人员待遇及抚恤办法》，对这两类人员待遇及抚恤作出明确规定。其他根据地也是如此，如晋绥边区1942年1月颁布《晋西北政民干部伤亡褒恤暂行条例》，山东省在1943年6月《山东省抚恤因公伤亡抗日政民工作人员暂行条例》，华中根据地于1944年制定《苏中区抗战军政人员抚恤暂行条例》等。以上政策法令的制定，为党和政府保障工作人员及其家属的生产生活起到了重要指导作用。

（三）推行劳动保障，保护劳工基本权益

全民族抗日战争时期，党和政府在解决根据地社会保障问题时，通过制定政策法令、实施具体举措、规范劳资关系，以保障劳动者的基本权益。

1.制定实施劳动保障政策法令

1937年7月，陕甘宁特区党委发布《关于工会工作的指示信》，要求各地党委各级工会，"不放松保护工人利益，改善工人的生活，并应将这一工作看作工会主要的工作之一"①。1938年4月，陕甘宁边区制定《边区总工会抗战期间工作纲领》和《陕甘宁边区总工会章程》，随后各类分会先后制定行业性的工会章程，如《陕甘宁边区农业工人工会（雇农工会）的章程》《陕甘宁边区店员手艺工人工会章程》《陕甘宁边区工厂工

---

① 张希坡编著：《革命根据地法律文献选辑》第3辑第2卷·陕甘宁边区（上）第2册，中国人民大学出版社2018年版，第289页。

会章程准则》等。1940年，边区总工会草拟了《陕甘宁边区劳动保护条例（草案）》，但由于该草案仍存在"左"倾残余，故该草案既未经参议会审议，也没能实施。对此毛泽东在党内指示中提出："关于劳动政策。必须改良工人的生活，才能发动工人的抗日积极性。但是切忌过左，加薪减时，均不应过多。""在某些生产部门内还须允许实行十小时工作制。其他生产部门，则应随情形规定时间。""至于乡村工人的生活和待遇的改良，更不应提得过高。"[1]为加强边区劳动保障工作，1941年2月，陕甘宁边区政府发布训令，要求边区民政厅添设劳动部及社会保障局，以给予边区群众必要的劳动保障。

在敌后抗日根据地开辟之后，党和政府逐步认识到合理的劳资关系在服务抗战大局中的重要作用。为解决增加生产，提高劳工待遇，各地制定了多项政策法令。在晋绥边区，因当地矿业发达，工人较多，劳工利益保护十分必要。1940年，晋西总工会"要求政府绝对改善工人生活，规定最低工资、最高工作时间，改进工作条件和抚恤、疾病、残废的待遇，救济失业工人。领导工人进行必要的改善生活的斗争"[2]。1940年3月，晋西总工会制定《关于改善工人生活办法草案》，1941年4月、8月先后颁布实施《晋西北工厂劳动暂行条例》《晋西北改善雇工生活暂行条例》和《晋西北矿厂劳动暂行条例》等。在晋冀鲁豫边区，为发展战时生产，保护劳资双方利益，巩固抗日民族统一战线，1941年11月，边区公布实施《晋冀鲁豫边区劳工保护暂行条例》，并于1942年12月、1944年1月修正后继续实施。在山东根据地，1940年9月山东根据地政府制定《山东省职工抗日联合总会工作纲领》，提出"适当改善工人生活及提高工人的社会地位，激发工人的参战热情"[3]。1942年5月，山东省政府

① 中共中央文献研究室、中央档案馆编：《建党以来重要文献选编（1921—1949）》第17册，中央文献出版社2011年版，第703页。

② 张希坡编著：《革命根据地法律文献选辑》第3辑第3卷·晋绥边区，中国人民大学出版社2018年版，第309页。

③ 张希坡编著：《革命根据地法律文献选辑》第3辑第6卷·山东省（下），中国人民大学出版社2018年版，第439页。

"为提高劳动热忱，发展农业生产，改善雇工生活，增进与保护主雇双方利益及加强农村团结"①，制定了《改善雇工待遇暂行办法》。在晋察冀边区，1942年2月，冀中区总工会、农村合作社冀中总社发布《关于各级设工厂职工待遇之共同决定》，为发展合作生产，改善工人生活，增加各级合作社工厂之职工团结，制定了工资与分红、工作和学习时间、休假请假与疾病抚恤、劳动纪律及奖惩等各项规定。1944年9月，晋察冀边区行政委员会又发布《关于保护农村雇工的决定》，"为进一步贯彻劳动政策，提高雇工地位，改善雇工生活，以提高其抗战与生产的积极性，使雇工有工可做，雇主有利可图，以增加生产，而巩固农村团结"②。

2. 确定劳动保障的对象和范围

确定劳动保障对象是根据地党和政府开展劳动保障工作的基本前提。抗日根据地多处农村地区，工矿企业并不发达，产业工人数量并不高。然而，除了少量产业工人之外，广大根据地还有各类作坊工人、店员学徒、长短雇工等劳动群体。这一群体在各抗日根据地内占有一定规模，对其开展劳动保障成为抗日根据地社会保障问题的重要工作。1940年，《陕甘宁边区劳动保护条例（草案）》中规定条例使用范围"以雇佣劳动者为限"③。其他根据地制定劳动保护条例中，还将工人、职员和之外的雇农作为劳动保障对象。如1938年4月通过的《陕甘宁边区总工会章程》提出："本会以团结全边区工人、职员、雇农，拥护工人的利益，争取民族和工人的解放为宗旨。"④而在1940年8月通过的《山东省职工抗日联合总会组织章程》更将劳动保障对象扩展为："凡以出卖自己劳动力（体

---

① 张希坡编著：《革命根据地法律文献选辑》第3辑第6卷·山东省（下），中国人民大学出版社2018年版，第440页。

② 张希坡编著：《革命根据地法律文献选辑》第3辑第4卷·晋察冀边区，中国人民大学出版社2018年版，第515—516页。

③ 张希坡编著：《革命根据地法律文献选辑》第3辑第2卷·陕甘宁边区（上）第2册，中国人民大学出版社2018年版，第300页。

④ 张希坡编著：《革命根据地法律文献选辑》第3辑第2卷·陕甘宁边区（上）第2册，中国人民大学出版社2018年版，第291页。

力、智力）为生活资料的全部来源或主要来源的劳动者，各种生产工人、手工业工人、机关职员、店员，农村中雇农、佃农（没有基本生产工具的）及小学教员。"①这里又将机关职员、小学教员作为根据地劳动保障的基本对象。1941年11月1日，晋冀鲁豫边区公布实施了《劳工保护暂行条例》，后于1942年、1944年两次修订。该条例制定于毛泽东《论政策》党内指示之后，避免了"左"倾错误影响，成为抗日根据地富有代表性的劳动保护条例之一。该条例对劳动保障对象予以明确规定。本边区之工人包含"工厂工人、作坊工人、矿场工人、运输工人、手艺工人、店员、学徒、雇工、牧畜工人及家庭之佣工等"②。这就较为清楚地将劳动保障对象确定为各类城市工人、店员学徒及农村中的雇工、家庭佣工等。

3. 依据实际合理确定劳动时间

早期劳动立法时，中国共产党曾提出八小时工作制，但这一主张并不符合革命实际。1940年底，毛泽东对此予以纠正："在中国目前的情况下，八小时工作制还难于普遍推行。"③1941年春，彭真在中央政治局会议所作的报告也论及劳动时间问题："八小时工作制，行之于平日的城市中，有它的积极作用。它可以促进资本家改良技术，引用新机器推动生产前进，也可以增加对于工人的雇佣。而行之敌后抗日根据地中，则根本不同……以今天敌后抗日根据地的生活条件来估计，除旷工外，工作时间是不能低于十小时的。否则以我们这样的环境和技术落后的工业，断难继续发展或维持。"④而在根据地农业劳动中，"不但不能实行八小时工

---

① 张希坡编著：《革命根据地法律文献选辑》第3辑第6卷·山东省（下），中国人民大学出版社2018年版，第436页。

② 张希坡编著：《革命根据地法律文献选辑》第3辑第5卷·晋冀鲁豫边区，中国人民大学出版社2018年版，第292页。

③ 中共中央文献研究室、中央档案馆编：《建党以来重要文献选编（1921—1949）》第17册，中央文献出版社2011年版，第703页。

④ 《晋察冀边区阜平县红色档案丛书》编委会编：《晋察冀边区法律法规文件汇编下》，中共党史出版社2017年版，第509页。

作制，就连十小时工作制都不能实行（同时农民根本尚无所谓几小时的观念），基本上只能是日出而作、日入而息"①。根据这一党中央指示，晋冀鲁豫边区发布的《劳工保护暂行条例》合理确定了劳动者的劳动时间，具体为："公私工厂、矿场及作坊工人，每日工作时间以十小时为原则，但地下矿工工作时间不得超过九小时。其因地方情形或工作性质必须延长工作时，至多不得超过十一小时，并须按照增加钟点增加工资"；"一般手艺工人、商店店员、运输工人及学徒之工作时间，除双方协议规定者外，得依习惯行之"；"农村雇工、牧畜工人及家庭佣工，其作息时间依习惯行之。"此外，该条例保障了劳动者的例假制度，规定"在例假、休假时间内，经劳资双方同意，继续工作时，除原工资照发外，应依照当时当地之日工工资增发之"②。

4. 保障劳动条件及相关权益

以晋冀鲁豫边区为例，全民族抗日战争时期党和政府提出了保障劳动者权益的详细规定。一是条例强调劳资双方在劳动关系上的平等。"绝对禁止打骂、虐待、侮辱工人，资方并不得因工人之过失，私行惩处或扣除工资。""劳资双方发生纠纷时，得由工会或农会会同双方代表进行调解，调解无效时，得呈请政府处理之。""严格取缔资方不依法令规定额外剥削工人（如无代价的延长工作时间，代替工人购买物品从中剥削，以及各种有害生理卫生的奴役劳动等）。""工人如携有子女在工厂作坊或雇主家中工作者，可按其子女之劳动能力给以相当之工资。如无劳动能力者，得依其子女之抚养食用，酌减其工资。"③二是条例对劳动者受教育权、卫生状况予以保障。"凡工厂、矿场工人之教育金，应由资方负担，其数额应为工人工资总额的百分之二，由各该厂工会保管。""工厂、矿厂应切实注意清洁卫生，如工作有碍工人健康及安全者，须有必要之

① 张希坡编著：《革命根据地法律文献选辑》第3辑第4卷·晋察冀边区，中国人民大学出版社2018年版，第508页。

② 张希坡编著：《革命根据地法律文献选辑》第3辑第5卷·晋冀鲁豫边区，中国人民大学出版社2018年版，第293页。

③ 张希坡编著：《革命根据地法律文献选辑》第3辑第5卷·晋冀鲁豫边区，中国人民大学出版社2018年版，第293页。

卫生防护设备。""工人患有疾病，经医生证明需要休息，其病期在一月以内者，除工资照发外，并应由资方出医药费，但至多不得超过相当二市斗小米之市价。其病期逾一个月者，医药费可停止补助，至于工资续发与否，得按当地习惯由劳资双方协议决定之。"①三是条例规定了劳动者工伤抚恤办法。"工人因工作致伤，除工资照发外，其治疗费应全部由资方负担。""工人因工作致残废而尚能做轻微工作者，资方除负责为之治疗外，应增发一个月至三个月之工资作为抚养金。""工人因工作致残废而不能继续工作者，资方得按工作时间长短、技能强弱、残废程度，发给三个月至一年之工资作为抚养金。""工人因工作致死者，资方除给以埋葬费（相当四市斗小米之市价）外并须给其家属以抚恤金。此项抚恤金以三个月至六个月之工资为限。如当地习惯超过规定者，依习惯行之。"②四是条例规定了战时因素影响劳动的补偿措施。"工人因工作致遭敌奸捕捉或杀害者，资方得酌予其家属以救济费或抚恤金。""工厂、矿场、作坊因战争停工在七日以内者，工资照发；在七日以外一月以内者，发半数；超过一月者停发。厂内计件工资，须依其平时每日所得工资之平均额折发。"此外，条例还对雇工、手工业工人支差时薪酬作出规定，明确"工厂工人不支差"③。五是条例规定了青工、女工与童工之待遇。"凡年在十六岁以上十八岁以下之青工及童工（十二岁以上十六岁以下者为童工），其工作须以不妨害其身体之健康与教育为原则。""十六岁以上十八岁以下之工厂青工及童工，每日工作时间须较成年工人减少一小时至二小时。""青工、女工与童工，如与一般工人做同样工作，且效能相等者，应给以同等工资。""女工在月经期间，应给以例假一日，工资照发。""女工在分娩前后，应给以两个月之休假，工资照发。""女工带有

① 张希坡编著：《革命根据地法律文献选辑》第3辑第5卷·晋冀鲁豫边区，中国人民大学出版社2018年版，第293—294页。

② 张希坡编著：《革命根据地法律文献选辑》第3辑第5卷·晋冀鲁豫边区，中国人民大学出版社2018年版，第294页。

③ 张希坡编著：《革命根据地法律文献选辑》第3辑第5卷·晋冀鲁豫边区，中国人民大学出版社2018年版，第294页。

哺乳婴孩者，每日应给以适当之哺乳次数与时间。"①

5. 合理确定劳动者工资水平

争取劳动者薪酬待遇改善一直是中国共产党领导工人阶级开展经济斗争的一项重要内容。但在广大抗日根据地，改善工资必须符合根据地的实际情况。为此毛泽东提出："乡村工人的生活和待遇的改良，更不应提得过高，否则就会引起农民的反对、工人的失业和生产的缩小。"②

当时根据地工资问题主要集中在两点上，一是实物工资与货币工资问题，二是最低限度工资问题。1941年春，彭真谈到晋察冀边区解决上述两问题的经验："在战争中物价是不断上涨的……为了保持工人的实际工资有一定的水准，为了避免这种对劳资关系和工人生活的纯害无益的动荡，我们已开始实行半实物工资制（即用货币、粮食各一半以偿付工资）。"而对于最低限度工资问题，极难规定。"一般说，壮年雇农除去他自己由雇主供给伙食外，他的工资，最低限度应该能够维持一个半人的生活。"③晋冀鲁豫边区发布了《劳工保护暂行条例》，其规定，"一般依照各地生活状况，除工人本身外，以再供一个人至一个半人最低生活之必需费用为标准，但得在双方协议自愿原则下增减之。""不同部门之工人，其工资应依照当地当时生活状况，以及技术劳动效率等条件，由劳资双方协议规定之。""工资之支付，分为货币与实物两种，由劳资双方协议规定之。"④同时条例规定了工资支付应根据实际工期长短采取不同结算方式。此外，条例通过规定劳动合同订立及执行办法保障了劳动者权益。

① 张希坡编著：《革命根据地法律文献选辑》第3辑第5卷·晋冀鲁豫边区，中国人民大学出版社2018年版，第294页。

② 中共中央文献研究室、中央档案馆编：《建党以来重要文献选编（1921—1949）》第17册，中央文献出版社2011年版，第703页。

③ 张希坡编著：《革命根据地法律文献选辑》第3辑第4卷·晋察冀边区，中国人民大学出版社2018年版，第508—509页。

④ 参见张希坡编著：《革命根据地法律文献选辑》第3辑第5卷·晋冀鲁豫边区，中国人民大学出版社2018年版，第292页。

（四）探索福利事业，开展妇幼保健保育

妇女是社会的重要组成部分，儿童是民族和国家的未来和希望。在全民族抗战的伟大斗争中，妇女保健和儿童保育工作受到党中央的关注与重视。为更好地保护抗日根据地的妇女儿童，党和政府通过制定妇幼保育政策，推动妇幼保育工作的展开。

1. 制定妇幼保健保育政策法令

在抗日根据地建立前，各地区妇女保健和儿童保育工作问题比较突出。落后的经济文化、普遍的早婚早育及传统接生方法，导致广大抗日根据地妇女儿童身心健康受到伤害。为了改善妇幼生活状况，抚育革命烈士后代及战争遗孤，党和政府高度重视妇幼保健保育工作。

陕甘宁边区党政机关较早地对妇女保健和儿童保育工作给予关注。1939年4月，陕甘宁边区政府颁布执行《陕甘宁边区婚姻条例》。该条例规定男子满20岁，女子满18岁方可结婚。这在法律上禁止了早婚现象，为妇女生理上的健康发展提供保障。1939年11月，陕甘宁边区通过《关于开展卫生保健工作的决议》，要求"进行产妇的教育，以保护婴儿……医治与预防各种传染病"[①]。边区政府还在《关于改善边区妇女生活保护妇女切身利益的决定》中提出，宣传卫生常识，选送合适的妇女接受保育接生训练，介绍边区医药，请医生为妇女儿童治病等，促进了妇女和儿童的身心健康。1941年5月，《陕甘宁边区施政纲领》规定："依据男女平等原则，从政治经济文化上提高妇女的社会地位，发挥妇女在经济上的积极性，保护女工、产妇、儿童，坚持自愿的一夫一妻婚姻制。"[②]这一规定极大地保护了妇女权利，提高了妇女的社会地位。此外，陕甘宁边区党和政府先后发出《关于开展妇女工作的决定》《关于保护母亲和儿

---

① 温金童、罗凯：《抗战时期陕甘宁边区的妇幼保健》，《医学与社会》，2010年第10期，第12页。

② 胡民新、李忠全、阎树声编著：《陕甘宁边区民政工作史》，西北大学出版社1995年版，第258页。

童的决定》以及妇幼保健的相关条例和命令等，将妇幼保育工作放在解决边区社会保障问题的重要位置。

在敌后抗日根据地，党和政府在斗争中开始关注妇女保健和儿童保育工作。其中，山东省较早关注妇幼保健保育工作，尤其重点解决政权机关女性工作人员保健及其婴儿保育问题。1940年9月，山东省妇女救国联合会颁布的组织章程中强调该会"以动员山东妇女参战，拥护国民政府，拥护国共合作，巩固与扩大抗日民族统一战线，坚持抗战团结进步，改善妇女生活，争取抗战最后胜利，并谋得妇女解放为宗旨"[①]。同年11月，山东省战时工作推行委员会作出《关于保健养病育婴等费的规定》，对育婴费、生育费、卫生费等作出规定，给予部队、机关、团体女性工作人员及其儿童优待。随后，山东省发布多个妇幼保育政策法令。如1941年3月25日山东省战时工作推行委员会发出《关于妇女干部保健及婴儿保育规定的通知》，1942年2月10日又发出《关于妇女干部保健及育婴问题的通知》，1943年3月11日通过了《山东省修正产妇保健婴儿保育暂行办法》。这些规定和办法有力推动了山东省妇幼保育工作，尤其是女性干部保健及育婴工作的开展，保障了广大妇女及儿童的健康。1945年4月，晋察冀边区行政委员会为解决妇女干部卫生保健方面的实际困难，保护妇女干部及其幼儿身体健康，发布了《关于优待妇女干部及其幼儿之决定》，对妇女生理健康、孕妇产前产后的照顾、婴儿出生后各类待遇等给予规定。

2. 宣传妇幼保健保育基本知识

由于历史原因和经济原因，广大抗日根据地群众普遍存在愚昧、迷信思想和不讲卫生的习惯，卫生知识缺乏，妇幼保健保育意识薄弱，根据地妇女儿童的死亡率较高。面对这一严峻形势，中共中央发出"加强保

[①] 张希坡编著：《革命根据地法律文献选辑》第3辑第6卷·山东省（上），中国人民大学出版社2018年版，第375页。

育工作""保育革命后代"[①]的号召，采取积极措施，加强对抗日根据地妇女儿童的保健保育工作。

民众文明卫生习惯的养成非一朝一夕可以完成。为更好开展妇幼保育工作，抗日根据地党和政府大力开展卫生教育，普及妇幼保健保育知识。一是鼓励妇女上课学习妇幼健康知识。在抗日根据地，鼓励妇女参加各类学习班学习妇幼保健保育知识。学习班的课程增添了医药卫生常识课，帮助妇女学习妇产科知识、小儿养育知识。在学习班中，教员的教学可以使妇女对妇幼保健保育知识有相对系统的认识和了解，有助于妇女形成正确的生产育儿观念。二是在指定地点举办卫生常识宣传活动。这主要由已经掌握医药卫生知识的人针对挂图和事例进行宣传演讲，向广大群众普及基本的卫生常识，向妇女讲解妇幼卫生常识。1940年，陕甘宁边区举办了第一次妇女生活展览会。展览会上悬挂了关于生产等卫生知识的图表，不识字的老妇人也可以从中获得知识。参加完展览会，许多人知道了最基本的妇幼知识。三是发挥剧团在群众中的宣传作用。各地政府利用剧团排演卫生保育等方面的戏剧，以群众喜闻乐见的方式宣传卫生知识，取得了很好的宣传效果。妇幼知识的宣传教育，帮助了根据地的许多妇女儿童。

3.实施妇幼保健保育具体措施

为切实开展根据地妇幼保育工作，各抗日根据地分级设立专门工作机关，兴办儿童保育机构，实施救济妇幼、优待产妇的措施，给予妇女和儿童切实的保障。陕甘宁边区妇幼保育工作一直受到党中央关注，取得了丰富经验。

第一，设立专门儿童保育组织机构。1938年7月，陕甘宁边区成立战时儿童保育分会，主要任务是在党中央领导下，具体指导根据地的幼教工作。在中共中央领导下，1941年1月，陕甘宁边区政府作出《关于保育儿童的决定》，明确规定与边区儿童保育相关的事项。为便于管理边区儿

---

① 胡民新、李忠全、阎树声编著：《陕甘宁边区民政工作史》，西北大学出版社1995年版，第261页。

童保育事宜，在边区政府民政厅下面设立保育科，在各县、市政府第一科内添设一名保育科员，在区、乡级政府内增设一名保育员，专司孕产妇，儿童的调查、登记、统计、卫生、奖励、保护等工作。为加强托幼和保育机构建设，陕甘宁边区规定了托儿所设立的基本条件，要求各机关、团体和学校有五名婴儿及以上者应设立托儿所，用以安置和照顾各机关单位女工作人员的婴儿；若是不足五名婴儿，机关单位间可联合设立；婴儿人数不足，又没有单位合办的情况，应另设窑洞以安置。由母亲轮流照顾或者共用保姆一人照顾。托儿所设备应按照托儿所规则，窑洞务须坚固、干燥，光亮、清洁，适合于卫生。[①]

第二，创办托幼机构和保育机构。全民族抗日战争时期，陕甘宁边区办起了托儿所、幼儿园、保育院等机构，用来优抚军人、烈士、干部子女和兄弟姐妹及战区的难童。第一类是创办的各类托儿所、幼儿园。1937年8月，陕甘宁边区创办了最早的兰家坪托儿所，专收各机关工作人员的子女共24名，工作人员15名。政府按规定发给米粮费用，医疗卫生由边区卫生处负责。1940年初，中共中央创办托儿所，从收抚7名儿童发展到1945年收抚90多名儿童。由于该所长期收到美国进步华侨的援助，1943年改为洛杉矶托儿所，附设在鲁迅艺术学院内。陕甘宁边区还创立了边区银行托儿所、抗属干部子弟学校幼儿园等机构。第二类是创办专门的儿童保育院。1938年秋天，延安保育分会成立后便筹建专门保育机构。10月2日，成立了延安第一保育院，最初保育儿童20多名，后发展到保育86名儿童。据统计，延安第一保育院从建立到全国解放，共抚育了革命后代2400多人，充分体现了党中央对革命后代的爱护与关怀。后来陕甘宁边区又创办延安第二保育院。据统计，陕甘宁边区机关、学校、工厂等单位，先后成立30多个幼儿保教机构。经过统一规划管理，陕甘宁边区儿童保育工作得到了有序有效开展。

第三，救济补助婴幼儿和优待产妇。陕甘宁边区党和政府通过给予经

---

① 参见张希坡编著：《革命根据地法律文献选辑》第3辑第2卷·陕甘宁边区（上）第1册，中国人民大学出版社2018年版，第324页。

济和生活方面的帮助，对妇女儿童进行救济补助，对产妇予以优待。一是对婴儿生活所需粮食衣被的救济。1941年，陕甘宁边区政府确定了婴儿保育用品分年龄段的发放办法，规定婴儿在周岁以前应由其生母养育，除因工作及其他特殊情形者例外；周岁以后的婴儿可领取半成人伙食粮费，婴儿的衣被均按照成年人发给，即每年分两季发宽面布5丈、棉花3斤；五周岁以上的儿童，其衣食按照成年人发给。①二是对孕妇儿童予以费用补助。陕甘宁边区政府规定，周岁以前的婴儿，每人每月均发保育费10元；周岁以后的婴儿，领取半成人的伙食粮费者，发保育费5元，不领取伙食粮费者发保育费10元；五周岁以上的儿童，每月发2元津贴费。孕妇生产时发35元生产费，如无大米、白面等，孕妇在生产前休养期间，增发休养费10元；小产妇发休养费15元，并给休养1个月。②三是产妇生产前后予以优待。陕甘宁边区民政厅规定，孕妇生产时所在单位酌情发放大米和白面等营养品；儿童6月至1岁每日发小米6两，2岁至3岁每日发小米14两，4岁至5岁每日发小米16两；初生婴儿每年发宽布2丈5尺，小秤棉花2斤，1至5岁儿童每年发成人单棉衣料各一套。③此外，各根据地还开设了助产训练班，培训卫生接生人员，培养一批新型助产士，推动了抗日根据地妇幼保健保育工作的发展。

除了开展妇幼保健保育，抗日根据地党和政府还对无法维持生活的社会老弱病残予以关注。以陕甘宁为例，边区政府重点对老弱病残予以救济和照顾。一是救济老弱病残。1939年据延属、三边、关中3个分区统计，共为老弱病残贫民发放救济粮713石、救济款2745元。1943年，靖边、延长、延川3县共为社会老弱残疾、孤寡老人发放救济粮713石、救

　　① 参见张希坡编著：《革命根据地法律文献选辑》第3辑第2卷·陕甘宁边区（上）第1册，中国人民大学出版社2018年版，第324页。

　　② 参见张希坡编著：《革命根据地法律文献选辑》第3辑第2卷·陕甘宁边区（上）第1册，中国人民大学出版社2018年版，第324页。

　　③ 参见张希坡编著：《革命根据地法律文献选辑》第3辑第2卷·陕甘宁边区（上）第1册，中国人民大学出版社2018年版，第324页。

济款 1142 元。①各地的义仓，除灾年急救外，平时主要救济老弱病残。二是照顾老弱病残。陕甘宁边区党和政府颁布了《边区养老院组织规程（草案）》，对入住养老院的资格条件和入住人员的衣、食、住、医疗等基本生活保障作出明确规定，以实现对边区老人的救济。1941 年 7 月，边区政府民政厅设立第一养老院，在绥德、陇东分区设立分院，收容安置孤寡贫民。

三、中国共产党解决抗日根据地社会保障问题的基本效果

面对抗日根据地突出的社会保障问题，中国共产党和根据地政府制定各项政策法令，动员各方力量，实施社会救助、加强优抚优待、推行劳动保障、开展妇幼保育，在保障群众生活、支援战争胜利、维护社会稳定及增进党政军民关系方面成效显著。

（一）民众生活有了保障，逐步实现丰衣足食

在党政军民共同努力下，各抗日根据地在社会保障工作方面取得了良好效果，保障了各类人群基本生活，逐步实现丰衣足食。

首先，大量灾难民和移民的生存有了保障，生活得以为继。抗日根据地在解决灾难民和移民社会保障问题时，首先解决的是粮食供给问题，这在极端困难情况下尤为必要。面对大量灾难民和移民，抗日根据地党和政府实行直接救济和间接救济相结合，一方面直接发放赈济粮款救济灾难民，安置移民食宿，解决了灾难民和移民的基本生存问题。另一方面采取以工代赈，发展生产；又鼓励垦荒，抢种补种，增加了粮食产量，保障了灾难民和移民生活。经政府安置后，大部分移难民参加了农业生产，还有部分成为手工业者、商人。由于政府对他们施以帮助和优待，如三年内不交公粮等，抗日根据地移难民在两三年内就翻了身，并涌现

---

① 参见陕西省地方志编纂委员会编：《陕西省志·民政志》第 53 卷，陕西人民出版社 2003 年版，第 383 页。

出一些劳动模范。在陕甘宁边区，"河南难民陈长安四○年来边区到四三年打下的粮食就够两年吃，所以富县人民选他为老劳动英雄，刘喜四二年逃来边区三年粮食就吃不完了。所以移难民都有饭吃有衣穿"[①]。此外，各地鼓励垦荒政策效果明显。各地垦荒政策实施后，粮食种植面积有了扩大，粮食产量自然有了增加。"彼等大都赤手而来，经地方政府与当地人民借予窑洞、吃粮、籽种、农具并供给土地或介绍伙种关系，故均能勉维温饱从事生产。""他们因为在原籍连年遭受灾荒，什么东西都没有了……他们在政府帮助下，获得了土地，调剂了农具"，"他们的家业的基础从此建立起来，他们不仅有了生活的粮食，而且可以置办农具，扩大生产。移民的生活虽未必尽都如此美满，然即此亦可见劳动力、土地与政治上的协助，三者结合起的时候，对于生活之进步和生产的增加是有保障的"[②]。

其次，抗日军人及其家属生活得以优待，生产与斗争积极性提升。由于广大抗日根据地党和政府对抗日军人及其家属实施了物质优待和精神鼓励，抗日军人及其家属的生活普遍得以改善，有的还达到丰衣足食。在陕甘宁边区，1943年全边区21个县的13114户抗属中，4842户、15861人享受到代耕，占边区抗属总户数的36.9%。在绥德、米脂、佳县、吴堡等县，享受到代耕的抗属均超过各县总户数的50%。其中，靖边县480户抗属中302户、1428人享受到代耕，代耕土地共收得粮食2177.1石，人均得粮1.52石，远远高于全边区受代耕抗属人均得粮0.47石的平均值。[③]"新政权建立后，民主政府曾领导人民以各种方法来优待抗工属，几年

① 陕甘宁边区财政经济史编写组、陕西省档案馆编：《抗日战争时期陕甘宁边区财政经济史料摘编》第9编，陕西人民出版社1981年版，第403页。

② 陕甘宁边区财政经济史编写组、陕西省档案馆编：《抗日战争时期陕甘宁边区财政经济史料摘编》第9编，陕西人民出版社1981年版，第424页。

③ 参见陕甘宁边区财政经济史编写组、陕西省档案馆编：《抗日战争时期陕甘宁边区财政经济史料摘编》第9编，陕西人民出版社1981年版，第555—556页。

来，全县抗工属生活水准逐步提高。"①据统计，绥德县1942年有14000多位抗属得到政府和民众的关切，"他们的各种负担，最少也减轻了十分之二……全县除薛家坪等四个区外，就代耕了一万一千三百多垧地，8800多个工参加了代耕。对于真正无法维持生活的，大人每月发米一斗，小孩五升"②。此外，还有帮助抗属砍柴、挑水、背炭、磨面的。曲子县某部抗属，在政府、军队、人民积极帮助和优待下，生活已逐渐实现丰衣足食。"该团九连战士贾同志，过去家境贫苦，无土地耕种，自他参加八路军后，政府救济衣食，调剂公田，加上民众代耕和自己家属的劳动，现在已过着很好的生活。"③

最后，广大老弱病残的生活有了保障，妇幼保育得以加强。在广大抗日根据地，党和政府"对于抗日牺牲战士家属，抗日残废，老弱有病的军人生活上有优裕的保障。在机关的由政府供给生活费，或住专门休养机关（荣院），在农村的由人民给予代耕优待，与抗属享受同样的优待"④。据不完全统计，1938年至1943年，陕甘宁边区民政部门优待安置残疾老弱15000人至20000人。边区在部队、机关、休养单位安置残疾军人以及在边区内外安置退伍军人共9630人，安排老弱人员共3332人。其中在部队中安置老弱残疾2504人，在党政机关中安置3606人，在休养机关中休养847人。⑤在这些老弱病残人员中不乏自力更生、改善生活的模范。1944年，陕甘宁边区民政厅表彰了多位模范残废军人："侯德林去年生产七石五斗粮，二年也吃不完。王志冈初安置陇东，劳动一年刚够吃，至今年底，已发展存新旧粮十一石三斗，

① 陕甘宁边区财政经济史编写组、陕西省档案馆编：《抗日战争时期陕甘宁边区财政经济史料摘编》第9编，陕西人民出版社1981年版，第536页。

② 陕甘宁边区财政经济史编写组、陕西省档案馆编：《抗日战争时期陕甘宁边区财政经济史料摘编》第9编，陕西人民出版社1981年版，第542页。

③ 陕甘宁边区财政经济史编写组、陕西省档案馆编：《抗日战争时期陕甘宁边区财政经济史料摘编》第9编，陕西人民出版社1981年版，第559页。

④ 陕甘宁边区财政经济史编写组、陕西省档案馆编：《抗日战争时期陕甘宁边区财政经济史料摘编》第9编，陕西人民出版社1981年版，第576页。

⑤ 参见陕甘宁边区财政经济史编写组、陕西省档案馆编：《抗日战争时期陕甘宁边区财政经济史料摘编》第9编，陕西人民出版社1981年版，第579页。

他不仅自己努力生产，而且领导组织变工队，还帮助群众送粪收种共费了五十个工。还提倡妇纺等等。"①

由上可知，由于党和政府在解决抗日根据地社会保障问题方面的积极实践，一方面给民众以切实利益，保障抗日军人军属、老弱病残妇幼等各类人群基本生活。另一方面，灾难民和移民的生活水平得以逐步提高。他们的生活有了起色，日子有了奔头。

（二）民众思想受到教育，积极支援前线抗战

党和政府在解决抗日根据地社会保障问题过程中，民众的思想也得到一定的洗礼，支援抗战的自觉性、积极性得到增强，为抗战胜利积蓄了力量，提供了保障。

首先，广大受助民众思想受到洗礼，生产生活积极性增强。从抗日军人家属角度看，"优抗工作做得好与坏，他可以直接影响到军队的情绪，因为他们绝大多数是穿着军服的农民，谁都有家庭"②。

在各地实施优待抗属政策后，"每个抗属都觉得自己是光荣的，当你问到他们时，他们都会愉快的笑着对你说：咱是抗日家庭，受公家优待和众人抬举"③。在享受优待后，广大抗属逐步认识到，"模范的抗属应该不只依赖公家的优待，自己也应尽可能地参加生产，即使不能种地，纺纱、养猪等总是可以作的，这样不仅可以减轻公家和人民的负担，且能改善自己的生活"④。当时，陕甘宁边区志丹县的抗属王荣怀，在旧社会曾被搞得家破人亡，几年来由于革命政权的扶植，加之王荣怀自己经

---

① 陕甘宁边区财政经济史编写组、陕西省档案馆编：《抗日战争时期陕甘宁边区财政经济史料摘编》第9编，陕西人民出版社1981年版，第583页。

② 陕甘宁边区财政经济史编写组、陕西省档案馆编：《抗日战争时期陕甘宁边区财政经济史料摘编》第9编，陕西人民出版社1981年版，第545页。

③ 陕甘宁边区财政经济史编写组、陕西省档案馆编：《抗日战争时期陕甘宁边区财政经济史料摘编》第9编，陕西人民出版社1981年版，第544页。

④ 陕甘宁边区财政经济史编写组、陕西省档案馆编：《抗日战争时期陕甘宁边区财政经济史料摘编》第9编，陕西人民出版社1981年版，第529—530页。

营得法，家庭生活获得极大改善，粮食用钱丰足，全家过着极富裕的生活、建筑、置备亦很多。王荣怀深切地感到了革命对他的好处，他常说："旧社会弄得我家破人亡，新社会帮我搞的如火朝天，在新社会里，只要人务正勤劳，诚心诚意的拥护革命，没有不发的。"①

其次，广大受助民众对党和政府的认同感增强，积极支援前线抗战。面对各地众多的灾难民和移民，根据地各级党政机关积极开展优待移难民工作，不仅解决新移难民的临时食宿，还通过拨发救济粮款，帮助移难民解决生产资料问题。

在陕甘宁边区，关中地区各级政府优待移难民非常周到。1943年接待移难民时，新宁各级政府，凡移难民初到，一律请吃一顿饭，并发动老户分别招待食宿。某移难民非常感动地说："真是出门三步远，另是一层天！边区政府和人民给移难民的好处，我们是一辈子不会忘记的。"②1943年小满节气前，关中分区来了4000户难民。在他们的口中，传颂着这样的话："八路军真好、爱劳动人，不爱流光蛋。""要是没有八路军，咱们就是活不成了。"有的还说："八路军比咱的亲生父母还好！""见了公家人就好象见了自家人一样。"有位五六十岁的老婆婆感动地说，"我死了也要把八路军的好处告诉阎王爷"。无数真诚的话语，用着各种的口音在传颂着。为什么被难受灾群众会有这种认识呢？"原来，这些被灾受难的同胞，是渡着饥寒交迫流离失所的岁月。自逃到了边区，就有吃，有住，有了土地和工具，过着真正民主自由的生活。这种没有预料到的大改变，就自然地使他们惊奇、感激。"③此外，广大抗属、工人、农民等对党和政府认同感有所提升。有的抗日军人家属逐步认识到："亲人在前方杀敌保卫国土是光荣的，自己在后方受到国家的优待，应该愉快地安心生活，并鼓励自己的丈夫、兄弟、儿子在军队里坚决勇敢地保国

① 《志丹抗属王荣怀勤劳生产 革命后成为全县首富》，《解放日报》，1943年12月16日，第2版。

② 《两千户难民移到关中》，《解放日报》，1943年4月18日，第2版。

③ 陕甘宁边区财政经济史编写组、陕西省档案馆编：《抗日战争时期陕甘宁边区财政经济史料摘编》第9编，陕西人民出版社1981年版，第410页。

爱民。"①

通过上述各项社会保障政策的制定和实施，抗日根据地广大群众参军积极性被调动起来，各地掀起参军热潮，数万名热血青年参加抗日军队。

（三）增进党政军民联系，促进民主政权稳定

党政军民关系的好与坏决定着党和政府能否深入群众、了解民意，影响到广大官兵和根据地群众能否真心的拥护党、支持党、跟党走。中国共产党始终坚持一切为了群众，一切依靠群众，从群众中来，到群众中去的群众路线，高度关注和保障广大人民群众的切实利益，为人民群众谋福祉。

在中国共产党领导下，各抗日根据地制定和实施多项社会保障政策措施，关心群众生活，保障军人利益，正确处理党政军民间的关系，拉近了党群干群关系，增进军民鱼水情。抗日根据地双拥运动的开展，使得广大党员干部、军人、群众对于加强党政军民团结的重要性有了更加深刻的认识，增强了党政军民彼此的理解。1944年，陕甘宁边区政府民政厅汇报一年来的拥军工作，描述了边区的延安等九个县市的拥军情况。延安等地慰劳抗属现金物品，群众纷纷向抗属送年礼、请年饭，商店合作社低价卖给抗属货物。延安县物资局发给抗属优待证，定边县贫苦抗属各发给两个月的粮食，庆阳等地给麦子一斗等。除了上述种种物质上的慰劳优待，各地开展的各种精神慰问也让广大抗日军人家属备受鼓舞。各地举行抗属退伍军人联欢大会，党政机关人员挨户向抗属拜年等，使广大抗属深受感动。当时陕甘宁边区一个回民抗属曾描述到："在宁夏，人家（旧军阀的军队——引者注）拷打着要当兵，还要家里送给衣服，边区这样好，真是两个世界。"②广大根据地军人通过参与生产帮助群众开

---

① 陕甘宁边区财政经济史编写组、陕西省档案馆编：《抗日战争时期陕甘宁边区财政经济史料摘编》第9编，陕西人民出版社1981年版，第529页。

② 雷志华、李忠全主编：《陕甘宁边区民政工作资料选编》，陕西人民出版社1992年版，第170页。

荒耕种等，涌现出"拥政爱民开荒队""春耕队里的陈团长"等许多令人称颂的拥政爱民模范事迹。当时军民中流传着一首歌谣，"军民本是一家人，根根叶叶心连心，人说母子亲又亲，这比母子还要亲十分。军队是扛枪的老百姓，老百姓是不穿军装的八路军。打鬼子，斗顽敌，军是利箭民是盾，为保江山团结紧"①。这首歌谣道出了抗日根据地党政军民间互相爱护的真情实意，体现了党政军民间同生死共患难的血肉联系。

中国共产党解决抗日根据地社会保障问题的过程，也是拉近党政军民关系的过程，增进党政军民间血肉联系的过程。这种血肉联系筑成的坚不可摧的铜墙铁壁是抗日根据地党政军和人民群众鱼水情的生动体现。

当然，抗日根据地社会保障问题的解决不可能一蹴而就。中国共产党对抗日根据地社会保障问题的解决往往伴随着多种困难、挫折与考验。一方面，由于时代和历史的局限，广大抗日根据地经济实力有限。面对全民族抗战大局，各抗日根据地用于社会保障方面的财政支出仍相对较少，根据地社会保障水平仍旧较低。其次，中国共产党虽为解决社会保障问题制定和颁布许多法律法规和政策条例，却尚未形成较为完整的制度和法律体系。广大抗日根据地社会保障方面的政策法令往往是针对各地一些突出的具体问题予以制定的，尚缺乏较为系统的思考。

全民族抗日战争时期，中国共产党和根据地政府在解决社会保障问题过程中的思考和努力深刻反映了中国共产党人在这一时期的民生思想，体现了中国共产党人对这一时期具体民生问题的认识水平与解决能力。从其结果来看，无论是经验还是教训，都是党史上的一笔宝贵财富，为中国共产党人探索人民政权建设积累了丰富的实践经验。

---

① 胡民新、李忠全、阎树声编著：《陕甘宁边区民政工作史》，西北大学出版社1995年版，第117页。

第九章　全民族抗日战争时期中国共产党
对根据地教育问题的解决

在广大抗日根据地创立前，各地文化教育事业一般比较落后，往往无法满足人民群众的文化生活需要，这对全民族抗战动员和抗日根据地巩固发展十分不利。为改变这一状况，中国共产党和抗日根据地政府制定政策措施，发动人民群众，积极开展干部教育、学校教育、社会教育，努力丰富民众精神食粮，积极服务于全民族抗战。

一、抗日根据地教育问题概况

毋庸置疑，在全民族抗战条件下，中国共产党不得不将民生问题解决的重点放在温饱等低层次民生问题上。同时，全民族抗日战争时期，党和政府也不断加大了对教育这一发展型民生问题的关注和解决。党和政府解决根据地教育问题的实践，充分表明中国共产党充分认识到解决发展型民生问题也是全力保障抗战胜利的一项重要工作。

实际上，发展生产（首先是农业生产）和发展教育是当时抗日根据地"政府工作中两大急要和首要的任务，其他一切工作都要服从于这两大任务的需要"[1]。党和根据地政府为了争取抗战胜利，首先要解决军民的各项生存供给问题，所以，以粮食生产为主的农业生产必然成为政府工作的当务之急。同时，抗日根据地相对落后的文化教育状况在动员民众参

---

[1] 中共中央文献研究室、中央档案馆编：《建党以来重要文献选编（1921—1949）》第19册，中央文献出版社2011年版，第596页。

加抗日、培养高素质党员干部方面存在瓶颈，甚至影响根据地政权的稳定和发展。所以，随着各抗日根据地的粮食问题有所缓解之后，文化教育问题被党和政府提上了工作日程。

（一）抗日根据地教育问题的主要表现

抗日根据地的教育问题体现在广大抗日根据地的落后教育状况无法满足革命斗争和民众的需要。这一问题突出表现在抗日根据地教育资源严重不足、民众中文盲众多、干部队伍总体素质不佳等方面。

1. 教育资源短缺，各类学校稀少

"文化教育的发展，是依靠社会经济而转移的。在社会经济发达的地方，如广东、江浙等省，文化教育也就发达得多。"[1]广大抗日根据地多处于经济落后的区域，文化教育也相对落后。以陕甘宁为例，全民族抗日战争时期"社会教育方面，如识字组或民众学校之类，可以说是完全没有建立起来"。小学教育方面，"边区政府所辖范围内，据说只有一百二十所小学之谱"。"全延安农村中，以前只有七个小学，共有七十名学生之谱。另外有七个天主教堂办的小学。后来受内战影响，这些小学都停顿了。"[2]中学教育方面，全边区所属地区仅有绥德师范、米脂中学两所中学，其他很多地方基本成了完全的文盲地区。自苏维埃革命以来，边区陆续开办了一些教育机构，如延安县1935年冬天创办了5所小学；1936年又增加了25所，先后招生570多人。然而，在游击战争的特殊环境下，这一时期陕甘宁根据地教育事业无法取得较大发展。

敌后抗日根据地的教育状况也不容乐观。在文化教育基础一直比较好的华北，抗日根据地教育资源也十分缺乏。全民族抗战以前，晋绥根据地的官办学校只设在城市里，广大农村子弟甚至都没有接受教育的机会。

---

[1] 陕西师范大学教育研究所编：《陕甘宁边区教育资料》（教育方针政策部分 上册），教育科学出版社1981年版，第18页。

[2] 陕西师范大学教育研究所编：《陕甘宁边区教育资料》（教育方针政策部分 上册），教育科学出版社1981年版，第18—19页。

在晋冀鲁豫边区，其所辖区域很多地方文化发展极不平衡。比如冀中分区的大清河以北地区，"一般人民生活甚苦，除有钱的人子弟能到平津上学外，群众文化水平均很低"；在大清河以南，"文化教育这一带最进步，往平津上学者甚多，各县城都有男女师范，男女高等小学，各村镇都有很完整的初级小学"[①]。但在全民族抗战爆发后，这些根据地原本较好的文化教育基础受到严重破坏。华中地区，抗战以前的淮北地区各县平均只有各类小学41所，淮南地区各县平均只有20余所，皖中地区每县仅10多所，适龄儿童入学率10%左右（包括私塾）。1936年，安徽全省有中学81所，但是大都设在城市和县城。[②]当时淮南的一些学校经常"只有督学来时匆忙挂上招牌，督学去时则关门大吉"[③]。全民族抗战爆发后，安徽省大多数学校陆续关闭，尤其是淮南地区因国民党县长逃跑时把县政府国库存款席卷一空，导致所有学校被迫停办。直到抗日根据地建立后，一些学校才逐渐复学开课。

2. 民众文盲率高，文化知识水平低

抗日根据地教育资源稀少的直接后果是当地民众文盲率高，文化水平低下。在陕甘宁边区，"以前在文化上说，是一片荒漠的地带，人民被关在落后与愚昧的圈子里，得不到一点文化的滋润"[④]。小学校不过120处，学生仅2000人。一般的县份识字的人还不到2%。[⑤]晋西北也是我国文化荒原之一。在晋绥边区很多村子从来没有过学校，文盲占人口总数90%

① 魏宏运主编：《抗日战争时期晋察冀边区财政经济史资料选编（总论编）》，南开大学出版社1984年版，第158—159页。

② 参见房列曙：《安徽敌后抗日根据地社会史研究》，安徽人民出版社2007年版，第186页。

③ 淮南抗日根据地编审委员会编：《淮南抗日根据地》，中共党史资料出版社1987年版，第384页。

④ 中央档案馆、陕西省档案馆编：《中共中央西北局文件汇集》（1941年），内部资料1994年印刷，第388页。

⑤ 参见中央档案馆、陕西省档案馆编：《中共中央西北局文件汇集》（1941年），内部资料1994年印刷，第388页。

左右，保德县文盲率83%，临县文盲率甚至高达95%。[①]在晋察冀边区，冀中分区绝大多数的学龄儿童在七七事变后，被排除在学校之外，他们为了生活只能去打柴去拾粪，流落街头无人教养混打混骂，即便在文化最发达的定县，全县初小只有300处，高小24所，学生最多不过2万人。[②]广大根据地文盲甚多、文化水平低下的情况带来了不良后果。

一方面，不识字给当地民众生产生活带来很大不便。如在陕甘宁边区关中地区，庙湾区的岭地村有29户，该村地处交通大道边，有11家开了店，但是全村大小90多口人却都不识字。"历年来全村人是饱尝了不识字的苦处，开了店不会记账，人给了店钱，不会识票子，过路的军队借了粮草不会开条子，上边来了公事要拿到几里路以外请人看。"[③]米脂县印斗区有个自然村叫高家沟，全村居民50户共243人，是一个居住分散的贫苦村子。"民国十三、四年，这里曾由地主立过一处私塾，但旧社会剥夺了穷人的文化，白纸黑字一满解不下，全村只有高怀山多识几个字，一切笔墨上的事情都要去找他。半文盲高连儒、高崇寿认识字不会意思，高怀山不在了，就要闹笑话。有一次（去年腊月），乡上来条要牲口，高连儒错认为县上要牲口，把东西驮到子洲皇峁，来回二百余里，误工化钱还误了乡上的差事。"[④]这种情况在其他根据地也很普遍。

另一方面，民众文化水平低下使各种封建思想、迷信活动思想更容易蔓延开来。以陕甘宁边区为例，与文化教育落后相伴而生的是封建迷信流行、土匪猖獗、二流子众多、吸食鸦片成风等社会问题，对根据地经济发展和政权巩固产生不利影响。陕甘宁边区"在革命以前，社会上流行的许多民间陋俗和会道门，都带着浓厚的封建迷信色彩，甚至是反动

---

① 参见山西省教育史晋绥边区编写组、内蒙古自治区教育史志办公室：《晋绥革命根据地教育史资料选编》（一），内部资料1987年印刷，第185页。

② 参见《冀中的小学教育》，《晋察冀日报》，1941年4月23日。

③ 陕西师范大学教育研究所编：《陕甘宁边区教育资料》（社会教育部分 上册），教育科学出版社1981年版，第157页。

④ 陕西师范大学教育研究所编：《陕甘宁边区教育资料》（社会教育部分 上册），教育科学出版社1981年版，第167页。

的东西，这就给革命后的改革工作造成严重性和艰巨性"①。在民俗方面，陕甘宁边区仅婚丧礼仪中封建迷信的现象比比皆是，如定娃娃亲风气很盛行。就民风来说，边区以前民风非常混乱。在1936年12月工农红军解放延安市时，"延安市内仅有居民1096户4841人，就有官办大烟馆5个，赌场15家……还有娼妓54人，巫神60多人"②。当时，陕甘宁边区华池县温台区一个行政村共有49户、300口人，每年每人迷信消耗粮食达三斗零八合。③一些地痞流氓，长期勾结从事抢劫、贩毒吸毒、卖淫、赌博等罪恶活动，扰乱社会治安，败坏社会风气。其他抗日根据地也存在类似现象。此外，民众文化水平低下也会影响他们正确理解和贯彻党的各项方针政策，不利于他们参加抗日民主政权建设。

3. 干部总量短缺，素质参差不齐

抗日根据地教育问题的另一个突出表现是党政干部总量不足、质量不高。抗日战争时期党和政府认识到，"卫生也好，教育也好，以至生产也好，决定了方针，剩下的就是要干部……但是我们的干部够了没有呢？差得远！在文教工作方面尤其差得远！"④

第一，党在长期斗争中培养的干部总量不能满足抗战形势发展的需要。长期艰苦的革命战争为中国共产党培养了一支优秀的干部队伍。到了全民族抗日战争时期，开辟和巩固敌后抗日根据地成为党在战争初期的重要任务。各地急需大量文化水平高、斗争经验丰富的干部。然而，抗日根据地各级政权干部紧缺现象十分严重。在晋冀鲁豫边区，"干部非

---

① 胡民新、李忠全、阎树声编著：《陕甘宁边区民政工作史》，西北大学出版社1995年版，第300页。

② 胡民新、李忠全、阎树声编著：《陕甘宁边区民政工作史》，西北大学出版社1995年版，第301页。

③ 参见陕西卫生志编纂委员会办公室编：《陕甘宁边区医药卫生史稿》，陕西人民出版社1994年版，第192页。

④ 陕西师范大学教育研究所编：《陕甘宁边区教育资料》（社会教育部分 上册），教育科学出版社1981年版，第184页。

常缺乏……是个严重问题"①。在晋察冀边区,"根据地的创立,所属部队的扩充和发展,提出了一个亟待解决的问题,就是缺乏干部。四面八方都说'要干部',没有干部也硬要,结果,只好把我们老一些的战士调给他们当了队长或指导员。即使这样,还不能解决问题。许多同志盼望着后方能给我们输送一批干部来,解决这个燃眉之需"②。当时,不但晋察冀军区的下级干部被要的精光,就是稍有战斗经验的炊事员、饲养员也被群众拉去,领导游击部队开展游击战争。

第二,干部素质参差不齐状况严重影响党对抗日斗争的有效领导。当时党的干部队伍主要有两大类:一类是土地革命战争时期培养的干部;另一类是各根据地新培养和选拔的干部,其中不少是从根据地以外加入的青年学生和知识分子。相比而言,这两类干部各有优势也都有不足。第一类干部的长处是政治立场坚定,组织纪律性强,斗争经验丰富,但其不足在于文盲人数多。因而,这类干部的文化水平难以适应抗日斗争和根据地建设的迫切需求。第二类干部是在根据地斗争中选拔培养的新干部。这些干部作风纯洁、积极热情,但工作经验方面稍显欠缺,"对游击战的艺术还很少有深刻的了解,不能活泼的运用,能够指挥如意的干部还很缺乏"③。另外,从国内外纷纷涌向各抗日根据地的青年学生和爱国知识分子人数也很多,他们有着高昂的革命热情和青春气息,但在革命觉悟、政治立场和斗争经验方面仍有不足。为保护和激发这些青年知识分子的爱国热情,必须对其进行必要的教育。

(二)抗日根据地教育问题的不利影响

作为一种发展型民生问题,抗日根据地教育问题能否得到及时解决,

---

① 中共冀鲁豫边区党史工作组办公室、中共河南省委党史工作委员会编:《中共冀鲁豫边区党史资料选编》第2辑,(文献部分)上册,河南人民出版社1988年版,第421页。

② 聂荣臻:《聂荣臻元帅回忆录》,解放军出版社2005年版,第299—300页。

③ 《晋察冀抗日根据地史料丛书》编审委员会、中央档案馆编:《晋察冀抗日根据地》第1册(文献选编),中央党史资料出版社1988年版,第118页。

不仅关系民众文化生活需求能否满足，还关系到抗日根据地能否得到巩固和发展，甚至影响到中国共产党能否成功领导广大军民取得抗战胜利。

1. 落后的文化教育状况不能满足抗日根据地民众文化生活需求

文盲众多、迷信盛行是各抗日根据地落后教育状况的普遍表现。党和各地政府要想改变文化教育领域的落后面貌，必须给民众以良好的教育。事实证明，抗日根据地广大群众对科学文化和卫生知识有着朴素的需求。当时，陕甘宁边区在改造巫神工作中，仍有部分巫神在偏远地区或者私下活动，这说明仅仅依靠政府强迫的方式取消巫神并不是治本之策。"要消灭巫神的势力，首先要普及卫生运动和加强医药工作，否则就是主观的空想。"[①]这就需要卫生部门针对民众生活中的实际问题，采取通俗易懂的语言和方式，开展卫生宣传教育。1943年，陕甘宁边区卫生部门根据毛泽东提出的"为全体军民服务"的指示，开办了延安市卫生展览会。这次展览会以实物、图表、连环画、故事及数据统计对比为主，反复说明常见疾病的危害及如何防病的知识。当年7月，《解放日报》刊载了张铁夫关于延安举办卫生展览会的介绍。"这两天各处通往杨家岭大路和小路上，空前的热闹起来，成群结队的机关人员和老百姓，带着希望的心情走进去，又带着满足和喜悦的面色走出来，因为在那里他（她）们得到了保护自己生命和健康的宝贵知识。"[②]因此，党和政府只有通过扫除文盲运动，推进根据地文化教育事业，才能真正消除旧社会遗留下来的这些社会问题。

在经济条件有所改善后，广大民众对文化生活的需求普遍上升。1940年7月1日，朱德曾谈及民众这种文化需求："我们办了规模不下于延安的印刷局，延安出了一本新书，我们马上就翻印，但还是'供不应求'。党史翻印了二、三次，但还不能满足需要。《新华日报》华北版每日印刷

---

① 中共中央文献研究室、中央档案馆编：《建党以来重要文献选编（1921—1949）》第21册，中央文献出版社2011年版，第632页。

② 《医务界的创作——记延安市卫生展览会》，《解放日报》，1944年7月23日，第2版。

了二万五千份，还是自己限制了又限制，因为华北有一万万的人口，在抗战中他们的文化水平、理论水平被提高了，大家都要报纸看，都要读书，都要学习马列主义。"①1944年1月，《解放日报》发表社论《群众需要精神粮食》中描述了这一现象："书店的统计告诉我们，一年来通俗书籍销路的百分比是增加了。部队的战士要求大量的通俗书报，劳动英雄要买各种小册子，石匠背着他的工具走进书店，老婆婆为他的小孩子寻找读物。文化水平较高的群众，则除了这些通俗出版物之外，还要买《新民主主义论》和《评〈中国之命运〉》了。"这些鲜活动人的实例给抗日战争时期的文化教育工作者一个很大启示，即"丰衣足食的条件提高了老百姓的文化要求，他们有了丰裕的物质食粮，现在就进一步要求丰裕的精神食粮……一直到现在，我们在这方面的工作还做得很不够"②。显而易见，抗日根据地落后的文化教育状况已经无法满足民众的这一需求，加强根据地教育，发展文化事业十分必要。

2.落后的文化教育状况不利于抗日根据地政权的巩固和发展

中国共产党对抗日根据地民众开展思想宣传教育，实施政治动员是巩固和发展政权的有力措施。而要开展行之有效的思想宣传教育，必须首先解决抗日根据地的教育资源欠缺、文盲众多等现实问题。事实上，广大根据地建立初期，落后的文化教育状况已经阻碍了各抗日根据地的巩固和发展。

一是文化教育的落后状况成为抗日根据地实施民众政治动员的一大障碍。在全民族抗战初期，文化教育落后地区的民众往往思想观念保守，政治意识淡薄，学习积极性不高。列宁曾指出："文盲是处在政治之外的……不识字就不可能有政治，不识字只能有流言蜚语、谎话偏见，而没有政治。"③当时陕甘宁边区的靖边地区文盲占总人口的99%以上。1943

① 陕西师范大学教育研究所编：《陕甘宁边区教育资料》（在职干部教育部分），教育科学出版社1981年版，第44—45页。

② 中共中央文献研究室、中央档案馆编：《建党以来重要文献选编（1921—1949）》第21册，中央文献出版社2011年版，第18—19页。

③ 《列宁全集》第42卷，人民出版社1987年版，第200页。

年6、7月份，当地开展妇女识字教育时，妇女学习情绪不高。据了解，她们不愿识字的原因有的是"怕误生产"，"怕念了书当公家婆姨"；有的是家里人认为"婆姨女子念了书不顶事"，"怕念了书不服家庭管教"①。在晋绥边区，"旧有教员及知识分子当时有很多人存在着变天思想不愿出来，有的隐蔽，有的干脆逃走，甚至因特务造谣说：'八路军学校要当兵，成了公家人，妇女要拨妇女会'等，群众不敢送子弟入学，学生躲老师，还有个别的老师怕把女儿拨了妇女队因而就趁早把女儿出聘"②。在绥远省的个别小学，乡村女孩家长多不愿叫上学，家长认为"女子上学后家中的事情便一点也不能做了"③。当时动员妇女参加学习如此困难，至于动员她们参加抗日斗争的难度可想而知。可见，在文化教育普遍落后的地区，人们思想观念普遍落后，这势必影响到抗日根据地民众对政治动员的态度。1941年，中共山东分局已经认识到这一问题，指出"今天人民政治文化水平还非常低，对于抗日的道理还懂得不多与不够深刻，特别是不习惯于参加许多的政治活动与担任比较繁重的工作"④。

二是一些边远地区民众对中国共产党创建和领导根据地建设的认识不够、信心不足。根据美国汉学家费正清的观点，中国古代皇权制度在治理基层社会时主要依靠地方士绅阶层来完成。"他们构成以地产为基础的家庭阶层，介乎束缚在土地上的农民大众与一层从政和经商的容易变动的官员和商人之间。他们是当地名流，所执行的某些职务与下层的农民相关，另一些职务与上层的官员相关……在20世纪初，他们仍主宰着大多数省份偏僻的农村地区……他们是贫民大众与官方之间的缓冲阶

---

① 陕西师范大学教育研究所编：《陕甘宁边区教育资料》（社会教育部分 上册），教育科学出版社1981年版，第187页。

② 山西省教育史晋绥边区编写组、内蒙古自治区教育史志办公室编：《晋绥革命根据地教育史资料选编》（一），内部资料1987年印刷，第278页。

③ 山西省教育史晋绥边区编写组、内蒙古自治区教育史志办公室编：《晋绥革命根据地教育史资料选编》（一），内部资料1987年印刷，第279页。

④ 中央教育科学研究所编：《老解放区教育资料》（二）抗日战争时期，下册，教育科学出版社1986年版，第486页。

层。"①辛亥革命后，尽管封建制度被推翻，但是民国政府地方官吏依赖于士绅阶层治理乡村的局面仍未改观。由于士绅阶层在乡村社会的势力深厚，触角根深蒂固，对中国共产党建立和发展的抗日根据地十分不利。当时，在文化教育落后地区的民众对中国共产党的了解不多，而且封建乡绅阶层的势力依旧十分强大，这些地区的民众对共产党领导建立的基层抗日政权信心不足，心存疑虑。如在陕甘宁边区的绥德县辛店区，有个乡的政权一直把持在封建地主手中。该乡直到1944年还没有共产党员和党的组织，甚至在1943年7月仍旧选了一个破落地主担任乡长。②可见，贫穷的民众因为没有知识，缺乏政治觉悟，只会将权力主动交给封建士绅阶层来主持。

3.落后的文化教育状况不利于党员干部领导军民开展抗日斗争

全民族抗战爆发后，广大抗日根据地干部队伍总量无法满足抗日斗争的新要求，干部队伍素质水平参差不齐的状况也难以适应抗战形势的新发展。正如罗迈在1944年11月15日陕甘宁边区文教大会上发言所说："卫生也好，教育也好，以至生产也好，决定了方针，剩下的就是要干部。我们现在已经有很多干部，在群众运动中又涌现了许多干部，但是我们的干部够了没有呢？差得远！在文教工作方面尤其差得远！"③如果任由此种状况发展下去，必将对全民族抗战和革命工作带来非常不利影响。

第一，基层干部队伍的文化知识水平较低，影响党员干部带头作用的发挥。全民族抗战爆发后，中国共产党提出了全面抗战路线，要求党的各级组织重视动员民众参加抗日斗争。因此，对民众和兵士进行抗日动员成为当时基层党组织的一项重要任务。要开展有效的政治动员，党员

---

① ［美］费正清：《美国与中国》（第4版），张理京译，世界知识出版社1999年版，第33、36页。

② 参见中央档案馆、陕西省档案馆编：《中共中央西北局文件汇集》（1943年）第2册（甲编本），西安出版社1994年版，第187页。

③ 中央教育科学研究所编：《老解放区教育资料》（二）抗日战争时期，上册，教育科学出版社1986年版，第40页。

干部在政治动员时要"把战争的政治目的告诉军队和人民，必须使每个士兵每个人民都明白为什么要打仗，打仗和他们有什么关系"，特别是党员干部开展政治动员时"不是将政治纲领背诵给老百姓听"，而是"要联系战争发展的情况，联系士兵和老百姓的生活，把战争的政治动员，变成经常的运动"①。因此，党员干部对党的各项政策的熟练掌握是有效开展政治动员的重要前提。

然而，当时基层党员干部队伍水平与这一要求还有不小差距。据1944年蒋南翔所做的调查显示，陕甘宁边区陇东分区共有28区、219乡，区乡级的干部脱离生产者约700人，不脱离生产者约1500人，共计约2200人，其中不识字的文盲还占很大比例。据估计，不脱离生产的干部几乎全都是文盲，脱离生产的干部中也有将近半数是文盲。②由于一些基层党员干部文化水平低，对开展参加学习活动存在错误认识。当年陇东中学地方干部培训班中，曲子县曲子区有一位1938年入党的27岁乡长，地方要调他到地干班学习时，"他甚至后悔自己的入党。因为不做党员，就不要到地干班学习了！来校以后，还是想家装病，没有精神上课，后来弄假成真，真的病了起来，回家治了一个多月，经过县委第二次动员才又来校"③。在晋绥边区，一些干部不识字还闹出了笑话。"有许多教员居然写出不通的或原则上错误的标语。如十一区有个教员写的标语有'我们中国儿子兵于'，令人莫名云何。"④

第二，一些党员干部文化知识水平低，容易在工作中犯"左"或右的错误。建党以来，中国共产党内出现过"左"和右的错误，给党和革命带来过严重危害。这些错误的实质是没有将马克思主义基本原理与中国

---

① 《毛泽东选集》第2卷，人民出版社1991年版，第481页。

② 参见中央教育科学研究所编：《老解放区教育资料》（二）抗日战争时期，上册，教育科学出版社1986年版，第482页。

③ 中央教育科学研究所编：《老解放区教育资料》（二）抗日战争时期，上册，教育科学出版社1986年版，第476页。

④ 山西省教育史晋绥边区编写组、内蒙古自治区教育史志办公室编：《晋绥革命根据地教育史资料选编》（一），内部资料1987年印刷，第32页。

革命具体实际结合起来，犯了经验主义、主观主义错误。

1945年开展冬学动员时，陕甘宁边区延属分区就批评了过去曾发生的放任自流、强迫入学两种错误现象。在冬学发动时，"某些领导人，特别是某些区乡干部，他们对于自愿与需要的原则，也就是边区总的教育方针，和民办公助的组织方针，是了解不够，甚至不了解"。结果是他们在工作中把民办与公助分割来看，等于放弃了对冬学运动的必要领导。比如志丹县有些乡干部认为民办办不起，不去发动群众。固临有个别区乡干部，把自愿搞成放任，自动搞成自流。与此相反，有的干部"由于不了解新方针，就会采用一些脱离群众的办法"。如鄜县大升号区三处冬学全是强迫集中，开名单硬叫来。固临安太、更乐二区以乡为单位集中办冬学。延川许多地方带强制性，乡府确定入学。延安县某些区乡，平均摊派学生数目或者干部包办。"这样的组织领导，一定行不通，既不能使群众自觉，也就不会自愿。行不通怎么办呢？于是强迫或变相强迫的现象就来了。"[①]例如甘泉、延市都因学生不来，采用罚油、罚柴方法。结果群众不满，收到相反的效果。为了消除上述错误在民众中的不良影响，加强党员干部教育就十分必要。

二、中国共产党解决抗日根据地教育问题的政策措施

全民族抗日战争时期，中国共产党通过制定新民主主义教育方针，将干部教育摆在教育工作的突出地位，广泛开展群众性社会教育，重视普及和发展基础教育，逐步解决广大抗日根据地突出的教育问题。

（一）确立新民主主义教育方针

作为上层建筑的组成部分，文化事业的发展受到经济条件的影响和制约，同时也对经济基础具有反作用。教育作为文化的重要组成部分，亦

---

① 中央教育科学研究所编：《老解放区教育资料》（二）抗日战争时期，下册，教育科学出版社1986年版，第93—94页。

是如此。

1. 确立新民主主义的教育方针

中国共产党在把新民主主义社会确立为社会发展的现实目标之后，又提出了新民主主义文化的发展方向。1940年1月，毛泽东发表《新民主主义论》，强调在新的中国要建立中华民族的新文化。至于中华民族的新文化是什么样的？毛泽东认为，所谓中华民族的新文化，就是新民主主义的文化，"中国国民文化和国民教育的宗旨，应当是新民主主义的；就是说，中国应当建立自己的民族的、科学的、人民大众的新文化和新教育"[①]。作为新民主主义文化重要组成部分的新民主主义教育，必须坚持新民主主义方向。

2. 确立抗日根据地教育的基本原则

由于中国共产党的新民主主义教育方针成熟于抗日战争时期，党的各项教育原则难免会具有抗日战争时期的特色。概括来说，这一时期党的主要教育原则有以下几点。

第一，教育要为长期抗战服务。全民族抗战之前，中国共产党最早提出过国难教育政策。针对日本帝国主义企图侵吞中国的野心，中国共产党于1935年发表《八一宣言》，要求停止内战，一致抗日，号召全国一切愿意参加抗日救国神圣事业的党派和团体、国内一切被压迫民族，大家起来组织国防政府和抗日联军，挽救民族危亡。中国共产党的这一号召得到了国内广大民众的拥护。相应地，在教育事业上中国共产党推行了国难教育政策。1936年6月1日，中国共产党发布《抗日救国初步政治纲领》，提出"我们应该以战时国民总动员为中心，推进国难教育"，并对实施国难教育的范围、方式、作用作了详细说明，提出"推行国难教育的范围，不专限于学生，而要普及工农兵学商；国难教育的方式，不应该是形式化，机械化的，千篇一律的军事训练，而必须能够多方面的适应每一个人的社会本质和职业任务；国难教育的作用，积极的在提高民众抗敌情绪，训练民众抗敌技术；消极的须消灭种种一切的汉奸理论，

---

① 《毛泽东选集》第3卷，人民出版社1991年版，第1083页。

如唯武器论，物质对比论等"①。

全民族抗战爆发后，中国共产党提出教育为抗日战争服务的主张，积极推行国防教育。毛泽东在《反对日本进攻的方针、办法和前途》中首次提出"国防教育"②。随后，党在《抗日救国十大纲领》又提出"抗日的教育政策"③。1938年10月召开的六届六中全会上，毛泽东在《论新阶段》中明确提出："实行抗战教育政策，使教育为长期战争服务。"④中共六届六中全会政治决议案肯定了这一提法，将"实行国防教育政策，使教育为民族自卫战争服务"⑤列为中华民族当时紧急而具体任务之一。国防教育的口号一经提出，各抗日根据地纷纷在此指导下开展国防教育。1939年1月，陕甘宁边区政府主席林伯渠对国防教育给予如下评价："在全国范围内，边区是第一个创造与实行国防教育的，把教育从少数人的专有品中解放了出来，把教育和实际生活打成了一片，使教育成为抗战的一个有力的武器。"⑥从党的相关文献和毛泽东的相关论述看，国防教育就是抗日的教育，是直接为长期抗战服务的教育。在新民主主义教育方针提出后，国防教育的提法并未被否定，而是演变成为新民主主义教育的一部分。

第二，教育要理论联系实际。理论联系实际是马克思主义基本原则，是认识和实践、"知"和"行"关系具体的历史的统一。全民族抗日战争

---

① 中国人民解放军政治学院党史研究室编：《中共党史参考资料》第7册，内部资料1979年印刷，第410页。

② 中共中央文献研究室、中央档案馆编：《建党以来重要文献选编（1921—1949）》第14册，中央文献出版社2011年版，第397页。

③ 中共中央文献研究室、中央档案馆编：《建党以来重要文献选编（1921—1949）》第14册，中央文献出版社2011年版，第477页。

④ 中共中央文献研究室、中央档案馆编：《建党以来重要文献选编（1921—1949）》第15册，中央文献出版社2011年版，第618—619页。

⑤ 中共中央文献研究室、中央档案馆编：《建党以来重要文献选编（1921—1949）》第15册，中央文献出版社2011年版，第759页。

⑥ 陕西师范大学教育研究所编：《陕甘宁边区教育资料》（教育方针政策部分 上册），教育科学出版社1981年版，第56页。

时期，中国共产党在解决根据地教育问题时强调教育要理论联系实际，尤其在高等教育和干部教育中特别重视理论联系实际。1940年，陕甘宁边区发布《边区教育宗旨和实施原则（草案）》，提出"教育应和实际生活打成一片，学习和实际生活应取得密切的联系，使理论和实践求得统一"[①]。在其他抗日根据地教育政策中，有的根据地提出"做什么学什么"的方针，把教育与生产、社会、家庭结合起来。

中国共产党在高等学校教育中特别注重理论与实践联系原则的运用。"教育的目的，是教育青年使之认识社会，知道社会发展的规律，而担负起改造社会的任务……抗大的教育正是根据这样的方针去进行的。这表现在我们各种课程上面，如中国问题（统一战线与中国革命基本问题）、三民主义、马列主义，政治经济学，政治工作，民众运动等；在军事上的持久战略与进攻战法等。"[②]当时"抗大对于公式主义，条文主义是非常敌视的，并且曾经很尖锐地对条文主义，作过不留情的斗争"[③]。

第三，教育要与生产劳动相结合。马克思曾在资本论第一卷中谈到教育与劳动相结合时指出："像欧文详细说明过的那样，未来教育的胚芽，是从工厂制度发生的；这种教育使每一个已达一定年龄的儿童，都把生产劳动和智育、体育结合起来，这不仅是增加社会生产的一种方法，而且是培养全面发展的人的唯一方法。"[④]因此，为长期抗战服务的教育必须与生活紧密相关。全民族抗日战争时期，中国共产党坚持教育与生产劳动相结合，既遵循了马克思主义关于教育的基本观点，又达到了服务于全民族抗战的目的。

全民族抗战爆发伊始，中国共产党和政府非常重视教育与生产劳动相

①　陕西师范大学教育研究所编：《陕甘宁边区教育资料》（教育方针政策部分　上册），教育科学出版社1981年版，第134—135页。

②　陕西师范大学教育研究所编：《陕甘宁边区教育资料》（高等教育和干部学校部分　上册），教育科学出版社1981年版，第194页。

③　陕西师范大学教育研究所编：《陕甘宁边区教育资料》（高等教育和干部学校部分　上册），教育科学出版社1981年版，第10页。

④　《马克思恩格斯论教育》，人民教育出版社1958年版，第214页。

结合。1938年，陕甘宁边区制定《边区国防教育的方针与实施办法》。该办法将"注重生产劳动"作为边区国防教育的实施原则之一，强调"国防教育应注重生产劳动，如每周规定一定时间令学生种瓜种菜等，以增加抗战物力，以养成儿童、青年的劳动习性"，"我们要以极大力量来推进深入广泛的社会教育……利用群众生产之暇，给以教育"[1]。1940年，《陕甘宁边区教育宗旨和实施原则（草案）》提道："边区教育应特别注重劳动教育，使儿童青年从事劳动，使他们在集体劳动中锻炼他们的身体，发展他们的集体精神，训练他们的组织能力，并且养成他们劳动的兴趣和重视爱好劳动的习惯。学生不只应在校内作劳动工，同时还应参加校外的生产劳动工作。"[2]在实施原则中，草案还从课程设置、生活指导等方面作了规定。这一时期，各敌后抗日根据地也积极贯彻党的这一方针。1944年，中共冀鲁豫分局提出普通教育改革的指示："教育与生产结合，就是第一，要求教育的东西，就是生产中所需要的东西……第二，生产和学习时间一致"，"这就要求把教育时间和生产时间很好结合起来。"[3]

第四，教育要坚持统一战线的方向。统一战线是中国共产党在长期革命斗争中取胜的重要法宝。从建党以来的斗争实践可以看出，中国共产党如果建设好与各方面的统一战线，各项革命工作就会向好的方面发展。如果在统一战线上犯了"左"或右的错误，各项革命工作就会出现偏差，甚至使革命陷入低潮。中国共产党的文化教育工作更应该坚持统一战线的方针。

全民族抗日战争时期，党的一切工作的总目标是打倒日本帝国主义。中国人民尤其是抗日根据地军民必须继续努力，才能达到最后消灭敌人

---

[1] 陕西师范大学教育研究所编：《陕甘宁边区教育资料》（教育方针政策部分 上册），教育科学出版社1981年版，第3页。

[2] 陕西师范大学教育研究所编：《陕甘宁边区教育资料》（教育方针政策部分 上册），教育科学出版社1981年版，第135页。

[3] 中央教育科学研究所编：《老解放区教育资料》（二）抗日战争时期，上册，教育科学出版社1986年版，第104页。

的目的。毛泽东认为，"这个努力首先是战争，其次是生产，然后便是文化。没有生产的军队是饥饿的军队，没有文化的军队是愚蠢的军队，而愚蠢的军队是不能战胜日寇解放人民和建设工业化的新中国的。所以我们必须有文化"[1]。当时，"解放区有作为领导方向的人民大众的新文化，但也有广大的落后的封建遗产"，无论在教育、艺术、卫生、报纸哪一项上，根据地军民都要与旧习惯做斗争，"为了进行这个困难的斗争，就不能不有广泛的统一战线"[2]。全民族抗日战争时期，中国共产党在教育领域的统一战线工作主要体现在两方面。一是制定了正确的知识分子政策，吸收各类优秀的知识分子参加党的教育工作。二是积极利用各种积极力量，办好根据地教育。1940年3月，中央书记处发出指示："大批的吸收与鼓励青年知识分子或旧知识分子"，"对于在其他政党不良影响下的小学教员，应积极争取之"，"共产党应力求同有正义感的名流学者公正士绅实行统一战线。这在争取全国中间力量同情我们上，有极重大的意义"[3]。正是由于党正确实行了教育领域的统一战线，中国共产党和根据地政府才有条件解决广大抗日根据地突出的教育问题。

（二）突出干部教育的重要地位

干部是党的路线、方针、政策的组织者和积极的推行者，其自身的文化程度和理论水平、工作能力直接影响党的路线、方针、政策在实际中的执行效果，直接影响人民群众对党的各项政策的接受程度和拥护程度。抗日战争时期，党的干部队伍状况与革命斗争的需求之间存在较大的差距，为弥补这一差距，中国共产党和根据地政府将干部教育放在解决抗日根据地教育问题的首位。

---

[1] 陕西师范大学教育研究所编：《陕甘宁边区教育资料》（教育方针政策部分　下册），教育科学出版社1981年版，第454页。

[2] 陕西师范大学教育研究所编：《陕甘宁边区教育资料》（教育方针政策部分　下册），教育科学出版社1981年版，第455页。

[3] 中共中央文献研究室、中央档案馆编：《建党以来重要文献选编（1921—1949）》第17册，中央文献出版社2011年版，第212、215页。

1. 制定党的干部教育方针政策

全民族抗日战争爆发后，中国共产党对加强干部教育的重要性保持着清醒的认识。1938年3月，中共中央政治局认识到有必要"强固和改进"党自身，"我们党今天在数量上还远不能适应抗战事业的需要"，"新党员增加和老干部理论修养的不够，加强党员马克思列宁主义的经常政治教育，加强党内对三民主义的深刻研究，已经成为全党各级机关和每个同志的刻不容缓的严重任务"①。这就表明，中国共产党实施有效的干部教育不仅是党自身建设的需要，也是关系抗战胜利的关键因素。

第一，确立"干部教育第一"的方针。为了发展壮大党员队伍，提高党员尤其是干部素质能力就成为党的工作的一项重要任务。1938年3月，中共中央认识到："大量的十百倍的发展党员，成为党目前迫切与严重的任务。"②但各地党组织在发展党员工作中出现了不少问题，一些普通抗日分子参加了党，甚至异己分子、投机分子、奸细也混入党内，致使党员干部总体素质降低。为了解决这一问题，1939年8月，中央政治局发出《关于巩固党的决定》指示，强调"为着巩固党，必须加强对党的各级干部的教育工作"③，各地方要有针对地对久经锻炼而过去缺乏机会学习的老干部、知识分子与学生出身的新干部新党员开展党内教育。1942年2月，中共中央发布的《关于在职干部教育的决定》明确提出，"在目前条件下，干部教育工作，在全部教育工作的比重，应该是第一位的"。这样"干部教育第一"成为推动党的干部教育发展的指导方针。

突出"干部教育第一"，强调党的干部教育工作也是抗日战争时期中国共产党解决根据地民生问题的一项重要保障。从一般意义上来说，中国共产党解决抗日根据地教育问题的中心应该是扫除文盲、加强民众的

① 中共中央文献研究室、中央档案馆编：《建党以来重要文献选编（1921—1949）》第15册，中央文献出版社2011年版，第181页。

② 中共中央文献研究室、中央档案馆编：《建党以来重要文献选编（1921—1949）》第15册，中央文献出版社2011年版，第186页。

③ 中共中央文献研究室、中央档案馆编：《建党以来重要文献选编（1921—1949）》第16册，中央文献出版社2011年版，第580页。

政治觉悟。然而，如果没有一支素质高、能力强的干部队伍去切实领导、贯彻与执行，党和政府解决教育问题及其他民生问题的政策措施也就无法开展起来，也无法及时发现和纠正工作中难免出现的偏差和错误。

第二，建立干部教育组织领导机构。全党干部有组织有计划地系统地开展党内学习活动发端于党的六届六中全会。此次会议上，毛泽东专门阐述了党的干部政策："依靠原有干部的基础但不自满于这个基础"，要"有计划地培养大批的新干部"，为此毛泽东倡导"从我们这次中央全会之后，来一个全党的学习竞赛"①。此次全会通过《政治问题决议案》肯定了毛泽东的这些主张。为了贯彻全会"有计划地培养大批的新干部"的精神，将全会关于学习问题的决议落到实处，中共中央决定成立中央干部教育部（后并为中共中央宣传部），作为全党干部教育最高领导机构，负责全党干部教育工作。具体分为三大系统开展工作，其中，中央直属系统的干部教育工作由中央宣传部的教育科负责实施，各根据地系统的干部教育工作由各根据地的党委宣传部负责，军队系统的干部教育工作则由八路军总政治部负责，从而构成各系统的干部教育的组织领导机构。

第三，制定干部教育制度和规范。开展党的干部教育工作需要一套规范制度予以监督和保障。为使党的干部教育工作顺利开展，中共中央各部门先后制定干部教育各项制度和规范。1940年初，中共中央书记处发出《关于干部学习的指示》《关于在职干部教育的指示》，提出干部学习和在职干部教育工作的指导性意见。当年8月、10月，中央宣传部发出《关于加强干部策略教育的指示》《关于提高延安在职干部教育质量的决定》和《关于大后方党的干部教育的指示》，对干部教育中被忽视的策略教育及其他问题作了强调。1941年12月，中央政治局通过《关于延安干部学校的决定》，指出了延安干部学校教育中的问题，规定了干部学校教育的各项规范。1942年2月，中央政治局通过《关于在职干部教育的决定》，重点对在职干部教育内容等方面提出要求。以上指示决定提出了党

①《毛泽东选集》第2卷，人民出版社1991年版，第526、533页。

的干部教育的方针、原则和方法，建立了干部教育的基本制度，促进了广大抗日根据地干部教育工作的有序开展。

2. 分类开展党的干部教育

全民族抗日战争时期，因为人财物力局限，各抗日根据地没有条件创办大量的干部学校。在各地急需干部的情况下，参加在职教育的干部占到全部干部教育总数90%以上，这些干部不可能脱产参加干部学校教育。因而，战时环境决定了党的干部教育主要途径是在职教育。

第一，在职干部教育。党的大规模在职干部教育工作开始于延安，后来其他根据地党委宣传部又设立在职干部教育管理机构，专设干事具体负责在职干部教育工作。1939年至1942年，中央各部门先后颁布《延安在职干部教育暂行计划》《关于提高延安在职干部教育质量的决定》《关于在职干部教育的决定》，具体指导党的在职干部教育工作的有序开展。

其一，划分在职干部教育的对象。党中央从干部知识水平、参加革命先后情况对在职干部层次作了划分。1939年3月，中央干部教育部将在职学习的干部划分为甲乙丙三类，即"担任负责工作的老干部""文化水平较高而党龄较短的新干部""政治、文化水平较低的干部"[①]。1940年3月，中央书记处又提出甲乙丙丁四类划分，即"有相当文化理论水准的老干部""文化理论水准都较低的老干部""有相当文化水准的新干部"和"工农出身的新干部"[②]。后者对党的干部所做的四类划分比前面的三类划分更为精细，便于干部教育工作的开展。

其二，针对不同对象施以不同的教学内容。具体而言，中央书记处规定了各类干部的课程内容。其中，甲类干部主要学习"联共党史、马列主义、政治经济学、哲学"，乙类干部则实施"文化课与中国问题同时并进"，丙类干部则学习"中国革命与中国共产党（党建）、中国问题"，丁

[①] 陕西师范大学教育研究所编：《陕甘宁边区教育资料》（在职干部教育部分），教育科学出版社1981年版，第53—54页。

[②] 中共中央文献研究室、中央档案馆编：《建党以来重要文献选编（1921—1949）》第17册，中央文献出版社2011年版，第222页。

类干部则要求"文化课与党建同时并进"①。与此同时，中央规定一切在职干部必修时事教育课程，地方干部还要学习必要的军事知识。1942年2月，中共中央又详细规定在职干部教育的业务、政治、文化、理论等四项内容。

其三，探索多种在职干部教育形式。陕甘宁边区的干部教育最早采取过集中自学、上大课的方法。1940年陕甘宁边区共组织大讲演16个问题20次，1939年又讲了15个问题16次。②1940年1月，中央书记处要求"全党在职干部必须保证平均每日有两小时的学习时间"，"凡环境许可的地方，可依类编成学习小组"③。在此基础上，全党逐步形成"两小时学习制度"和"小组学习制度"等党内学习制度。此外，各地对党的在职干部教育提出具体要求。1939年，陕甘宁党代会要求"凡不识字的党员干部，应一律参加识字组，或由所属机关团体中的支部指定专人经常教学"，"党的干部应经常读报，或组织研究各种党报的小组"④。1941年5月，中央西北局指示党的干部要重视"阅读党的刊物，研究和执行党的指导文件"，"必须组织干部中的讨论，并配合当地工作实际状况加以执行"⑤。这些多样的教育形式和学习形式，既不影响干部日常工作，又达到干部教育的目的。

其四，建立讲授、辅导和检查制度。在职干部教育开始之初，各级党组织要求为甲乙类干部配指导员，为丙类干部设教员，但因条件所限这项制度未能普遍建立。1939年8月开始，各抗日根据地建立了顾问团制

---

① 中共中央文献研究室、中央档案馆编：《建党以来重要文献选编（1921—1949）》第17册，中央文献出版社2011年版，第222—223页。

② 参见刘宪曾、刘端棻主编：《陕甘宁边区教育史》，陕西人民出版社1994年版，第122页。

③ 中共中央文献研究室、中央档案馆编：《建党以来重要文献选编（1921—1949）》第17册，中央文献出版社2011年版，第223页。

④ 刘宪曾、刘端棻主编：《陕甘宁边区教育史》，陕西人民出版社1994年版，第117页。

⑤ 中央档案馆、陕西省档案馆编：《中共中央西北局文件汇集》（1941年），内部资料1994年印刷，第2—3页。

度、巡回教育站制度等。为了督促在职干部学习，各地干部教育主管部门又建立定期测验制度，通过日常考察、临时测验、学期考试、毕业考试等形式检查在职干部的学习。

第二，学校干部教育。虽然在职干部教育是抗日战争时期干部教育的主要形式，但是党和各级政府并未放松学校干部教育工作。这一时期，各抗日根据地发展了各类干部学校，培养了大批革命干部。

其一，党中央高度重视学校干部教育。毛泽东等多位领导人兼任过各种干部学校实际或名誉领导职务。1937年中国抗日红军大学改名为中国人民抗日军事政治大学，毛泽东任教育委员会主席，1943年3月，又兼任中央党校校长。1937年10月，朱德任西北青年救国联合会战时青年短期训练班的名誉主任。1938年5月，张闻天兼任新改组成立的中央研究院院长。1940年5月，陈云担任泽东青年干部学校校长一职。此外，毛泽东、刘少奇、张闻天、博古、董必武等领导人经常到干部学校讲课和作报告。这表明党中央对学校干部教育的重视，极大地鼓舞了教职员的积极性。

其二，各地纷纷建立各种干部教育学校。在陕甘宁边区，党中央先后扩大了中央党校、中国人民抗日军事政治大学，创办了陕北公学、鲁迅艺术学院、马列学院、自然科学院等。敌后根据地也建立地方性干部学校。新四军在华中地区发展了江淮大学，开办抗大分校、鲁艺华中分院、皖东北抗日军政干部学校、淮北苏皖边区行政学院、苏中公学和苏北公学等地方干部学校。①

其三，坚持行之有效的原则和方法。为能够尽快培养出更多的革命干部，各级干部学校坚持因人施教原则，注意区分教学对象，区别对待；坚持理论联系实践的原则，主张学校教育与生产、斗争相结合；坚持少而精的原则，主张做什么学什么，适用的东西就学，不适用的东西就不学。这些经过学校教育培养出来的大批干部，奋斗于抗战各条战线上，为国家独立和民族解放作出了重大贡献。

---

① 参见董纯才主编：《中国革命根据地教育史》第2卷，教育科学出版社1991年版，第526页。

（三）广泛开展群众性社会教育

中国共产党领导下的社会教育发轫于土地革命战争时期，到了全民族抗日战争时期得到发展，形成了较为完备的社会教育网络。

1. 明确社会教育目的原则，设立组织管理机构

第一，明确社会教育的目的。1937年初，中央苏维埃政府西北办事处提出要把陕甘宁建设成为"抗日的模范"，"把广大群众从文盲中解放出来，普遍地进行普及教育，使每个特区人民都有受教育的机会"①。当时，抗战新形势急需对民众进行广泛宣传，"但是要这些文盲大众都脱离了生产去学习，事实上还是困难的"，"要迅速完成这艰巨伟大的事业，要设立千百个学校，聘请千百个教员。这巨大的经费，巨量的人材，事实上一时不易办到，若慢慢地筹划经费，迟迟地训练人材，抗战的环境也不允许"②。当时唯一的补救办法就是利用群众生产的空暇予以补习教育，广泛地开展社会教育。

要推动社会教育的开展，必须首先明确社会教育的目的。1938年6月，陕甘宁边区教育厅组织编写了《社会教育概论》，对社会教育的意义、对象、内容、实施办法等作了详细说明。提出社会教育要以文字教育、政治教育和娱乐工作为内容，"给'文盲'和'半文盲'以获取知识的工具，使能运用文字获取知识发表思想意见"，"提高群众政治水平，给群众以民族意识，抗战知能，动员群众参加救国实际行动"③。1939年11月，陕甘宁边区制定施政纲领，将"发展民众教育，消灭文盲，提高

---

① 陕西师范大学教育研究所编：《陕甘宁边区教育资料》（社会教育部分　上册），教育科学出版社1981年版，第2页。

② 陕西师范大学教育研究所编：《陕甘宁边区教育资料》（社会教育部分　上册），教育科学出版社1981年版，第25—26页。

③ 陕西师范大学教育研究所编：《陕甘宁边区教育资料》（社会教育部分　上册），教育科学出版社1981年版，第28页。

边区成年人民之民族意识与政治文化水平"①为边区政府的施政目标。

第二，坚持社会教育符合群众实际、群众自愿的原则。1939年到1943年，抗日根据地教育工作曾经出现过偏差，一度"主张重质不重量，把一些学校合并，未注意到边区是农村分散的环境"，这在社会教育工作中"非特不能使群众普遍入学，反而加重了群众的负担"②。为了实现社会教育的目的，教育形式必须符合各地实际，教学动员必须遵循群众自愿原则，"只有在符合群众的需要与自愿的条件下，群众教育才能达到目的"③。总之，"我们就需要一种与人民相联系的教育"④。

社会教育中坚持符合群众实际、群众自愿原则，体现在当时社会教育具体内容上。在开办社会教育时，这一原则要求对绝大多数的文化落后的大众开展社会教育时，"宣传要耐心诚恳，多以与对象切身关系的话去打动群众的心"⑤。在开办识字班时，这一原则要求办学地点办在"人口集中点，学生来校方便"⑥。在办民众俱乐部时，这一原则要求俱乐部的开办"应依当地风俗与民众的需求而决定"，其内容可以"包括教育、政治、游艺等项，但材料不是刻板的，是每一时期反映在俱乐部所在地，直接与俱乐部民众有关系的，尤其是与各个人本身工作有关系的。这样就把工作变成实际的政治教育，同时用教育来改善工作"⑦。另外，社会

---

① 中央教育科学研究所编：《老解放区教育资料》（二）抗日战争时期，上册，教育科学出版社1986年版，第7页。

② 中央教育科学研究所编：《老解放区教育资料》（二）抗日战争时期，上册，教育科学出版社1986年版，第141—142页。

③ 陕西省档案馆、陕西省社会科学院编：《陕甘宁边区政府文件选编》第8辑，档案出版社1988年版，第423页。

④ 教育科学研究所筹备处编：《老解放区教育资料选编》，人民教育出版社1959年版，第3—4页。

⑤ 陕西师范大学教育研究所编：《陕甘宁边区教育资料》（社会教育部分 上册），教育科学出版社1981年版，第28页。

⑥ 陕西师范大学教育研究所编：《陕甘宁边区教育资料》（社会教育部分 上册），教育科学出版社1981年版，第63页。

⑦ 陕西师范大学教育研究所编：《陕甘宁边区教育资料》（社会教育部分 上册），教育科学出版社1981年版，第68页。

教育课本的编写也要符合抗战要求和民众实际。为此，各抗日根据地在社会教育中出版有《冬学识字课本》《新千字文》《庄稼杂字》《卫生课本》等。这些文字简明易懂、内容适用，给根据地民众生活提供了所需的基本文化知识，有利于达到社会教育基本目的。

第三，建立社会教育组织领导和督察机构。全民族抗日战争时期，作为早期革命战争保留下来的唯一的根据地，陕甘宁边区的社会教育组织机构尚未建立起来。其他敌后根据地创建初期的社会教育更是处于完全瘫痪状态。为了有效组织和领导根据地的社会教育工作，各抗日根据地纷纷建立相关组织领导机关和指导督察机构。

在陕甘宁边区成立后，为加强社会教育工作，陕甘宁边区政府在教育厅下面设社会教育科，负责制定社会教育工作方针、计划、进度，进行社会教育的调查、统计，领导各直属社会教育团体的工作，办理戏剧、歌咏及民众娱乐事宜。在陕甘宁边区各分区专员公署设立教育处（或教育科），在各县设立第三科（即教育科），在各区设立教育助理员，具体负责本县、区的社会教育工作，在基本乡村设立乡村教育委员会，并设文教主任一职。这在陕甘宁边区就形成了边区教育厅作为最高领导机构、乡村教育委员会为最基层组织、贯穿边区及分区县乡村五级的社会教育组织和管理机构，有力领导和保障了边区社会教育工作的开展。为了加强社会教育的检查指导工作，1938年10月，陕甘宁各县设有一名专职社会教育指导委员，其主要职责是巡回检查、指导、督促该县的区、乡两级的社会教育，帮助基层社会教育单位解决具体问题，进行教学辅导，定期总结并上报，与县第三科共同制订全县的社会教育计划，并作工作总结。这种多层次、全过程的教育检查、指导、督导机制有利于发现和解决工作中的问题，推动社会教育运动更有效地开展。

2. 开展多种形式的社会教育

为了符合民众生产生活实际，各抗日根据地开办了多种形式的社会教育。总体上，抗日根据地社会教育大致分为两大类，一是长期性经常性的社会教育形式，二是临时性突击式的社会教育形式。前者如识字组、夜校、半日校、民众教育馆等，后者如冬学。

抗日根据地的社会教育一开始较多采取临时性突击式的社会教育形式，主要通过各种群众性团体来举办。由于没有区分学员文化程度，不论学员年龄大小均安排在一起集体上课，这些形式虽然轰动一时，但难以持久。在党内整风以后，社会教育运动更加注重与群众生产生活实际的紧密联系，改变了初期整齐划一的教学组织形式，多以生产单位或自然村为基础组织，人数可多可少，学习时间根据当地生产情况而定。比如冬学运动中，有以时间而论按全天、半日、夜校来开办冬学的；有以对象而分，按成人、儿童、男子、妇女等群体来开办冬学的；还有以教学内容和行业划分的普通冬学、行业冬学、文武冬学、卫生冬学、纺织冬学和"一揽子"冬学等。

各抗日根据地探索出许多长期性经常性的社会教育方式。比如，根据教学内容和教学对象不同，各根据地在课堂、家庭、地头、作坊等地方，通过或集中或分散的方式，采取教员讲课、"小先生制"①和"学员互教"的方法，开展多种形式的社会教育，有的根据地创造了"送学上门""轮流巡回识字""夫妻问答"等学习互助的好方法。这些形式多样灵活、方便有效的社会教育方法和形式，将根据地民众充分地组织到社会教育运动中，既激发了民众参加学习的积极性，又提高了民众在社会教育中的责任感，有利于推动抗日根据地社会教育运动的深入发展。

鉴于抗日根据地社会教育形式多种多样，这里分别选取经常性的社会教育形式和突击性的社会教育形式中的一种主要的形式作简要介绍。

一是识字组。识字组形成于土地革命战争年代的群众教育，是抗日根据地社会教育普遍建立的一种组织形式。作为一种经常性的社会教育形式，抗日战争时期识字组已经遍及广大抗日根据地。

---

① "小先生制"是抗日根据地在社会教育中创造的一种民众自学互助的方法。由于师资短缺，抗日根据地的社会教育不得不与小学教育紧密结合起来，请小学教员和小学生在课外时间到社会教育组织担任临时教员。担任临时教员的小学生被称为"小先生"，这种制度随后被广泛运用于各地的社会教育运动中。

在识字组设置时，各根据地主要依据民众居住分散的特点，结合生产生活需要，一般以家庭、邻近或者统一工作部门为单位组织起来，每组3—7人，设有组长。识字组受到当地识字促进会或者小学、乡政府的领导。考虑到敌后抗日根据地复杂的斗争环境，"在游击区成立识字班，集体教学困难时，以成立青年识字小组或妇女识字小组，或利用小先生进行识字教育"[①]。识字组没有固定的学习地点和时间，形式不求整齐划一，而是利用劳动、休息等一切可以利用的时间，见缝插针来学文识字。如群众创造的"见物识字"（干什么活学什么字）、"识字牌"、"递字条儿"等就是识字组经常采用的方法。

在选择学习内容时，各根据地主要考虑基本识字和能读报纸。识字组的教材除了选用教育部门编印的课本外，有的是群众自编的教材，有的是报纸、通俗读物等。识字组的教员主要采取"以民教民"的方式。比如在扫盲运动中，各地普遍采取"小先生制"，即由小学生担任教人识字的小先生，既解决了社会教育师资短缺问题，也有利于学生巩固在校学到的知识，将学校教育和社会教育紧密结合起来。

二是冬学。1936年冬季开始，陕甘宁边区出现了民众或政府组织的利用农闲季节大规模、有计划、有组织的冬学运动。1938年冬季以后，敌后抗日根据地逐步开展起本地区的冬学运动。由于冬学运动的良好效果，其成为新中国成立以后北方农村社会教育的主要形式。

各根据地首先成立冬学委员会，一般吸收当地党、政、军、民各界代表共同参加，由各级政府的教育负责人主持。实际上冬学委员会成为冬学的领导和管理机构，主持各地区的冬学事宜。在党和政府帮助下，各抗日根据地的专署、县、区、村等各级冬学委员会先后成立，其中专署以上的冬学委员会，要由各有关部门得力干部组成，县区要求冬学委员一律作冬学工作，各村冬学委员会主要靠村干和积极分子来组成。冬学

---

① 中央教育科学研究所编：《老解放区教育资料》（二）抗日战争时期，下册，教育科学出版社1986年版，第115页。

的主要教育对象是基层干部、民兵和男女青壮年。[1]因学员文化水平不一，冬学根据学生识字多少，又分为初级班和高级班，识字500字以下者上初级班，识字500字以上者入高级班，各班设班长和学生干部。冬学时间上统一规定为3个月，一般从当年阳历11月到翌年1月，"除阴历年前后听课十天外，实际授课时间，为一百六十小时"[2]。学员实行住校制，学员集体食宿。在作息时间方面，冬学按照课程表全日上课，休息时间参加社会活动，如政治宣传、拥军优抗、协助政府收公粮等。冬学的教员一般是教育部门从中等学校和其他学校抽调的部分师生，经过短期训练后，分配到各县做冬学教员，选拔教员主要考察教员的思想政治觉悟。冬学有着较为严格的管理制度，包括请假制度、住校制度、考试制度。1940年开始还实行毕业制度。这些制度有力保证冬学运动的持续开展。

冬学的教学内容主要分为文化教育、政治教育、科学知识教育、劳动教育、卫生教育，在比例上一般突出政治教育，但各根据地也会依据当地斗争实际有所调整。在晋察冀边区，1942年开办冬学时，《晋察冀边委会制发本年度冬学教育实施大纲》中规定冬学课程一般规定为政治课、识字课、常识课、组织课、唱歌等五种。各种课程所占学时比例为，"政治课占百分之三十，识字课占百分之十四，常识课占百分之十五，组织课占百分之十五，唱歌不占正课时间。特别地区只上政治课，外加读报及根据地重要建设的法令、政策。识字在政治课中附带进行"[3]。1944年，该边区在冬学中又提出"因地区域对象的不同，应有不同的重点"，要求"巩固区及基础较好的游击根据地以文化课占百分之六十，政治、生产课占百分之四十为原则。游击区或新开辟地区则以文化课占百分之

---

① 参见上海教育出版社编：《老解放区教育工作回忆录》，上海教育出版社1979年版，第98页。

② 中央教育科学研究所编：《老解放区教育资料》（二）抗日战争时期，下册，教育科学出版社1986年版，第111页。

③ 中央教育科学研究所编：《老解放区教育资料》（二）抗日战争时期，下册，教育科学出版社1986年版，第111页。

四十，政治课等占百分之六十为原则"①。在山东根据地，冬学的教学内容"以政治教育为主，辅之以文化教育，其比例是七比三"②。冬学使用的教材一般是由教育部门用新文字和汉字编印后免费发放给教员和学生的，其内容紧贴政治教育，鲜明体现对敌斗争的特点，其中不乏《不告诉敌人一句实话》《坚壁东西》《送情报》等课文。如华中地区，苏中根据地编写的《万事通》，内容丰富，文字简短，通俗易懂，被作为冬学教材，几乎学员人手一册。③在晋察冀边区，1944年边区孟平县民众在冬学中自编了适合群众口味的新课本《村情三字经》和《副业生产》，文字多为日常用字，内容生动具体又贴近生活。以下为《村情三字经》的部分内容摘录：

> 说咱村，是典型，作模范，出英雄，梁文耀，是青年，现担任，指导员；
>
> 学习组，搞得猛，各组员，都加紧，六七人，三个月，三百字，认下啦；
>
> 简单信，都能写……
>
> 民办学，成立起，校里事，大家管，选校长，请教师，自报名，不强迫，油和柴，自己买。④

这些取材于实际，贴近群众生活的教材，让群众读起来津津有味，他们不但识了字，而且大大激起了生产和学习的热情。当时各抗日根据地冬学运动普遍受到群众的欢迎。一首创作于陕甘宁地区的儿歌《上冬学》

---

① 中央教育科学研究所编：《老解放区教育资料》（二）抗日战争时期，下册，教育科学出版社1986年版，第118页。

② 中央教育科学研究所编：《老解放区教育资料》（二）抗日战争时期，下册，教育科学出版社1986年版，第269页。

③ 参见上海教育出版社编：《老解放区教育工作回忆录》，上海教育出版社1979年版，第100页。

④ 中央教育科学研究所编：《老解放区教育资料》（二）抗日战争时期，下册，教育科学出版社1986年版，第150—151页。

可以反映出人民群众对于参与冬学运动的态度和热情。

> 庄稼收到家，人人笑哈哈。拿起书本儿，冬学学文化。
>
> 学文化好处大，知识学得多，道理解得下。
>
> 不做落后人，不做睁眼瞎。男女老少都上冬学，冬学的好处大。
>
> 人人有文化，救国有办法。小管这家务，大就管国家。
>
> 会生产会打仗，有文又有武，创造新中华。
>
> 不做落后人，不做睁眼瞎。男女老少都上冬学，冬学的好处大。[①]

（四）重视普及和发展基础教育

抗日根据地的基础教育一般是比较薄弱的。如陕甘宁边区创立前学校教育并未普及，幼儿教育更无从谈起。在陕甘宁边区成立后，党和政府提出"扫除一切教育上的垄断和畸形发展，普及教育是目前的中心口号之一"，"在一定时期（大约若干年），普及最低限度（规定课程标准）的教育"[②]。为达到这一目标，广大抗日根据地不仅积极开展扫盲运动，还重视发展中小学基础教育，积极推动根据地的教育普及工作。

1. 普遍发展义务小学教育

第一，制定普及义务教育的法规办法。全民族抗日战争时期，中国共产党将实行普及的免费的义务教育作为抗日救国施政纲领。1938年，党的六届六中全会上，毛泽东提出实施抗战教育政策，提出"办理义务的小学教育，以民族精神教育新后代"[③]。1940年3月，中共中央发出指示，要求各抗日根据地"尽可能恢复与重新建立各地小学校，达到每村有一个初级小学校"，"以建立广泛的小学网"，在小学招生中要"用说服解释

---

① 刘宪曾、刘端棻主编：《陕甘宁边区教育史》，陕西人民出版社1994年版，第349页。

② 陕西师范大学教育研究所编：《陕甘宁边区教育资料》（社会教育部分 上册），教育科学出版社1981年版，第2、3页。

③ 中共中央文献研究室、中央档案馆编：《建党以来重要文献选编（1921—1949）》第15册，中央文献出版社2011年版，第619页。

方法及政府法令的强制力量，大量的动员学龄儿童入学"[1]。据此精神，各抗日根据地先后颁布了一系列发展小学教育的法令，推动义务教育的发展。比如陕甘宁边区颁布了《实施普及教育暂行条例》《实施义务教育暂行办法》，晋察冀边区颁布了《普及国民教育的指示》，晋冀鲁豫边区颁布了《强迫儿童入学暂行办法》，山东省战时工作委员会颁布了《战时国民教育实施方案》等。

第二，兴办新民主主义的小学教育。各抗日根据地依据"建立自己的民族的、科学的、人民大众的新文化和新教育"的工作方针，积极创办新民主主义的小学教育。新型的小学教育体现在小学教育的宗旨、课程内容、教学方法、管理制度等方面。1938年8月，陕甘宁边区颁布《边区小学法》和《边区模范小学暂行条例》，1939年8月颁布了《边区小学规程》，为边区办理新民主主义小学提供政策依据，对其他抗日根据地兴办新型小学教育起到引领示范作用。关于小学办学目的，《边区小学法》规定"边区小学应依照边区国防教育宗旨及实施原则，以发展儿童的身心，培养他们的民族意识、革命精神及抗战建国所必需的基本知识技能"[2]。该法令规定小学修业期限为五年，前三年为初级小学，后两年为高级小学，兼有初、高级的小学为完全小学，初级小学可以单独设立。后来，在一些地区又改五年学制为六年学制，初小四年，高小两年。在课程设置上，小学课程总的精神是力求精简，"以政治、军事为中心"[3]。在实际工作中，敌后抗日根据地注意到统一战线和抗战政治教育，结合实际开设了防空、防毒、反奸等课程，如晋察冀边区小学参照陕甘宁边区小学规程制定了具体教学科目（详见表9-1）。在小学教育方法上，各根据地强调学习与实际的结合，废除注入式教学法，采取启发式教学法，注

---

[1] 中共中央文献研究室、中央档案馆编：《建党以来重要文献选编（1921—1949）》第17册，中央文献出版社2011年版，第212—213页。

[2] 中央教育科学研究所编：《老解放区教育资料》（二）抗日战争时期，下册，教育科学出版社1986年版，第303页。

[3] 中央教育科学研究所编：《老解放区教育资料》（二）抗日战争时期，下册，教育科学出版社1986年版，第307页。

意指导学生自学，组织学生讨论。在小学管理上，各地小学普遍实行民主管理，以提倡民主精神、锻炼集体生活为中心，绝对禁止体罚。关于学费方面，各地政府普遍实行免费入学制度，规定当时在校的小学生只需要自己准备伙食费、课本费等，免除一切学杂费。小学教材主要由各根据地教育厅组织编写，免费发给学生。各地编写教材时注重与生活相联系，积极灌输抗战内容。在很多地方的小学课本中，编入防治疾病、防空防毒、反奸防特等方面内容。比如在晋察冀边区规定的初小课本中有一课是关于如何防空的内容：

> 敌机来，躲避好，不乱跑，不乱叫。
> 进树林，下地窖，快散开，快卧倒。
> 红白东西，要去掉。[1]

再如该边区阜平县的水泉村小学教材中的相关内容：

> 好儿童，要生产，勤学习，不偷懒。
> 国民党，行特务，害国家，害民族。
> 共产党，讲民主，救人民，打日本。[2]

表9-1　晋察冀边区小学教学科目及每周教学时间表[3]

科目 　分钟/周 　年级	一、二年级	三、四年级	五、六年级
国难讲话	60	120	180
国语	540	420	420

---

[1] 河北省晋察冀边区教育史编委会编：《晋察冀边区教育资料选编》（续集），北京师范大学出版社1991年版，第652页。

[2] 中央教育科学研究所编：《老解放区教育资料》（二）抗日战争时期，下册，教育科学出版社1986年版，第151页。

[3] 参见王谦主编：《晋察冀边区教育资料选编》（初等教育分册上），河北教育出版社1990年版，第1—2页。

续　表

分钟/周 科目	年级	一、二年级	三、四年级	五、六年级
常识	社会		180	180
	自然			120
算术		120	150	180
工作	劳作	120	90	60
	美术		90	60
唱游	体育	240	240	180
	音乐			120
总计		1080	1290	1500

由于小学义务教育的普遍推行，各抗日根据地小学教育得到快速发展。仅在陕甘宁边区，小学数目就由 1937 年春的 320 所发展到 1939 年底的 883 所，学生由 5600 多人发展到 22089 人，学校数量增加近三倍，学生增加四倍多。[①]在晋察冀边区，"到 1941 年秋，冀中平原二十八县（相当于旧县制二十一县），连游击区在内，平均入学儿童占学童总数目百分之六十二，定南、安平等九县入学儿童达到百分之九十至九十五以上。在山地，一向是地瘠民贫，以遭受敌灾天灾很严重的阜平为例，小学和学生人数也较战前增加了一倍以上。不论平原和山地，不少村庄学童已百分之百入学，贫苦儿童也有了学习的机会"[②]。

第三，积极发展民办小学教育。全民族抗战初期，小学办学形式主要是政府公办。然而，各抗日根据地小学适龄儿童因为各种原因未能入读公办小学，基层农村存在就近办学的积极性，一些地方也兴办了一些民间机构。1944 年 11 月，陕甘宁边区召开了文教大会，建议边区农村可以

---

① 参见刘宪曾、刘端棻主编：《陕甘宁边区教育史》，陕西人民出版社 1994 年版，第 21 页。

② 教育阵地社编：《抗战时期边区教育建设》（上册），新华书店晋察冀分店 1946 年6 月，第 8 页。

"民办公助"办理初级小学，"其年限与学制视各地情况决定之，不强求整齐划一，以不误生产为原则"①。自此，各抗日根据地的民办小学发展有了政策依据，创造了各种形式的民办小学，推动了义务教育的普及。比如在教育基础历来雄厚地区，党和政府通过改良私塾，鼓励民间教育。据统计，鄂豫边区汉川县1943年1月改良私塾70多所，黄安县境内符合改良要求的私塾有157所，学生4296名。②陕甘宁边区根据举办方和教师的作用、办学形式、学生年龄等划分，就有米脂高家沟式、延安市杨家湾式、米脂杨家沟式、新形式巡回小学、旧式轮学、家庭学校等六种形式。山东根据地莒南县创办"庄户学"③形式，为农村小学学习和劳动提供方便。当时有一首快板道出了"庄户学"的主要特点。

> 庄户学，真正好；群众办，党领导。
>
> 边识字，边拾草；庄户活，误不了。
>
> 又写算，又读报；天下事，都知道。
>
> 大组大，小组小；看忙闲，看老少。
>
> 子教母，姑帮嫂；自动学，互相教。
>
> 要自愿，随需要；人人夸，都说妙。④

2.创建承担双重任务的中等教育

中等教育是抗日根据地新民主主义教育的重要组成部分，培养了大量服务于抗战需要的知识分子，提高了抗日根据地中低层干部队伍的水平，

---

① 陕西省档案馆、陕西省社会科学院编：《陕甘宁边区政府文件选编》第8辑，档案出版社1988年版，第422页。

② 参见谢国雄主编：《汉川县教育志》，内部资料1988年印刷，第38页。

③ "庄户学"是1944年春在山东根据地莒南县洙边区莲子坡村开创的一种教育形式。它是由小学教员张建华在开展小学教育中创办的，办学中小学生被分成若干小组，安排了劳动和学习时间，平时就在田头坡前教学，雨天回教室读书。后来庄户学推广该村办的成人教育中，成为小学教育与成人教育的统称，后来又逐步推广到鲁南地区一些县区。

④ 上海教育出版社编：《老解放区教育工作回忆录》，上海教育出版社1979年版，第78页。

为抗日战争和根据地建设作出了重要贡献。

第一，确定中等教育的双重属性，即普通的国民教育和临时的干部教育属性。抗日战争时期，广大抗日根据地教育状况和实际水平决定了中等教育承担着培养现任干部和未来干部的双重任务。一方面，中等教育要培养完全小学毕业生的任务，为他们升入高一级学校做准备，这体现出其普通中学教育的性质。另一方面，中等教育还担负培养小学师资、地方干部与培训提高基层在职干部的任务，一定程度上又具有干部教育的性质。相比而言，为基层培养初级干部是抗日根据地中等学校的主要任务。

抗日根据地中等学校经历了一个从无到有、不断壮大的过程。在各抗日根据地的创建初期，伴随着基础教育的发展，教员的缺乏逐步凸显。各抗日根据地一方面吸收、教育青年知识分子和发动基层干部充实基础教育，另一方面开始着手和创办自己的师范学校，在中高等学校中增添师范部来培养师资。这一时期，中等学校的学生来源庞杂，他们在学校经过短期培训后，即返回原单位从事教育和革命工作。随着各抗日根据地教育不断走上正轨，中等学校的学生逐渐以青年学生为主，学制、学习内容等各方面逐步趋向规范。

第二，发展多种形式的中等教育。抗日根据地的中等教育包括普通中学教育、中等职业教育、中等师范教育。

各抗日根据地迫切需要建设自己的普通中等教育。在普通中学教育方面，陕甘宁边区在革命前仅有米脂中学和绥德师范两所中学，其他根据地的情况也不容乐观。就教育对象而言，一方面，自1938年以来，全国各地大批青年学生纷纷前往延安和敌后抗日根据地，他们之中有一部分人年龄稍小，文化程度偏低，不能马上分配工作，党和政府必须对他们进行一定的教育。另一方面，早期革命斗争中的年轻战士和一部分干部子弟，文化程度也较低，也需要给予一定的文化教育。就基层抗日民主政权建设而言，随着抗日战争的深入发展，革命斗争亟须一大批有一定文化知识的中下级干部来充实基层政权建设。这种情况下，各抗日根据地先后创办普通中等教育。1938年9月，陕甘宁边区创办的边区中学，成为边区第一所普通中学，后来又改造了米脂中学，成立了延安中学、陇东中学。

各抗日根据地还十分重视中等师范教育。广大抗日根据地要普及教育，就必须建设一支庞大的师资队伍，这是发展根据地教育的关键所在。因此，各抗日根据地主要依靠发展师范教育来培养师资，以扩大教师队伍。全民族抗日战争时期，陕甘宁边区曾先后建立过6所中等师范学校，即鲁迅师范学校（后并入边区示范学校）、边区师范学校、关中师范学校、三边师范学校、鄜县师范学校和绥德师范学校，而且在当时普通中学中还设立了师范班。今天看来，陕甘宁边区始终把师范教育放在中等学校工作的首位，有力抓住了师资培养这一环节，是顺利推行小学义务教育普及工作的关键。

中等职业学校是抗日根据地中等教育的重要组成部分。抗战时期各抗日根据地的初中级专门技术人才十分缺乏，抗战斗争和政权建设中迫切需要更多的具有专门的经济管理、农业技术、医疗卫生、军事技术等方面知识的人才。为此，各抗日根据地克服了人财物力的极度短缺，先后办起一批中等职业技术学校，比如陕甘宁边区先后创建了边区农业学校、职业学校、医药学校、警政学校、妇女职业学校等，主要用于在职培训专业人才和革命干部。

第三，开展规范和整顿中等学校工作。1941年11月，林伯渠在评价陕甘宁边区教育时指出："中等教育是我们文化教育工作的重心，花的精力与金钱也最多，因为要提高师资与培养教育干部，不能不依靠加强中等教育。"[①]值得注意的是，抗日战争时期党在发展教育事业中曾发动过"旧型正规化"运动，目的在于实现根据地中小学教育的规范化。但是，当时这一运动采取了"一刀切"的政策，忽视了各抗日根据地实际条件的差异，导致所谓"正规化"实际上是脱离群众实际的，一度致使各抗

---

① 中央教育科学研究所编：《老解放区教育资料》（二）抗日战争时期，上册，教育科学出版社1986年版，第19页。

日根据地学校教育出现了严重萎缩，对中等教育发展也产生了不良影响。为了加强抗日根据地中等教育，规范和整顿各类中等学校很有必要。在延安整风以后，党和政府加强了中等学校的规范和整顿工作。1942年，边区颁布《边区暂行中学规程草案》和《关于整顿边区各直属学校的决定》，对各级学校的教学制度、课程设置、教员标准、学生资格、教材、经费等具体内容作了明确要求。这些规定对其他根据地的中等教育规范和整顿工作有着示范意义。经过整顿，抗日根据地的中等学校教学质量和水平相对有了很大提高。

三、中国共产党解决抗日根据地教育问题的基本效果

由于社会历史条件不同，全民族抗日战争时期的教育与今天的教育不能相提并论。但是，中国共产党在文化教育领域的实践在很大程度上解决抗日根据地突出的教育问题，提高了民众文化水平和政治觉悟，培养了大批专业技术人才和革命干部，初步建立起新民主主义教育基本框架，为新中国文化教育事业发展积累了宝贵经验。

（一）扫除了大量文盲，不断提高民众觉悟

各抗日根据地扫盲工作取得了积极成效。各地通过冬学运动、识字班、民众学校、民众教育馆等社会教育形式，改变了抗日战争初期根据地文盲率高的状况。每到冬季农闲时节，各抗日根据地几乎村村开办冬学，吸收了大量文盲民众参加学习。在陕甘宁边区，1937年开展的第一冬学运动中，共办冬学619处，学员10337人。延安市在1944年11月到1945年1月，组织了130多个识字组，参加的人员达1000人。比如，在陕甘宁边区子洲县苗家坪区有个周家圪崂村，全村28户人家共149口人，村里8岁以上，50岁以下75%的人都参加了冬学。到1945年，该村原来只能粗略识字的村民可以读《群众报》，最少的也识字600个。原识字不到50个的，最多能识400字，最少的也能识100字；原识字不到20个或文盲

的，能识字140个，这算是一个不小的成绩，因此该村被誉为"绥德分区冬学运动的方向"。①

其他敌后抗日根据地扫除文盲工作中也取得了积极效果。在晋察冀边区，1937年，晋察冀边区的冀中区26个县的适龄儿童的平均入学率仅有30%，北岳区山地更差，如阜平县入学率不及20%。②在党和政府大力发展社会教育后，晋察冀边区扫盲工作成效显著。到了1940年，学龄儿童入学比例，北岳区达57.19%，冀中达75%，个别县甚至达90%。③1940年冬学开始时，晋察冀边区冀中区下属八个分区的七个县举行过识字测验。结果显示，识字一百以下者共265326人，识百字至二百字者共49761人，识二百至四百字者共31687人，识四百字至六百字者共21138人，识六百字至九百字者共17813人。已扫除的文盲（识字一千以上者）共11644人。同小学里一样，在民校里广大的妇女群众也得到了同样的学习机会。④在晋冀鲁豫边区，太行区的赞皇、昔东、左权、武乡等地，1942年参加冬学人数已占全部文盲人数的80%到91%。太岳区在1944年开办的冬学有3131所，入学人数100746人，1945年又开办了5000所以上，入学人数30万以上。⑤在晋绥边区，由于文化教育是从群众实际需要出发，广大群众不但提高了文化水平，而且学得了实际知识。"仅以二分区作例，冬学中识字最多的三百个左右，普通七、八十到一百个，最少的二十个左右。少数最好的，会写简单信、开路条。兴县李家山冬学三十个成年中有二十六个学会了珠算小九九；四个学会了归除法；十个学会了记变工帐；

① 参见宋金寿主编：《抗战时期的陕甘宁边区》，北京出版社1995年版，第640、642、643、644页。

② 参见河北省晋察冀边区教育史编委会编：《晋察冀边区教育资料选集》（续集），北京师范大学出版社1991年版，第374页。

③ 参见晋察冀边区阜平县红色档案丛书编委会编：《晋察冀日报文摘》第1卷，中共党史出版社2017年版，第52页。

④ 参见中央教育科学研究所编：《老解放区教育资料》（二）抗日战争时期，上册，教育科学出版社1986年版，第159页。

⑤ 参见齐武编著：《一个革命根据地的成长：抗日战争和解放战争时期的晋冀鲁豫边区概况》，人民出版社1957年版，第230—231页。

十二个学会了开路条。十二个学会了认路条。妇女一般的学会了认票子和自己的名字。"[1]

经过根据地的教育，人民群众的政治觉悟和文化素质有了很大提高。"而群众对于冬学大半都能够了解，所有不信任冬学，轻视冬学的分子，差不多都说服了。有的干部更能将自己的兄弟姊妹儿女尽先进入冬学，起了模范的作用，大大提高了群众对冬学的信心。"在晋绥边区，"民国三十一年以来，边区教育工作进一步与民众生产结合，民众学习情绪更为高涨，临县妇女主任王汝则18天中学会生字38个，学会了打算盘，在她推动下，全家人除了五岁的一个小孩都参加了冬学了。兴县张家圪塌，一个妇女起初受婆婆和丈夫的阻止，不叫上冬学，她很耐心地给婆婆和丈夫解释，不但争取到自己上冬学的自由，而且推动了她丈夫的学习"[2]。刘宝华是晋绥边区离石刘家山小先生运动中涌现出来的模范，她用劝导说服的办法组织妇女识字。她"首先把自己的母亲、嫂嫂动员起来，而后扩展到其他妇女，她一个人领导着3个识字小组，包括十八个群众，识字最多的能写简单日记，在她的影响推动下，全校70多个学生都卷入小先生运动中，全村一半以上的群众参加了识字。她一面教识字，一面给她的'学生'开脑筋，她父亲刘昭彰母亲车振贤过去迷信不劳动，现在却转变好了"[3]。广大人民群众通过学习，尝到了有文化的甜头。当时，"群众有很多都能认识冬学的好处，知道不识字的痛苦，要求区乡添加冬学的呼声随处都可以听到"[4]。当时一些歌曲、顺口溜都反映了群众积极参加学习的心态。

① 中央教育科学研究所编：《老解放区教育资料》（二）抗日战争时期，下册，教育科学出版社1986年版，第169页。

② 山西省教育史晋绥边区编写组、内蒙古自治区教育史志办公室编：《晋绥革命根据地教育史资料选编》（一），内部资料1987年印刷，第251—252页。

③ 山西省教育史晋绥边区编写组、内蒙古自治区教育史志办公室编：《晋绥革命根据地教育史资料选编》（一），内部资料1987年印刷，第268页。

④ 中央教育科学研究所编：《老解放区教育资料》（二）抗日战争时期，下册，教育科学出版社1986年版，第23页。

大家心里都爱干，不误生产不花钱，

有事就去做事情，无事就来把书念，

一举两周全。[①]

扫院子垫圈，为了大生产，

生产和学习，努力一起干，

谁要认真做，一定做模范。[②]

（二）培养了大批革命干部和专业技术人才

一方面，抗日根据地积极开展干部教育，为党和政府培养了一支思想觉悟高、文化水平较高的干部队伍，为抗日根据地建设和革命提供了人才保障。著名的中国人民抗日军政大学（以下简称抗大）从1936年下半年开办第一期到抗战结束，抗大总校及分校共培养了29072名干部（详见表9-2）。以晋察冀边区为例，抗战期间根据地开办了晋察冀干部学校、抗战学院、抗大分校、华北联合大学等机构，共培养训练干部85000多人，分配到军事、政治、经济、文化各种事业中[③]，这些干部后来成为根据地各项工作的骨干力量。其中，华北联合大学是1939年7月在延安成立的，其任务是训练各种干部，坚持敌后抗战。当许多大学由平津京沪等地向大后方撤退时，它却于成立之后，即在成仿吾校长领导下向敌后挺进。到1943年，华北联合大学共培养毕业生80余个班队，学生达8000人，连同经过华北联合大学培养一个时期即分配工作的干部，人数近万。该校还培养了文艺工作的干部1000余人，培养了教育工作干部2000

---

① 陕西师范大学教育研究所编：《陕甘宁边区教育资料》（社会教育部分　上册），教育科学出版社1981年版，第244—245页。

② 中央教育科学研究所编：《老解放区教育资料》（二）抗日战争时期，下册，教育科学出版社1986年版，第151页。

③ 参见教育科学研究所筹备处编：《老解放区教育资料选编》，人民教育出版社1959年版，第56页。

余人。[1]

表9-2　中国人民抗日军政大学总校各期简况[2]

期别	时间	对象	人数	校址
第一期	1936.6—12	红军干部	1063	瓦窑堡　保安
第二期	1937.1—7	红军干部	2762	延安
第三期	1937.8—1938.3	八路军干部	1272	延安
第四期	1938.5—12	知识青年	5562	延安
第五期	1939.1—10	知识青年	4962	延安　晋察冀
第六期	1940.4—12	八路军、新四军干部	4900	山西武乡 河北邢台
第七期	1941.1—12	八路军、新四军干部	2551	河北邢台
第八期	1942.5—1945.8	八路军、新四军干部	6000	河北邢台 陕西绥德
合计			29072	

　　在华中根据地，为培养抗战建国人才，淮南抗日根据地在皖南事变前创办有抗大八分校、淮南行政学院和江淮大学等11所干部学校。淮北抗日根据地先后办起抗大四分校和淮北苏皖边区行政学院。皖江抗日根据地办有抗大十分校。抗战胜利，抗大八分校先后办了4期，培养了2500多名干部，其中部分同志后来成长为优秀的军政人才。[3]华中各分区在领导文化教育事业发展中，利用靠近沪、宁等大城市的便利条件，大量吸收知识分子补充部队担任军事、政治干部。据1941年10月统计，苏中根据地"知识分子在主力部队营以下干部中占60%，在连队政治指导员中占70%（后来达到80%—90%），在师团营干部中还有一些大学生和留学生"[4]。他们在苏中区的人民武装和根据地建设中发挥了重要作用，很多

---

　　① 参见中央教育科学研究所编：《老解放区教育资料》（二）抗日战争时期，上册，教育科学出版社1981年版，第418—419页。

　　② 参见中央教育科学研究所编：《老解放区教育资料》（二）抗日战争时期，下册，教育科学出版社1981年版，第324页。

　　③ 参见房列曙：《安徽敌后抗日根据地社会史研究》，安徽人民出版社2007年版，第179页。

　　④ 《粟裕传》编写组：《粟裕传》，当代中国出版社2000年版，第285页。

人后来成为新中国各项事业建设的骨干。这些理论素质强、文化水平高的知识分子，在革命军队的军事建设和政治工作中发挥了巨大作用。

另一方面，各根据地在艰难办学条件下，创办了一大批专门学校和专门训练班，如延安自然科学院、中国医科大学、白求恩护士学校、农业学校、卫生训练学校、气象训练班等。这些专门学校和专业训练班培养了一大批专业人才。据统计，自1940年建立到抗战胜利，延安自然科学院前前后后培养人才和干部500余人，为党和国家培育了一批革命科技干部。[①]1939年成立的陕甘宁边区农业学校，到1943年招收了两期，培训学员300多人，学员毕业后都分配到各地工作。[②]

在晋察冀边区，1941年6月底，华北联合大学的研究室培养出本校教员60余人，一定程度上解决了晋察冀边区中小学教员缺乏的问题。该校更对晋察冀边区的社会教育机构、学校教员、各地师资训练班，不断予以直接帮助与推动。截止到1943年，在文艺学院接受训练的剧社有17个，培养了工业建设及工运干部200余人，其他一般行政干部三四千人。[③]1939年9月，晋察冀边区成立了白求恩卫生学校。从创办到抗战胜利，该校共培养各类医务人员938人，其中开办军医班10期培养396人，调剂班6期培养339人，护士班5期培养203人。[④]

（三）初步建立起新民主主义教育基本框架

新民主主义教育是新民主主义文化的重要组成部分。抗日战争时期，中国共产党初步建立了一套新民主主义教育体系，为解放战争时期乃至

---

① 参见《延安自然科学院史料》编撰委员会编：《延安自然科学院史料》，中共党史资料出版社1986年版，第14页。

② 参见武衡主编：《抗日战争时期解放区科学技术发展史资料》第1辑，中国学术出版社1983年版，第156页。

③ 参见中央教育科学研究所：《老解放区教育资料》（二）抗日战争时期，上册，教育科学出版社1981年版，第418—419页。

④ 参见王谦主编：《晋察冀边区教育资料选编》（干部教育分册 上），河北教育出版社1990年版，第287页。

新中国教育奠定了基础。

首先，抗日根据地教育坚持新民主主义教育方针，在教育目标、教育内容、教育原则和方法上进行了积极探索。在教育目标方面，中国共产党先后提出要实施"国难教育""国防教育"或"抗战教育"，直至提出"新民主主义教育"，使之成为党在新民主主义革命时期教育工作的总方针。在教育类型上，党和根据地政府积极推行教育普及，以立法形式确立小学义务教育；发展中等教育，举办各类与干部教育结合的中等教育；重视社会教育，为实现扫除文盲和提高民众觉悟，各地组织冬学等各种形式的社会教育形式；突出干部教育，通过兴建干部学校和培训班、动员干部在职学习运动，努力培养一支德才兼备的党的干部队伍。在教育原则和方法上，党和根据地政府坚持了"为抗日战争服务""为民众服务"的宗旨，坚持理论联系实际、学习与生活相结合的原则，形成了自学、互学、教学等行之有效的方法。在办学模式上，党和政府在发展新民主主义的教育过程中十分重视发挥教育领域统一战线的重要作用，采取"民办公助""以民教民"的办学政策，发挥各领域各阶层民众办学积极性，推动了根据地教育事业的快速发展。以民办小学为例，1944年，陕甘宁边区文教大会后，民间力量办学迅速发展。截止到1945年上半年，陕甘宁边区小学数量增加到1377所，其中民办小学猛增到1057所。在34004名学生中，民办小学的学生有16797名。[①]

其次，抗日根据地中小学教育有了很大发展，高等教育不同程度地建立起来。在陕甘宁边区，1937年春到1940年秋边区小学逐年增加，由320所发展到1341所，学生数也由原来的5600人增长到43625人。[②]（详见表9-3）陕甘宁边区的中学也在不断发展。1937年初，陕甘宁边区创办鲁迅师范学校，后续开办边区中学、关中师范学校、三边师范学校、陇东中

---

① 参见陕西师范大学教育研究所编：《陕甘宁边区教育资料》（小学教育部分 下册），教育科学出版社1981年版，第239页。

② 参见陕西师范大学教育研究所编：《陕甘宁边区教育资料》（小学教育部分 下册），教育科学出版社1981年版，第127页。

学、鄜县师范学校，接办绥德师范学校、米脂中学。1942年，陕甘宁边区在调整中等教育时采取了一个分区设立一个学校的原则。截至1944年6月，陕甘宁边区共有6个中等学校，1536名学生。[①]与此同时，党中央和陕甘宁边区政府也十分重视高等教育建设。抗日战争时期，中国共产党创办了抗大、陕北公学、中国女子大学、八路军医科大学、鲁迅艺术学院等高等学校。其中抗大和陕北公学都是中国共产党领导并创办的具有大学雏形的学校之一。

表9-3 1937年春到1940年秋陕甘宁边区小学数字情况统计表[②]

年度	1937年春	1937年秋	1938年春	1938年秋	1939年春	1939年秋	1940年春	1940年秋
小学校数	320	545	705	733	890	883	1341	1341
学生人数	5600	10396	13799	15348	20401	23089	41458	43625

在晋察冀边区，党和政府积极重视各类教育的恢复和发展。1940年吕正操对晋察冀边区文化教育工作有过描述："我们初回到冀中时，学校都没有了。恢复政权后，就建立模范营，代替中学，军政并重。并且积极恢复小学……各区并设有中心小学。"[③]一向无人过问的偏僻山沟里都建立起了小学。1941年秋，晋察冀边区冀中区28个县，共有高小290处，初小3897处，共计学生454053人。同年北岳区也办了高小114处，分校28处。据北岳区19个县统计当时已有初小2932处，整个边区适龄儿童平均入学率达到60%。[④]在晋察冀边区，抗战前晋察冀边区小学教育是非常落后的。在适龄儿童占小学生比例上，冀西唐县仅5.6%，深县仅8.77%，

---

① 参见中央教育科学研究所编：《老解放区教育资料》（二）抗日战争时期，上册，教育科学出版社1981年版，第440页。

② 参见陕西师范大学教育研究所编：《陕甘宁边区教育资料》（小学教育部分 下册），教育科学出版社1981年版，第127页。

③ 河北省社会科学院历史研究所、河北省档案馆、石家庄高级陆军学校党史教研室等编：《晋察冀抗日根据地史料选编》（上册），河北人民出版社1983年版，第239页。

④ 参见河北省晋察冀边区教育史编委会编：《晋察冀边区教育资料选编》（续集），北京师范大学出版社1991年版，第375页。

即使在教育比较发达的冀中、饶阳、安国、安平等26个县也只有17.16%。抗战八年来，当地小学教育情况发生了划时代的变化。截止到1946年4月的统计，全边区共有小学23300多处，有146.47万多名学生。在老解放区，绝大多数村庄都办了小学。在曲阳、定北、完县、龙华等县村村有学校，各地平均适龄学童入学率超过70%，有的县份曾超过90%。而且男女生数量几乎平衡。在新解放区，小学的数量也在飞速增长。[1]在中等学校方面，1938年晋察冀边区筹设中学（实际上是训练班性质）。截至1940年，晋察冀边区已有29个中学。据不完全统计，1939年至1941年，边区中学共有毕业生7166名。此外，晋察冀边区还有华北联大主要培养抗战建国人才，抗大二分校主要培养军事干部，白求恩卫生学校主要培养医务干部。[2]

其他抗日根据地教育事业也在普遍发展起来。据不完全统计，1942年到1945年，晋冀鲁豫边区的太行地区小学学校数量由1942年的1237所（22个县），发展到1945年的3281所（24个县），增长率为165%；小学生数量由1942年的52885人，增长到1946年的239170人（缺1945年统计数字），增长率为352%。在小学办学成绩最显著的左权县，1946年初该县165个行政村有243所初小，6所高小和6个高级班，学龄儿童11943人，入学儿童达到10111人，小学入学率达到84.6%。当时有些村庄学龄儿童入学率非常高。如上庄村122个儿童中有114人入学，尖庙村39个儿童仅有1人失学。而这种高入学率，1944年时黎（城）北和武乡等地已经达到。当时黎（城）北有学龄儿童3946人，入学儿童3406人，小学入学率为86.3%。[3]在华中根据地，地处安徽省的淮南、淮北和皖江三个抗日根据地小学教育得以快速发展。抗战胜利前，淮南根据地有小学400所，淮

---

① 参见吴云田：《晋察冀边区小学教育剪影》，《北方文化》，1946年第1期，第21—25页。

② 参见晋察冀边区阜平县红色档案丛书编委会编：《晋察冀日报文摘》第1卷，中共党史出版社2017年版，第52页。

③ 参见齐武编著：《一个革命根据地的成长：抗日战争和解放战争时期的晋冀鲁豫边区概况》，人民出版社1957年版，第221页。

北根据地有小学1227所，学生达67000多人，皖江根据地有小学31所，学生3100人，改良私塾837所，学生20000余人。[1]抗战结束时，华中根据地苏皖边区将近有100所中等以上的学校，在其中94所中等以上学校里面包括1个建设大学，1个教育学院，1个工专，2个军事学校，6个师范学校，1个医务学校，1个新闻专科学校，3个综合性的干部学校，其余大部分都是普通中学。[2]其中，安徽省内的淮南、淮北和皖江3个抗日根据地已经办中学30所，为抗日根据地培养各级各类人才13000余人。[3]

当然，全民族抗日战争时期中国共产党解决根据地教育问题的努力并非一帆风顺，实践中也有不足。1940年前后，各抗日根据地在建立教育制度过程中，开展了旧型正规化运动。由于主观主义和教条主义的影响，各根据地的教育正规化运动出现了偏差，给根据地教育事业发展带来一定的损失。如小学教育方面，在抗战初期普及义务教育阶段，为了提高普及率，小学教育政策上曾经提出过一些脱离根据地实际的措施。有的根据地没能坚持群众自愿参加原则，出现过强制入学的现象，甚至对不参加学习者及家庭给予罚款等，这在群众中的影响很不好。后来在开展教育旧型正规化阶段，小学教育政策从强调高普及率转向重视质量的转变。严格说来，重视办学质量本没有错，但是当时根据地义务教育又陷入另外一个极端，在"减少数量，提高质量"方针的影响下，忽视了义务教育普及工作，结果造成1940年根据地小学教育规模锐减。当时陕甘宁边区小学由1940年的1341所减至1942年的723所，减少54%。学生人数也减少1万余人，减少将近1/3。[4]

① 参见安徽省地方志编纂委员会编：《安徽省志·教育志》，方志出版社1997年，第699页。

② 参见中央教育科学研究所编：《老解放区教育资料》（二）抗日战争时期，上册，教育科学出版社1981年版，第189页。原文《苏皖边区的教育》发刊于1946年4月3日。

③ 参见房列曙：《安徽敌后抗日根据地社会史研究》，安徽人民出版社2007年版，第186页。

④ 参见刘宪曾、刘端棻主编：《陕甘宁边区教育史》，陕西人民出版社1994年版，第27页。

今天看来，开展教育旧型正规化是根据地教育发展的一个重要阶段，也是教育发展必经的阶段。由于各抗日根据地教育现状的落后，在此基础上的教育旧型正规化改造必须符合抗战需要，符合根据地教育现状，要把重点放在抗日根据地教育的普及发展和扫除文盲上，不能过急过快。正如李维汉在回忆陕甘宁教育事业时指出："学校教育搞旧型正规化，对边区落后的经济、文化状况和地广人稀的特点注意不够，未能及时解决教育和实际结合、适应分散的农村，为边区服务的问题。"①这一分析切中了当时抗日根据地一度开展的教育旧型正规化运动的要害，即脱离了根据地实际情况，犯了教条主义、主观主义错误。再如，党的干部教育工作仍然存在一些不重视学习的现象：有的高级干部忽视了干部在职学习，有的干部没能充分认识在职干部学习的重要性；还有的基层干部认为学习知识不如干好工作重要，而逃避学习。尤其在职干部学习普遍存在一些错误认识，有一种是骄傲自满、故步自封。这在工农干部中最为明显，如"你有文化，可没有工作经验，我没有文化，但革命走在你的先头！""再过十年不学习，还不是一样要革命？"②还有一种是害怕困难，没有信心。如"过了三十不学艺"，"年纪大了，忘性大了"③等类似的观点比较多。这两种倾向都对干部学习尤其是基层干部的培养不利，特别是对乡村级干部的培养不利。以上这些教育中的具体问题都值得党在干部学习和教育工作中进一步解决和完善。

---

① 李维汉：《回忆与研究》（下册），中共党史资料出版社1986年版，第567页。

② 中央教育科学研究所编：《老解放区教育资料》（二）抗日战争时期，上册，教育科学出版社1986年版，第231页。

③ 中央教育科学研究所编：《老解放区教育资料》（二）抗日战争时期，上册，教育科学出版社1986年版，第234页。

国家出版基金项目
NATIONAL PUBLICATION FOUNDATION

让人民过上好日子

中国共产党解决民生问题的历史考察（1921—1949）下编

★ ★ ★ ★

郭　理◎著

安徽师范大学出版社
ANHUI NORMAL UNIVERSITY PRESS

·芜湖·

图书在版编目（CIP）数据

让人民过上好日子：中国共产党解决民生问题的历史考察：1921—1949.下编 / 郭理
著. -- 芜湖：安徽师范大学出版社，2024.6. -- ISBN 978-7-5676-6812-6

Ⅰ. K296.5

中国国家版本馆CIP数据核字第2024LU8006号

让人民过上好日子

中国共产党解决民生问题的历史考察（1921—1949）下编

郭　理◎著

RANG RENMIN GUOSHANG HAO RIZI

ZHONGGUO GONGCHANDANG JIEJUE MINSHENG WENTI DE LISHI KAOCHA 1921—1949 XIABIAN

总 策 划：陈　艳　戴兆国　　　　执行策划：阎　娟　刘　翠

责任编辑：刘　翠　阎　娟　　　　责任校对：陈　艳　李晴晴

装帧设计：王晴晴　冯君君　　　　责任印制：桑国磊

出版发行：安徽师范大学出版社

　　　　　芜湖市北京中路2号安徽师范大学赭山校区　　　邮政编码：241000

网　　　址：https://press.ahnu.edu.cn

发 行 部：0553-3883578　　　5910327　　　5910310（传真）

印　　　刷：安徽联众印刷有限公司

版　　　次：2024年6月第1版

印　　　次：2024年6月第1次印刷

规　　　格：700 mm×1000 mm　　1/16

印　　　张：49　　　插　　页：1

字　　　数：740千字

书　　　号：978-7-5676-6812-6

定　　　价：296.00元（全三册）

凡发现图书有质量问题，请与我社联系（联系电话：0553-5910315）

目 录

Contents

第十章　解放战争时期中国共产党
对解放区粮食问题的解决

虽然与土地革命战争和全民族抗日战争相比，解放战争历时较短，但是中国共产党在解放战争时期面临的任务仍很繁重，一方面中国共产党积极争取和平民主建国，另一方面不得不进行自卫战争。这一时期，解放区粮食问题同样成为影响军民生活的突出问题。为此，中国共产党和解放区政府采取各种措施，努力解决各地的粮食问题。

一、解放区粮食问题概况

发展粮食生产既是解决军民温饱的主要举措，也是支援解放战争和推动解放区建设的重要保障。国共内战的爆发打破了党和人民争取和平建国的可能，中国共产党和解放区政府不得不坚持服务战争这一中心任务，不断解决解放区突出的粮食问题。

（一）解放区粮食问题的主要表现

虽然各解放区建立时间、创建条件各不相同，但各地粮食问题仍有其共性。概括而言，由于新老解放区粮食供应受到自然条件、战争破坏等因素的影响，各地先后出现了不同程度的粮食紧张，有的地方甚至出现了严重饥荒；粮食短缺局面又导致各地普遍出现粮价上涨，影响到解放区军民粮食供应和社会稳定。

1. 新老解放区连续出现粮食歉收

"抗战期间粮食决定一切的说法不一定对，可是粮食是很大的问题。"[1]经过抗日战争的损耗，各解放区民力普遍衰退，农业生产破坏严重，恢复生产和休养生息成为解放区的普遍任务。

各解放区在不同程度上存在粮食歉收的情况。1945年陕甘宁边区粮食"普遍歉收"[2]。1945年冬，边区政府预见到1946年发生"春荒是必不可免的，因之提醒各分区及早注意和预防，果然，春耕开始时，仅子长、延长、延川、延安、志丹等五县即有61000余人无粮吃，仅安塞5个区即有500多头牛无草吃"[3]。解放战争爆发后，陕甘宁、晋绥等解放区农业生产遭到破坏。据不完全统计，陕甘宁边区人民损失细粮210余万石，50万亩青苗被毁，农产减少共200余万市石（比1946年减少一半），致使40余万人民陷于饥饿疾病状态。[4]1947年，晋绥边区有46万人口的地区因遭天灾而收成极少或毫无收成，另有190万人口的地区普遍歉收。晋绥边区有个"双塔村人多地少，全村五百七十口人，才有地1632亩，每人平均不到3亩，多数贫苦群众因地少，一到青黄不接的时候，就没吃的"[5]。

在华中解放区，1946年1月9日，中共中央华中分局看到华中各地"粮食歉收，人民几年来改善民生发展生产中所积蓄之财力物力有很大消耗"[6]。1946年，苏皖边区严重受灾导致粮食减产，其中尤以三、四、

---

① 华北解放区财政经济史资料选编编辑组，山西省、河北省、山东省、河南省、北京市、天津市档案馆合编：《华北解放区财政经济史资料选编》第1辑，中国财政经济出版社1996年版，第256页。

② 张希坡编著：《革命根据地法律文献选辑》第3辑第2卷·陕甘宁边区（下），中国人民大学出版社2018年版，第236页。

③ 张希坡编著：《革命根据地法律文献选辑》第3辑第2卷·陕甘宁边区（下），中国人民大学出版社2018年版，第54页。

④ 参见张希坡编著：《革命根据地法律文献选辑》第3辑第2卷·陕甘宁边区（下），中国人民大学出版社2018年版，第69页。

⑤ 《发动互济加强团结 穷人粮食问题解决》，《抗战日报》，1945年7月10日，第2版。

⑥ 江苏省财政厅、江苏省档案馆、财政经济史编写组编：《华中解放区财政经济史料选编》第1卷，南京大学出版社1987年版，第11页。

五、六、七分区新解放区为最，以至五谷歉收，粮食减少。[1]1948年1月初，因受灾影响华东解放区数十万灾民完全绝粮，其他大部分灾民到麦收时也缺粮一个月或两三个月不等。[2]1948年11月，中央华中局工委在《关于农业工作报告提纲》中总结了内战爆发以来华中解放区农业生产中出现的下跌情况，指出华中解放区农业生产下跌主要表现在两方面：一是农田严重抛荒，二是农业严重减产。当时华中解放区的五分区，"水田地区产量较之抗战前减收一半，1947年产量又较1946年减收30%。棉田地区减产更为严重，一般较抗战前减收50%—66%。而三分区减产减得最少的旱田地区亦较抗战前减少30%"[3]。由于农田严重抛荒，农业大量减产，1948年秋收时，华中区的粮食歉收使来年春荒不可避免。如华中解放区的高宝县全境62个乡3万多人，"平均收成只及四成"，而在"银涂全区和金西、金平、衡西、横街四个乡及张楼、永丰、顺河、衡阳等乡各有一个村受水灾最重，籽草无收"[4]。

在东北解放区，1947年秋，松江省因为公粮收购负担较重以及粮食政策执行出现一些偏差，加上连续下雨，当年双城全县产粮不足50万石。当时公购粮为19万石，后减去2.5万石，尚拿出16.5万石。这样全县42万人口，仅余30多万石，群众缺粮情况可想而知。有些地区不但吃不到春耕，而且缴了公粮后当时就没有吃的，甚至有卖果实出公粮的。[5]

在山东解放区，由于天灾人祸等各种因素影响，各分区粮食减产。1946年，山东解放区的粮食原本实现了大丰收，但1947年山东解放区有

---

① 参见江苏省财政厅、江苏省档案馆、财政经济史编写组编：《华中解放区财政经济史料选编》第1卷，南京大学出版社1987年版，第174页。

② 参见江苏省财政厅、江苏省档案馆、财政经济史编写组编：《华中解放区财政经济史料选编》第5卷，南京大学出版社1989年版，第12页。

③ 江苏省财政厅、江苏省档案馆、财政经济史编写组：《华中解放区财政经济史料选编》第5卷，南京大学出版社1989年版，第256页。

④ 江苏省财政厅、江苏省档案馆、财政经济史编写组：《华中解放区财政经济史料选编》第1卷，南京大学出版社1987年版，第552页。

⑤ 参见东北解放区财政经济史编写组编：《东北解放区财政经济史资料选编》第4辑，黑龙江人民出版社1988年版，第364页。

"120万亩以上土地，因蒋灾天灾交加，人民无力耕作而荒芜，百余万人沦为灾民"[1]。鲁南边沿区的白彦县几乎成为无人区，邳县荒地3万多亩，竹庭荒地3万亩，东海荒地2.5万亩，滨海区荒地21万亩。滨北区粮食损失2.6亿斤，地瓜、花生未及收获烂在地里的约占50%，小麦播种仅及往年的一半。西海专区损失公粮252.9万斤，损失私粮1068万斤[2]。此外，"在土改复查时左倾错误盛行，不少地方乱打乱杀，严重侵犯中农利益，引起地权动荡，农民恐慌，压抑了人民群众的生产积极性，群众普遍地怕负担，怕斗争，怕平分，怕变天，怕变成分，不敢生产致富；复查中党政机关忽视领导生产，使农业生产大大降低，以致耕获失时，造成空前的歉收，全省产量由平均亩产180斤减为85斤，平均只有5成年景"[3]。

2. 粮食青黄不接时出现了饥荒

在陕甘宁边区，1945年粮食的歉收使得边区政府意识到，第二年秋收前"部分地区在青黄不接时期，可能发生吃粮的困难"[4]。"敌军劫掠，旧粮损失，春夏天旱，新粮薄收，明春饥荒，将不可免"[5]。结果不出意外，到了1948年，陕甘宁边区的耕地面积由1946年的1500万亩减为1100万亩，粮食生产由1946年的180万石减为91万石。当年冬季因粮食供给困难，陕甘宁边区各县小学不得不提前放假。[6]1948年初，陕甘宁边区因

---

① 唐致卿、岳海鹰：《山东解放区史稿》（解放战争卷），中国物资出版社1998年版，第160页。

② 参见唐致卿、岳海鹰：《山东解放区史稿》（解放战争卷），中国物资出版社1998年版，第160页。

③ 唐致卿、岳海鹰：《山东解放区史稿》（解放战争卷），中国物资出版社1998年版，第161页。

④ 张希坡编著：《革命根据地法律文献选辑》第3辑第2卷·陕甘宁边区（下），中国人民大学出版社2018年版，第277页。

⑤ 张希坡编著：《革命根据地法律文献选辑》第3辑第2卷·陕甘宁边区（下），中国人民大学出版社2018年版，第285页。

⑥ 参见张希坡编著：《革命根据地法律文献选辑》第3辑第2卷·陕甘宁边区（下），中国人民大学出版社2018年版，第54页。

为粮食减产导致"40万以上的人民陷于饥饿之中"①，"绥德分区各县饿肿者已达万人，因饿而病死者500余人"②。

在华中解放区，日本投降以后和平虽已到来，但全区还是出现了饥荒。截至1946年初，华中区各地遭受灾荒，"很多灾民没有饭吃，甚至整个村庄找不到粮食，饿死人的现象每每发生"③。截至1946年2月底，泗阳区林源县"全县38万人口中有50%强没有粮食吃的，其中以代用品、青菜等而糊口的2/5"④。1948年，华中解放区"灾民生活极端困苦，银涂区沿湖灾民吃蔷草根、猪菜渡日，有一户灾民竟卖孩子换一石米来糊口，金沟区有冻饿致死的现象"⑤。1948年2月，泗阳顺和区的五集乡全乡778户4129人中，就有78户396人断炊，断炊户占1/10以上；泗宿归仁区之大罗乡七里村共有113户487人，当时已有30户139人断炊，断炊户几乎占了1/3；盱眙县潘村区泊岗864户3708人，其中有226户809人断炊（近1/4人口无食吃）。其他县饥荒也很严重，有的村53户共244口人中，断炊及不够吃到麦收者，占全村人口的1/3。当时泗南石集区七里沟沟西组21户共150余人断炊及不够吃者占全村人口2/3以上。⑥"如泗南、新集乡有八十多户没有粮吃，姚庄乡有一户因没有饭吃，将小孩子抱到街上去卖，后经村干部募粮给他，始免于卖儿；雪枫镇共有一百多户抗属，现有八十几户没有吃的，有几户已经讨饭了，鱼龙乡，素称富裕，现在已有几

①　张希坡编著：《革命根据地法律文献选辑》第3辑第2卷·陕甘宁边区（下），中国人民大学出版社2018年版，第65页。

②　张希坡编著：《革命根据地法律文献选辑》第3辑第2卷·陕甘宁边区（下），中国人民大学出版社2018年版，第130页。

③　江苏省财政厅、江苏省档案馆、财政经济史编写组编：《华中解放区财政经济史料选编》第1卷，南京大学出版社1987年版，第92页。

④　江苏省财政厅、江苏省档案馆、财政经济史编写组编：《华中解放区财政经济史料选编》第1卷，南京大学出版社1987年版，第567页。

⑤　江苏省财政厅、江苏省档案馆、财政经济史编写组编：《华中解放区财政经济史料选编》第1卷，南京大学出版社1987年版，第552页。

⑥　参见江苏省财政厅、江苏省档案馆、财政经济史编写组编：《华中解放区财政经济史料选编》第4卷，南京大学出版社1988年版，第392—393页。

十户没有饭吃。"①华中新解放区城乡的饥荒程度比老解放区更为惨烈。如涟水城断炊户有600余户，一天吃两顿的只占3%，一天吃一顿的有60%，三天吃一顿的占10%。阜宁城内的一小组百余户中有八成每天赶上吃一顿，其余就三天四天一顿，甚至断炊。民众阴雨天不能外出挖野菜，往往盖锅数日，平时则以树皮野草糊口。淮安区饥荒中民众吃的"有23种野草，有的吃了中毒，浑身虚肿，四肢无力"；淮宝区饥荒中民众"将小鱼虾磨浆与浮萍同食，久之身上发烧，眼白腥红，晚上都要起来喝水。又如滨海小尖子灾民将乞来的霉山芋干煮水喝，喝了汤留下山芋干再煮，直煮到第四五天才吃那煮得不能再煮的霉山芋干；这种种惨状，举不胜举"。"部分县区在饥荒初期有饿死、卖小孩子和自杀的个别现象发生，出外逃荒的也在个别县里发生了。"②

　　在华北解放区，1949年5月，该区除麦区外都出现了青黄不接，雁北、平西、察南、察北均有些村庄（山地）群众已无粮吃，尤其南口地区虽然度过了春荒，但夏荒仍是一大问题。顾锄苗，顾不了闹吃的，只顾闹吃的，就要荒了小苗，将来还得挨饿，不少地方原有一点粮已吃光了，有的树叶也吃了。这些问题不解决，不仅影响到生产且会为坏人所利用，造成社会骚动。"如正定城200余人到华大要饭事件及群众到政府请愿事件的发生，曲阳酝酿着抢粮店等。"③

　　在山东解放区，1948年3月8日中共中央华东局在《关于春耕生产和救灾工作的指示》中提道："全山东已经有二百多万人缺乏粮食，离麦收还有三个多月，饥民数目在今后还会继续增加……如果处理不好，那就会

　　① 江苏省财政厅、江苏省档案馆、财政经济史编写组编：《华中解放区财政经济史料选编》第1卷，南京大学出版社1987年版，第386页。
　　② 江苏省财政厅、江苏省档案馆、财政经济史编写组编：《华中解放区财政经济史料选编》第2卷，南京大学出版社1987年版，第244页。
　　③ 华北解放区财政经济史资料选编编辑组，山西省、河北省、山东省、河南省、北京市、天津市档案馆合编：《华北解放区财政经济史资料选编》第1辑，中国财政经济出版社1996年版，659页。

饿死人。"①在安徽省，淮南（路东）饥荒最严重的地方，"连中农都早已没有饭吃了，仅靠吃草根野菜渡日，贫农已有三分之一外出逃荒要饭"②。

在东北解放区，1948年4月，松江省春耕一开始就面临一个极大的困难：人缺吃粮，马缺草料，全省240万人口有30万没有吃的，仅双城42万人口就有17万没有粮食吃，全省将近两万匹马由于草料缺乏而饿死。"在灾区虽路无饿殍但面有饥色，二三十岁的青壮年背二三十斤粮食都走不动路。马匹不但不能耕地，还要用绳子拴在木架上吊起来，不然自己会倒下爬不起来。"③1949年春耕时期，东北解放区不少地区出现春荒问题，特别是热河、辽东、辽西情况相当严重，辽西省春荒地区普遍是人缺粮马缺草。④

3. 粮价问题影响百姓生产生活

解放区因粮食减产而出现了粮食紧张局面，同时，国统区的通货膨胀以及非法商人私贩粮食，导致解放区粮价出现高涨。虽然党和解放区政府从货币、生产方面采取过措施，但一些解放区粮价仍出现大起大落，影响到农业生产和百姓吃粮。

其一，谷贱伤农现象在一些地方仍然存在。中国共产党领导的解放区多处在农村地区，"农村经济的特点是秋后农产品大量增加，农民须卖出粮食，换取必需品（在非产棉区主要是布棉，产棉区则卖出棉花），因此秋后粮食、棉花等农产品价格一般均下跌，至翌年春耕时回涨。到青黄不接时，许多贫苦农民粮食不足，又须购进粮食维持生活，因此粮价上

---

① 江苏省财政厅、江苏省档案馆、财政经济史编写组编：《华中解放区财政经济史料选编》第4卷，南京大学出版社1988年版，第17页。

② 江苏省财政厅、江苏省档案馆、财政经济史编写组编：《华中解放区财政经济史料选编》第4卷，南京大学出版社1988年版，第177页。

③ 东北解放区财政经济史编写组编：《东北解放区财政经济史资料选编》第4辑，黑龙江人民出版社1988年版，第363—364页。

④ 参见东北解放区财政经济史编写组编：《东北解放区财政经济史资料选编》第1辑，黑龙江人民出版社1988年版，第647—648页。

涨"①。对比而言，农民在秋季卖粮与春夏借粮的价格相差很大。在旧社会，农民长期受到地主、高利贷者和不良商人的盘剥，经常出现丰产却不丰收、谷贱伤农的情况。按理说，在广大老解放区经过土改后这种现象应该不会再出现，但由于战争因素和货币政策的影响，不少解放区的粮价前后浮动较大，影响农民增产增收。在华北解放区，1946年7月，晋察冀边区行政委员会在谈到下年度财政经济工作方针时就指出了这一现象。"去秋（1945年——引者注）因抗战胜利，物价普遍下跌，加以我们在某些地区发行公债，通货紧缩，谷贱伤农，较往年尤为严重。今春边币大量发行，物价上涨，又较往年尤甚，我贸易公司未能掌握大量物资，无力调节市价，在此物价涨落之间，农民吃亏极大。"②在东北解放区，"1946年的秋天，农民打下粮食，因为粮食没有出路，粮价低；工业品奇缺，价格昂贵。因此就存在着'冻死、胀死'的问题，因而影响农民生产，豆子放在地里不割不收"③。

其二，解放区物价上涨过快，民众粮食购买出现困难。自全民族抗战以来，各解放区物价都有所上涨，尤以靠近国统区大城市的华中、华北解放区为甚。

在华北解放区，从1937年到1947年各根据地物价都不太稳定。"从物价指数看，不是暴涨，就是暴跌，平稳上涨的较少。从地区看，上涨指数悬殊甚大，到1947年底五种重要土产，晋冀鲁豫平均指数只上涨3000倍，山东也不过7000多倍，但晋察冀、晋绥二区却上涨36385倍到10万多倍。从一年四季看，一般的是春荒时上涨，秋后平落（个别地区秋后

---

① 华北解放区财政经济史资料选编编辑组，山西省、河北省、山东省、河南省、北京市、天津市档案馆合编：《华北解放区财政经济史资料选编》第1辑，中国财政经济出版社1996年版，第34页。

② 华北解放区财政经济史资料选编编辑组，山西省、河北省、山东省、河南省、北京市、天津市档案馆合编：《华北解放区财政经济史资料选编》第1辑，中国财政经济出版社1996年版，第34页。

③ 东北解放区财政经济史编写组编：《东北解放区财政经济史资料选编》第1辑，黑龙江人民出版社1988年版，第561页。

也有上涨的）……产生这些现象的原因，主要是由于战争频繁，财政不平衡，货币增发等，其次是敌人的封锁破坏，生产降低物资缺乏，交通阻塞，货流呆滞等。"①1946 年 5 月 20 日，中共冀晋区党委发布《对目前财政经济问题致晋察冀中央局的意见书》，论及了粮价波动问题。"自停战命令颁发后，我边区即行物价解禁，致大量农产品流入国民党区域，因而引起彼区粮价下跌，我区食粮价格上涨现象。"据调查，除石家庄因边区政府封销较好外，在晋察冀边区其他地方粮价普遍上涨。"以阜平城为例，1 月下旬至 4 月下旬，小米上涨 215%、玉米 206%、小麦 180%、大米 200%。"再加上解放区税收机关不够健全，"不走群众路线，群众性的缉私运动又形削弱，某些地区竟与群众形成对立现象，漏税情况自属难免。而最重要者，乃为当青黄不接之际，食粮大量外流，这于国民党有利，于我不利"②。

在华中解放区，1947 年 1 月，中共中央华中分局第二地委在《关于执行〈分局抑平物价紧缩通货的指示〉给各级党委的指示》中分析了物价高涨、币值下跌的严重问题。"半年来各地物价均涨五倍到七倍，最近则涨到七倍到十倍，如大米，一月份平均价格每市担 300 余元，现在已到 3000 余元，豆油一月每担价 900 余元，现涨到 7000 余元到 8000 余元，土小布一月每条 1900 余元，现涨到 13000 余元，洋纱一月每包 400 余元，现涨到 3000 余元，金子一月每两 3000 余元，涨至 23000 余元。"③由于解放区物价普遍上涨，粮价上涨不可避免。1947 年在华中二分区，"粮食供不应求的数量相差甚大，尤以安丰为最，因此粮价渐渐不断的上涨，如安

---

① 华北解放区财政经济史资料选编编辑组，山西省、河北省、山东省、河南省、北京市、天津市档案馆合编：《华北解放区财政经济史资料选编》第 2 辑，中国财政经济出版社 1996 年版，第 669 页。

② 华北解放区财政经济史资料选编编辑组，山西省、河北省、山东省、河南省、北京市、天津市档案馆合编：《华北解放区财政经济史资料选编》第 1 辑，中国财政经济出版社 1996 年版，第 29 页。

③ 江苏省财政厅、江苏省档案馆、财政经济史编写组编：《华中解放区财政经济史料选编》第 3 卷，南京大学出版社 1987 年版，第 119 页。

丰九月份由 24000 元上涨为 26000 元、28000 元、30000 元、32000 元，高达 34000 元，后回到 32000 元。大邹从 22000 元上涨为 24000 元、26000 元至 28000 元，大顾也由 20000 元涨至 30000 元，从九月份粮食供求数字来看，是以往少见，几百石粮入市，争购颇多，不能满足市场需要，中旬即有千石入市仍是如此，直到九月下旬，争购现象方稍改变"①。

　　需要注意的是，解放区物价的上涨往往以粮食为先导。在华北解放区，1947 年物价的变动"主要以粮食带头，影响其他物价上升，上半年以杂较显著，下半年以米麦较显著。而太行、太岳灾荒及战争地区变动尤大"②。其中"粮价上升快，倍数大，棉价次之，土布、食盐上涨较慢且小"③。在华中解放区，受到国统区通货膨胀物价飞涨的影响，解放区内时而有人私运粮食贩卖，粮价上涨不可避免。1945 年到 1946 年，国统区粮食、豆油及洋纱等三种主要产品价格增加到原来的 6.5 倍以上。与国统区相比，解放区这三种产品价格较低，但也接近原来的 2.5 倍，其中粮食涨幅最高，是原来的 3 倍（详见表 10-1）。④分析华中解放区 1948 年春节以来物价上涨情况可以发现，物价上涨以粮食为先导。"二月以来的商场，给人最强烈的刺激的是粮食价格的直线上涨，上涨的程度超过五洋、黄金及日用品。过去物价波动往往是黄金、五洋先涨，粮食尾随，而此次则以粮价上涨为先导，粮食中作为大众食粮的玉米涨峰最高，各地区都如此。二、五、六分区生油的涨势超过棉花，一、九分区棉花的涨势超过豆油、五洋。布及消耗品的涨势最缓，涨率也最低……从这些现象上

　　① 江苏省财政厅、江苏省档案馆、财政经济史编写组编：《华中解放区财政经济史料选编》第 3 卷，南京大学出版社 1987 年版，第 528 页。
　　② 华北解放区财政经济史资料选编编辑组，山西省、河北省、山东省、河南省、北京市、天津市档案馆合编：《华北解放区财政经济史资料选编》第 2 辑，中国财政经济出版社 1996 年版，第 659 页。
　　③ 华北解放区财政经济史资料选编编辑组，山西省、河北省、山东省、河南省、北京市、天津市档案馆合编：《华北解放区财政经济史资料选编》第 2 辑，中国财政经济出版社 1996 年版，第 658 页。
　　④ 参见江苏省财政厅、江苏省档案馆、财政经济史编写组编：《华中解放区财政经济史料选编》第 1 卷，南京大学出版社 1987 年版，第 120 页。

我们不难看到粮荒的严重，农民目前最需要的是粮食，无力购买布匹及其他消耗品。"①

表 10-1　1945—1946 年华中解放区与上海国统区部分商品价格上涨情况对比

地名	日期	大米价格（元/石）	豆油价格（元/石）	二十支洋纱价格（元/包）
上海物价（法币）	1945 年 11 月 1 日	3900	6500	4250
	1946 年 3 月 7 日	23000	51000	265000
	上涨指数	590%	785%	621%
	平均上涨指数	665%		
三分区铜城价格	1945 年 10 月	225	771	450
	1946 年 3 月 7 日	670	1980	700
	上涨指数	300%	257%	156%
	平均上涨指数	248%		

注：上海物价以法币为单位，根据地以抗币为单位。

其三，粮价上涨直接给民众生产生活带来很多问题。以华中解放区为例，粮价上涨，纺织户的实际好处减少。未涨价前纺纱工人维持一个人至一个半人生活的货物，"依现时粮价，一人生活不敷，以致减低了纺纱人的兴趣，织布的同样吃粮价高涨的亏"②。1946 年 6 月 29 日，华中分局《关于抑平物价紧缩通货的紧急指示》中提出："最近一个月来，全边区的物价，狂涨三倍以上，汇价从一比三十跌至一比十六，以至一比十二，影响全边区国民经济极大。其恶果：（一）由于物价上涨已影响到民生困苦，人民特别是城市贫民，对我党我军发生怀疑，认为是新四军退却前大捞一把，党与政府的威信大受损失；（二）根据地工商业遭受重大打击，以至于有全部停顿的危险，对我党分化改造地主，争取工商业家的政策发生极不良的后果；（三）财政支出空前庞大，反过来又加速物价的

---

① 江苏省财政厅、江苏省档案馆、财政经济史编写组编：《华中解放区财政经济史料选编》第 4 卷，南京大学出版社 1988 年版，第 283 页。

② 江苏省财政厅、江苏省档案馆、财政经济史编写组编：《华中解放区财政经济史料选编》第 1 卷，南京大学出版社 1987 年版，第 414 页。

继续上涨。"①

（二）解放区粮食问题的形成原因

考察解放区出现的粮食短缺和价格高涨问题后，我们可以发现，各地自然灾害多发、国民党兵灾匪祸是导致粮食问题的主要原因，而解放区支前民力剧增也是影响粮食紧张的因素之一。

1. 自然灾害频发导致粮食短缺

由前述可知，1945年以来各解放区均不同程度地出现了粮食歉收，这一现象与各地遭受多种自然灾害直接相关。1946年夏内战爆发以来，解放区的水灾、旱灾、雹灾、蝗灾不断，受灾区域大，各地粮食减产。

其一，水灾、旱灾接连发生。在华北解放区，晋冀鲁豫边区水灾、旱灾几乎每年都有。1946年"五月九、十、十一三日，连日大雨，山洪暴发，南和、任县两县致遭水灾，计南和淹麦田三百三十余顷，秋苗六百余顷。任县淹麦子和扁豆三百余顷，秋苗三百四十余顷"②。1947年"全区被灾人口约四百万，待大力救济者约五十万"。1948年，各地抗旱之后，"忽又连雨，冀南各河溃决，水灾达十七县"③。在晋绥边区，1947年发生水灾、旱灾，造成"四分之一的农民缺一至三个月的口粮"④，全边区"有190万人口的地区普遍歉收。另外在约有46万人口的地区又遭受了40年来未有的灾荒，造成1948年春耕出现最大困难"⑤。

在华中地区，苏皖边区的盐阜区1945年发生水、旱等灾患，导致

---

① 江苏省财政厅、江苏省档案馆、财政经济史编写组编：《华中解放区财政经济史料选编》第1卷，南京大学出版社1987年版，第295页。

② 《连日大雨山洪暴发 南和任县淹田千顷 冀南行署拨米四十万斤救济 曲周组织群众扑灭蝗蝻》，《人民日报》，1946年7月2日，第2版。

③ 张希坡编著：《革命根据地法律文献选辑》第3辑第5卷·晋冀鲁豫边区，中国人民大学出版社2018年版，第105页。

④ 张希坡编著：《革命根据地法律文献选辑》第3辑第3卷·晋绥边区，中国人民大学出版社2018年版，第270页。

⑤ 张希坡编著：《革命根据地法律文献选辑》第3辑第3卷·晋绥边区，中国人民大学出版社2018年版，第164页。

1946 年春遭受 40 余年来所未有的奇荒。1946 年关前后，各县灾情突然严重。"五分区十三个县、市中，除盐城建阳一部未受灾外，几乎全部受灾，其中尤以盐东、涟东、滨海、淮宝为最。"①在陕甘宁边区，1949 年夏，"雨灾很重，关中地区有六十万亩土地被水淹没，粮食减产六百余万石，棉花减产四十余万市担，灾民达十万余人"②。"近河平原地带受灾尤甚……各地农田作物因梅雨迟熟、霉烂、倒枝、生芽者甚多，致秋田产量大减（仅关中地区减产棉花估计约通产百分之五十，秋粮达通产百分之三十左右）。各地房屋坍毁者甚多，人畜亦有伤亡，约有十数万灾民。"③

在新开辟的中原解放区，"豫东经黄汛后，通沙河涡河之水大部淤塞，每年泛滥成灾，为豫东人民之大患，如淮阳区西华、扶沟各县人民被害逃亡，土地荒芜"④。1948 年春夏之间，襄南淫雨连绵，到处积水成灾。八九月间，襄河水第二次暴涨，以致造成决口成灾惨剧，使襄南人民遭到前所未有的灾害。计长江、襄河决口 6 处，连东荆河、西荆河及坑堤共决堤百余处，合达千丈以上，灾情所及全分区 5 县（现划为 7 县）27 区，被全淹者 21 区，其余 6 个区也各一部被淹。田地大部被淹，收成大减，全分区平均年成只达二成，每人平均产谷 2 石，合 1 石净米。有的地区春夏秋竟连遭三次水灾。⑤1949 年，中原解放区的许昌"全境内因河流多，特别颍河、□河决口多处，淹没土地甚多，加去年涝雨太多，秋收极微，

① 江苏省财政厅、江苏省档案馆、财政经济史编写组编：《华中解放区财政经济史料选编》第 2 卷，南京大学出版社 1987 年版，第 243 页。

② 张希坡编著：《革命根据地法律文献选辑》第 3 辑第 2 卷·陕甘宁边区（下），中国人民大学出版社 2018 年版，第 97 页。

③ 张希坡编著：《革命根据地法律文献选辑》第 3 辑第 2 卷·陕甘宁边区（下），中国人民大学出版社 2018 年版，第 325 页。

④ 王礼琦编：《中原解放区财政经济史资料选编》，中国财政经济出版社 1995 年版，第 318 页。

⑤ 参见王礼琦编：《中原解放区财政经济史资料选编》，中国财政经济出版社 1995 年版，第 315 页。

造成全县90%以上的水灾区"①。在东北解放区，1949年初发生水灾、旱灾。"旱灾地区是松江、黑龙江和吉林……但终因灾情严重，收成普遍减收三成许……水灾最严重的是辽西，其次是辽东和热河。"②

其二，雹灾、蝗灾、霜灾、海潮灾等自然灾害在不同地方时有发生。在华北解放区，1946年6月上旬，晋察冀边区"左权、平定、林县、涉县少数村庄曾遭雹灾，麦收与秋苗均略有损失，左权东黄漳村伤苗百一十亩，麻田一带伤苗三百六十余亩，小麦减少收成一半。平定南马家庄一带二百亩麦田均被毁"③。"曲周七区第五町、韩庄一带发生蝗蝻。长宽三里，面积在百余顷以上。"④在东北解放区，1949年"春耕播种之后，五、六月间便开始发生了霜灾、风灾、雹灾和病虫害，到七、八月间更遭受了严重的水灾和旱灾，直到九月开始秋收，松江和辽西境内约十余县，还遭到了雹灾，统计东北今年受灾总面积达350余万垧，约占耕地总面积23%"⑤。在华中解放区，1948年12月政府在救灾工作报告中描述了华中灾情："时间上延续不断，种类上多样复杂"，"其种类是水灾、海潮灾、暴风灾、蒋灾、虫灾、冰雹灾，季节性的春荒、病灾、猪瘟等。若以地区论，以六分区之全部，五分区之一部，最为严重，受害地区最广，受害时间最长，种类最多，程度较深"⑥。

① 王礼琦编：《中原解放区财政经济史资料选编》，中国财政经济出版社1995年版，第329页。

② 东北解放区财政经济史编写组编：《东北解放区财政经济史资料选编》第1辑，黑龙江人民出版社1988年版，第648页。

③ 《左权等地遭雹灾 政府号召群众补种 察省各地雨后抢种》，《人民日报》，1946年6月23日，第2版。

④ 《连日大雨山洪暴发 南和任县淹田千顷 冀南行署拨米四十万斤救济 曲周组织群众扑灭蝗蝻》，《人民日报》，1946年7月2日，第2版。

⑤ 东北解放区财政经济史编写组编：《东北解放区财政经济史资料选编》第1辑，黑龙江人民出版社1988年版，第648页。

⑥ 江苏省财政厅、江苏省档案馆、财政经济史编写组编：《华中解放区财政经济史料选编》第3卷，南京大学出版社1987年版，第333—334页。

2. 国民党军队抢掠粮财破坏生产

除了自然灾害以外，解放区粮食短缺的另一主要原因就是国民党军对粮食生产的破坏，表现为掠夺财产、损坏粮田、制造水患甚至直接武装抢粮。

其一，抢掠各类物资财产，农民无法生产。在华北解放区，太行区武乡西三、八、十、十一4个区数十村庄近2万人，多年来饱受敌人摧残之余，又受蒋阎军的疯狂掠夺。据不完全统计，1946年1月13日到4月间，4个区40个自然村损失粮食5116石，连同牲口、房屋、衣被等损失共达1980万元。边沿村庄十室九空，满目荒凉，甚至有"饿死人"及"死后无力埋"的惨象。[①]1946年5月，阎锡山军队对边沿区袭扰抢粮无日间断。"双村、小伽南、赵村等村连遭阎军三天抢劫，群众损失牲口二十头，农具二十余件"，"迫令每人交麦子二十石、法币六十万元"[②]。"在阎伪军抢劫暴征下，繁峙城周围的村镇，遍地瓦砾，田中野草丛生。"群众纷纷逃亡，某村大地主说："我家从明代以来，不吃粟粮，而今连糠也吃不饱，真是阎伪不除，黎民何以再生?!"[③]

在山东解放区，鲁南区的山区遭受蒋灾时间较短，边沿区时间很长，白彦县几成无人区，邳县有些地区群众已逃亡50%，苍山南部、邳县及兰陵等县十室九空。滨海区专署估计全区有荒地21万亩。胶东1947年秋种麦仅及往年二分之一。渤海三分区的寿光、广饶、博兴等县秋粮收成很少，春荒严重。[④]在陕甘宁边区，因国民党军胡宗南部队的长期骚扰，尤其在党中央战略撤出延安后，国民党军抢掠政策更为猖狂。1947年，边

---

① 参见《蒋阎军造成武西巨灾　太行二专署拨粮急赈》，《人民日报》，1946年7月2日，第2版。

② 《老区群众结合武装进行支援　榆次边地抢耕抢种　迭次击退阎军袭扰　群众感戴民主政府》，《人民日报》，1946年6月8日，第2版。

③ 《阎伪军抢劫暴征下　繁峙城郊一片荒凉　一个大地主说："阎伪不除，黎民何以再生?!"》，《人民日报》，1946年7月4日，第2版。

④ 参见山东省财政科学研究所、山东省档案馆合编：《山东革命根据地财政史料选编》第3辑，内部资料1985年印刷，第325—326页。

区"延川永胜区广大川的群众，粮食已被匪军抢光"①。据不完全统计，1948年，"边区人民被敌拉走和杀害的居民在四千人以上，粮食、牲畜、窖房、农具、家具及被服的损失甚巨。去年边区内损害青苗五十万亩，荒芜耕地三百六十余万亩"②。"全边区损失公私粮食二十五万石，牛驴六万余头，农具二十三万件，减少耕地三百六十余万亩，青苗被践踏摧毁者五十余万亩；敌人对人民生产基础的大量破坏，更加深了目前灾荒的严重性，造成了灾民达四十万以上的大年馑。"③

其二，蒋军人为制造水患，毁坏农田设施。在解放区严重的水灾中，有些是国民党军队人为破坏水闸水坝造成的。1947年4月17日，山东解放区省政府主席黎玉指出："蒋介石违背历次黄河协议，既不断阻挠破坏修堤复河工程，又突然违约放水，淹没解放区人民，以下游千百万人民的生命，作其坚持内战的牺牲。自三月十五日放水以来，我鲁西及渤海区已淹没村庄二百余处，淹没良田近二十万亩，而转瞬即将被淹者，仅渤海区即有村庄二百余、良田二十余万亩，人民生命财产的损失，不可胜计！"④其中，垦利县总计被淹没者103村，21630人，房子24720间，田地158620亩。⑤

其三，蒋军杀害群众、大抓壮丁，造成根据地劳动力锐减。这种例子数不胜数。在华北解放区，1946年入春以来，榆次阎军对边沿区的袭扰、抢粮、抓丁，无日间断。阎军在双村、小伽南、赵村等村抢劫三天，绑走壮丁28人，在东西见子、北头、保安塞等四村，一次抓走青壮年29

---

① 张希坡编著：《革命根据地法律文献选辑》第3辑第2卷·陕甘宁边区（下），中国人民大学出版社2018年版，第64页。

② 张希坡编著：《革命根据地法律文献选辑》第3辑第2卷·陕甘宁边区（下），中国人民大学出版社2018年版，第65页。

③ 张希坡编著：《革命根据地法律文献选辑》第3辑第2卷·陕甘宁边区（下），中国人民大学出版社2018年版，第290页。

④ 张希坡编著：《革命根据地法律文献选辑》第3辑第6卷·山东省（下），中国人民大学出版社2018年版，第141页。

⑤ 张希坡编著：《革命根据地法律文献选辑》第3辑第6卷·山东省（下），中国人民大学出版社2018年版，第170页。

人。[①]在晋绥地区，1946年春耕时节，"新解放区由于过去敌伪大量的宰杀，更感到耕牛不足，根据初步的估计，单临县一县即缺少耕牛二千头，全分区至少缺三千头"[②]。在山东解放区，1947年国民党侵占新泰、蒙阴后，20天内屠杀干部群众1200人以上；在鲁南，被害群众、党员达14万人之多。据不完全统计，1947年7月至8月，鲁中区15个县被掠人口达14万余人，6个县被毁房屋5.7万间，掠走粮食2200万斤。[③]"在鲁南区的万余村庄中，被洗劫的达一万以上，几乎是百分之百。我一、四纵回师鲁南时，当地已赤地千里，令多次转战该地的我军将士不敢相信眼前所见。这里房屋、粮草、人丁都没有了，往往一个村庄只剩几个老太太。这也是我军无法立足当地，被迫转去鲁西南的重要原因。"[④]1948年，鲁南区生产中遇到了很多困难，劳动力大量减少，首先就是民众"给蒋匪杀了及活埋了很多"，"被捉去壮丁二万多"[⑤]。

其四，蒋军直接抢夺解放区民众粮食。在华北地区，1946年7月《人民日报》报道，阎锡山部队对解放区村庄"实行围村捉人，然后强迫以粮食回赎。最近中梁村被捉走十一人，每人要麦五石。捕捉到我干部，则予以杀害，如鲁村、三贾就被活埋九人。我祁县县议员李顺成亦被残害。在戴家堡所掠财物，亦强迫以粮食回赎……阎军此种抢掠粮食的办法，在平定方面亦极为明显，十四、五两日在西贾与布袋庄两村，即抓去男女五十四人，在新村北数村一带亦抓走数十人，强迫每人以二石麦

---

① 参见《老区群众结合武装进行支援　榆次边地抢耕抢种　迭次击退阎军袭扰　群众感戴民主政府》，《人民日报》，1946年6月8日，第2版。

② 《三分区缺牛三千余头专属、抗联指示加紧购买》，《抗战日报》，1946年2月10日，第2版。

③ 参见唐致卿、岳海鹰：《山东解放区史稿》（解放战争卷），中国物资出版社1998年版，第132页。

④ 唐致卿、岳海鹰：《山东解放区史稿》（解放战争卷），中国物资出版社1998年版，第132页。

⑤ 山东省财政科学研究所、山东省档案馆合编：《山东革命根据地财政史料选编》第3辑，内部资料1985年印刷，第277页。

子回赎"①。1946年麦收将近时节，国民党部队从"每闾强迫抽训青年，组织抢粮队，第一期每闾三人，第二期四人，预计每县训练一千人，与其进攻军队配合进入解放区抢割"。在河北地区，国民党军队准备待时出动抢麦，以夺取民食，"北平国民党第三十军，已以步枪子弹分发给平汉路沿线各县'还乡团'，保定警察局亦正向各商户强征镰刀，供'还乡团'抢麦使用"②。在豫北晋南地区，解放区边沿之国民党军与阎军动员武装向解放区抢麦。在河南，"伪孙殿英一部与汲县保安团已到该县上下庄开始抢麦。淇县保安队已出发到三区抢麦。安阳国民党军已将城周二三百米内麦子抢割一光"。在晋南，驻扎榆次同蒲正太沿线阎军相继召开各村所谓的"闾长会议"，宣布所谓"夏收纪律"，规定："谁若不能完成夏收抢麦任务，谁就以手枪、小刀、绳子、毒药'自裁'。阎军并提出：'宁愿饿死老百姓一村，不能饿死一个晋绥军'的口号。"③

3. 大量战勤任务加重粮食紧张

除了灾害及战争破坏外，各解放区战勤任务多、民众负担重也是造成解放区粮食供求紧张的因素之一。

其一，支前规模空前，战勤任务繁重，农村劳动力相应减少。为了保障前线将士的后勤补给，各解放区积极动员民夫参与支前。1949年8月21日，东北政府主席林枫在政府工作报告中肯定了东北人民支援战争的贡献。"四年来共有160万东北人民的优秀子弟参加了人民解放军。在东北全境解放以后，东北人民又热烈的欢送自己的子弟进关杀敌，彻底消灭蒋匪军。"据不完全统计，东北解放区"动员民工313万人，担架30万

---

① 《阎军抄袭日寇毒计 以"人质"抢我麦收》，《人民日报》，1946年7月4日，第2版。

② 《本区周围顽伪军 积极布置抢我麦收 全体军民动员起来展开护粮斗争！》，《人民日报》，1946年5月28日，第1版。

③ 《豫北晋南国民党军开始出动武装抢麦 同蒲正太阎军抢粮日益猖獗》，《人民日报》，1946年5月29日，第2版。

付，大车30万辆，马90万匹"①。这些民工由各级干部亲自带领，随着解放军转战各地，保证了军队的运输供应。在肯定支前成绩的同时，我们也要看到，空前的支前运动需要动员解放区的青壮年劳动力，势必影响到农业生产。当时东北解放区党和政府已经认识到这一问题。"大批青壮年的参军参战，农村劳动力的日渐减少，客观环境又迫切要求大量增产粮食"②，这就形成了农业劳动力短缺与亟须粮食增产的矛盾。

相比于动员农民支前，动员市民支前困难得多。在支前动员中，各解放区开始注意到区分城市和乡村，以动员农民为主。如在东北的佳木斯市，支前人员在作战勤动员时，采用从群众中选人的办法，或把名额分到各街道，再由商户雇人出勤。"但选了谁谁也不愿去"，各商户雇的人"每次民夫出发后都发生逃跑的现象，或装病不能工作先期返回"。在佳木斯市总共三次战勤中逃跑和先期返回的就达到222人，占出战勤总人数的22%。③当时，富锦城区也曾采用过抓阄的办法，结果同佳木斯市一样效果不好。为了解决这一问题，佳木斯及其他市提出，城市可以不出民夫，以雇用民夫和出战勤费的方式加以替代，最终战勤任务只能由农民承担。

其二，一些解放区支前等战勤任务曾出现不合理现象，加重了解放区的民力负担。在东北解放区，一般老解放区参军和参加工作的人员占人口4%以上，新解放区在2%—3%，个别村占10%。根据各地调查，男子全劳力占全人口的18%—22%，除参军参加工作者外，真正可服战勤的约占16%。除了劳动力负担重外，东北一些地方"畜力最感困难……畜力缺

---

① 东北解放区财政经济史编写组编：《东北解放区财政经济史资料选编》第1辑，黑龙江人民出版社1988年版，第124页。

② 东北解放区财政经济史编写组编：《东北解放区财政经济史资料选编》第1辑，黑龙江人民出版社1988年版，第465—466页。

③ 参见东北解放区财政经济史编写组编：《东北解放区财政经济史资料选编》第4辑，黑龙江人民出版社1988年版，第512页。

乏，是今天生产战勤中的最大困难"①。此外，各种民力负担也存在分担不均和不合理的情况，造成了民力的浪费。1948年，辽宁省在战勤工作总结时认识到："一般的说战勤负担不够合理平均，没有很好的调剂。如接近战区及交通要道地区则重，反之则轻。"②1948年6月，中共冀鲁豫区党委报告指出："负担办法不合理以及负担制度紊乱，影响生产亦极严重。"该区对6个村调查发现，"代耕范围，除军工烈属外，村干、荣誉军人、逃兵、出差的担架均代耕。因之造成群众负担过重，且极不合理，十分浪费。如滑县蔡营调查：崔玉田去年2月至9月240天中，160天不能做自己活，而真正用之战勤打堤给军工烈属代耕者53天，而村杂差占41天，区村开会遗误农时66天"③。

上述民力负担开支过多、劳动力畜力的紧张，均影响到解放区的农业生产。1947年5月，华北解放区政府在《华北财政经济会议综合报告》中指出了劳动力困难问题。"由于战争空前紧张，数十万民兵民夫支援前线，有些地区已使群众生产感到严重困难，尤其是在耕种收割时候，劳动力的缺乏更加严重。"④在东北解放区，1948年松江省征兵动员后，"因为参军不平衡的关系，有些村屯已感到生产力不足"。"如行短期动员和妇女没有组织起来参加劳动时，则农村生产即受到影响。"⑤如何在动员参军、保障战勤的同时满足农业生产的劳动力需求，成为党和各地政府

---

① 东北解放区财政经济史编写组编：《东北解放区财政经济史资料选编》第1辑，黑龙江人民出版社1988年版，第238页。

② 东北解放区财政经济史编写组编：《东北解放区财政经济史资料选编》第4辑，黑龙江人民出版社1988年版，第558页。

③ 华北解放区财政经济史资料选编编辑组，山西省、河北省、山东省、河南省、北京市、天津市档案馆合编：《华北解放区财政经济史资料选编》第1辑，中国财政经济出版社1996年版，第318—319页。

④ 华北解放区财政经济史资料选编编辑组，山西省、河北省、山东省、河南省、北京市、天津市档案馆合编：《华北解放区财政经济史资料选编》第1辑，中国财政经济出版社1996年版，第288页。

⑤ 东北解放区财政经济史编写组编：《东北解放区财政经济史资料选编》第4辑，黑龙江人民出版社1988年版，第534—535页。

解决粮食问题时必须回答的一个重要问题。

其三，各类战勤人员等非战斗人员增多，解放区粮食开支相应增加。"粮食是我党政军民的生命线，也是人民的血汗。"①解放战争开始时，党中央采取了"休养生息，长期打算"的方针，强调："人民负担不能过重，不应超过国民总收入10%，应以90%力量为群众服务，仅以10%力量向群众要东西。"实际上，各解放区民力负担普遍比这一标准要重。在华北解放区，1946年冀北区5个县19个村的调查显示，"民负已占其总收入30%以上，个别村达到60%"②。各解放区民力负担加重的同时，粮食开支增多，使得粮食紧张情况不断加剧。1946年，华中解放区公粮收入"原计划最高不过九万万斤，但由于水灾地区近二百万亩，顽占领区有十个县，收而复失之公粮，为数亦不少……而支出则需扩大、加多，民兵民伕，动辄万计，据此次计算，民伕民兵之开支，几乎等于整个部队之开支。而训练班、各种会议、学校、招待之开支，则远超出党政民脱离生产人员总数的一倍以上（即脱离生产人员一万人，训练班等即一万五千人）。收入大大减少，而开支却无限增加"③。作为新解放区，东北解放区财政负担能力亦比老解放区薄弱，负担已经很重，"脱离生产人员占全人口5%至6%，公粮超出总收获量15%以上"④。如按1949年供给标准，每人负担2斗8升到3斗，可以养活脱离生产人员1%，最高达到1.25%。按4斗2升计，可养活1.5%，就十分困难。同时养活1个野战军，在战争时就要附带养活1个民夫，每日以3.5斤粮食计算，全年米粮是不得了的

<hr>

① 江苏省财政厅、江苏省档案馆、财政经济史编写组编：《华中解放区财政经济史料选编》第2卷，南京大学出版社1987年版，第12页。

② 华北解放区财政经济史资料选编编辑组，山西省、河北省、山东省、河南省、北京市、天津市档案馆合编：《华北解放区财政经济史资料选编》第1辑，中国财政经济出版社1996年版，第16页。

③ 江苏省财政厅、江苏省档案馆、财政经济史编写组编：《华中解放区财政经济史料选编》第2卷，南京大学出版社1987年版，第12、13页。

④ 东北解放区财政经济史编写组编：《东北解放区财政经济史资料选编》第1辑，黑龙江人民出版社1988年版，第28页。

一笔开支。①

此外，随着各类非战斗人员的增加，各解放区粮食紧张局面有所加剧。在大城市解放后，东北解放区政府先后动员1.2万名干部下乡搞土改，抽调0.3万名干部到沈阳等大城市工作。在华北解放区，1949年夏秋冬三季需要随军使用的干部5.3万名。②同时，各地又大量起用与改造旧的技术人员、聘请专家。这些人都需要财政供给粮食。在一些老解放区由于大批干部调动，部分干部思想发生波动，对于原有工作放任自流，甚至出现妨碍春耕准备的现象。这都不利于解放区的粮食生产和供给。

二、中国共产党解决解放区粮食问题的政策措施

中国共产党对解放区粮食问题的解决，首先从调整土地政策入手，并在生产力提高和劳动力调配上下功夫，注重改进农业耕作技术，组织农业互助合作，加强粮食征收和管理各环节工作。

（一）着眼政策调整，因地因时开展土改

农民问题是中国革命的基本问题。中国共产党领导农民参加革命战争，必须关注和解决农民的土地问题。唯有如此，广大农民发展农业生产、支持人民政权以及支援前线战争的自觉性、积极性才能被激发出来。1947年，董必武肯定了土地政策在生产中的重要性。"在现存农业技术和工具的基础上要更广泛的发展农业生产，除受自然条件的影响不计外，有两个前提条件必须解决：（1）必须提高农民的生产积极性；（2）必须使农民有从事再生产、扩大再生产的力量。这两个条件，只有农民满足

---

① 参见华北解放区财政经济史资料选编编辑组，山西省、河北省、山东省、河南省、北京市、天津市档案馆合编：《华北解放区财政经济史资料选编》第1辑，中国财政经济出版社1996年版，第238页。

② 参见华北解放区财政经济史资料选编编辑组，山西省、河北省、山东省、河南省、北京市、天津市档案馆合编：《华北解放区财政经济史资料选编》第1辑，中国财政经济出版社1996年版，第443页。

了土地要求以后才能解决。"①因此，中国共产党解决解放区的粮食短缺问题，首先从调整土地政策入手。

1. 抗战胜利后继续推行"减租减息"政策

全民族抗日战争时期，中国共产党在抗日根据地实行"减租减息"政策，缓和了国内阶级矛盾，有利于全民族抗战局面的形成和巩固。日本帝国主义投降后，各解放区继续推行这一政策。1945年8月中旬，中共中央指示各解放区："今冬明春，必须在一万万人民中，放手发动减租（已经减好的照旧），在一切新解放区一律减租，放手发动与组织群众，建立地方党地方政府与提拔地方干部。"②当时，老解放区的主要任务是深化减租，发展生产，在新接收区域及游击区则配合反奸清算斗争，全面开展减租减息运动。

首先，新接收地区在减租减息运动前普遍开展反奸清算斗争。全民族抗战胜利后，党中央认为："我党在解放区的中心任务，是集中一切力量反对顽军的进攻及尽量扩大解放区。"③在华北，晋冀鲁豫边区党和政府根据中央指示，一方面用最大的力量缩减支出，恢复和发展各项生产事业，减轻人民负担。另一方面"在广大新解放区开展反奸清算斗争，不论新老区普遍发动群众，贯彻减租减息法令，民主改造村政权，则是上述这一切工作的中心"④。在东北，解放区政府结合反奸清算斗争，开展减租运动。1945年9月开始，辽宁省大连、本溪、抚顺、辽阳、鞍山等地，安东省安东市等城市开展反奸清算斗争。随后这一斗争发展到哈尔滨、齐齐哈尔等城市。新接收区域的反奸清算斗争采取了"争取多数，

---

① 华北解放区财政经济史资料选编编辑组，山西省、河北省、山东省、河南省、北京市、天津市档案馆合编：《华北解放区财政经济史资料选编》第1辑，中国财政经济出版社1996年版，第81页。

② 中共中央文献研究室、中央档案馆编：《建党以来重要文献选编（1921—1949）》第22册，中央文献出版社2011年版，第607页。

③ 中共中央文献研究室、中央档案馆编：《建党以来重要文献选编（1921—1949）》第22册，中央文献出版社2011年版，第755页。

④ 齐武编著：《一个革命根据地的成长：抗日战争和解放战争时期的晋冀鲁豫边区概况》，人民出版社1957年版，第257页。

孤立少数"原则，将人民最痛恨的大汉奸、特务、警察等敌伪残余作为斗争对象。对罪大恶极者，召开公审大会、控诉会，通过群众申冤诉苦揭发其罪行，给予严惩，以平民愤。对一般罪行者，通过群众说理会、清算斗争会，清算其贪赃枉法所掠取之民财，令其吐出赃款归还给群众。

各新接收地区的反奸清算斗争战果显著。在东北，1945年9月到1946年3月，辽宁省各城市有6万余工人参加工会，清算出布5万余匹，粮食数万石，赃款1万万元伪币。本溪县25个大村共召开斗争会90余次，1万余群众分得粮食80余万斤，现款30余万元。据不完全统计，1946年4月，安东省7个县共召开反奸、反特务、反伪村长等贪污斗争会718次，仅安东、宽甸两县参加斗争的民众即达12万余人。同年2月到6月，黑龙江省的北安、绥化、海伦、克山、拜泉、庆安等地召开清算斗争会50余次，群众获粮428石，布330匹，现款400余万元。同年5月到6月，合江省的佳木斯市召开斗争会共21次，清出赃款140余万元，粮37万余斤，9000余户群众分得斗争果实。1946年4月到6月，仅齐齐哈尔市就召开清算大会99次，有12万余人参加，占全市人口2/3以上，清算物资折合粮824053斤，8177户群众获得斗争果实。①反奸清算斗争在打击敌伪残余势力的同时，一方面使工农群众得到了一些经济利益，改善了生活；另一方面发动了群众，为开展减租减息和土地改革提供了群众基础。

其次，新接收区域的反奸清算斗争逐步转向减租减息运动。1945年11月，毛泽东在党内指示中强调"减租和生产是保卫解放区的两件大事"，各解放区要"使解放区农民普遍取得减租利益"，"只有减租和生产两件大事办好了，才能克服困难，援助战争，取得胜利"②。各解放区陆续响应中央要求，发出号召，制定纲领，实行减租减息，发展农业生产。

在东北解放区，1945年11月，中共中央东北局发表对时局的主张，

---

① 参见朱建华主编：《东北解放区财政经济史稿（1945.8—1949.9）》，黑龙江人民出版社1987年版，第89—90页。

② 中共中央文献研究室、中央档案馆编：《建党以来重要文献选编（1921—1949）》第22册，中央文献出版社2011年版，第786页。

指出反对增租增息，实行减租减息，合理解决土地纠纷，调整土地关系。随后，东北解放区政府通过减租减息法令，规定"所有各种形式之地租，不论定租榜青，均自民国三十五年起，一律按着原租额减去百分之二十五，减租后之租额，最高不得超过耕地正产物收获总额千分之三百七十五，不及者依减后之租额约定之"。同时规定承租人应按约交租，以保障地主地权。关于债息的规定方面，"凡民国卅四年底以前借债未偿者，按分半行息"，"禁止剥皮利，印子钱，驴打滚等高利盘剥"①。根据这一法令，从1946年2月开始东北各地政府结合备耕工作，普遍开展减租减息运动。在辽宁省，新宾、清原、辽原、抚顺、本溪、沈阳郊区等地农民减租运动发展迅速，其中本溪县25个大村233个屯中已有131屯（占全县半数以上）进行了减租。据不完全统计，农民在斗争中获得粮食2700石，现款180万元。到当年4月，安东省已在宽甸、赛马、凤城、庄河、恒仁、青城、安东等县开展减租运动，有154村实行减租，约有1100个村政权得到初步改造（占总数的2/3以上）。在热河省，截至当年4月也已有40余万群众参加减租减息斗争，仅承德一地即有35个村883户农民实行了减租，共得减租退租粮1082石，收回被地主强夺去的"挂地"7180亩。在吉林省，从1946年3月起减租斗争相继于延边地区、吉敦地区、吉北的榆树、舒兰县部分地区及桦甸等地迅速展开。②

在华北解放区，1946年1月晋冀鲁豫政府提出："工作虽头绪万端，其中心一环则是发动群众减租生产。二者中最迫切最基本的任务是减租减息之贯彻。在新收复区要刻不容缓的放手进行。在老解放区查租查息，彻底解决一切遗留下来的问题。边区军民必须一齐努力坚决迅速完成

---

① 朱建华主编：《东北解放区财政经济史稿（1945.8—1949.9）》，黑龙江人民出版社1987年版，第91页。

② 参见朱建华主编：《东北解放区财政经济史稿（1945.8—1949.9）》，黑龙江人民出版社1987年版，第92页。

之。"①1945年11月26日,《解放日报》发出社论《减租与生产》,要求在所有解放区都要普遍进行减租工作。"在旧解放区,主要的是发动群众深入地检查过去减租的情形,减租不彻底的地方应当重新加以贯彻;在新解放区,则要用大力开展新的运动,把刚从敌伪统治下解放出来的千百万农民卷入减租的浪潮中来,群众的反汉奸反贪污讹诈的斗争,应当很好地引向减租斗争。在实行减租减息农民群众对生产兴趣增长的时候,就必须很快地转入开展生产运动。"②

在华东解放区,山东新接收地区和原来游击区有3万多村庄尚未减租或彻底减租。1946年4月,山东新接收地区反奸清算斗争转向减租减息运动,收获很大。滨南地区减租土地5万多亩,粮食40多万斤,减息2400万余元。鲁南地区的滕县1个月内就减租3842户、减息400余户。渤海地区农民从汉奸恶霸地主中清算回土地50多万亩。滨北地区的胶县、高密县在半年内有75766亩汉奸恶霸地主的土地被没收后分给贫苦农民。胶东西海区8个县农民索回土地142万亩,粮食760万余斤。③

2. 制定与推行"耕者有其田"政策

其一,中共中央发出"五四指示",实行"耕者有其田"政策。经过近一年的反清算斗争和减租减息,广大农民"直接从地主手中取得土地,实现'耕者有其田',群众热情极高。群众运动深入的地方,基本上解决了或正在解决土地问题"④。为了彻底发动亿万农民起来反对国民党,满足广大农民长期以来的土地要求,1946年5月4日,中共中央发布《关于

---

① 华北解放区财政经济史资料选编编辑组,山西省、河北省、山东省、河南省、北京市、天津市档案馆合编:《华北解放区财政经济史资料选编》第1辑,中国财政经济出版社1996年版,第123页。

② 华北解放区财政经济史资料选编编辑组,山西省、河北省、山东省、河南省、北京市、天津市档案馆合编:《华北解放区财政经济史资料选编》第1辑,中国财政经济出版社1996年版,第847—848页。

③ 参见朱玉湘主编:《山东革命根据地财政史稿》,山东人民出版社1989年版,第255、256、257页。

④ 中共中央文献研究室、中央档案馆编:《建党以来重要文献选编(1921—1949)》第23册,中央文献出版社2011年版,第245页。

清算减租及土地问题的指示》（简称"五四指示"），决定调整减租减息政策，实行"耕者有其田"政策。党领导这一运动的政策和策略原则是，"集中注意力向汉奸、豪绅、恶霸作坚决的斗争，使他们完全孤立，并拿出土地来。但仍应给他们留下维持生活所必需的土地"。为了分化敌人，结成广泛的反对帝国主义，反对独裁的统一战线，"五四指示"规定，对中小地主的态度应与对大地主豪绅恶霸有所区别。"对于中小地主的生活应给以相当照顾"；对于那些属于豪绅地主成分的抗日军人及抗日干部家属，"无论在解放区和国民党统治区与我党合作而不反共的开明绅士及其他人，在运动中应谨慎处理，适当照顾"；一般不动富农的土地，如在运动中群众要求动时，亦不要打击太重，"应使富农与地主有所区别"。"五四指示"还指出，"坚决用一切方法吸收中农参加运动，并使其获得利益，决不可侵犯中农土地"[1]。根据"五四指示"，各解放区陆续开始土地改革。

在东北解放区，从1946年6月到9月，全解放区有12000名干部报名下乡，形成"到农村去，到群众中去"的干部下乡热潮。当年7月开始，东北老解放区各地迅速掀起了轰轰烈烈的土地改革运动，基本上摧毁了敌伪残余势力和封建地主阶级统治的经济基础，广大农民翻了身，生活得到了改善。据统计，截至1947年7月，包括合江、松江、牡丹江、吉林、嫩江、黑龙江、辽北、安东、辽宁及热河共十省在内，全东北解放区已将5000余万亩土地分配给629万无地和少地的农民，平均每人得地8亩，最多者14.3亩。据东北解放区五个地区统计，62个县将156151间房子分配给缺房和无房的农民，59125头牲畜分给了缺少耕畜的农户，1046286石粮食，分给了缺粮的农民。[2]

其二，将"耕者有其田"政策写入《中国土地法大纲》。"五四指示"

---

① 中共中央文献研究室、中央档案馆编：《建党以来重要文献选编（1921—1949）》第23册，中央文献出版社2011年版，第246—248页。

② 参见朱建华主编：《东北解放区财政经济史稿（1945.8—1949.9）》，黑龙江人民出版社1987年版，第112页。

发布后，各解放区陆续发动农民进行土地改革。到1947年2月，各解放区约2/3的地区实行了土地改革，但是尚有1/3的地方未实行土地改革。1947年2月，毛泽东为中共中央起草了党内指示《迎接中国革命的新高潮》。毛泽东提出，对于全解放区尚未实行土地改革的地方，"必须于今后继续努力，放手发动群众，实现耕者有其田"；对于土地改革不彻底的地方，"必须认真检查，实行填平补齐，务使无地和少地的农民都能获得土地"，"以期迅速完成实现耕者有其田的任务"①。

为总结"五四指示"以来土地改革的经验，推动土地改革运动的深入发展，1947年7月到9月，中共中央工作委员会于河北省平山县西柏坡村召开了全国土地会议，制定了《中国土地法大纲》。该大纲规定："废除封建性半封建性剥削的土地制度，实行耕者有其田的土地制度"，"乡村中一切地主的土地及公地，由乡村农会接收，连同乡村中其他一切土地，按乡村全部人口，不分男女老幼，统一平均分配，在土地数量上抽多补少，质量上抽肥补瘦，使全乡村人民均获得同等的土地，并归各人所有"，"在平分土地时应注意中农的意见，如果中农不同意则应向中农让步，并容许中农保有比较一般贫农所得土地的平均水平为高的土地量"。同时规定：征收富农财产的多余部分，分给缺乏这些财产的农民及其他贫民，废除一切乡村中在土地制度改革以前的债务；保护工商业者的财产及其合法的营业，不受侵犯。②这一法律大纲肯定了"五四指示"提出的将地主土地分配给农民的原则，修正了"五四指示"中对地主照顾过多的规定，制定了平分土地时实行"抽多补少，抽肥补瘦"和保护工商业的政策，并使之成为彻底消灭封建剥削的土地制度的行动纲领。

在东北解放区，1947年12月东北行政委员会发布《东北解放区实行土地法大纲补充办法》，随后各地在中共中央东北局号召下掀起了声势浩

---

① 中共中央文献研究室、中央档案馆编：《建党以来重要文献选编（1921—1949）》第24册，中央文献出版社2011年版，第68—69页。

② 参见中共中央文献研究室、中央档案馆编：《建党以来重要文献选编（1921—1949）》第24册，中央文献出版社2011年版，第417—420页。

大的土地改革运动。在华东解放区，1946年8月华东局召开土地会议，发布《关于彻底实行土地改革的指示》，提出没收、仲裁、献田、征购等四种农民获得土地的办法，规定了土改的基本步骤，明确土改中绝不能侵犯中农利益。1946年10月，山东省政府发布《关于实行土地改革的布告》《山东省土地改革暂行条例》《关于实行土地改革的指示》，为华东及山东各地土改运动发展提供了政策保障。1946年10月开始，山东解放区发动了以没收、清算、献田等为主要形式的大规模土地改革运动，数月之内形成高潮。据统计，1946年10月底，滨海区6280个村庄中除318个村庄尚未清算外，土改广度已达94%，广大农民共计获得土地419604亩（5个县统计），山荒场园9721亩（4个县统计）。滨北地区土改运动在10月份猛烈开展，11月初大部完成，在58个区的3931个村庄中，有2308个村解决了土地问题，占总数的60%。1946年9月至1947年3月，渤海地区2万多个村庄中有1.6万多个村庄基本完成了土改，其余村庄也开始进行土改，全区900万人口中约有200万农民得到土地200余万亩。①广大解放区的平分土地运动，大大激发了广大农民尤其是贫雇农的积极性，涌现出大批农民积极分子和党的干部，为解放区政权建设积累了力量。

3. 新解放区土地政策的适时调整

新解放区土地政策的实施必须与斗争形势、群众发动情况联系起来。新解放区土地政策先后经历"耕者有其田"政策的推行与停止、"减租减息"政策的实施两个阶段。其中，第一阶段的土地改革脱离了新解放区斗争实际，损害了党的群众基础。而第二阶段的减租减息服务于新解放区的中心任务，缓和了阶级矛盾，有利于党在新解放区的立足与发展。本部分将以中原解放区为例，分析党和政府适时调整土地政策，解决新解放区土地问题的具体情况。

第一阶段，脱离新解放区斗争实际，"耕者有其田"政策的推行与停止。1947年6月，刘邓大军挺进大别山，重建中原解放区。当年10月，

---

① 参见朱玉湘主编：《山东革命根据地财政史稿》，山东人民出版社1989年版，第308页。

中共中央发布《中国土地法大纲》，提出"耕者有其田"政策。为贯彻这一法令，中原解放区随即开始彻底消灭封建剥削的土地改革运动。但是由于中原解放区重建不久，作战任务仍很繁重，此时开展土改运动只能实行剿匪、分田"一锅煮"的政策。一方面反击敌人追剿，实施战略展开；另一方面贯彻实施《中国土地法大纲》，开展土地改革运动。由于中原解放区准备在3个月内完成土改运动，一些地方为了迅速打开土改局面，出现了过火现象。有的地方不分首恶协从，不分罪大罪小，扩大了打击面。有的地方还没收了中小商人财产，侵犯了工商业者的利益。中原解放区的土改运动犯了"左"倾错误。

这一"左"倾错误与大别山区的革命斗争形势和群众要求是相背离的。当时大别山区群众的要求是剿匪，清算恶霸，对土地改革尚缺乏思想认识。如若此时在中原解放区照搬《中国土地法大纲》规定，急于求成，势必出现打击面过大，树敌过多的情况。为此，1948年1月，中共中央改变了1947年曾要求新区一年内彻底平分土地的部署，要求各解放区要根据本地实际情况，有步骤地进行土地改革。中央指出："你们应当按照消灭敌人武装力量的情况，领导土改干部多少强弱，群众的觉悟程度和组织程度，决定土改工作的速度。"①根据这一指示精神，邓小平将大别山区土地改革划分为游击区和巩固区，实行不同的土改策略。在游击区，"一时期还谈不上平分土地"，应深入宣传土地法大纲；而在巩固区，"对一般的小地主、富农应该暂时不动，但对其中的反动分子则坚决打击，没收分配"②。

此时，中共中央也开始重新调整新解放区的土改政策。1948年初，毛泽东提出"关于土地法的实施，应当分三种地区，采取不同策略"③，

① 中共中央文献研究室、中央档案馆编：《建党以来重要文献选编（1921—1949）》第25册，中央文献出版社2011年版，第66页。

② 王光霞编著：《中原解放区财政经济简史》，湖北人民出版社2007年版，第98—99页。

③ 中共中央文献研究室、中央档案馆编：《建党以来重要文献选编（1921—1949）》第25册，中央文献出版社2011年版，第86页。

即日本投降以前的老解放区、1947年大反攻前的半老区、大反攻后的新解放区。5月24日，毛泽东又提出："新解放区农村工作的策略问题有全盘考虑之必要"，"过早地分土地，使军需负担过早地全部落在农民身上，不是落在地主富农身上。不如不分浮财，不分土地"。"在一两年甚至三年以后，在大块根据地上，国民党反动派已被消灭，环境已经安定，群众已经觉悟和组织起来……那时就可进入像华北那样的分浮财、分土地的土地改革阶段。"①根据中央精神和毛泽东指示，1948年6月，中原局发出工作指示，总结以往土地改革中所犯急性病错误的原因与经验教训，停止了"耕者有其田"政策，改为实行"减租减息"政策。直到1949年1月，中共中央再次明确："在中原解放区是实行减租减息、发动群众的工作。在长江以南诸省，在三年至五年内，不是分配土地的问题，而是减租减息、发动群众的问题，必须在减租减息、发动群众以后方能谈得上分配土地。"②

第二阶段，立足新解放区实际，深入实施"减租减息"政策。1948年6月，中原局的指示强调"为了不重复错误，有效地团结一切社会力量反对美蒋，更早地完成全部解放中原人民的任务，全区应立即停止分土地，停止打土豪，分浮财"，要求各解放区按当地实际进行土改工作。同时提出在控制区、游击区、崭新地区等三类地区的处理办法。中原局的指示停止了急性病错误，很快取得效果。由于停止了分配土地，实行"减租减息"的政策，开明绅士和知识分子纷纷表示愿意为党和军队服务。鄂豫区的麻东梅庄、木子店有44名知识分子，黄白、栖里有32名知识分子参加革命工作。一些逃亡的地主富农也逐渐回来，麻东栖里5个保内，包括土豪夏萌亭在内的92户地主富农全部回来；梅庄4个保内，有

---

① 中共中央文献研究室、中央档案馆编：《建党以来重要文献选编（1921—1949）》第25册，中央文献出版社2011年版，第313页。

② 华北解放区财政经济史资料选编编辑组，山西省、河北省、山东省、河南省、北京市、天津市档案馆合编：《华北解放区财政经济史资料选编》第1辑，中国财政经济出版社1996年版，第444页。

37个有影响的地主富农与革命政府取得联系。[①]这些人的返回孤立了反动派，有利于解放区的安定团结，有利于发展农业生产，解放区工商业逐渐繁荣，社会秩序明显好转。

1948年8月20日，中共中央中原局颁发《中原局减租减息纲领》，规定"二五减租"原则和"月利分半"办法。此外，中原解放区还制定了《中原局减租减息纲领》《合理负担暂行办法施行细则与说明》《减租减息及调整土地暂行条例》等文件，对如何开展减租减息和合理负担作了详细规定。1948年10月，鄂豫边区行政公署发出布告："现中共中央中原局正式颁布减租减息纲领。本署认为此一纲领完全适合本区情况，并决定为本区解放一切土地债务关系之唯一准则"，"今后全区人民须完全遵照中共中央中原局减租减息纲领彻底执行"[②]。此后，中原各解放区的减租减息运动便轰轰烈烈地开展起来。不到一年的时间，中原解放区的广大地区便完成了减租减息工作。同时农民提高了阶级觉悟，踊跃参加解放军，仅河南柳县即有3200名青年农民参军。实践证明，中原解放区停止"耕者有其田"政策，实行减租减息是一项以退为进的正确决策，是中国共产党坚持原则的坚定性与策略的灵活性，实事求是领导中国革命取得成功的一个典范。

（二）鼓励农业生产，改进粮食耕种技术

土地改革使农民获得了土地，激发了农民生产的积极性。随着战争发展、战勤增加，解放区要解决粮食问题，必须在农业政策和农业技术上下功夫。

1. 倡导农业精耕细作

各解放区非常重视农业经验的总结推广。当时各解放区"农业增产的

---

① 参见王光霞编著：《中原解放区财政经济简史》，湖北人民出版社2007年版，第102—103页。

② 王光霞编著：《中原解放区财政经济简史》，湖北人民出版社2007年版，第104页。

方法，是实行精耕细作，改良技术"①。具体说来，精耕细作"就是多耕多锄多上粪。提高农作技术，不外制造肥料，改良种子，灭除虫害，改良农具，改变土壤等项"②。

解放区农业生产的改善主要经验是"开荒与精耕细作相结合"③。在老解放区，农业生产积累了精耕细作的宝贵经验。华北解放区提出农业生产"耕三余一"目标，即为保障地力，每块土地耕三年后轮歇一年。"这个目标，在今天（1946年——引者注）说来，虽有相当困难，但根据去年（1945年——引者注）一年考查研究，也有充分实现的可能，办法就是组织起来深耕细作，提高技术和发展农村手工业及副业。"④各解放区还涌现出不少典型案例和生产能手。太行行署建设处所属之长治、左权、林县、邢台四农林局在提高农业技术上获得显著成绩。长治局农场春种751亩，进行农作物试验，试验中的品种约200种，谷子产量比较试验已继续4年。⑤安国县劳动能手于致祥通过改进农作法，实现了增产致富。1946年于致祥的小麦产量由抗战初每亩均产2石2斗，增至2石8斗5升；大麦由每亩2石2斗，增至3石2斗5升；谷由每亩2石8斗，增至3石2斗，超过一般农户产量将近1倍。于致祥已由抗战前缺食短穿的贫

① 华北解放区财政经济史资料选编编辑组，山西省、河北省、山东省、河南省、北京市、天津市档案馆合编：《华北解放区财政经济史资料选编》第1辑，中国财政经济出版社1996年版，第11页。

② 华北解放区财政经济史资料选编编辑组，山西省、河北省、山东省、河南省、北京市、天津市档案馆合编：《华北解放区财政经济史资料选编》第1辑，中国财政经济出版社1996年版，第128页。

③ 东北解放区财政经济史编写组编：《东北解放区财政经济史资料选编》第1辑，黑龙江人民出版社1988年版，第62页。

④ 华北解放区财政经济史资料选编编辑组，山西省、河北省、山东省、河南省、北京市、天津市档案馆合编：《华北解放区财政经济史资料选编》第1辑，中国财政经济出版社1996年版，第128页。

⑤ 参见《提高农业技术改良品种 太行农林局成绩卓著 晋冀鲁豫边府发出通知，定秋后举行农林会议》，《人民日报》，1946年7月4日，第2版。

农，发展成为雇用长工1个，有耕驴1头、水车1架的富农。①

在新解放区，土地改革既激发了农民生产的积极性，也提高了农民改进农业技术的兴趣。1948年11月，东北行政委员会农业委员会主任委员林枫在农业会议上提出："1949年的农业生产基本方针，是以精耕细作提高产量为主，扩大耕地面积为辅。"②在东北地区，精耕细作大概分为秋翻地、选种、加肥、多铲、多蹚等。首先，多耕地多翻地。"深耕细作，对增加产量有很大作用。据有经验同志讲，铲两遍和铲三遍的产量相差很大，多铲一遍可增加3/10。应当提倡三铲三蹚，多积肥，秋天翻一遍地。"③其次，多施肥。政府普遍发动群众开展经常性施肥造肥运动，使农民了解施肥的重要性。据东北解放区农业部门统计，有些地区在施肥数量上增加1/3，有些地区增加1/4。吉林省的老区和半老区，每垧地施粪肥25车，过去广种薄收的地区都进行了施肥，施肥面积达110余万垧，占总耕地面积的36.7%。松江省施肥面积达到了30.5%。④再次，选好种。除了施肥、多翻多蹚外，选择优良品种对于增加产量影响极大。1949年，吉林省普遍进行选种，推广优良品种播种12950余垧地，其中小麦12000垧，大豆238垧，高粱69垧，谷子244垧，苞米52垧，水稻308垧，早稻39垧。⑤最后，注重防治病虫害。各地对付虫灾的办法很多，主要是拔除病株、捕虫和挖沟。1948年，仅大连一地就组织15万余人，捉虫6万余公斤；

---

① 参见《安国劳动能手于致祥 改进农作法增产致富 主要经验是：耕三锄四多施肥改造土壤》，《人民日报》，1946年7月2日，第2版。

② 东北解放区财政经济史编写组编：《东北解放区财政经济史资料选编》第1辑，黑龙江人民出版社1988年版，第507页。

③ 东北解放区财政经济史编写组编：《东北解放区财政经济史资料选编》第1辑，黑龙江人民出版社1988年版，第454页。

④ 参见朱建华主编：《东北解放区财政经济史稿（1945.8—1949.9）》，黑龙江人民出版社1987年版，第153页。

⑤ 参见朱建华主编：《东北解放区财政经济史稿（1945.8—1949.9）》，黑龙江人民出版社1987年版，第153页。

1949年又组织45万余人，捕虫14万余公斤。[①]其他地区也发动妇女、儿童、学生下地捕虫，收到良好效果。

为了加强农业科技示范推广与试验研究，各地重视建立试验场及示范农场。东北解放区，辽西省自1946年以来共建立23个省、市、县农事试验场，恢复耕地4354亩，其中12个县设立试验区，11个县设立苗圃，17个县设立培种区，重建与修理房屋492间，配备技术干部29名，行政干部25名。全省共培育1292亩可推广和4540坰可自用的优良品种，育出2769450棵树苗[②]，还做了品种比较以及耕作方法、施肥、病虫害防治等简单试验，与人民群众建立了不少业务联系。

2. 消灭熟荒，兴修水利设施

灾害和战乱导致各解放区大量土地抛荒严重。为解决解放区的粮食问题，党和政府提出大力增加农业生产，消灭熟荒，兴修水利。1946年1月，戎伍胜在总结晋冀鲁豫边区1945年农业生产经验时提出，要"消灭熟荒，修理耕地，兴治水利"[③]。1948年10月，东北局制定来年生产计划时提出了各项奖励政策，其中包括"奖励开垦荒地，兴修水利"[④]。

在消灭荒地方面，晋冀鲁豫边区要求"某些地区，如果有可开荒地，当须继续开。主要方向，应该是消灭熟荒……修理耕地，在山地应着重垒堰、修梯田、打坝、创圪陵。在平原，是整理地畔"[⑤]。在东北解放区，

---

① 参见朱建华主编：《东北解放区财政经济史稿（1945.8—1949.9）》，黑龙江人民出版社1987年版，第154页。

② 参见东北解放区财政经济史编写组编：《东北解放区财政经济史资料选编》第1辑，黑龙江人民出版社1988年版，第593页。

③ 华北解放区财政经济史资料选编编辑组，山西省、河北省、山东省、河南省、北京市、天津市档案馆合编：《华北解放区财政经济史资料选编》第1辑，中国财政经济出版社1996年版，第128页。

④ 东北解放区财政经济史编写组编：《东北解放区财政经济史资料选编》第1辑，黑龙江人民出版社1988年版，第496页。

⑤ 华北解放区财政经济史资料选编编辑组，山西省、河北省、山东省、河南省、北京市、天津市档案馆合编：《华北解放区财政经济史资料选编》第1辑，中国财政经济出版社1996年版，第128页。

1947年2月15日，东北政委会布告鼓励农民开垦荒地、勤勉致富，规定"凡个人所有之土地，不论原有及新分得者，由地方政府切实督促，一律须按时耕种；不得任意荒芜，否则严予处分"。"奖励开荒，凡无主生荒允许人民报领，当年开垦之后，即归本人所有，并免征公粮3年。开熟荒者，不问原主与新户，一律免征公粮1年。"①

兴修水利是保证农业丰收的一项重要措施，是解放区发展粮食生产的坚实保障。在华北解放区，1946年大生产运动中冀南区完成第一期治河工程，"共修复河堤364461丈，开渠50276丈，桥3座，共用工2565775个。1000余村，30余万居民，可免除水患。506800亩土地变为良田。每亩平均以增产50斤计算，全年可多增产食粮2534万斤。能浇地561150亩，每亩平均多收10斤，共能多收5611500斤"②。在东北解放区，水害连年不断。从1932年到1940年的9年间，平均每年受灾人数达776000多人，被毁掉的房屋有157000多间，受灾耕地面积1661万多亩。③全民族抗战胜利以后，为解决东北水患、保障农田，东北解放区党和政府在水利建设上以防水治水为主，防水治水与开发水田结合起来，恢复较大的水田工程，普遍发展群众性小型水田。在这一治水方针指导下，防治水患和建设水田成效显著。1948年东北区治水受益面积440513垧，1949年政府又动员13万民工，用工600万个，修补堤岸1800里，挖排水渠沟900多里，使得1948年、1949年两年治水受益面积达百余万垧。此外，伪满洲国时尚未完工和八一五后遭到破坏的较大水田工程均已恢复。1946年以来东北解放区共恢复发展水田将近20万垧。气象台、水文站已恢复起来一部分，其中已运行的气象台10处，简易观测所14处，水文站36处。④

---

① 东北解放区财政经济史编写组编：《东北解放区财政经济史资料选编》第1辑，黑龙江人民出版社1988年版，第445页。

② 《廿七县三十万居民可免水患 冀南完成第一期治河工程 变五千顷土地为良田，每年可增产粮食三千余万斤》，《人民日报》，1946年7月4日，第2版。

③ 参见《全力进行防汛》，《东北日报》，1949年7月30日，第1版。

④ 参见东北解放区财政经济史编写组编：《东北解放区财政经济史资料选编》第1辑，黑龙江人民出版社1988年版，第558—559页。

3. 发放贷款，鼓励发展副业

在发放农贷方面，各解放区银行通过发放农贷刺激生产、扶助农民。在华北解放区，耕畜增加主要靠政府贷款。长治县"79个村统计，增买牲口166头"①。1945年10月至1946年4月，邢台市的冀南银行共发放贷款37087600元，其中农业贷款1451300元。②

各解放区贷款工作中曾出现一些问题，如贷款对象、贷款周期等存在不符合实际的情况。在华北解放区，晋冀鲁豫区农业部门在发放贷款时，怕农民贷了款还不起，放款对象多是条件比较好的中农，而且由于不了解农村环境，放款时间短、要得紧、本利一次收。有的放款存在不公平不合理现象，干部以及和自己要好的亲戚朋友借得多，其他人就借得少。农民因物价变动怕吃亏不敢再借、贷款发放不及时等。为此，晋冀鲁豫政府要求："今后一定要克服这种现象，贷给真正贫苦的劳动农民，要通过农会和合作社、互助组贷出，时间至少要在八个月或一年收回，即春天贷出，秋后收。收时如一次还不起，可以先收利延期还本。贷款后，要帮助贷款户好好整顿家务，从事各种生产事业，这样银行既不亏本，农民也才能真正享受贷款利益。"③在东北解放区，党和政府提出贷款"应集中使用于农业建设的投资，首先是要经过供销合作社尽量供给农民的生产资料。应改变过去那赈济观点与分散使用的做法，以便依靠农贷，真正办好几件与农业建设有关的事"④。遵照这一方针，1946年以来，东北解放区政府为扶助农民生产发放了大量农业贷款，帮助翻身农民解决生产中的困难。1947年，东北解放区发放贷款10.5亿元，贷粮4.5万吨。

---

① 《政府贷款、群众互济 长治解决新区生产困难 全县下种大部完成》，《人民日报》，1946年5月26日，第2版。

② 参见《冀南银行在邢市发放贷款三千万》，《人民日报》，1946年5月19日，第2版。

③ 华北解放区财政经济史资料选编编辑组，山西省、河北省、山东省、河南省、北京市、天津市档案馆合编：《华北解放区财政经济史资料选编》第1辑，中国财政经济出版社1996年版，第129页。

④ 东北解放区财政经济史编写组编：《东北解放区财政经济史资料选编》第1辑，黑龙江人民出版社1988年版，第500、501页。

1948 年发放贷款 150 亿元。东北银行除了农贷外，还发放了特作副业贷款。①

在发展副业方面，各解放区要做到保证"耕三余一"生产目标，除深耕细作之外就是发展副业和手工业。在华北解放区，晋冀鲁豫"个别地区，副业收入占国民纯收入 1/3，农村家庭，在正常劳动外，有很多剩余时间和剩余劳力，可以进行副业生产，如养猪、喂鸡、养蚕、养蜂、刨药材、制草、打柴、编山货、编草帽辫、打猎等，只要愿意干，几无业不可以生利，切不可轻视。特别是对中农以下家庭，更要注意"②。如冀南广宗五区，1946 年受旱灾影响"估计也只能有一半收成"，故当地政府发动农民互助开展各种副业生产，因"淋硝盐与拾柴为该区副业生产之大宗。淋硝盐每人每天平均可得七八百元，按现有市价可买 1 斗多小米，拾柴每人每天平均可收入四五百元。张村 1 个互助组不及一个月，仅卖柴一项即得 1 万余元"③。

4. 结合实际，发展国营机械农场

这一时期，发展国营农场主要是在东北解放区。试办国营农场尤其是机械农场，一方面是为了解决东北解放区财政不足的问题，另一方面主要是为了培养干部并积累经验。因为农业机械化"是我们农业生产的必要方向"，"这是将来发展的方向……这将是农业生产上的一个革命"④。

由于地理条件和人口因素，东北解放区具备试办国营农场的条件。1947 年，东北局提出发展公营农场。根据嫩江、牡丹江、黑河及龙南等分区的经验，有的后方和机关部队学校，可按级联合起来，建立较大的

① 参见东北解放区财政经济史编写组编：《东北解放区财政经济史资料选编》第 1 辑，黑龙江人民出版社 1988 年版，第 561 页。

② 华北解放区财政经济史资料选编编辑组，山西省、河北省、山东省、河南省、北京市、天津市档案馆合编：《华北解放区财政经济史资料选编》第 1 辑，中国财政经济出版社 1996 年版，第 129 页。

③ 《冀南二十五县庆获甘雨 农民欣奋抢种晚秋 广宗五区开展副业加紧备荒》，《人民日报》，1946 年 7 月 28 日，第 2 版。

④ 东北解放区财政经济史编写组编：《东北解放区财政经济史资料选编》第 1 辑，黑龙江人民出版社 1988 年版，第 508、559—560 页。

公营农场。这种公营农场的经营，除机关部队学校自己的人力外，还可组织残疾战士参加生产，也可采取移民伙种办法。但这种农场还"只能限于机关部队经营，不能推广到农民手中"①。从1948年开始建立到1949年8月，东北已经建有大小拖拉机农场17个，耕种土地面积19781垧，共有拖拉机205台，训练驾驶员627人，同时设立配套修理及技工学校。②

（三）采取多种措施，弥补劳力畜力不足

解放战争时期，促进农业生产、提高粮食产量的主要工作有两方面："一是组织起来，开展互助合作运动；二是精耕细作，改良耕作技术，提倡优良品种。最主要的是合作互助问题，在土改完成之后，应广泛开展互助合作运动。"③由此可见，采取互助合作方式调剂农业劳动力，是中国共产党和解放区政府解决粮食问题、提高粮食产量的重要依托。

1.组织起来，开展互助合作运动

将农民组织起来是土地革命战争时期苏区民众开创的劳动力调剂形式。经过全民族抗日战争时期的发展，它成为解放战争时期党和政府应对农业生产劳动力不足的有效形式。这一时期，中国共产党和解放区政府积极组织农民开展互助合作运动，对组织原则、合作形式做了较好探索，保障了解放战争时期农业互助合作运动健康发展，也为个体农业经济走上集体化道路积累了宝贵经验。

首先，在农业生产中"组织起来"具有至关重要的地位和作用。对此各地党组织有着充分认识。在华北解放区，1946年1月，宋劭文在晋察冀解放区财政会议上指出："为了恢复长期战争所给予人民的创伤与疲劳，

---

① 东北解放区财政经济史编写组编：《东北解放区财政经济史资料选编》第1辑，黑龙江人民出版社1988年版，第63页。

② 参见东北解放区财政经济史编写组编：《东北解放区财政经济史资料选编》第1辑，黑龙江人民出版社1988年版，第560页。

③ 华北解放区财政经济史资料选编编辑组，山西省、河北省、山东省、河南省、北京市、天津市档案馆合编：《华北解放区财政经济史资料选编》第1辑，中国财政经济出版社1996年版，第256页。

改善人民生活，使受到严重摧残的国民经济，在几年内得到恢复与发展，我们今年必须用更大的力量，来展开生产运动。"① "组织起来"是发展生产力的最主要的方法。1947年5月，晋冀鲁豫解放区在总结财经工作经验时提出："几年来开展大生产运动，有三条重要的经验，即组织起来，提高技术，改良品种与农副结合。"②1947年，东北解放区进行第一次大生产运动时也认识到发展农业生产主要是劳动力问题。至于怎样解决劳动力问题、提高生产力，根据当年东北解放区春耕和老解放区的经验，关键是要把农民"组织起来"。为此，东北解放区政府强调："组织起来这是一种新的生产关系，新民主主义的经济的建立必须肃清封建经济，使农民个体经济走向集体化。"③

其次，将农民组织起来必须坚持自愿互利原则。华北解放区在组织农民开展生产互助中积累了三条经验，"即自愿结合，等价交换，民主领导"。所谓自愿结合"即坚持'入组自由，退组自由'的原则，克服了由上而下编组的偏向"。这就打下了以户为单位组织起来的基础。等价交换是将农民组织起来巩固与发展的关键。随着农业生产发展，参与生产互助的农户范围更加广泛，"如何做到等价，是很复杂的事情……开始组织起来的阶段，强调涵厚，不计较吃亏讨便宜，但这只能是一时的现象，日子久了，就会垮台"。民主领导方面，"主要是倾听群众意见，严格自我批评，遇事大家商量解决"④。

---

① 华北解放区财政经济史资料选编编辑组，山西省、河北省、山东省、河南省、北京市、天津市档案馆合编：《华北解放区财政经济史资料选编》第1辑，中国财政经济出版社1996年版，第11页。

② 华北解放区财政经济史资料选编编辑组，山西省、河北省、山东省、河南省、北京市、天津市档案馆合编：《华北解放区财政经济史资料选编》第1辑，中国财政经济出版社1996年版，第240页。

③ 东北解放区财政经济史编写组编：《东北解放区财政经济史资料选编》第1辑，黑龙江人民出版社1988年版，第457页。

④ 华北解放区财政经济史资料选编编辑组，山西省、河北省、山东省、河南省、北京市、天津市档案馆合编：《华北解放区财政经济史资料选编》第1辑，中国财政经济出版社1996年版，第240—241页。

最后，实践中农民探索出多种多样的互助合作形式。在陕甘宁边区，农民组织起来的形式主要是变工、搭工等初级互助形式。1948年春耕动员时，陕甘宁边区政府提出各地"须大量组织边区原有的变工、搭工、拉吊庄等劳动组织"，"必须坚持自愿原则，使战勤与春耕结合，并实行民主评议、记工算账等办法，使变工真正做到公平合理，坚决反对强迫命令和形式主义的劳动组织"①。在东北解放区，由于该区地域辽阔，各地自然条件、耕作方法与习惯有些不同，在时间上又有新老区之分，因而存在着各种不同的组织形式。本部分将以东北解放区为例，对解放战争时期农业互助合作的具体形式做简要列举。②

一是插犋换工组。这种组织形式是东北地区农民组织起来的主要形式。插犋换工组占到全东北组织起来农户数量的40%—50%。这一形式在南部地区最普遍，在辽东省占组织起来户数的80%以上，辽西省这一比例也达到71%，而吉林等地区也有这种形式，但较为少见。这一类互助合作组织主要特点是适于土地分散、地少人多、耕作条件较好的地区；组织成员多半是亲友邻居，感情融洽，因户数少，小组领导比较容易，组长少操心甚至可以没有组长；组织的基本出发点是为了解决生产困难，所以多半是需要时就插，不需要时就散，办法上多半是工顶工、工还工，不记账；小组所发挥的作用不大，没有突击力量，如有人患病、马遭灾很容易垮台。

二是蹚犁组（在松江省也叫小型组）。在东北解放区的互助合作形式中，蹚犁组的比重仅次于插犋换工组，约占全东北组织起来户数的30%。这一形式在北部地区最普遍，在黑龙江省占组织起来户数的60%—70%，松江省占全省组织起来户数的50%—60%，吉林有一部分，南部也有，但较少见。它的组织内容一般是以一副蹚犁为基础，以及3—6匹马（主要

---

① 陕甘宁边区财政经济史编写组、陕西省财政厅财政科学研究所、陕西省档案馆合编：《解放战争时期陕甘宁边区财政经济史资料选辑》上册，三秦出版社1989年版，第197页。

② 参见东北解放区财政经济史编写组编：《东北解放区财政经济史资料选编》第1辑，黑龙江人民出版社1988年版，第575—579页。

是3—4匹马）、5—6个劳动力，人、马都组织在一起，一般是经常在一起，根据需要的不同，时断时续。这种组织形式灵活方便，组织刚成立时农民不会感到拘束，顾虑少，适应土地分散状况；它的组织成员一般是亲戚、老邻居；组织小，内部问题少，容易领导，有简单的纪律制度。蹚犁组的缺点是人马少、力气小，负担不了大的突击任务。总体来看，插犋换工和蹚犁是解决耕作困难的最小形式，是东北最普遍的形式，参加这两种组织的户数约占组织起来总户数的80%。

三是扣犁组（在松江省也叫中型组）。这类组织形式主要分布在黑龙江、松江两省的黑土平原地带。扣犁组在黑龙江省占组织起来农民总数的30%，松江省占总农业户数的10%，全东北来说有34万户以上农民参加这种组织进行生产，占组织起来总户数的9%—10%。这类组织形式是以扣犁为基础，一般是6—9匹牲口，7—10个劳动力，7—8户。扣地时一块干，耕地时分成两伙，终年不散。相比较而言，这种组织的特点鲜明：省工出活，有突击力量；便于农副业的结合；有弹性，遇有人马的病灾，别的人也一样能进行工作；但是组织较大不易领导，需要有骨干，组长还需要有计划性；一般有简单的劳动纪律、会议制度、较细致的记账评工等办法。这类组织较庞大，涉及内容复杂，一时难以发展起来。

四是大型组。大型组一般出现在土地多、劳力少或是副业条件较好，并且领导力强的地区。这种组织形式在松江省占组织起来户数的2%，黑龙江、吉林也有，但全东北占的比重不大。这种组织形式和前几种形式的不同之处在于，不但要解决生产中的困难，还要进一步增加收入。大组里多半有健全的领导制度、评工记工还工制度，多半使用工票记工，并且有比较严格的劳动纪律。它的优点主要是能更有效地利用劳力畜力，可以把能劳动的人都组织到生产战线上。但是，这种组织形式最不易领导，往往离开领导人工作就会受很大影响。

五是合伙组。合伙组绝大部分是在黑龙江省，在全东北约有1500组，所占比重极小。这种组织形式在性质上不同于前几种，它具有生产合作社的性质。合伙组的人、畜、土地都按好坏强弱折成股，到秋收时按股份分粮。这种组织大小不一，有的两三家一组，也有一组包括两三副犁以上、十几户的，分粮的制度由于各地的具体情况不同有许多种。它的主要优点是：土地能成片利用；组内一家庄稼遭灾时不致受到损失影响第二年生活，可以照样分粮；能合理利用人力，比如合伙喂马可免去每家天天夜里起来喂马，其他方面也都有专人负担，可以减少劳动力的浪费，剩余时间可以细心照料土地或多搞副业。这种组织也存在缺点，如在分粮制度上有些不公平。有的地方不按劳力强弱土地好坏分，实行平分办法；有些地方都是整劳力及少数半劳力参加这种组织，妇女、儿童很少参加；有的地方以雇零工办法解决生产问题。

以上五种组织形式是东北解放区广大农民在生产中逐步探索出的农业互助合作形式，在一定程度上弥补了劳动力的不足，推动了东北解放区农业生产的发展。

2. 动员各类人员参加农业生产

由于受到长期战争的破坏和承担战勤任务的影响，各解放区劳动力十分紧缺。如陕甘宁边区，1947年以来劳动力减少约计20%，若加上战勤则减少30%，耕畜减少计30%—50%，大约13万头，"劳动力因参军支前亦趋减少"[1]。在这种情况下，如何进一步增加劳动力是发展农业生产、解决粮食问题的重要难题。

其一，动员妇女老弱、城市贫民参加农业生产。党和政府逐步认识到将农民组织起来不仅要组织全劳动力，而且要组织半劳动力。这里组织半劳动力就是把妇女、儿童组织起来。

在华北解放区，妇女参加劳动主要有两种形式。一种以家庭为单位，跟着男人参加互助组从事生产。另一种以生产小组为单位从事生产，如加入纺织、摘花、摘椒小组等。考虑到妇女劳动力的特点，动员妇女生产着重让她们参加辅助劳动，如种菜、喂牲畜、担水、送饭，下种、拔

---

[1] 陕甘宁边区财政经济史编写组、陕西省财政厅财政科学研究所、陕西省档案馆合编：《解放战争时期陕甘宁边区财政经济史资料选辑》上册，三秦出版社1989年版，第285、526页。

苗、收秋等。在晋绥解放区，经过土改教育后，农村妇女一般能认识到劳动是光荣的，参加农业劳动积极性自觉性大大提高。特别是在秋收中，该区参加生产的妇女超过以往任何一年。1947年秋收时，五寨三区100%妇女参加了秋收，还超过男劳动力100多人。1947年，临县60000女劳力中42000个参加了农业劳动，占总数的70%，因此，1947年秋收完成很快，时间比过去缩短1/4到1/3。代县六区过去仅有4%的妇女参加农业劳动，土改后五、六、七三个区24860个女劳力中就有19588人参加夏锄，占总数的79%。朔县平川妇女过去不劳动，1948年70%的妇女上地劳动，保德全县约有90%的妇女参加劳动。①

在东北解放区，"东北妇女有劳动的习惯，大都能够下地播种、扶犁"②。东北地区还将城市贫民转入农村从事生产。延吉地区1947年已有这样的经验，即把现有的城市贫民动员到乡下去从事生产。"依据东北人口分布状况，城市人口占1/3，各地城市能动员几十万劳动力是有条件的，一方面增加劳动力，把这些劳动力组织起来，可以增加100万劳动力。假如这100万劳动力，一人能种两垧地，可以种200万垧地。"③总之，不允许任何一个能劳动的人置身于春耕生产之外，如果有一个人不劳动，则不仅少一个劳动力的收入，而且将增加全体人民的负担。

其二，改造农村中的懒汉，使其参加农业生产。为解决劳动力不足问题，同时改善社会风气，陕甘宁边区曾在抗日战争时期开展过二流子改造运动，收到良好效果。内战爆发后，各解放区同样十分重视对社会上懒汉、二流子的改造。在陕甘宁边区，1946年夏耕中延川城区就组织了

---

① 参见樊润德、路敦荣编：《晋绥根据地资料选编》第2集，吕梁地区印刷厂印刷1983年版，第93—94页。

② 东北解放区财政经济史编写组编：《东北解放区财政经济史资料选编》第1辑，黑龙江人民出版社1988年版，第457页。

③ 东北解放区财政经济史编写组编：《东北解放区财政经济史资料选编》第1辑，黑龙江人民出版社1988年版，第457页。

二流子扎工队。①1946年初，晋冀鲁豫解放区政府提出改造懒汉问题，强调改造懒汉须从说服、教育、帮助、强迫等几方面着手，主要着重教育和帮助，"如将大部懒汉改造过来，不仅可以增加农村劳动力；而且可解决一些社会问题"②。

为改造懒汉，使其参加生产，东北解放区政府出台了相关法令。1947年2月，《东北行政委员会关于开展农村生产运动的指示》中明确提出："反对游手好闲，好吃懒做的二流子行为，积极增加生产者，给予奖励。故意荒废土地者，给予处罚。"③1948年5月，东北行政委员会发布命令："近查各地有些二流子懒汉等，竟薰〔熏〕染封建阶级的余毒，游手好闲，不事生产，成为新社会的寄生虫，甚至有不务正业而以盗窃赌博为生者。这不仅违背土地改革的宗旨，而且妨害民主社会秩序之建立。各地对此现象，亟应引起严重注意，并采取有效的克服办法。"该命令要求："今后凡一贯不事生产之二流子懒汉，必须强制其参加劳动生产，其以盗窃赌博为生，吸食鸦片毒品而不戒除者，或利用'民主'口号，目无法纪，而有妨害生产行为者，应一律依法惩处。一切因懒惰而荒废土地者，应即暂行停发土地执照。放局赌博，开设烟馆均属违法，一律严禁。各级政府必须切实负责，一面进行说服教育工作，一面进行必要的法律制裁。"④1948年10月，东北行政委员会冀察热辽办事处制定《关于荒地处理办法》，规定："凡二流子、烟民及因其他怠惰行为而荒芜之土地，经区政府以上查明属实者，得由村政府收回地权，另分配给其它人民耕种。待本人改变恶习转入劳动后，由政府另从公荒或无主私荒中调

---

① 参见《延川城区夏耕中组织二流子扎工队》，《解放日报》，1946年7月4日，第2版。

② 华北解放区财政经济史资料选编编辑组，山西省、河北省、山东省、河南省、北京市、天津市档案馆合编：《华北解放区财政经济史资料选编》第1辑，中国财政经济出版社1996年版，第127页。

③ 东北解放区财政经济史编写组：《东北解放区财政经济史资料选编》第1辑，黑龙江人民出版社1988年版，第446页。

④ 东北解放区财政经济史编写组：《东北解放区财政经济史资料选编》第1辑，黑龙江人民出版社1988年版，第477页。

剂给其土地。"①这些法令为东北解放区改造懒汉、二流子提供了政策依据和工作指导。

其三，奖励农业生产中的模范和英雄。1946年1月，晋冀鲁豫边区政府提出："奖励劳动英雄，发动劳动竞赛；对劳动英雄的带头、骨干、桥梁三种作用，要正确运用和发扬。"②在东北解放区，1947年2月东北行政委员会发布指示提出："表扬奖励生产的积极分子与英雄，培养各村、各县的劳动英雄，通过劳动英雄与积极分子推动影响群众生产，开展生产运动，造成生产热潮。"③为了推动生产运动，1948年5月，东北行政委员会发布奖励农业生产的布告，规定"在农业生产运动中，凡具备下列之二个条件者，得奖励之"："1.凡积极从事劳动生产，其个人或家庭所耕种之土地面积，由于其努力开荒，超过当地一般劳动力所能耕种之数量达30%，且其耕地产量不低于或超过当地耕地平均产量之水平者；或由于其精耕细作，耕地产量超过当地一般耕地平均产量之水平达30%，且其耕地面积不低于或超过当地一般劳动所能耕种之数量者。""2.凡在生产互助中，由于其积极劳动的模范作用与领导作用，因而使其所参加的生产小组或其所居住的全屯能达到普通增产20%者。""3.除完成上项增产规定外，凡能遵守政府法令，并能积极完成其所应负担之战争勤务与义务劳动者。""凡具备上列一、三或二、三两个条件者，不论其个人成份与性别得普遍奖励之。全家、全组、全屯凡具备上述两个条件者，亦得普遍奖励之。其中有特殊显著生产成绩与模范事迹的个人，得给以特别奖励。"④

---

① 东北解放区财政经济史编写组编：《东北解放区财政经济史资料选编》第1辑，黑龙江人民出版社1988年版，第506页。

② 华北解放区财政经济史资料选编编辑组，山西省、河北省、山东省、河南省、北京市、天津市档案馆合编：《华北解放区财政经济史资料选编》第1辑，中国财政经济出版社1996年版，第128页。

③ 东北解放区财政经济史编写组编：《东北解放区财政经济史资料选编》第1辑，黑龙江人民出版社1988年版，第447页。

④ 东北解放区财政经济史编写组编：《东北解放区财政经济史资料选编》第1辑，黑龙江人民出版社1988年版，第475—476页。

当然，劳动英雄和生产能手树立后，各级党组织更要培养之、爱护之。对于这一工作，陕甘宁边区政府有充分认识。一方面，各种英雄和能手"只能在各种事业上起其应有作用，不能任何事都要起带头作用，也不能当作干部去看待"。因此，各地在将英雄和能手选出后，"要好好巩固和培养，不能置之不理，也不能经常差使临门，占去生产时间"。另一方面，党和政府"对个别英雄，鼓励也要适当，不要把'菩萨'、'神仙'、'状元'等头衔按在头上，不要随便挂匾，打碑立石等，发动劳动生产竞赛要慎重，即发动就要有头有尾，有检查、有评判、有结果，不能图热闹，掀起来就完了"①。

3. 不违农时，努力减轻民众负担

其一，党和政府认识到，财政经济的紧张加重了民众的负担。在陕甘宁边区，政府财政经济工作大致分为相对和平和内战爆发两个阶段。第一阶段是从1945年8月到1946年9月。在相对和平阶段，边区财政的特点是人员减少，开支却增加。脱产人员虽然减少，财政开支却增加了，其成因包括多个方面，如供给标准提高、供给类型扩大、事业费增加、投资与补助费增加等。第二阶段是从1946年10月到1947年12月。这一阶段陕甘宁边区财政支出愈发增加，总体特点是人数倍增，军费浩大，财政空前困难。如脱产人员由76305人增至151928人，增加1倍多。而开支增大导致1947年财政赤字90.5%。②在华北解放区，1947年大反攻以来，"由于战事频繁，人民差役负担很重，有些地区超过粮款总负担70%—80%，某些地区有逃避支差出卖牲畜事情，若不及时解决，不只妨害生产，而

---

① 华北解放区财政经济史资料选编编辑组，山西省、河北省、山东省、河南省、北京市、天津市档案馆合编：《华北解放区财政经济史资料选编》第1辑，中国财政经济出版社1996年版，第128页。

② 参见陕甘宁边区财政经济史编写组、陕西省财政厅财政科学研究所、陕西省档案馆合编：《解放战争时期陕甘宁边区财政经济史资料选辑》下册，三秦出版社1989年版，第373—377页。

且会损伤整个国民经济"①。再加上一些地方"民力使用过分紧张，群众无法生产，难于长期支持，政府公粮也开支不起"②。为解决财政经济困难，各解放区努力处理发展生产与保障供给的关系，注意减轻差役和各种负担。

其二，支差工作坚持不违农时原则，尽量减少差务。解放战争时期，民力负担共分战勤支前、平时支差、粮食转运、村勤务、一般动员五种。平时各类支差较多，战时以战勤支前为主。当时战争的各个方面，都有民众在服务。抬伤兵、运弹药、推粮食、筑工事、修公路、架桥梁、缝军衣、做军鞋、看护伤员、宣传慰劳、防特锄奸、押解俘虏，没有一项是人民群众不参加的。1946年12月，华中解放区的刘瑞龙曾谈到民众战时支前的重要性："粮食供应是浩大的，部队及民夫吃粮六千万斤，绝大部分都由人民推出，一盘磨一天平均只能推出六十斤，许多全区全乡的磨子都转动起来，日夜不息磨军面，磨出之后，还要赶运到指定地点。"③为减少战勤支前对农业生产的影响，除了注意劳动力调剂外，党和政府要求各地支差时做到不违农时，尽量减少差务。在华北解放区，1946年3月，中共冀东区党委提出支差工作要"节省民力不误农时——由减少限制而逐渐取消抗勤"，"今后除战斗情况之外，机关部队动员抗勤要通过县政府，只有县、分区及野战旅可以动员抗勤，有重点地试验取消抗勤办法。巩固区取消岗哨支差，尽量不开会，不得已时利用农闲时开"④。在晋冀鲁豫解放区，针对支差中影响粮食生产的情况，1946年1

---

① 华北解放区财政经济史资料选编编辑组，山西省、河北省、山东省、河南省、北京市、天津市档案馆合编：《华北解放区财政经济史资料选编》第1辑，中国财政经济出版社1996年版，第132页。

② 江苏省财政厅、江苏省档案馆、财政经济史编写组编：《华中解放区财政经济史料选编》第2卷，南京大学出版社1987年版，第153页。

③ 江苏省财政厅、江苏省档案馆、财政经济史编写组编：《华中解放区财政经济史料选编》第2卷，南京大学出版社1987年版，第143页。

④ 华北解放区财政经济史资料选编编辑组，山西省、河北省、山东省、河南省、北京市、天津市档案馆合编：《华北解放区财政经济史资料选编》第1辑，中国财政经济出版社1996年版，第18页。

月当地政府提出必须修改支差法令，"支差事项和拨差机关应更加缩小范围，差价应提高，差程（即差站）负重应重新修正，免差条件应明白规定，应该研究，条令一经修正，全区必须坚决实行。其他粮食和柴炭义运、站岗、放哨、民兵开支、开会以及各种社会负担应力求减少……如能将这项工作做好，对农民生产帮助很大，而且对人民负担是一个绝大的减轻"①。

其三，积极做好保障，解决战勤支前民众后顾之忧。1946年11月，华中解放区对后勤工作进行了总结，认识到要想使民夫安心后勤工作必须注重"解决民夫各种困难"。这是因为民众中"参加后勤队的，绝大多数是家境较贫苦的基本群众，因而他们有很多困难需要解决"，如支援后勤民众的吃、穿、病以及家中生产问题。其中"家中生产问题：这是民夫最关心的问题，必须把前方后勤和后方生产结合起来。此外，民夫家里的病人及红白喜事等问题均要尽量设法解决"②。在战略决战阶段，各大战场的战勤支前任务更加繁重。如1948年，"津浦战役之后，八月西兵团东来，苏北兵团北上，济南战役刚结束，淮海大战又开始，野战军除东兵团外，突增335000人"，"仅第一线已统计之民伕达169572人"，"如连第二三线及运粮民工总计在内，民伕共40万以上"③。为让支前人员安心工作，党和政府颁布了多项支前人员保障条例和各种命令。1948年11月，华中区发布支前总动员令："一切为了战争，一切为了胜利，凡是可以动员的人力、车力、牲口、船只，都要为前线服务，保证在服务期间不开小差，勇敢地抢救伤员迅速地转运伤员，及时的供应粮草，满足前线的一切需要。另外，凡是留在乡里的，不管是全劳动力，半劳动力，

① 华北解放区财政经济史资料选编编辑组，山西省、河北省、山东省、河南省、北京市、天津市档案馆合编：《华北解放区财政经济史资料选编》第1辑，中国财政经济出版社1996年版，第132页。

② 江苏省财政厅、江苏省档案馆、财政经济史编写组编：《华中解放区财政经济史料选编》第2卷，南京大学出版社1987年版，第127—128页。

③ 山东省财政科学研究所、山东省档案馆合编：《山东革命根据地财政史料选编》第3辑，内部资料1985年印刷，第297—298页。

不管是妇女儿童，都要应该解决出发民工的家属困难……总之，你们可以做的工作，就要不分前方后方，不分男女老幼，大家一起动手，彻底做好。"①

4. 着眼长远，保护和发展畜牧业

解决农业生产劳动力问题的另一举措是保护耕畜和发展畜牧业。对此中国共产党和政府主要从两个方面着手：一是限制耕畜出口，组织区域内调剂；二是着眼长期，发展畜牧业。解放战争时期发展畜牧业既能够弥补农业生产劳动力的不足，也能为各地农业进一步发展提供较好的生产条件。

一方面，各解放区发布多项法令保护耕畜，限制耕畜出口。旧中国社会生产水平和农耕方式决定了耕畜在农业生产中的重要地位，因此民主革命不同阶段中国共产党和政府都十分注意保护耕畜，甚至禁止耕牛等牲畜出口。各解放区同样注重保护牲畜在农业生产中的重要作用。1947年1月，东北行政委员会发布特别规定："严禁屠宰耕畜（包括骡、马、牛、驴）。凡年老或残废牲口不能使用耕作者，须经区级以上政府批准，始准宰杀。""严禁牲口出境。凡解放区牲口出境到蒋管区者，非经许可，一经查出，送交县级以上政府予以没收。"②1948年3月，针对东北各地在耕畜保护、管理与防疫等方面注意不够造成耕畜大批死亡的现象，东北行政委员会发布保护耕畜令，在原有"禁止屠杀耕畜"规定基础上，又提出耕畜喂养、防疫问题。通令规定："凡没收封建地主和征收富农多余的牲口，按土地法大纲的精神，应立刻认真分给农民"；"不论自己原有或分得之牲口，必须加强饲养、管理与保护，不准随便损伤，缺乏草料者，应先由本村调剂。本村不能解决时，然后提交地方政府设法调剂"；"加强牲畜防疫工作，除宣传一般家畜防疫常识外，应组织兽医下乡预防

---

① 江苏省财政厅、江苏省档案馆、财政经济史编写组编：《华中解放区财政经济史料选编》第5卷，南京大学出版社1989年版，第221—222页。

② 东北解放区财政经济史编写组编：《东北解放区财政经济史资料选编》第1辑，黑龙江人民出版社1988年版，第444页。

牲畜传染病。各地应设立家畜防疫所，给牲口治疗病，以减少牲口的死亡"①。在陕甘宁边区，1949年仅西安一市平均每日宰杀耕牛就达到40头，其中齿老残废不能使用者仅占少数。为此，陕甘宁边区政府发布指示督促各级政府严格注意纠正这种现象。②

另一方面，着眼长远，重视发展畜牧业。内战爆发后，战争对农业及牲畜破坏很大，各种疾病导致牲畜死亡率很高。因地理因素，耕畜在东北地区农业生产中所占地位极其重要，东北解放区更加重视畜牧业的发展。1948年，东北的嫩江省40万牲口中死亡4万头。为保护牲畜，东北解放区探索耕畜保护办法，依据各地情况，动员群众搭盖牛马圈棚；训练兽医人才，建立保畜组织，省设牲畜防疫所，进行防疫注射；准备足够的马草马料，防止耕畜饥病致死；以分区为单位建立专门牛马配种站，有计划地繁殖牲畜；对于繁殖牲口与添进牲口的，要在负担、税务等各方面给予适当的减免。③

为了更好地改良牲畜，解放区还设立畜产试验场，开展耕畜疫苗注射。在东北解放区，1949年东北林业部门设立了各级农事试验场，其中一项重要工作就是"着重于耕畜家畜家禽的品种改良试验与优良品种之繁殖，以供给各地方试验场的优良品种"④。当时各解放区畜产工作组织还不健全，设备又不完善，缺乏工作经验，在摸索中走了不少弯路，但最后获得了良好成绩。在东北解放区，辽西省从内蒙古向彰武、阜新等县调剂了耕畜8159头；原辽北15市县共计牲畜596136头。1948年春季在开原、铁岭等9县炭疽预防注射145121头，秋季在梨树、昌图等9县炭疽预防注射361539头，结合牛疫预防注射106933头，免除了这些牲畜感染

① 东北解放区财政经济史编写组编：《东北解放区财政经济史资料选编》第1辑，黑龙江人民出版社1988年版，第468—469页。

② 参见《陕甘宁边区政府明令禁杀耕牛》，《人民日报》，1949年9月12日，第2版。

③ 参见东北解放区财政经济史编写组编：《东北解放区财政经济史资料选编》第1辑，黑龙江人民出版社1988年版，第499—500页。

④ 东北解放区财政经济史编写组编：《东北解放区财政经济史资料选编》第1辑，黑龙江人民出版社1988年版，第530页。

传染病。[1]

（四）加强粮食管运，调剂各地粮食余缺

发展农业生产是实现粮食增产、保障粮食供给的基础性工作，粮食征收、管理、运输等环节在统筹粮食余缺、保障粮食供给方面也起到关键作用。解放战争时期，中国共产党和各地政府为解放区粮食短缺尤其是价格波动问题，在粮食征收、管理、运输各环节采取了多项政策措施。

1. 合理征收和管控粮食

首先，逐步建立合理的粮食征收政策。自抗战以来，党和政府在解决军政粮食供给来源问题时曾采用征收、购买以及向群众借粮的方式，其中征收粮食是主要途径。开展粮食征收工作的机关大体是由村到区、县、专区和边区，逐步实现由下而上、由分筹到集中。这一方式也是解放战争时期党和政府加强粮食征收管理的基本模式。

自全民族抗战以来，各解放区粮食政策经历了三个阶段。第一阶段即抗战之初，部队的粮食供给是到哪里吃哪里，无标准无计划，粮食来源为逃亡大粮商、老财，每村多亦不超过五户。第二阶段即1938年到1940年，粮食政策执行合理负担办法，征收公粮，普遍实行累进税政策。如晋察冀边区的北岳区采取的主要办法是将每家收入折米，以人口平均，每人收入1石4斗以下者免征，1.5石至2石者征2%，2.1石至3石者征5%，往上每增1石税率增1%至20%为止。冀中区执行的办法主要是将土地分等折合，每人除1.5亩（抗日军人3亩）免征点，超过部分累进负担。实际执行的情况是：在群众工作有基础的地区负担的绝大部分在上层，而在地主、富农掌握政权的村庄则仍按地亩平均摊派办法，使得中农以下负担比较重。第三阶段即1941年以来，各地取消田赋，实行统累税，公粮合理负担。1943年曾加以修改。抗战结束后，1946年将工商业税分出另征，另订新解放统累税简易办法。截至1946年，由于实行了统累税

---

① 参见东北解放区财政经济史编写组编：《东北解放区财政经济史资料选编》第1辑，黑龙江人民出版社1988年版，第596页。

收，粮食除足够供食用外尚有剩余，但在省、边区，十几万人的粮食大部仍需购买，经常需要很大的一笔款项。

其次，加强粮食管理，严控粮食出口。因国民党统治区灾害不断、兵祸不竭，粮食短缺比较严重，各地粮价攀高，以至于各解放区内部出现向国统区出售粮食的行为。为了保障解放区军民粮食供给，各解放区既要通过粮食出口换回解放区急缺的各种武器、药品等物资，又必须严控粮食出口、打击粮食私贩行为。1947年1月，华中分局第二地委发出关于加强粮食管理的指示，规定为确保民食，"首先而且主要的，各级党委必须在基本群众中，展开广泛深入的宣传教育，号召不随便卖出粮食，备粮备荒。其次加强管理粮食。抓紧尺度，限制出口"。指示要求相关政府部门在实施粮食出口时，必须切实贯彻四项管理原则及办法，"粮食出口，一律指定带回军用品，生产必需品，以及规定免税进口的物资"。"粮食非到万不得已，决不轻易准许出口……必须切实贯彻宁愿多内销，不愿多出口的原则。""粮食限制出口后，各县对于次要物资出口，除放宽尺度，予以各种鼓励和便利外，并应尽一切可能主动的、有计划的……组织出口，以代替粮食争取军民必需品，活跃市场。""加强粮食缉私，广泛号召联防队、民兵，乃至广大群众协同缉私，以群众力量配合管理工作，确保民粮，但经货管部门准许出口，有出口手续报足税额的则应放行，不得故意留难。"①

为了严防粮食走私，保证解放区内军粮民食之足够供应，各解放区还规定了内部粮食运输规则。1947年，华中区苏皖边区第六专署两次制定了粮食管理暂行办法，规定：凡本区粮食除经本署特准者外，严格禁止出口。本区境内之中心地区由本署划定粮食内销线，在此内销线以内为自由贸易区，在此区内粮食运销自由，不需要任何证件与手续。各县县政府在接近敌我区有控制能力之适当地带划一道出口封锁线，距封锁线以内十里至二十里之深度划一道内销管理线，并公布之。在管理线内为

---

① 江苏省财政厅、江苏省档案馆、财政经济史编写组编：《华中解放区财政经济史料选编》第3卷，南京大学出版社1987年版，第117页。

内销区，两线之间为管理区。内销区销售在50斤以下可自由运输，除公粮运输外，50斤以上须履行相关手续。①

2. 加强粮食保管与运输

粮食保管和运输在粮食政策中有着重要地位。这一工作在斗争比较尖锐的地区如华中解放区尤为重要。

其一，根据斗争实际做好粮食保管。粮食保管先后经历由分存原户到集中分存，再到集中保存与分散坚壁相结合的发展过程。以华北解放区为例，粮食保管工作先后探索出三种方式。第一种方法是认交自存，这是为适应战争环境的一种粮食保管办法，在粮食征收时各户认交立账后即算征收完结，所征公粮依然分存原户需要时再取。其优点是省事，耗损的责任在农户，战时不受损失。其缺点是当用时有支不到粮的风险，且时间久了账目无法清理。第二种方法是集中分存或集中村库。除少数地方如边缘区仍保留认交户存的办法外，各地一般采用集中分存或集中村库的办法，将征收中各农户交来的粮食检查过秤后，另行分户保存或集中村库。但这种大粮库大集中的办法在实践中有困难，"农村分散环境，运输困难，机关部队不太集中，经常的移动，粮库及干部一时设置不起来，及干部习惯等原因，所以试行不久均已改变"②。第三种方法是结合斗争实际，实行巩固区集中保存与游击区分散坚壁的办法。在巩固区集中性较大，除村库外设子母库派专人负责，接近战区的集中性小，游击区则分散坚壁。但它仍然存在一个矛盾，即战区粮食需要量很大，而保管又不能集中，这就加重了运输的责任和难度。

其二，与粮食管理中不良风气作斗争。当时主要是与干部中滋生的官僚主义、保管不善、挪用盗粮等现象作斗争。在广大解放区尤其是斗争形势严峻的地区，"群众性的保粮是我们粮食工作的特点，几年来我们依

---

① 参见江苏省财政厅、江苏省档案馆、财政经济史编写组编：《华中解放区财政经济史料选编》第3卷，南京大学出版社1987年版，第395—396页。

② 华北解放区财政经济史资料选编编辑组，山西省、河北省、山东省、河南省、北京市、天津市档案馆合编：《华北解放区财政经济史资料选编》第1辑，中国财政经济出版社1996年版，第67页。

靠了群众解决了不少保粮的困难问题"。当然我们不否认，群众保粮也有其缺点。"像某些地区存在严重的空头保管与挪用以及因为保管不善大批损失霉烂等现象，但这些与其说是由于群众保粮的缺点，不如说是我们主观上努力不够，特别是工作作风上存在着毛病。"[①]由于粮食保存方式、存粮户责任心等因素影响，各解放区粮食保管中出现不当现象。1948年，华中解放区在粮食清查工作中发现张霸乡十多个乡干，"有八九个挪借盗卖公粮的。该区是边缘区，公粮真正做到埋藏的仅占30%；保管户存粮超过规定的有20%。在敌人扫荡泗沭，由于上述原因损失了数千斤"[②]。

干部官僚主义作风是造成粮食保管混乱的主要原因。1948年3月，华中区的《苏皖边区五专署关于目前粮食工作紧急指示》中指出："由于情况变化，蒋匪之经常扫荡抢掠，粮食东迁西移，野战军辗转各分区作战……到处支粮，边区民兵联防队及撤退干部家属，随地动支粮食，投机商人以粮价低的地区收买支证，到粮价高的地区支粮，加之粮管机构几经变动，粮管干部质量不高，尤以乡村粮管员，业务水平低，有些乡村根本没有粮管员（如滨海黄圩区八个乡只有一个粮管员，还是代理的），以致造成目前粮食上极度混乱。"干部不到下面去检查存粮，对空仓及干部挪借盗卖现象熟视无睹是主要原因。"如阜宁在去年财经扩大会议时报告秋征秸头400多万斤，并存夏征小麦60万斤，既未经过重大损失，也未驻过大军，而现在报告除黄豆外，颗粒无存。淮安去年秋征500多万斤（除改征代金实物数外）同样未经过大批的支付，现报告只剩100万斤左右，县区对实有粮食究竟有多少，茫然无知，甚至乡存粮情况都不了解，根本谈不到掌握与调度。"以至于华中区发生"支粮证支不到粮食，拨条亦拨不到粮食情形"，"结果调度不灵，供不应求，而存粮地区顾虑自己粮食不够供应，少报存粮数字，需要粮食的机关部队，企图多掌握现粮，

---

① 江苏省财政厅、江苏省档案馆、财政经济史编写组：《华中解放区财政经济史料选编》第5卷，南京大学出版社1989年版，第276页。

② 江苏省财政厅、江苏省档案馆、财政经济史编写组：《华中解放区财政经济史料选编》第4卷，南京大学出版社1988年版，第114页。

大家抢到手控制，更加深恐慌现象的严重"①。

3.调剂粮食，继续施行平籴制度

面对粮食短缺及粮价波动较大问题，党和政府在加强粮食管理的同时，继续推行过去行之有效的粮食平籴制度，在粮价大幅波动时努力平抑粮价。

1946年，华中解放区自苏皖解放区重要城市及粮食区域沦入敌手之后，粮食问题日益严重，粮食供应日益困难，如不立即设法补救，会大大影响我党我军在华中的坚持任务。当年11月，华中分局发出关于粮食问题的专门指示，"目前解决粮食问题最基本的办法，是抢运苏中粮食，及停止乱支取粮食现象"。同时为保障粮食管理，"分局重申坚决执行制度的决心，各级党政军民组织，要严格执行粮政制度……在支付程序上首先应先照顾野战军，然后才给予地武及后方机关"②。

为解决粮食问题，各解放区在必要时继续采取平籴制度，内部调剂粮食。在华北解放区，自停战命令颁发后，根据地物价解禁，致大量农产品流入国民党区域，"但我方对外贸易缺乏严密之组织、计划，流出食粮未能换回必要物资，致使边币愈加膨胀"，粮价上涨明显。为此1946年5月，中共冀晋区党委建议恢复实行平籴制度。"根据目前情形，平籴制度应予恢复，由商店办理，于麦收秋收时，高价收买食粮，以备青黄不接时平抑粮价，如此既可保护农业生产，又可平衡边币流通量，稳定金融，至其营利所得，亦可用以补充财政开支。"③在华中解放区，1948年3月，中共中央华中分局在《关于紧急救灾工作的指示》中明确指示，各区"迅速举办平籴，平抑粮价，特别在有决定意义的城镇，由各地救委会协

---

① 江苏省财政厅、江苏省档案馆、财政经济史编写组编：《华中解放区财政经济史料选编》第4卷，南京大学出版社1988年版，第451页。

② 江苏省财政厅、江苏省档案馆、财政经济史编写组编：《华中解放区财政经济史料选编》第2卷，南京大学出版社1987年版，第140—141页。

③ 华北解放区财政经济史资料选编编辑组，山西省、河北省、山东省、河南省、北京市、天津市档案馆合编：《华北解放区财政经济史资料选编》第1辑，中国财政经济出版社1996年版，第29—30页。

同地方政府群众团体举办平粜合作社，即从边府救灾款中拨出一部，并就地筹募之款项作为基金"。同时规定："平粜粮价，一定要低于市价。购户则须通过群众团体审查，规定购粮限度，保证平粜粮全部为贫民购得，避免落于奸商之手。同时奖励入口，调剂各地粮食，进行有无相通，七分区可向八分区购粮，六分区可向山东购粮，三五分区可向苏中购粮，而各地在本区域内，亦同时可自行调剂，解决粮荒问题。"①

总体来看，平粜制度在解决区域性的粮食价格、粮食短缺问题时富有成效。随着解放区的不断扩大和粮食斗争的日益尖锐，仅仅靠合作社性质的粮食平粜机关仍难以解决新出现的粮食短缺问题。解放区粮食价格波动，既有私贩粮食造成的粮价波动，也有货币增发导致的通货膨胀，还有敌占区对解放区开展的粮食斗争等。为此，在加强解放区粮食管理的同时，党和政府必须运用多种斗争手段，配合财政和货币斗争，采取更有效的方法，如此才能有效解决解放区粮价大幅波动问题。

三、中国共产党解决解放区粮食问题的基本效果

解放战争时期，中国共产党面对粮食时常歉收、粮价大幅波动等突出问题，从调整解放区的土地政策入手，抓住提升农业生产技术、调剂劳动力两个关键因素，加强粮食征收管控，逐步缓解了各解放区粮食紧张局面，改善了新老解放区民众生活，为解放区政权巩固和解放战争胜利提供了坚实保障。

（一）缓解了粮食短缺，保证了粮价基本稳定

解放战争时期，党和政府通过各种措施加强粮食生产，效果明显。各地耕田增加、农业收成增加，基本缓解了解放区的粮食短缺问题。

其一，农业生产面积扩大，粮食实现增产。在陕甘宁边区，1946年

① 江苏省财政厅、江苏省档案馆、财政经济史编写组编：《华中解放区财政经济史料选编》第1卷，南京大学出版社1987年版，第93页。

经过春耕生产及充足的雨水，粮食增产明显，"全边区夏田已收细粮85万余石，秋田估计能收细粮90万石以上，总计不下180万石，和去年120万石比较，增产60万石，即增产去年的50%，食的问题可望解决。全边区共植棉351000余亩，足苗265000余亩，估计收花200万斤左右，穿的问题可望部分解决"①。截至1949年2月，陕甘宁老区的农业已恢复至1946年的70%。原来耕畜在战争中减少30%，当时已恢复至80%。羊畜在战争中减少57%，当时约恢复到60%。棉花恢复50%左右。晋西北1948年丰收，耕地面积和产量较1946年尚有增加。黄龙晋南新区的农业生产亦大部恢复。总计，陕甘宁、晋绥现有耕地5000余万亩，1948年产粮达1400余万市石，产棉约2500万斤。②据陕北行署报告，1949年耕地已恢复至战前水平，粮食产量因遭虫、旱、雹灾，虽然只达战前的84%，也一般地完成了1948年计划每亩增产细粮二市升的任务。耕畜较1948年增加14%，羊畜增加了30%。蒋胡匪帮所造成老区人民的严重灾荒饥饿状态已基本上克服了。③

其二，粮食调剂有力，饥荒得以平稳渡过。1949年6月，薄一波就华北解放区财经工作向毛泽东汇报："华北粮食，从其出产的数量上来看，是够吃的，如果经营的好还有剩余……如果今年秋收好一些的话，所缺粮食数字当会小一些。"1949年，华北的察哈尔省发生夏荒，党和政府"主要强调干部深入群众，生产自救，克服依赖思想，同时具体帮助群众计划，一村一户的解决，合理使用贷粮等。按对各灾区用的力量看，如使用得当，组织的好，今年灾荒还是能渡过的"④。在晋西北地区，截至

---

① 张希坡编著：《革命根据地法律文献选辑》第3辑第2卷·陕甘宁边区（下），中国人民大学出版社2018年版，第55页。

② 参见张希坡编著：《革命根据地法律文献选辑》第3辑第2卷·陕甘宁边区（下），中国人民大学出版社2018年版，第70页。

③ 参见张希坡编著：《革命根据地法律文献选辑》第3辑第2卷·陕甘宁边区（下），中国人民大学出版社2018年版，第93页。

④ 华北解放区财政经济史资料选编编辑组，山西省、河北省、山东省、河南省、北京市、天津市档案馆合编：《华北解放区财政经济史资料选编》第1辑，中国财政经济出版社1996年版，第655、659页。

1949年8月17日，该区仅耕地一项即比1948年扩大110余万亩，使总耕地成为1936万余亩。兴修水利的成绩尤其显著，原计划恢复水地为387000亩，现据19个县的材料统计即已完成529000余亩，共开大小水渠700余道，估计水利一项可增产63000余石。[①]

其三，物价保持稳定上涨，避免粮价大起大落。解放战争期间，国统区通货膨胀严重，物价翻倍增长。与国统区临近的解放区，物价上涨也难以避免。但物价大幅上涨不利于经济建设和民生改善。因此，在新解放区，党和政府在平抑物价、稳定粮价方面付出了极大努力。在华北解放区，河北省石家庄市政府积极发挥国营经济的作用，努力平抑物价，基本保持了粮价平稳上涨。1948年备战期间，由于少数奸商操纵，当地粮食市场一度混乱，但经过政府及时处理，大量抛售粮食，三小时内混乱即告澄清。由于政府的努力，石家庄市自解放以来物价基本上做到了平稳上升。截至1949年4月底，石家庄市贸易公司共供给粮食42482369斤，食盐6394635斤，植物油1459720斤，煤炭100834227斤。[②]1949年，山东解放区出现了几次大的物价波动。在每一次物价波动时，党和政府都以经济力量及行政力量，一面抛售物资收缩通货，一面加强市场管理，制止投机，以支持货币与保护生产。当年1月，山东解放区第一次物价波动时，国营贸易公司出售粮食800余万斤，出售各种杂货共值140亿元北海币。4月，在第二次物价波动时，因华北涨势较大，山东解放区各地在物价高处抛售物资，稳定物价，支持华北。在此期间共抛售粗粮1200万斤，小麦7126636斤，面粉23522袋。当年7、8月间，面对再一次的波动物价，济南、青岛、徐州、周村、潍坊、鲁中南等地，即抛售粮食5219万斤（其中小麦1245万斤）、面粉151783袋、生油331万斤及其他大宗货物。"物价普遍回落至我们预定的水平，严重的打击了投机。但总的计算

---

① 参见《晋西北今年扩大耕地百万亩　增产已有保证　晋中棉花蓖麻花生可望丰收》，《人民日报》，1949年9月13日，第2版。

② 参见华北解放区财政经济史资料选编编辑组，山西省、河北省、山东省、河南省、北京市、天津市档案馆合编：《华北解放区财政经济史资料选编》第1辑，中国财政经济出版社1996年版，第681页。

起来，在这次平抑物价中，我们所付出的物资力量并不算多，这告诉我们，只要我们能把各部门的经济力量统一起来即能发挥很大的力量。"[1]

（二）逐步改善了解放区民众的生产生活

其一，农民获得耕田，生活有了基本保障。经过土地改革运动，广大贫雇农获得了土地。1946年，华北解放区的热河省"农民已从大汉奸豪绅恶霸不法大地主高利贷者手中，获得了土地八万九千亩、二万多石的粮食以及大量的现款、牲畜和房屋等"[2]。在党中央发出"五四指示"后，各解放区农民生产情绪高涨。据冀南分社报道，仅1946年夏，邱县春季以来互助组已发展1280组，其中包括富农337人，中农5849人，贫农3672人，参加互助牲口达1321头，已开荒地3万余亩。不少村庄出现了模范组与模范人物，威县圣佛堂劳动英雄石德才领导了全村互助收麦，组织了全村大变工，他家共有地56亩，4口人，除去吃用花费，1946年预计节余粮食还够吃三年。[3]

在华中解放区，由于普遍平分了土地，农民生活明显改善。调查显示，1946年高邮县界首区的龙华乡农民在减租减息后，6个村共236户，佃农贫农生活显著上升者48户，生活改善者167户，生活未上升者21户。在48户生活显著上升者中，由佃农贫农上升为自耕贫农者24家，由贫农上升为中农者15家，由佃农中农上升为自耕中农者4家，由中农上升为富农者1家，由富农得到发展者2家。[4]在推行"耕者有其田"政策后，1947年6、7月，华中分局第五地委高作区洗木乡第二村6户地主23人中，

---

[1] 山东省财政科学研究所、山东省档案馆合编：《山东革命根据地财政史料选编》第3辑，内部资料1985年印刷，第370—371页。

[2] 《热河农民从汉奸伪豪绅恶霸手中获得土地八万九千亩》，《抗战日报》，1946年5月28日，第1版。

[3] 参见《冀南农民解除封建枷锁 生产情绪高涨互助发展》，《人民日报》，1946年7月24日，第2版。

[4] 参见江苏省财政厅、江苏省档案馆、财政经济史编写组编：《华中解放区财政经济史料选编》第1卷，南京大学出版社1987年版，第604、606—607页。

原有田地人均7.85亩，44户贫农204人中，原有田地人均0.55亩，经过土地改革后，原有地主人均出田3亩，原有佃农人均进田3亩。公兴区三庄乡深沟村土改前有地主1户人口6人共180亩土地，人均30亩；富农14户人口85人共480.9亩地，人均5.66亩；中农48户232人共537.4亩土地，人均2.32亩；佃中农12户52人共30.8亩土地，人均0.6亩；贫农99户484人共285.8亩土地，人均0.6亩；佃农1户2人无土地。土改以后该村每户人均土地略有差别基本平等。其中地主1.83亩，富农2.9亩，中农2.31亩，佃中农2.27亩，贫农1.6亩，佃农2.15亩。[①]

其二，农民生产积极性提高，粮食负担有所减轻。在晋绥解放区，神池县东湖区"自解放后，群众生产情绪高涨，几天中已买回耕牛五条，并与工作团同志商量，请求政府帮助修筑水渠，灌溉荒芜土地，恢复原有耕地面积"[②]。在离石县，"新解放的四区，经过反讹诈和减租之后，群众获得利益一千八百万元，退粮八十七石多，由于口粮的问题得到解决，旧的统治被摧毁，又得政府奖励开荒等法令的保证，全区展开开荒热潮"[③]。农民获得解放后生产积极性大大提高。在晋绥的平顺县，"由于互助劳动的发展，仅该县一区即增产粮食三千四百四十七石，平均每亩增产两斗，因此该区百分之九十一点九的人家粮食都有余"[④]。

其三，政府组织生产，帮助灾民摆脱了灾荒。在华中解放区，1946年苏皖民主政府面对当地灾荒，组织生产救济，帮助百万灾民渡过灾荒，其中三分区（淮南）、六分区（淮海）军民，已战胜四十年来未有的大灾荒，百万断炊灾民，已渡过灾荒。三分区救灾运动是从组织灾民生产与

---

① 参见江苏省财政厅、江苏省档案馆、财政经济史编写组编：《华中解放区财政经济史料选编》第3卷，南京大学出版社1987年版，第386页。

② 《神池东湖解放后群众买牛准备扩大生产》，《抗战日报》，1945年10月2日，第2版。

③ 《新解放的离石四区群众变工大量开荒》，《抗战日报》，1946年5月31日，第2版。

④ 《平顺人民组织起来闹生产 增产粮三万石 衣食丰足》，《抗战日报》，1946年1月1日，第3版。

进行社会救济两方面进行的。在组织灾民生产中，根据"靠山吃山靠水吃水"的原则，施行砍柴、割草、挑塘、捉蝗、挖荸荠、运盐、纺纱、挖藕等办法。据高宝（新设县）1945年底和1946年初两月统计：共组织灾民6000余户，16000余人参加生产，得利12万余元（以下均为华中币，该币1元合法币30元）。在进行社会救济方面，政府发放救灾公粮14000余斤，豆饼30万担，发给挖蝗虫灾民2800担杂粮。三分区总共30万及六分区60万春天断炊的灾民已渡过了艰苦的灾荒。①因受灾害侵袭，1949年华北地区出现大量灾民，各级政府通过发放农业贷款，解决灾民种子、农具、肥料等困难。仅1949年上半年发放农贷总数即达58200万元，"不少群众感慨地说：老天爷造灾，政府救灾"②。

此外，各地通过发展粮食生产保障了政府粮食需要，增加了财政来源。而广大农民在分得土地后，生产积极性高涨，进一步推动了参军运动和支前运动的发展。

---

① 参见《苏皖民主政府组织生产救济 百万灾民渡过灾荒》，《人民日报》，1946年5月26日，第2版。

② 《支援数百万灾民生产自救 华北各地展开救灾运动 各级政府贷发巨额粮款 发动农民积极战胜灾荒》，《人民日报》，1949年9月16日，第2版。

第十一章　解放战争时期中国共产党
对解放区医疗卫生问题的解决

全民族抗战胜利后，各解放区尤其是新解放区军民医疗卫生状况并不乐观。为了保障解放区军民健康，巩固和发展人民政权，中国共产党和解放区政府面对严峻的医疗卫生问题，健全工作制度，完善工作内容，发动群众运动，培养专门人才，不断解决解放区医疗卫生工作中的突出问题。

一、解放区医疗卫生问题概况

中国共产党对老解放区医疗卫生问题早已关注，医疗卫生事业也有所发展。但在全国范围内尤其在新接收地区，医疗卫生状况仍很糟糕。随着解放战争的爆发，解放区医疗卫生领域又显露出新的问题。

（一）解放区医疗卫生问题的主要表现

解放战争爆发后，新老解放区卫生防疫任务相当繁重，医疗资源短缺问题再次凸显，严重威胁着广大军民的生命健康和解放区政权的巩固。

1.民众受传染疾病困扰局面依然严峻

其一，新解放区传染疫病盛行，严重威胁军民生命健康。解放战争时期民众受传染疾病困扰的局面依然存在，新解放区最为典型。1946年春天以来，晋绥边区"各地传染疾病普遍流行……许多人因为缺乏医药卫生而失去健康以至死亡"。在新收复的区域，"有的村庄因传染病流行而见不到一个健康的劳动力"①。

以新开辟的东北解放区为例，东北地区一直都遭受着战争摧残，医疗水平极其低下，人民长期遭受疾病困扰。东北地区也一直是急性传染病和地方疾病的多发地区，旧社会已知的各种疫病东北地区都曾暴发。如鼠疫、霍乱、麻疹、天花、猩红热等，因其具有传播快、突发性强、致死率高的特征，给解放区带来了巨大的人力物力损失。1946年6月中旬，哈尔滨市平房区暴发鼠疫，疫情很快蔓延至哈尔滨市内多个地带。直到10月13日鼠疫才被完全控制，造成哈尔滨市117人死亡。②沈阳以西地区也在差不多的时间发生鼠疫。1947年6月至7月初，各地相继发生鼠疫，到8月疫情已非常严重，蔓延到3个市，25个县（旗），93个区，共633个村屯，直到12月底鼠疫才被控制，给生产和战勤造成了严重威胁。据统计，1947年东北解放区鼠疫共波及30256人，死亡23171人（占76.6%）。1948年，该区共有鼠疫患者5474人，死亡3913人（占71.5%）。③除鼠疫外，天花、麻疹、伤寒等流行疾病也相继出现在东北地区，造成大量民众的死亡。"1949年其他传染病对东北国民经济的损失相当大的，除牺牲了3万余宝贵生命外，物资损失亦巨。假如每一病人如以平均病程20日，每日5万元医药费计算时，则约需3.6万吨粮食；每一死亡者如以平均损失15年劳动力，每一劳动力每年可得2吨粮计算时，则约损失9万吨粮食，因传染病所遭到的劳动力损失及医药费的损失，共约100万吨粮食。"④

一些地方性疾病也不断威胁解放区民众生命健康。如东北解放区长期

① 《开展防疫工作》，《抗战日报》，1946年5月23日，第2版。

② 参见朱建华主编：《东北解放区财政经济史稿（1945.8—1949.9）》，黑龙江人民出版社1987年版，第594页。

③ 参见东北解放区财政经济史编写组编：《东北解放区财政经济史资料选编》第4辑，黑龙江人民出版社1988年版，第422、423页。

④ 东北解放区财政经济史编写组编：《东北解放区财政经济史资料选编》第4辑，黑龙江人民出版社1988年版，第496页。

存在克山病、大骨节病、地方性甲状腺肿等各种常见病。在东北地区解放前，"这三种地方病，重者变成残废，以致死亡；轻者影响劳动，减低生产效率。最严重的抚松县万良区，1949 年全区共出生 128 名，而死亡 228 名，死亡人数超过出生 78%。又如靖宇县城区，大骨节病人占全区人口 27%"①。在地方病中，克山病在东北地区较为普遍。克山病亦称地方性心肌病，最早因发生在黑龙江省克山县一带而得名。这一疾病每年自冬季起至翌年春季止，临床表现为急性和慢性心脏功能不全，其发病的原因主要是慢性一氧化碳中毒。在克山病发生地区，住民的房屋冬季换气不良，室内经常充满烟气，日积月累因一氧化碳中毒，以致心脏发生机能障碍。据调查，东北解放区的抚松县在抗战以来曾暴发过三次大流行。"1947 年冬到 1948 年春是第三次大流行，全区共死亡 300 多人，仅本村就死亡 80 多人，其中朝鲜族人占 2/3。1948 年冬到 1949 年春本村共死亡 15 人。"②据东北行政委员会卫生部统计，1947 年冬至 1948 年春，黑龙江和吉林两省，共计因克山病死亡者 3007 名，青年妇女占 80%。③该病对妇女健康和农业生产力造成很大破坏。此外，大骨节病虽然不及克山病致命，但患者会因关节变形软组织钙化，无法再继续从事劳动，对当地民众的生产生活也有极大影响。

其二，老解放区传染性疾病时有发生，影响军民健康。除上述提到全国普遍性的流行病外，各老解放区痢疾、梅毒、回归热等疾病时有发生，给当地民众生产生活造成了极大影响。抗战胜利后，陕甘宁边区也曾发生过糠症、瘟花疹等病害。1946 年 3 月，边区屯留 18 个自然村中"患糠症者 595 人，安泽贾寨村几乎所有小孩害糠症。常因一人有病全家看守，

①　武衡主编：《东北区科学技术发展史资料·解放战争时期和建国初期》（医药卫生卷），中国学术出版社 1988 年版，第 108—109 页。

②　武衡主编：《东北区科学技术发展史资料·解放战争时期和建国初期》（医药卫生卷），中国学术出版社 1988 年版，第 134 页。

③　参见东北解放区财政经济史编写组编：《东北解放区财政经济史资料选编》第 4辑，黑龙江人民出版社 1988 年版，第 371 页。

有些竟延医不治"①。此外，瘟花疹等疾病夺走了很多婴儿的生命。1946年上半年，延川县某区新生小孩205名死亡106名，多是因瘟疫而死，仅马家堡村就死30人，郭家堡村共住14户就死了9人，还有5个病人生命垂危，王家河村死了8个并有5人还在病中。②

在华北的老解放区时常发生疟疾、霍乱等疾病。晋察冀解放区发病最多的是疟疾，临床表现多为急性，症状表现为全身发冷或发热、虚汗，该病频繁发作将导致贫血或脾脏肿大，致死率极高。"1949年，交河县仅五、八两个区，七个村的统计，小孩因疟疾死亡者92人，献县垒头村不到六天时间即死亡小孩50个。"③痢疾是晋察冀解放区发病率仅次于疟疾的一种流行疾病。这一疾病多是由于生活条件落后，民众饮食不卫生所致。发病者多为腹泻，口干舌燥，身体疲软，严重影响生产生活。如抗战后期至解放战争初期，平山县患病者竟达30%以上，井陉县八个村患病人数也达到总人口数20%，徐水县部分村庄患病人数竟高达70%，有的村庄一天内都会有三到四例死亡。④其他疾病如霍乱也时常暴发。1946年，冀中区患霍乱的有11700余人，死亡2400多人。1946年，易县、徐水等地区出现春瘟现象。1948年，冀中九专区853个村庄近50000人被各种流行病困扰，患者死亡人数近4000人。⑤以上仅列举了部分老解放区的疾病情况，足见解放战争时期民众受疾病困扰的局面依然存在。

2. 大量部队伤病员亟须医疗卫生保障

解放战争时期，人民解放军以大规模兵团作战为主，部队伤病员明显增加，伤病员的战伤救治和医疗卫生问题逐步显现。在各野战部队中，

① 《岳北区的生产运动 新华社太岳分社通讯》，《人民日报》，1946年5月31日，第2版。

② 参见《治病救命》，《解放日报》，1946年6月9日，第2版。

③ 冀中八专署：《为通知各县预防流行病抓紧组织医联会》，河北省档案馆藏，档案号13-1-18-13。

④ 参见《近来疾疫严重》，《抗战日报》，1951年5月23日，第3版。

⑤ 参见冀中区行署：《关于开展一九四九年地方卫生工作》，河北省档案馆藏，档案号5-1-37-15。

伤病多是疾病传染、行军打仗、营养不良等因素导致的，加上指战员在战场上受伤，医疗卫生部门亟须加强疾病防治、卫生保健和战伤救治，尽力保障广大指战员的生命健康。

首先，各类传染病在部队中常发多发。以一野、二野、三野为例。当时转战于西北战场的第一野战军行军频繁且条件艰苦，病员人数较多。我国西北地区海拔较高，气候寒冷干燥，卫生条件差，导致第一野战军部队时常发生流感、痢疾、疥疮等传染病。据一野第三军统计，1948年，该军第一、二、六纵队中得传染病的人数为5762人，发病率竟高达84.38%，传染病占到疾病问题的28.6%。第十九兵团发生流感11426人，占总数的9.42%；疥疮10303人，占总数的8.49%。①

在第二野战军，卫生保障任务十分艰巨。解放战争时期，第二野战军常发的传染病中威胁最大的是疟疾、痢疾、霍乱、回归热、疥疮。据不完全统计，二野发生疟疾人数有125120人，有的部队中疟疾占发病总数竟高达60%。②据统计，1947年部队挺进中原前，有3993人生了痢疾，1949年7—9月发病率突升，其中第十四军患痢疾人数2336名，十五军患痢疾的有1327人。③解放战争时期霍乱在第二野战军中曾发生过两次。1946年夏，二野发生了霍乱，第三纵队1200多人发生霍乱，死亡10人。1947年秋，二野的第一纵队又发生了霍乱。④回归热在二野中也时有发生。1948年，全野战军中2639人得了回归热，1949年又发生750起回归

---

① 参见第十九兵团卫生部：《门诊医疗工作》（四），1950年。转引自《新中国预防医学历史经验》编委会编：《新中国预防医学历史经验》第1卷，人民卫生出版社1991年版，第195页。

② 参见第四兵团卫生部：《部队进军中地方卫生状况及多发病》，1949年。转引自《新中国预防医学历史经验》编委会编：《新中国预防医学历史经验》第1卷，人民卫生出版社1991年版，第210页。

③ 参见《新中国预防医学历史经验》编委会编：《新中国预防医学历史经验》第1卷，人民卫生出版社1991年版，第211页。

④ 参见第三纵队卫生部：《全军医疗卫生救护工作总结报告》，1946年。转引自《新中国预防医学历史经验》编委会编：《新中国预防医学历史经验》第1卷，人民卫生出版社1991年版，第211页。

热。回归热传染性极强，当时十八军的一名战士患此病后，全连104人仅3人未被传染，其余全部得了回归热。另外，疥疮在二野中一直是发病率较高的流行病，解放战争时期，二野指战员患过疥疮的总计有127596人，许多部队疥疮发生率为20%—30%，少数部队甚至高达70%。①

第三野战军方面，除一、二野常发的各类传染病外，三野伤病员还受到天花、伤寒、鼠疫等疾病影响。天花在农村春季时比较流行。由于三野部队长期驻扎在农村，士兵容易患天花。1946年，三野第二十六军36人患天花，1949年第二十七军12人患天花。此外，伤寒在三野部队每年都会零散出现。以第二十七军为例，1947年7人得了伤寒，1948年患病8人，1949年为18人。渤海军区1948年367人出现伤寒症状。②解放战争后期，第三野战军推进到福建省。早在19世纪80年代，鼠疫就已经从香港流入福建。从1884年到1948年间，福建全省59个县市发生过鼠疫。1937年至1948年，全省鼠疫波及134236人，死亡108753人，死亡率高达81%。③面对这一情况，三野对鼠疫的疫苗注射工作极其重视，虽然鼠疫在部队中也有些影响，但总体防治措施比较到位。另外，三野中还出现过血吸虫病。

其次，长期行军作战导致常见疾病发生。在第一野战军，行军中多发病是困扰战士们的重要因素之一，如脚泡、结膜炎、胃肠病等，其中脚泡最为严重。据统计，一野第三军第九师一次行军中"几乎全部打了脚泡"，第七师曾行军4天，"鞋伤竟有869名"④。第六十四军、第六十五

---

① 参见《新中国预防医学历史经验》编委会编：《新中国预防医学历史经验》第1卷，人民卫生出版社1991年版，第211页。

② 参见《新中国预防医学历史经验》编委会编：《新中国预防医学历史经验》第1卷，人民卫生出版社1991年版，第224页。

③ 参见福州军区卫生防疫检验所：《福建地区流行病学资料汇编》，1959年。转引自《新中国预防医学历史经验》编委会编：《新中国预防医学历史经验》第1卷，人民卫生出版社1991年版，第224页。

④ 第三军后勤卫生处：《西进以来卫生防疫工作总结》，1951年。转引自《新中国预防医学历史经验》编委会编：《新中国预防医学历史经验》第1卷，人民卫生出版社1991年版，第196—197页。

军，一次在关中地区行军后，有些单位起脚泡人数占总人数比竟高达48%。[①]

在行军过程中，营养缺乏而导致的综合疾病同样成为各部队不得不面临的问题之一。以第二野战军为例，二野部队多被中暑、感冒、雪盲等病所困扰。渡江战役后正值酷热暑期，预防和救治中暑成为二野部队卫生工作中最困难的问题之一。当时二野部队中大批军人中暑，第十四军873人中暑，竟造成33人死亡。第十五军914人中暑，也有9人死亡。二野战士们在雨季容易受凉，抵抗力下降，极易感冒。这一时期，二野部队感冒累计达到244991人次。[②]雪盲现象在第十八军进藏后也时有发生。此外，战斗中体力消耗大以及后勤条件艰苦，战士们营养不良现象十分严重。二野第十六军第四十七师"病员和体弱者竟占半数还强，未病者也是面黄肌瘦"[③]。在第三野战军，胶东解放区部队蛔虫、痢疾等传染病常有流行。"当时由于缺乏卫生常识，加之条件差，不少同志常吃洗不净的生冷食物，致使生蛔虫的比较多，有的部队大约百分之二三十的人有蛔虫。痢疾等肠道传染病常有局部流行，其次是虱子、蚊子传染的回归热和疟疾发病率也不低，斑疹伤寒虽然发病率不高，但也时有发生。"[④]

第四野战军长期驻防东北地区，该地区邻近西伯利亚，冬季寒流来袭时，气温有时会降至零下30摄氏度。相比于其他战区，四野部队作战时必然将面对更加复杂的地域性困难，如部队冻伤问题。1947年，在三下江南、四保临江战役中，四野的北线部队因无法抵御寒流，几天之内各

---

① 参见第十九兵团卫生部：《防疫保健工作》（五），1949年。转引自《新中国预防医学历史经验》编委会编：《新中国预防医学历史经验》第1卷，人民卫生出版社1991年版，第197页。

② 参见《新中国预防医学历史经验》编委会编：《新中国预防医学历史经验》第1卷，人民卫生出版社1991年版，第214—215页。

③ 第十六军：《进军西南作战总结》，1949年。转引自《新中国预防医学历史经验》编委会编：《新中国预防医学历史经验》第1卷，人民卫生出版社1991年版，第212页。

④ 山东省卫生史志办公室编：《山东省卫生志资料》第1辑，1985年印刷，第22页。

医疗机构收纳冻伤员 8000 多人。①当年 1 月 19 日，南线的四野第三纵队第七师第三十团顶着零下 40 摄氏度酷寒，夜过山路，一夜之间冻伤 400 多人，且多为手足脸冻伤。②据四野部队冻伤情况统计，指战员因卧雪而冻伤的达到人数一半，急行军休息时冻伤人数达 20%，骑马冻伤为 1/4，剩下为其他原因。冻伤部位主要是脸手脚，夜间相对白天更容易造成冻伤。③

再次，大规模作战使得战场救治任务繁重。解放战争期间，第一野战军的伤员总数达到了 146688 人，占总体伤病员的 54.99%。尤其在战争初期，在救护、包扎、转运以及手术治疗等过程中都有不少问题，治愈归队率只有 60.35%，死亡率竟有 5.35%，可见医治过程问题巨大。④整个解放战争中，第四野战军收治伤员总人数为 329540 人，病员总人数为 360195 人。按照时间顺序，1945 年到 1948 年 11 月，四野在东北战场作战时，伤员总数为 272989 人。1948 年 11 月到 1949 年 4 月，四野入关作战时，伤员总数为 32216 人。1949 年 5 月到 12 月，四野在南下作战时伤员总数又有 20193 人。⑤

在第二野战军，部队战时救治任务十分艰巨。1947 年终，晋冀鲁豫军区各类手术达到 3 万多例；1946 年至 1947 年，军区共收治伤员达

---

① 参见沈阳军区后勤部：《沈阳军区后勤部大事记》，1984 年。转引自《新中国预防医学历史经验》编委会编：《新中国预防医学历史经验》第 1 卷，人民卫生出版社 1991 年版，第 239 页。

② 参见第四十军：《光辉的战斗历程》，1978 年。转引自《新中国预防医学历史经验》编委会编：《新中国预防医学历史经验》第 1 卷，人民卫生出版社 1991 年版，第 239 页。

③ 参见孙仪之：《解放战争时期野战卫生工作的回顾》，《人民军医》，1983 年第 2 期，第 8 页。

④ 参见西北军区第一野战军：《卫生部三年来解放战争卫生医药工作综合报告》，1950 年。转引自《新中国预防医学历史经验》编委会编：《新中国预防医学历史经验》第 1 卷，人民卫生出版社 1991 年版，第 201 页。

⑤ 参见东北人民政府：《东北卫生行政工作概况》，1950 年。转引自《新中国预防医学历史经验》编委会编：《新中国预防医学历史经验》第 1 卷，人民卫生出版社 1991 年版，第 247 页。

147821人。①随着武器装备的发展，解放战争中二野部队的战伤种类发生了明显改变，炸伤成为伤员受伤主要原因之一。二野在莱芜战役中有伤员3146名，其中55.1%是炸伤。②孟良崮战役中，接受和运转的4803名伤员中有50.5%是炸伤。③济南战役中，参战部队负伤8781名，炸伤率更是高达74.4%。④可见，绝大部分的大兵团战役中，炸伤人数都超过伤员人数的一半。还有一点值得注意，炸伤的感染率以及致死率要远远高于其他伤害，最典型的莫过于破伤风感染。二野在苏中作战时，第三医院收治了3539例伤员，有99名战士是因破伤风而感染的。⑤1947年，二野西线兵团的4个医院收治了45083名伤员，其中193人为破伤风，78人死亡，死亡率很高；东线兵团50936名伤员中258名是破伤风。⑥这里可以明显看出，伤员人数多，破伤风伤员亦多。

3. 各地医疗资源分布不平衡，卫生工作体系需健全

首先，新老解放区医疗卫生资源分布不平衡。国民政府时期，全国各地卫生保健得不到足够重视，医疗卫生设施残缺不全，区域分布极不平衡。这样就造成一种极不合理的现象，"一方面是广大农村中只有中医治病，旧产婆接生，得不到科学的医药，有些偏僻地区甚至完全无医无药，农民只有求神拜佛，巫神乘机横行；另一方面是大城市中医务人员过于集中，无事可做，造成失业。以上海为例，上海医务人员在全国各城市

---

① 参见《新中国预防医学历史经验》编委会编：《新中国预防医学历史经验》第1卷，人民卫生出版社1991年版，第218页。

② 参见石文光、伏斟主编：《解放战争时期华东部队卫生工作简史》，人民军医出版社1986年版，第71页。

③ 参见石文光、伏斟主编：《解放战争时期华东部队卫生工作简史》，人民军医出版社1986年版，第79页。

④ 参见石文光、伏斟主编：《解放战争时期华东部队卫生工作简史》，人民军医出版社1986年版，第105页。

⑤ 参见石文光、伏斟主编：《解放战争时期华东部队卫生工作简史》，人民军医出版社1986年版，第54页。

⑥ 参见石文光、伏斟主编：《解放战争时期华东部队卫生工作简史》，人民军医出版社1986年版，第217页。

比较最多，但一面助产士失业，一面还有30%的产妇是请旧产婆接生或自己接生"①。

由于历史基础和社会条件的不同，各解放区医疗资源分布、卫生事业发展也不平衡。一般来说，老解放区经过了苏区或抗日根据地时期的建设，医疗卫生事业具备一定的基础，医疗卫生机构和卫生工作人员都有所增加。然而，新解放区则完全不一样，无论是长期受到日伪统治的东北解放区，还是备受战乱危害的中原解放区，以及华南、华中、琼崖等其他解放区，这些地方的医疗卫生事业有的十分薄弱，有的受到战争的冲击。比如东北解放区，"从1932年到1945年敌伪统治的14年，所有医学校毕业学生不足4000人。据1940年统计，东北区有医生468人、中医18389人、药师798人、牙医师653人。这些医生大部分集中于城市，广大农村只有一知半解的限地医，有些偏僻地区无医无药"②。

其次，解放区医疗卫生体系仍需健全。我们通常所说的医疗卫生体系，包含完善的公共卫生服务、医疗服务、药品供应、医疗保障四个方面。事实上，因长期受到国民党反动派进攻，老解放区医疗卫生体系建设工作仍有不少问题。与此同时，由于国民党把大量资金消耗在内战中，新解放区医疗卫生状况极不乐观。在中原解放区，河南省各地公立医疗机构运转很不正常。当时，河南地方卫生机构包括县卫生院、区分院、乡镇卫生所等，实际运转过程中医护人员紧缺、医疗技术和设备落后。如隶属焦作市的修武县创办的县医院主打西医治疗，负责两季种痘，并组织防疫巡回队。然而，该院每月活动经费仅100元，医疗设备简陋，药品不全。③河南省会郑州市下辖县中牟县的县卫生院医护人员仅6人，办

---

① 武衡主编：《东北区科学技术发展史资料·解放战争时期和建国初期》（医药卫生卷），中国学术出版社1988年版，第20页。

② 武衡主编：《东北区科学技术发展史资料·解放战争时期和建国初期》（医药卫生卷），中国学术出版社1988年版，第109页。

③ 参见李继陶：《西医西药传入修武县城述略》，《修武文史资料》第4辑，修武县印刷厂1987年印刷，第43页。

公室为两间租赁房，只向公务人员开放。①荥阳医事开业人员西医师38人，牙医师1人，药师5人，护士和助产士分别1人，药剂生5人，西药房5所，药摊18个。②以上仅仅以河南省实际情况为例，就足见当时广大新解放区医疗卫生体系亟待健全。

除医疗资源缺乏以外，卫生宣传工作也迫切需要加强。民主革命时期，由于生活环境恶劣，经济水平低下，人们在连温饱都难以维持的情况下，很难顾及家庭卫生，不洁的个人卫生是各种疫病流行的重要原因。在家庭卫生方面，晋察冀解放区的一般农民家庭"上房普遍都是3间，两边两间是卧房，当中的一间是厨房，也往往同时是牲口房。所以有时这一边做饭做菜，那一边就喂马喂驴。这一边骡马粪尿，堆了满地，臭气熏人；那一边小菜水饭，萝卜菜粥"③。在个人卫生方面，多数民众不注意衣服换洗，也不勤洗手洗澡，也没有刷牙漱口习惯，很容易细菌感染。在妇女生活方面，据记载，万全、承德、涞源等地被调查的299名经期妇女中，仅有32名使用卫生纸，且这32人是有文化水平的学生，其余妇女都是使用其他东西代替。④1949年初，平山县丁西冶村100多名妇女中，60%患有阴道炎，50%患有月经病，卫生形势极其不乐观。⑤

（二）解放区医疗卫生问题的形成原因

解放区各类医疗卫生问题的成因是复杂的，既有医疗卫生事业发展的历史因素，也有连年战争带来的不良后果，还有解放战争快速发展带来的新问题。

---

① 参见娄云海、李凤彬：《城关地区医疗卫生事业》，《中牟文史资料》第7辑，中牟县印刷厂1996年印刷，第197页。

② 参见荥阳县卫生志编辑组编：《河南省荥阳县卫生志》，1986年版，第124页。

③ 李景汉编著：《定县社会概况调查》，上海人民出版社2005年版，第268页。

④ 参见河北省地方志编纂委员会编：《河北省志》第59卷·妇女运动志，中国档案出版社1997年版，第53页。

⑤ 参见河北省地方志编纂委员会编：《河北省志》第86卷·卫生志，中华书局1995年版，第283页。

1. 解放区的总体医疗卫生资源仍很紧缺

虽然经过努力，各解放区医疗卫生事业有所发展，但总体上解放区医疗资源仍旧十分短缺。

就全国而言，各地医疗资源处于紧缺状态。1950年9月，郭沫若在新中国第一届全国卫生工作会上总结了旧中国医疗卫生窘迫状况。"中国的卫生情况是人口多，疾病多，死亡率大，而对照起来是医生少，设备少，要求无限。中国的人口将近五亿，各种流行病、地方病，遍布全国各地，它们造成每年30%的死亡。其中尤以婴儿的死亡率最高，例如东北在解放前，某些地方的婴儿死亡率高到50%—70%，而现在已经降到30%—50%。但全国正式医师不到2万人，病床不过9万张。在这种情况下，旧的中国给我们留下了很多急待解决的问题。"[1]旧中国，"过去办了40余年医学教育，只培养出约1万8千至2万名正式医生，300多名牙医，2000多名药剂师，13000名左右护士和10000名左右助产士"。"药材方面，国民党反动政府时代，国内医药生产事业极为落后，药品器材几乎完全依赖外国。"[2]另有数据显示，在全国2000多个县当中，仅有1300个左右的县设立了卫生院。全国床位也只有13000张左右，平均每个县10张床位，且只能医治简单的病症，卫生防疫工作更是鲜少有专门部门去实施。[3]由此可以看出，县级政权医疗卫生资源已经如此短缺，农村缺医少药现象更加严重。

各解放区医疗资源仍很短缺。在医疗机构方面，除极少数乡镇外，绝大部分乡镇没有专门的医生、药店以及医药设施。在医务人才方面，基层医疗卫生人才普遍稀缺，西医未推广前广大农村地区多是以中医为主，封建迷信疗法盛行。解放战争时期，整个东北的专业医学校毕业的医务

---

① 武衡主编：《东北区科学技术发展史资料·解放战争时期和建国初期》（医药卫生卷），中国学术出版社1988年版，第14页。

② 武衡主编：《东北区科学技术发展史资料·解放战争时期和建国初期》（医药卫生卷），中国学术出版社1988年版，第20—21页。

③ 参见《新中国预防医学历史经验》编委会编：《新中国预防医学历史经验》第1卷，人民卫生出版社1991年版，第312—314页。

工作者不到4000人。如在东北解放区抚松县，新中国成立初期，县政府民政科内设有卫生股，并有县立医院一处。全县6个区，2万人，共有医生6人、中医25人、助产士2人。医生大部分住在城区，外乡很少，或者根本没有医生，如万良区万良村3000人，仅有中医1名。①而作为新中国重工业基地的东北，全解放区工矿系统也只有1个医院，22个卫生所。②

　　东北解放区医疗卫生资源紧缺情况绝非个案。在华北的太行和太岳解放区，20世纪40年代就有关于卫生情况的记载。1948年3月10日，一支医疗队从太行山出发，到达太行山东麓峰峰煤矿附近进行流动医疗服务工作，调查了当地医疗状况。当时太行区潞安医院是一所解放区创办的公立医院，作为解放区医疗卫生体系的主要部分，全院仅有3名医生，2名助理医生以及看护人员12名。在行医经验上，年限超过3年的只有6人。在医疗资源如此匮乏的情况下，该院仍要抽调医务人员去治疗当地磁县的天花病，医疗资源紧张情况可见一斑。③在鄂豫皖边区，由于生活水平低下，药材极度匮乏，设施基本没有，人们治病十分困难，缺医少药成为迷信治病盛行的重要原因之一。大多数人在患病时，可用四个字概括：忍、等、医、挺。"忍"就是在得病后忍受病痛；"等"就是等待自动痊愈；"医"就是如果仍然不愈才会就医，而这里的"医"并非看医生，而是看巫医；"挺"就是听天由命。④这种情况总体是经济水平低下，地方政权无力配置足够的医疗资源所导致的，而且很多医院、诊所皆因疫情出现而紧急建立，并非长期或是固定的。医务人员的业务水平低下，很多尚未受过专门的培训，医药器材多是自制或采集，绷带、纱布、药

---

　　① 参见武衡主编：《东北区科学技术发展史资料·解放战争时期和建国初期》（医药卫生卷），中国学术出版社1988年版，第132页。

　　② 参见武衡主编：《东北区科学技术发展史资料·解放战争时期和建国初期》（医药卫生卷），中国学术出版社1988年版，第67页。

　　③ 参见太行防疫组：《太行防疫组在磁县工作情况总结册》，山西省档案馆藏，档案号A52-4-122-11，1948年4月5日。

　　④ 参见郭云：《中国共产党推动革命根据地移风易俗的历史经验和启示》，《毛泽东邓小平理论研究》，2015年第1期，第69—73页。

棉等简单消毒后反复使用。

2.影响军地医疗卫生发展的因素较多

解放战争爆发后，随着战争形势快速发展，军地医疗卫生问题逐渐显现出来。总体来看，造成解放战争时期军队和地方医疗卫生问题的因素多种多样，主要有以下几方面。

其一，部队战争环境艰苦。部队行军在外，跋山涉水，辗转各地，艰苦的战斗环境很容易导致疾病的发生。以第一野战军所在的西北地区为例，该地海拔1000—2000米，战士高原反应强烈。冬季寒冷且干燥，1月份的气温最低可至零下10摄氏度，年降水量只有200—600毫米，水源补给严重不足，部队缺水严重，经济文化极其落后，交通不便利，卫生条件差，再加上频繁的战斗，部队医疗卫生问题自然就凸显了出来。其二，易受居民传染病侵入。解放战争时期，部队多在民房居住，长期与群众接触，军民关系十分融洽，但也带来卫生防疫问题，即居民中的一些流行病容易传染给部队官兵。饮食不卫生、传染源未隔离等原因造成部队中滋生传染病，如流感在传染病发病率中居于首位，除流感外痢疾的发病率也是极高的。1949年第一野战军在三原行军和兰州战役时，由于部队在农家误食不洁的凉拌菜，导致痢疾流行。①其三，生活条件艰苦。这主要表现为部队战士营养缺乏，每天需摄入的粮油、蔬菜、肉类往往不达标，战士们身体素质和免疫能力偏低。其四，预防措施不到位，这里所说的防治工作，主要是卫生宣传教育、控制疫情能力、防治工作的领导等。战争时期，军民的卫生意识是非常不到位的，大多数人生活习惯较差，容易导致疾病的侵入，如习惯于喝生水，不注意清洁卫生等。在疫情管控方面，很多疫情发生时，所辖区域不能做到及时检查以及及时反映情况，疫情来临时应急能力较差，往往不能及时组织医疗团队进行救治，这体现出领导能力的不足。其五，内战的不断破坏。国民党对解放区的军事侵扰严重破坏了当地的生活环境，所到之处百般蹂躏，被杀

① 参见《新中国预防医学历史经验》编委会编：《新中国预防医学历史经验》第1卷，人民卫生出版社1991年版，第196页。

牲畜的皮骨肚肠，到处抛掷，不管室内室外尽是人畜粪便；作战地区，在敌人败逃之后，更是遗尸累累，遍地污血，以至于臭气冲天，军民极易受到感染。

总之，随着战事日益紧张，各解放区军民医疗力量、卫生设施以及医药供给都是非常不够的，这就必然造成军队医疗卫生的严峻形势。

3. 战争快速发展亟须加快医疗卫生工作

随着解放战争的进行，解放区不断发展壮大，各地医疗卫生工作需要加强。1946年6月，国民党大举进攻中原解放区，全面内战开始。经过一年的内线作战，1947年下半年中国人民解放军进入战略反攻。这一时期解放区的人口和区域已经形成了较大规模。解放区的人口由原来的1亿人扩大到1.49亿，约占全国人口的1/3；面积扩大到239万多平方公里，约占全国面积的1/4；解放区城市增至506座，亦约占全国的1/4。这一阶段，人民解放军成功抵御国民党的进攻，捍卫了解放区。解放战争转入战略反攻后，解放军数量同样大量增加，由原来120多万人增加到近200万人，庞大的军队数量对部队及地方医疗卫生工作提出了严峻挑战。从1947年9月到12月，进抵中原的两大野战军歼敌共达19.5万人，解放城市近百座，创立了新的中原解放区。解放战争第二年，人民解放军共歼敌94个半旅，收复和解放的土地面积达到了15.5万平方公里，收复和解放大城市和县城164座，人口3700万，解放区面积恢复到235.5万平方公里，虽较全面内战时少3.5万平方公里，但人口增至1.68亿，较上时期多1900万，城市增至560座（较上时期多80座），人民解放军人数增至280万。1948年下半年，解放军转入决战阶段，济南战役拉开了中共解放大城市的序幕。大虎山歼灭战结束后，中共正式接手全东北。这一阶段解放军人数进一步扩大到300多万。到淮海战役结束，整个长江以北地区全部解放。渡江战役以后，南京解放，紧接着，上海、华中、华北、西北等地纷纷解放。这一阶段解放军解放了60.76万平方公里土地，人口1.48亿多，其中包括省会及县城482座。

随着解放区面积的快速扩大和人口的迅速增加，原有医疗卫生工作制度体系亟须健全和完善。从以上数据可以看出，解放战争时期，无论是解放区面积还是人口数以及军队数量，增长都是极其迅速的。这种快速增长态势，势必对解放军部队和地方政府各项工作带来新要求、提出新挑战，医疗卫生工作方面更是如此。

一方面，新解放区面临的卫生防疫、医疗资源问题与老解放区存在明显差距，如何加快新解放区卫生防疫和医疗卫生建设，成为摆在新解放区党和政府面前的重要课题。另一方面，作为保障人民军队生命健康的重要机构，各解放军后勤机关也承担了为民服务、为民治病的重要职责，如何在快速发展的战争形势下加快部队医疗卫生保障体系的建设，也是解决民众医疗卫生问题的又一重要内容。

二、中国共产党解决解放区医疗卫生问题的政策措施

为了解决各地军民医疗卫生工作的突出问题，加强卫生防疫工作，中国共产党发动各解放区政府，健全军队医疗卫生工作制度，丰富地方医疗卫生工作内容，发动群众性卫生防疫运动，培养医疗卫生工作专门人才，努力解决各类突出医疗卫生工作难题，保障民众的生命健康。

（一）健全和规范部队医疗卫生工作制度

由于有了土地革命战争时期和抗日战争时期的军队医疗卫生工作经验，到解放战争时期，军队医疗卫生相关制度已处于完善状态。

1. 调整军队医疗卫生工作制度（1945年8月—1947年6月）

从抗战胜利后到国共谈判破裂前，解放区各部队迎来了短暂的休整时间。中国共产党积极争取和平谈判工作，各解放区得以把精力投入军队医疗卫生工作中，对各方面工作进行调整。

第一，加强统计报告制度。晋察冀军区于1946年6月10日颁布《建立统计报告制度的规定》，这一规定是对部队卫生统计工作的重要指示。首先，规定要求相关卫生部门工作人员提高工作意识，设置专人进行卫

生的统计工作。其次，规定对医务和药材工作制定了季报和年报制度，同时对报告内容、时间以及相关注意事项提出了详细的要求。统计报告工作制度的形成，有助于对军队中伤病员具体数字、医疗设施具体情况、药品器材采购和消耗数据进行非常宏观的把握，是制定一切措施的根本依据。①第二，规范部队的卫生供给。结合过去部队行军作战中供给工作的经验，这一时期，中国共产党和人民解放军对卫生供给工作进行更为细致的规定。1946年11月25日，晋冀鲁豫军区颁布了《一九四七年供给规定等的命令》，对各种相关费用以及负担主体做了详细规定。如将伤病员菜金标准分为重度伤害、中度伤害、轻微伤害三级，并按日发放；将医护人员津贴分为医生、护士长、医护助理、药剂师、护士、卫生长等，按月发放；部队人员消毒费半年发放一次，负伤费用由医院统一发放。此外，命令还对埋葬费残废金的发放等做了非常详细的规定。②第三，完善日常卫生防病制度。这一时期，解放区颁布了各种相关文件，如1946年冬的《冬季部队卫生规条》，1947年夏的《夏季部队卫生规条》，对不同时节的卫生和防病工作做了具体规定，以提高战士们的个人卫生意识。第四，细化战时救护工作。战时救护工作是保障战士们生命安全的重要工作，其焦点是实现救护和伤病员的及时转移，这对各相关部门之间的分工和联动工作提出了更高要求，同时也将后勤领域转向技术领域。晋察冀野战军于1946年10月28日颁布了《野战救护治疗工作暂行条例》，对战伤处理、化脓创伤处理、骨伤处理、手术等一系列战时状况进行了规定，使救治有据可依，更加专业和科学。第五，加强医护人员的教育。这一时期，党开始重视医护人员的思想政治教育和文化教育。一方面加强医护人员的思想政治教育，另一方面提高医护人员的文化水平。1946年8月，军委总卫生部召开了秋季卫生行政会议，提出今后在职干部教育

---

① 参见陈明光主编：《中国卫生法规史料选编（1912—1949.9）》，上海医科大学出版社1996年版，第81—82页。

② 参见陈明光主编：《中国卫生法规史料选编（1912—1949.9）》，上海医科大学出版社1996年版，第82—85页。

必须政治学习与业务学习并重，并建议一些文化程度相对较高的卫生员学习一门外语。①

2. 巩固军队医疗卫生工作制度（1947年7月—1948年7月）

这一阶段解放军从最初的战略防御转入战略进攻，大规模兵团运动战成为解放战场的主要形式。为顺应战场形势的变化，各部门进行及时调整，在巩固原有军队卫生制度基础上，根据实际制定新的军队卫生和救护措施。

不同于其他时期，这一时期战争形势有了本质的变化，过去以分散为特点的游击战被大兵团运动战所取代，这极大地丰富了解放军的军事斗争经验，军队卫生工作的烦琐程度也远远超过以往。随着部队作战规模化以及医护人员队伍的壮大，原有的工作制度显然已经无法适应新需求了，建立科学统一的工作制度成为必然。各解放区的总卫生部也开始颁布具有统筹意义的相关卫生工作法规，落实部队卫生工作制度体系，如东北解放区的《解放军暂行卫生法规》《各级卫生机关业务条例》《卫生机关组织条例》《医疗工作条例》等，对医疗卫生的各项工作做了统筹安排和规定，从而使得这一阶段的军队卫生制度逐渐巩固，不断向体系化方向发展。

为配合反攻阶段的卫生工作，豫皖苏军区的卫生部于1947年9月1日颁布了卫生工作决议案，决议重申军队各项卫生工作的基本精神。在医疗工作方面，要求转变治疗作风，开展新疗法。卫生保健工作方面，要求恢复部队过去卫生工作的光荣传统。在药材方面，要求药物的购买和保管分发有明确规范程序，强调节约用材用药。在战时救护工作方面，对战时司、政、供、卫部门以及一、二线救护分工都做了具体规定。在卫生人员培训方面，要求快速培养和集结卫生人员，重新颁布各级卫生

---

① 参见《总卫生部召集秋季卫生行政会议》，《解放日报》，1946年9月14日，第2版。

机关编制表，统一工作人员的职务、名称、作风。①为适应战斗新形势的需要，晋冀鲁豫军区也制定了新的卫生工作总方针。在制度上，要求确立科学正规的卫生行政工作机制，如加强医疗机构的组织，统一医护人员的工作编制，完善医疗统计报告制度、各级负责人制度等；继续加强药材的制作和购买，健全相应制度，保障部队药材配给。

3. 完善军队医疗卫生工作制度（1948年8月—1949年10月）

到1948年底，国共两党在军事力量上的对比发生了巨大变化，革命斗争形势趋于明朗。战场上的不断胜利，进一步激发了医疗卫生工作者们的工作热情，解放区在如此高涨的形势下不断推进卫生工作制度的完善，取得了巨大的成就。

统计报告制度是卫生工作制度建设的重大前提。华北军区于1948年10月15日颁布了《建立正规统计工作制度的规定》，对各大卫生机关的各种形式的报告做了具体的规定。1949年5月，第二野战军卫生部门连续颁布了《关于部队报告制度之规定》《卫生部所属各直属单位报告制度》《野直各卫生机关之报告制度》《对统计报告工作应有的认识》《怎样作登记统计工作》五个文件，对登记、统计、报告等多方面内容做了非常详细的规定，形成了较为系统的统计报告制度。

医疗机构的资源配置也有了较大的发展。在公职人员配置上，中原解放区卫生部制定了《编制制度职责》，从人员配置的数量到职责方面都给予明确规定；在药材器材配备上，中原军区颁布了《卫生机关药品器材装备标准》，规定军队药材要实现统筹，各卫生部门的药材器具配备要做详细的标准规定。华北军区于1949年初颁布了《医院设备标准规定》，该规定小到手术套大到手术台都有详细的配备标准的规定。1948年12月25日由中央军委批示的《暂行药品器材装备标准》，从总体上对基本原则、标准制定、计算供给等内容都做了详细规定，并从六个方面做了具体标准的规定：药品器材、器械标准、手术器械、普通外科器械、药科器械、

---

① 参见陈明光主编：《中国卫生法规史料选编（1912—1949.9）》，上海医科大学出版社1996年版，第85—89页。

化验室装备。应该说这个规定是相当全面了。

医务人员的管理工作也得到了很大的重视。第二野战军在1949年5月10日颁布了《部队各级医政工作职责暂行条例》，对医政干部的检查、督促工作进行规定，加强了医政干部的工作管理；《医院医政股工作职责》对医政股（医院院长和医务主任下设办公室）在保健和教育方面的权责做了规定；《各级医务人员职责》对上到院长下到护士的所有人员的具体职责和权限做了规定；《各种医疗工作规则和职责》对医疗工作中的各环节做了必须性和禁止性的规定，进一步规范了治疗过程。

这一阶段，已经是解放战争的后期，包括军队医疗卫生工作在内的整体军队工作都处于完善阶段，为迎接新中国的到来做好了准备。

（二）建立和加强地方医疗卫生服务体系

要解决突出的医疗卫生问题，必须依靠各类医疗卫生机构，必须具有相应的体制、机制，否则解决医疗卫生问题就无从下手。新中国成立初期，郭沫若在总结旧中国医疗卫生问题的基础上，提出了医疗卫生事业建设中的"工具问题"，即"所有的医院、学校、研究所、药厂、书籍、器材以及其他卫生行政机构等，都属于工具范围之内，要想把卫生工作搞好，就必须把工具搞好"[1]。因此，解放战争时期，中国共产党通过丰富医疗卫生工作内容，完善涵盖面广的医疗卫生工作体系。

1. 医疗卫生服务体系建设的逐步加强

医疗卫生系统的建设是一个复杂且专业化的过程。随着工作经验的积累，各解放区逐步形成一套较为完整的医疗卫生服务体系，不断建立各级医疗卫生机构，使医疗卫生工作得以精细化专业化。

首先，建立各级医院和诊疗所。抗日战争时期，晋察冀边区各分区就相继成立了医院和诊疗所。解放战争初期，晋察冀军区的卫生机构已经相当完备，四个二级军区也先后组建了医院，18个军分区成立了分院和

---

① 武衡主编：《东北区科学技术发展史资料·解放战争时期和建国初期》（医药卫生卷），中国学术出版社1988年版，第17页。

休养所。为解决边区群众的医疗问题，政府根据实际情况建立了大大小小的医院、医疗队、医药合作社、救助站等卫生机构，解放区形成了一个完整的医疗卫生服务体系。

其次，组建巡回医疗队。解放战争时期，由于战争原因，人民生活环境相对恶劣，患病人数较多，仅依靠固定的医院是无法实现全面救助工作的。在这样的情况下，晋察冀边区审时度势，定期组织医护人员组成医疗救助大队下乡治病，同时各分区、县委、村支部也组建医疗队、医疗合作社，下乡治病，大大解决了农村病患众多的问题。

再次，建立医疗合作社。解放战争时期，各机关团体发起成立民办公助性质的群众药社。如察哈尔省延庆县政府于1946年初创建的中西医药合作社，由两位主治医师组成，每天到街上为群众看病，一个月内治好260多人；五台县1946年在原有合作社基础上又增添了5个合作社，人数达到624人，医生83名，治愈人数6356人。相关事例不胜枚举。医药合作社的创建在很大程度上解决了群众看病难、吃药贵的问题，其特点是组织灵活，效率高，它的存在不仅直接帮助群众解决看病问题，而且缓解了医院负担。

最后，发展儿童保育机构。解放战争时期，频繁的战争使边区群众子女抚养问题变得严峻，儿童保育工作的重要性显现出来。1946年4月，晋察冀边区公安管理处成立托儿所，6月改名为"晋察冀边区和平保育院"，收纳40多名儿童。同期，妇救会也在张家口创办了儿童保育院，收纳15名儿童。1948年，石家庄正式成立保育院，该院专门收养暂未从事生产工作的妇女的6岁以下儿童。儿童保育院，是解放区群众解决子女抚养问题的重要保障。

医疗卫生系统的不断完善是解放战争时期医疗卫生工作的巨大进步。除晋察冀边区外，其他解放区也在完善医疗卫生系统工作上做出了巨大的努力。当然，由于实际情况的不同，各区建构了不同的医疗卫生系统，如东北地区疫病相对其他区较为频繁，所以，东北解放区的医疗卫生系统侧重于防疫机构的建设。总之，这一时期的医疗卫生系统得到了全面的加强。

2. 医疗卫生费用制度的逐步完善

从土地革命战争时期开始，中国共产党就已有关于免费医疗的设想。限于根据地社会经济状况，这种设想难以实现。到了全民族抗日战争时期，随着一些医疗卫生合作社的创办，根据地群众拿药费用相对减轻，并获得了一些基本医疗服务，但免费医疗的具体人群是谁、补助的标准是什么、如何具体落实等问题并没有一个具体细则和规定。一直到解放战争时期，这些问题才逐步规范化。

第一，免费治疗政策的试行。在免费治疗政策方面，各解放区公立医院与医疗队关于补助事项、享受条件规定、标准实施方法都有详细规定。其中，华北解放区做得比较好。1949年3月5日，华北解放区颁布了《关于公立医院及医疗队免费医疗的决定》，对补助事项做了规定。决定要求：25人以上床位或者每日门诊人数超过50人的县级以上公立医院，每月小米补助费为300—500斤；床位和门诊数超上述一倍及以上的，补助费也相应增加至700—1000斤。对于免费治疗的享受条件，决定做了以下几点规定：初分土地，生活尚未改善的患病村民或患病不能劳作者；缺乏劳动力的军工烈属、老弱妇孺，生活困难的患病者；光荣退伍军人，因家庭困难且伤病复发者；城市穷苦劳动人民患病无力治疗者；特殊灾害受害者，如火灾等。这些具体详细的规定使得免费医疗对象明确下来。在免费治疗政策实施方面，决定指出，医院或医疗队须组成免费审查小组，依据介绍信作出免费的审查决定。享受免费医疗患者只限于药材、电疗等费用，计价时必须低于市价，诊疗、手术以及检查等费用应当为可免除的范围，不得在补助费内开销。所有款项不得挪用，否则以贪污论处。这里只列举部分内容，足见其规定是极其细致的。

为了保证这些政策的实施，1949年6月30日华北解放区颁布了《关于华北区公立医院工作方针的指示》，规定："县以上的医院、诊疗所，其药品器材、用具与建设上，实行公费建立，工作人员按编制实行供给制或薪金制，办公杂支等费用也由公家报销。"同时在业务经营上采取

"企业性管理"①。可见，当时就已经对公立医院的经营和发展有了一定的认识。

第二，公营企业职工的医疗费用负担有了可参照的制度。1949年3月，东北行政委员会颁布了《职工医院收费保障》，对公营企业职工及其直系亲属的医疗费用进行了具体的规定。这一规定把医院的医疗分为三种情况，即全部免费、部分免费、全额自费。例如，职工患病或工伤三个月内免诊疗费，住院生活费则受理1/3，其余由行政来担负。三个月后，如需继续治疗仍按照前款来办理。直系亲属患病或生育时，治疗费全免，药材费减半，剩余一半由行政担负，住院需交现金。如因行为不检点得性病等，则一律自费。这一文件的出台，使得东北区企业职工的医疗得到有序的制度保障。

第三，公务人员的公费医疗有了具体的管理制度。解放战争之前，政府的公务人员看病治疗大多只凭介绍信即可享受福利待遇，缺乏具体的管理制度，这给医院带来了不小的困扰。1949年4月1日，天津市颁布《供给制人员治病暂行方法》，对公职人员就医各项费用的使用做了详细的规定。例如，公务人员看病必须有单位首长盖章的介绍信方可，且由主治大夫决定住院与否；除特殊情况外，无论等级，一律都住普通三等病房，治疗用药和器材如何使用不得自作主张，须由医生决定；费用方面，机关不准另发医药费，统一由财政局拨付。为了进一步完善这一报销手续，天津市财政局又颁布了《供给制人员治病介绍与报销方法》。该方法指出，公务人员看病的介绍信和报销单据必须合二为一，由财政局统一印制三联单。一联留单位备查，二、三联交给医院，出院时将三联带到所在单位即可。月底，各单位要将所有三联报送财政局审核。这种方式大大降低了公务人员看病的随意性，加强了对公务人员看病的管理。

东北解放区与天津市的做法不同，在费用问题上采取不同的方式，将公务人员的医疗待遇分为供给制和薪给制。1949年6月14日，东北解放

① 陈明光主编：《中国卫生法规史料选编（1912—1949.9）》，上海医科大学出版社1996年版，第327—328页。

区有关部门颁布《重新划分诊疗范围及实行收费办法》，指出各单位介绍信必须注明病患采取哪种费用方式。不同的医疗待遇方式，有不同的诊疗范围和收费方式，如供给制人员一律免费，薪给制医疗费按半收等。[①]虽然各地区规定不同，但都有效地管理了公务人员的看病治病问题。

（三）开展防疫运动，丰富卫生工作内容

无论是在土地革命战争时期还是在全民族抗日战争时期，加强卫生防疫工作都是中国共产党解决根据地医疗卫生问题的突出内容，在解放战争时期也不例外。

1. 健全群众性卫生防疫工作制度

解放战争时期，各种疾病和传染病仍然是解放区民众生命安全的最大威胁，由于过去战争中积累的宝贵经验，以及卫生技术上的不断改进，这一时期卫生防疫工作已大为进步。随着解放战争的不断推进，新解放地区越来越大，各地原有卫生防疫经验和成果可被解放区借鉴和吸收，使防疫工作越来越科学。

首先，完善防疫工作制度，增强应急能力。以老解放区陕甘宁边区为例。陕甘宁边区作为中央政府所在地，由于战争的极大破坏，疾病和瘟疫成为该地人口死亡的最大杀手。解放战争时期，边区已经具备了一定的应对疫病的能力。1946年1月中旬，延安市首次发现脑膜炎病例，至21日全市20人发病，发病机关或地区多达11处。[②]针对突如其来的疫情，中央办公厅和总卫生部于1月19日立即召开会议，与延安各卫生部门相关负责人共同商讨疫情预防治疗问题。会议迅速达成几点共识：第一，立即组织防疫委员会；第二，南区和北区各自成立防疫队，迅速开展调查预防、疫情检查、消毒隔离等各项工作；第三，注重患者的运送工作，同时加强运送人员的疾病预防知识教育；第四，分送中央医院与和平医

---

① 参见陈明光主编：《中国卫生法规史料选编（1912—1949.9）》，上海医科大学出版社1996年版，第326—327页。

② 参见《本市脑膜炎病人已发现二十名》，《解放日报》，1946年1月22日，第2版。

院；第五，预防隔离第一；第六，治疗过程以医生为主导，不为家属所左右。①共识达成后，1月24日，总卫生部、市政府等相关机构指定成员迅速组成了延安市防疫委员会，并召开了第一次工作会议。全市共设立了3个防疫队，配备医生8名。防疫队在成立后立即前往所在区域指导防疫工作。难能可贵的是，市区群众的防疫热情也迅速高涨起来，投身到这次行动当中，并向医疗卫生工作者们介绍国统区的预防方法，一些民间组织免费为群众提供预防药品。在政府以及人民群众的共同努力下，疫情很快得到控制，除1人病情过重死亡外，其余均痊愈。②

其次，完善卫生防疫和保健法律法规。以晋察冀边区为例，在全民族抗日战争时期，晋察冀边区就开始注重疫病法律法规的制定。到解放战争时期，晋察冀边区逐步形成完善的法律法规体系。第一，卫生防疫的法律法规。从抗战开始到解放战争结束，晋察冀边区为应对卫生防疫各项工作制定了相应的法律法规，如《关于夏季防病问题的通令》《夏秋卫生规条》《冬季卫生注意事项》等，对边区军民的公共卫生、家庭卫生以及个人卫生习惯做了细致的规定，有力规范了边区军民的卫生行为，有效防止了疫病的传播。为解决农村地区卫生习惯较差的问题，该区行政委员会特别制定《乡村夏秋卫生办法》《关于开展民众卫生医疗工作的指示》等一系列文件，推动农村疫病预防工作的开展。《暂行卫生法规》是中共中央制定的医疗卫生工作的根本指导法规，该法规从根本上保障了全体军民的健康。第二，病患救治的法律法规。病患救治工作是解放区医疗卫生工作的一项重要内容。人民解放区总卫生部曾颁布《卫生部门暂行工作条例》，随后晋察冀边区军区针对该条例又制定了《门诊规则》《伤病员转运条例》等一系列文件，使部队伤病员的救护工作更加系统有序。此外，人民解放区总卫生部发布了《关于卫生部门中的教学问题的通令》，又要求各级卫生机关组织小组或研讨会以便于对医学技术的领

---

① 参见《中央办公厅总卫生部召开防疫会议》，《解放日报》，1946年1月22日，第2版。

② 参见《边区保安处脑膜炎未再蔓延》，《解放日报》，1946年1月23日，第2版。

导。①同时，各解放区在卫生、医疗、药材等方面都有相关规定，为病患救治打下良好的基础。第三，妇幼保健的法律法规。从1939年开始，晋察冀边区相继出台了一系列关于保护妇女幼儿社会地位和生命财产安全的法律法规。解放战争时期，随着边区环境的好转，妇救会为更好地开展妇幼保健工作，制定了《晋察冀边区妇女联合会第一次扩大执委会决议》《关于优待干部子女的决定》《关于优待妇女工作人员的决定》等相关法律法规。这些决议或决定的出台极大地提高了广大妇女的社会地位，同时保证了儿童的健康成长。第四，干部保健的法律法规。干部是战争取得胜利的重要保障，为保证干部的身体健康，晋察冀军区保健委员会颁布了《保健工作的新规定》《关于颁布保健工作的指示》《干部保健条例》等。这些规定、指示或条例使得干部保健体制更加成熟和健全，为战争的胜利做出了重要贡献。以上法律法规的制定，使得晋察冀边区医疗卫生工作越来越完善，为推进解放区医疗卫生工作朝着制度化、规范化、正规化方向发展积累了宝贵经验。

最后，建立新解放区的防疫工作机制。在新解放区，各地针对严重的疫情，重在预防，注重从源头上断绝各种疫病传播。以东北解放区为例，各解放区从四个方面做好卫生防疫工作。

一是建立卫生防疫机构，配备防疫人员。解放战争初期，东北地区尚没有专门负责卫生防疫工作的机构，直到1947年6月东北解放区才设立了作为卫生领导机关的卫生处。但是由于其组织机构尚不健全，所以最初只能搜集与疫情有关的信息。8月，一些地区发生鼠疫，东北行政委员会为应对疫情立即成立了东北防疫委员会，调动东北解放区人力物力资源进行防疫工作，其目的主要是应对临时疫情。1948年1月，东北解放区疫情被控制后，东北防疫委员会被取消，其防疫工作由正式成立的卫生委员会所接替。5月，东北行政委员会颁布《东北各级卫生组织机构暂行条例》，规定："卫生委员会为东北解放区的卫生行政领导机关，下设办公处，负责执行一切卫生行政、保健与防疫事宜。办公处下设一室三科，

---

① 参见朱克文等编著：《中国军事医学史》，人民军医出版社1996年版，第251页。

即秘书室、医政科、防疫科与材料科。同时要求卫生委员会根据工作需要下设门诊部或医院、卫生实验所、卫生技术厂、制药所或制药厂、医科大学、药学与齿科专门学校、卫生行政干部学校与防疫站或防疫所等机构。各省政府要设立卫生处，特别市政府要设立卫生局，市县旗政府要设立卫生科，街村要设卫生员，分别负责所属区域内的卫生行政、保健及防疫事宜，并下设医政与防疫机构。"①这是第一个有关东北各级卫生组织机构建设的条例，明确了卫生委员会是东北解放区负责制定防疫措施和配置医疗资源的专门机构。随后，东北各级卫生组织机构应运而生，各项卫生工作相继开展。到1948年8月，卫生委员会改名卫生部，进一步确立和加强其对防疫工作的指导地位。

二是宣传卫生防疫知识。卫生宣传工作早已成为卫生防疫工作的重中之重。但在革命年代，由于条件局限，卫生防疫知识的宣传普及一直没能得到有效执行。解放战争时期，各大解放区开始重视报纸等新闻媒介对防疫知识的普及作用。自1948年初至新中国成立前，东北解放区《东北日报》先后刊登25期卫生专栏，内容涵盖各类疫病的症状、预防和治疗知识，同时配以回信形式解答群众关心的卫生难题，内容表达方式形象生动，为群众所喜爱。如针对鼠疫的预防问题，《东北日报》指出："预防工作应从以下五个方面着手：一是普遍进行预防注射。预防注射可以有效地避免鼠疫，即使不幸患病也容易治愈。二是掀起捕鼠防鼠运动。老鼠不仅把疫病传染给人类，同时还偷吃粮食，因此必须将其彻底消灭。此外，各地区还要根据当地的房屋构造及地形情况挖好防鼠沟。三是严行灭蚤。跳蚤是鼠疫的传播媒介，如果没有跳蚤，鼠疫则不会传染给人类，因此民众在灭鼠的同时还要灭蚤。阻止跳蚤的繁殖与活动，最重要的就是要保持环境的清洁和干燥。四是严格消毒。鼠疫杆菌在冷湿环境下可以存活很长时间，但处在高温及干燥环境下则会在短时间内死亡。因此，民众应广泛采用日光及火力消毒法，不仅经济实惠，而且效果明

---

① 《东北行政委员会颁布东北各级卫生组织机构暂行条例》，《东北日报》，1948年5月8日，第839期。

显。五是妥善处理尸体。处理尸体最好的办法是火葬，可以免去一切后患，由于东北民众习惯于土葬，因此在不能火葬时要采取集中埋葬的方法，但墓穴的深度必须保证有六尺以上。"[1]由此可以看出，卫生委员会的工作使得东北群众的卫生知识得到了明显提高，民众抛弃了原有的封建迷信的防疫思想，开始接受科学的卫生防疫知识，大力推动了东北卫生防疫事业的发展。

三是大力开展卫生清扫运动。卫生工作必须采取群众路线，开展群众性卫生运动是群众参与防疫工作的有效途径。由于工作繁多，人员有限，解放区必须发动广大群众才能解决卫生防疫问题，防疫和保健工作更是如此，否则就不可能或不能很好完成任务。如往年东北在防治鼠疫工作中，首先就是依靠和发动广大人民群众进行捕鼠，才获得了极大成绩。解放战争时期，东北解放区高度重视卫生清扫运动。1948年5月，东北行政委员会颁布《关于展开卫生清洁运动的指示》，明确指出：自入春以来各种传染病又在东北各地相继发生，造成一定人数的死亡，原因在于环境卫生的疏忽与预防措施的缺失。随着东北解放区天气逐渐变暖，各地脏物必须及早处理，为此应号召人民群众开展卫生清洁运动，以消灭现在或即将流行的传染病。[2]指示发出后，各地纷纷响应号召，开展卫生清洁运动，取得了显著的成效。

四是加大防疫注射工作的推行力度。除注意个人清洁卫生以外，预防疫病还必须有科学的防疫措施。防疫注射是预防疫病的关键一步。据通辽的防疫所统计，在鼠疫死亡患者中未注射防疫疫苗者占71.2%，在应用死菌疫苗预防注射4644人中发病人数为122人，占2.6%，而应用生菌疫苗预防注射的11097人中发病人数仅为103人，占0.9%。[3]从上述数据可以看出，注射疫苗可大大降低染病概率，且患病治愈率也很高。鼠疫猖

① 《预防鼠疫的基本方法》，《东北日报》，1948年7月22日，第936期。
② 参见东北解放区财政经济史编写组编：《东北解放区财政经济史资料选编》第4辑，黑龙江人民出版社1988年版，第355页。
③ 参见武衡主编：《东北区科学技术发展史资料·解放战争时期和建国初期》（医药卫生卷），中国学术出版社1988年版，第60页。

獗后的惨烈教训以及防疫注射的良好效果，让东北民众对防疫注射工作的态度大大转变，注射疫苗人数不断增多，极大改善了民众的身体状况，推动了东北解放区卫生工作的开展。到1949年，东北解放区防疫注射的次数达到了4228607次，比1948年增长了2.8倍。东北人民防疫注射的观念已发生根本性改变，这与卫生委员会及工作人员的宣传教育是分不开的。

2.积极拓展各项卫生工作内容

解放战争时期，中国共产党和解放区政府依据形势发展，重视城市卫生、妇幼保健、食品卫生等工作，积极拓展解放区医疗卫生工作内容。

首先，城市卫生的综合整治。解放战争进入反攻阶段后，各大城市先后解放，中国共产党对大城市的接收、管理和建设任务就提上了工作日程。

城市卫生整治是党的医疗卫生工作的重要内容，在新解放地区更是如此。例如，华北的张家口是中共解放比较早的城市之一。在解放后半年时间里，张家口市的卫生管理工作取得了重大成就，城市卫生秩序得到了恢复。第一，处理和清扫日军残余垃圾，规范公共卫生清扫制度。当时全市召集了200名清洁工，30人为一队，由卫生股长兼任队长。每队又分组，对街道进行每日一次的打扫，并将垃圾倒入指定地点。第二，市民粪便直接由各区农会会员或城郊农民共同承包，无代价、全面清除，保持厕所的卫生清洁。第三，为保持更好的城市生活环境，解决公共厕所的如厕紧张问题，在原有17座厕所的基础上又新建了24座公厕。第四，重建牲畜屠宰场，规范屠宰场所。第五，改造新建医疗机构，即改日占时期的医院为市立医院，医大附属医院和铁路医院转为公立医院，并新建3座私人医院。第六，登记和组织医疗从业人员。

在解放以后，郑州市城市卫生工作有条不紊地展开。据1949年11月的《郑州市人民政府一年来工作报告》记载，从1948年10月到1949年10月，郑州市城市工作取得以下成绩：第一，清扫办法上，废除过去清洁工只管大街不管小巷的做法，采用卫生队和群众清扫相结合的办法。第二，防疫工作上，设立6个防疫注射站。私人医院组织3个防疫救护队。第三，开展儿童检查和工厂员工、学校职工身体检查工作。第四，新建10所公厕。第五，大力组织卫生运动宣传工作。第六，市立医院年入院人数1117人，治愈929人。第七，市立医院配备医生和药材支援前线。第八，卫生组织方面，严格组织考试。①

从以上两市情况可以看出，尽管城市工作仍面临多种困难，但总体上城市卫生工作已得到不断发展。各级卫生工作者大力发扬革命精神，审时度势，逐步掌握城市卫生综合管理工作的方法，取得了不错的成绩，为新中国成立后城市的管理和建设打下了良好的基础。

其次，妇幼保健工作的专门化。妇幼保健制度的发展是一个循序渐进的过程。土地革命战争时期，苏区对妇女劳动卫生问题有过零散规定。抗日战争时期，儿童保育工作有了一定的进展。解放战争时期，妇女儿童工作无论在物质技术还是制度方面都取得了长足进步。

在物质技术方面，各解放区开始建设专门的妇幼医院。在华北，邢台市于1946年10月10日新建了妇幼医院。该医院有产科、妇科以及小儿科等一系列专门科室。其中，产科24小时不间断接诊难产妇女，贫困病人免除医药费；妇科与儿科为广大妇女儿童提供常见疾病的诊断治疗。除保障病患的物质条件外，党和政府还进一步提高了工作人员的入职要求和待遇。在保姆招聘的要求上，除身体健康这一基本要求以外，各地还提出了如生活习惯好、性格温和等其他条件，以符合工作标准。保姆在正常工作以外，每天都要学习文化课、专业知识等，不断提高其思想文化水平及业务能力。在待遇上，保姆待遇参照一般工作人员，并有服装、食宿和津贴。

在制度建设方面，各解放区逐步出台专门性的法律法规。1948年3月，晋冀鲁豫解放区颁布了《婴儿保育暂行办法》《产妇保健暂行办法》。《婴儿保育暂行办法》对非薪金制女干部子女的保育方法、补贴标准以及

---

① 参见王礼琦编：《中原解放区财政经济史资料选编》，中国财政经济出版社1995年版，第122—123页。

发放都有了详细的指示，如在补贴方面划分为两个标准：其一，3岁以下儿童，每月米70斤，年服布量110平方尺，棉花2斤；3—7岁儿童，服布减少为100平方尺；7岁以上按公费生待遇。其二，与家庭无经济来往、两年工作年限的地区、专署、旅以上干部家属，0—2岁月发小米40斤，2—4岁50斤，4—7岁70斤，年服布100平方尺，棉花2斤，7岁以上按公费生待遇。保育方面，一方面建立了保育证制度，即父母提交申请，由相关部门核实后颁发保育证。另一方面，按照具体抚养情况发放，如托养的，一年两次分发。①同时，《产妇保健暂行办法》对非薪金制女职员产假、生产补贴等进行细致规范。产假方面，产前产后两个月休假。若孕期出现反常现象可享受轻病号待遇；不满四个月出现流产症状的妇女最多可休养一个月，满四个月流产则参照大产待遇。生产补贴方面也视情况而定：区级以上女干部，产期除基本粮食外，加小米150斤，棉花2斤，小产减半；区级以下且暂未工作女职员，大产除基本伙食外，加小米80斤，小产减半；三年工作年限女职员，孕产补贴待遇参照女干部。发放时间上，产前一个月领一半，产后领一半。②

一系列妇女儿童保健工作的法律法规，使得妇女儿童保健工作越来越规范，虽然这些规定尚只解决部分妇女干部问题，但在客观上推动了解放区妇幼保健工作朝专门化方向发展，调动了广大妇女工作和革命的积极性。

最后，食品卫生问题受到重视。以往党和政府对食品卫生问题有所认识，但基本都是一些日常饮食习惯的知识宣传，如吃熟食、不吃变质食品等，更为专业的食品安全卫生规定比较少。解放战争时期，随着城市政权陆续建立，城市管理工作随之展开。为防止疫情发生，党和政府针对易发疾病的食品制定了专门的制度和规定，当时天津市最为典型。

---

① 参见《边区政府颁发婴儿保育、产妇保健暂行办法》，《人民日报》，1948年3月8日，第1版。

② 参见《边区政府颁发婴儿保育、产妇保健暂行办法》，《人民日报》，1948年3月8日，第1版。

在牲畜屠宰方面，1949 年，天津市政府公布了《屠宰牲畜暂行规则》，对猪、牛、羊等常食肉类屠宰条件提出了两点要求。一是定点屠宰，所有牲畜的屠宰场都须为政府所属，否则按私屠论。二是建立检验制度，指定屠宰场同时发挥检验场作用，牲畜由卫生员检验，不符标准的，不允许食用的，由牲畜所有人掩埋或炼油。同时还进一步制定了处罚措施，凡是违反规定者，据情节轻重处相应罚金或没收货品，并移送司法机关。

在冷饮冷食方面，1949 年，天津市政府公布了《清凉饮食物品业卫生管理暂行办法》。办法指出，汽水、果汁等清凉饮料和冰激凌、冰棍、西瓜等清凉食物的售卖必须持有登记许可证，相关食品的制作工厂、店铺、摊贩的卫生设备需符合一定的标准才能取得登记证。登记经营后，卫生局可随时派卫生技术人员抽提样品实行检验；防疫时期，卫生局可按疫情发展的实际情况，决定某种清凉饮食品的制造销售与否。为配合该暂行办法的具体实施，相关部门还颁布了一系列文件，如《管理清凉饮食物品检验标准》《汽水制造业卫生设备最低标准及应行注意事项》《冷食业卫生设备最低标准及应行注意事项》《冷食摊担卫生设备最低标准及应行注意事项》。这一系列文件使天津建立了冷食品卫生制度，保障了市民食品安全。

总的来说，解放战争时期，中国共产党开始重视食品安全问题，出台一系列政策完善食品安全卫生制度，拓宽了解放区医疗卫生工作内容和领域。

（四）结合地域资源，培养医疗卫生力量

在旧中国，人民保健事业得不到足够重视，医疗卫生工作人员数量不足，医疗卫生设施残缺不全，且分布极不平衡。要解决这些问题，利用现有资源培养医疗卫生专门人才是必然要求。

1. 开办学校培养医疗卫生专门人才

土地革命战争时期，由于根据地群众的文化水平较低，医护人才资源

是极其匮乏的。相对来说，这一时期对医疗卫生专门人才的培养要求很低，"粗识文字"即可。全民族抗日战争时期，医学校的学员文化水平较之前有一定提高。解放战争时期，随着医护人员培养模式的逐步完善，各大医药卫生学校招生条件也得到相应提高。

解放战争时期，党和政府积极培养医药干部、医疗人才和护理人才。首先，在初级医药干部的培养方面，西北医药专门学校于1946年5月30日发布了招生启事，对入校资格提出了相应的要求：第一，年龄在16—30岁，身体健康。第二，学历要求为高小以上毕业或同等学力、各地药科训练班成员、药科学校尚未毕业但仍继续完成学业的学生。第三，有单位或政府推荐信。①该学校成立之初就是以培养部队和地方医药人才为目标。6月1日正式开学，首批共237名学员，大部分是边区各中等学校学生，另一小部分是继续学业的原有医务人员，主要培养初级干部。所以，从这一培养层次来看，解放战争时期人才综合水平有了较大提高。其次，在中高级医务人才培养方面，北大医学院军医科于1947年1月1日发布招生启事。学历上，须为初中及师范毕业，同等学力亦可，须进行笔试和面试。笔试科目包括语文、数学、理化、常识、政治五门；待遇上，学校包食宿，毕业包分配。②再次，在护理人才的培养方面，晋冀鲁豫白求恩国际和平医院总院的附属护士学校于1947年1月8日发布招生启事。学历上要求高小以上，并且经过语文、数学、常识的考试，通过者才可入学；学制上采取了正规的学习培训，两学年制；待遇上，学校包食宿以及部分生活用品，毕业后分配工作。③由上可知，解放战争时期，广大解放区虽然没有建立统一的制度，但医疗人才招生条件也越来越高，学员学识已经有了很大的提高，越来越多优秀的知识青年投入医疗卫生事业当中。

---

① 参见《西北医药专门学校药科招生启事》，《解放日报》，1946年5月30日，第4版。

② 参见《北大医学院军医科招生广告》，《人民日报》，1947年3月24日，第1版。

③ 参见《和平医院总院附属护士学校招生广告》，《人民日报》，1947年1月8日，第1版。

2. 民间中西医资源的组织利用

随着解放区的扩大，医疗卫生人才队伍也壮大起来。老解放区卫生干部如何胜任城市医疗卫生工作，原国统区医疗队伍如何融入革命工作，这是解放战争时期医疗卫生队伍建设的重要问题，关系到解放区医疗卫生问题的解决。

解放区医护人员因来源各异，所处环境不同，思想行为各方面呈现不同状态。在华北解放区，太岳区召开医药卫生会议，将该解放区的医生分为四个类型：第一是全心全意为人民服务型，如安泽县民间中医李克让医生。这类医生责任心强，思想觉悟极高，便于管理。第二是因家庭困难不能全身心投入医疗事业的医生。这类医生需要解决其生活顾虑。第三是地主身份的医生，需要清算。第四是公营医院医生。这类医生的问题在于如何让其与地方医生和农村劳动群众相结合。为扩大医疗卫生力量，各地区建立了医生组织以团结各方医生。其中，最重要的就是对医生"政治问题"的考察工作，过去国统区为国民党卫生工作的医生往往不得不面对立场上的困惑。针对这个问题，解放区对医疗卫生人员总体采用了团结使用的政策，即在与国民党政权彻底决裂的情况下，继续让其工作，不追究过去问题，并享受优待。但在实际工作中，医生还是有较多思想上的顾虑，主要表现在：第一，群众对医生的不信任，一些地主阶级出身的医生得不到群众信任，无法大胆给群众看病，怕惹上麻烦。第二，行医和农差之间有矛盾。第三，社会地位不高，职业成就感不足，很多医生在村里地位不高，治病救人，却无法保障家庭生活。总之，过去很多村干部对医务人员还是有一定偏见的，认为当医生的都有特务的嫌疑。

解放区重视民间医生及游医的定性及其保障问题。民间医生尤其是一些游医，无法和公立医院医生一样有固定收入，总体上以诊疗费和销售药物为生。到民主政权确立后，各解放区民间医生及游医的行医合法性问题凸显出来。为了解决如何为他们创造较好的营业环境，如何调动他们的行医积极性等问题，各解放区采取了一系列措施。如山西省平定县，针对一部分医生出身农民，另一部分医生出身地主的情况，县政府做了如下规定：一是对农民出身的医生，一般情况下医生不可免除服勤务，但如果在行医工作上表现优异，可适当减免勤务工作。反之则必须服勤务。二是对地主出身的医生，要视其具体的工作情况而定，如完全以行医为生，则不被定为剥削阶级。三是在生活保障方面，根据病患家庭情况适当收取诊费，家庭贫困者，应免收酬金并积极治疗。四是在药铺性质方面，不算封建剥削，政府坚决保护民族工商业。五是关于医生的地权，医生与农民一样可分得土地，若行医收入可观，则少分些土地。

医药合作社是解放区组织调动民间医生的最主要方式。解放战争时期，通过此种方式民间医生有了固定营业场所，过去游医状态有很大改善。各地区的医药合作社虽然没有统一的组织形式，但都能够有效地组织医生，为群众看病提供了方便。如李克让医生所创立的医药合作社，其优点可以概括为以下几点：一是改善了医生看病和群众就诊问题。合作社成立以后，医生固定看诊，群众固定就医，两者都省心省力。二是医生不再从患者身上获利。过去，医生看病都是在药品上谋利，现在则通过各县区大包药品的交换获利，这样群众能获得便宜的药物，医生也能合理谋生，一举两得。三是提高了医生行医积极性。原来由病人支付的诊断费，现在由合作社承担，这样既不损害医生的利益，又鼓励医生看病开方。四是提升了药店的服务能力。合作社有助于药品种类的完善。五是有利于医生技术的提高。合作社可以将医生组织起来，定期交流和培训，提高医生的行医技术。冀鲁豫行署卫生局于1947年12月5日召开座谈会，决定各专署成立政民医院，县成立人民医院，区成立医药合作社，构建了多层次的民间医生组织形式。①

---

① 参见《要为群众当医生　冀鲁豫中西医生集会》，《人民日报》，1947年12月7日，第2版。

三、中国共产党解决解放区医疗卫生问题的基本效果

解放战争时期，中国共产党和解放区政府面对严峻的医疗卫生问题，采取各种措施，保障了广大军民生命健康，健全了军队医疗卫生工作体系，使地方医疗卫生工作内容和体系趋于专业化。

（一）救治伤病员和开展防疫，保障了军民健康

医疗卫生工作的进步，直接关系到广大军民生命健康问题。解放战争时期，由于人民军队采取了正确的医疗卫生工作措施，部队伤病员虽数量剧增，疾病治愈率却明显提高。从战伤救治角度看，三年解放战争中第一野战军伤员总数为 146688 人，治愈归队有 111925 人。从 1947 年到 1949 年，治愈率分别为 60.35%、70.10%、76%，死亡率分别为 5.35%、2.40%、1.32%。[1]可见，部队伤病治愈率逐年递增，死亡率逐年下降。1946 年到 1947 年，晋冀鲁豫军区共收治伤员 147821 名，治愈归队率达62.5%。[2]比较而言，1948 年前，伤员归队率不高，仅有 40% 左右，后来党和部队重视伤员救治与归队工作，平津战役时治愈归队率达 61.4%，南下作战时达到 64.28%。华北地区的战伤救治组织不断得到调整和加强，以太原战役中的破伤风治疗为例，95% 以上参战人员注射了破伤风类毒素，经及时手术，伤风发病率明显降低，发生率仅 0.44%，其他战役如保北战役发生率仅有 3.41%，新保安战役低至 1.6%。[3]

---

① 参见西北军区第一野战军：《卫生部三年来解放战争卫生医药工作综合报告》，1950 年。转引自《新中国预防医学历史经验》编委会编：《新中国预防医学历史经验》第 1 卷，人民卫生出版社 1991 年版，第 201 页。

② 参见欧阳启旭：《创伤新疗法回忆》，1985 年。转引自《新中国预防医学历史经验》编委会编：《新中国预防医学历史经验》第 1 卷，人民卫生出版社 1991 年版，第 218 页。

③ 参见华北军区卫生部：《1949 年本部直属单位总结》，1949 年。转引自《新中国预防医学历史经验》编委会编：《新中国预防医学历史经验》第 1 卷，人民卫生出版社 1991 年版，第 265 页。

　　这一时期党和政府更加重视民众医疗卫生工作，无论是疫病救治还是疫情预防都取得不错成效，保障了人民的生命健康安全。在疫病救治方面，以晋察冀边区房山县为例，1949年房山县疾病流行，天花人数达到103人，流感人数610人，肺炎人数56人，麻疹人数627人，霍乱人数128人，痢疾人数272人，其他疾病人数共9756人，经过多方治疗，痊愈人数达到9532人。可见，晋察冀边区在疫病救治上有了很大进步。[①]在疫病预防方面，以东北解放区为例，1947年东北鼠疫盛行，波及8个城市、25个县城、93个区以及633个村庄。到1948年，通过开展疫情预防工作，鼠疫发病范围从原来的大面积流行缩小到2个城市，26个县城，75个区与333个村庄。1949年的鼠疫流行范围进一步降低至1个城市，17个县，39个区与96个村庄。从这些数据的变化可以看出鼠疫控制工作所取得的成绩。就鼠疫致死情况看，1947年感染鼠疫人数为30326人，死亡人数达到23171人，死亡率为76.4%。1948年感染鼠疫人数为5497人，死亡人数为3928人，死亡率为71.5%。1949年感染鼠疫人数为445人，死亡人数为272人，死亡率为61.1%。连续两年实现受感染人数逐年递减，而且降幅不小，虽然鼠疫致死率仍然较高，但也有了一定程度的降低。由此可见，正因为东北解放区整体加强了疫情预防工作，其传染病感染人数才会下降。

　　东北解放区在鼠疫防治领域的工作卓有成效。一般来说鼠疫防治主要有两项措施，群众性捕鼠运动和注射疫苗预防。其中，捕鼠是预防鼠疫的直接手段。1947年，东北地区捕鼠20875只，堵鼠洞27495个。1948年，捕鼠1424325只，堵鼠洞1030355个。1949年，捕鼠20916389只。可见，在党和政府广泛发动下，东北人民在捕鼠工作上取得了显著成绩，老鼠数量的大量减少直接遏制了鼠疫病源。此外，东北人民的疫苗注射观念也有了根本性转变，注射人数明显增多。如1947年东北地区注射疫苗达849373次，1948年为1846629次，同比增长了1.2倍。1949年为

---

　　① 参见房山县政府民政科：《房山县疾病流行概况调查表》，河北省档案馆藏，档案号520-1-785-3。

4228607次，比1948年增长1.3倍。①

（二）加强军队医疗卫生建设，完善了工作制度

从土地革命战争时期军队卫生工作制度的初创，到全民族抗日战争时期的不断推进，军队卫生工作，无论是在组织体系还是卫生观念和卫生工作方式上都有大跨步的发展。相较于前两个时期，解放战争时间虽然短暂，但大兵团运动战极大丰富了军队医疗卫生工作的实践经验，从而促进了军队医疗卫生工作制度的完善。

一是统计报告制度得到加强。统计报告制度是了解军队当前状况和活动全面情况的主要手段，它是军队制定符合实际情况的政策和方针的主要依据。解放战争时期，大规模的兵团作战模式远比以往各时期复杂得多。为及时反映部队战时伤病情况，统计报告制度的完善和发展就成为必然要求。

二是战时救护的各种具体处置规则得到完善。战时救护是战争中伤员救治的重要一环，战时救护工作直接关系到伤员的生命安全。由于战争的变化，解放战争时期的战时救护工作比以往任何时候都重要。中国共产党在总结过去战时救护工作经验的同时，结合解放战争作战特点，对战时救护工作的具体处置内容进行了细化，如各救护单位在战时救护中如何进行分工协作，如何应对紧急情况，后勤领域如何转向技术领域，具体救治的依据，等等，取得了非常好的效果，伤员治愈率显著提高。当时，华北解放区的战时救治工作成效最为明显，其主要表现在三个方面。其一，战伤救治组织得到极大调整和加强。解放战争时期的战救组织经历了四大历程：前伸、集中、加强、连续。所谓前伸，即在条件允许时，各级医疗机构要设法前伸靠近作战地域，尽快治疗和转移伤员；所谓集中，即集中各级救治力量；所谓加强，即重点加强连和师两级；所谓连续，强调前后方卫生机关步调一致，紧密配合，保证医疗的连续

① 参见东北解放区财政经济史编写组编：《东北解放区财政经济史资料选编》第4辑，黑龙江人民出版社1988年版，第488—492页。

性和衔接性。其二，创伤新疗法得到应用和发展。创伤疗法最初是由白求恩大夫在抗日战争时期创造的。抗战胜利后，晋冀鲁豫军区卫生部部长钱信忠提出了创伤新疗法，改进了战伤救治原则，提出了"四快四减少"的要求。所谓"四快"，即快抢、快救、快送、快手术；"四减少"，即减少感染化脓、减少并发症、减少残病、减少死亡。这一创伤新疗法的应用大大提高了伤员治愈归队率。其三，正确的破伤风治疗法大大提高了治愈率。1948年9月，华北军区卫生防疫处开始生产破伤风类毒素和抗毒血清，供应部队进行免疫注射。由于当时部队注意综合治疗，采用了中药、五虎丹、斑蝥散等药物，治疗效果明显。1949年3月太原战役，95%以上参战人员都注射了破伤风类毒素，加之手术及时彻底，使破伤风的发生率明显下降。保北战役发生率为3.41%，新保安战役为1.6%，太原战役发生率降至0.44%。[①]

三是卫生防病工作制度得到加强。解放战争时期，部队卫生防病工作更加突出，对预防工作也有了更全面的认识。"重视预防医学"，"一分预防，胜于十分治疗"都是这一时期提出来的[②]，并在全军贯彻实施，在传染病防治、行军卫生、部队营养卫生等方面取得了很大成绩。以第一野战军为例，在传染病防治方面，解放战争时期各种传染病不断困扰第一野战军，如流感、痢疾、斑疹伤寒、疥疮等。经党和部队医疗机关及时应对，传染病发病率大大降低，如流感年发病率低于35.41%，痢疾也得到控制。1949年下半年，全军只有138人患回归热，患斑疹伤寒仅8名。[③]1948年全军发生疥疮9332人，共治愈9070人，治愈率高达97%。在行军卫生方面，以往战士们多为脚泡、结膜炎、胃肠病及感冒所困扰。

---

① 参见华北军区卫生部：《1949年本部直属单位总结》，1949年。转引自《新中国预防医学历史经验》编委会编：《新中国预防医学历史经验》第1卷，人民卫生出版社1991年版，第265页。

② 参见冯彩章、李葆定：《贺诚传》，解放军出版社1984年版，第259页。

③ 参见西北军区第一野战军后勤卫生部：《三年来解放战争卫生医药工作综合报告》，1950年。转引自《新中国预防医学历史经验》编委会编：《新中国预防医学历史经验》第1卷，人民卫生出版社1991年版，第196页。

党和部队医疗机关及时采取医治措施，如针对脚泡现象，各机关进行正确的行军管理和卫生教育，打脚泡数量日渐减少。以第191师为例，行军22天，打脚泡人数反降至50人以下。在营养卫生方面，据第一军4个连和第四军38个伙食单位冬训前后调查对比，战士们两个月体重平均增加1.7—2.6市斤。营养缺乏病大为减少，1948年全军患夜盲症202人，1949年减少至96人，下降了56.4％。[1]总之，这一时期卫生防疫工作虽有待加强，但已取得较为显著的成效。

（三）丰富地方医疗卫生内容，逐步趋于专业化

在前期革命经验积累基础上，解放战争时期中国共产党把行政管理与执行卫生制度有效结合，努力改进医疗技术，医疗卫生工作成绩显著。随着战争形势的发展和解放区的扩大，原有国统区医疗卫生工作经验和成果也被解放区新政权积极吸收和借鉴，解放区的医疗卫生工作不断呈现专业化发展趋势。

首先，传统的医疗卫生工作内容逐渐趋于专业化。所谓传统医疗卫生工作主要是党在革命根据地时期沿袭下来的工作内容，具有较强的农村工作色彩。一是在卫生防疫工作中，这一时期解放区建立了委托预防注射制度，形成一套严格的检疫隔离方法，加大对卫生防疫知识的宣传，对各级卫生机关的工作人员进行了严格管理，防疫制度的设计越来越科学，措施也不断朝着精细化方向发展。如陕甘宁边区南端的淳耀县，由于对卫生防疫工作的极度重视，全县春季因病死亡人数从1945年的700人降至1946年的367人，死亡人数减少近半，足见其成效。[2]二是从妇幼保健上来说，解放战争时期妇幼保健工作的物质技术和制度方面都有了大的发展。物质技术条件方面，很多地区开始建立专门的幼婴医院。在制

---

[1] 参见西北军区第一野战军后勤卫生部：《三年来解放战争卫生医药工作总结》，1950年。转引自《新中国预防医学历史经验》编委会编：《新中国预防医学历史经验》第1卷，人民卫生出版社1991年版，第199页。

[2] 参见《淳耀重视防疫 今春死亡人数减低》，《解放日报》，1946年5月9日，第2版。

度建设方面，各地开始出台关于妇女婴儿保健的专门规定。由于这一时期仍然处于战争的特殊状态，妇幼保健工作不可能覆盖全部，主要还是针对很多妇女干部以及部分单位女性公职人员，所以受益范围相对有限。但是，这些规定在某种程度上也解决了女干部的后顾之忧，对保障妇女革命的积极性起到了至关重要的作用。随着各项法规的出台，妇幼保健工作也在朝着专门化方向不断发展。三是从医药人才培养上来看，这一时期的招生条件明显有所提高，已经不局限于身体健康者，无论是对学历的要求，还是科学文化水平，甚至是对思想道德方面的要求都远远高于前两个时期，医药人才素质的提高对于整个医疗卫生工作质量的提升都有非常积极的作用。四是从医疗费用上来说，对于免费医疗具体享受人群、医疗补助的标准以及医疗收费规则等一系列问题都进行了具体规定，在具体实施中还组成专门的审查小组，对公营企业以及公职人员的医疗费用问题进行了很好的梳理，这使得有限的医院资源得到了充分的使用。农村疫病的治疗费用虽然没有形成专门的制度，但政府组织的医疗队及医药合作社相互配合，为农村看病问题提供了保障。如1946年春夏两季，沭阳县政府拨出7796斤救济粮和238859元华中币用于采购药物，并组织了125名中医和西医。曲阳县当地群众医药集资资金达到了267万元左右，组建基层医疗合作社14个，为群众提供仅为市场价60%到90%的药品。[①]

其次，随着形势的变化，医疗卫生工作内容得到了丰富。从食品安全角度来说，随着群众身体保健意识的不断提高，党和政府更加重视对日常饮食习惯的规定，从牲畜屠宰到冷饮冷食都建立了严格的食品卫生标准，在一定程度上保障了市民食品安全问题，拓宽了解放区医疗卫生工作领域。从城市卫生管理上来说，解放区努力恢复城市卫生秩序，清扫垃圾，保证整洁，解决公厕脏乱少现象，重建屠宰场所，新建医疗机构，组织医疗从业人员。一方面大大保证了城市的清洁卫生，减少了流行病的传播，另一方面一定医疗卫生机构及从业人员的配备，大大减轻了城

---

① 参见《沭阳曲阳二万病人痊愈》，《解放日报》，1946年6月29日，第2版。

市医疗负担，保障了人民生命健康。《郑州市人民政府一年来工作报告》中就对郑州一年以来整体城市卫生工作成绩做了详细的总结，可概括为以下几点：一是"一年间清除新生垃圾 11505 吨，运出旧存垃圾 3230 吨，保证了街道的干净整洁"。二是"设立六个防疫站，并短期注射疫苗29059 人，并在工会的指导下组织了三个防疫救护队"。三是"建立公厕十个，解决了群众大小便问题"。四是"全年入院人数 1117 人中，治愈929 人，治愈率为 83.1%，并在六、七、八、九四个月提供免费医疗"。五是"大批药品器材支援前线，……市立医院配备医生随队治疗"。六是"组织卫生委员会，并建立街道居民卫生小组，切实为群众提供医疗卫生保障"。七是"一年来未曾发生任何传染性疾病"①。

解放区的医疗卫生工作内容是繁多的、体系是复杂的。不过，从上述几方面可以看出，解放战争时期各解放区的医疗卫生工作体系越来越专业化。

---

① 王礼琦编：《中原解放区财政经济史资料选编》，中国财政经济出版社 1995 年版，第 122—123 页。

第十二章　解放战争时期中国共产党
对解放区社会保障问题的解决

面对抗战胜利后新老解放区突出的社会保障问题，中国共产党和解放区政府根据各地实际，积极救助各类群体，加强优抚优待，关爱特殊群体，建立劳动保险制度，保障了解放区各类群体生活，促进了社会稳定和政权巩固，为新中国社会保障事业建立奠定了基础。

一、解放区社会保障问题概况

解放战争时期，广大解放区社会保障领域出现的突出问题与解放战争的快速发展的形势密切相关。

（一）解放区社会保障问题的主要表现

经过土地革命战争、全民族抗日战争时期的巩固和发展，解放区社会保障事业具备一定基础。抗战胜利后，人民军队收复了广大乡村和大批城市，解放区规模不断扩大，同时广大解放区特别是新收复地区的社会保障事业也面临着一些新情况。

1. 灾难民和失业失学人员亟须救助

一是众多灾民难民亟须救助。

老解放区不同程度地出现了灾荒匪患，产生大量灾难民。在陕甘宁边区，1947年3月胡宗南部队进攻延安前，经过十多年的建设，民众生活可以做到安居乐业。然而由于胡宗南部队胡作非为，全边区灾难民达到40万人。当时，大量灾难民为了躲避灾害，陕甘宁边区一度出现严重的灾难民逃荒现象。据统计，陕甘宁边区佳县古木区一乡共8个村子393户人家，青壮年全部走光；三乡官家沟110户人家，走得只剩5个老汉；子洲石窑区四乡440户中，全家移走的有52户，半家移走的有356户，合计占总户数的91%；镇川县盐湾区二乡共321户中，全家和半家移走的达到89%上。这些移走的人家中有58%是因为生活无法维持。据各地材料估计，在严重灾区，逃荒户数至少占总户数的一半。[①]在绥德分区，1948年春荒有23万多灾民面临饥饿，占分区总人口的1/3左右，同时受灾荒威胁而移走逃走的劳力，在2万以上。[②]在华北解放区，1949年察哈尔省出现了春荒，该省南口分区有灾民8万，且其中3万余人无以为生，建屏分区有17万—18万灾民，察北有灾民近3000人，其他各分区亦有春荒。[③]1946年春季华中解放区出现了灾荒。截至1946年3月，华中各地灾民共达400余万，尤以淮海、淮北、淮南、盐阜最为严重，很多灾民没有饭吃，甚至整个村庄找不到粮食，饿死人的现象每每发生。[④]据调查，淮安仇桥区2544户中断炊的已达1232户，占该区总户数的1/2。在淮安复兴区2621户中，粮食够吃一个月的有217户，够吃半个月的有65户，断炊的有863户，占该区总户数的34%，外出逃荒的有688户，占该区总户数的

① 参见陕甘宁边区财政经济史编写组、陕西省财政厅财政科学研究所、陕西省档案馆合编：《解放战争时期陕甘宁边区财政经济史资料选辑》上册，三秦出版社1989年版，第21页。

② 参见陕甘宁边区财政经济史编写组、陕西省财政厅财政科学研究所、陕西省档案馆合编：《解放战争时期陕甘宁边区财政经济史资料选辑》上册，三秦出版社1989年版，第278页。

③ 参见华北解放区财政经济史资料选编编辑组，山西省、河北省、山东省、河南省、北京市、天津市档案馆合编：《华北解放区财政经济史资料选编》第1辑，中国财政经济出版社1996年版，第552页。

④ 参见江苏省财政厅、江苏省档案馆、财政经济史编写组编：《华中解放区财政经济史料选编》第1卷，南京大学出版社1987年版，第92页。

27%强，该区已经发生饿死人的不幸现象。[1]由于1946年春季遭受40余年来前所未有的灾荒影响，华中解放区苏皖边区五分区灾民自70万增加到100万，在青黄不接时竟达到170余万人，占五分区总人口的44%强。[2]如此严重灾情如不及时消除，"不仅影响解放区生产建设，而且使干部脱离群众，甚至发生灾民吃大户抢公粮、抢粮，与盗匪妨碍治安，破坏社会秩序等严重现象，必将造成我们难以克服的困难，并将大大地削弱解放区对全国民主改革的推动作用"[3]。

由于灾害不断和受到国统区经济崩溃的影响，东北等新解放区出现大量灾难民。在东北解放区，几年来灾害不断发生，导致1948年近百万人口受灾，1949年新解放地区灾民达200余万。[4]特别是1949年春荒时节，热河、辽东、辽西灾情相当严重。热河全省460万人口中灾民就达180万，饿死者也有2.5万人；辽西全省人口500余万，灾民约有110万人。这些地区普遍存在人缺粮、马缺草的现象。[5]与此同时，东北各新解放地区城乡存在大量的难民。据统计，1949年2月，东北若干新解放地区如辽阳、海城、营口、铁岭、沈阳等地正处在严重灾荒之中，十几个县约150万人口缺乏粮食、种子和生产资料，仅热河省新解放区就有40万灾民。[6]在长春、沈阳等新解放大城市灾民众多。这些城市由于长期受到国民党政权搜刮，经济力量已消耗殆尽。长春市伪满洲国时期原有人口80多万，遭

---

① 参见江苏省财政厅、江苏省档案馆、财政经济史编写组编：《华中解放区财政经济史料选编》第1卷，南京大学出版社1987年版，第123页。

② 参见江苏省财政厅、江苏省档案馆、财政经济史编写组编：《华中解放区财政经济史料选编》第2卷，南京大学出版社1987年版，第243页。

③ 江苏省财政厅、江苏省档案馆、财政经济史编写组编：《华中解放区财政经济史料选编》第1卷，南京大学出版社1987年版，第92页。

④ 参见东北解放区财政经济史编写组编：《东北解放区财政经济史资料选编》第1辑，黑龙江人民出版社1988年版，第562页。

⑤ 参见东北解放区财政经济史编写组编：《东北解放区财政经济史资料选编》第1辑，黑龙江人民出版社1988年版，第648页。

⑥ 参见东北解放区财政经济史编写组编：《东北解放区财政经济史资料选编》第1辑，黑龙江人民出版社1988年版，第524页。

散日籍人员后剩60多万。但在解放前又饿死10余万，变卖家底四处逃散者40余万，仅存10万人左右。[①]解放后大量难民空手回来，社会经济元气受到根本损伤，一切均得从头开始。在沈阳市，由于各种天灾人祸，民众普遍缺少吃粮。如沈阳市郊的苏家屯桃仙村，1948年底全村334户人家中已经没有吃粮的达60户，仅有半月存粮的有26户，仅剩一个月存粮的为38户，其余存粮较多些的户仍有许多吃不到春耕，能吃到新粮下来者更是寥寥无几，且牲口也是非常缺乏。[②]

二是新解放城市的大批民众陷入失业危机。

相比而言，老解放区失业现象并不突出。只是由于战争影响，加上灾荒影响，普通群众购买力普遍下降，致使老解放区一些工厂不得不停业，工人面临失业危险。以陕甘宁边区部分城市的炭窑厂为例，1948年初，米脂、正川两县及佳县、绥德一部分地区的炭窑厂因推销量极其微小，不能维持工人最低限度的生活水平，窑厂相继停顿，米脂龙镇16处炭窑中开工的仅6处。[③]此外，在与国统区交界的一些解放区，因受战争影响也出现工人失业现象。如《人民日报》在1946年6月12日进行了报道："由于国民党反动派不断向我豫北解放区进攻，交通不能早日恢复，致道清路一百八十余位铁路工人，不能早日复业，四五百口家属，生活极为困难。"[④]为此，该铁路职工会和全体失业工人随即致函晋冀鲁豫边区，控诉国民党反动罪恶，要求解放区政府予以救济。

与老解放区不同，新解放地区和大城市失业现象较为突出，民生困难。这些地区在国民政府统治时期经济已经崩溃，失业现象十分严峻。

---

① 参见东北解放区财政经济史编写组编：《东北解放区财政经济史资料选编》第1辑，黑龙江人民出版社1988年版，第190—191页。

② 参见东北解放区财政经济史编写组编：《东北解放区财政经济史资料选编》第1辑，黑龙江人民出版社1988年版，第428页。

③ 参见陕甘宁边区财政经济史编写组、陕西省财政厅财政科学研究所、陕西省档案馆合编：《解放战争时期陕甘宁边区财政经济史资料选辑》上册，三秦出版社1989年版，第492页。

④ 本报讯：《反动派逼使道清路工失业 边府决定予以救济》，《人民日报》，1946年6月12日，第2版。

1946年《人民日报》多篇时政文章报道了国统区日趋严重的失业现象。如江浙地区的无锡丝厂因亏损过巨，向国统区当局屡次要求救济无效后，工厂纷纷倒闭。在号称有百万以上工人的上海，截至1946年5月底复工工厂仅892家，仅为全市工厂的22%，且复工人数不过12.8万人。当时从后方各地来沪的失业工人1200余名，虽经一再请愿仍未获救济，大部流落街头，依靠乞食度日。上海市第四区冷藏业失业工人1000余人向社局请愿要求复工，然而工人代表方静萍竟遭国民政府当局非法逮捕。[①]同年11月，仅北平、南京、上海三市失业者即达260万人以上。据官方统计，北平168万人，失业及无业者达79万人，几乎占全市人口半数。南京80万人，失业者20万人，平均四个人就有一人失业，无业人数还不在内。上海396万人口中，失业者25万人，无业者135万人，合占全市人口的40%。此外，成都仅卷烟工人及家属失业者即达10万人，重庆失业者亦在10万人以上，福州失业者5.9万人，平均每五个人就有一个失业。[②]据国统区杂志《现代经济通讯》在1948年1月23日报道："上海区各种工业生产已面临重大危机，半年以来连续关门歇业者几达全部厂家之十分之一。据官方人士透露：在上海三十四种重要工业五千余家中，现在停工者竟达五百余家，因此而失业者达七千余人。未停工的工厂亦莫不陷于半停工状态，生产量较以前大为减少，而参与工作之工人约四十五万人，亦感于生存不易。"[③]除了工人失业之外，北平等高校毕业生也面临着毕业即失业的风险。1948年夏，北平各高校毕业生共有3054名，职业却大都没有着落，尤以文法科学生为甚。其中，"北大毕业生共717人，但因

---

① 参见新华社：《民族工业纷纷倒闭 上海大批工人失业》，《人民日报》，1946年7月11日，第1版。

② 参见新华社：《平津沪失业超过两百万》，《人民日报》，1946年11月14日，第1版。

③ 现经社讯：《工业生产面临重大危机 停业者达十分之一 因此失业者达七千人》，《现代经济通讯》第55号，1948年1月23日，第4版。

大多是文科生，前途都很茫然"①。

这些城市地区在刚解放之时工商业尚未恢复，失业人员和贫民生活亟须救助。1948年开封市解放，人民解放军进城之后，"首先碰到的是由于敌人滥发纸币、乡村与城市隔绝、煤粮奇缺、金融混乱所造成的人民生活困难，很多人失业和没饭吃的严重局面"②。1949年武汉三镇解放时，"失业工人和无以为生的贫民为数颇多，在此情况下，定会引起社会秩序的严重紊乱，在汉阳之鹦鹉洲已发生了贫民抢劫一家酱园铺和强割麦子的事件"③。而且在一些大城市解放初期，由于群众的思想混乱，以为不准私人搞工商业，只准公家与合作社搞，有些未被斗的工商业和潜在的资金财产纷纷逃到敌占区，还有的因害怕而关门了，结果造成生产下降，市场供求与出入口停滞，经济萧条。在华北解放区的冀东区的玉田、鸦鸿桥一带纺织业、工商业中布机停了80%以上，停顿时间四个多月。而在依靠织席为生的水灾区，数万人民生活陷于失业饥荒状态。④

三是新解放区学生失学情况严重。

在国民政府时期很多地方存在学生失学现象。1946年8月《人民日报》记载，据中央社及上海《大公报》透露，国民党统治下之各大城市教育面临极大危机，仅平、津、青、济四地失学的青年儿童，即达67万余名。素称全国教育中心的北平市失学儿童达48万名，天津失学儿童9万余名，青岛失学儿童也达42700余人。广州共有小学生10万人，而仅有4万余名学生入学，与求学人数相差一半以上。当年，国统区有10万以上的高中毕业生因生活困难及内战影响而无法升学。上海市国民党当局决

---

① 本市讯：《毕业就是失业 北平三千多毕业生 职业大都没有着落》，《燕京新闻》第15卷第3期，1948年6月21日，第1版。

② 王礼琦编：《中原解放区财政经济史资料选编》，中国财政经济出版社1995年版，第57页。

③ 王礼琦编：《中原解放区财政经济史资料选编》，中国财政经济出版社1995年版，第264页。

④ 参见华北解放区财政经济史资料选编编辑组，山西省、河北省、山东省、河南省、北京市、天津市档案馆合编：《华北解放区财政经济史资料选编》第1辑，中国财政经济出版社1996年版，第307页。

定提高沪市各校下学期学费，大学学费在 15 万—30 万元之间。一般大中学生不得不在酷暑中经营各种小生意，以应付高涨之学费。[①]据统计，1947 年国统区"学龄儿童失学问题颇严重，据统计我国学龄儿童共六千五百万人，已入学者仅二千万，占全数三分之一弱"[②]。在校学生之生活亦极痛苦，甚至大学也已变成收容难民的"粥厂"。1946 年，"北平北大学生过去所依靠的维持费，清华的赈给粮，均已停止，燕大及辅仁的救济粮，已用尽。很多学生因膳费无着，而有失学之虞"[③]。1946 年 12 月，"各地流亡青岛失学失业之贫苦学生八千余人，曾请求蒋政府予以救济，迄未获结果。目前严冬届临，渠等衣、食、住均无着落。八日夜晚，寒流侵袭，温度骤降至零下八度，渠等露宿街头因冻饿而失去知觉者达二百余人，其状甚惨，但国民党当局置若罔闻"[④]。

2. 革命军人及军属烈属优抚任务繁重

一是抗战胜利后阵亡和伤残军人亟须优抚。

全民族抗战胜利后各地有大量伤残军人需要抚恤。总体来看，抗战中伤员的残废率和死亡率达到 10% 左右。根据晋察冀、山东、冀热辽、晋绥、晋冀鲁豫、苏皖、中原等七个解放区不完全统计，从 1937 年至 1945 年抗日军民被敌伪杀死或被虐待伤病致死者 320 万人，造成鳏、寡、孤、独及残废合计 296 万人。[⑤]比如晋冀鲁豫边区 2800 万边区总人口中急需救

---

① 参见新华社：《蒋统治区教育面临严重危机 学生失学教师失业 当局决定提高上海各校学费 学生被迫在酷暑中做小生意》，《人民日报》，1946 年 8 月 25 日，第 1 版。

② 《学龄儿童失学严重》，《新闻报》，1947 年 11 月 22 日，第 1 版。

③ 新华社：《十万高中生失学 大学变成难民粥厂 教授教员罢教请愿 蒋管区饥寒交迫》，《人民日报》，1946 年 12 月 10 日，第 1 版。

④ 新华社：《蒋区经济危机日益严重 青岛物价飞涨 各业工人为求活命群起罢工 数百失业失学青年冻饿濒死 都市农村到处一片凄凉》，《人民日报》，1946 年 12 月 17 日，第 1 版。

⑤ 参见中央党史研究室、中央档案馆编：《抗日战争时期中国解放区人口伤亡和财产损失档案选编》第 1 册，中共党史出版社 2015 年版，第 3 页。

济之难民抗属及荣退残废军人共 420 万。①晋绥边区因伤致残者共 14212 人，其中以退伍军人最多。②山东省革命军队中有残废人员 9780 人，退伍残废人员 15000 人，共计 24780 人，包括胶东区共有伤残 38026 人，除了 15000 名百姓外，部队伤残人员（不含机关伤残人员）有 23026 人。③这些阵亡和伤残军人成为抗战胜利后各解放区优抚工作的重要对象。

二是解放战争中阵亡和伤残军人快速增多。

解放战争时期人民军队作战方式由以游击战为主发展到以大兵团运动战为主，战局发展快速，战役前后相继，部队推进迅速，给军队优待抚恤工作带来新问题。在战争初期，各部队由于经验不足使得战伤救护、包扎、转运和治疗中存在不少问题。战伤的特点是短时间内大批发生，致伤时都是有菌环境，常伴有大出血和休克，绝大多数为开放伤。因此，对创伤的救护和治疗提出了一系列特殊的要求，诸如充足的人力、先进的技术和优良的设备等。但是在战争初期，恰恰缺乏这些基本条件，加上敌人重重封锁，故而在战伤救治方面，存在着许多困难。

随着人民军队卫生工作的加强以及战伤救护经验的丰富，部队伤员治愈归队率逐年增加，死亡率逐年下降。在三年多的解放战争中，第一野战军伤员总数为 146688 名，占伤病员总数的 54.99%，伤愈归队 111925 人。1947 年至 1949 年，第一野战军伤员治愈归队率由 60.35% 上升到 76%，死亡率由 5.35% 降至 1.32%。④第二野战军共收治病员 598397 人，治愈归队率为 74%；收治伤员 293474 人，治愈归队率为 67.6%。据统计，1946 年至 1947 年晋冀鲁豫军区共收治伤员 147821 名，治愈归队率为

---

① 参见中央党史研究室、中央档案馆编：《抗日战争时期中国解放区人口伤亡和财产损失档案选编》第 3 册，中共党史出版社 2015 年版，第 741 页。

② 参见中央党史研究室、中央档案馆编：《抗日战争时期中国解放区人口伤亡和财产损失档案选编》第 1 册，中共党史出版社 2015 年版，第 34 页。

③ 参见中央党史研究室、中央档案馆编：《抗日战争时期中国解放区人口伤亡和财产损失档案选编》第 3 册，中共党史出版社 2015 年版，第 1011、1060 页。

④ 参见《新中国预防医学历史经验》编委会编：《新中国预防医学历史经验》第 1 卷，人民卫生出版社 1991 年版，第 201、202 页。

62.5%。其中 1947 年，晋冀鲁豫军区共进行各类手术 3 万余例，伤员死亡率由 4.9% 降到 4.1%，残废率由 15% 降到 10.8%。[①]第三野战军各级医疗卫生单位共收治伤员 432655 名，其中野战军伤员 341452 名，治愈归队 26 万余名。[②]第四野战军部队共收治伤病员 689735 名，其中伤员 329540 名，病员 360195 名。[③]

　　然而，解放战争异常激烈，因伤致残军人数量不断攀升。第一野战军伤员的归队率、死亡率统计显示，1947 年至 1949 年作战中第一野战军的伤员未归队率分别为 34.3%、27.5%、22.68%。[④]这些伤员中，有的伤员需要转院进一步治疗，有的伤员治愈后因伤病不能继续作战只能复员。尤其在战略决战阶段，国民党军队武器装备较好，火力较强，使得解放军伤员致伤种类不同于以往，绝大部分是炸伤和枪伤（详见表 12-1）。1947 年 5 月，孟良崮战役中解放军伤亡比例升高。华东解放军伤亡 12189 人，负伤 9300 人，阵亡 2043 人，伤亡比为 4.6∶1。另据对 6734 名伤员统计，本次战役枪伤 3142 人，占 46.7%；炸伤 3361 人，占 49.9%；其他伤 231 人，仅 3.4%。[⑤]由于炸伤易致多处伤，创面污染严重，易引发伤口感染，这就使救治中伤员死亡率升高。即使战时治愈后，伤员伤残比例也大大升高。大量阵亡及伤残军人的出现势必对解放区优抚工作提出新任务和新要求。

---

　　① 参见《新中国预防医学历史经验》编委会编：《新中国预防医学历史经验》第 1 卷，人民卫生出版社 1991 年版，第 206、218 页。

　　② 参见《新中国预防医学历史经验》编委会编：《新中国预防医学历史经验》第 1 卷，人民卫生出版社 1991 年版，第 219 页。

　　③ 参见《新中国预防医学历史经验》编委会编：《新中国预防医学历史经验》第 1 卷，人民卫生出版社 1991 年版，第 247—248 页。

　　④ 参见《新中国预防医学历史经验》编委会编：《新中国预防医学历史经验》第 1 卷，人民卫生出版社 1991 年版，第 202 页。

　　⑤ 参见石文光、伏斲主编：《解放战争时期华东部队卫生工作简史》，人民军医出版社 1986 年版，第 76、77 页。

表12-1　辽沈战役医院收治伤员伤类统计(1948年12月25日)[①]

	炸伤	枪伤	挫伤	刺刀伤	其他	合计
伤员数/人	8943	5535	68	5	76	14627
百分比/%	61.14	37.84	0.46	0.03	0.53	100.0

三是大量革命军人家属及烈属生活亟须照顾。

由前述材料可知，解放战争作战方式的变化、战场规模的扩大和战争形势的快速发展，使得解放军亟须大量补充兵源。各解放区军民积极拥护参军，如陕甘宁边区"在参军运动中，父母送子，妻送郎，兄弟争相报名参军参战的事，随处可见"[②]。在山东解放区，解放战争时期共发动4次大规模参军运动。第一次是1946年7月至12月，有11万人参军；第二次是1947年，共29.5万人参军；第三次是1948年1月至9月，有1.66万人参军；第四次是1948年10月至1949年3月，有16.8万人参军。总计58.96万人参加解放军。[③]在华北解放区，1947年11月，在晋察冀解放区参军运动高潮阶段，岳北地区参军人数达10600余人，太岳地区也有21000余名农民入伍。1948年12月，太行区半月内长治、平顺等19个县有16275人参军。[④]

参军运动高涨的同时，党和政府如何做好革命军属烈属优待工作也成为解放区社会优抚工作面临的重要课题。以东北解放区为例，1950年6月东北政务委员会民政部统计，解放战争中东北各地共计839410人参军，军属809478户，其中现役军人627493人，军属599130户。战争中牺牲军人烈士27617人，烈属26067户，受伤的荣誉复员军人184300人，荣誉军

---

① 参见高恩显主编：《中国人民解放军第四野战军卫生工作史（1945年8月—1950年5月）》，人民军医出版社2000年版，第131页。

② 陕西省地方志编纂委员会编：《陕西省志》第53卷·民政志，陕西人民出版社2003年版，第191页。

③ 参见山东省地方史志编纂委员会编：《山东省志》第14卷·民政志，山东人民出版社1992年版，第14页。

④ 参见山西省史志研究院编：《山西通志》第35卷·民政志，中华书局1996年版，第379、380页。

人和慢性病军属184281户。^①当时黑龙江地区是东北解放战争的大后方，也是东北解放军兵源的主要来源地。到1948年底，黑龙江省军属和烈属达到40万户。^②因此，积极做好烈军属的优待工作成为各级政府的一项重要任务。

3. 劳动保障和社会福利问题逐步显现

一是支前民工生活保障问题。

战争不仅是双方人力的竞赛，也是双方财力、物力的竞赛。解放战争时期，党和政府积极动员民众支前，保障了前线战事。然而，当时支前民工动员工作仍存在很多不足。一般而言，支前民工最关心的有三方面。"第一个是生产，自己走了怕秋没人收，怕地耕不了，麦种不上。……家里问题解决了，才能减少后顾之忧。""第二是生活。要吃好饭，住上房，带衣服、被子、鞋子、成盐、干粮，还要有管理伙食的人。生活问题解决了，才有进行政治工作的物质基础。""第三是安全，群众怕上火线，怕飞机，怕土匪。"^③如果这些问题不能得到很好的解决，势必影响到支前民工动员和部队后勤保障。而且在支前民工动员工作中部分干部缺乏正确认识，产生许多错误思想和做法。有些干部动员民工时不了解群众的困难，不关心群众的疾苦，导致民工动员效果不佳。如在中原解放区豫西区，"方城三区区长在下雨天，饱食暖衣、拥被而卧，民工在雨地淋着，又饿又冷。无怪乎当其一梦醒来，民工跑了一大半"^④。"有些同志不和民工住在一起，同志们汇报情况，也不好好听，他们对民工的困难根本不了解。有时只听一些'出头人'的话，认为是群众意见，对民工

---

① 参见东北解放区财政经济史编写组编：《东北解放区财政经济史资料选编》第4辑，黑龙江人民出版社1988年版，第646页。

② 参见黑龙江省地方志编纂委员会编：《黑龙江省志》第62卷·民政志，黑龙江人民出版社1993年版，第151页。

③ 王礼琦编：《中原解放区财政经济史资料选编》，中国财政经济出版社1995年版，第682页。

④ 王礼琦编：《中原解放区财政经济史资料选编》，中国财政经济出版社1995年版，第679页。

中的特殊人物，下馆子、吃酒、看戏不闻不问。"[①]这些干部工作的不良倾向也导致支前民工思想上出现波动，影响了支前工作。如在豫皖苏区，"围歼黄维兵团的战役，四、五、七分区第一批共动员5000付担架，但到达前方者，尚不足1500付，逃亡达7/10，这固然由于很多是雇来的，但逃亡的主要原因，则是干部思想落后，战争观念薄弱，不公开动员群众，而用欺骗办法，不与民工共甘苦，不关心民工生活。"[②]因此，支前民工动员时，党和政府除了应多注意发动群众，提高群众觉悟外，还必须照顾民工的家庭生活。

概括来看，解放战争中动员支前民工参战的主要困难还是民工在家庭生产、日常生活和伤残保障等方面存在顾虑。以时间来说，春夏之际，民工的主要困难则是出勤者家庭农业生产、春荒的食粮问题。秋冬之季，秋收冬藏后民工的主要困难则是出勤者的过冬御寒问题，如棉衣、大衣、皮帽、靰鞡、鞋子、手套等问题的解决。尤其在人民军队粮食供应压力大的情况下，民工日常粮食等供给问题也十分严峻。如在淮海战役第二阶段，中原野战军、华东野战军进入豫皖苏三分区后，两军吃粮人数约计120万。其中，中原野战军主力与地方部队20万，随军民工5万，后方临时转运民工15万；华东野战军人员50万，随军民工20万，后方转运民工20万，马匹4万（抵10万人消耗），再加10万人预借粮，共需要140万人口粮。每日每人以2斤加工粮计算，每日共需加工粮280万斤，每月共需加工粮8400万斤，合毛粮11000余万斤。[③]可见支前民工口粮也是笔巨大开支。因此，各级部门在保障部队后勤补给的同时，对支前民工的口粮等日常生活保障问题也必须予以足够重视。

二是劳动保障事业亟须加强。

---

① 王礼琦编：《中原解放区财政经济史资料选编》，中国财政经济出版社1995年版，第680页。

② 王礼琦编：《中原解放区财政经济史资料选编》，中国财政经济出版社1995年版，第73页。

③ 参见王礼琦编：《中原解放区财政经济史资料选编》，中国财政经济出版社1995年版，第696页。

在广大新老解放区，战争破坏直接影响到工商业发展，各地工人失业，生活难以保障。在战争初期，国民党部队纷纷侵占解放区大部分城市及乡村，凡蒋军所到之处，工商业抢劫一空，摧残极甚。1946年7月，华北解放区二分区郓城甄城收复时，当地商号几乎全部被毁，收复后十几天，全城只开门几家，各街门面全被敌人烧掉或修盖工事。在战争边沿区，因敌我相持，互相封锁，各地出入口贸易不能正常，有的土产出不去，影响了工商业发展。在国统区，蒋介石集团的卖国独裁导致国统区面临严重的军事、政治、经济崩溃的危机，严重威胁到国统区广大人民的生活。工商业惨遭打击，人民群众的生活愈发艰难。

与此同时，由于一些解放区干部在思想上盲目照顾工人利益，提出过高工资福利主张，一度影响到工商业经营，最终影响到工人的各项福利保障。在华北解放区，1946年公营工厂曾将工资提高到战前水平。如机器工人每月发工资一等技师米550斤，工人甲等一级520斤，乙等二级450斤，丙等三级375斤，学徒180—300斤；卷烟工人每月发工资一等技师米665斤，二等技师290斤，普通工人290斤，学徒260—290斤；火柴工人每月发工资米420—320斤，学徒180斤；纺织工人每月发工资米350—400斤，女童工180—200斤。[①]这种工资标准一般都相近于战前的工资水平，战时是难以保障的。此外，当地制定的工人工资标准与农民收入相差较大，且各种企业工人的工资无一定标准，导致工资状况畸高畸低、改变很快，影响到工人的生产情绪。这些事实表明，过高工资要求将会使工商业者积极性减低，最终影响工人的劳动保障。

三是妇女儿童等特殊群体亟须关爱。

在新解放城市妇女劳动保障问题十分突出。抗战胜利后，国民党反动政府在美帝国主义支持之下，发动反革命战争，导致国统区经济崩溃，工商业大批裁员。各机关、公司、工厂借回迁之机大量裁减女职工。据

---

① 参见华北解放区财政经济史资料选编编辑组，山西省、河北省、山东省、河南省、北京市、天津市档案馆合编：《华北解放区财政经济史资料选编》第1辑，中国财政经济出版社1996年版，第206页。

统计，1946年10月，重庆、昆明、成都、贵阳四地失业人数即达30万之多，而在这批被裁失业队伍里妇女占很大比例。[①]而且国统区工厂女工待遇普遍低于男工，一般女工工资是男工工资的1/2到2/3。就纺织部门来说，1947年以前，一个纺织厂女工平均每月工资为1560元，织布女工平均每月1482元，除了由厂方供膳宿之外，一切生活必需品自理。1947年4月以后，随着经济的下滑，2000元也仅够阔太太们看4次电影而已。[②]除了工资低外，国统区广大女工劳动强度大，劳动保障更无从谈起。1949年3月14日，《人民日报》刊载文章直观描述了天津女工解放前的悲惨生活。"解放前的天津女工，受着残酷的剥削和非人的侮辱。在国民党官僚企业中，她们每天做很长时间的工，所得却不够糊口。……恒源纱厂的女工们，每天晚上九点钟上班，要到第二天上午七点钟才下班。许多人因熬夜，睡眠不足，营养不良而患了慢性病。……许多女工都因怕失业和家庭负担而不敢结婚。除了遭受经济上的剥削、压榨之外，她们还常常受到厂警、工头、伪工会理事们的欺侮。"[③]在解放前的徐州市，无衣无食无住之难民达28万余人，聚集徐州市区者有18000余人，流离失所之青年妇女被迫为娼者，为数甚多。[④]

老解放区女工的劳动保障状况有待改善。以华北解放区为例，石家庄市的大兴纱厂直到解放后，纱厂女工"仍有不少封建的东西在束缚和压制着她们。女工们对于自己劳动挣来的工资，自己无权支配。……许多女工看不起劳动，认为劳动是下贱，甚至有些劳动好的女工也同样有轻视劳动的情形。比如谈到结婚问题，许多女工均不愿跟工人结婚（现在有

---

① 参见中华全国民主妇女联合会筹备委员会编：《国民党统治区民主妇女运动》，新华书店1949年版，第42页。

② 参见何黎萍：《西方浪潮影响下的民国妇女权利》，九州出版社2009年版，第279页。

③ 《从长夜到天明——记天津女工的生活》，《人民日报》，1949年3月14日，第4版。

④ 参见新华社：《徐州暗无天日——人民苛杂繁重，生活无着，妇女多沦为娼妓》，《人民日报》，1946年5月24日，第1版。

些进步了），……也不愿和农民结婚，认为劳动不少，生活又苦"。此外女工的健康、前途问题也很突出。"首先生孩子后，如果家里无人带孩子，即无法上工，特别孩子多的女工，便只好回家抚育小孩。保育院、托儿所的组织当下还无力建立。"①上述问题虽然与女工长期受封建思想影响有关，但对女工生活和家庭的关注也应引起党和政府的足够重视。

广大解放区妇幼保健保育任务也相当繁重。在东北等新解放区，人们忙于生计，根本无暇顾及卫生，养成许多不良生活习惯，导致妇幼因病死亡情况非常多。1947年冬季到1948年春季，黑龙江、吉林两省因当地克山病（该病的发病原因主要是一氧化碳中毒）死亡者有3007名，其中青年妇女占80%。②这对于当地妇女运动和农业生产力都是很大的损失。在陕甘宁等老解放区，妇幼保育事业也十分困难。1949年7月5日，《人民日报》刊载文章谈及陕北乡村中的典型例子。在陕甘宁边区，三边麻疹流行，一位农民3个小孩因为护理不好，相继病死，他急得号天大叫，以致不食不眠懒得去生产了。裴家婆姨，生了5个娃娃，即死了5个；吴家婆姨生了17个儿女，只活了2个，其中1个还患着"瘫痪"和疝气症。类似的例子在农村中很普遍。从许多农村的卫生调查中，可以看出儿童的夭亡是惊人的多，婴儿死亡率在20%以上。而儿童疾病衰弱也很普遍，这些对农民生产情绪是有影响的。而初生儿的死亡原因主要是破伤风、早产、流产、窒息、压死等，这些因素平均占了40%。③

（二）解放区社会保障问题的形成原因

解放区社会保障问题的形成与连年战争、灾害破坏密切相关，也与解放战争规模大、形势发展快以及新解放城市社会基础薄弱等因素分不开。

---

① 戴新民：《大兴纱厂的女工和女工问题》，《人民日报》，1949年3月27日，第2版。

② 参见东北解放区财政经济史编写组编：《东北解放区财政经济史资料选编》第4辑，黑龙江人民出版社1988年版，第371页。

③ 参见敬桓：《谈广大农村妇婴保健工作问题》，《人民日报》，1949年7月5日，第4版。

1. 侵略战争创伤，封建剥削严重，灾害不断

首先，日本帝国主义侵略战争带来严重创伤。

相比而言，日本侵略者对广大解放区的破坏与蹂躏异常残酷。"在八年来的抗日战争中，敌伪实行三光政策，疯狂的[地]烧杀抢掠，百般的[地]搜刮榨取，他们的本身就是一种严重的灾荒，致使约占一半的新解放区，陷于长期饥饿的状态。"①1946年4月，中国解放区救济委员会统计显示，除东北解放区、陕甘宁边区及张家口、威海卫等城市外，全国七大解放区亟待救济的灾民共计25766520人，其中晋绥解放区灾民有698434人，晋察冀解放区2315445人，冀热辽解放区2050994人，晋冀鲁豫解放区3710032人，山东解放区11107000人，苏皖解放区4384615人，中原解放区1500000人。②日本帝国主义侵略战争同样给解放区社会保障事业带来严重创伤。据解放区初步统计，在全面抗战中，由于各种损失，遂使解放区有2600万人之多成为无衣、无食或无住的难民，他们饥寒交迫，疾病相连，亟待救济。其他如农、工、商、矿、交通、水利、医药卫生、社会福利等事业，无不遭受严重破坏，亟须恢复。③根据1947年中国解放区抗日战争时期公私财产损失统计，解放区共损失30564641212美元，其中社会福利事业损失965426美元。④全民族抗战胜利数月后，各解放区地方政府虽以最大努力进行紧急救济，组织生产复业，但终因战争创伤巨深，各解放区仍亟须外力援助才能缓解民困。

其次，国民党反动政府的长期剥削和兵灾破坏。

解放区民众不断遭受蒋匪军的侵扰。在华中解放区，1946年始蒋军

---

① 江苏省财政厅、江苏省档案馆、财政经济史编写组编：《华中解放区财政经济史料选编》第1卷，南京大学出版社1987年版，第104页。

② 参见中央党史研究室、中央档案馆编：《抗日战争时期中国解放区人口伤亡和财产损失档案选编》第1册，中共党史出版社2015年版，第7页。

③ 参见中央党史研究室、中央档案馆编：《抗日战争时期中国解放区人口伤亡和财产损失档案选编》第1册，中共党史出版社2015年版，第3页。

④ 参见中央党史研究室、中央档案馆编：《抗日战争时期中国解放区人口伤亡和财产损失档案选编》第1册，中共党史出版社2015年版，第18—19页。

侵入苏北，仅淮安4个区即损失牲口559头，农具1873件。加之蒋军骚扰造成大量熟荒。[①]1948年初，苏北地区又遭到蒋匪军的严重侵扰，东海、灌云、潼阳、宿迁等4县群众惨遭摧残。据统计，仅东海、灌云两县即被抢去粮食165万斤，牛、羊、猪等牲畜2800余头，其他物资无数，导致该区有30万群众绝粮。[②]在华北解放区，据天津《大公报》记载，抗战胜利以来"河南的旱灾、兵灾、工灾等，层层压在人民身上，使民不堪命。现各地麦收仅三成，秋禾旱象又成，已完全绝望，加以境内大军云集数达六十万，形成严重兵灾"[③]。内战爆发后，豫北等地蒋匪的残酷掠夺压榨，土地大部荒芜。1947年据四专署（辖沁阳等7个县市）统计，即有荒地20万亩。安阳荒地占整个耕地面积的1/6。[④]

蒋占区民众在封建盘剥之下生活愈发困苦。1946年，苏皖地区出现了灾荒。"追根求源，首先就是国民党过去长期统治所造成的恶果，特别在新解放区，那时国民党一味搜刮民脂民膏，导淮未成，劳民伤财，庞大经费，进入私囊；有益于农田水利之河道，……国民党为了少数几个土豪劣绅的利益，坚不准修，致使土质贫瘠，民生凋敝。灾荒之根源早已种下。"面对这些灾害，"国民党法西斯反动派不允许我们来安心救灾，疯狂的[地]向解放区进攻，烧杀抢掠之严重，不亚于敌伪，这就更使灾情加深"[⑤]。在陕甘宁边区，国民党军占领部分地区后，陕西蒋占区农民在蒋胡匪帮残酷压榨下陷入悲惨境地。1947年，陕西省蒋匪征收田赋公粮系以"地粮银"计算，7月1日公布时每元合粮19斤14两，10月份即增

---

① 参见新华社：《苏北军民战胜蒋灾 消灭熟荒七万亩》，《人民日报》，1947年5月23日，第2版。

② 参见新华社：《苏北灌云等县蒋灾惨重 我拨大批粮食进行急赈 苏皖、苏中军民节衣缩食支援》，《人民日报》，1948年3月27日，第2版。

③ 新华社：《旱灾、兵灾、工灾 河南各地民不堪命》，《人民日报》，1946年7月27日，第2版。

④ 参见《豫北边地七县战胜蒋灾 两月灭荒十万余亩》，《人民日报》，1947年11月14日，第2版。

⑤ 江苏省财政厅、江苏省档案馆、财政经济史编写组编：《华中解放区财政经济史料选编》第1卷，南京大学出版社1987年版，第104页。

到每元折 39 斤 12 两，1948 年 1 月又由每元合 1 斗 8 升 4 合（每斗 30 斤）增加到 3 斗 4 升 4 合。①不仅如此，蒋胡匪帮的苛捐杂税更是名目繁多，如"保长上县开会费""自卫军上县检阅费""电杆费""修路费""乡长来客招待费""委员下乡招待费""乡民代表招待费""驻军运炭费"等。此外，当地土劣、特务、乡保甲长又把一切负担压在穷人身上，以高利贷及商业投机剥削人民，许多农民被弄得家破人亡。

最后，各种自然灾害时有发生，灾情严峻。

内战爆发以来，解放区的水旱灾等各类自然灾害时有发生，灾情复杂，灾民众多，导致解放区灾害救助工作面临严峻形势。1912 年到 1949 年山东省年年都有自然灾害发生，尤以涝灾和旱灾为重，此外还多次发生病虫灾害。解放战争期间，山东省发生各类水灾、旱灾、冰雹、病虫灾害多次，其中 1946 年 16 次，1947 年 77 次，1948 年 73 次，1949 年 144 次。比如 1947 年春夏季节，临沂、郯城等 26 县遭受旱灾；夏秋之时，鲁南等地 40 多个县又受涝灾，群众生活十分困难。②在华北解放区，1945 年是晋察冀边区水、旱、虫灾极为严重的一年，春天久旱不雨，秋天雨涝成灾，受水灾、雹灾的地区达 40 余县，虫灾较往年更为普遍严重。③其中，冀南地区沿河地方等富庶之区常遭水灾。1948 年夏，太行区的漳河、丹河、沁河、淦阳河、蟒河、淇河等流域发生水灾，毁地 68 万多亩，毁房 1 万余间。④在华中解放区，由于国民党政府长期盘剥和日本帝国主义

---

① 参见新华社：《陕西胡匪残酷敲榨 蒋区农民家破人亡 陕南人民武装发展到六千人》，《人民日报》，1948 年 1 月 17 日，第 2 版。

② 参见山东省地方史志编纂委员会编：《山东省志》第 14 卷·民政志，山东人民出版社 1992 年版，第 133、135 页。

③ 参见华北解放区财政经济史资料选编编辑组，山西省、河北省、山东省、河南省、北京市、天津市档案馆合编：《华北解放区财政经济史资料选编》第 1 卷，中国财政经济出版社 1996 年版，第 9 页。

④ 参见华北解放区财政经济史资料选编编辑组，山西省、河北省、山东省、河南省、北京市、天津市档案馆合编：《华北解放区财政经济史资料选编》第 1 卷，中国财政经济出版社 1996 年版，第 377 页。

烧杀抢掠，该地区有一半地方民众长期处于饥饿境地。①1946年春，华中地区遭受40余年来所未有之奇荒。1947年，江苏省发生水灾，较重的地方有灌云、东海、沭阳、邳县、睢宁、宿迁、赣榆、徐州等县市，耕地2000万亩全被淹没。②在东北解放区，1948年春松江省阿城、双城、拉林等地发生严重春荒，灾民日益增多，"人病马瘦"影响春耕。1949年夏，松江省旱灾严重，因久旱无雨，致使河流干涸，水田无水，禾苗枯死很多。

2. 人民军队快速壮大，支前民众人数众多

一是人民军队快速壮大亟须加强优待抚恤工作。

解放战争爆发时，国民党军的总兵力约有430万人，接收大量的美式装备和侵华日军的全部装备，军队的现代化装备大大增强。当时解放军的总兵力约有127万人，其中野战军约有61万人，地方部队及后方机关约有66万人。③1947年6月底，人民解放军先后粉碎了国民党军队向解放区的全面进攻、向陕甘宁和山东解放区的重点进攻，给蒋介石集团以沉重打击。1947年6月30日，晋冀鲁豫野战军主力突破敌人黄河防线，发起鲁西南战役，揭开了解放军战略进攻的序幕。人民解放军内外线相互配合作战，在半年时间内歼敌75万余人，使中国人民的革命战争到了历史的伟大转折点。1948年国共双方的实力对比已经发生了很大变化。解放军方面，根据1948年1月的统计，解放军已经发展到223万人，其中野战部队有40个纵队106万人；解放军武器装备的质量也有了很大提高，全军拥有长短枪64万支、机枪4.6万挺、火炮9338门。国民党军方面，根据1948年2月的统计，总兵力为365万人，其中正规军有104个整编师279个旅，181万人，虽然增加了番号与人数，但战斗力并未增强。但是，国

---

① 参见江苏省财政厅、江苏省档案馆、财政经济史编写组编：《华中解放区财政经济史料选编》第1卷，南京大学出版社1987年版，第104页。

② 参见江苏省地方志编纂委员会编：《江苏省志》第70卷·民政志，方志出版社2002年版，第439页。

③ 参见刘统：《解放军史鉴（1945—1949）》上卷，青岛出版社2013年版，第127、130页。

民党军在武器装备方面，尤其是火炮、坦克以及空军、海军方面仍然占有明显的优势。[1]1948 年 9 月至 1949 年 1 月底，解放军与国民党军队展开战略大决战，辽沈、淮海、平津三大战役共歼敌 173 个师 154 万余人[2]，为解放军南渡长江、解放全中国奠定了胜利的基石。1949 年 4 月，人民解放军发动渡江战役，陆续解放了南京、上海，并逐步解放了大部分国土。

在解放战争快速发展的同时，人民军队也不断发展壮大。在解放战争爆发后的短短两年半，人民解放军增加了 230 多万人，显然这与解放区广大民众踊跃参军分不开。我们也要看到，解放区大量青壮年劳动力参军入伍，农村中青壮年劳动力势必减少，必然给各解放区社会保障工作提出新的挑战。一方面，解放区青壮劳动力入伍后，地方政府必须保障广大军属烈属的家庭生产和日常生活。另一方面，随着人民军队规模壮大和解放战争方式变化，战争中伤亡军人和复员军人的抚恤优待工作也变得十分严峻。

二是支前人员数量众多给社会保障带来新挑战。

人民群众大力支援前线战争，为解放军后勤保障工作作出了巨大贡献。以东北解放区为例，据不完全统计解放战争共动员民工 313 万人，担架 30 万副，大车 30 万辆，马 90 万匹。[3]这些民工都由各级负责干部亲自带领，随着人民解放军转战各战场，保证了军队的运输供应。为了配合前方作战，后方群众也对部队伤病员进行了接送、治疗与安置。随着战争的发展，大量支前民工及家属生活保障、伤亡抚恤等逐步成为影响支前工作的重要问题，亟须予以高度关注。

一方面，民工及家庭生产生活需要照顾。总体上，各解放区战争勤务动员工作是成功的，但也有一些地方存在命令主义，战勤工作计划不够、

---

① 参见军事科学院军事历史研究部编著：《中国人民解放军全国解放战争史》第 3 卷，军事科学出版社 1996 年版，第 241 页。

② 参见刘统：《解放军史鉴（1945—1949）》上卷，青岛出版社 2013 年版，第 534 页。

③ 参见东北解放区财政经济史编写组编：《东北解放区财政经济史资料选编》第 1 辑，黑龙江人民出版社 1988 年版，第 124 页。

组织不力，不关心支前民工困难和家庭生活等，导致部分支前民工产生了畏难情绪。如在老解放区，1947年，陕甘宁边区战勤工作中存在着命令主义现象，"用强迫命令的方式去动员，家庭的困难和生产问题，不给以适当处理，队员的政治教育，生活管理又漠不关心。因此担架运输人员不能及时的[地]供给前线，动员起来又不断发生逃跑等现象"①。这种现象在东北等新解放区也曾出现过。1948年9月，黑龙江省总结出1947年战勤工作主要缺点在于计划性和组织性不足。"事前没有准备，没有计划，命令下来，才往各县分配数日，调动干部，在很短促的期间内，就要集中出发。县里接到命令，临时动员，现抓一把。个别县有雇的、强迫的、命令的。民工对支前的认识不足，以致到前方发生违犯纪律、逃亡、泡病号的现象。"②1949年，辽西省在动员民工时"有的按地亩派款雇用，有的按年龄出工，负担原则办法不合理，不统一。在使用工程材料上，没有成本核算精神，存有严重浪费现象"③。有些干部对支前民工及其家属生活困难关心不够。如黑龙江省，"有的县份对参战民工家属照顾不够，代耕有名无实。另外，有的地方在民工出发时一次补助了衣服、粮食，以后就不作[做]什么照顾了"④。由于战勤工作日子很长，没有文化娱乐来调剂生活，尤其是当过年过节，支前民工容易想家，情绪容易低落。

　　另一方面，战争中民工伤亡和物品损失需要抚恤和补偿。以华北解放区三打运城为例，1948年1月华北区总结了第二、三次攻打运城的民工动员和损失情况。在第二次攻打运城中，动员担架4402副，共22677人，民

①　张希坡编著：《革命根据地法律文献选辑》第3辑第2卷·陕甘宁边区（下），中国人民大学出版社2018年版，第114页。

②　东北解放区财政经济史编写组编：《东北解放区财政经济史资料选编》第4辑，黑龙江人民出版社1988年版，第536页。

③　东北解放区财政经济史编写组编：《东北解放区财政经济史资料选编》第1辑，黑龙江人民出版社1988年版，第590页。

④　东北解放区财政经济史编写组编：《东北解放区财政经济史资料选编》第4辑，黑龙江人民出版社1988年版，第538页。

工6855人，民兵27个连计3225人，三者合计32757人，部队人数与民工比例为1∶1.4。在第三次攻打运城时，人力动员担架3250副，共18425人，民工6600人，民兵27个连3300人，三者合计28325人，加上磨面送面送柴草、送攻坚器材、送部队胜利品、送弹药，部队人数与民工为1∶1.6弱。而且在两次战役中民工都到最前线，伤亡很大。第二次打运时伤亡400人，第三次打运时伤亡230人，共630人。其中洪洞民工的一个中队，在第三次总攻时上去几个钟头即伤亡23人。①此外，两次攻打运城中民工器材也损失较大。在第二次攻打运城时，因部队打援转移，造成民工之攻坚器材全部损失。而第三次攻打运城时，动员民工的铣镢损失一半，其他器材均有损失。两次攻打运城战役中，作为群众最需要之农具的铣镢共损失12000把。②在太行区，截至1948年8月，全区动用民工民兵共折合3697918个日工，牲口1万零50余头，随军民兵民工尚有2800余人，死亡民兵民工250余人，死牲口80多头。③

此外，由于国民党政府长期剥削和战争影响，各大新解放地区社会保障功能普遍缺失，在各种因素作用下各解放区社会保障问题逐步显现出来。

二、中国共产党解决解放区社会保障问题的政策措施

面对广大解放区逐步凸显的社会保障问题，中国共产党和解放区政府采取各种措施予以解决，争取善后救济，加强优抚工作，实施劳动保险，

① 参见华北解放区财政经济史资料选编编辑组，山西省、河北省、山东省、河南省、北京市、天津市档案馆合编：《华北解放区财政经济史资料选编》第1辑，中国财政经济出版社1996年版，第272、273页。

② 参见华北解放区财政经济史资料选编编辑组，山西省、河北省、山东省、河南省、北京市、天津市档案馆合编：《华北解放区财政经济史资料选编》第1辑，中国财政经济出版社1996年版，第273页。

③ 参见华北解放区财政经济史资料选编编辑组，山西省、河北省、山东省、河南省、北京市、天津市档案馆合编：《华北解放区财政经济史资料选编》第1辑，中国财政经济出版社1996年版，第378页。

关心救助各类社会群体，使解放区社会保障问题得以缓和，为解放战争胜利作出了积极贡献。

（一）做好社会救济，救助难民等生活困难群体

1. 积极争取善后救济

首先，采取"两手"政策，积极争取善后救济。

1943 年 11 月，40 多个国家代表在华盛顿签订《联合国善后救济总署协定》，决定成立联合国善后救济总署（简称"联总"），负责处理二战中受害国的善后救济工作。为接受和分配联合国的救济物资，1945 年 1 月，国民政府在重庆成立了蒋廷黻担任署长的行政院善后救济总署（简称"行总"），负责中国境内善后救济工作。1945 年 7 月 21 日，中国解放区临时救济委员会在延安宣告成立。1946 年 8 月 13 日，该会改称中国解放区救济总会（简称"解总"），负责争取救济物资和物资发放等事宜。"作为先于联合国而运作的一个联合国临时性组织，联总的使命主要包括：配合联合国军的解放行动，向被盟军解放地区的难民提供紧急救济品和多种服务，帮助难民摆脱生存困境，并协助各国恢复交通、生产和贸易。"[1]但是，"它在美帝国主义操纵下，执行偏袒蒋介石国民党、歧视中国解放区的政策，把绝大部分救济物资有计划地送给国民党反动政府，直接或间接帮助蒋介石进行反人民的内战"[2]。对此，中国共产党和解放区政府一面揭露美国政府和国民政府意在发动内战的阴谋，一面努力争取联总对中国解放区的善后救济。

之所以采取这一政策，其主要原因在于中国解放区遭受战争创伤最甚、待救济难民最多。1946 年 1 月 14 日，中共中央机关报《解放日报》发表关于救济问题的社论《中国解放区应首先得到救济》。社论指出："我们可以看出，救济物资的分配原则，首先是'公平合理'，其次是

---

[1] 王德春：《联合国善后救济总署与中国（1945—1947）》，人民出版社 2004 年版，第 1 页。

[2] 《董必武选集》，人民出版社 1985 年版，第 127 页。

'人民之需要'。中国人民在此次反法西斯战争中，参加的时间最为长久，蒙受的苦难与牺牲也最为深重；而在中国范围内来说，解放区人民在战争中所遭受的灾难与痛苦，则又远较中国其他地区为深、为巨。……他们应该首先得到救济。"①这一观点也符合抗战后的实际情况。1946年资料显示，抗战胜利后，全国难民约有4200万人，而解放区亟待救济的难民则有2600万人，占难民全数3/5。若按难民人口比例公平分配救济物资解放区应获得3/5。②

其次，成立各级救济组织。

为争取联总善后救济，中国共产党和政府发出指示，要求组建救济组织，开展善后救济。在工作组织方面，各解放区民政机构在这一时期得到进一步充实。一般来说，各大解放区一级政府纷纷设立民政厅，专署和县设立民政科，科内设民政股，有些大区如华北人民政府成立了民政部，同时各级民政机构实行增人定编，充实人员。为有效开展善后救济，1945年9月2日，中共中央在《关于新解放城市工作的指示》中提出："成立民众团体，实行必需[须]与可能的对工人、贫民的救济和改善生活的措施。"③根据党中央这一精神，各解放区先后发布指示，要求建立各级救济机关。此前，8月17日山东省政府在全省及各大城市即将全部光复之时，发出《关于成立救济机关的指示》，旨在实行紧急救济以及向日本要求战争赔偿。指示要求各行政区市成立各该区市救济委员会，立即部署工作，妥为筹划，准备救济物资，组织工作队，随军出发，实行调查救济；各专署各县，即充实原有优救委员会，并加强其临时工作力量，妥为筹划，准备物资，组织工作队，随军进城，实行城乡调查与救济，

---

① 《中国解放区应首先得到救济》，《解放日报》，1946年1月14日，第1版。

② 参见中央党史研究室、中央档案馆编：《抗日战争时期中国解放区人口伤亡和财产损失档案选编》第1册，中共党史出版社2015年版，第5页。

③ 中共中央文献研究室、中央档案馆编：《建党以来重要文献选编（1921—1949）》第22册，中央文献出版社2011年版，第671页。

指示还明确了"救济委员会为在政府指导下协助政府工作的机关"①。同日，山东省政府颁布《中国解放区临时救济委员会山东分会组织及工作条例》。10月26日，陕甘宁边区制定《陕甘宁边区救济分会组织暂行条例》，成立中国解放区临时救济委员会陕甘宁边区救济分会。随后各解放区下属救济组织先后成立，如同年11月25日，晋察冀边区太行区成立了调查战争损失及战争罪犯委员会等。

最后，做好战争损失调查。

调查战争损失是解放区争取善后救济的基础工作，各解放区十分重视抗战损失调查工作。以山东省为例，1945年8月17日，山东省政府发布《山东省政府关于集中一切力量支援前线》训令，将调查与统计历来在战争中之各种损失，以作战后向日本战败者要求赔偿之依据。1945年9月12日，山东省发布《山东省政府关于调查八年战争损失的指示》，规定省政府制发《战争损失损害调查表》，要求各地区以村为单位调查，以县为单位统计，由各行政公署汇报省府。随着各大解放区战争损失调查工作的开展，自1945年12月起，解放区救济委员会陆续公布各解放区调查统计结果。1946年1月14日，《解放日报》发布《解放区战争损失初步统计》，本次仅是对晋察冀、冀鲁豫、太行、山东、淮海解放区的抗战损失的初步统计。之后各解放区的损失统计继续进行，基本到1946年6月完成。当时晋绥、晋察冀、冀热辽、晋冀鲁豫、山东、苏皖、中原解放区都进行了调查。如1945年12月17日，山东省政府公布了《山东八年战争损失初步调查统计》。1945年10月，中国解放区陕甘宁边区救济分会成立后开展调查边区被敌侵扰、杀害、抢劫、轰炸破坏的一切军民伤亡损失。1946年初，晋察冀解放区救济分会编制了《晋察冀边区八年敌伪烧杀抢掠统计表》，对该解放区的抗战损失进行初步统计。华中苏皖解放区于1946年初编制了该解放区《八年来人民生命财产损失表》等8份统计表。1946年4月，中国解放区临时救济委员会晋绥分会则将本区的损失调查情形及统

---

① 张希坡编著：《革命根据地法律文献选辑》第3辑第6卷·山东省（上），中国人民大学出版社2018年版，第415页。

计上报总会及行政院善后救济总署。

2. 自然灾害救助

一是确定救灾方针，建立救灾组织。

各解放区逐步形成自力更生、生产救灾的基本方针。如在华中解放区，1946年6月，苏皖边区政府根据各县灾情和干部群众中存在的思想波动，明确提出"自力更生，自救救人"的方针和"眼睛向下，层层负责"的口号，"要求各级干部走群众路线，自己出主意动员群众力量来克服困难，不要依赖上级，单纯希望救济，以免灾情更趋严重"[1]。边区政府还提出战胜灾荒的三个基本办法，即发动群众，组织生产、动员贫富互济。这样华中解放区在救灾实践中形成了以生产为主、结合救灾；以群众自救、社会互济为主，辅之以公家协助；强调恢复和发展生产来克服灾荒的救灾工作方针。在陕甘宁边区，绥德分区在1948年生产救灾工作总结时发现："各地干部和群众还存在着浓厚的单纯救济思想。许多人认为救灾工作就是救济工作，没有深刻地认识到组织生产是救灾工作的根本任务。"[2]在中原解放区，1948年12月豫皖苏行署在《关于三分区战灾区救济工作的决定》中强调："几年来经验证明，救灾必须与生产相结合，片面的赈济观点是有害的，并要发动群众互助互济，组织群众性的生产自救，不可单纯依靠政府进行救济。"[3]这样广大解放区逐步确立了坚持自力更生，以生产救灾为主的救灾工作方针。

各解放区纷纷成立和充实救灾工作组织。1946年3月，为加强救灾工作，华中分局要求各级生产救灾委员会：已成立的需要加强领导，未建立的需继续建立。1948年3月，中共中央华中工委作出决定："从上而下

---

① 江苏省财政厅、江苏省档案馆、财政经济史编写组编：《华中解放区财政经济史料选编》第2卷，南京大学出版社1987年版，第245页。

② 陕甘宁边区财政经济史编写组、陕西省财政厅财政科学研究所、陕西省档案馆合编：《解放战争时期陕甘宁边区财政经济史资料选辑》上册，三秦出版社1989年版，第34页。

③ 王礼琦编：《中原解放区财政经济史资料选编》，中国财政经济出版社1995年版，第699页。

建立生产救灾委员会，从华中到乡都应有救灾生产委员会的组织，其任务在专门负责计划领导并具体执行生产救灾工作。"①华中工委还强调，各级生产救灾委员会应由各级党委亲自掌握与领导，各级党委不能因为有生产救灾委员会而放松对生产救灾工作之领导。为统一领导全区生产救灾工作，1948年2月华东局作出《关于大力进行春耕救灾的决定》，指出："充分地在思想上政治上进行动员，与良好的组织上准备，是生产救灾运动能够成为广大群众运动的关键。"②为此，决定提出，要自华东局至村一级成立生产救灾互济委员会以各区、各行会、农会及其他各种群众团体为基础，组织生产救灾委员会或生产互助会，领导群众进行生产救灾工作。在陕甘宁边区，1948年1月，中共中央西北局决定发动广泛的群众救灾运动，提议成立西北救灾委员会，并设立运粮救灾指挥部，以组织领导群众救灾运动。随后陕甘宁边区下属各分区纷纷成立救灾工作组织。如绥德地区"以乡为单位进行救济，乡组织生产救灾委员会，村组织生产救灾小组"，"各地分配救济粮时要由生产救灾委员会小组长共同根据各村具体情况分配"③。在成立生产救灾委员会后，延属分区随即专门下派工作组到各重灾区，检查指导生产救灾。

二是发放救灾粮款，实行急赈。

在华北解放区，1946年春荒时太岳区政府向灾荒严重地区发放了春荒救济粮1500石，发放对象主要为灾荒严重地区的赤贫户。1947年春，冀鲁豫区第四分区向边沿区灾民发放了10万斤救济粮，主要救济孤寡老弱、无劳力无法进行生产的军属烈属，其中贫农占救济粮总数的85.52%，

---

① 江苏省财政厅、江苏省档案馆、财政经济史编写组：《华中解放区财政经济史料选编》第4卷，南京大学出版社1988年版，第85页。

② 江苏省财政厅、江苏省档案馆、财政经济史编写组：《华中解放区财政经济史料选编》第5卷，南京大学出版社1989年版，第13页。

③ 陕甘宁边区财政经济史编写组、陕西省财政厅财政科学研究所、陕西省档案馆合编：《解放战争时期陕甘宁边区财政经济史资料选辑》上册，三秦出版社1989年版，第41页。

中农占 13.43%，地富占 1.1%。①1947年秋收后，太行区连续发放救济粮共达 200 万斤，帮助贫雇农渡过粮食歉收难关。1948 年春荒时，太行区为救助 73 万灾民，又发放救济粮 463 万斤，具体为一专区 90 万斤、二专区 150 万斤、四专区 43 万斤、五专区 165 万斤、六专区 15 万斤。②1949 年春，华北人民政府向灾区下发救济粮 800 万斤，以及指麦借粮 700 余万斤。③在东北解放区，1947 年松江省一些地区遭受水灾，百姓缺乏食粮，进而影响到 1948 年春耕。为发扬阶级互助精神，松江省委、省政府决定购救济粮 840 万斤，以救助松江省的受灾民众，该省各级政府及党委号召大众省吃俭用，尽最大力量来完成这次购粮任务。④1949 年 9 月，东北人民政府为救助辽西、热河两省水灾中的灾民，向辽西省发放急赈粮 250 吨、救灾款 200 亿元、旧棉衣 3 万套，向热河省发放急赈粮 100 吨、救灾款 100 亿元、旧棉衣 7 万套，以作为组织灾区生产自救的补助。⑤在华中解放区，1945 年底，苏皖边区政府曾发放 1200 万斤优抗粮，约 3600 万元。虽然发放对象仅限抗属，但在救助灾荒上具有同样重要的作用。为扶助农民生产，1946 年春，苏皖边区指示华中银行发放 5000 万元农业贷款，后又发放了工赈款 2000 万元，发行 9200 万元救灾公债，其中 40% 的公债为直接救济使用，用作赈款赈粮的发放与平粜等。以上各种贷款赈款总计为 24200 万华中币（折合法币 968000 万元，以 400 万灾民计，平均每人可得法币 2400

① 参见华北解放区财政经济史资料选编编辑组，山西省、河北省、山东省、河南省、北京市、天津市档案馆合编：《华北解放区财政经济史资料选编》第 1 辑，中国财政经济出版社 1996 年版，第 958 页。

② 参见华北解放区财政经济史资料选编编辑组，山西省、河北省、山东省、河南省、北京市、天津市档案馆合编：《华北解放区财政经济史资料选编》第 1 辑，中国财政经济出版社 1996 年版，第 990 页。

③ 参见华北解放区财政经济史资料选编编辑组，山西省、河北省、山东省、河南省、北京市、天津市档案馆合编：《华北解放区财政经济史资料选编》第 1 辑，中国财政经济出版社 1996 年版，第 1072 页。

④ 参见东北解放区财政经济史编写组编：《东北解放区财政经济史资料选编》第 4 辑，黑龙江人民出版社 1988 年版，第 352 页。

⑤ 参见东北解放区财政经济史编写组编：《东北解放区财政经济史资料选编》第 4 辑，黑龙江人民出版社 1988 年版，第 455 页。

余元），而且本次边区政府完全直接用于救灾而不收回的粮款共计 768000
万元。^①

三是发放贷款，以工代赈。

新民主主义革命时期，中国共产党在自然灾害救助中逐步形成以生产
救灾为主，政府救济与群众互济相结合的工作思路，在实践中多以发放
贷款、以工代赈的方式开展生产救灾。1948 年 7 月 30 日，新华社发表社
论强调解放区必须全力提高生产，"在某些发生灾荒的县份，应当根据过
去成功的救灾经验，使救灾与生产相结合，并撇开一切不急之务，以生
产救灾为唯一的重要工作"^②。1949 年 3 月，陕甘宁边区政府作出《关于
救济春荒的指示》，强调："过去一年各地救灾工作的经验证明，只有发
动与组织群众进行各种生产，依靠群众力量，团结互助自救救人为主，
辅之以政府有重点的[地]适时进行救济，是唯一正确的方针。……因此，
各地对于救济灾荒工作，应予十分重视，在一般地区均应起切实注意扶
助贫苦群众解决生产中的困难问题，在灾重地区，更应把生产救灾工作
作为当前紧急的重要任务。"^③

发放贷款贷粮，帮助灾民恢复生产。在华北解放区，1948 年春荒时
太行区发放粮食贷 150 万斤，向灾区发放贷款 232905000 元。^④1949 年 7
月，华北人民政府采取以工代赈方式帮助灾民生产，共发放农业贷款 5.64
亿元，花生种贷 1.6 亿元，平津唐保解放后各市增发贷款 1 亿元，水利
贷款 1 亿元，又向各地发放粮贷，绥蒙 64 万斤、冀南 475 万斤、冀春豫

---

① 参见江苏省财政厅、江苏省档案馆、财政经济史编写组编：《华中解放区财政经
济史料选编》第 1 卷，南京大学出版社 1987 年版，第 175 页。

② 中共中央文献研究室、中央档案馆编：《建党以来重要文献选编（1921–1949）》
第 25 册，中央文献出版社 2011 年版，第 400 页。

③ 张希坡编著：《革命根据地法律文献选辑》第 3 辑第 2 卷·陕甘宁边区（下），中
国人民大学出版社 2018 年版，第 128 页。

④ 参见华北解放区财政经济史资料选编编辑组，山西省、河北省、山东省、河南
省、北京市、天津市档案馆合编：《华北解放区财政经济史资料选编》第 1 辑，中国财政
经济出版社 1996 年版，第 990 页。

400 万斤，察省 200 万斤，共计贷款近 8.24 亿元，贷粮 1139 万斤。[1]东北解放区灾害不断发生，由于政府银行贷款贷粮，商业部预购棉花，组织副业生产，以及采取了救灾与生产相结合，动员群众力量自救公助的方针，最终克服了灾荒，完成了生产任务。如 1949 年春耕时，鞍山市结合生产救灾，共发放贷粮 75 万斤，银行贷款 979163926 元，水田贷粮 236552.8 万，并用贷粮款由外购进牲口 301 头，解决了春耕的种子农具等困难。[2]在陕甘宁边区，1949 年春荒时，边区政府在救灾中加强政策宣传，打破群众顾虑，活跃农村互助借贷，切实解决生产中各种困难。靖边县发动干部带头、群众互助及政府贷款，组织 3500 户群众运盐，一个半月得利 1540 余石小米。[3]此种贷粮、贷款对农民生产度荒、抗旱播种及兴修水利起了很大作用，特别是专业贷款如水利、林牧、棉产、花生种贷款对推动生产作用尤其大。

实施以工代赈，帮助灾民开展生产。在山东解放区，1947 年元旦，山东省政府决定 1947 年山东全省下发群众生产贷款总额为 5 亿元，农贷应占一半即 2 亿 5000 万元，合作贷款 1 亿 5000 万元至 2 亿元，此外为水利贷款、渔业贷款等。[4]1948 年上半年救灾中，山东省政府共发放以工代赈粮 4970535 斤，水利工赈粮 3311995 斤，银行贷粮 1355514 斤。[5]在华北解放区，1948 年春荒时，太行区组织以工代赈，收入小米 2604252 斤，玉茭 1000 石。同时发动灾民运输救灾物资，7 个县运输 236 万斤，20 余县 20 余

---

① 参见华北解放区财政经济史资料选编编辑组，山西省、河北省、山东省、河南省、北京市、天津市档案馆合编：《华北解放区财政经济史资料选编》第 1 辑，中国财政经济出版社 1996 年版，第 1071 页。

② 参见东北解放区财政经济史编写组编：《东北解放区财政经济史资料选编》第 1 辑，黑龙江人民出版社 1988 年版，第 176—177 页。

③ 参见张希坡编著：《革命根据地法律文献选辑》第 3 辑第 2 卷·陕甘宁边区（下），中国人民大学出版社 2018 年版，第 128 页。

④ 参见山东省财政科学研究所、山东省档案馆合编：《山东革命根据地财政史料选编》第 3 辑，内部资料 1985 年印刷，第 147 页。

⑤ 参见山东省财政科学研究所、山东省档案馆合编：《山东革命根据地财政史料选编》第 3 辑，内部资料 1985 年印刷，第 328 页。

万妇女参加纺织救灾，其中8个县得利7905202斤，其他副业生产方面有4个县生产副业3875658斤。[1]

此外，有的解放区组建义仓，征粮积谷，进行群众互济。1946年，华中解放区制定了《今后行政工作的方针与任务》，提出在民政工作中"积谷义仓工作原则上一定做，因为最短时间内还无法克服自然灾荒的威胁"[2]。在东北解放区，各地在抗战胜利前有义仓这种群众互济形式。解放战争时期，东北各地普遍在以往举办义仓的基础上组建义仓，将其作为民众工作的一项重要内容。1946年8月，绥宁省在市县长联席会议上决定设立义仓，实行征粮积谷。1948年9月，松江省政府发出《关于设立义仓的指示》，指出创办义仓是救灾备荒的方法之一。1948年11月，黑龙江省政府制定《黑龙江省义仓暂行办法》，对义仓粮的积存办法、管理组织做了规定，明确了举办义仓的目的在于"发扬乡里互助丰年积存，以备灾荒，使劳动人民安心生产"[3]。办法具体规定：义仓粮的积存按每垧粗粮5斤计，依照公粮征收办法办理，但必须向群众深刻解释，防止与公粮混同以及简单的行政摊派；义仓地点暂定为县区分存，按照县、区各50%；义仓管理组织在省、县、区设义仓管理委员会，由各级政府代表、团体代表组成之，义仓管理委员会为民主集中制，各级委员会指定政府人员管理日常事务；义仓粮积存动用数目、保管情况，应定期向上级委员会报告；义仓粮除救灾外不得挪用；义仓之经费由义仓粮开支，但须严格坚持预决算制度。1949年5月，东北行政委员会下发《关于建立义仓的指示》，松江、黑龙江两省所属各县普遍建立了义仓，距城镇国家粮库较远的地方，则以区为单位普遍建立义仓。

---

① 参见华北解放区财政经济史资料选编编辑组，山西省、河北省、山东省、河南省、北京市、天津市档案馆合编：《华北解放区财政经济史资料选编》第1辑，中国财政经济出版社1996年版，第990页。

② 江苏省财政厅、江苏省档案馆、财政经济史编写组编：《华中解放区财政经济史料选编》第1卷，南京大学出版社1987年版，第549页。

③ 东北解放区财政经济史编写组编：《东北解放区财政经济史资料选编》第4辑，黑龙江人民出版社1988年版，第370页。

3. 救济各类生活贫困人员

面对抗战胜利后各类人员亟须救济的局面，1945年12月，毛泽东在《关于一九四六年解放区工作的方针》中明确，要把救济列为1946年解放区十项工作之一，"各解放区有许多灾民、难民、失业者和半失业者，亟待救济。此问题解决的[得]好坏，对各方面影响甚大"①。为落实毛泽东和中央指示精神，各解放区党和政府对生活困苦人员开展救济。

第一，救济失业工人。

在山东解放区，1945年8月15日，山东省政府制定的《关于城市经济工作纲要》将"恢复市场交易，恢复工矿生产"列为五项主要工作之一，要求人民军队"占领城市后，没收粮食除供军用外，平价出售，并由军政机关决定酌拨粮食救济贫民"②。同年10月，山东省政府发出《关于救助从东北返籍的劳工的通知》，要求各地区行政机关"对于返乡之山东籍此种劳工，务须妥为安置，帮助他们解决生产上与目前生活上的一切困难，……对于过境的此种劳工，亦须尽量予以各种便利"③。1946年3月，山东省政府发布《关于迅速恢复煤矿生产加强矿务领导的指示》，要求各矿区辅助人员接到指示后，迅速将解放后恢复生产情况全面报告省政府，包括工人救济情形与各种救济数字等内容。在东北解放区，新解放城市失业工人及城市贫民生活极其困难。除战勤外，党和政府的中心任务为组织工人、贫民生产自救。1947年10月，中共中央东北局发出《关于加强城市工作的指示》，明确将"动员与组织基本群众（工人店员与贫民）发展生产，保护正当的私人工商业，使工人店员贫民就业，并适当改善生活"④作为城市工作的基本任务。鞍山市注重生产自救，组织

① 《毛泽东选集》第4卷，人民出版社1991年版，第1176页。

② 张希坡编著：《革命根据地法律文献选辑》第3辑第6卷·山东省（下），中国人民大学出版社2018年版，第123页。

③ 张希坡编著：《革命根据地法律文献选辑》第3辑第6卷·山东省（下），中国人民大学出版社2018年版，第467页。

④ 东北解放区财政经济史编写组：《东北解放区财政经济史资料选编》第1辑，黑龙江人民出版社1988年版，第46页。

了合作社110个、运销组200多个，能解决3500人的生活；辽阳成立合作社17个；营口组织了合作社16个，扶助失业工人贩鱼，解决4500名工人的生活。辽西省动员失业工人下乡分地，鞍山有2000多户、辽阳有1500多户失业工人下乡。[①]当地工会除组织生产自救等外，还积极办理失业工人登记，介绍职业，保护工厂准备复工，开办训练班等。在新解放大城市，1949年6月，南京市政府为协助失业工人回籍生产或就业，特发布公告开展失业工人登记。这些举措帮助失业工人渡过难关，在一定程度上解决了新解放城市工人的失业问题。

第二，关爱失学学生。

1946年10月，晋察冀边区行政委员会为援助沦陷区青年学生来边区就学，下发决定，要求救助沦陷区青年学生来边区就学，"入中学师范者如家庭能接济而有力接济者，粮食、柴菜金、讲义由学校发给，服装、鞋袜、零用自备。其与家庭失掉联系无法或无力接济者，按公费生待遇，入大学者一律按公费生待遇"[②]。同年8月，东北各省代表联席会议通过《东北各省市（特别市）民主政府共同施政纲领》。纲领共八项内容，第六项中规定："保障教职员与贫苦学生生活；优待科学家、艺术家、各科专家与文化工作者，并奖励特殊的发明与创造。"[③]经过努力，东北解放区学校教育显现出蓬勃发展气象。1948年上半年，东北解放区由于正确执行东北局《关于知识分子的决定》及贯彻争取改造与培养知识分子的方针，各地知识青年均获得充分就学机会，避免了失学危险。据不完全统计，北部7省共120余所中学，学生5万余名，各中学均普遍设立免费生或工读班，使广大贫苦青年均有升学机会。全区开办的东北科学院、东北大学、吉林大学等10余处专科以上学校及干部学校，共招生近2万

---

① 参见东北解放区财政经济史编写组编：《东北解放区财政经济史资料选编》第3辑，黑龙江人民出版社1988年版，第77页。

② 张希坡编著：《革命根据地法律文献选辑》第3辑第4卷·晋察冀边区，中国人民大学出版社2018年版，第465页。

③ 东北解放区财政经济史编写组编：《东北解放区财政经济史资料选编》第1辑，黑龙江人民出版社1988年版，第13页。

人，大部分学生享受公费待遇，由学校供给衣、食、宿及文具费用。所有贫苦学生及家在蒋区者，均一律享受公费优待。[①]1949年，旅顺市中小学生数量大为增加，市立中学有学生1176名，比1948年的693名几乎增加一倍，其中40%得到了人民政府的奖学金，该校师范部学生完全获得公费。此外，旅顺全市29076名学龄儿童中，1949年6月底有28501名入学，基本上消灭了学龄儿童失学现象。[②]

第三，救济难民和贫苦市民。

1946年6月，晋冀鲁豫边区政府发言人阐述该边区对待难民的政策，驳斥了国统区盛传解放区阻挠难民还乡的谣言，明确提出政府对待不同情况难民的政策。"还乡难民家境贫苦者，予以物资救济，使其安家生产，建立家务；还乡学生知识分子及技术人才，予以入学工作便利；畏罪潜逃分子，政府一本宽大政策，从轻处理，予以自新之路。"[③]1946年夏，晋北新解放区之各城镇有5000余难民与贫苦市民，各地民主政府拨出粮食30余万斤与衣服无数，救济了宁武、崞县、朔县、原平、轩岗之贫苦市民。其中崞县在解放前人民无衣缺食、饥寒交迫，结队流落街头。八路军解放此城后，立即拨小麦200石救济贫苦人民，并组织他们从事生产。到1946年9月，经民主政府两月来的救济恢复工作，晋北新解放区难民与贫苦市民都已得到正当职业，生活得以温饱。[④]石家庄于1947年解放后对于确无生活能力的市民进行救济。据不完全统计，到1949年3月底，石家庄市政府共发救济粮20多万斤，救济款20多万元。[⑤]

---

① 参见新华社：《东北解放区的知识青年 没有失业失学危机 贫苦学生免费升学》，《人民日报》，1948年7月16日，第1版。

② 参见《旅顺市基本消灭学龄儿童失学》，《人民日报》，1949年8月4日，第2版。

③ 本报讯：《晋冀鲁豫边府发言人答记者 政府欢迎难民回解放区》，《人民日报》，1946年6月1日，第1版。

④ 参见新华社：《晋北新解放城镇获得救济 五千难民衣暖食饱 老区积极供应必需品市场活跃》，《人民日报》，1946年9月24日，第2版。

⑤ 参见华北解放区财政经济史资料选编编辑组，山西省、河北省、山东省、河南省、北京市、天津市档案馆合编：《华北解放区财政经济史资料选编》第1辑，中国财政经济出版社1996年版，第682页。

（二）加强社会优抚，拥军荣军和优待支前人员

自人民军队创建以来，中国共产党十分重视对革命军人及其家属的优抚工作。解放战争时期，党和政府制定了一系列政策法令，积极开展拥军运动，各类人员的优抚优待工作得以逐步加强。

1. 调整制定优待政策法令

及时调整和实施社会优抚政策法令是解放战争时期党和政府开展社会优抚的政策保障，也是加强社会保障事业建设的重要内容。

以华北解放区为例，1948年8月，华北临时人民代表大会通过《华北人民政府施政方针》，提出在军事方面"继续动员华北的人力、物力、财力，更有计划地，有效率地支援前线"，为达此目的必须开展各项后勤保障工作，其中就包括必须"切实帮助革命军人家属，革命烈士遗族，解决困难，尽量保障其生活；对荣誉军人继续给以适当安置，并经常给予教育、照顾、帮助"[①]。10月14日，华北人民政府发布《关于远调新区工作干部其直系亲属一律按军属待遇通令》；11月23日，华北人民政府制定《华北区年老病弱退伍军人待遇办法》《华北区荣誉军人优待抚恤条例》；1949年1月25日，华北人民政府又制定《华北区革命军人家属优待条例》《华北区革命军人牺牲褒恤条例》；4月27日，华北人民政府通过了《华北区各级荣军管理组织办法》等各项优抚条例。除此以外，华北人民政府1948年11月20日制定了《华北区老病弱退人员待遇办法》，1949年1月25日制定《华北区民兵民工伤亡抚恤条例》，1949年5月7日又通过《华北区政民干部保健条例》等法令，这为民兵和政府工作人员优待抚恤工作提供了政策法令依据。

在其他解放区同样如此。在优待军人军属方面，1945年10月，山东省第二次职工代表大会通过《山东省职工抗日救国联合会纲领》，要求广大工人"积极为战争服务，担任各种战时勤务工作，拥护和协助革命军

---

① 张希坡编著：《革命根据地法律文献选辑》第4辑第1卷·华北解放区，中国人民大学出版社2019年版，第2页。

队，爱护和优待抗属"①。1946年4月，山东省制定《山东省政府山东军区复员工作条例》；1949年1月到3月，山东省制定《山东省政府关于解决革命烈属军属工属复员荣誉军人等生产困难暂行办法》《华东军区山东省政府优待抚恤荣誉军人即年老病弱退休军人暂行条例》。1945年12月，晋绥边区行政公署修订公布《晋绥边区抚恤优待荣誉军人暂行条例》；1946年5月，又修改和颁布《晋绥边区抗日军人及抗日工作人员复员条例》《晋绥边区优待革命军人家属条例》；1946年8月，晋绥边区行政公署下发《关于纪念抗战死难烈士与抚恤烈士遗族的决定》《晋绥边区抚恤抗战死难烈士遗族暂行条例》。1948年6月，东北行政委员会颁布实施《东北解放区爱国自卫战争阵亡烈士抚恤粮领发办法》；同年8月，该委员会下发《东北行政委员会关于加强优属工作检查领导令》。在政府工作人员和民兵民工优待方面，1945年9月，晋察冀边区行政委员会发布《晋察冀边区行政委员会关于政民工作人员家属待遇问题的决定》及相关执行指示。1946年11月，山东省制定《山东省实行常备民夫制即使用民夫办法》；1947年7月又下发《山东军区、山东省政府关于民夫待遇办法的联合决定》。1946年8月，晋绥边区行政公署、军区司令部联合公布《晋绥边区民兵伤亡抚恤办法》。以上政策有力保障了解放区社会优抚各项工作的有效开展。

2. 积极开展拥军优属活动

拥军运动是中国共产党领导人民军队建设的优良传统，也是密切军民联系的重要方式。1945年底，毛泽东在《关于一九四六年解放区工作的方针》指示中，要求解放区积极开展拥政爱民和拥军优抗工作。"一九四六年，这两项工作，必须比过去几年做得更好些。这对于粉碎国民党进攻和巩固解放区，将有重大意义。"②这里的"拥政爱民"是人民解放军"拥护政府、爱护人民"的口号的简称，"拥军优抗"是解放区的党政机

---

① 张希坡编著：《革命根据地法律文献选辑》第3辑第6卷·山东省（下），中国人民大学出版社2018年版，第455页。

② 《毛泽东选集》第4卷，人民出版社1991年版，第1176页。

关、群众团体和人民群众"拥护军队、优待抗日军人家属"的口号的简称。后来，"拥军优抗"口号改为"拥军优属"，即拥护人民解放军、优待革命军人家属。

第一，妥善安置荣誉复员军人。

高度重视荣誉复员军人安置工作。在大规模战争中，做好伤病员的医疗、教育、安置工作是后方支援前线战争的重要任务。解放战争时期，党和政府十分重视这一工作，多次发出指示决定，成立相关工作机构，负责荣誉复员军人安置工作。在东北解放区，1947年11月，东北行政委员会下发《关于处理荣誉军人的决定》，强调："首先在思想上必须认识到，随着战争形势的发展与扩大，荣誉军人的数量势必增加。因此在政治上与组织上，必须把荣誉军人处理工作当作战争的任务来完成。应把动员参军，治疗负伤，安置残废，看成一连串的支援战争任务。""要教育干部与群众，提倡阶级热爱的情感，荣誉军人是工农劳苦大众的优秀分子，爱国保田自卫战争中的杀敌英雄，他们因负伤而致残废是光荣的。在政治上要尊重他们。在生活上要照顾他们。"①决定还规定了对荣誉军人处理的具体办法。

制定荣誉复员军人安置办法。在新民主主义革命时期，人民军队指战员都是自愿入伍，没有固定的服役年限，少数老弱病残军人一般予以复员并由地方安置。1946年4月，为贯彻全国和平建设方针，执行整编军队实施方案，山东省政府、山东军区制定了复员工作条例、复员委员会组织及工作细则，规定省、专署、县、村分别建立复员工作机构。山东省具体的复员军人安置办法为：对有特长技能的，介绍其参加企业、矿山和文化教育单位就业；属于无家可归或有家暂不能归又没有生活能力的老弱残疾退伍军人入教养院休养；有家可归又有生活能力的，复员回家生产，帮助他们解决土地、农具、种子等问题，发给复员证明书和复员费。当时规定复员费标准为：在部队服务1年至4年的，发1000～2500元

---

① 东北解放区财政经济史编写组：《东北解放区财政经济史资料选编》第4辑，黑龙江人民出版社1988年版，第593页。

北海币；服务4年以上的，每多1年增发复员费500元北海币；年满45岁以上，身体衰弱或患久治不愈之顽固疾病的同时有5年以上军龄者，享受二等残废军人抚恤待遇。到1949年底，山东解放区共接收安置复员军人12.3万人。①

设立荣誉军人安置机构。为安置丧失独立生活能力的部队伤员，各解放区陆续设立荣誉军人教养院或教养所。如在山东解放区，1947年5月，新四军军部、山东军区、华中军区、山东省政府、苏皖边区政府下发决定，成立华东荣军总校（即荣军管理总局），下辖胶东、渤海2个荣军总分校、14个荣军分校和荣军教养院、疗养院、教养所、荣军干部学校等单位，共有荣誉军人5.5万人。②1949年2月，华东军区与山东省政府决定将华东荣军总校管理的荣军分为轻伤与重伤两类，轻伤的随军南下，重伤的编成6个荣校留在山东继续学习和疗养。同年4月，又成立山东省荣誉军人管理局，归属省政府领导，由军队供给改为地方供给。在校人员仍保留军籍、着军装，荣誉军人供给按部队标准执行。为安置丧失独立生活能力的伤员，东北解放区各省都设立了荣誉军人教养院。为了从荣军中培养干部，又举办了荣军训练班、教导队和荣校。据统计，1948年东北解放区共有荣院、荣校29处，收容和训练荣誉军人16438人。③此外，各解放区为积极救治伤病和伤残军人，纷纷在前方设医疗站，后方成立军医院、后方医院等医疗机构。如东北解放区，在三年多时间里共建立包括卫生部、医院和医科学校等在内的卫生机构206个。由于伤员较多，东北解放区许多市、县医院也接收伤病员。这样在东北解放区就形成了一个为伤病员医治病伤的庞大的医疗网络。1946—1949年，东北解放区共收容战伤人员总数为354270人，完全治愈的有232036人，占战伤人员

---

① 参见山东省地方史志编纂委员会编：《山东省志》第14卷·民政志，山东人民出版社1992年版，第100页。

② 参见山东省地方史志编纂委员会编：《山东省志》第14卷·民政志，山东人民出版社1992年版，第77页。

③ 参见朱建华主编：《东北解放区财政经济史稿（1945.8—1949.9）》，黑龙江人民出版社1987年版，第615页。

的65.5%。[①]

第二，广泛开展拥军慰劳活动。

做好拥军优属工作，对于鼓舞部队士气、增强斗志、动员新兵、安定军属都具有十分重要的意义。以东北解放区为例，1947年1月1日，东北行政委员会发布《关于拥军优属的指示》，决定每年农历正月为拥军优属月。与此同时，东北民主联军总政治部发布《拥政爱民的指示》，也将每年农历正月定为拥政爱民月。根据这两个指示，东北解放区在1947年春节期间，掀起了拥军优属、拥政爱民运动的热潮。一时间，东北解放区各地都召开了军民联席会、军属烈属座谈会，订立拥军优属公约，开展拥军活动。除在春节开展拥军活动外，东北解放区在元旦、"五一"、端午节、"八一"、中秋节等重大节日也开展大型拥军慰问活动。据统计，1947年上半年的拥军活动中，哈尔滨市共有20个团体共6925人参加慰问队，去前方慰问8次、后方慰问2次，还在本市慰问9次，前后共慰问伤病员达131次。哈尔滨市共收到本市各机关团体慰劳捐款总数达1亿元以上，慰问品有83种，价值170余万元，收到慰问信3万5000余封。[②]1948年辽沈战役结束后，东北行政委员会特地发动了一次广泛的劳军拥军运动，大批捐款与慰劳品源源不断送往前线。据不完全统计，除热河、冀东、冀察热辽等地外，东北人民共募集慰问金5471589805元，慰问信320992封，慰问袋20520个，猪72501头，大米201149斤，以及其他150余种慰问品。[③]

其他解放区同样把拥军慰问作为优待军人军属的重要内容。在陕甘宁边区，每年春节各地政府都发动群众为部队、游击队和部队医院捐赠大量慰劳品，并相互拜年。部分乡村干部还邀请复员军人、军队官兵到家

---

① 参见朱建华主编：《东北解放区财政经济史稿（1945.8—1949.9）》，黑龙江人民出版社1987年版，第615页。

② 参见朱建华主编：《东北解放区财政经济史稿（1945.8—1949.9）》，黑龙江人民出版社1987年版，第618页。

③ 参见朱建华主编：《东北解放区财政经济史稿（1945.8—1949.9）》，黑龙江人民出版社1987年版，第618页。

中吃年饭，为解放军争相赠送慰问品。1947年，陕甘宁边区的陇东地区庆阳一县群众募献粮食16万斤，猪、羊、鸡1300余头（只），鞋4000双，柴草10万斤，蔬菜1万斤。[①]1949年8月，已解放的虎东各地群众在各交通要道自发设立供水站、米汤站、缝衣小组等，慰问迎送向西挺进解放甘肃全境的解放军过境部队。

第三，优待抚恤革命军人。

优待抚恤革命军人是中国共产党开展社会保障事业建设的一项重要内容。解放战争时期，党和政府先后制定优待抚恤革命军人的多个条例。在东北解放区，1946年10月以来，党和政府为解决革命军人后顾之忧先后制定《残废军人抚恤暂行条例》《东北解放区爱国自卫战争阵亡烈士抚恤条例》《东北解放区荣誉军人复员条例》等多个条例，下发《关于优恤工作的联合指示》《关于处理荣誉军人的决定》等若干文件。

在优待革命军人方面，1946年10月东北民主联军总政治部下发《残废军人抚恤暂行条例》，提出在总部、纵队、军区、分区、师旅设立抚恤委员会；各级抚恤委员会以五人至七人组成之，推定主任一人，负责召集会议和指导日常抚恤工作；各级抚恤委员会受上级抚恤委员会领导，同时接受同级政治委员政治部主任之指导。条例还规定了抚恤委员会职权及工作。对于伤残军人抚恤金额，该条例规定一等残废每年1万元、二等残废每年6000元、三等残废每年3000元、四等残废每年2000元；抚恤金每年分两期发给，每期各发一半（即上半年6月底发，下半年12月底发），到期持优待证，到所属抚委会领取。[②]对荣誉军人则根据伤残轻重予以安置处理，重残废不能参加一般工作者则成立荣誉军人教养院教养学习，负担适合其健康状况之工作；轻残废能继续参加作战者则动员归队，不能服役者则分配至后方或地方工作。

---

① 参见甘肃省地方史志编纂委员会、甘肃省民政志编委会编纂：《甘肃省志》第9卷·民政志，甘肃人民出版社1994年版，第463页。

② 参见东北解放区财政经济史编写组编：《东北解放区财政经济史资料选编》第4辑，黑龙江人民出版社1988年版，第590页。

为更好地做好荣誉军人优待工作，东北局、东北政委会、总政治部于1947年11月下发《关于处理荣誉军人的决定》，对荣誉军人优待政策作了进一步要求。此前东北解放区对于荣誉军人都做了不少工作，并已收获了不少成绩，但不可否认也存在着缺点。首先在思想上还有人认为这是额外的负担，结果造成荣誉军人情绪低落，发牢骚，有的甚至被地主与坏分子利用，闹事闯祸，破坏军民关系与社会秩序。鉴于此，东北解放区党政军发布联合要求："在政治上与组织上，必须把荣誉军人处理工作当做战争的任务来完成。"[1]同时规定对荣誉军人处理的办法，应根据他们身体的条件，文化水平，工作能力，分别给以适当的工作。各省建立荣誉军人教养院，收容重残疾人（完全丧失独自生活能力者）；建立荣誉军人学校，收容轻残疾人（未丧失独自生活能力，但又不能重上前线者），进行短期训练，从荣军中培养一批干部；对家在解放区的荣誉军人以及群众工作好的地区，在自愿原则下可以允许部分的退伍，但政府必须保证使其生活有保障，不应推出门不管。关于荣军供给问题，条例提出凡在荣院荣校工作干部及人员与已到工作岗位之荣誉军人，一切供给由各省负担。此外，为加强对荣军工作的统一领导，东北解放区要求以各省为单位，在省委领导下以政府为主，组织荣誉军人管理委员会。根据上述条例，东北解放区1948年共向6万人发放了残废抚恤金，发放米量为2452.9万斤，合计4801056.2万元。[2]

第四，积极优待军属烈属。

为做好优待军属烈属工作，各解放区党和政府先后制定了优待军烈属的各项政策和办法。在晋绥边区，1946年5月修订了《晋绥边区优待革命军人家属条例》，规定："边区人民均有优待军属的义务，除动员组织军属本身劳动力参加生产外，并给以各种物质之优待，帮助其发展生产，

---

① 东北解放区财政经济史编写组编：《东北解放区财政经济史资料选编》第4辑，黑龙江人民出版社1988年版，第592—595页。

② 参见东北解放区财政经济史编写组编：《东北解放区财政经济史资料选编》第4辑，黑龙江人民出版社1988年版，第602页。

建立家务，改进其经济生活，并应尊重爱护家属，提高其社会地位。"①条例还规定了各项优待、代耕和救助政策。在东北解放区，经过两年多试点，1948年2月13日东北政委会正式颁布《东北解放区优待革命军人家属条例》和《东北解放区爱国自卫战争阵亡烈士抚恤条例》，以统一东北区军属烈属优待办法，确立了"以组织其生产建立家务为主，物资补助为辅"的工作方针。

总体而言，解放战争时期解放区优待军属烈属方式主要有如下几种。

首先，保障军属烈属的各项优先权。当时，党和政府主要采取保障分田、贷款、入学、就医等优待权，实施救济物资、减免税收等方式，给予军属烈属以物质优待。以华北解放区为例，1946年5月，晋绥边区规定军属烈属享有"公有与没收敌伪汉奸之土地、房屋、器物及其他财产分给、借用、租贷之优先权"，"政府或银行所发之农工商贷款及灾情救济之优先权"，"军属子弟入学（不论大、中、小学），须优先录取，并尽先享受公费免费之待遇"，"贫苦军属如患疾病时，公立卫生机关减费或免费治疗"，"贫苦军属得酌情减免人畜差务"。同时条例特别强调"军人因抗战牺牲或病故者，及还乡休养之一二等残废军人，其家属仍得继续享受待遇"②。为更好地优待军属烈属，1949年1月，华北人民政府颁布《华北区革命军人家属优待条例》，明确界定革命军人、革命军人家属的范围，规定军属享受的优待政策。如"在土地改革中分配土地粮食财物时，对贫苦之军属应予以适当照顾"，"公有土地、房屋，场所、器物，在分配、出租、出借、出卖时，在与群众同等条件下，军属有分得、承租、借用、购买之优先权"，"贫苦军属子弟入学，在与群众同等条件下，在享受公费待遇之优先权"，"公营工厂、商店雇佣员工时，在与群众同样条件下应尽先雇用军属"，"贫苦军属到公共卫生机关治疗疾病，得由

① 张希坡编著：《革命根据地法律文献选辑》第3辑第3卷·晋绥边区，中国人民大学出版社2018年版，第191页。

② 张希坡编著：《革命根据地法律文献选辑》第3辑第3卷·晋绥边区，中国人民大学出版社2018年版，第191页。

区公所证明的酌情减收或免收医药费"，"一般社会救济及政府举办贷粮贷款时、合于规定的贫苦军属，有领取与借贷之优先权"[1]。在救济军属烈属方面，1946年晋绥边区确立了群众互济及政府补助的救济方法，对于军属建立家务之实际困难，政府及农会须发动村民互济互借，帮助军属解决困难，对从事农工商生产，缺乏土地种子、工具、口粮等，应实行互济互借；对军属妇女，应帮助其参加纺织并解决纺织中之困难；老弱军属柴水困难时应动员人畜帮助；老弱孤寡贫苦无依之抗属及因敌伪摧残天然灾害尽其力不足以维持生活者，政府应拨粮补助，并且规定此项优抗补助粮，每年由县政府在县地方经费项目来统筹解决。在减免税收等方面，1946年10月12日，冀鲁豫行署发布《冀鲁豫行署关于财政工作的指示》，对于当年财政征收的免征点做了说明，规定"已进行土地改革地区，军属每人平均实地5亩以下无劳动力者，每人除免征点3亩，工属每人平均实地5亩以下无劳动力者，每人除免征点1.5亩，一般鳏寡孤独同"，"军人本人免征点提高一亩"等减免政策。[2]1947年11月，冀南区制定《冀南区工商营业税征收暂行办法》，规定"烈属营业减征30%，荣军及军属营业减征20%，工属和老弱孤寡之营业减征10%"[3]。

　　其次，探索多种代耕方式。农村军属的优待工作首先是安排好军属的生活。解放战争时期，农村优属工作主要包括两方面。一是在土改中优先分给烈军属质量好的土地、牲畜、房子和斗争果实，有的地区还多分给军人本人一份土地。二是在土改后组织军烈属搞好生产，特别是对那些缺劳力和无劳力的贫困烈军属，采取代耕或助耕的办法，以解决他们

　　① 华北解放区财政经济史资料选编编辑组，山西省、河北省、山东省、河南省、北京市、天津市档案馆合编：《华北解放区财政经济史资料选编》第2辑，中国财政经济出版社1996年版，第1478页。

　　② 参见华北解放区财政经济史资料选编编辑组，山西省、河北省、山东省、河南省、北京市、天津市档案馆合编：《华北解放区财政经济史资料选编》第2辑，中国财政经济出版社1996年版，第1147页。

　　③ 华北解放区财政经济史资料选编编辑组，山西省、河北省、山东省、河南省、北京市、天津市档案馆合编：《华北解放区财政经济史资料选编》第2辑，中国财政经济出版社1996年版，第1276页。

在生产上的困难。因此，解决代耕问题就成为农村优属工作的一项经常任务。与此同时，各地在推行代耕工作时注意把代耕与组织推动军属烈属生产结合起来，以提高军属烈属自谋生活的积极性。以华北解放区为例，1949年1月华北人民政府颁布的《华北区革命军人家属优待条例》明确规定"军属生活的照顾，以组织其生产建立家务为主"的方针，要求各地"组织军属参加各种农副业生产，帮助解决生产中的困难，使其土地产量不低于当地一般农民的收获量、以达到军属生活能相当于当地一般农民生活水平，其缺乏劳动力，而又无力雇人耕种者，经村人民代表会通过后，由村（或乡）政府给予代耕"[①]。关于代耕形式，各地在实践中探索出包工制、分工制、派工制等不同形式。1947年，华北的太行地区代耕工作中，分别采取责任制、分红制以及责任制与分红制结合三种方式，保障了应耕部分坚决搞好，不需代耕者组织其参加耕种，从而既节省民力，又保障军烈属生活。1949年6月，中共中央华北局在关于察哈尔省代耕工作的通报中，肯定了1949年察哈尔省建屏、雁北、易水三地区代耕工作的成绩。当时这些地方对农村军属烈属的代耕方式主要是推行了包产制和定合同。党中央对此很重视，曾批示各中央局转告所属各老解放区仿照办理。截至1949年4月，建屏、平山、并陉、曲阳四县共计1225村，已实行包耕的有736村，占总村数的60%以上，已确定了代耕对象和亩数，订合同的有269村。[②]

最后，不断提高军属政治待遇。各解放区经常开展庆功、祝捷、送喜报等活动，不断提升军属政治地位。在东北解放区，1948年11月东北行政委员会作出《关于发动庆功优属运动的指示》，掀起庆功优属活动热潮。此次运动主要方式为"以自然村为单位，召开庆功报功大会"，"召开军属座谈会"，"发动军属给自己的丈夫、儿子写信，报告翻身后的家

---

① 华北解放区财政经济史资料选编编辑组，山西省、河北省、山东省、河南省、北京市、天津市档案馆合编：《华北解放区财政经济史资料选编》第2辑，中国财政经济出版社1996年版，第1478页。

② 参见赵秀山、冯田夫、赵军威编撰：《华北解放区财经纪事》，中国档案出版社2002年版，第495页。

庭情况，鼓励在前方杀敌立功"[①]。东北各地如黑龙江、松江、吉林、辽宁、哈尔滨等地发动了广泛的庆功优属运动。如合江省勃利县青龙山区郭家村于1948年12月15日开全村庆功大会，该区各村代表共700多人参会，会上区主任说明功臣及功臣家属的光荣，应如何优待军属帮助军属后，各村代表献给光荣花和慰问款51万元。会后代表们伴随秧歌，锣鼓喧天地到功臣家挂光荣牌。在新解放大城市，人民群众同样积极开展庆功优属运动。1948年12月27日，沈阳市铁西区借职工电影院给功臣王福祥、王连义、苏秉衡等家属庆功贺喜，与会军属、工人、学生、店员、商人等3000余名。市政府、区政府和工厂、商家代表给功臣家属送了白面、大米、猪肉及棉衣等礼物。[②]其他解放区同样十分重视军属烈属的政治优待。1949年1月，华北人民政府颁布《华北区革命军人家属优待条例》，规定军属优待内容包括"尊重军属并提高军属社会地位，如贺助贺喜、挂光荣匾、重要节日慰问、开会设军属席等"[③]。

3. 优待支前民工等战勤人员

解放战争的胜利与人民群众支前参战是分不开的。1947年6月，陈毅在华东野战军干部会议上作报告时，高度肯定支前民工对解放战争乃至中国革命胜利的重要意义。"这样一支由劳动人民组成的志愿劳动大军，在中国历史上还是第一次出现。其劳动服务的热忱，其政治觉悟的深刻，其工作过程的辛苦，如风餐露饮，日夜勤劳，还要与美蒋飞机炮火进行搏斗。他们爱护伤员、爱护公物的高度负责的精神，保证了繁难任务的完成。数十万劳动人民的组织和指挥，逐渐形成系统和秩序，这是一门巨大精深的组织科学，这是在我党领导下中国劳动人民高度的政治觉悟

---

① 东北解放区财政经济史编写组编：《东北解放区财政经济史资料选编》第4辑，黑龙江人民出版社1988年版，第625页。

② 参见东北解放区财政经济史编写组编：《东北解放区财政经济史资料选编》第4辑，黑龙江人民出版社1988年版，第633页。

③ 华北解放区财政经济史资料选编编辑组，山西省、河北省、山东省、河南省、北京市、天津市档案馆合编：《华北解放区财政经济史资料选编》第2辑，中国财政经济出版社1996年版，第1478页。

与组织天才的伟大表现，这是我军能保持常胜光荣成绩的有利因素之一，没有这样一支伟大劳动人民志愿运输大军，我们休想战争能够胜利。"① 为此，党和政府十分注重支前民工及家属生活问题，对战争中伤亡患病民工予以适当优待抚恤。

第一，制定支前民工优待抚恤政策。

鉴于支前民工自身生活保障和家庭困难、战勤民工伤亡情况，各解放区先后制定了多项战勤条例和优待政策，以加强对支前工作的领导，解决支前民工的后顾之忧。在陕甘宁边区，1947年4月，边区政府作出《陕甘宁边区政府关于战勤工作的指示》，总结了战勤工作中的不足，要求边区各地要加强战勤工作；7月，边区政府又公布《战时勤务动员暂行办法》；1949年7月，边区政府修改颁布《陕甘宁边区人民战时服勤暂行办法》。在晋绥边区，1946年8月，晋绥边区行政公署、军区司令部联合发布《晋绥边区民兵伤亡抚恤办法》；1948年6月，公布《晋绥边区行政公署军勤负担办法布告》。在华北人民政府成立后，1949年1月，华北人民政府制定了《华北区民兵民工伤亡抚恤办法》。在山东解放区，1946年9月，山东省政府下发《山东省政府关于加强人力的动员与组织更好的[地]支援前线的指示》《山东省政府、山东军区关于在自卫战争中动员使用人力及运输工具办法的命令》以及《山东省实行常备民夫制及使用民夫办法》；1947年7月，山东军区和省政府下发《山东军区、山东省政府关于民夫待遇办法的联合决定》。在华中解放区，1948年4月颁布实施了《华中民工服务暂行条例》。在东北解放区，1949年1月，东北行政委员会颁布了《战勤民工抚恤暂行办法》。以上指示、办法和条例为各解放区战勤工作的组织开展和支前民工权益保障提供了政策依据，有力推动了解放区的支前民工优待抚恤工作的开展。

第二，积极保障支前民工及家属生活。

以山东解放区为例，1946年9月，山东省政府下发《关于加强人力的动员与组织更好的[地]支援前线的指示》，强调"民夫的组织、教育、生

---

① 《陈毅军事文选》，解放军出版社1996年版，第403页。

活及待遇如能搞好，就能巩固民夫，更有力的[地]支援前线，反之，则必致贻误事[时]机"。为此，山东省政府要求："民夫支援前线时之生活供给，各地应做[作]统一规定。应注意：①每一中队应设专职的管理供给人员，有时并应有固定的炊事员——均由民夫自己选任。②尽量自带民间医生及救急药品，或在交通要道动员民间医生担任路过民夫急救工作。③天气渐冷，必须自带衣被或大袄——民夫个人无法解决者，应由村中负责借用。④鞋子自给，个别特别贫困的由村中捐助。⑤民夫在外宿舍问题，带领民夫的干部应随商同用夫机关部队，负责妥为解决。⑥粮食柴草，应照固定充分供给。"①指示还要求各地征用民夫、车辆、牲口时，应视具体情况确定不同待遇。对于一个月以上之长期民夫，如家庭地亩较少，依赖运输为业之小商业、手工业之收入做大部分家用者，应设法照顾其家庭生活。1946年11月，山东省制定《山东省实行常备民夫制即使用民夫办法》，正式规定了民夫的组织管理办法，专门设立常备民夫的供给、计工算账等内容来保障民夫及家庭生活问题，其中规定"每夫每月医药费十元，由使用民夫的兵站或部队报销，县区须配备卫生干部，随队服务"，要求带领民夫的干部，"要爱护民夫、教育民夫、关心民夫的生活，提高民夫自觉为战争服务的觉悟程度"②。1949年，陕甘宁边区和晋绥边区总结了民工工作的四条经验，即差务的分配必须公平合理、组织须力求健全、教育管理问题部队方面应多负责任、在使用问题上部队应及时掌握民工的情绪等，尤其强调"在生活方面，部队上应给以多方关照，住食应和战士一样，如有伤亡和疾病，也应与战士同等待遇。部队首长要多和民工接近，时常予以鼓励，解决他们的具体问题，并引导他们过集体紧张的生活，借以提高其情绪，减少想家念头。打骂民工，必须绝对禁止。在每次战役之后，应分别给以精神和物质上的奖励。期满回家

---

① 张希坡编著：《革命根据地法律文献选辑》第3辑第6卷·山东省（上），中国人民大学出版社2018年版，第426—427页。

② 张希坡编著：《革命根据地法律文献选辑》第3辑第6卷·山东省（上），中国人民大学出版社2018年版，第432、433页。

时，应组织欢送会"①。至于民工家属之待遇，各地多以军属待遇优待。1948年，黑龙江省要求"各县对参战民工家属，均按军属待遇。参战期内，其家中无劳动力者，田地由群众代耕；其生活特别困难者，由农会动员群众予以物质上的补助"②。嫩江省民工参战后其家庭生产生活解决办法更为具体："1.民工家庭生产生活，按军属同样待遇。今春以前由斗争果实内抽出一部分粮食及物品补助外，由互助组给担水打柴。2.按其家属劳动力多少代耕，分全部代耕或部分代耕，直到民工完成任务回来为止。3.城市民工因其家庭不种地，不能代耕，按其家庭生活状况，由其同业会按月补助，如医生每人每月由医药公会补助10万至25万。4.若光缺乏粮食者，由大家借给，待秋后无利偿还。"③

第三，对战时伤亡民工予以抚恤。

首先，改换对民工的称号。之前有解放区如前述的山东省对战勤支前人员称呼为"民伕"，即"民夫"，但这些称号并不妥当。1947年，陈毅提议改变"民伕"称号为"民工"。"'民伕'是统治阶级奴役人民的一种轻贱的旧称呼，与我们劳动人民服务前线的自由劳动的新内容大不相称，应考虑改变。事实上有不少民伕讨厌这一旧称呼。……大家以'同志'相称，则十分喜欢。我想我军对人民自来采取同志的至亲的友爱态度，则'民伕'改称'民工'，对当地人民一律以'同志'改称，这是对的。军队对人民采取同志的自家人的态度，这本是我军的传统和本色的表现。"④可见，改换民工称号体现党和政府对支前民工的身份认同与关心关爱。

其次，战时伤亡民工一般以地方民兵或部队机关人员待遇予以抚恤。

---

① 新华社：《怎样组织和领导民工？陕甘宁、晋绥边区民工工作经验总结》，《人民日报》，1949年2月13日，第3版。

② 东北解放区财政经济史编写组编：《东北解放区财政经济史资料选编》第4辑，黑龙江人民出版社1988年版，第538页。

③ 东北解放区财政经济史编写组编：《东北解放区财政经济史资料选编》第4辑，黑龙江人民出版社1988年版，第543页。

④ 《陈毅军事文选》，解放军出版社1996年版，第404—405页。

1946年9月，山东省政府下发《关于加强人力的动员与组织更好的[地]支援前线的指示》，规定"民夫在支援前线中，如有伤亡，应按本府民财会第六号命令规定，依民兵伤亡抚恤办法办理抚恤"①。1948年4月，华中工作委员会规定"在服务期间之民工伤亡疾病与所服务部队机关指战人员伤亡疾病，享有同等待遇"②。1948年2月，东北行政委员会颁布的《东北解放区人民爱国自卫战争勤务条例》明确规定，"因参加战勤牺牲之民工适用阵亡烈士抚恤条例之规定，由政府予以抚恤……参加动员遭受损失之车马，应由地方政府酌予赔偿"③。

再次，主要采取发放粮食等实物方式抚恤伤亡民工。1949年1月，东北行政委员会制定的《战勤民工抚恤暂行办法》规定："凡随主力部队服务或因参加后方战争勤务而致伤亡之民工，均得享受本办法之待遇；因参战死亡之每一民工，由政府发给抚恤金一次，高粱1500斤一次发给；因参战负伤之民工，应由部队野战医院或省、县公立医院免费治疗；受伤民工的残废等级标准暂按照1947年6月公布之荣誉军人暂行抚恤条例规定之标准检查之，分为壹、贰、叁等等级，其中壹等发高粱（米）900斤、贰等发600斤、叁等发300斤。此外，因参战残废而丧失劳动力之民工，除抚恤外，还得由地方政府采取互助、代耕或其他办法以补足其本人丧失之劳动力。"④1949年1月，华北人民政府制定的《华北区民兵民工伤亡抚恤办法》，对解放区之民兵民工因参战负伤或致残废和牺牲者做了详细规定，按"华北区荣誉军人优待抚恤条例"第三条之规定评定民兵民工残废等级，发给"民兵民工荣誉抚恤证书"；民兵民工因参战牺牲

① 张希坡编著：《革命根据地法律文献选辑》第3辑第6卷·山东省（上），中国人民大学出版社2018年版，第427页。

② 江苏省财政厅、江苏省档案馆、财政经济史编写组编：《华中解放区财政经济史料选编》第4卷，南京大学出版社1988年版，第167页。

③ 东北解放区财政经济史编写组编：《东北解放区财政经济资料选编》第4辑，黑龙江人民出版社1988年版，第511页。

④ 东北解放区财政经济史编写组编：《东北解放区财政经济资料选编》第4辑，黑龙江人民出版社1988年版，第565页。

者，应由县政府发给小米四百市斤以下之棺葬费；给予烈士称号，其家属称烈属，发给其家属以"革命牺牲民兵民工家属光荣纪念证"，得享受军人牺牲烈士家属之政治地位；并一次发给抚恤费小米400市斤。①

最后，对革命工作人员家属也予以适当优待。革命工作人员家属即工属，也是各解放区优待工作的对象之一。为更好地保障工属生活，党和解放区政府遵循干部对革命负责、公家爱护干部的基本精神，按照"优抗第一、优工第二"的方针，在不增加人民负担的原则下，切实帮助工属组织生产、建设家务，把日子过好。在抗战时期优待工属工作基础上，各解放区根据实际制定了工属优待政策。如华北地区，1945年9月晋察冀边区行政委员会制定《关于政民工作人员家属待遇问题的决定》，并下发专门指示，回答工属待遇落实中的具体问题。在陕甘宁边区，1946年8月，陕甘宁边区政府颁布《陕甘宁边区政府家属待遇暂行办法》。1947年2月，边区政府又公布了《陕甘宁边区优待革命军人家属及革命工作人员家属办法草案》。1948年10月，边区政府颁布实施《陕甘宁边区革命工作人员家属生活困难处理暂行办法》。这些决定、办法为广大解放区优待工属工作的开展提供了依据和指导。

（三）推动劳动保障，初步建立各类保险制度

解放战争时期，中国共产党和根据地政府通过颁布各项条例决定，推行劳动保险、工伤保险、生育保险和医疗保险，逐步建立社会保险制度，不断推动解放区社会保险事业的发展。

1. 制定社会保障政策条例

制定各类社会保险政策是建立社会保险制度的基础性工作。自土地革命战争以来，中国共产党在不同时期先后制定了各项劳动政策法令。总体而言，这些政策法令涉及面较窄，尚不够系统。面对解放战争中的新情况，各解放区根据地方实际先后制定多项社会保险政策条例，为新民主主义社会保险制度的建立奠定雏形。

①　参见《华北区民兵民工伤亡抚恤办法》，《人民日报》1949年2月10日，第2版。

在中央层面，1945年9月，《中国解放区职工联合会纲领（草案）》明确提出"实行公私兼顾（在公营工业）劳资兼顾（在私营工业）、调节劳资关系的政策，共谋达到发展工业生产的目的"，"保护职工利益，实行八小时至十小时工作，实行多劳多得，同工同酬原则，规定职工最低工资额"，"建立必要的职工社会保险，职工伤病实行免费治疗"的主张。[1]1946年1月，中国共产党代表团在政治协商会议上提出《和平建国纲领草案》，在财政经济改革部分提出了"实行劳动法，改善工人生活，救济失业工人"[2]的建议。由于条件限制，有些地方对资本家提出了过高的条件。1947年12月，毛泽东在陕北米脂县召开的杨家沟会议上提出："对于上层小资产阶级和中等资产阶级经济成分采取过左的错误的政策，如像我们党在一九三一年至一九三四年期间所犯过的那样（过高的劳动条件，过高的所得税率，在土地改革中侵犯工商业者，不以发展生产、繁荣经济、公私兼顾、劳资两利为目标，而以近视的片面的所谓劳动者福利为目标），是绝对不许重复的。这些错误如果重犯，必然要损害劳动群众的利益和新民主主义国家的利益。""新民主主义国民经济的指导方针，必须紧紧地追随着发展生产、繁荣经济、公私兼顾、劳资两利这个总目标。一切离开这个总目标的方针、政策、办法，都是错误的。"[3]1949年7月，在东北召开的全国工会工作会议通过了《关于劳资关系暂行处理办法》《关于私营工商企业劳资双方订立集体合同的暂行办法》《劳动争议解决程序的暂行规定》等系列文件，这些办法和规定对保护劳动者权益和发展生产、繁荣经济均提供了有力的政策保障。

在各解放区层面，各解放区党和政府针对当地实际先后制定各项政策，下发通知指示，以加强劳动保障事业建设。这些政策指示主要如下：

---

[1]　参见陕西省总工会工运史研究室选编：《陕甘宁边区工人运动史料选编》下册，工人出版社1988年版，第534—535页。

[2]　中共中央文献研究室、中央档案馆编：《建党以来重要文献选编（1921—1949）》第23册，中央文献出版社2011年版，第56页。

[3]　中共中央文献研究室、中央档案馆编：《建党以来重要文献选编（1921—1949）》第24册，中央文献出版社2011年版，第535页。

在晋察冀边区，1945年10月，晋察冀边区行政委员会制定《晋察冀边区行政委员会关于张家口、宣化公营工厂工人工资标准的通知》，制定《晋察冀边区公营工厂劳动保护条例（草案）》。在山东省，1945年10月，山东省第二次职工代表大会通过《关于公私营工程职工工作的决定》《关于农业雇工、手工业工人工作的决定》《关于渔盐民工作的决定》；1947年4月，山东省通过《山东省政府官员切实执行工厂劳动保险金的指示》。在华中解放区，1946年3月召开的华中解放区第一次工人代表大会，通过《关于公营工厂职工会工作的决议》《关于作坊手艺人工作的决议》《关于农村雇工工会工作决议》《关于码头运输工会工作决议》等多项决议。1946年5月，苏皖边区颁布实施《苏皖边区保护工厂劳动暂行条例》。在陕甘宁边区，1948年11月，边区政府制定《西北公营工厂工资制度提纲（草案）》等。

相比其他解放区，东北解放区劳动保障尤其是劳动保险立法是较为完备的。在工资等劳动权益方面，1948年3月，东北行政委员会作出《东北行政委员会关于统一公营企业级机关学校展示工薪标准的指示》，同年9月又作出《东北行政委员会关于修正公营企业工薪标准的指示》，1949年4月再次作出《东北行政委员会公营企业工薪标准关于支付办法的补充指示》。在劳动保险方面，东北解放区在实践中逐步形成了比较成熟的法律规范。为保护公营企业中工人与职员健康，减少其战时生活困难，东北解放区依据战时条件在公营企业中实施劳动保险制度。1948年12月，东北行政委员会颁布实施《东北公营企业战时暂行劳动保险条例》。翌年2月，东北行政委员会又颁布实施《东北公营企业战时劳动保险条例试行细则》。为进一步落实东北行政委员会相关劳动保险政策，1949年4月，哈尔滨市实施《哈尔滨市人民政府关于签订集体合同、劳动契约的规定》，同年5月哈尔滨市人民政府作出《哈尔滨市关于实现劳动保险有关问题的决定》，当年9月又实施《哈尔滨人民政府关于私营工商企业劳资双方订立集体合同暂行办法》《哈尔滨市关于处理劳动争议暂行办法》。这些劳动保障和劳动保险政策法律的制定和实施，有利于贯彻发展生产、繁荣经济、公私兼顾、劳资两利的工作方针，保障劳动者权益。

2. 合理确立战时工薪标准

工资问题一直是中国共产党领导的工人运动关注的重要内容。合理增加工资，救济城市工人也一直受到党和政府的高度关注。解放战争时期，党中央领导人认识到在解放区城市中"工资也是最大的问题，所以要特别慎重，同志们要以严肃的态度来对待这一问题，适当处理"[①]。1946年1月9日，《解放日报》刊发《努力发动解放区群众》的社论。社论提出在城市里"我们必须设法解除城市平民的痛苦，救济失业，适当的[地]增加工资，实行减息，把工人、贫民、知识分子等广大群众组织起来，进行城市各项建设"[②]。这表明党在领导城市建设之初已将合理制定和增加工资作为城市经济工作的一项重要内容。

然而，一些解放区在处理工资问题上出现了平均主义现象和官僚主义苗头，不利于保障工人工资，甚至影响到发展生产和繁荣经济。1948年6月，中共中央下发《中共中央关于工资政策的指示》，要求各中央局关于工资问题应特别开会讨论，吸收旧时代各种工资制度的经验，集中技师和工人群众的意见，根据当地当时的情况，适当地规定当地当时以及具体企业的最高工资与最低工资，以提高工人和技师的工作积极性。指示还要求，各地在执行工作问题上应该注意纠正两种偏向。"一方面，必须反对那种盲目的[地]无限制的[地]过分提高工资，因为这种办法不能提高工人的积极性，并且使企业无法扩大生产，甚至无法继续再生产，这是工资的自杀政策。另方面，则必须反对那种无原则的[地]过分压低工资，反对那种抹杀工程师、技师及技术工人和普通工人之间的差别，而主张平均主义的待遇，因为这种办法必然阻碍他们的生产积极性，使生产力

---

① 中共中央文献研究室、中央档案馆编：《建党以来重要文献选编（1921—1949）》第24册，中央文献出版社2011年版，第562页。

② 中共中央文献研究室、中央档案馆编：《建党以来重要文献选编（1921—1949）》第23册，中央文献出版社2011年版，第19页。

不得进步，而且退步。"①这一指示成为党在工资问题处理上的重要指导意见。

应该说，各解放区工薪的合理标准是在斗争实践和城市建设中逐步完善起来的。以东北解放区为例，鉴于先前制定的哈尔滨市劳动法中有些"只顾片面利益并且是难于实行的"政策，1948年2月6日，中共中央作出《关于〈哈尔滨市战时劳动法〉草案中的错误给东北局的指示》，要求"东北局和哈市市委应召集公私企业中的工会代表、厂方代表开几次会，共同研究，根据实际可能，提出既照顾工人利益也照顾全体人民利益与资本家利益，既规定工人权利，也规定工人对生产的劳动态度，既为工人所接受，也为政府与资本家所接受的新草案"②。1948年3月，东北行政委员会下发《东北行政委员会关于统一公营企业及机关学校战时工薪标准的指示》，确立了实行以实物计算的货币工薪制；实物工薪以米、布、油、盐、煤五种实物为标准计算，为方便起见实物工薪计算单位用"分"，五种实物对应相应"分"值，且每分之值未经东北行政委员会命令不得私自改变；具体规定公营企业各行业人员的最高工薪、中等工薪的实物标准，确立最低工薪的实物标准底线；在解放区公营企业中普遍推行按件工资；规定工薪的评议与考核、奖励；废除工薪标准之外的各类补助。同年8月，中共中央发出《中共中央关于工资问题给东北局的指示》，要求东北局实施最低工资应保证维持连本人在内的两个人的生活、实行交叉累进的等级工资制、规定不同企业各种职工的一般工资的最高额等三项基本原则来解决工资问题，这样"既可避免平均主义的错误，又不致违反战时要求，而职工最低生活也能得到保障"。指示特别强调战时条件下，"工资不应过分提高，亦不应该过分压低。这是重要的原则，

---

① 中共中央文献研究室、中央档案馆编：《建党以来重要文献选编（1921—1949）》第25册，中央文献出版社2011年版，第323—324页。

② 张希坡编著：《革命根据地法律文献选辑》第3辑第1卷·总纲，中国人民大学出版社2018年版，第299页。

处理的[得]妥当与否，将极大影响工业的生产力，望经常注意研究"①。
1948 年 9 月，东北行政委员会下发《东北行政委员会关于修正公营企业工薪标准的指示》，对前述指示做了进一步调整细化。在公营企业适用范围上，新指示将公营企业划分为远离战区的已正式开工复业的企业、战区及接近战区或战争影响之地区的企业，规定后者职工之工薪，得根据当地实际情况，并参照本办法，由省政府提出临时过渡办法。在工薪对应之实物及分值上，将原定米、布、油、盐、煤五种实物细化为混合粮、白市布、豆油、海盐、煤等五种，并根据市场物价调整了五种实物的分值，即混合粮每分为 1.63 斤，白市布每分为 0.20 方尺，豆油每分为 0.035 斤，海盐每分为 0.045 斤，煤每分为 5.5 斤。②在支付方式上，均按照工业部每月公布之物价或每分之值，全部折合货币支付，并通过企业设立供应商店、允许部分工薪预付和预领实物待月终结算等方式，来保证职工工资不受物价影响。新的指示还对最低工资标准、最高工薪进行了细化，并规定了工薪等级与评定审核管理部门和相应环节。

3. 明确制定职工各项保险政策

社会保险是现代社会保障体系的核心内容。由于民主革命时期的斗争条件和社会基础所限，中国共产党领导开展的社会保险事业建设多表现为对劳动者的各项劳动保险政策。因此，解放战争时期推行的社会保险也主要是保障公私企业职工的劳动保险，包含救治患病负伤职工的医疗保险、保障年老伤亡职工的养老保险、关心女工身心的生育保险等内容。由于东北解放区的各类保险政策是相对系统完备的，现以东北解放区为例来具体考察党和政府解决社会保险问题的具体举措。

一是出台医疗保险规定，救治患病负伤职工。

实施医疗保险主要目的在于保障广大职工遭遇医疗事故时减轻身心伤

---

① 张希坡编著：《革命根据地法律文献选辑》第 3 辑第 1 卷·总纲，中国人民大学出版社 2018 年版，第 376、377 页。

② 参见张希坡编著：《革命根据地法律文献选辑》第 4 辑第 2 卷·东北解放区，中国人民大学出版社 2019 年版，第 213 页。

害、减少经济损失，并尽快恢复健康和生产生活。这一政策对于安定职工情绪、促进企业生产和加快经济建设有着重大意义。1948年1月，中共哈尔滨特别市委员会制定《哈尔滨特别市战时暂行劳动法（草案）》，并在第六次全国劳动大会上予以通过。该劳动法在社会保险专条中规定各项社会保险金，包括"甲、因疾病负伤医治的补助金。乙、对残废工人之年恤金。丙、对葬送之补助金。丁、对工人因工[公]牺牲而失养育之工人家属之年恤金"[①]。但该法草案并未具体提及各类补助金如何发放。

1948年12月，东北行政委员会根据东北解放区实际制定实施《东北公营企业战时暂行劳动保险条例》。1949年2月，该委员会颁布《东北公营企业战时暂时劳动保险条例试行细则》。这两个文件详细规定了因公负伤残废与因公死亡之抚恤金、疾病及非因公伤残废医药补助金、职工本人及其直系亲属之丧葬补助金等内容，多条涉及对患病负伤职工的医疗保险政策。其中第三章"关于职工因公负伤残废医疗和恤金的规定"第十条规定"职工因公负伤医疗期间，医疗费由所属企业完全负责，并照发工资，至该企业医疗所，或指定之医院，证明已能复工，或医疗终结确定为残废之时为止"[②]。第五章"关于职工疾病及非因公伤残之医疗和补助救济的规定"详细规定了职工疾病及非因公负伤之医疗费、凡非因公积劳而成妨碍劳动生产之慢性病、职工直系亲属患病的减免情况等各种医疗保险适用情况。

二是制定养老保险政策，保障老年职工生活。

为保障工人待遇，激发工人劳动积极性，1945年晋察冀边区曾制定《晋察冀边区公营工厂劳动保护条例（草案）》，在社会保险专节中规定伤亡残疾职工的处理办法，规定"在革命工厂服务五年以上、年龄在四十五以上的技术工人，按部队优待老兵办法待遇"，"经医生证明身体衰

---

① 东北解放区财政经济史编写组编：《东北解放区财政经济史资料选编》第4辑，黑龙江人民出版社1988年版，第351页。

② 东北解放区财政经济史编写组编：《东北解放区财政经济史资料选编》第4辑，黑龙江人民出版社1988年版，第402页。

弱，不能继续工作的，经工厂许可后可以退职养老，退职金按优待抗战荣誉军人办法待遇"[1]。1948年1月，《哈尔滨特别市战时暂行劳动法（草案）》社会保险专条中规定"对有一定工龄之60岁以上老年工人之养老补助金"[2]。但同样未提及补助金操作办法。随后，东北行政委员会实施的《东北公营企业战时暂行劳动保险条例》和《东北公营企业战时暂行劳动保险条例试行细则》都对有一定工龄的老年职工生活补助金做了详细规定。

具体来看，试行细则第七章专门规定老年职工补助金发放的四种情况。第三十七条规定"凡职工年龄满60岁并且工龄满25年以上者，下井矿工及有损身体健康之化学工人（指制火药、磷、酸、瓦斯等工人而言）年满50岁工龄满20年以上者，女工年满50岁工龄满20年以上者，得享受由劳动保险基金支付之养老生活补助金"。第三十八条规定"凡不足前条年龄与工龄之职工，确因在本企业工作中积劳成疾、不能工作者，以因公残废待遇之"。第三十九条规定"凡应得养老补助金之职工，尚能参加工作者，其补助金，在本企业工作满一年者，每月支付补助金工资10%；工龄多一年，则补助金增多工资1%至工资20%止"。第四十条规定"凡应得养老补助金之职工，因年迈力衰经本企业劳动保险委员会认为不能工作而退职者，其补助金，在本企业工作一年以上者，每月支付原工资30%；在本企业工龄增多一年，则补助金增多原工资2%至原工资60%止。此项补助金，发至本人老死为止，并一次发给三个月补助金作为丧葬费"[3]。这些政策虽然具有尝试性，但对保障年老体弱职工的晚年生活和稳定职工情绪起到了积极作用。

三是规范生育保险办法，关心女工身体健康。

---

① 张希坡编著：《革命根据地法律文献选辑》第3辑第4卷·晋察冀边区，中国人民大学出版社2018年版，第520页。

② 东北解放区财政经济史编写组编：《东北解放区财政经济史资料选编》第4辑，黑龙江人民出版社1988年版，第351页。

③ 东北解放区财政经济史编写组编：《东北解放区财政经济史资料选编》第4辑，黑龙江人民出版社1988年版，第406—407页。

关心女工、保护女工是中国共产党领导工人运动和妇女运动的一项优良传统。1945年9月制定的《中国解放区职工联合会纲领（草案）》提出了十四项基本内容，将"保障女工生产前后一个半月的休假，工资照发"①单列为专条。1946年1月，国共谈判期间通过的《和平建国纲领》，明确将"切实保护童工女工"②作为经济和财政政策之一。各解放区纷纷制定政策，将保护关爱女工、保护女工童工权益作为党和政府开展社会保险工作的重要内容。如1945年10月，山东省第二次职工代表大会通过《关于公私营职工工作的决定》，在改善职工待遇方面提出"女工例假视其工作及身体状况决定，应予以适当照顾，一般应给以三天休息。女工生育除产前产后假两月外，应照发工资；婴儿保育应由自己负责，如有困难时，工会可协同厂方于劳动保险金予以救济"③。1946年3月，华中解放区召开第一次工人代表大会，通过《关于公营工厂职工会工作决议》，规定"女工与男工做同样工作而效率相同的应给同样工资，女工工资拿最低工资时应另加卫生费每月大米五斤"④。1948年8月，中国第六次全国劳动大会通过的《关于中国职工运动当前任务的决议》，再次规定"男、女、青、童工，同工同酬"；"女工产前产后共休息四十五天；小产在三个月以内，共休息十五天；三个月以外，共休息三十天，均照给工资"；"禁用童工、女工的产业，及禁止女工、童工作夜工的劳动，由各解放区地方政府以法律定之"⑤。

作为解放区社会保险工作典型的东北解放区，一开始就将关心女工列

---

① 陕西省总工会工运史研究室选编：《陕甘宁边区工人运动史料选编》下册，工人出版社1988年版，第534页。

② 中共中央文献研究室、中央档案馆编：《建党以来重要文献选编（1921—1949）》第23册，中央文献出版社2011年版，第60页。

③ 张希坡编著：《革命根据地法律文献选辑》第3辑第6卷·山东省（下），中国人民大学出版社2018年版，第457页。

④ 张希坡编著：《革命根据地法律文献选辑》第3辑第7卷·华中区，中国人民大学出版社2018年版，第461页。

⑤ 张希坡编著：《革命根据地法律文献选辑》第3辑第1卷·总纲，中国人民大学出版社2018年版，第383—384页。

为劳动保险政策的重要内容。1948年1月，中共哈尔滨特别市委员会公布的《哈尔滨特别市战时暂行劳动法（草案）》把"女工及青工"列出专条对待。同年8月，该委员会通过的《哈尔滨特别市战时暂行劳动条例》又对女工、女职员产假、小产以及两周岁以内哺乳期的劳动保障作了具体规定。同年12月，东北行政委员会先后颁布实施《东北公营企业战时暂行劳动保险条例》，在应举办之各项劳动保险事业中对职工生儿育女补助金作出两项规定，"甲、女职工在产前产后总共给以四十五天之休息，由该职工所属之企业支付全部工资。乙、职工生育儿女，得从劳动保险基金项下发给生育补助金，其数目相当于五尺白布，按当时市价支付之"。同时规定"凡未加入职工会之女职工生产时，亦得享受与职工会会员同样不扣工资之休假期"[1]。随后通过的《东北公营企业战时暂行劳动保险条例试行细则》专列出女工生育保险的内容。该试行细则第八章在上述规定基础上，又增加"生育儿女补助金，在产前一个月内，由劳动保险基金内发给之"；"如系双生子，产后再补发一份"；"夫妻均在实施劳动保险之企业工作者，生育补助金，由女方领一份，妻未在实施劳动保险之企业中工作者，由夫领取之"[2]。应该说，这些关注女工、保障生育保险的政策法令对保护妇女身心健康和妇女劳动权益具有十分重要的意义。

此外，党和政府还高度关注劳动争议的解决。劳动争议是指劳动关系的当事人之间因执行劳动法律、法规和履行劳动合同而发生的纠纷，即劳动者与所在单位之间因劳动关系中的权利义务而发生的纠纷。东北解放区的哈尔滨市开展的解决劳动争议工作具有一定典型性。从组织保障上，1946年5月，哈尔滨市政府成立后，市民运工作队负责处理劳资纠纷问题，市总工会职业介绍所承担失业与求职人员职业介绍工作。1948年1

---

[1] 张希坡编著：《革命根据地法律文献选辑》第4辑第2卷·东北解放区，中国人民大学出版社2019年版，第217页。

[2] 张希坡编著：《革命根据地法律文献选辑》第4辑第2卷·东北解放区，中国人民大学出版社2019年版，第238—239页。

月，市政府决定成立市劳动局，编制17人，实有20人，设秘书室、仲裁科、保险科和工薪生活委员会。1949年，劳动局撤销仲裁科，分设调解科、审查科，工薪生活委员会改为工薪科。当年9月，哈尔滨市劳动局共有37人。在政策法令上，1949年9月，哈尔滨市政府公布实施《哈市劳动争议处理暂行劳动办法》，明确指出该办法适用于一切公营、私营、合作社经营之企业中之劳动争议。暂行办法所指劳动争议范围包括五种情况，即关于职工劳动条件事项（如工资、工时、生活待遇等），关于职工之任用、解雇、奖罚事项，关于劳动保护事项，关于企业内部规则事项，关于集体合同劳动契约及其他一切涉及劳动争议的事项。办法草案明确了劳动局为调解、仲裁一切劳动争议之机关；劳动争议解决划分为双方协商、劳动局之调解和仲裁共两个步骤；协商、调解、仲裁既已成立，双方须各自遵守，不得违反；劳动局在调解仲裁争议过程中，发现争议双方之任何一方有违法行为时，得移送人民法院处理。①据统计，1948年，哈尔滨市共受理劳动争议案件15起。1949年，该市受理解雇工人和工资福利方面问题的劳动争议案件387起，其中经企业或行业协商解决228起，调解120起，仲裁34起，移送法院裁决5起。②由此可见，劳资争议调处意见和办法的制定，为合理调解劳资争议，达到发展生产、劳资两利的目的具有重要作用。

（四）推进社会福利，关爱各类主要社会群体

解放战争时期，中国共产党领导下的社会福利事业建设与解放区的逐步扩大和大城市解放有着紧密关系。这一时期党和政府积极关注并解决各类社会群体生产生活难题，制定社会福利法令，逐步扩大社会福利覆盖面，受保障社会群体逐步扩大。

---

① 参见张希坡编著：《革命根据地法律文献选辑》第4辑第2卷·东北解放区，中国人民大学出版社2019年版，第238页。
② 参见黑龙江省地方志编纂委员会编：《黑龙江省志》第68卷·劳动志，黑龙江人民出版社1995年版，第295页。

1. 创办孤老残幼福利事业

社会福利事业是指国家、集体或社会对鳏寡孤独、盲聋哑残等社会成员提供物质帮助与服务的事业。国民党统治时期，政府当局和某些社会团体曾举办过养济所、慈善堂、仁慈堂、育婴堂、救济院等慈善救济事业。这些慈善单位多是帝国主义和封建统治阶级用于笼络、欺骗、麻痹人民的"装饰品"，也是统治阶级借以搜刮民财的一种方式。抗战胜利后，党在新解放区逐步创办起新的社会福利事业。

以东北解放区为例，黑龙江地区各省和有关市县人民政府积极改造旧的慈善救济团体，收容安置城镇流浪街头的鳏寡孤独、老幼残废者和乞丐。抗战胜利后，齐齐哈尔市接管了原来的博济院，接收院民101人。1947年8月又将其改为贫民收容所，至1948年2月共收容278人。1948年9月，哈尔滨市根据自愿原则接管了慈善总会、红万字会等慈善团体，后经整顿改组成立哈尔滨市社会事业协会，在政府指导下自筹办起残老、妇孺救济所等。1949年春，哈尔滨市又将残老救济所改为残老院，收容残老乞丐265人。松江省佳木斯市，1949年经省政府批准，由社会募集现款东北币10亿元，筹建救济院；双城、阿城、巴彦等县均设安老抚幼院，收容无依无靠的社会残老和孤儿。黑龙江省则通过政府协助、群众捐助和生产自养的办法，整顿原有救济单位，当时全省9处救济院所共收容残老289人。[①]

在吉林省地区，1946年9月，国民党长春市政府办长春市托儿所，收养弃儿100多人。[②]由于战争原因，长春粮荒日趋严重，孤儿连糠面子都吃不饱，只得自寻生路。1948年8月长春解放前夕，国民党政府为收容外逃市民遗弃的儿童，成立1处弃儿救济所，收容弃儿320人。由于吃不饱，营养不良，儿童患有多种疾病，每天都有死亡，多时1天就死13人。

[①] 参见黑龙江省地方志编纂委员会编：《黑龙江省志》第62卷·民政志，黑龙江人民出版社1993年版，第305页。

[②] 参见吉林省地方志编纂委员会编纂：《吉林省志》第11卷·政事志·民政，吉林人民出版社1991年版，第261页。

长春解放后，人民政府及时发放救济粮使一部分孤儿得以幸存。1949年7月，长春市人民政府成立长春市立保育院托儿所，收养烈士子女，兼收供给制工作人员子女。①

抗战胜利前夕，在辽宁省境内有育婴、养老等慈善单位26个，收养1632人。其中孤儿819人，残老813人。②1946年，解放战争开始后，许多慈善团体经济来源困难，活动陷于停顿。在各地相继解放后，人民政府民政部门对这些慈善团体进行了接收、改造和管理。1949年，沈阳、旅大、鞍山、抚顺等7个市的民政部门共收养社会孤老和流浪人员等1707人。经过调查了解，民政部门对有一定劳动能力的予以介绍职业，对有抚养关系的遣送回原籍，当时共介绍职业和遣送回原籍1064人，占收养人员的62%。③1949年，沈阳、鞍山、大连、安东、锦州等市共收容孤儿1236名，其中婴儿316名。④

2. 关心文教人员和技术人才

1946年1月，中国共产党代表团在重庆召开的政协会议上提出《和平建国纲领草案》，倡议进行文化教育改革，"在中央与地方预算中，充分增加文化教育经费，并由国家补助民办学校及一切文化教育团体"，"保障教职员及科学工作者生活，并救济贫苦学生与失业青年"⑤。随后，各解放区结合自身实际出台相应政策措施，给予各类文教卫生工作人员基本福利，保障了新老解放区各类技术人才的生活，推动了解放区文化教育和经济建设的发展。

---

① 参见吉林省地方志编纂委员会编纂：《吉林省志》第11卷·政事志·民政，吉林人民出版社1991年版，第262页。

② 参见辽宁省地方志编纂委员会办公室主编：《辽宁省志》民政志，辽宁科学技术出版社1996年版，第251页。

③ 参见辽宁省地方志编纂委员会办公室主编：《辽宁省志》民政志，辽宁科学技术出版社1996年版，第257—258页。

④ 参见辽宁省地方志编纂委员会办公室主编：《辽宁省志》民政志，辽宁科学技术出版社1996年版，第260页。

⑤ 中共中央文献研究室、中央档案馆编：《建党以来重要文献选编（1921—1949）》第23册，中央文献出版社2011年版，第56页。

其一，关心教职员工福利。

各解放区党和政府十分重视文化教育工作者的生活待遇问题。在抗战胜利后不久，各解放区就制定多项相关政策。如1945年11月，晋察冀边区行政委员会作出的《关于改定中小学教育员待遇标准的决定》。1948年7月，陕甘宁边区政府下发《陕甘宁边区政府指示——关于恢复老区国民教育工作》。1948年7月，中共中央宣传部下发《关于新收复城市大学教育方针的指示》，提出"现在必须宣布我们对原有大学、中学的方针，就是维持原校加以改良。维持原校的好处是学校可以很快办起来，不致过久中断，高级知识分子可以安心，便于争取"[1]。指示建议东北局"原有教职工凡仍在者应给予原薪原职，使之继续供职，凡逃走者应设法聘回供职"[2]。这一指示为对待新解放城市文化教育工作者尤其是高级知识分子提供了政策指导。1948年12月，华中解放区制定了《华中区中学及师范学校教职勤杂人员待遇暂行标准》。

值得肯定的是，晋察冀边区是较早规定教员待遇标准的解放区。1945年11月，为提高中小学教职员地位、改善其生活，以利于边区新民主主义教育的发展，晋察冀边区行政委员会作出《关于改定中小学教育员待遇标准的决定》。该决定规定，中小学教职员待遇一律改为薪金制，以小米为标准，每月按当时当地市价折发，全年按12个月发放；同时规定小学教职员、中学教职员的待遇标准；对于有特殊学识与技术获特殊功绩与创造者，得受特别优待，或按英模奖励办法，另给特别奖励；对于因公积劳成疾需要长期休养者，酌情发给一定的休养费。随后，晋察冀边区行政委员会下发通知对这一决定作出补充说明，强调关于待遇的具体规定，要根据当地实际生活水平适当伸缩，"关于教员待遇的规定，当与上课多少有关，但不能完全按钟点为标准，需要照顾其整个工作与生

---

[1] 张希坡编著：《革命根据地法律文献选辑》第3辑第1卷·总纲，中国人民大学出版社2018年版，第358页。

[2] 张希坡编著：《革命根据地法律文献选辑》第3辑第1卷·总纲，中国人民大学出版社2018年版，第359页。

活"①。1948年12月，华北人民政府为统一领导华北解放区教育事业，规范教师工资待遇，颁布了《华北区中学及师范学校教职勤杂人员待遇标准暂行标准》。该标准除了规定实行薪金制外，还提出按照12个月发放学校各类人员待遇，并以地方大小为区别，规定了乡村及一般城镇、中等以上城市两类地方的学校教员、职员的待遇标准。该暂行标准还对女教职员的待遇做了明确规定："女教师所生幼儿之养育费，由夫妇双方共同负责，如薪金收入不能解决，在六周岁前，得按以下办法，予以补助：（1）幼儿养育费标准，每儿每月按米一百二七斤计。（2）从个人薪金收入中，减去本人生活费用，其余按幼儿养育费标准计算，不足多少，即补助多少。"②

其二，关心技术人才福利。

肯定企业技术人员的地位。1948年4月，中共中央在《关于吸收技术人员参加企业管理委员会给华东局的指示》中指出，组建企业的管理委员会"单是经理及工人是不够的，必须有工程师、技师及职员参加管理委员会"，"在任何企业中，除厂长和经理必须被重视外，还必须重视有知识有经验的工程师、技师及职员。必要时，不惜付出高薪。即使是国民党人，只要有可能也要利用"③。

优待专业技术干部。为适应革命形势发展，加强地方经济建设，晋察冀边区政府高度重视技术干部地位。1945年11月，晋察冀边区修订发布了《晋察冀边区修订优待技术干部办法》。该办法对适用对象、技术干部类别、薪资待遇、各项福利作出明确规定。首先，该办法所指技术干部包括农林、工矿、交通各项技术人员经政府任用者；技术干部之任用依其资历经验、技术水平及对边区经济建设之贡献等条件分为技正、技士、

---

① 张希坡编著：《革命根据地法律文献选辑》第3辑第4卷·晋察冀边区，中国人民大学出版社2018年版，第468页。

② 张希坡编著：《革命根据地法律文献选辑》第4辑第1卷·华北解放区，中国人民大学出版社2019年版，第344页。

③ 张希坡编著：《革命根据地法律文献选辑》第3辑第1卷·总纲，中国人民大学出版社2018年版，第345页。

技佐、技术员四级；技士、技佐、技术员工作努力者有成绩时得逐级升用之；技术干部经政府考核有派赴外国留学或其他学术机关深造时，政府资助其一部或全部。其次，关于技术干部之薪给，技正每月享小米600斤至1200斤，技士每月享小米450斤至800斤，技佐每月享小米250斤至500斤，技术员每月享小米200斤至250斤。[①]最后，关于技术干部的各项福利优待。有特殊功绩或特殊技术者，得特别优待，其经常工作有成绩者得予加薪；技术干部如因工作劳累或受伤致成残疾者，视其情况给以长期之生活供给优待；技术干部不交纳机关生产任务；技术干部子弟入学按干部子弟入学办法待遇，其家属待遇在政治上与一般干部家属同；技术干部因年老或其他事故请求退休时，给以退休金，退休金视其工作历史成绩与其本人及家庭生活情况决定之。

发放特殊岗位人员生活补贴。1949年10月，东北人民政府发布《关于执行防疫工作人员危险补贴的通令》。该法令特别规定在发生鼠疫或霍乱期间，凡在疫区直接参加防疫工作之医务人员，不论薪给供给，医师、药剂师、技师等应每月给予30分，其他医务人员应给予20分，作为危险补贴。对鼠疫或霍乱菌之培养，或制疫苗者，在其工作期间（按日计算）不论薪给供给，医师、药剂师、技师等应每月给予20分，其他医务人员应给予30分作为危险补贴。如尚未执行此项办法者，应即追加补发。[②]

三、中国共产党解决解放区社会保障问题的基本效果

解放战争时期，中国共产党和解放区政府面对突出的社会保障问题，通过采取各项措施，积极推动新老解放区社会保障事业的恢复和发展，逐步改善了各类群体的生活，促进了社会稳定，巩固了民主政权，保障

---

① 参见张希坡编著：《革命根据地法律文献选辑》第3辑第4卷·晋察冀边区，中国人民大学出版社2018年版，第427页。

② 参见张希坡编著：《革命根据地法律文献选辑》第4辑第2卷·东北解放区，中国人民大学出版社2019年版，第149页。

了解放战争的胜利，为新中国社会保障事业的开创奠定了坚实基础。

（一）逐步改善解放区各类群体的基本生活

中国共产党和政府在新老解放区实行的各项社会保障措施，保障覆盖面大、保障形式多样，有助于广大解放区各类人群恢复生产和改善生活。

1. 保障对象扩大，覆盖解放区广大民众

与新中国社会保障事业相比，解放战争时期党和政府解决社会保障问题的措施还不全面不系统，解放区社会保障水平仍然较低。但是这一时期解放区社会保障群体不断扩大，社会保障工作内容越来越丰富。解放区社会保障工作范围既包含陕甘宁边区、晋察冀边区、晋冀鲁豫边区、山东解放区和华中解放区等老解放区，又扩大到东北解放区等新解放区，还覆盖到北京、天津、南京、上海等大城市。

一是各解放区普遍将解决社会保障问题列入施政纲领。

在各地解放之初，新解放区尤其是大城市的社会保障形势十分复杂，亟须党和政府予以尽快解决。如在东北等解放区，1946年8月11日，东北各省代表联席会议通过《东北各省市（特别市）民主政府共同施政纲领》，提出八项施政纲领，多个方面涉及社会保障工作。其中第四条提出"改善工人、职员与技术人员的生活，安置救济失业工人，提倡劳资合作，发展生产，繁荣经济，保障资本家的正当利润，建立统一合理的税收方针，减轻人民负担"。第五条强调"保证残废军人的生活，优待死难烈士的家属与军人家属"。第六条提出"保障教职员与贫苦学生生活；优待科学家、艺术家、各科专家与文化工作者，并奖励特殊的发明与创造"。第七条包括"提高妇女地位，保护妇孺生活"等内容。[①]这些纲领反映了东北解放区从创建伊始就将应对和解决突出的社会保障问题作为基本工作内容，反映了党和政府对广大群众社会保障问题的高度重视。

二是老解放区继续关注社会保障问题，缓解了民众生活困境。

---

① 参见东北解放区财政经济史编写组编：《东北解放区财政经济史资料选编》第1辑，黑龙江人民出版社1988年版，第13—14页。

以陕甘宁边区为例，延属分区是1947年西北战场上遭蒋军胡匪最严重的区域。胡灾病灾导致农作物下种迟、锄务差，作物熟得晚，当年延属分区出现了灾荒。面对这一情况，陕甘宁边区党和政府积极领导边区民众，在自救救人、恢复生产的总方向下，努力克服灾荒，推动了生产的发展，支援了前线战争。当时，陕甘宁边区政府拨出救济粮2000石，放农贷16亿元，放荞麦籽80石、麦籽521石2斗、棉花32000斤、布400匹。广大民众自发调剂土地52176垧，互济粮食6040多石，捐助救济衣物、用具969件，通过互助借贷、安伙子、雇人、人畜力变工等办法，共安置9449户移难民，转运过境到陇东、三边、黄龙移难民10000余名。为应对可能出现的疫情，陕甘宁边区政府还派出7个医疗队到6个县免费治疗与组织人民防疫，制造了20多磅药发到各县，帮助扑灭了瘟疫。[①]因此，陕甘宁延属分区才能渡过1948年春荒的危机，转入全力恢复生产建设的状态。

三是新解放区注重解决工人失业、劳资纠纷等新问题。

在广大新解放区，工人失业是党和政府面临的重要难题。全民族抗战胜利后不久，东北解放区的黑龙江省失业问题相当严重。1946年4月，哈尔滨市开展的调查统计显示，该市各类从业人员2.2万，失业人员却高达12万，占该市人口总数的21%。[②]为解决失业现象，稳定市民生活，哈尔滨市党和政府通过私营企业订立劳资两利契约、组织手工业生产合作社、安置失业工人等形式，发展工商业，扩大工人就业规模，改善民众生活。在调整劳资关系方面，1947年1月，哈尔滨市委下发《关于1947年市政府工作决定》，决定实行各项政策以调整劳资关系，以利于发展工商业。截至1947年3月，哈尔滨全市在市场、街头营业的摊贩、行贩等共有

---

① 参见陕甘宁边区财政经济史编写组、陕西省财政厅财政科学研究所、陕西省档案馆合编：《解放战争时期陕甘宁边区财政经济史资料选辑》上册，三秦出版社1989年版，第290页。

② 参见黑龙江省地方志编纂委员会编：《黑龙江省志》第68卷·劳动志，黑龙江人民出版社1995年版，第74页。

30024 人，资金总额 59.74 亿元东北币，占全市商业资本的 36.4%。[①]在组织手工合作社方面，哈尔滨市大力扶助发展小五金、小百货、成衣、皮件等家庭手工业，建立手工业生产合作社。在安置失业工人就业方面，哈尔滨市实行失业工人登记，制定工作计划安置失业工人。1946 年，哈尔滨市委选调 130 名干部组成工作队，深入企业、街道，发动群众以工代赈、生产自救，恢复生产，当年介绍 1.08 万名失业人员就业。1948 年 6 月，哈尔滨市工会成立职业介绍所，在各区办事处密切配合下，到年底共介绍 9753 人就业。[②]截至 1948 年底，全市安置各类失业人员 106168 人，其中政府介绍和协助安置就业 44258 人，政府协助和组织合作社及自谋职业的 30024 人，动员移民下乡的 9370 户 31886 人，使全市失业人员由 1946 年占城市人口的 21% 下降到 4.3%[③]，基本上解决了旧社会遗留下来的失业问题。

北京、天津、南京、上海等大城市解放后，面对工厂商店关门、工人店员失业的现状，1949 年 2 月，中共中央作出《关于新收复城市中私营企业复工问题给天津市委的指示》，对新解放城市恢复生产提出具体建议，要求"各厂均须尽可能迅速复工，不得故意怠工拖延，其因特殊原因确实不能复工者，应向政府报告，经调查属实批准后方得停业"，"不得降低工人的实际工资及其他待遇、过年费、年终花红等按旧习惯发给，如有必要改变工资标准或其他待遇，应经劳资双方协议，并经政府批准。经政府批准停工者，应发给遣散费"[④]。这一指示对当地党和政府尽快发展生产、繁荣经济起到了指导作用，有助于合理保障工人待遇。随后，

---

① 参见哈尔滨市地方志编纂委员会编：《哈尔滨市志》劳动人事档案，黑龙江人民出版社 1997 年版，第 30 页。

② 参见黑龙江省地方志编纂委员会编：《黑龙江省志》第 68 卷·劳动志，黑龙江人民出版社 1995 年版，第 75 页。

③ 参见哈尔滨市地方志编纂委员会编：《哈尔滨市志》劳动人事档案，黑龙江人民出版社 1997 年版，第 8 页。

④ 张希坡编著：《革命根据地法律文献选辑》第 4 辑第 3 卷·北平（京）、天津、南京、上海四大城市，中国人民大学出版社 2019 年版，第 133 页。

上述各地政府根据党中央上述指示精神，坚持发展生产、繁荣经济、公私兼顾、劳资两利的经济工作方针，制定了符合实际的社会保障政策，推动了各大城市突出的社会保障问题的逐步解决。

2. 保障形式多样，改善了民众生活

解放战争时期，党和政府为应对当地突出的社会保障问题，探索多种方式，通过不同方式逐步救助各类群体，保障了广大新老解放区民众的基本生活。

一是紧急救助与发展生产相结合，改善了被灾被难群体的基本生活。

1948年6月，《人民日报》报道了陕甘宁边区生产救灾的工作经验，鼓励把救灾与生产结合起来，发展生产救助灾难民。陕甘宁边区绥德分区的镇川县吴庄区一乡、葭县响石区四乡、子洲县高家沟区一乡共3个乡的灾荒特别严重，劳动力大量减少。原来3个乡共有1402户5684人，劳动力1240个。因灾荒而移民者425户（减少30.3%）1599人（减少28.1%），减少劳力525个（减少42.3%）。因遭胡匪抢杀及移民带走，3个乡的畜力约减少70%。[①]为此，3个乡根据实际积累了生产与救灾相结合的经验。其一，普遍组织半劳力参加生产。葭县响石区四乡即有180名妇女和161名儿童参加农业生产；子洲县高家沟区一乡半劳力参加农业劳动者达全数之35%，上山挖菜者达85%；镇川吴庄一乡除个别二流子外，全部老汉妇女儿童均参加了耕种。[②]其二，移民出走后的留地，除移民自找对象委托亲邻代耕或由未移走农民伙租耕种外，3个乡均局部地定出了移民留地的临时合理使用办法，组织农民承种。这样就刺激了劳力尚有剩余的农户纷纷承种移民留地。其三，根据现有劳力、动惰表现等条件，民主地评分等级，依此发放不同的货粮籽种，鼓励了好劳动者的生产情绪，克服了平均分配货粮籽种的偏向。其四，组织移民两头种庄稼。如

---

① 参见新华社：《陕甘宁边区 生产救灾结合 获得成功经验》，《人民日报》，1948年6月27日，第2版。

② 参见新华社：《陕甘宁边区 生产救灾结合 获得成功经验》，《人民日报》，1948年6月27日，第2版。

有的移民抢种夏田后再走；有的在外打短工，挣了口粮再回来生产。这一案例为开展生产救灾工作提供了鲜活案例。

在东北解放区，长春市人民政府在1949年上半年度工作报告中指出了当地政府主要采取紧急救济与以工代赈相结合的方式，救助各类被难被灾群体。长春解放时，国民党的政策给长春市人民造成空前惨重的饥饿、死亡。进城后，党和政府首要的任务是"救生埋死"。办法就是一面赶快发放救济粮救起活人，同时采取以工代赈的办法，用救起的活人来埋死尸。救起活人埋完死尸，再进一步地进行救济，恢复生产。当时，长春市人民政府前后共发放857527斤救济粮，救济104816人，占当时人口的44%，其中以工代赈的有37405人。①

二是优待抚恤与鼓励生产相结合，改善了军烈属和民工家庭生产生活。

解放战争时期，党和政府对军人烈士和军属烈属、支前民工及其家属实行各项物质优待和政治优待政策，为解决此类人员生活困难提供了政策保障。此外，党和政府还经常组织与领导复员军人、军属烈属生产，提高其政治觉悟，使其主动参加生产，如此不仅解决了此类人员生活困难，而且提高了军属烈属的社会地位。由于城市与农村不同，广大农村地区往往采取代耕方式解决军属烈属生产问题，而城市军属烈属分不到土地牲口等生产工具，因此城市优属工作较为困难。为此，党和政府除了一般物质优待之外，积极介绍职业、组织生产合作社来保障城市军属烈属生产生活。

以东北解放区为例，1948年东北各级党政领导机关重视优属工作，贯彻了以帮助与组织军属生产，建立家务为主的基本方针，把优属工作向前推进了一步，基本上解决了城市军属生活中的困难。其一，物资救济。如辽宁省北票解放后人民政府拨小米20万斤，锦州解放后人民政府拨小米16万斤，以救济贫苦军属。长春等城市，对无任何生产能力，且

① 参见东北解放区财政经济史编写组：《东北解放区财政经济史资料选编》第1辑，黑龙江人民出版社1988年版，第203页。

贫苦无法维持生活者，予以物资补助。安东省中央、元宝两区一年救济贫苦军属款6800余万元。其二，介绍职业组织生产。如哈尔滨、长春等市，由政府给军属介绍职业，各公营企业商店等应尽先采用。还有的介绍到农村参加生产，如长春市仅1948年2月份即介绍51户到农村生产。辽宁省北票城厢区组织军属800余户纺线4万斤，朝阳城厢区组织军属纺线1万斤，换了粮食，渡过了灾荒。其三，组织各种合作社和工厂。如军属合作社、供销合作社、煤炭合作社、纺织工厂、草袋工厂、草包工厂等。吉林市昌邑区组织军属合作社，由区政府向东北银行贷款200万元，吉林市政府拨粮3700斤、发放衣服185件作为合作基金，由军属自动拿出桌凳等用具，搞消费合作社、成立纺织厂，组织军属纺线。经各方面努力，该区合作社生产增加了17倍，解决了140家军属的困难。合江佳木斯组织4个磨坊合作社、2个工厂，全年解决军属用的粮食26万余斤，还有一部分衣服、柴禾等。黑龙江省兰西县城区由政府拿2000万元，成立2个草包工厂，组织军属织草包、打草绳，当年12月已有200多名军属参加织草包。有小孩不能出来的军属则在家打草绳子，亦能解决他们的生活困难。[①]

（二）巩固人民政权，推动解放战争的胜利

解放战争时期，党和政府对突出社会保障问题的解决，恢复了社会生产、改善了民众生活，对巩固解放区政权、推动解放战争胜利起到积极作用。

1.巩固了解放区人民政权

一是教育了广大民众，提升了其对人民政权的认同度。

在东北解放区，在长春市解放后，人民政府采取了紧急救助，解决了大量失业人员和难民生活问题，在实践中教育了广大新解放区民众。当时，长春市政府发放救济粮的办法开始是急赈，饿得躺在炕上走不动的，

---

① 参见东北解放区财政经济史编写组编：《东北解放区财政经济史资料选编》第4辑，黑龙江人民出版社1988年版，第640—641页。

工作人员将粮食送到家里去，发放面较宽。后来，除有劳动力者实行以工代赈办法外，其他救济采取自报公议并有重点地进行，分出等级分别救济，逐步恢复了生产。经过救助后当地群众对党和解放区政府感激万分，对国民党更加愤恨。如群众说"中央军抢粮，八路军放粮"，"共产党民主政府昨天到了今天就放粮，理了死的还救活的"，怎能不使人感激呢？"人民解放军应当改成救命军"，"八路军不来，咱们还不一样饿死吗？参加八路军，打到南京去，找老蒋算账偿命"[1]。群众同我们党和政府人员一天一天地亲热起来。

二是激发了民众生产积极性，推动了解放区生产的发展。

以陕甘宁边区为例，1947年党中央撤出延安转战陕北时，边区工人在极其严峻的条件下继续生产，取得了不小成绩。根据边区被服局工作总结，1947年上半年，陕甘宁边区被服厂从3月27日撤出延安起，至4月20日停工23天；5月28日到6月20日因敌人扫荡再次搬迁，又停工22天。上半年该厂共停工40天至50天，由于搬动机子受到损坏，无足够之厂址不能全部开工。"在转移机子时，有的人为背机子丢掉被子，有的把肩膀磨破。机子掉到水里，（工人们）涉过刺骨的冷水去抬机子。每次转移到一个地方，工人们放下行李就打扫马棚草舍。为自己的工房避免空袭，（他们）常连夜转移，一夜行走70多里路，吃不上饭，但不到三天就开工制造。工人们在支援前线的岗位上是努力的，吃苦的。"[2]在这种情况下，陕甘宁边区被服厂虽然无法完成原定的生产计划，但在广大职工积极努力下，该厂最终仍完成战前生产计划的50%至65%。如单衣计划生产5万套，上身完成29402件，尚差20598件，完成58.8%，下身完成32777件，尚差17223条，完成65.5%；单帽计划生产5万顶，完成38034顶，完成76.07%；被子计划生产7000床，完成5200床，完成74.2%；褥

① 东北解放区财政经济史编写组编：《东北解放区财政经济史资料选编》第1辑，黑龙江人民出版社1988年版，第204页。

② 陕甘宁边区财政经济史编写组、陕西省财政厅财政科学研究所、陕西省档案馆合编：《解放战争时期陕甘宁边区财政经济史资料选辑》上册，三秦出版社1989年版，第433—434页。

子计划生产500条，完成1000条，完成了200%；绑带计划生产1万副，完成12108，完成了121%；弹花完成60.8%。[①]考虑到战争的特殊环境，当时该厂工人能够完成原定计划的一半以上，比平时全部完成还要困难得多。总之，战争是一座很好的熔炉，一切员工的品质能力都受到了考验，在工厂里，在转移物资中均发现很多好的工人和干部。当时，陕北被服厂表彰了18位优秀职工，其中赵玉文同志是一位老女工，她响应支前立功号召，每天锁30件扣眼。1947年7月1日至15日，先进职工党万华共缝制衣服252件，刘德喜缝制214件，刘凤池缝制216件。他们牺牲了午睡时间，为完成任务而奋斗。被服分厂马腾雄同志为支前立功，曾一天完成30件，祁存亭、毕金品也完成24件被服。[②]

2. 推动了解放战争的胜利

其一，军属烈属受到了优待和教育，推动了生产和参军热潮的形成。

以东北解放区为例，党和政府开展了庆功优属运动，奖励了克服困难、积极生产的军属，提高了军属在政治上社会上的地位，推动了军属积极生产的热情。"各地都反映，扩军、战勤、征粮等等工作都比过去容易完成，农民把参军视为无上光荣，扩军都是经过多次挑选，担架队报名踊跃得很，缴公粮也是如此。广大农民群众的觉悟程度更较前提高了。"[③]

与此同时，广大军属在庆功优待运动中也受到了教育，政治觉悟与认识得以提升。比如在东北解放区的合江省，桦南县柳毛河子村模范军属刘凤琴说："我给掌柜的写信，告诉他好好干，打到南京抓老蒋，我在后

---

① 参见陕甘宁边区财政经济史编写组、陕西省财政厅财政科学研究所、陕西省档案馆合编：《解放战争时期陕甘宁边区财政经济史资料选辑》上册，三秦出版社1989年版，第433页。

② 参见陕甘宁边区财政经济史编写组、陕西省财政厅财政科学研究所、陕西省档案馆合编：《解放战争时期陕甘宁边区财政经济史资料选辑》上册，三秦出版社1989年版，第437—438页。

③ 东北解放区财政经济史编写组编：《东北解放区财政经济史资料选编》第1辑，黑龙江人民出版社1988年版，第385页。

方努力生产，我俩比比看谁进步了！"安东省凤城县至山区关家村林老太太说："不把反动派消灭干净，我决不让我儿子回来。政府这样的[地]照顾我，就是我儿子在家也不能这样待我呀。我这一辈子真没白活。"安东市烈属宋传义老大爷在军属代表大会上说："我儿子牺牲了，但蒋介石今天还没死，我下决心多生产，支援前线，把蒋介石消灭了，全中国人民解放了，我儿子仇也报了。"各地军属纷纷给前方子弟、丈夫写信，告诉他们杀敌立功，才能确保东北解放的胜利。据不完全统计，仅嫩江省安广县在1949年庆功优属运动中，4334户军属中有3500户给子弟、丈夫写了信。军属在书信中写了翻身后家中生活和他们的愿望，要求子弟、丈夫多打胜仗，迅速解放全中国。① 在热烈的庆功优属运动之下，各地还开展了参军、归队运动，群众情绪高涨，都表现出"参军保家乡，解放全中国"的觉悟。如辽宁省盘山县，在1948年11月21日到29日的9天内，全县有1640名青壮年参军，仅沙岭区就有321名，田家区172名，胡家区171名。②

其二，解决了革命军人和支前人员后顾之忧，激发其革命斗争热忱。

在中原解放区，1949年2月，中共豫皖苏分局在《关于淮海战役支前工作初步总结报告》中总结了新解放区民工征用调配问题，强调"新区民工雇觅问题要以照顾基本群众与完成任务两个原则予以适当解决"③。豫皖苏分局还总结出淮海战役抬担架民工使用上的两点主要经验。一是部队如果体会新区民工心理、照顾民工生活，依靠教育逐步提高以达使用目的，民工使用上就能够获得成功。如中原野战军三纵把民工集中于纵队位置附近进行教育整理，根据各单位战斗任务分配担架，小型战斗时率领上前线接伤员并当晚返回，民工安全与供给都不存在问题，大部

① 参见东北解放区财政经济史编写组编：《东北解放区财政经济史资料选编》第4辑，黑龙江人民出版社1988年版，第634—635页。

② 参见东北解放区财政经济史编写组编：《东北解放区财政经济史资料选编》第4辑，黑龙江人民出版社1988年版，第637页。

③ 王礼琦编：《中原解放区财政经济史资料选编》，中国财政经济出版社1995年版，第721页。

得到巩固。而且经过战地锻炼，民工胆子不断壮大，有的民工敢于上前线抢救（如泉阳担架在独立旅抢救数次）。一般说，新区担架开始只能担任纵队前后转运，不宜轻易往火线使用。二是伤员转运办法，以就近民工为主，主要采取短程接力转运的方式。围歼黄维兵团时，前线伤员35000人，总计经常使用担架，部队5000副，转运站7000副，牛车500辆，设干线两条，四五十里设转运站。①由于战役中工作的主动，民工人心稳定，大量伤员的后方运输只要各站有足够医务人员，能收容一两千伤员，即使民力临时不足，也可以通过轮替转运来解决问题。由于任务固定，民工离家不远，随去随来，所以民工工作得到很好巩固。如宿西担架队提出十天三趟，民工完成各自换班，没什么逃亡现象。因此，民工在战役前方数量减少后，对于后勤供给与民工安全都十分有利。可见在这种作战条件下，如此使用民工是进入新区后可以采取的有效办法。

（三）奠定新中国社会保障事业的坚实基础

解放战争时期，中国共产党在应对突出社会保障问题时，根据时代条件，结合地方实际，在实践中不断学习和探索，推动社会保险等具体工作内容的丰富，形成了较为全面的社会保障工作内容，为新中国社会保障事业的发展奠定了基础。总体来看，相比于以往，解放区的社会保障工作内容更全面、组织工作体系较健全。

1. 建立了自上而下的社会保障工作机构

在社会救济方面，为解决抗战胜利后的难民救济问题，中国解放区临时救济委员会于1945年7月21日成立，次年8月改称中国解放区救济总会。这一委员会是中国解放区民众性救济工作的组织领导机关。随后，为争取更多的善后救济，中国共产党要求各解放区组建救济组织，开展善后救济。1945年10月，陕甘宁边区政府根据中国解放区临时救济委员会组织及工作条例设立了陕甘宁边区救济分会，山东解放区亦设立了中

---

① 参见王礼琦编：《中原解放区财政经济史资料选编》，中国财政经济出版社1995年版，第721页。

国解放区临时救济委员会山东分会等。此外，各解放区普遍设立民政厅，有些大解放区如华北解放区还成立了民政部，各解放区行政市还成立市级救济委员会。1949年2月，华北人民政府在应对春荒时，指示灾情严重的地区应成立生产救灾委员会，统一领导救助工作。同年4月，为尽快帮助群众做好春耕工作，中原解放区各地委建立生产救灾委员会总会，县区成立生产救灾委员会，抽调大批干部组成工作队指导地方救灾。在陕甘宁边区，各属分区则以乡为单位组织生产救灾委员会，村组织生产救灾小组。这些组织和单位作为协助政府办理救济救灾工作的机关，开展社会救济工作。

在社会优抚工作中，为加强对革命军人和军属的优待工作，1946年10月开始，东北民主联军要求在总部、纵队、军区、分区、师旅，分别设立相应级别的抚恤委员会，各级抚恤委员会接受上级抚恤委员会领导，同时接受同级政治委员、政治部主任之指导。为加强对荣誉军人工作的统一领导，做好荣誉军人优待工作，1947年11月，东北局、东北政委会、东北民主联军总政治部联合要求以东北解放区各省为单位，在省委领导下以政府为主，组织荣誉军人管理委员会，开展对各级军人领导工作。

以往各地支前工作一般由解放区民政部门负责，但没有做其他武装工作，实际上只做战勤工作。为加强对战勤和支前工作的领导，东北解放区的辽宁等省要求各级政府组织支前委员会。"这个委员会吸收各部门与支前工作有关之人员参加。如党军、后勤、铁路、粮食财政等部门，以政府主要负责人为当然主任委员，以掌握当地战争勤务工作的公平合理与及时的[地]去完成任务。其具体工作，仍由各级政府中之武装科做。"①1949年2月，中原解放区鄂豫分区制定了《鄂豫区支前工作条例》。条例规定："各级党政军集中力量，配备干部组成各级支前司令部、政治部、指挥部、供应站，并分设办公、动员、交通联络、供应等部门，统一领导全区支前工作。""各级支前司令部、指挥部为最高权力机关，发

---

① 东北解放区财政经济史编写组编：《东北解放区财政经济史资料选编》第4辑，黑龙江人民出版社1988年版，第554页。

布命令、办法等，并负责指挥动员人力、物力、财力及训拨财粮，转运伤病员，接收与保管资财，修桥补路，通讯带路、联络等工作。""各乡镇各保成立支前委员会，除派干部担任该会主任，并有原乡保甲长人员和开明士绅、青年知识分子及吸收各种人才等，踊跃参加支前工作。"①同年3月，中原临时人民政府、中原军区发布《关于全力支援南下大军建立各级支前组织的命令》，决定自上而下地建立强有力的统一的支前领导机构。命令要求"县以上设支前司令部，区村设支前指挥部，专县支前司令部正副司令员由专员，分区司令员、县长兼任之，正副政治委员，由分区与县正副政委兼任之"；"指挥部主任由区村长兼任之，指挥部指导员由区委书记和村指导员或农会主席兼任之。""各级支前机构，必须在一元化领导下，由党政军民抽调负责干部组成，需要脱离一般日常工作，专门负责支前，各有关部门均需参加支前工作。""城市建立支前委员会，由党政军民及各有关部门组成，并须指定专人负责。任务繁重者，亦应成立支前司令部。""分区以上支前机关，得根据需要设立支前办事处。依靠当地支前组织结合周围地区的力量，在上级支前机关统一布置下，组织完成各种任务。"②

2. 形成了更为全面的社会保障工作内容

一般说来，社会保障工作内容主要包括社会救济、社会优抚、社会保险、社会福利四项。解放战争时期，解放区的社会保障内容基本涵盖以上四方面。

这一时期，社会救济工作既有对饱受帝国主义侵略战争摧残难民的善后救济，又有对受到各类自然灾害影响的灾民的救济，既有对流入解放区的原国统区难民的临时救济，又有对新解放城市失业人员、失学青年、社会流浪人员的救济保障，还有对旧社会遗留下来的黄赌毒等社会毒瘤

---

① 王礼琦编：《中原解放区财政经济史资料选编》，中国财政经济出版社1995年版，第713—714页。

② 王礼琦编：《中原解放区财政经济史资料选编》，中国财政经济出版社1995年版，第732页。

的收容改造。在东北解放区，1948年5月，辽南省委报告了在新解放城市救济失业工人及贫民，抚恤战争中灾民的情况，其中辽阳发放救济粮17万斤，鞍山发放救济、贷粮共89万斤，营口发放救济粮62万斤。鞍山战斗中老百姓死239人，伤346人，均经抚恤救济。[①]

社会优抚工作方面主要有对荣誉军人、退伍复员军人的优待政策，对军属、烈士烈属的优待抚恤，还有对支前民工等战勤人员及其家属的生产生活保障、伤病医治等优待。这一时期的社会优抚工作继续采取物质优待、精神褒奖的方式，既解决了革命军人、支前民众的后顾之忧，又对人民群众进行了教育动员，增强了各界民众的拥军热忱，为新中国成立后社会优抚事业建设提供了有益参考。尤其是优待军人和军烈属工作，各地取得了很好成绩。在东北解放区，1948年土改中农村军属一般都分到了好而近的土地、牲口及房子。如原合江省17个县市，共有军属37301户，分得124245.43垧地，31894.5匹牲口，53564.5间房子。广大军属烈属获得了生产手段，打下了安家立业的基础。当时在原黑龙江、合江、松江、嫩江、辽宁、辽西、哈尔滨等省市计70余县区共有316484户军属，受到代耕的军属达128580户，代耕了252012.33垧土地，同时这些军属获得优待粮45607934.6斤，现款10867803670元。[②]到了1949年，东北解放区军属599130户、烈属26967户中，被代耕土地的军烈属（含工属）达334373户，被代耕土地466530.8垧。[③]

社会保险方面，在土地革命战争和抗日战争时期党和政府颁布的社会保险条例很少且内容不够全面具体。但在解放战争时期颁发了大量保险条例、法规，政策内容与之前相比更加具体，开始从生、老、病、死、残、生育等方面详细说明权益保障的范围和劳动保险金的具体补助。如

---

① 参见东北解放区财政经济史编写组编：《东北解放区财政经济史资料选编》第3辑，黑龙江人民出版社1988年版，第72页。

② 参见东北解放区财政经济史编写组编：《东北解放区财政经济史资料选编》第4辑，黑龙江人民出版社1988年版，第638页。

③ 参见东北解放区财政经济史编写组编：《东北解放区财政经济史资料选编》第4辑，黑龙江人民出版社1988年版，第647页。

1945年9月，《中国解放区职工联合会纲领（草案）》就明确提出"建立必要的职工社会保险，职工伤病实行免费治疗"的基本主张。随后，各解放区在原有社会保险建设经验基础上，探索以劳动保险为主的社会保险事业建设，内容涵盖劳动保险、养老保险、生育保险、医疗保险等多方面。在实践中，各解放区探索保险领域专门立法，规定工资薪金标准，合理确定劳动时间，注重解决劳资纠纷，为新中国经济建设和社会保险事业的开展积累了宝贵经验。这一时期解放区劳动保险事业取得了不错的效果，不仅受益人数增加，职工生活保障水平有所提高，而且职工保险事业也不断得到发展。

在社会福利方面，这一时期各解放区注重关爱妇幼儿童、孤老病残等社会群体，还为党政工作人员、企业职工、教师和技术人员提供各项福利，使他们在生活上得到保障。1948年，哈尔滨市总结了一年零八个月的职工运动工作，描述了该市职工所享受的福利。职工会举办了一些福利事业，适当解决了职工困难。哈尔滨共办18个合作社，贱价供给工人生活必需品，光总工会福利部办的一个合作社，三个月中就供给7000多名工人用布，为工友节省了1.3亿多元。在职工的医疗治疗方面，办了6个门诊部，5个医院。现在又办了1个规模较大的职工医院，有内科、外科、妇科、小儿科等，职工看病半费或免费。另外，总工会办了4个可容千人左右的俱乐部。[①]鞍山钢铁公司在1949年工作中，关注职工健康，举办职工医院。一年下来，鞍钢职工医院由开始2个医生、2个护士、1个事务员，发展成624名医务人员。伤病员住院1525名，治愈率69.84%，门诊接待334824人次，平均1116人次/日，治愈率74.5%，全年鞍钢公司为职工疾病付给医院3293亿元现金。同时鞍钢公司计划兴建职工住宅，开办食堂和合作社。由于合作社可理发、洗澡、看戏等，当年替工人节

---

① 参见东北解放区财政经济史编写组编：《东北解放区财政经济史资料选编》第4辑，黑龙江人民出版社1988年版，第387—388页。

省了 485000 万元费用开支。[1]

今天来看，解放战争时期中国共产党领导的解放区虽然在包括职工福利在内的社会福利、社会救济、优抚工作没有进行统一的专门立法，但这些工作已经通过民工支前、互助互济、设立残废军人教养院、组织救灾、生产自救、优待安置、收容难民等内容体现出来。这些工作不仅对支援解放战争发挥了巨大的作用，也为建立新中国的社会保障制度积累了重要经验。

特别值得肯定的是，东北解放区的社会保险事业探索为新中国社会保险事业的发展奠定了重要基础。从 1946 年 7 月开始，东北各地如黑龙江省及佳木斯、哈尔滨、齐齐哈尔、牡丹江等大中城市先后建立劳动机构，陆续制发《战时劳动条例》等政策法规，稳妥而细致地指导劳动工作。1948 年 12 月，东北行政委员会正式颁布《东北公营企业战时暂行劳动保险条例》，首先从国营的铁路、矿山、军工、军需、邮电、电气、纺织等七个行业试行。这一条例从当年 7 月 1 日开始在东北地区所有公营企业实行。截至 1949 年 9 月底，黑龙江省享受劳动保险待遇的职工达到 20 余万人。[2]自这一条例公布实施至全国统一的社会保险条例颁布前，东北全境共有 420 个厂矿企业 79.6 万名职工享受了社会保险。[3]可见，《东北公营企业战时暂行劳动保险条例》是全国解放前夕，中国共产党在总结多年实践经验的基础上，在东北全境较大范围内统一实施社会保险的尝试，也是我党颁布和实施的第一部较为完整和专门的社会保险法规。

由上可见，解放战争时期中国共产党在以往社会保障事业基础上，结合各地实际，形成了与解放区经济发展相适应的社会保障工作体系，对保障民众生产生活，支援解放战争起到了重要作用，也为新中国成立后社会保险制度的建立积累了宝贵经验。

---

① 参见东北解放区财政经济史编写组编：《东北解放区财政经济史资料选编》第 2 辑，黑龙江人民出版社 1988 年版，第 318 页。

② 参见黑龙江省地方志编纂委员会编：《黑龙江省志》第 68 卷·劳动志，黑龙江人民出版社 1995 年版，第 6 页。

③ 参见王占臣、任凡主编：《社会保障法全书》上册，改革出版社 1995 年版，第 4 页。

第十三章　解放战争时期中国共产党
对解放区教育问题的解决

面对解放区的各类教育问题，中国共产党和解放区政府根据各区实际，继续坚持干部教育第一方针，加强群众性社会教育，完善各类学校教育，不断提升解放区民众教育文化水平，为动员民众参加支前和保障战争胜利作出了积极贡献。

一、解放区教育问题概况

与全民族的持久抗战不同，解放战争战场形势变化较快，解放区辖区不断变动，这给各解放区尤其新老交汇区政权建设带来困难。在这一大背景下，解放区教育问题在总体上表现为教育发展区域的不平衡，以及新解放区改造旧教育的任务繁重、干部及专业人才的教育亟须加强等。

（一）解放区教育问题的主要表现

总体上看，解放区教育资源仍旧欠缺，而且新老解放区由于历史与现实原因，教育资源呈现出不平衡特征。

1.新老解放区教育基础总体不平衡

经过土地革命战争、全民族抗日战争时期的巩固和发展，中国共产党领导的老解放区教育基础较好。相比而言，新接收沦陷区和新解放区的教育基础十分薄弱。

首先，抗战胜利时老解放区各类教育均有一定基础。如华北解放区，日本投降时冀鲁豫全区共有民校、冬学1852处，2105个教学班，学员85580人，民校教师2213人。到1946年底，仅金乡县金南和金西两地就有冬学152处，176个教学班，学员6277人，民师202人。冀晋区五台县有400个行政村，370村办了冬学，共有冬学395座。①在学校教育方面，截至1946年10月，晋察冀边区解放区中等学校已有56所，学生10350人。原晋冀鲁豫边区中等学校也由26所增加到50所。仅太行区1946年上半年即由过去的9所中学25个班1309名学生，增加到14所中学61个班2674名学生。至1946年底，又增至75个班3500名学生。冀南、太岳、冀鲁豫等地的中等学校的发展也都很快。②在山东解放区，据不完全统计，1946年6月全区民校23170处，学员293129人；妇女识字班22834处，学习人员264594人。干部学习组胶东有4399个，成人学习组44716个，115968人。青年学习室胶东有4246个，鲁南2个县有8个，计4254个。高级民校胶东有75个，鲁南2个县有17个，计92个，另有宣传棚364个，俱乐部8217个，民教馆48个，黑板报18532个。广播电台胶东有1645个；农村剧团9006个，63001人；秧歌队19593个，256019人；读报组19377个，71719人。工农通讯员胶东4811个组，鲁中300人，鲁南755人。③此外，山东解放区中学教育也有一定基础。据统计，1946年4月全区中学胶东区16所，渤海区8所，滨海区4所，鲁中区7所，鲁南区5所，另鲁南区的滕县有私立华北弘道院，在临沂有省属山大附中和临沂中学等。全省共计43所中等学校，12554名学生。到1946年9月，全省中等学校发展到45

---

① 参见董纯才主编：《中国革命根据地教育史》第3卷，教育科学出版社1993年版，第141页。

② 参见董纯才主编：《中国革命根据地教育史》第3卷，教育科学出版社1993年版，第148页。

③ 参见董纯才主编：《中国革命根据地教育史》第3卷，教育科学出版社1993年版，第259页。

所，15700名学生。①苏皖解放区也是如此。截至1946年华中宣教大会召开，苏皖解放区有中等学校77所（不包括私立学校），学生15916名，教职员工达到1800余人。②在8个行政分区内，还有小学8680所，入学儿童达453431名，小学教师有13800余人。③

其次，东北等新解放区的教育基础较为薄弱。这一情况与这些地区长期受日本殖民统治分不开。九一八事变以来，日本在东北实施14年殖民统治。为了消灭东北青年学生的民族意识，日本侵略者封闭东北各高等学校，随后在各级学校里实施奴化教育，废除原有中国教材，取消了中国史地课，灌输"日满一德一心""日本亲邦"等奴化教育内容。经日本帝国主义的严重摧残，东北教育几乎没有什么发展。1937年东北的儿童就学率只有30.24%；中等学校在1941年只有315所，仅比1929年增加71所，在校学生68946人，比1929年增加28425人；伪满高等教育最发达的1943年，东北公立、私立大学在校学生共6794人，其中有中国学生2716人，占40%，日本学生3717人，占55%，而其他国学生占5%。高等学校中的中国学生数比九一八事变前减少了2785人，只达到九一八事变前的49.4%。④

2. 解放区各类教育发展有较大差距

自全民族抗战以来，各解放区政权建设和发展对各类干部需求大量增加、对群众社会教育需求强烈，中共中央在各类教育中强调"干部教育第一"、加大社会教育投入，培养革命斗争急需的干部，促进对广大民众的战争动员工作。此外，由于各解放区一度过于强调教育正规化建设，

---

① 参见董纯才主编：《中国革命根据地教育史》第3卷，教育科学出版社1993年版，第264页。

② 参见董纯才主编：《中国革命根据地教育史》第3卷，教育科学出版社1993年版，第291页。

③ 参见董纯才主编：《中国革命根据地教育史》第3卷，教育科学出版社1993年版，第294页。

④ 参见朱建华主编：《东北解放区财政经济史稿》，黑龙江人民出版社1987年版，第586—587页。

各解放区在贯彻落实这一教育方针的过程中曾出现了一些错误,有的错误在抗战胜利后仍对解放区教育影响甚大,如在各类教育中,重视干部教育、忽视中学教育,重视社会教育、忽视小学教育等。

第一,在干部教育与中学教育中,因突出干部教育而忽视了中学教育。为满足抗战斗争对干部的需求,各地应该积极贯彻落实"干部教育第一"方针,加大对中等教育的改造以适应干部教育培养需要。这既正确也很必须。然而,因对政策把握偏差,有的地方在实践中过了头。如在华中解放区,1944年根据中央指示精神,华中解放区"确定中学办理方针为培养干部,据此大改课程和教学方法,这阶段中各地所发生的偏向也比较严重"①。其中一种偏向是中学改造中出现"左"的倾向,"把一个普通中学突然改为干部学校,只教延安所提出来的功课,加上业务知识数理化一概不教了,于是中学变成短训班。学校混乱,大批师生思想上转不过弯。老教师既不能教新课程,大批赋闲,所谓业务知识也无人教,这时候,一部分学生离开学校,舆论也表示不满,学校里发生许多矛盾。如课程与实际的矛盾,老教师与新课程的矛盾,系统知识学习与配合中心任务的矛盾。旧的一套已不合时宜,但新的一套还在创造中,于是在学制,课程教材,教法、生活指导及其他各方面均有些混乱的现象"②。另一种偏向是中学改革中的消极倾向,表现为不作为的敷衍态度。这种偏向是"表面改革,学校的招牌虽改称职干学校,而内容率由旧章,办学者多采取敷衍态度"。总之,为加强干部教育而导致的中学教育改造中的这两种倾向,其结果必然使学生数量下降,师生不满,社会反对,大部分教师苦闷彷徨,不知所措。即使在改革得比较好的地区也存在一些缺点,即"过分强调劳动与社会服务,部分学生程度下降,特

① 中央教育科学研究所编:《老解放区教育资料》第3卷,教育科学出版社1991年版,第191页。

② 中央教育科学研究所编:《老解放区教育资料》第3卷,教育科学出版社1991年版,第191页。

别是数理化不教或精简后，下跌最猛"[①]。此外，山东解放区"在干部教育重于群众教育的方针下，老区中等学校大多数转变为干部学校，训练班、普通中学保留的很少"[②]。这也是重视干部教育、忽视中学教育的具体表现。

第二，在社会教育与小学教育中，因突出社会教育而忽视了小学教育发展。当时，华中解放区与其他地区相比教育基础较好。华中南部小学教育素称发达，如1941年新四军到达盐城时，该县有500多所小学，遗憾的是这些学校全被敌伪摧残殆尽。截至1946年春季，盐阜区小学已增至2300多所，淮海区增至202所，其中包含民办小学129所。虽然淮北教育在华中是比较落后的，抗日前只有完小40所，初小160所，短小38所，共计238所，但经过民主政府的发展，至1946年春共计有小学746所，超过战前2倍。[③]然而，华中解放区在抗战胜利前夕改造小学教育工作中也出现了偏差。一种情况是广大师生热心参加抗日救国工作而忽视学校教学。"由于敌后斗争尖锐和对新教育理解不够，于是发生了种种偏向，最普遍和严重者为教师打杂，村里有什么事开什么会他都要去，常常整天关起校门在外面跑，儿童也常开会和在外边跑，学校不大上课，有些坏教师，则半天在家，半天到校，致儿童程度低落，引起家长不满。"另一种情况是没有处理好社会教育与小学教育的关系。当时过于强调成人教育重于儿童教育，导致了两种不良倾向。"一是小学兼办群众教育，上午为儿童上课，下午、早晨或晚间为群众上课，但许多教师提出意见，认为忙不过来……于是除一部分外，仍以办小学为主者多，只在冬学运动和乘凉座谈运动时，才办群教。一种办法是把小学停办，去突击群众教育，结果在有些地区，如淮北的归南县和苏中的宝应县则形成群众教育轰轰

---

① 中央教育科学研究所编：《老解放区教育资料》第3卷，教育科学出版社1991年版，第191页。

② 中央教育科学研究所编：《老解放区教育资料》第3卷，教育科学出版社1991年版，第175页。

③ 参见中央教育科学研究所编：《老解放区教育资料》第3卷，教育科学出版社1991年版，第198页。

烈烈，昙花一现，而大批小学垮台的现象。这一所段的儿童教育，动荡不宁，教师和行政干部苦闷。"为此，抗战胜利后华中解放区政府提出了小学教育的办理方针，明确提出小学教育要"贯彻学用一致的精神，教育活动与社会活动有机的结合与联系，教育内容须适合社会需要，社会活动须达到教育要求……群众教育重于儿童教育之方针，在行政上须秉此精神，但不能机械执行，尤不可放弃儿童教育"①。

第三，教育发展过程中老解放区出现了教育工作的停顿。导致老解放区教育工作停顿的原因不外于灾害、战争两方面。解放战争时期，华中、华北、山东等解放区都曾出现过教育停顿现象。在华中解放区，战争原因导致各地教育普遍停办一年多。1946年初，全区共有中学94所，经整理合并后，到初夏有80余所。1946年8月以后，淮南地区的中学首先放学以应对严重的情况，一部分向中心地区撤退，接着淮北地区有千余名学生也由教育处长率领向安全地区移动。1946年底至1947年1月，大部分中学临时解散，绝大多数青年卷入战争，分配了工作。迁入山东继续办学的除建大附中外还有六分区的联合中学，共千余人。②山东解放区由于受到蒋灾水灾的破坏，1947年也出现停办教育的现象。1947年初，除荣城、文登两县城外，山东省黄河以南全部城镇几乎都给蒋匪占领，"所有各种文化教育机关，各种学校及学习组织，几乎全被摧垮。同时蒋灾而外，又加天灾，普遍的雨水过大，庄稼欠收。即在蒋匪军打退之后，人民生活极端困难，欲求恢复教育工作，事实上已很困难"③。在这些复杂情况下，各地教育先后停办。直到1948年5月，潍坊、青州等地先后解放，人民努力通过生产救灾初步克服了1948年的春灾，各地群众又开始要求办学，这样山东解放区教育工作才慢慢恢复。

---

① 中央教育科学研究所编：《老解放区教育资料》第3卷，教育科学出版社1991年版，第200—202页。

② 参见中央教育科学研究所编：《老解放区教育资料》第3卷，教育科学出版社1991年版，第187—188页。

③ 中央教育科学研究所编：《老解放区教育资料》第3卷，教育科学出版社1991年版，第178—179页。

应该说，在匪患及天灾严重的情况下，党和政府在某些地区停办一些学校是必要的，但在执行中必须做好解释和安排工作。遗憾的是，"在停办过程中许多地区采取了简单化的方式，教员、学生未经解释，即行遣散回家，还有的采取'勒令停办'迫着教职员回家的方式，因之而形成思想混乱，胸怀愤愤者不少"①。

3. 新解放区旧教育亟须改造

中国共产党和各地政府要解决解放区教育问题，必须正确对待新老解放区的教育，尤其是接管好新解放区的旧教育。当时，党和政府对新解放区各种旧教育采取了正确的改造政策，完成了对各类教育的改造和利用。

其一，全民族抗战胜利后对沦陷区旧教育的改造。以东北解放区为例，改造沦陷区的旧教育，首要任务是破除日本帝国主义的殖民奴化教育，然后便是破除国民党反动派对东北实施的盲目正统教育。也就是说，我们对待东北解放区旧教育，"不只是要肃清敌伪奴化教育的遗毒，同时还要扫除蒋介石封建法西斯主义教育的影响；不只是要粉碎敌伪教育制度，同时还要反对盲目采用国民党那套半殖民地的旧型正规化的教育制度和办法。我们要根据东北的条件，创造出适合东北人民需要的新教育制度办法"②。

抗战胜利后，东北解放区各类教育中充斥着敌伪奴化思想和盲目正统思想，给党和政府接收和改造东北的旧教育提出了挑战。一方面，长达14年的日本殖民统治深刻影响到东北的教育，东北青年学生所受奴化教育毒害短期难以清除。另一方面，抗战胜利后，国民党反动派又在东北大力推行奴化的封建主义和法西斯主义教育，加深了东北青年学生中的盲目正统思想。国民党反动派在他们所达之地各学校建立各种反动党团

---

① 中央教育科学研究所编：《老解放区教育资料》第3卷，教育科学出版社1991年版，第179页。

② 辽宁省教育科学研究所编：《东北解放区教育资料选编》，教育科学出版社1983年版，第2—3页。

组织，普遍召开反革命青年训练班，大肆兜售反动论调，粉饰国民党政府不抵抗主义罪行，抹杀中国共产党的抗日功绩，污蔑苏联红军出兵东北等。如他们大肆散布反苏反共反人民的思想，大批印发《中国之命运》《西安蒙难记》《蒋委员长传略》《原子炸弹》等许多反动书籍、反苏反共画报杂志。"这种奴化的封建主义的和法西斯主义的教育和日寇的殖民地教育是一丘之貉，实质上都是对东北青年施行奴化教育、愚民教育。国民党的这种奴化教育与欺骗宣传给东北青年的明显毒害就是更加深了由奴化教育脱胎而来的盲目正统观念。"①所以，党和政府如果不了解东北青年学生的这种思想状况，对东北解放区旧教育的改造工作就很难推进。

实际上，东北解放区创建时，党和政府在对其旧教育的改造中曾遭受过挫折。那时，"我们刚到东北来，对东北青年知识分子的特点没有摸清楚，没有加以研究分析，而把我们老解放区的经验（上大课请人报告），机械的搬运到东北解放区来，这种方法在当时遭到失败，上大课不管讲什么东西，学生不接受或接受不了，或者根本反对。这时期经验，主要是失败的经验"②。甚至到1946年底，新型中学在东北并不占主导。当时东北解放区中等学校并不少，这些中学可分为两类：一种是照旧型中学办的，改革不多，基本上还是一种预备学校。东北解放区大多数中学还是属于这一类。另一种是照关内解放区新型中学办的，为了适应环境需要又分为中学、师范和干部训练班等三种。这些中学是一种新型的混合中学，既是干部学校又是预备学校。这一类型的中学当时在东北还很少。③可见，当时无论是清除旧教育的奴化思想和盲目正统思想，还是建立新式教育，均任重而道远。

其二，解放战争中对国统区反动教育的改造。随着解放战争的发展，中国共产党领导的解放区不断扩大，尤其是解放军攻占济南等大城市之

---

① 苏甫主编：《东北解放区教育史》，吉林教育出版社1989年版，第20页。

② 辽宁省教育科学研究所编：《东北解放区教育资料选编》，教育科学出版社1983年版，第85页。

③ 参见辽宁省教育科学研究所编：《东北解放区教育资料选编》，教育科学出版社1983年版，第54页。

后，新解放区教育的改造问题就提上了新解放区政权巩固和建设的工作日程。

一方面，各解放区面临着如何对待新区大量旧教育的问题。这些旧式教育有的是国民党反动集团开办的公办教育，有的是私人资本家开办的私立学校，还有的是外国殖民势力和教会开办的教会学校。战争进入反攻阶段前后，党和政府既要保护各地教育事业不受战乱危害，又要顺利接管和改造各类旧式教育。在山东解放区，随着济南的解放，党和政府开始接收山东大学；在华北解放区，随着北平战事的发展，党和政府开始考虑顺利接管清华大学等。诸如此类新情况在各解放区解放大城市过程中都曾发生，这对党和政府开展新解放区教育提出了新问题，对接管和改造新解放区各类学校提出了新要求。

另一方面，各解放区接收的旧教育普遍是个"烂摊子"，改造困难重重。由于国民党长期的反动教育，旧教育中的广大青年学生文化知识水平提升有限。如在东北解放区，国民党反动派对教育的危害，除了实施反动的愚民思想和盲目正统思想教育，"另外就是国民党匪帮破坏了学校，荒废了青年学生的学业，降低了青年学生的文化水平。例如，沈阳解放后，我们在四五千中学生中，举行了一次测验，结果只有13%的人及格，考零分不少。另外在我们干部学校招生时，举行口试，对于极普通的数理化试题，很多人回答不出。追问他们为什么这样遭，他们很率直的回答说，国民党在这里两三年，并没有好好给他们上课"[①]。由此可知，如何接收好旧教育并在这个"烂摊子"上建立新民主主义教育，成为党和政府在解放战争后期处理解放区教育问题必须要面对的一个重要课题。

4.干部教育及人才培养工作亟须加强

解放战争时期是新民主主义革命走向胜利的阶段，是中国共产党领导的革命力量同国民党美蒋集团反革命力量展开角逐的关键阶段，也是决

---

① 中央教育科学研究所编：《老解放区教育资料》第3卷，教育科学出版社1991年版，第215页。

定中国社会历史命运和发展方向的阶段。随着战争的迅速发展以及政权建设的需要，各地干部数量紧缺、结构复杂、质量不高、能力不强的问题日益显现。鉴于此，解放战争时期党的干部教育及专业人才培养工作被放到了一个极其重要的位置。

其一，干部总体数量短缺，尤其新区基层干部匮乏。一方面，解放战争时期，对于干部总体数量及质量无法满足战争的需要问题，当时中共中央已有认识，并在战争发展不同阶段多次指示各地重视并解决干部数量紧缺的难题。另一方面，当时各解放区也不断向中共中央反映干部数量紧缺、质量不高的情况。在东北解放区，1945 年 8 月以后，中共中央及其他根据地相继派出大量干部支援东北，由于东北大部分地方是新解放区，党的干部数量，尤其是中下级干部，紧缺严重。1948 年 12 月，太岳解放区发布《太岳行政公署关于迅速培养大批干部的指示》，突出强调革命形势不仅要求促进老区的建设事业发展，同时要保证新区干部队伍的供给，然而对干部的教育培训力度不够，根据地干部短缺现象严重。而且在其他解放区如华北、山东、苏皖、中原等地同样存在着干部数量紧缺的问题。

其二，干部来源结构复杂，思想观念受到影响。解放战争时期，随着党员队伍发展壮大，干部队伍规模日益庞大，同时也出现了不少新问题。在广大解放区，干部中有地主、富农出身的军队干部，也有革命老干部以及知识分子出身的新干部。总体来看，各地干部来源结构复杂，干部思想存在混乱现象。毛泽东于 1947 年 12 月在《目前的形势和我们的任务》中指出，随着党员规模日益壮大，党员干部成分不纯作风不纯现象日益突出。"有许多地主分子、富农分子和流氓分子乘机混进了我们的党。他们在农村中把持许多党的、政府的和民众团体的组织，作威作福，欺压人民，歪曲党的政策。"①此外，一定数量的知识分子干部有受到错误思想影响的危险。1947 年 9 月，东北行政委员会出台指示指出，东北知识分

---

① 中共中央文献研究室、中央档案馆编：《建党以来重要文献选编（1921—1949）》第 24 册，中央文献出版社 2011 年版，第 532 页。

子青年中盲目正统观念根深蒂固，他们认为国民党反动派是正统，开始幻想国民党政权，对中国共产党及新诞生的人民政权持怀疑甚至对立态度。可见，复杂的干部结构及其所受错误思想的影响，急切要求加强解放区的干部教育工作。

此外，部分干部理论水平不高、工作能力不强的问题较为突出。解放战争时期，党和政府需要各级干部来贯彻执行党的路线方针政策，也需要大批干部来进行解放区各项政权建设工作。一方面，因许多干部出身贫穷，多为文盲或半文盲，而在革命战争条件下他们缺乏学习文化知识的机会，文化水平普遍不高。另一方面，面对党的建设事业和新解放区城市工作等新要求新任务，不少干部特别是基层干部能力和水平明显无法适应这些新变化，一些干部的工作能力明显欠缺，尤其缺乏具备经济工作和城市建设方面的技能的干部。因此，加强各类干部和专任人才培养的任务显得尤为迫切。

（二）解放区教育问题的不利影响

上述各解放区教育发展中的各种突出问题如果不能及时解决，对解放区尤其是新解放区各项事业建设将带来不利影响，不利于民众素质和思想觉悟的提升，不利于解放区政权巩固和支援前线战争。

1. 不利于民众素质和思想觉悟的提升

老解放区民众觉悟和文化水平仍需加强。一般而言，老解放区民众经过长期的教育和实践，阶级观念和思想觉悟均有了普遍提高，但文化素质仍有待提升。因此，1947年3月华中苏皖解放区政府认识到："在今后教育的广泛开展与建设当中，在与法西斯主义思想、封建传统思想、殖民地奴化思想、脱离群众、脱离实际的形式主义、教条主义的旧教育思想以及反动派特务破坏活动作尖锐复杂斗争的思想战线上，还存在着严重的弱点。"[1]

---

[1] 中央教育科学研究所编：《老解放区教育资料》第3卷，教育科学出版社1991年版，第80页。

相比于老解放区，新解放区民众的阶级觉悟普遍没有激发出来。尤其在国统区，民众虽然切身感受到美蒋反动集团的独裁统治、贪污腐化等，但由于长期受到国民政府反共宣传影响，多数民众对共产党了解不多，甚至有错误认识。东北解放区初创，党在对旧教育的改造工作中，面临着清除广大青年学生中普遍存在的殖民奴化思想、盲目正统思想的繁重任务。比较来看，后者比前者对青年学生的毒害程度更深、清除难度更大。一方面，由于历史原因民主革命思想在东北广大地区影响很小。"和关里不同，东北在日本统治十四年当中，除一部份地区（乡村）有抗联活动影响外，大部分地区没有革命影响，中国民族文化，革命文化又全部被日本帝国主义摧毁，因此革命思想在人民中很小。"另一方面，抗战胜利后的东北民众由于缺乏切身体验，对国民党美蒋集团的反动性感受不深、认识不透。"蒋介石在东北没有统治过，老百姓对蒋介石是什么东西没有认识。蒋介石在蒋管区，天天征粮抓兵，虽然他的思想可以统治人民，但人民有反抗的思想，而东北人民对蒋介石的统治压迫没有体验过，所以盲目正统观念在东北特别严重。"[①]比如，东北解放区创立初期，各中学"学生对蒋介石的幻想不小，对苏联普遍的不满，对民主政府的设施，尤其是'耕者有其田'的土地政策或多或少抱着对抗的情绪等等"。"他们对于我们在课堂上、在报纸上所宣扬的东西相当普遍地抱着怀疑不相信的态度。""不少的青年学生对于参加社会活动一事思想上还存在过并存在着主观的成见。特别那些埋头于数理化学习、政治上较落后的份子（这种人在中学的数量还是不少的，特别是过去），曾普遍的把社会活动当做妨碍他们'正规'学习的负担，不乐意参加。"[②]

此外，部分地区教育的停顿及破坏分子充斥，阻碍了新区教育的恢复和发展。如在陕甘宁边区，1948年夏黄龙九县解放前，共有中学13所、

---

① 辽宁省教育科学研究所编：《东北解放区教育资料选编》，教育科学出版社1983年版，第86页。

② 辽宁省教育科学研究所编：《东北解放区教育资料选编》，教育科学出版社1983年版，第163—165页。

完小 70 余处……但自解放军进入黄龙后，除韩、郃等县中学已开学外，其他中学多陷停顿，一般小学校数、人数，亦均缩减。除此之外，"由于国民党施行党化教育的结果，教职学员中，党团分子占有相当数量，其中且有少数特务分子、破坏分子"①。这一状况对新解放区教育的恢复和发展极为不利。

为了巩固老解放区教育基础、消除新解放区旧教育的不良影响、改变教育停顿现象，在新老解放区发展各类教育，尤其是尽快开展新解放区学校思想教育和阶级教育成为必然选择。然而，各解放区教育资源短缺、发展不平衡状况，严重影响到教育工作的开展，不利于解放区民众思想觉悟的提升。

2. 不利于解放区政权巩固和支援前线战争

各地民众接受教育的资源有限、积极性不高，其阶级觉悟被激发、思想认识被提升就无从谈起，党和政府也就无法有效动员民众参加政权建设和支前工作。

从民众需求角度看，上学、读书、受教育固然是对民众有利的好事情，但在家庭生活困难情况下，保障温饱仍是广大民众的优先选择。如在土改以后，考虑到家庭负担或眼前利益，一些农民在分得土地后怕无人耕田，不愿意让子女入学读书。这种想法在解放区民众中真实存在。1949 年 2 月 15 日，晋绥边区行政公署在总结解放区教育经验时指出了这种现象："由于我们过去的小学工作存在很多缺点，群众怕子弟上学白误功夫，识不下字；由于土改后农民土地增加，稍大的儿童因劳动负担，入学困难；由于某些农民还存在一些封建落后思想，不愿叫子女入学，又怕孩子念了书变成公家人。"②鉴于这种现象，党和政府发展解放区教育事业时，必须正确认识和处理这一问题。1946 年 7 月，晋察冀太岳区政

---

① 中央教育科学研究所编：《老解放区教育资料》第 3 卷，教育科学出版社 1991 年版，第 10、11 页。

② 中央教育科学研究所编：《老解放区教育资料》第 3 卷，教育科学出版社 1991 年版，第 28 页。

府提出解决这一问题的基本前提："政府的工作重点，还是减租和大生产，只有经过这两个组织起来（翻身组织和生产组织）以后，基本群众对文化教育的要求，才有可能逐渐提高。"①这就说明，教育事业发展必须要与群众生活联系起来，发展教育尤其不能忽视群众对改善经济状况的急切要求。

从教育供给角度看，各解放区教育资源不足，影响到解放区教育功能的发挥。以师资为例，一方面各地大量教员被抽调到其他部门工作，导致师资短缺。另一方面各地基层教员文化素质不高，教育方法脱离实际，影响到教育的顺利开展。比如在晋绥解放区，一些地方有的教员工作主动性不强，"既不深入调查了解，宣传动员，也不去解决儿童入学困难，每天只由村里打锣号召上学，结果动员不来学生"；有的地方对劳动群众子女关照不够，"对亟欲要求学习的劳动青年，未能认真的及时加以帮助、组织，任其失学"；"有的教员还缺乏热爱劳动群众子女的感情，对某些缺少念书习惯的劳动子女，以个人偏见认为他们'野'、'笨'。不愿耐心教导他们"；有的教员教学方法脱离实际，"讲国语只教生字、话句不解释意思，不启发学生从课文联系有关事物，正确认识其道理，这样不仅不能提高学生思想，而且识了字很难应用"；有的教员不管学生接受程度，"教员自己只管在黑板上写，不管学生们写的怎样，下了课，更不去注意了解学生的学习情况，进行具体指导"。因而，这些地方的教育效果必然会打折扣。当时晋绥解放区的二分区在检查小学教育成绩时，对胡会小学的学生进行100个字检测，好的平均能写出40个，差的平均只能写出20个，最差的有所小学一名15岁学生，念了1个月才认会一个"天"字，一年级学生不会讲字意，甚至有的小学念了三四年的学生还不会写日用的东西。②

① 中央教育科学研究所编：《老解放区教育资料》第3卷，教育科学出版社1991年版，第42页。

② 参见中央教育科学研究所编：《老解放区教育资料》第3卷，教育科学出版社1991年版，第29—30页。

从干部教育状况看，解放区干部数量总体短缺和素质参差不齐的状况，将不利于解放区政权建设和动员民众支前。1948年11月26日，中共中央华北局《关于在职干部教育的决定》中指出："不可否认的，在我们的干部教育工作中，依然存在着许多严重的缺点，这是必须努力加以克服也能够克服的。"[①]一是没有比较有系统地有计划地进行马克思列宁主义的基本理论的教育与学习；二是没有将各个时期的时事与政策的学习同马克思列宁主义基本理论和党的总路线与总政策的学习结合起来；三是不读或很少读马列主义的基本著作，不读或很少读毛主席的著作，只是埋头于繁忙的纯粹实际工作；四是许多主要负责干部没有以身作则，加强对干部学习的领导，借口"工作忙，没有时间"而不去认真学习。

教育有教化育人、启迪心智之意，其在提升民众素质和培养革命接班人方面有着不可替代的作用。然而，各解放区在教育发展过程中，无论从民众需求、教育供给，还是队伍保障方面都存在一些问题，这必然影响到教育在开启民智、动员民力方面作用的发挥，对党的中心工作和各项革命事业的发展产生不利后果。

二、中国共产党解决解放区教育问题的政策措施

在党的七大上，毛泽东明确提出："中国应当建立自己的民族的、科学的、人民大众的新文化和新教育。"同时要求各解放区"为着提高解放区人民大众首先是广大的工人、农民、士兵群众的觉悟程度和培养大批工作干部，必须发展解放区的文化教育事业"[②]。面对解放区教育领域的各种问题，中国共产党和解放区政府采取措施，继续坚持"干部教育第一"方针，大力加强社会教育，着力发展中小学及高等教育，为建立解

---

① 中央教育科学研究所编：《老解放区教育资料》第3卷，教育科学出版社1991年版，第239—240页。

② 中共中央文献研究室、中央档案馆编：《建党以来重要文献选编（1921—1949）》第22册，中央文献出版社2011年版，第178、185页。

放区新民主主义教育体系作出贡献。

（一）继续强调"干部教育第一"的突出地位

革命战争年代干部教育虽然并不直接属于民生领域，但是党的干部状况对干部队伍建设具有决定意义，直接影响到各项事业以及民生事业的开展。因此，加强党的干部教育工作，培养一支合格干部队伍是开展党的各项工作的重要保障。解放战争时期，党和政府在解决教育领域突出的民生问题时，仍然将干部教育放在各类教育的突出位置。

1.继续坚持"干部教育第一"的方针

"干部教育第一"是党在抗日战争时期确定的方针。1942年2月，中共中央在《关于在职干部教育的决定》中指出："在目前条件下，干部教育工作，在全部教育工作中的比重，应该是第一位的。"[①]解放战争时期，干部教育在规模、对象、内容和方法上有了很大变化，但干部教育在解放区教育工作中仍有着重要分量。遵循中央指示，各解放区继续贯彻"干部教育第一"方针，加强干部教育工作。

在陕甘宁解放区，1946年4月林伯渠主席在第三届参议会上提出"继续发展文化，是一切建设的主要条件"，在全部文化建设中，"干部教育仍应居于第一等的重要地位"[②]。在苏皖解放区，1946年2月12日制定的《苏皖边区政府教育工作方案（草案）》提出，教育政策必须"坚持干部教育重于成人教育、成人教育重于儿童教育的方针。放手开展新的干部教育，发展新的群众教育，以适应目前实际斗争与建设的需要……干部教育方面亦应克服抗战期间以短期训练为主的游击方法，逐渐走向正规化，并有计划地开展经常的在职干部教育"[③]。在山东解放区，1946年9月省

---

① 陕西师范大学教育研究所编：《陕甘宁边区教育资料》（在职干部教育部分），教育科学出版社1981年版，第162页。

② 董纯才主编：《中国革命根据地教育史》第3卷，教育科学出版社1993年版，第185页。

③ 戴伯韬编：《解放战争初期苏皖边区教育》，人民教育出版社1982年版，第266页。

政府批准的《山东省当前教育工作纲要》提出："在广大群众中涌现出的大批干部，需要培养；几年来忙于工作，未得学习机会的干部，需要提高。"因此，山东省教育工作的总任务，首先就是"提高现任干部及教师的政治文化水平及工作能力；限期消灭现任干部中的文盲；从广大人民中选择培养各类知识分子干部及教师"①。

在华北解放区，晋察冀边区行政委员会1946年5月20日作出指示："从边区实际需要出发，建设有较长期计划的教育制度，提高与培养各种干部与建设人才。"同时指出："加强在职干部的教育，提高其政治文化水平及工作能力，是教育工作最中心的任务。"②在晋冀鲁豫边区，1946年边区在教育文化工作方针中提出，各种学校要突出干部教育，"大学、中学基本上应掌握干部教育的精神，以达到培养各种工作所需要的干部的目的。招收学生除知识分子外，并应吸收工农干部及一般在职干部。小学虽属国民教育的范围，但高小必须就实际情况为依据，一般亦略带干部教育性质"③。

在新解放区，加强干部教育更具有重要意义。1946年9月24日，东北行政委员会发出指示："当前我们斗争的总的任务，是发动群众，创立根据地，建立民主政治，开展经济文化建设。教育工作，当然应服从这个总的任务。"为此，"中等以上学校教育就应适应当前斗争需要大批干部的情况，以训练政治、经济、文化、军事建设人材为主要任务"④。1947年9月13日，东北行政委员会发出指示："过去基本上是执行'干部教育第一，国民教育第二'的方针，这是正确的。今后仍然应按照此方

---

① 中央教育科学研究所编：《老解放区教育资料》第3卷，教育科学出版社1991年版，第79—80页。

② 中央教育科学研究所编：《老解放区教育资料》第3卷，教育科学出版社1991年版，第15—16页。

③ 中央教育科学研究所编：《老解放区教育资料》第3卷，教育科学出版社1991年版，第39—40页。

④ 中央教育科学研究所编：《老解放区教育资料》第3卷，教育科学出版社1991年版，第149页。

针，把教育工作中心放在争取和培养大批革命知识分子上面。"①

随着解放战争的发展，党的工作中心和工作任务逐渐转移，中国共产党开始为夺取全国政权而准备干部力量。1948年10月，中共中央做出《中央关于准备夺取全国政权所需要的全部干部的决议》，强调大力教育、培养、训练众多合格的干部是目前各级党委的重要工作。解放战争决战阶段，面对干部需求愈加强烈的形势，1949年2月24日，华北人民政府第二次政府委员会通过《1949年华北区文化教育建设计划》，提出1949年华北文化教育建设的任务，"首先是大量培养与提高为人民服务的各种干部和技术人材，除大量训练区村干部加强在职干部学习外，争取今年一年内培养5万至6万人参加工作"②。

2.选取适应现实需求的干部教育内容

中国共产党在贯彻"干部教育第一"方针的过程中，将文化教育作为基础，把思想教育和政治教育放在首位，抓好军事教育，突出业务教育，努力增强广大干部的综合素养，提升他们的政治素养和技能水平。

第一，文化教育。文化知识是掌握其他知识的前提，文化程度高低与干部工作的效率以及质量有一定的联系。鉴于党内不少干部文化知识水平普遍不高，中共中央再三指出只有干部具备一定的文化知识，革命才有成功的可能。毛泽东强调，"一个革命干部，必须能看能写，又有丰富的社会常识与自然常识"③，只有具备丰富的文化知识才能开阔视野，才能掌握全局，开展工作。毛泽东要求广大党员干部必须加强文化知识学习，并将其视为一项重要工作。

解放战争时期，党内普遍存在着干部文化水平低、文化知识缺乏的现象，为此党中央明确提出在干部教育中注重文化教育，通过文化教育为其他教育形式提供文化基础。在陕甘宁边区，1946年4月林伯渠指出"继

---

① 中央教育科学研究所编：《老解放区教育资料》第3卷，教育科学出版社1991年版，第153页。

② 中央教育科学研究所编：《老解放区教育资料》第3卷，教育科学出版社1991年版，第66页。

③ 《毛泽东文集》第2卷，人民出版社1993年版，第387页。

续发展文化，是一切建设的主要条件"①，没有文化或文化层次不高的，要加紧文化知识的学习，有文化的要提升自己的文化层次，要把文化学习当作一项基础功课来抓，只有基础抓好了才能更好地发展。1948年11月，中共中央华北局颁布《关于在职干部教育的决定》，规定要针对文化层次低的干部开设文化补习班，要在干部教育中增设文化课考试。关于分层次开办教育机构问题，现以山东职干学校为例予以说明。该校文化教育按干部文化程度分为地干班、公学政干班，其中"国语、常识课：包括国语，历史政治常识，地理，自然，卫生等简易常识"②，教学时间占总时间的60%～65%。可见，对广大干部尤其是基层干部开展教育，首先要打牢文化教育的知识基础。解放战争时期，党通过对广大干部进行文化教育，增强了他们的文化知识水平，为党顺利开展各项工作奠定了文化基础。

第二，思想教育。思想教育是对广大干部进行教育的一项基本内容。1945年，刘少奇在《论党》一篇中提到"党的建设中最主要的问题，首先就是思想建设问题"③。他认为部分干部的马列主义理论修养还存在一定问题，有待进一步提高。1946年2月，党中央发出《关于目前形势与任务的指示》，提出要充分调动广大党员干部的主动性积极性，使他们能够自觉主动地学习马列主义毛泽东思想，提高自身的政治素养和无产阶级的意识。由此可见，这一时期，中国共产党非常突出强调干部的思想教育。解放战争初期，党就全体党员的马列主义理论水平和现状作了一个分析，认为全党在总体上是较为成熟的，但是对广大干部而言还有待加强，一部分干部还不能很好地理解和运用马列主义理论，不能灵活地运用马列主义的理论解决革命战争中的困难和麻烦。随着战争的发展，解放区范围逐渐扩大，各解放区迫切需要大量政治水平高、工作能力强、

---

① 陕西师范大学教育研究所编：《陕甘宁边区教育资料》（教育方针政策部分 下册），教育科学出版社1981年版，第522页。

② 中央教育科学研究所编：《老解放区教育资料》第3卷，教育科学出版社1991年版，第252—253页。

③ 《刘少奇选集》上卷，人民出版社1981年版，第327页。

本领过硬的干部参加革命战争和建设事业。然而，干部思想不纯的现象仍然存在，党员干部中作风问题严重、官僚主义泛滥，很多干部自身的素质和马列主义理论水平不高，有些知识分子干部存在着小资产阶级的思想和认识。

为解决部分干部马列主义理论水平不高的问题，中共中央提出注重广大干部的思想教育以及马列主义理论教育。为解决广大解放区干部思想不纯、作风不正、官僚主义问题，党以"三查""三整"为基本任务展开整党运动。具体而言，党加强广大干部思想教育的措施有以下几种。首先，树立马克思主义的信念。马列主义为中国革命指明方向，中国共产党始终坚持以其为指导，强调对广大干部实施马列主义理论教育，提升他们的马列主义信仰。中共中央开展在职干部教育、干部训练班以及干部学校三种教育途径和形式，有计划地进行马列主义理论的学习和研究。通过给干部学员讲授马列主义理论以及毛泽东思想等基本知识，使他们能够熟练利用马列主义的理论解决革命战争中的困难和麻烦。同时要求广大干部对马列主义理论的学习不能止步于课本原理上，必须学会用理论指导实践，最终解决问题。通过在全党开展思想教育，努力学习马列主义理论，克服错误思想观念，端正思想，不断提高广大干部的理论素养。其次，开展党的宗旨教育。毛泽东在党的七届二中全会上要求广大干部要认真研读12本马列著作，通过对他们开展学习马列著作的活动，开展党的宗旨教育，加强党的干部的政治素质和党性宗旨意识。党的宗旨教育具体要求每个干部不仅要在组织上入党，更要真正做到思想上入党，始终坚持全心全意为人民服务，坚持党的群众路线，依靠人民、联系人民，争取人民的支持和信任。再次，加强思想修养。刘少奇强调："马列主义是我们党的理论基础，但我们党在提高理论修养方面是有缺点的。我们的干部……缺点是理论修养不够，许多同志最重要的缺点就在这里。"①因此，要加强广大干部的思想修养，通过马列主义理论的学习，提升广大干部的党性修养，提高思想政治水平，打造思想纯洁的干部队

---

① 《刘少奇选集》上卷，人民出版社1981年版，第409—410页。

伍。解放战争时期，在马列主义理论的旗帜引领下，党抓住干部的思想现状，通过对广大干部进行思想和马列主义理论教育，使得广大干部的政治理论水平和实践能力有所提高，政治方向和立场更加坚定，解放战争在最短时间取得全国范围的胜利。

第三，政治教育。解放战争形势多变，广大干部的政治觉悟在某种程度上影响着革命能否胜利。对干部的政治教育主要有以下内容。一是阶级教育。党中央非常重视对干部的阶级教育，将其视为政治教育的基础。通过在广大干部中毫不松懈有系统地开展阶级教育，帮助他们自觉抵制小资产阶级以及其他腐朽思想的侵蚀，使他们坚定正确的政治方向，树立无产阶级的意识和信念。二是政策与策略教育。及时指出和纠正干部中不重视政策与策略知识学习的错误观点，政策与策略教育成为干部成绩考核的重要方面，同时把党在革命战争中的政策策略灵活运用于实践中，促进解放战争的迅速发展。三是时事教育。中共中央领导人如毛泽东等亲自到干部学校作时事政策报告，举办时事报告会，扩展时事教育的内容，引导广大干部主动看报纸，自觉了解国际国内时事动态、战争发展状况等，要求"教育内容紧密联系战争实际、群众实际和生产实际，着重对学员进行阶级观点、革命观点、群众观点和劳动观点的教育，培养他们成为既懂理论、又懂实际，既能和群众一道、又能领导群众进行革命斗争的干部"①。通过加强政治教育，提升干部的思想素质和政治水平，为革命战争和建设事业发展提供政治保障。

第四，业务教育。与其他内容相比，业务教育是党的干部教育的重要内容，也是干部教育的重要一环。毛泽东曾批判那些一意强调政治理论研究，不管自身业务提升的干部，认为"一无所知，一无所能，只会做一种抽象的'革命工作'，这种'革命家'是毫无价值的"②。中共中央也始终重视干部的业务教育，强调"对一切在职干部，都须给以业务教

---

① 陈元晖主编：《老解放区教育简史》，教育科学出版社1982年版，第190页。
② 《毛泽东文集》第3卷，人民出版社1996年版，第147页。

育……必须学会精通自己的业务，这是第一个教育任务与学习任务"①。

总体来看，这个时期干部业务教育包括经济教育和专业技术教育。经济教育主要包括如下内容。首先，掌握党的经济政策、指示等，尤其是土地改革中关于土地的经济政策，并将党的经济政策与所在地的经济现状联系起来。其次，根据土地改革中的经济政策，研究党在其他历史时期关于土地的经济文件。最后，还需要熟悉掌握敌人在不同阶段不同地区的经济方面的文件通知等。在专业技术教育方面，为发展城市建设，鼓励人才学习专业技术，如在东北解放区，党和政府通过东北大学、哈尔滨大学等众多高等院校和许多的专业技术学校培养了大批高质量的专业人才。1946年至1949年，东北解放区通过对干部进行系统化的专业技术教育，为革命和建设供给了39995名干部，有力地促进了本地各项工作的全面发展。1946年11月至1947年3月，苏皖解放区的华中建设大学也积极适应战争发展和建设事业的需求，注重干部的专业技术教育，教育内容包括："政权、民运、财经、文教工作的情况，政策与方法，至专门的业务技术教育。"②在苏皖解放区的其他学校如华中新闻专科学校、华中行政学校等都积极适应战争发展和建设事业的需要，加强干部的业务教育和技能培训等。

第五，军事教育。党的干部教育还需要结合当时形势开展军事教育。中国共产党很早就意识到干部军事教育的重要性，毛泽东反复强调"两军敌对的一切问题依靠战争去解决"③，干部务必在正确把握革命形势的前提下制定军事战略，更好地指挥军队作战。战争的成败与干部所具有的军事理论和军事经验有着密切关系。因此毛泽东认为干部必须学会"研究军事的理论，研究战略和战术"④。解放战争时期，干部军事教育

---

① 中央档案馆编：《中共中央文件选集》第19册，中共中央党校出版社1986年版，第40页。

② 中央教育科学研究所编：《老解放区教育资料》第3卷，教育科学出版社1991年版，第269页。

③《毛泽东选集》第2卷，人民出版社1991年版，第554页。

④《毛泽东选集》第2卷，人民出版社1991年版，第554页。

的对象重点是军队干部，具体包括以下内容：①针对各级军事指挥员战略战术教育，主要研究学习党的军事战略、游击战争战术及敌人对付我们的战术（研究敌人文件）等；②针对军事参谋人员的参谋业务及参谋工作条例教育，在学习上述内容外，对此类干部的教育还特别增加研究敌军情况、谍报学、本部门各项军事工作条例；③针对军事教育工作者的教育，主要学习军事教育学、总结军事教育经验、研究国内外及敌友等新的教育方法与材料；④针对全体军事人员的实战能力教育，如学习《中央对于防御飞机和毒气的简单指示》《游击队怎样动作》《炮兵教程之三（射击）》等。正是通过加强对干部的军事教育，有针对性地完善军事教育的内容，有力提高了广大干部的军事知识技能和作战能力。在陕甘宁边区，政府于1946年12月针对军事教育出台了《战时教育方案》，该方案强调在军事教育上添加具体的军事知识，例如"防空防毒、急救看护、熬硝炼磺、制造火药和地雷等"[①]，通过实地演练掌握各项军事技能，使教师和年龄较大的干部学员都具有自卫能力和作战能力。在华北解放区，对广大干部的军事教育也添授相关的军事知识，在一些学校甚至将体育课程改为军事课程，而且军事教学不因部队转移而中断。对干部学员的军事教育，大大提升了广大干部的军事素养和作战能力，为战争的最终胜利和建设事业的发展打下了牢固的基础。

3. 采取贴近实际的干部教育途径

解放战争时期，为满足革命战争形势和和平建设事业的需求，中国共产党通过在职干部教育、干部训练班教育、干部学校教育等多样化途径开展干部教育。

（1）在职干部教育。

解放战争时期，中共中央大力借鉴抗日战争时期干部教育经验，继续开展在职干部教育。这一时期各个解放区相继发布一系列指示、通知，采取有效措施，健全规范学习制度，加强在职干部教育。

一方面，各地高度重视加强在职干部教育工作。在一线干部教育实践

---

① 陈元晖主编：《老解放区教育简史》，教育科学出版社1982年版，第128页。

中，各地对此教育形式给予充分肯定并贯彻实施。为了加强广大干部对在职干部教育的认识，山东省政府教育厅于1946年2月发布《民国35年上半年教育工作纲要》，着重指出"在职干部的提高重于未来干部的培养的方针，今后仍然适用，应继续求其贯彻"①。1946年5月，晋察冀边区行政委员会在《关于目前教育工作的指示》中指出："加强在职干部教育，健全学习制度，各级机关领导上，应视为重要任务之一。县级以上机关应指定或特设专人负责组织在职干部教育与学习，使能掌握政策，精通业务，以提高其政治认识和工作效率。在机关比较集中的中小城市，各机关可联合举办业余公学或补习学校，政府应予以必要的帮助。"②根据此指示精神的要求，晋察冀边区采用以会代训、两小时学习制度等多种组织形式，各级宣传部门和学委会领导的平时在职学习等多种方式指导在职干部的学习。在东北解放区，1948年10月，《东北日报》刊登《进一步加强在职干部学习》文章强调："学习是一个经常的重要任务，这是每一个革命者对党对人民不可推诿的一种职责，我们必须以最认真负责的态度，进一步地加强在职干部学习。"③中共中央华北局于1948年11月出台的《关于在职干部教育的决定》，强调要提高广大在职干部的综合素质，重视政治理论素质和能力素养的提升，把对在职干部的教育作为现阶段的关键任务，通过在职干部教育这一途径，不断增强广大干部的政治素养和工作能力，同时坚定他们的马克思主义的理想信念。

另一方面，各地通过各种措施完善在职干部教育形式。为了规范和完善党的在职干部教育，达到应有效果，各级党的机关作了规定和指示。中共中央东北局于1945年5月出台《直属机关在职干部学习计划》，对这种教育形式做了一定的要求和指示。如在学习制度方面，"根据在职干部

---

① 董纯才主编：《中国革命根据地教育史》第3卷，教育科学出版社1993年版，第252页。

② 王谦主编：《晋察冀边区教育资料选编》（教育方针政策分册 下册），河北教育出版社1990年版，第184页。

③ 吴林根：《中国共产党干部教育九十年》，东方出版中心2011年版，第169—170页。

政治理论和文化水平的不同，分别编为甲、乙、丙、丁四个组"①，然后按照具体情况，把各个干部分到这四个小组中去。1948年7月，安东省宣教会议教育工作总结中提出在职干部教育要"建立与健全各级学习组织，确立每日两小时学习制度，设党日制，加强党的生活，及时或定期召集干部会议作政治时事报告"②。中共中央华北局于1948年11月出台《关于在职干部教育的决定》，提出通过建立严格的考试制度、规定干部学习的时间等制度，保证在职干部学习时间，增强在职干部学习的质量和效率。规定"学习内容按规定的书目：一般先学《社会发展史》、《政治经济学》和毛泽东同志的基本著作，然后再学习规定的十种著作……学习方法以个人阅读为主，辅以集体讨论和报告"③。通过贯彻此决定精神，华北解放区的在职干部教育改变了以往学习无计划、不正规的状况，在职干部教育逐渐走上规范化的道路。这一时期通过实施在职干部教育不断提高党的干部的综合素质，使他们更好地服务于战争和建设事业，推动了解放战争的胜利，同时对当前更好地开展干部教育工作具有一定的参考价值。

（2）干部训练班教育。

在革命战争各阶段，中国共产党根据具体任务和要求举办各种类型的干部训练班，为革命战争和政权建设提供组织保证和人才支持。毛泽东于1948年10月在《关于九月会议的通知》中，指出这一问题的紧迫性，提到要想获得革命战争的胜利，"要求我党迅速地有计划地训练大批的能够管理军事、政治、经济、党务、文化教育等项工作的干部"④。为了规范有序地开展干部教育训练班，中共中央相继出台一系列文件，对干部训练班的学习时间、参加人员、教学内容、具体教材作了详细的规定。

---

① 李小三主编：《中国共产党干部教育简史》，中共党史出版社2009年版，第179页。

② 中央教育科学研究所编：《老解放区教育资料》第3卷，教育科学出版社1991年版，第298页。

③ 陈元晖主编：《老解放区教育简史》，教育科学出版社1982年版，第140页。

④ 中共中央文献研究室、中央档案馆编：《建党以来重要文献选编（1921—1949）》第25册，中央文献出版社2011年版，第557页。

根据中央指示精神和文件要求，广大解放区出现了兴办干部训练班的高潮。

关于干部训练班开办和学习时间安排。中共中央于1948年7月出台《关于争取和改造知识分子及对新区学校教育的指示》，要求各地"应办抗大式的训练班，逐批地对已有的知识分子施以短期的政治教育，训练后派往各种工作岗位"[①]。中共中央中原局宣传部于1948年11月出台《关于大量吸收与使用知识分子的指示》，指出干部训练班的训练时间至多为两个月，这就规定了训练班的学习时间。

关于干部训练班的学习内容及教材。1949年8月，中共中央宣传部出台《关于短期政治训练班的指示》，要求："各地举办的政治训练班应一律以社会发展史作为基本功课，其中又以劳动创造人类、创造世界、阶级斗争和国家问题为主题，以便改造思想、建立革命的人生观。主要教材有中央宣传部印行的《社会发展史》和毛泽东的《论人民民主专政》。"[②]在实践中，各级党组织适当地调整干部训练班的培训内容，重视对新解放区干部的思想政治教育和专业技术技能的教育，注重老区干部的业务知识学习。

总的来说，解放战争时期各个解放区采取各种教学形式，缩短学制，开办大量训练班。1947年，东北大学专门为中学和城市建设培养师资和干部，停办其余专业，4个月内培养训练了大量干部，输送到全省各地。哈尔滨青年干部学校一年半内开展了3期训练班，培养训练了大约50名干部。1948年，晋绥分局各分区为提高广大干部对政策的理解力和执行力，兴办了一批短期培训班，并将这种短期培训班固定为一种重要的干部教育形式，对这种短期培训班的组织时间、形式以及目的等作了具体要求。"为适应土改后新形势的要求，晋绥分局的各分区都开办了每期为

---

① 皇甫束玉、宁荐戈、龚守静编：《中国革命根据地教育纪事（1927.8—1949.9）》，教育科学出版社1989年版，第364页。

② 皇甫束玉、宁荐戈、龚宁静编：《中国革命根据地教育纪事（1927.8—1949.9）》，教育科学出版社1989年版，第400页。

3—6个月的短期干部培训班，培训对象是区村干部，目的是教育和改造旧有干部，选拔和培养土改中新提拔起来的干部。"①

（3）干部学校教育。

解放战争时期，干部学校教育主要有两种组织形式：一种是改造和发展中等教育，使其承担干部教育任务，满足革命需求。另一种是改造和整顿高等学校，用来培养大批干部和人才，满足新中国和平建设事业的需求。

关于中等教育的改造和发展方面，各解放区积极贯彻党中央"干部教育第一"的方针，及时恢复、改造以及发展中等学校教育。以东北解放区为例，东北区党和政府认为目前教育工作的首要任务就是中等教育的改造和发展。至于如何进行改造，东北区党和政府对教育改造的中心工作和具体措施做了说明，指出中等教育改造和发展的中心问题是思想改造和肃清"盲目正统观念"，提出对学制和课程设置等进行改革：中等学校的学制"宜采多轨制或双轨制，要有弹性，应按照需要，因地制宜，规定组织形式和修业期限，组织形式不必强求一律，修业年限可以伸缩"②；中等学校的课程"应按'学以致用'的原则来制定，必须切合实用，精简过去的课程，删去不必要的科目"③。通过调整干部学校教育，东北解放区中等教育快速发展，为解放战争和土改提供了大批合格干部。与此同时，其他解放区也对中等学校进行改革，使其发展成为新型干部学校。

关于高等教育的改造和整顿。这一时期，经过改造的高等教育在党的干部学校教育工作中发挥了巨大作用，壮大了党的干部队伍，提高了干部综合素质，造就了一批优良人才，特别是培养了一批高级领导干部。1948年8月，中共中央东北局出台《关于整顿高等教育的决定》，采用精

① 董纯才主编：《中国革命根据地教育史》第3卷，教育科学出版社1993年版，第224页。
② 陈元晖主编：《老解放区教育简史》，教育科学出版社1982年版，第153页。
③ 陈元晖主编：《老解放区教育简史》，教育科学出版社1982年版，第153—154页。

干与正规的方针来改革和整顿高等学校，将高等学校由短期训练班的形式发展为具有严格规章制度的高等学校，使其逐步正规化。为此，高等院校必须按照上述方针进行改造和整顿。按照决定精神，东北解放区将以前干部学校的一部分整顿合并为高等学校，另一部分整顿为中等专业院校。这一时期，东北解放区涌现出了一大批优秀的高等学校，如东北大学等都是这一时期发展起来的。通过对原有高等学校的整顿合并来造就办学条件好、师资力量优的高等学校，培养了众多专业人才，为随后城市接管和经济发展提供了紧缺人才，推动了党的事业的顺利发展。同样，华北解放区也采取有效措施，积极接管、整顿和改革原有高等学校。在干部教育方面，华北解放区党和政府"对接管过来的高等学校，坚决废除国民党法西斯的管理制度，解散反动组织"[1]，注重对原有高等干部学校的改革和调整，在规模上加以适当扩充，为新中国各项建设事业培养了大批合格干部人才。这一时期，华北解放区著名的干部学校有华北联合大学、北方大学以及在1948年由这两校合并而成的华北大学等。这些高等院校既提高了广大在职干部的政治理论水平，又有利于培养未来的新干部。通过改革整顿原有的高等学校，原有的教育资源获得了新发展，党的干部教育事业也进入新的历史时期。

（二）大力发展各种类型的社会教育

注重对群众的社会教育是党和政府解决根据地教育问题的重要举措。经过土地革命战争时期和全民族抗日战争时期的探索，解放区的社会教育形式多样、成效显著。解放战争时期，老解放区人民对文化知识的渴求异常迫切，新解放区人民迫切要求了解中国共产党和民主政府的各种政策，解放区大力开展社会教育势在必行。

1. 战时将社会教育摆在重要位置

随着解放战争的爆发，"广大人民群众，无例外的都十分关心当前时

---

① 陈元晖主编：《老解放区教育简史》，教育科学出版社1982年版，第150页。

局的发展，关心中国究竟将成为怎样的中国？"①因此，向广大民众进行时事教育、开展社会教育成为新老解放区教育工作的重要内容。

首先，社会教育在党的教育工作中处于不可或缺的地位。在战时环境下，社会教育的地位得到充分肯定。1946年12月，陕甘宁边区政府在《战时教育方案》中明确指出："各级学校及一切社教组织亦应立即动员起来，发挥教育上的有生力量，直接或间接地为自卫战争服务。一切教育工作者都应成为保卫边区的宣传员与组织者。"此方案还将"社会教育与学校教育相联系"作为首要原则，"平时教育工作应以学校为重心，但在战时就必须提高社教的作用，以便发动广大的成、青年直接或间接的参加战争"②。为适应战争可能给教育造成的影响，方案要求教育工作"领导上应有远见，要随时注意战争发展的形势，灵活的去布置工作，如遇情况紧急时，可将学校组织变为社教形式，或将固定集中的学校转为流动分散的轮学。战时化整为零，战后即集零为整。在敌人可能侵入时要准备如何隐蔽或撤退，当我军进攻时要配合开展新区的工作"③。

解放战争时期，社会教育坚持"成人教育重于儿童教育"的方针。抗战期间，各地党组织认识到并纷纷将干部教育、社会教育置于教育工作的重要位置。解放战争以来，各地在社会教育中继续坚持这一方针，"发展新的群众教育，以适应目前实际斗争与建设的需要"，并强调"成人教育、儿童教育之比重，应照顾各地主客观条件详加研究"④。

其次，社会教育的基本任务是更好地为中心工作服务。抗战胜利以后，各解放区开始恢复和整顿社会教育，为土地改革、争取和平建国服

---

① 中央教育科学研究所编：《老解放区教育资料》第3卷，教育科学出版社1991年版，第463页。

② 中央教育科学研究所编：《老解放区教育资料》第3卷，教育科学出版社1991年版，第3、4页。

③ 中央教育科学研究所编：《老解放区教育资料》第3卷，教育科学出版社1991年版，第8页。

④ 戴伯韬编：《解放战争初期苏皖边区教育》，人民教育出版社1982年版，第266页。

务。在山东解放区，1945年10月24日，山东省政府在《关于开展今年冬学运动的指示》中提出："冬学运动是向广大群众进行自卫战争动员的最好形式。因此，今年的冬学运动，应作为全解放区中心任务之一，大力开展，造成热烈的，保卫翻身果实的战斗空气，并把群众运动提高一步，把教育工作也提高一步。"①此指示提出了1945年冬学的四项任务：揭露美蒋内战阴谋，保卫解放区；进一步启发民众思想觉悟，宣传"耕者有其田"的土地政策；总结生产经验，进行生产教育，并开展卫生健康和反迷信教育；贯彻新教育方针，开展文化教育扫除文盲。同时强调："以上各项任务，因时、因地、因对象不同，应有轻重缓急之分，一般时事支援前线与反奸教育是要着重进行的。"②在华北解放区，1945年9月1日，面对抗战胜利后的复杂形势，晋绥边区行政公署指示各地在冬学运动中要"大胆地放手发动群众，壮大人民的力量，迅速的完成全面的消灭敌伪，保卫群众的既得权益与胜利果实，以制止内战危险，促成联合政府的早日实现"③。1945年10月25日，晋察冀边区行政委员会发出《关于普遍深入开展冬学运动的指示》，强调："今年冬运的基本任务就是不分地区普遍深入时事教育，特别是反对敌伪顽的合流，反对反动派进攻解放区，保卫人民的既得利益，争取和平、民主、团结、统一的实现。"④

国共内战爆发后，和平民主建国方案无法实现。1946年10月中旬，陕甘宁边区政府发出冬季指示："动员全体人民参加备战，成为一切工作的中心。因此今年的冬学就要与自卫军的冬训密切结合，在教学内容上

---

① 中央教育科学研究所编：《老解放区教育资料》第3卷，教育科学出版社1991年版，第503页。

② 中央教育科学研究所编：《老解放区教育资料》第3卷，教育科学出版社1991年版，第504页。

③ 山西省教育史晋绥边区编写组、内蒙古自治区教育史志办公室编：《晋绥革命根据地教育史资料选编》（一），1987年，第118页。

④ 中央教育科学研究所编：《老解放区教育资料》第3卷，教育科学出版社1991年版，第463页。

时事教育应与识字教育并重，配合若干自卫防奸的训练。"指示还要求："可邀请当地驻军或民兵干部去讲一些必要的军事常识，或请懂得国术的教授武术，以加强保卫边区的实力。"①

解放战争进入反攻阶段后，发展生产、支援前线成为后方党和政府工作的重心。在华北解放区，1947年12月25日，中共冀鲁豫六地委宣传部联合发出冬学指示，指出当前战争形势"需要彻底发动群众主人翁的自觉，放手民主，改造党，改造干部，达到最后彻底消灭地主，群众彻底发动起来，以便克服一切困难，支持大反攻的胜利；因此今年的开办冬学，就更加重要"②。在华中解放区，1948年8月12日，华中行政办事处在《关于冬季社会教育工作的指示》中强调："必须充分认识我华中地区当前的中心工作，是支援前线与生产备荒，所以我们的冬季教育必须紧紧的结合着这个中心任务，进行必要思想教育、文化教育、宣传鼓动等，来为完成当前中心任务而努力，否则不是紊乱步调，就是无法贯彻。"③

随着东北全境解放，支持前线和东北建政成为后方工作的重心。1948年10月23日，中共中央东北局和东北区政委会在《关于冬季群众教育的指示》中指出，今冬的群众教育"必须密切配合着今冬的群众运动进行，就以今冬当地的群众运动为中心内容。就是说，以今冬的生产支前与建党、建政为中心内容。实行作什么工作就进行什么教育"，即"布置建党工作，就开展党的宣传"，"布置普选工作，就开展民主教育"，"布置生产工作，就开展生产教育"④。东北全境解放后，东北解放区中心工作有所调整，加强城市群众社会教育工作被提上了日程。1949年2月20日，

---

① 中央教育科学研究所编：《老解放区教育资料》第3卷，教育科学出版社1991年版，第462页。

② 中央教育科学研究所编：《老解放区教育资料》第3卷，教育科学出版社1991年版，第501页。

③ 中央教育科学研究所编：《老解放区教育资料》第3卷，教育科学出版社1991年版，第534页。

④ 中央教育科学研究所编：《老解放区教育资料》第3卷，教育科学出版社1991年版，第536页。

东北局、政委会在《关于加强工人群众中政治文化教育工作的指示》中提出："经济建设，首先是工业的恢复和建设是今后压倒一切的中心任务。因此，如何组织工人群众，提高工人阶级的阶级觉悟与政治文化技术水平是目前刻不容缓的，具有重大意义的工作。所以党的文教工作也就要特别加强对这一方面的注意。"[1]

2. 开展以农民、工人为主要对象的社会教育

为了争取新民主主义革命胜利，以毛泽东同志为主要代表的中国共产党人开创了一条农村包围城市、武装夺取政权的新道路。这就决定了中国革命的工作重心必然经历两个阶段。第一阶段，中国共产党将长期立足于广大农村，解决土地问题，建设根据地，为中国革命最终取得胜利提供保障。第二阶段，中国共产党最终夺取城市政权，党的工作重心转移到城市，恢复和发展城市经济，巩固人民政权并实现在全国长期执政。在这两个阶段中，党的教育工作必须服从服务于每一阶段党的中心工作，并随着党的工作重心的转移而变化。

首先，农民是解放区乡村社会教育的主要对象。一般来说，解放战争战略反攻和战略决战前，党的社会教育工作必然长期立足于广大农村，教育对象仍以农民为主。

解放战争时期农民教育是对革命根据地时期的农民社会教育的继承和发展。无论教育方针原则，还是教育途径内容，这一时期的农民教育均有其可以遵循的基本经验。同时，这一时期无论老区还是新区社会教育都遇到了新情况新问题。总体上看，"老区的农民教育是在他们已有的政治思想觉悟与文化知识的基础上，如何进一步适应革命任务和革命斗争的需要，把政治学习与文化学习经常化和制度化，成为广大农民，特别是农村干部的意识所有物，摆脱曾经出现过的时学时辍，时高时低的被动状态。新区的农民教育要广泛而深入地开展政治教育，把时事教育经常化，逐步树立蒋军必败，人民解放军必胜的信心，从而调动广大群众，

---

① 中央教育科学研究所编：《老解放区教育资料》第3卷，教育科学出版社1991年版，第538页。

特别是农村干部工作的积极性与主动性，掀起参军支前、土地改革和生产运动的高潮"①。

解放战争时期农民教育紧紧围绕自卫战争、土地改革和生产运动三项内容。"农民教育的内容，即教些什么、学些什么，都是和当时的革命形势与革命任务结合的。革命任务决定学习的内容，学习的内容推动革命任务的实现。在整个解放战争过程中，革命的中心任务，就是自卫战争、土地改革和生产运动。农民教育的内容从始到终都是围绕着这三个中心任务进行的。"②在不同时期和不同地区，党的社会教育工作虽然有所侧重，但始终是离不开这三个中心任务的。如前所述，在抗战后争取和平建国阶段、在解放战争战略防御阶段、在解放战争战略反攻阶段以及战略决战阶段，社会教育都围绕三项任务展开，只不过有的时期重视恢复和发展生产，有的时期重视民众合理负担和支援前线，有的时候适时根据新区情况调整土地政策等。在服务于这三个中心任务的前提下，各地区根据实际情况，还提出许多具体的任务来实现总任务，最终使总任务落到实处。

其次，工人及市民是新解放城市社会教育的主要对象。解放战争进入反攻阶段后，以济南等大中城市解放为序幕，中国共产党开始了接管大城市的工作，党对工人及市民的社会教育被提上了解放区政权建设的日程。

将工人作为社会教育的主要对象是党对中国革命深刻认识的结果，反映了党在新民主主义革命时期工作重心转移的发展要求。在东北全境解放后，1949年2月20日东北局、政委会作出《关于加强工人群众中政治文化教育工作的指示》，对这一必然性做了论述："东北解放、新民主主义政权的确立，工人阶级已经从被压迫地位变为人民政权的领导阶级，

---

① 董纯才主编：《中国革命根据地教育史》第3卷，教育科学出版社1993年版，第79页。

② 董纯才主编：《中国革命根据地教育史》第3卷，教育科学出版社1993年版，第79—80页。

在国营企业中已从工钱奴隶变为企业主人。工人阶级为要巩固其已得的胜利并推进全国的彻底胜利，为要负起领导全体人民建设繁荣幸福的新东北与新中国的责任，就必须大大提高自己的阶级觉悟与文化技术水平……因此加强在工人群众中的政治文化教育工作，培养工人干部是目前迫切的重大任务。"[1]这段论述表明，对新解放城市工人实施社会教育是民主革命时期党的工作重心转移的必然结果。"事实也完全证明，一旦广大工人阶级在政治上获得解放后，立即就表现了阶级的强烈的上进心，热情要求学习与提高政治文化与技术。"[2]

将工人作为社会教育主要对象是党顺利接管大城市工作的现实要求。整体上来看，党在城市接管工作中，无论是接管工厂、银行、商店还是接管铁路、矿山等无不依靠工人阶级。哪里工运发动得好，工人积极性高，哪里的接管工作就进行顺利。反之，接管工作做不好，也会遭到各种各样的损失，推迟恢复生产秩序与生活秩序。这就表明，依靠谁的问题是城市工作的根本问题。然而在接管城市之初，一些干部对这一问题的认识是模糊的。如华北汲县解放后，入城干部及某些领导干部"只注意到在资本家、绅士、上层人士中进行宣传，而不在工人群众中进行很好的工作"；潍县解放后，"党的领导机关召开各种座谈会，将工人放在最后"；石家庄的"干部还有这样倾向，即知识分子干部愿意找资本家职员学生谈话，农民干部愿意接近农民贫民，而工人却少人理会"[3]。甚至一些农民出身的干部或在农民中工作很久的干部对城市工人存有严重偏见，怀疑工人，歧视他们，甚至号召"挖蒋根"，仿佛工人也是蒋介石之

---

[1] 中央教育科学研究所版：《老解放区教育资料》第3卷，教育科学出版社1991年版，第538页。

[2] 中央教育科学研究所编：《老解放区教育资料》第3卷，教育科学出版社1991年版，第543页。

[3] 中央档案馆编：《中共中央文件选集》第17册，中共中央党校出版社1992年版，第616、615页。

"根"。①鉴于这一问题的严重性、迫切性，1948年12月22日，中共中央作出《中央关于纠正新解放城市中忽视工运工作偏向的指示》，并向各地转发华北局的批示，告诫全党："工人阶级被遗忘，共产党忘了本队，在目前走向全国胜利连续地解放大城市当中是一个最严重的现象。"②此指示还要求各地将中央指示和华北局批示，在全党、全军并首先在党的领导机关、城市工作干部及入城部队中进行传达和教育。

对工人市民的社会教育主要采取业余教育方式，以政治教育和文化技术教育为主。一方面，工人及市民的教育以业余教育为主。过去不论老解放区还是新解放区，我们都曾进行过一些工人阶级的政治文化教育工作，但普遍缺乏统一领导，缺乏组织、计划。1949年2月20日，东北解放区政府发布工作指示，提出系统组织工人及市民业余教育的要求。过去我们在组织社会教育时，"偏重于上大课，讲解时事政策的方式，这对于初步启发职工觉悟是有成绩的。但仅仅如此，已不能满足广大工人群众的需要了，目前许多工人要求比较有系统的政治知识与提高文化技术的学习。因此今后业余教育要有系统的办理"③。指示提出，广泛开展业余教育，以工人补习学校、业余技术补习班、识字班等为主要形式；建立工人政治大学和工人政治学校，大量开办企业附设职业学校；编印工人书籍读物等。另一方面，对工人及市民的社会教育应强调"学以致用"，突出政治教育和文化技术教育。1949年2月20日，东北解放区政府指示："工人补习学校，招收有相当文化程度的工人学习，教以政治常识、社会科学常识、近代革命史、世界知识等课程。由工厂中党、政、工负责同志担任教员。""业余技术补习班招收青年技术工人，教以粗浅的切于实用的技术理论知识，由本企业的技术人员担任教员。""识字班，

---

① 参见李玉荣：《中共接管城市的理论与实践》，首都师范大学出版社2000年版，第54页。

② 中央档案馆编：《中共中央文件选集》第17册，中共中央党校出版社1992年版，第615页。

③ 中央教育科学研究所编：《老解放区教育资料》第3卷，教育科学出版社1991年版，第539页。

以教工人识字、扫除文盲为主，借教粗浅的算术、革命历史、地理等知识，由本企业中的工作人员或外部热心工人教育者担任教员。"①以上三项在凡有工人的城市、矿区与产业及企业中，均可根据工人群众的需要，普遍实行。此外，在较大之工厂中均应成立俱乐部，各大城市应在工人区域设立职工俱乐部，在各工厂及市区之职工俱乐部内均应设立小型图书馆，为职工娱乐生活提供帮助。随着指示的下发，各地普遍把短期训练班发展为长期业余补习学校。据1949年4月的统计，哈尔滨市公私营企业共办夜校54所，参加学习的有9500多人。东北总工会还开办了工人政治大学，招收4年以上工龄，具有相当文化（能看《东北日报》、能写笔记）程度、思想进步的产业工人入学，学习期限3个月。②据东北总工会文教部1949年7月14日统计，全东北1107202名职工中已有325957人参加学习，占学习总人数的40.8%，参加职工识字班的有89346人，占学习总人数的27.4%，二者共占68.2%。③

3.继续冬学等各种社会教育形式

在形式上，解放战争时期的社会教育基本上继承苏区和根据地的传统，主要采取四种教育形式：一是季节性的冬学、夏学等；二是长期性的民教馆、民校等；三是日常生活中的识字组、读报组、黑板报、墙报等；四是群众组织起来的广播剧团、歌咏队等。在四种学习教育形式中，冬学、民教馆、业余学校、识字班是最重要的社会教育形式。

首先，冬学是农村社会教育的重要形式。解放战争以来，各解放区均将冬学作为社会教育的重要形式，注重冬学在扫除文盲、提升民众觉悟、开展民众动员工作中的作用。

关于冬学的任务，各地区结合实际将冬学教育与其他中心工作结合起

---

① 中央教育科学研究所编：《老解放区教育资料》第3卷，教育科学出版社1991年版，第539页。

② 参见苏甫主编：《东北解放区教育史》，吉林教育出版社1989年版，第123、124页。

③ 参见董纯才主编：《中国革命根据地教育史》第3卷，教育科学出版社1993年版，第175页。

来。1946年10月，陕甘宁边区政府强调冬学要与自卫军冬训相结合。"今年的冬学就要与自卫军的冬训密切结合，在教学内容上时事教育应与识字教育并重，配合若干自卫防奸的训练。""按照各县的具体情况和可能条件，计划出应该举办冬学的地区，分配干部深入农村抓住群众中的积极分子推动一般群众，说服消极分子，经过民主酝酿和讨论，大家动手办好冬学。"①1945年10月25日，晋察冀边区行政委员会在关于冬学运动指示中提出，结合新老解放区实际确定冬学内容。面对复杂形势，"今年冬运的基本任务就是不分地区普遍深入时事教育"。在老解放区，人民群众经过14年来抗日民主教育，政治觉悟空前提高，学习文化的要求异常迫切，"在冬运中应适当着重文化卫生教育，继续着重开展识字运动，但必须与时事教育相联系"；在新解放区，"尤应以政治教育为主，文化教育为辅。与时事教育相联系，深入民主民生的政策教育。与当前贯彻政策，发动群众，开展清算斗争，控诉复仇运动密切结合进行"②。

关于冬学的时间、内容，各地区一般利用农民冬闲时节，重点开展政治教育、文化教育和生产教育。以晋察冀边区为例，在冬学时间上，"各地一般自当年11月15日起至明年2月底止，春耕开始晚的地区可适当延长。旧历年前后与群众斗争相结合普遍开展群众文化娱乐活动"。在内容上，冬学课程分为政治课、文化课、生产课三大类。"政治课包括时事教育，政策教育（农村以土地政策为主，城市以劳资政策为主）及民主思想教育。文化课以识字为主。生产课以'组织起来'为重心，联系组织群众冬季生产，给明年大生产运动打下基础。其次珠算，应用文，卫生防疫常识等，均应根据当地群众需要与自愿进行学习。"在课程比重方面，老解放区政治课应占70%，文化课占30%。③晋绥解放区的冬学课程，

---

① 中央教育科学研究所编：《老解放区教育资料》第3卷，教育科学出版社1991年版，第462页。

② 中央教育科学研究所编：《老解放区教育资料》第3卷，教育科学出版社1991年版，第463—464页。

③ 参见中央教育科学研究所编：《老解放区教育资料》第3卷，教育科学出版社1991年版，第464页。

以政治教育为主，占70%，文化教育为辅，占30%；一般冬学以文化教育为主，占60%，政治教育为辅，占40%。①

在冬学的组织和教学形式上，各地区一般区分乡村城市两类地区开展冬学，以统一领导，分散学习为原则。在冬学的对象上，"应强调村干部及英雄模范的学习，具体帮助解决因工作繁忙所遇到的困难。使他们在冬学中起积极模范作用，以带动一般群众。其次是青年男女，再及于壮年老年。城市则应以组织工人学习为主，其次是一般市民中的青年男女"。在学习形式上，"各地在冬学委员会或民校委员会等的统一领导下，根据群众自愿，自由组合，采取多种多样的组织形式。如识字班，妇女识字班，识字组，宣讲班，读报组，珠算组，医药研究组，夜校，午校，识字牌，黑板报，炕头教育，家庭学习小组，父教子，子教父，小先生传习以及各种与生产结合的学习组织，都可采用，介绍推广"。在中小城市与较大市镇，工人店员及市民工作生活上的季节性不明显，且对象复杂，应分别教育。"按照生产单位划分教育单位，以群众斗争的组织形式作为群众教育的组织形式，展开业余的学习运动，并建立经常的业余学习组织，如补习班，工人夜校等。"根据具体环境与群众需要创造更多的组织形式与教学方式。"在新解放区更可采用群众大会，座谈会，街头讲演，家庭访问等方式，进行时事教育与政策教育。"②

其次，民教馆是城市社会教育的主要形式。民教馆是全民族抗日战争时期社会教育的有效形式，解放战争时期各地一般将民教馆作为冬学以外的长期性教育形式。

关于民教馆的作用及工作原则，各地普遍将民教馆作为团结与教育群众的组织，注重组织上与群众相结合、工作上从群众实际需要出发。"民教馆既然是群众的综合的文化场所，那么民教馆工作展开的关键，就决

---

① 参见《行政公署指示各级大规模开展冬学运动》，《抗战日报》，1945年9月22日，第1版。

② 中央教育科学研究所编：《老解放区教育资料》第3卷，教育科学出版社1991年版，第464—465页。

定和群众的结合，一切文化教育活动从群众的要求与需要出发而定。"①
一方面，民教馆在组织上要与群众相结合。以张家口和宣化市民教馆为
例，张宣两市民教馆就其本身组织形式来说，是公办的，然而在工作中
又自然地与群众组织发生着密切关系。如张市1945年冬体育运动会主要
是由民教馆与市青联共同负责的，张市民教馆与一分馆的儿童讲座是与
青联共同组织的，"三八"展览会与妇婴卫生展览会和讲座是以市妇联为
主、协同组织的，一分馆的"五一"工人生产展览会则是与市总工会共
同组织的，宣化民教馆的"五四"青年作品展览会是与市青联共同组织
的，等等。②另一方面，民教馆的教育工作要从群众实际需要出发。"在
新解放区群众已经从经济上政治上翻身之后，也就有了文化上翻身的要
求，就是还在群众翻身的过程中，我们的教育工作文化文娱活动，能为
当时当地的群众斗争服务，他同样也为群众所欢迎。"民教馆在解放区城
市文化教育工作上发挥着重要作用，满足了城镇民众对文化生活的需求。
如"在张宣两市的民教馆，也协助解决了个别的失业工人与市民的职业
问题。帮助群众处理家庭事务，解决土地与婚姻问题，代写诉讼纸都是
常有的事"③。

关于民教馆的组织与活动开展。各地一般在市、区和街道层面组建民
教馆。随着工作的需要、干部条件和地区的不同，民教馆主要有三种形
式。以张家口市为例，一是市级的民教馆，包括馆务部、阅览部、群众
服务部、文化教育部、俱乐部、艺曲指导部和业余公学等。二是区级的
民教馆。在张家口市，第七区是以文教馆和医疗所、民办小学三位一体
结合起来设立的。民教馆内设阅览室、游艺室、广播站等。三是街一级
的民教馆。张家口市一区一街均设民教馆，在社会教育工作范围内包括

---

① 中央教育科学研究所编：《老解放区教育资料》第3卷，教育科学出版社1991年
版，第477页。

② 参见中央教育科学研究所编：《老解放区教育资料》第3卷，教育科学出版社
1991年版，第477—478页。

③ 中央教育科学研究所编：《老解放区教育资料》第3卷，教育科学出版社1991年
版，第478页。

民校、黑板报、文化馆（文化馆内设阅览室、游艺室、民校，小学也在里面）。其经费由街款开支，并募集基金一并解决文化馆的经费。从工作关系上，市民教馆与市民教分馆是领导关系，分馆同时也受市教育局的领导。区民教馆受区公所的领导，街民教馆则是民办的。市民教馆与区街民教馆保持工作联系，交流与介绍经验，从旁帮助。

民教馆因与群众联系紧密，从群众实际需要出发开展工作，受到群众欢迎。如焦作市的民教馆"在市府大楼上的播音器，天天向市民广播国内外新闻，和本市消息及行情物价。记得毛主席宣布停战命令那天，播音器前拥挤的人群，高兴鼓掌。民教馆还举办了6次时事座谈会，提高市民对时事政治的关心。新年前后，它曾组织文艺青年，研究写作，编唱歌子，又把10多个旧艺人，结成了一个'民众剧社'，出演新剧3次。儿童歌咏队，有300多个学生唱会了很多新歌；还举办画展和组织球类竞赛。这里已成了焦作市民的文化娱乐的中心，过去留下来的新春赌博之风，已渐改变"[1]。在民主政府扶持下，菏泽市社会教育已有很大发展。"社会教育馆，现藏书一万五千余册，并有各解放区各种报纸、杂志、书刊，从早到晚，读者拥挤不断；延安解放日报，读者特别踊跃；不少仪器标本亦颇引人注目……全市每个十字街头，一块黑板报，由菏泽市民自己推人编写，不断写着时事和配合当前工作的消息，当公审汉奸孙华剑时，板上写着'去！去！去报仇'等生动字句！黑板前围满人，小贩的篮子都被挤坏了。"[2]

再次，民校、识字班等是社会教育的日常组织。在晋绥解放区，"在民办公助的方针下，启发群众创办各种形式的普小如半日班、全日班、夜校、轮回学校等"[3]。在河北省，截至1947年唐县东长店村民校开办3年来，"全村72户293口人，有154个青壮老年都参加了民校。3年中扫除

① 中央教育科学研究所编：《老解放区教育资料》第3卷，教育科学出版社1991年版，第492页。
② 《菏泽社会教育活跃 焦作市成立文联》，《人民日报》，1946年5月26日，第2版。
③ 《分局指示各地加强教育工作大量培养地方知识分子》，《抗战日报》，1946年6月1日，第1版。

了青年文盲，32个男女青年都识了字。过去一字不识的王新顺，竟当上了财政委员"。而且他们在3年中有许多新的创造，"在识字方面，3年中，共编课本4种，大家讨论，教师执笔，第一本是人名村名、记帐、农具、武器名等，共包括了225个生字。第二本24节应用文。第三本是自然和地理常识。第四本是对农作物的研究"①。再如，山东省冠县的大花元头村民校的扫盲工作收效极大。"全村由两个认字的，达到全体都会认字，一般男子能背写350字，女基点组能看报，女子能写400多字，政治文化水平大大的提高了……教材的编辑，主要内容为时事问题，工作中心，生产常识等，所编写的材料，是根据本村情况，适合广大群众要求，亦极通俗易学，如生产常识材料。妇女生产单元中编的课有'刘淑香真可夸，一表天纺了五两花'。男子生产单元中编的课有'出猪圈，掘灰坑，草粪性长小麦子，灰土大粪上花生'等。"②另外，一些地区民间艺术形式也得到发掘和利用。如陕甘宁边区民间说书艺人韩起祥在绥德米脂一带说新书，"在米脂有几个二流子听到了他说的书'二流子转变'以后，决心学好。他在绥德米脂尔县，还教会了十二个瞎子说新书。按韩起祥系在去年初，在陕甘宁边区文协帮助之下开始创作新书的，一年多来创作了数十种，内容能反映群众现实生活，说书时常用民间小调作插曲，颇受群众欢迎"③。

最后，教师、教材和经费是社会教育的重要问题。以晋察冀边区为例，党和政府在冬学运动中非常注重解决教师、教材和经费问题。一是教师问题。教师对冬学、补习学校等工作的开展有着决定意义。晋察冀政府注重选聘教师，提出"小学教师、村干部、英雄模范应积极担任冬学教师，并帮助冬学教师解决教学上的困难。新解放区要大胆使用在乡

---

① 中央教育科学研究所编：《老解放区教育资料》第3卷，教育科学出版社1991年版，第479页。

② 《教育与群众切身要求结合　大花元头村群校办得好　已达到全村都认识字》，《人民日报》，1946年6月26日，第2版。

③ 《民办公助、学制灵活多样　晋察冀小学增至二万座　陕甘宁边区民间艺人韩起祥，说书转变了二流子》，《人民日报》，1946年6月26日，第2版。

知识分子，并从工作中团结与改造他们……号召当地驻军机关、团体学校，认真帮助冬学，担任冬学教师，解决教师困难"。二是教材问题。一般来说，"时事教材，减租课本，及工人农民课本，由边区印发，供各地采用"①。识字课本、生产课本仍可采用往年课本，并由各署县根据当地特点、群众需要及时局变化自行编选补充教材。在新解放区应彻底铲除反动教科书及教材，大量翻印新教材。在教师待遇、经费筹措方面，各地一般根据往年经验与群众意见决定。印制教材费用，除适当收取外，不足数在课本补助费内开支，由行署及直辖市政府统一掌握。

（三）高度重视中等教育正规化建设

学校教育是教育工作的基本内容。新民主主义革命时期，党和政府十分突出干部教育、社会教育的地位。随着战争发展，党对中等学校教育也给予高度重视，重点发展中等学校教育。

1. 突出中等教育的地位与作用

中等教育在学校教育中处于中间阶段，是小学教育与高等教育的衔接阶段。解放战争时期，党和政府突出中等教育的地位，注重探索新型正规化建设，发展不同类型的中等教育。

首先，解放战争时期各地政府特别重视中等教育的地位。解放战争开始后，各中等学校工作受到了很大影响，有的学校以为在战争期间难以坚持教育，因而大量遣散学生，或要求把学生全部调出工作；有的学校带领学生，终日行军，不知今后工作如何进行。这种情况如果继续下去，所受损失必然更大。1947年4月26日，陕甘宁边区政府发出《关于战时各中等学校工作的指示》，肯定"在保卫边区，发展西北的斗争中，边区各中等学校是一个很主要的力量。因此，不论环境如何困难，各校必须在教育与战争结合，学习与工作结合的总原则与支援前线、服务战争的

---

① 中央教育科学研究所编：《老解放区教育资料》第3卷，教育科学出版社1991年版，第465—466页。

总任务下，坚持工作"①。1947 年 9 月 13 日，东北行政委员会指示："办好中学，这是今天教育工作的中心环节，各地领导机关应抓紧这一环，是非常必要的。"②1948 年 10 月，党中央提出："当前解放区普通教育工作中最重要的问题，是恢复和发展中等教育问题。""教育工作能够培养出大批政治上进步的具有中等文化程度和基本科学知识的人才，来补充军事、政治、经济、文化各方面工作的干部。这是一个重大的政治任务。"③

其次，充分肯定中等教育承担培养干部、培养革命知识分子的双重任务。在老解放区，党和政府对中等教育人才培养的双重使命有着较早认识。1946 年 2 月 21 日，山东省政府发布《关于发展中等教育的指示》，强调："整理与扩大现有中学，继续开办新的中学、师范与职业学校，广泛吸收青年学生入学，就成为目前干部教育的紧要任务了。"④同年 9 月，山东省发布《中等教育工作纲要》，再次明确提出，中等教育的方针是以"提高现在干部和培养未来干部"为目的，同时提出三项任务：大量开办师范学校，整理改造现有的普通中学，有计划地训练县区干部。⑤1946 年 3 月，华中宣教会议中等教育组总结报告指出："在中等教育组的全组会议上，则一致赞同中学教育应成为独立的阶段，并且同意职干教育重于普通中学教育，但在具体的办理方针上，却有着分歧。"⑥1946 年 5 月 16

---

① 中央教育科学研究所编：《老解放区教育资料》第 3 卷，教育科学出版社 1991 年版，第 340 页。

② 中央教育科学研究所编：《老解放区教育资料》第 3 卷，教育科学出版社 1991 年版，第 154 页。

③ 山西省教育史晋绥边区编写组、内蒙古自治区教育史志办公室编：《晋绥革命根据地教育史资料选编》（一），1987 年，第 309 页。

④ 中央教育科学研究所编：《老解放区教育资料》第 3 卷，教育科学出版社 1991 年版，第 424 页。

⑤ 参见中央教育科学研究所编：《老解放区教育资料》第 3 卷，教育科学出版社 1991 年版，第 427 页。

⑥ 中央教育科学研究所编：《老解放区教育资料》第 3 卷，教育科学出版社 1991 年版，第 443 页。

日，晋绥边区行政公署在《关于目前中等学校工作的指示》中强调："和平建设时期，中等学校之任务，主要在于培养各种和平建国的一般干部，其次培养有志深造掌握科学技术的青年。"①解放战争进入战略反攻阶段后，培养干部和各类人才仍是中等教育的重要任务。1948年6月21日，太岳区中学教育会议提出中等学校办学"总的方针是尽量教育争取全部青年学生，为新民主主义事业服务"。其中，"中等教育应担负起培养为人民服务的革命知识分子，以及提高现任干部的双重任务"②。1948年10月，华中中等教育会议"明确规定了今后华中中等教育的方针，应在服务于新民主主义革命总的目的下，大量培养与改造知识青年，使他们成为新民主主义建设事业和当前中国人民解放斗争所需要的各种干部和人才"③。

新解放区干部缺乏局面决定了中等教育主要承担干部教育的任务。1946年9月24日，东北政委会指示，在改造学校教育中"中等以上学校教育就应适应当前斗争需要大批干部的情况，以训练政治、经济、文化、军事建设人材为主要任务"，并进一步强调："在东北目前状况下，中等教育应重于小学教育。"④这一指示"说明了解放区的中等教育具有双重任务，即既是干部教育又是预备教育"⑤，应该说，这一指示切合东北解放区实际情况。1947年，东北解放区召开第一次教育会议，"主要是讨论中等教育，明确规定中等教育工作是当前教育工作的中心环节，其任务是争取和培养革命知识分子，或者说是为培养知识分子干部打基础"。会

---

① 中央教育科学研究所编：《老解放区教育资料》第3卷，教育科学出版社1991年版，第367—368页。

② 中央教育科学研究所编：《老解放区教育资料》第3卷，教育科学出版社1991年版，第384页。

③ 中央教育科学研究所编：《老解放区教育资料》第3卷，教育科学出版社1991年版，第451页。

④ 辽宁省教育科学研究所编：《东北解放区教育资料选编》，教育科学出版社1983年版，第3页。

⑤ 辽宁省教育科学研究所编：《东北解放区教育资料选编》，教育科学出版社1983年版，第53页。

议提出："办好中等学校，培养出大批革命知识分子，可以解决各部门工作干部问题，也可以解决小学教育师资问题，并且还为干部学校造就后备军。"①

2. 提出中等教育发展正规化要求

教育正规化反映了广大解放区对教育事业发展长期性、培养更高层次建设干部人才的需求。解放战争进入反攻阶段后，党和各地政府逐步认识到："为了长期建设，打好基础，为了贯彻新民主主义的教育方针，适应儿童和青年生理与知识发展的规律，正常的进行学习，以增进学习效果，学校教育必须向新型正规化发展。"②

首先，消除旧教育的遗留思想是中等教育新型正规化的前提。这项工作主要在以东北为代表的新解放区。东北中等教育实行正规化必须消除旧教育盲目正统思想的遗毒。1947年9月13日，东北行政委员会在教育工作指示中提出，一年多来"中学工作中进行了争取知识青年及思想改造工作，初步创造了一些好的典型经验，因此在部分的中学内削弱了盲目正统观念并争取了七千多中学生参加革命"，但在中等教育方面，"还有人不善于掌握改造思想的方针，而走旧型正规化的老路，或机械地搬用关内老解放区的经验"③。而且"在东北知识青年的头脑中，盲目正统观念，直到今天，还占统治地位……根据这种情况，目前中学必须完成这个历史遗留下来的使命，就是改造学生思想：集中火力，肃清盲目正统观念，树立以无产阶级思想为领导的反帝反封建的民主革命思想"④。

东北解放区党和政府认识到，学生的思想改造要结合时事开展，要从

---

① 辽宁省教育科学研究所编：《东北解放区教育资料选编》，教育科学出版社1983年版，第56页。

② 中央教育科学研究所编：《老解放区教育资料》第3卷，教育科学出版社1991年版，第36页。

③ 辽宁省教育科学研究所编：《东北解放区教育资料选编》，教育科学出版社1983年版，第6—7页。

④ 辽宁省教育科学研究所编：《东北解放区教育资料选编》，教育科学出版社1983年版，第7页。

学生思想实际出发，并形成一种群众性运动。一是结合时事进行思想改造。东北政委会指示："爱国自卫战争是今天国内政治斗争的集中表现，而土地改革则为其基本实质。"因此，改造学生思想必须以土改教育为中心，"通过它来弄清学生思想面貌，通过它来教育学生，使学生认清土地斗争的真理，确定政治立场，站到人民大众方面来。思想改造是否搞得彻底，主要关键就在土地改革教育的贯彻"①。二是改造工作必须从学生实际思想状况出发。"根据学生的接受程度，采取各式各样的方式方法，进行工作。上课、讨论、讲演、辩论、演戏、歌咏、下乡工作、街头宣传、前线服务、诉苦、回忆、坦白、反特等办法，都可采用。各校可根据学生的具体情况办事。但不论采用什么办法，都必须服务于改造思想的目的。"三是改造工作必须形成一个群众运动。"要大胆放手，发扬民主，发动学生大胆讲话，自由思想，借以暴露其思想，然后才好对症下药，治病救人。要集中火力，击中要害，挖掉思想中的坏根。"②总之，"中学的任务，现在是争取改造知识分子，将来就要转为培养造就知识分子干部"③。

其次，中等教育新型正规化必须肃清旧型教育正规化思想。实行中等教育新型正规化的最大阻力是干部、青年学生中的旧型正规化思想。所谓旧型正规化，主要体现在旧中国教育体系中。"中国旧教育已有几十年历史，在学制、课程、办法上都有了完整的一套，形成了一套相当完整的正规制度……这种旧型正规教育制度，原是从外国资本主义国家贩来的洋货，洋教条，是不合中国国情的，是不合中国人民需要的。"④因此，

① 辽宁省教育科学研究所编：《东北解放区教育资料选编》，教育科学出版社1983年版，第7—8页。

② 辽宁省教育科学研究所编：《东北解放区教育资料选编》，教育科学出版社1983年版，第8页。

③ 辽宁省教育科学研究所编：《东北解放区教育资料选编》，教育科学出版社1983年版，第9页。

④ 中央教育科学研究所编：《老解放区教育资料》第3卷，教育科学出版社1991年版，第454页。

肃清干部中的旧型正规化思想，就是要使他们认清旧型正规化教育制度的核心是升学、留学，整个教育制度都带着留学的预备性质；明白"所学非所用"是旧教育的致命伤，而新教育则强调"学以致用"精神。肃清在青年学生中的旧型正规化思想，必须使学生认识青年学习的目的不应该是别的，而是为人民服务，而青年知识分子也只有为人民服务，和工农群众结合起来才有出路。青年学生有了为人民服务的思想，克服旧型正规化思想也就容易多了。

最后，实现中等教育新型正规化必须制定规范的教育制度章程。"所谓新型正规化，即是建立在科学的民主的基础之上，密切联系实际，与新民主主义社会的政治经济情况相适应的正规教育制度。"[1]1948年6月21日，太岳区中学教育会议提出："中等教育的建设方针，应从建立正常的教学制度，逐渐走上正规化，改变中学过去那种无计划、无制度的现象。"他们认识到："中学不是训练班……必须规定学制，不毕业的学生，不容抽调。特别需要时，必须经过行署审查考虑，有计划的在学生学期终了时，在学生自愿原则下抽调之。各部队机关直接到学校动员学生参军或参加工作的现象，必须坚决纠正。"[2]1948年10月16日，党中央根据各地实践探索经验提出了中学必须正规化思想，"即是必须有入学和毕业的制度，有一定的修业期限、上课时间、放假日期等各种正规学校的制度"[3]。当时，各解放区实行正规化主要是落实各类学校办学章程和规范，具体表现为各地发展各种类型的中等学校。

3. 规范中等教育正规化建设

战略反攻阶段开始后，各解放区对中等教育正规化展开深入讨论。经充分讨论，各地确定了教育正规化的方针，随后各校均加强了文化学习，

---

① 中央教育科学研究所编：《老解放区教育资料》第3卷，教育科学出版社1991年版，第36页。

② 中央教育科学研究所编：《老解放区教育资料》第3卷，教育科学出版社1991年版，第385页。

③ 中央教育科学研究所编：《老解放区教育资料》第3卷，教育科学出版社1991年版，第316页。

建立了正规制度与教育计划。解放战争时期的中等教育一般包括四种类型，即普通中学、中等师范学校、职业中学、干部学校。"除按各种不同的性质单独成立学校外，可于一个中等学校内部设立两种以上的班次。"①本部分将以华北解放区为例，重点介绍华北解放区加强普通中学、师范学校正规化建设方面提出的各项制度和规范。

首先，关于普通中学正规制度建设方面。华北解放区制定了《普通中学暂行实施办法（草案）》（以下简称《办法》），规定了普通中学各项制度。关于中学任务和性质，《办法》规定："中学教育是普通教育性质。其任务是为新民主主义国家培养具有中等文化水平及基本科学知识的青年，打下各种发展可能的基础。使学生毕业后经过一定的专业训练参加工作，或直接参加工作，或继续升学深造。以适应各方面不同的需要。"关于普通中学实施原则，《办法》规定："（一）为适应人民解放战争与国家建设的需要，首先必须克服无制度无计划的现象，建立一定的正规制度与教育计划；克服轻视文化的观点与过度的社会活动、生产劳动以及过多的政治教育的比重、以妨碍文化学习的现象，切实加强文化教育。""（二）改进思想教育与政治教育、通过政治课及有关课程，生产劳动、社会服务、学生自治等活动，培养与锻炼革命观点、群众观点、劳动观点与一定的工作能力。""（三）重视课堂教学及教师的指导作用。""（四）提倡教育工作人员专业精神。"②

关于中学的学制，《办法》规定：中学修业期限定为3年，为照顾目前需要设1年制短期中学班，或附设3年制初级中学，或分校办理；年龄在18岁以下者入3年制中学班，18岁到25岁者入1年制中学班；两类学校以春季始业为原则。学习终了，均需经考试及格始得毕业，未毕业学生除特殊情况外不得抽调；为适应城乡不同需要，每一学年可分为两学

① 中央教育科学研究所编：《老解放区教育资料》第3卷，教育科学出版社1991年版，第384页。

② 中央教育科学研究所编：《老解放区教育资料》第3卷，教育科学出版社1991年版，第408—409页。

段或三学段。全年上课时间不得多于36周，一般假期外其他假期不得超过80天；每周上课不得少于24小时，至多不超过28小时，每周自习时间以18到20小时为原则。生产劳动与社会服务的活动可多利用星期日休假日或假期进行；根据课程标准，建立科学合理的考试制度；中学视地方需要可设文化补习班。关于开设的课程，《办法》规定：课程门类为政治常识、国文、数学、自然、历史、地理、生理卫生、理化、体育、音乐、习字、美术工艺等，初级中学一般不设外国语。上述课程，统一制定课程标准，同时规定了1年制及3年制班级课程配置与每周教学时数。

关于学校组织、编制及会议，《办法》规定：中学的组织结构中，设校长1人，下设教导处、总务处，并主任各1人，教员、教导员、图书管理员若干，事务、会计、医生及其他支援、勤杂人员若干；班级以50人为原则，教员每班不少于2人，同时规定了教职勤杂人数与学生数目的编制比例；为发挥集体领导作用，中学应设立校务会议、教导会议、总会会议等。此外，《办法》还规定了学校的设置与领导等各项安排。

其次，关于中等师范学校正规制度建设。华北解放区还制定了《师范学校暂行实施办法（草案）》（以下简称《办法》），规定了普通中学各项制度。关于学校任务，《办法》规定："师范学校的任务是为新民主主义国家培养与提高小学师资及初级教育行政干部。"关于实施原则，与普通中学要求类似，《办法》规定了"克服师范教育中无制度无计划的现象，建立一定的正规制度与教育计划"，"切实加强文化教育"，"改进思想教育与政治教育"，"重视课堂教学与教师的指导作用"，"提倡教育工作人员专业精神"。此外，特别在第二项提出"注重业务教育，认真参观学习，以掌握业务知识与技术。并培养为人民教育事业服务的专业精神"[①]。

在中等师范的学制方面，《办法》规定：修业年限，师范学校3年，短期师范学校1年；师范学校招收16岁以上、25岁以下的高小毕业生或

---

① 中央教育科学研究所编：《老解放区教育资料》第3卷，教育科学出版社1991年版，第415—416页。

具有同等学力者，短期师范学校招收 18 岁以上、25 岁以下的高小毕业生或具有同等学力者，两类学校均须考试合格才准入学，男女兼收但妇女录取标准较宽，现任小学教员、民校教员、义务教员及其他工作人员，有愿入师范学校学习，经区级以上机关介绍投考者，年龄不限，录取标准应较宽。此外，学业时间、两或三学段分类、每周上课时间与普通学校相同。关于课程，师范学校在开设政治常识、国文、算术、史地、生理卫生、自然常识、体育、音乐、美术工艺、习字等科外，开设了小学教材研究与各科教学法、小学教育实际问题或小学教育的理论与实际（均包括社教问题）。同时规定了各类学校每周教学时数。关于组织、编制及会议，师范学校除了组织机构、各类会议与普通中学一致外，还对县立或联立短期师范人员和领导机构做了规定，强调班级人数 40 至 50 人，短训班可增到 60 人。

除了上述两类普通中学与师范学校之外，各地还设立了各类中等职业学校，如晋察冀边区在 1946 年有中等及专科以上学校 134 所，学生 26100 人。抗战中边区曾缔造华北联大、抗战建国学院、白求恩卫生学校及 20 余所中学，培养了军事、行政、经济、文艺、教育等战线上的 46000 余名优秀干部。抗战胜利后，为适应民主建设要求，各级民主政府兴办中等、专科以上学校，迄今全边区中等以上学校共计 67 处，学生 13000 余人，其中职业学校 5 处，学生 913 名。[①]

（四）发展小学教育与创建高等教育

解放战争时期，干部教育和社会教育在各类教育类型中处于优先地位，中等教育又在学校教育不同阶段中得到更多关注。为了完善各类教育，改善解放区教育发展不平衡状况，各地根据实际不断发展小学和高等教育。

---

① 参见《晋察冀教育发展 中等及专科以上学校共一百三十四所》，《人民日报》，1946 年 8 月 4 日，第 2 版。

1. 新老解放区逐步恢复和改造小学教育

党在教育工作中始终把小学教育作为一项重要内容。全民族抗战后期，在"民办公助"方针指导下，各地小学教育得到较快发展。不过，到了解放战争时期有些地方的小学教育曾被忽视，甚至停办。

首先，解放区小学教育工作面临多种不利因素。一是战争和灾荒导致一些解放区教育的停顿，受影响较大的是小学教育。这种情况在陕甘宁、华北等解放区都曾出现过。如陕甘宁解放区，"自蒋胡马匪军大举进犯边区以后，各级学校的设备几被破坏无遗；加以普遍灾荒，群众无力送子弟入学，边区国民教育遂大部陷于停顿状态"①。绥远省解放后的小学中，"学校大部破烂不堪，特别是农村校舍，无一完整，加以师资缺乏，经费不足，更是困难问题"②。"旧有教员及知识份子当时有很多人存在着变天思想不愿出来，有的隐蔽，有的干脆逃走，甚至因特务造谣说：'八路军学校要当兵，成了公家人，妇女要拨妇女队'等，群众不敢送子弟入学，学生躲老师，还有个别的老师怕把女儿拨了妇女队因而就趁早把女儿出聘。"③二是不少解放区在发展社会教育时忽视了小学教育。1946年5月14日，晋绥解放区行政公署在《关于目前小学教育的指示》中提出"急须加强小学教育"，首先应纠正过去各级领导上对小学教育轻视的偏向。过去不少地方小学无人过问，教员无人领导，学校困难没有及时解决，形成教员不安心工作，教学效果低下的现象，对培养干部及提高群众政治文化水平产生了不少影响。④

其次，解放区小学教育有重点、有计划地恢复和发展。针对以上困

---

① 中央教育科学研究所编：《老解放区教育资料》第3卷，教育科学出版社1991年版，第554页。

② 中央教育科学研究所编：《老解放区教育资料》第3卷，教育科学出版社1991年版，第574页。

③ 中央教育科学研究所编：《老解放区教育资料》第3卷，教育科学出版社1991年版，第580页。

④ 参见中央教育科学研究所编：《老解放区教育资料》第3卷，教育科学出版社1991年版，第567页。

难，党和政府确定了有重点、有步骤地恢复和整顿解放区小学教育，逐步发展的方针。1948年7月8日，陕甘宁边区政府在关于恢复老区国民教育工作的指示中提出："今年暑期以后各县必须根据需要和可能条件，有计划的逐渐恢复学校及必要的社教组织。"其中，"恢复国民教育的重心应放在完小。老区各县应集中力量办好一个或几个完小。初级小学应依据民办公助方针，在可能条件下，逐渐的恢复或创办"。同时注意"民办小学仍应根据群众的自愿与需要，以重质不重量为原则，要防止贪图数量而采取强迫命令的方式，也要反对借口困难而采取自流放任的态度"[①]。

改造旧教员、旧知识分子是恢复和整顿解放区小学教育的关键环节。各解放区普遍认识到："提高教职员，是改进国民教育的关键。"[②]以晋绥解放区为例，抗战胜利后，绥远省所有教员都是旧知识分子，受封建奴化思想影响太深，他们中当过敌伪人员的也很多，成分很杂，思想反动。据1946年省教育厅组织的暑期教员讲习会统计，在2278人中，初步了解参加其他政治派别者有45人，约占20%（国民党29人，三青团14人，同志会2人）。此外尚有宗教会道门信徒，如天主教35人，耶稣教3人，一贯道5人，二贯道2人。据各县教员学习会统计，在总数979人中，参加国民党109人，三青团13人，共计122人，占20%。天主教138人，一贯道28人，二贯道2人，耶稣教12人，青帮2人，中央道1人，共计204人，占学员总数12.1%。再就一般农村来说，私塾不少，有六七十个老学究（如集宁一区公立小学9处而私塾有42处）。[③]因此，在绥远等地发展小学教育时，改造旧教员旧知识分子成了关键问题。

最后，解放区小学教育实行有步骤有计划地提高与普及。应该说，老

---

① 中央教育科学研究所编：《老解放区教育资料》第3卷，教育科学出版社1991年版，第554页。

② 中央教育科学研究所编：《老解放区教育资料》第3卷，教育科学出版社1991年版，第557页。

③ 参见中央教育科学研究所编：《老解放区教育资料》第3卷，教育科学出版社1991年版，第575页。

解放区在小学教育方面做了不少努力。"过去为了适应游击战争的分散环境，各地区在小学教育工作上，不能不各自多想办法，建立不同的制度。那时若强求它统一，是做不到的。"①随着解放战争胜利的到来，东北、华北各地已解放，除极少数地区之外，老解放区开始进入和平建设时期，因此教育工作应该有较大发展。1949年6月15日，华北人民政府发布《关于小学教育几个重要问题的指示》（以下简称《指示》），首先指出当前形势下"明确规定小学教育方针，制定比较统一和正规的办法、制度，以使小学教育更有步骤有计划地提高与普及，已属迫不容缓"②。随后，《指示》对小学教育的师资、经费、课本、领导等四个问题作出规定。在小学师资方面，《指示》强调："方针、办法确定后，师资是决定一切的。因此，首先要加强在职小学教师的学习，以提高质量。"③建议培养师资要通过有计划地轮训，形成以教师个人自学、集体互助、加强领导三者相结合的方法，注重发挥各地教育刊物的作用并试办正式函授学校等。在小学教育经费方面，根据财政情况及各地教育建设需要，《指示》规定："地方粮与华北粮的比例为20：100。教育粮应占地方粮60%左右。个别地区，工作上确有需要，在群众负担能力许可下，经省政府和行署批准，征收数得酌量增加。""教育粮的掌管办法，应与中等教育经费之掌管办法同。""为照顾贫苦地区，专署对各县教育粮可作适当调剂。""无学校的村庄，群众确系自愿集资兴学者，应允许之。但须谁入学谁出钱，严禁按户摊派。""学校设备的开支（如盖房、购置桌凳等），高小由地方教育粮统一解决，初小经群众同意，县府批准由村自行解决。凡无校舍或校舍不足者，若有公共房屋如庙宇、祠堂等，应尽先拨用，或由村政府负责暂为借房。新解放城市学校，一般暂不新建房舍，其必须使

---

①　中央教育科学研究所编：《老解放区教育资料》第3卷，教育科学出版社1991年版，第590页。

②　中央教育科学研究所编：《老解放区教育资料》第3卷，教育科学出版社1991年版，第594页。

③　中央教育科学研究所编：《老解放区教育资料》第3卷，教育科学出版社1991年版，第594页。

用之房屋不修理即发生危险者，则当加以修理，但须制定精确预算，报请上级政府批准。"经费开支必须有计划、有制度、精确预算，厉行节约，一切要做到合理。新解放城市对过去国民党所定之开支办法，不合理的应加审查修订。"①关于课本问题，《指示》规定了集中编审、分散印行的原则，保证及时使学生获得课本。关于教育的领导，《指示》强调"改进加强领导是工作开展的最重要关键"，要健全各级教育行政机构，培养教育干部的专业思想，注意培养女教师，加强视导检查，建立认知执行报告请示制度等。

2. 老解放区创办与新解放区接收高等教育

解放战争时期，中国共产党为了适应革命形势的发展，解决日益增长的干部需求和新中国建设专业人才问题，在老解放区创建了一批高等学府。

首先，老解放区高等教育的发展。一方面，党在各解放区就地兴办"抗大"式的干部培训班。1948年7月，中共中央指示强调："争取和改造知识分子，是我党重大的任务，为此，要办抗大式的训练班，逐批的对已有知识的青年施以短期的政治教育，要大规模的办，目的在争取大多数知识分子都受一次这样的训练。"②随后各大解放区办起了这类学校。如1948年创办的华东大学、西北军政大学、中原大学，以及此后陆续在华北、华东和华中局部创办的人民革命大学和军政大学等。另一方面，党不断扩大老解放区原有高等教育的办学规模。1948年前后，中国共产党在各大解放区扩建或新办一批高等学校，其中包括前面各类"抗大"式学校。党中央要求这些学校尽可能地扩大办学规模，培养大量革命人才。新中国成立前夕，各解放区开办的高等学校大致情况如下：东北解放区有东北军政大学、东北大学、东北医科大学、东北科学院等；华北

---

① 中央教育科学研究所编：《老解放区教育资料》第3卷，教育科学出版社1991年版，第596页。

② 共青团中央青运史研究室、中央档案馆编：《中共中央青年运动文件选编（1921.7—1949.9）》，中国青年出版社1988年版，第683—684页。

解放区有华北大学、北方大学、华北军政大学、华北医科大学等；陕甘宁和晋绥解放区有西北军政大学、延安大学等；苏皖及山东地区有华中大学、华中建设大学、山东大学等；中原解放区有鄂豫皖军政大学、中原民主建国大学等。此外具有"抗大"性质的其他学校有辽南建国学院、晋察冀建国学院、晋察冀军政干部学校、冀东建国学院、西北医药专门学校、西北财经学校、成成学院、绥蒙建国学院、华中新闻专科学校、鄂豫公学、江汉公学、襄南公学等。[①]

总体而言，这一时期的大学不仅在数量上有了较大发展，且在办学规模上不断扩大，办学体制上逐步适应了革命要求。这些高等学校的办学特点，鲜明地表现为办学形式服从于战争形势和革命形势的需要，逐步由短期培训性质的高级干部学校发展为革命大学，再逐步完善为正规化的高等学校，在服务革命战争和准备建设新中国方面做出了巨大贡献。

其次，党和政府提出有计划有步骤地改造旧高等教育的思想。经过土改以后，老解放区政权已经转变为新民主主义性质的人民民主政权，老解放区文化相应地要转向新民主主义方向。然而，新解放区旧高等教育仍是旧经济旧观念的产物。在接管新解放大城市时，党和政府必须明确对新解放区旧高等教育的基本政策。

截至新中国成立前，全国"除台湾外，共有高等学校227所（各地人民革命大学一类性质的学校和各地军政大学不在内），学生共约13万4千人，其中公立学校138所，中国私人创办的私立学校65所，教会设立的学校24所"。"全国高等学校中约有15%是创设在老解放区或是经过彻底改造的，这些学校曾经培养成千成万的革命与建设的干部"，"至于约占全国高等学校总数85%的新解放区原有的高等学校，它们在过去也曾培养出不少有用的人才"。但是，"它们的教学内容基本上还不能符合国家建

---

① 参见周良书：《中共高校党建史（1921—1949）》，北京师范大学出版社2012年版，第270页。

设的需要，他们的教学方法一般地还有理论与实践脱节的缺点"①。鉴于此，党和政府借鉴了老解放区教育经验，提出"人民政府应有计划地有步骤地改革旧的教育制度、教育内容和教学法"②。这成为党对新解放区高等教育接管改造工作的基本思想。

再次，党和政府接管整顿新解放区的公立高校。面对新解放区高校诸多问题，党和政府本着谨慎态度，"坚决执行维持原有学校，逐步作可能与必要的改善的方针"③，分类接管接收各类高校。

在接管大城市时，党政军各部门十分重视新解放城市文化教育机构的保护。1948年12月15日、17日，毛泽东指示各野战军前线指挥员"通知部队注意保护清华燕京等学校及名胜古迹等"④。1948年12月18日，中国人民解放军平津前线部队政治部发布公告，向民众宣传对待清华大学的保护政策，"查清华大学为中国北方高级学府之一，凡我军政民机关一切人员，均应本我党我军既定爱护与重视文化教育之方针，严加保护，不准滋扰；尚望学校当局及全体同学，照常进行教育，安心求学，维持学校秩序"⑤。当时，在国统区共有高校205所，其中国立、省市立的学校124所，占总数的60.5%。⑥为了有效接管超过新解放区高校总量60%的公立学校，各大城市党政军机关采取必要措施，努力保障各类高校的有效接管，力争广大学校能够继续运行。

当时，中国共产党接管整顿新解放区公立高校，主要做了以下工作。

---

① 高等教育部办公厅编：《高等教育文献法令汇编（1949—1952）》，1958年，第12页。

② 教育部社会科学司组编：《普通高校思想政治理论课文献选编（1949—2008）》，中国人民大学出版社2008年版，第1页。

③ 高等教育部办公厅编：《高等教育文献法令汇编（1949—1952）》，1958年，第6页。

④ 陈大白主编：《北京高等教育文献资料选编（1949—1976）》，首都师范大学出版社2002年版，第1页。

⑤ 陈大白主编：《北京高等教育文献资料选编（1949—1976）》，首都师范大学出版社2002年版，第1—2页。

⑥ 参见郝维谦、龙正中主编：《高等教育史》，海南出版社2000年版，第31页。

一是成立接管高等学校的专门机构。当时为顺利接管新解放城市，党在各城市成立了由党政军机关协调组成的军事管制委员会，具体负责新解放城市各项事业的恢复和建设工作。以北京为例，北平市军事管制委员会就下设文化教育接管委员会，职责之一就是负责北京市高校接管工作。该委员会通过向各校派出工作组、军代表和联络员，宣传党的教育政策，团结广大师生员工。在接管过程中，该委员会通过调查研究，摸清原有高校的政治、思想、组织和经济状况，在充分酝酿基础上，再由军事管制委员会或人民政府召开全校师生员工大会宣布接管。二是收回各类高校的人事管理权。新中国成立前，新的全国性教育部门尚未成立。新解放城市各高校人事任免权均收归各地军事管制委员会。1949年3月13日，北平市军管会文化接管委员会发出通知"规定本会接管各机关学校人事调动"①。这样北京高校的人事管理权基本上收归于党的代表机关军管会手中。三是建立起党领导下的各校行政管理机构。在完成学校人事权接管以后，党和军队重新组建新的校务委员会，全面接管学校的行政工作。以清华大学为例，1949年5月4日，北平市军管会文化接管委员会要求成立清华校务委员会，同时任命清华大学各院的院长。这样清华大学行政权就归到中国共产党领导下的校务委员会手中，以民主集中制的形式开展工作。四是改造旧有课程。新的校务委员会成立不久即开始逐步改造旧有课程，减少一些必修课程。其中最能体现改造色彩的是，各校为适应革命形势需要开设了新的政治课程。清华大学根据华北高教会关于开设政治课的指示，在校内召开师生座谈会，推定10名教员和学生代表组成"公共必修课委员会"，具体负责清华大学的思想政治理论课教学工作。该教学委员会陆续制定工作计划、规定组织形式、确定教师来源，开始教学工作。五是分类处理原学校旧有人员。党和政府对新解放区高校接管指导思想是留用为主，但是各校对国民政府训导制度、训育人员还是采取了相应处理办法。1949年4月，北平市军管会文化接管委员会发

① 清华大学校史研究室编：《清华大学史料选编》第5卷（上），清华大学出版社2005年版，第60页。

布通知办法，解散训导制度，处理训导人员，"各院校训导人员处理分留用、遣散和洗刷三类"①。

最后，党和政府接管整顿新解放区的私立高校。全国解放前，党和政府接管和整顿公立大学的同时，开始接管和接收大量私立大学。中国私立大学主要包括两部分：一部分是中国人自己创办的大学，另一部分是外国教会组织在中国开办的教会大学。这两类大学数量一般少于公立大学，也是旧高等教育的重要组成部分。

如何对待和处理新解放区私立学校，是党的高等教育事业发展面临的一个现实问题。"解放初，我国有些地方，私立高等学校多于公立学校，如西南地区刚解放时，公私立高校有52所，其中私立学校30所。上海市有高校40所，其中私立的30所。南京市、武汉市的公私立高校各占一半。"②为此，党和政府非常重视私立大学的接收和接办，主要采取了以下措施。一是确定对私立学校"保护维持，加强领导，逐步改造"的方针。1949年3月9日、10日，中共北平市委就私立大学处理办法，向中共中央并华北局请示建议："北京私立大学学生数目不大，又系最高学府，原则上我们认为以尽可能由政府主办为好。"还对如何处理区别对待北京现有15所院校提出建议，涉及院系课程调整、学校领导机构以及北平各院校调整与合并等问题。当日中央批复"私立大学处理办法大体妥当"③。二是制定和颁布私立学校管理制度。加强新政权对私立学校的领导，积极发挥其人才培养功能。三是各地对私立学校开始初步整顿。党在接收接办私立大学之后，通过改组健全学校董事会、要求私立学校重新立案等方式，加强对私立学校的管理。

如何对待外国教会学校也是党对待新解放区教育问题的一个现实难题。因涉及国家文化主权和宗教事业自主权，党和政府对外国教会学校

---

① 清华大学校史研究室编：《清华大学史料选编》第5卷（上），清华大学出版社2005年版，第60页。

② 郝维谦、龙正中主编：《高等教育史》，海南出版社2000年版，第38页。

③ 陈大白主编：《北京高等教育文献资料选编（1949—1976）》，首都师范大学出版社2002年版，第6—8页。

采取了非常慎重的接收政策，到新中国成立后才开始对其进行大规模的改造工作。

三、中国共产党解决解放区教育问题的基本效果

解放战争时期是中国共产党领导民主革命走向胜利的关键阶段。这一时期，中国共产党关注民生中的教育问题，采取各类措施，恢复发展各类教育。经过党和政府的努力和人民积极参与，解放区的教育受众空前增加，民众精神面貌大为改观；民众思想觉悟得以提升，为战争胜利提供了民心支撑；逐步建立和完善新民主主义教育体系，为新中国教育事业的开启积累了经验，奠定了基础。

（一）教育受众空前增加，民众精神面貌大为改观

首先，全国新老解放区的各类教育都得到大的发展。下面关于高等、中等、小学及社会教育的几组数字，总体反映了解放区教育受众的增加。

在高等教育方面，截至1949年9月，东北解放区已有高等学校28所，学生35097名。相比九一八事变前，学校增加了17所，增幅为254%，学生30133人，增幅达707%。相比伪满时期的1940年，学校增加了13所，增幅为18.5%，学生增加了29875人，增幅达672%。比国民党统治时期，学校增加了23所，增幅达560%，学生增加了28027人，增幅达496%。[①] 三年间，东北高等学校前后共派出37971名学生参加革命工作。截至1948年12月底，山东省各部门办有专科干部学校及华东大学17处，吸收学生1万人。1949年2、3月间，山东省动员南下的学生五六千人，成为一支革命力量。[②]

---

① 参见中央教育科学研究所编：《老解放区教育资料》第3卷，教育科学出版社1991年版，第216页。

② 参见中央教育科学研究所编：《老解放区教育资料》第3卷，教育科学出版社1991年版，第182页。

在中等教育方面，截至 1949 年 9 月，东北解放区已有中等学校 280 所，学生 162727 人。比九一八前 2 年学校增加了 39 所，增幅为 14.7%，学生增加了 122206 人，增幅达 301.6%。比国民党统治时期学校增加了 121 所，增幅为 76.1%，学生增加 85995 名，增幅为 112.04%。①山东省，在 1946 年夏，有中等学校 45 所，学生 15000 人以上，中学教职员 1200 余人。截至 1949 年 3 月底，经过近三年时间的发展，山东省已有中等学校 67 处，学生 3 万人，其中师范生约 6000 名，教职员 2200 多人。②1948 年 10 月，散布在华北解放区的中等学校有 144 所，其中中学 43 所，师范 5 所，简师 70 所，其他职业学校 6 所，学生共 24962 名。③在华中解放区，截至 1949 年 9 月，皖北解放区共有各类中等学校 128 所，班级 687 个，学生 25918 人，教师 2281 人。截至 1949 年解放前 1 个月，皖南地区有各类中等学校 76 所，班级 387 个，学生 13464 人，教师 1544 人。④

在小学教育方面，截至 1949 年 9 月，东北解放区有小学 36061 所，学生 3692749 名。比九一八前 2 年学校增加了 22836 所，增幅为 18.9%，学生增加了 2933921 人，增幅达 386.5%。比伪满教育最发达的 1943 年，学校增加了 14684 所，增幅为 68.7%，学生增加了 1451427 人，增幅为 64.7%。比国民党统治时期，学校增加了 8768 所，增幅为 142%，学生增加了 1204886 人，增幅为 158%。⑤在山东省，1946 年夏，全省有高小 1413 所，学生 102619 名；初小 28879 所，学生 1650315 名；全省小学教师 44415

① 参见中央教育科学研究所编：《老解放区教育资料》第 3 卷，教育科学出版社 1991 年版，第 216 页。
② 参见中央教育科学研究所编：《老解放区教育资料》第 3 卷，教育科学出版社 1991 年版，第 182 页。
③ 参见中央教育科学研究所编：《老解放区教育资料》第 3 卷，教育科学出版社 1991 年版，第 402 页。
④ 参见王世杰主编：《安徽革命根据地教育史》，上海教育出版社 1991 年版，第 64 页。
⑤ 参见中央教育科学研究所编：《老解放区教育资料》第 3 卷，教育科学出版社 1991 年版，第 216 页。

人。[1]虽然解放战争时期，因战乱与灾荒，山东解放区小学教育曾有过停顿，但是截至 1949 年 3 月，山东全省也有小学 2 万所，教职员 36000 余人，小学生 126 万人左右。虽然没有达到 1946 年夏季的水平，但由于山东省小学教育一般注意文化教育，也能注意吸收贫苦儿童及职工子弟入学，为一般群众所满意。[2]截至 1949 年 9 月，皖北解放区共有初级、高级小学4616 所，学生 306001 人，教师 13673 人。其中公立初小 2588 所，班级5171 个，学生 189773 人，教师 7756 人；私立初小 1631 所，班级 2442 个，学生 79442 人，教师 3758 人。1949 年 9 月，皖南地区共有各类小学及私塾4446 所，学生 147827 人，教师 7846 人，其中公立小学 1488 个，学生97438 人，教师 4907 人。[3]

在社会教育方面，1948 年东北解放区办冬学 30762 所，学生 1232299名；工人夜校 96 所，学生 7336 名；民众学校 3435 所，学生 75433 名；识字班 82 个，学生 4114 名，补习班 11 个，学生 745 名；民教馆 119 处，图书馆 39 处。[4]山东省 1946 年夏统计有：农村剧团 9006 个，秧歌队 19539队，读报组 19377 组，宣传棚 364 处，俱乐部 8217 处，民教馆 48 所，土通讯组 4811 组，黑板报 18532 处，广播台 1645 处，民校 23170 处，妇女识字班 22834 处，村干部学习组 4399 组，成人学习班 44716 组，青年学习室4254 处，高级民校 92 处。这些学习组织遍布每一个乡村。[5]

其次，解放区各类教育大发展的积极效果是文盲减少，民众精神面貌大为改观。在扫盲方面，据 1946 年新华社报道，山东解放区的鲁中地区

---

① 参见中央教育科学研究所编：《老解放区教育资料》第 3 卷，教育科学出版社1991 年版，第 176 页。

② 参见中央教育科学研究所编：《老解放区教育资料》第 3 卷，教育科学出版社1991 年版，第 183 页。

③ 参见王世杰主编：《安徽革命根据地教育史》，上海教育出版社 1991 年版，第 64、67 页。

④ 参见中央教育科学研究所编：《老解放区教育资料》第 3 卷，教育科学出版社1991 年版，第 216 页。

⑤ 参见中央教育科学研究所编：《老解放区教育资料》第 3 卷，教育科学出版社1991 年版，第 176 页。

工农文化教育获得显著成绩。"全区 7078（边沿区除外）村庄中，即有民校 9200 处，学员 23 万人左右；妇女识字班 5000 多处，学员级 12 万人；读报组 2080 组，人数 15200 人，黑板报 9000 余所。仅鲁中大众报社，每月即能收到 2000 余篇工农投稿。小学 3600 处，上学儿童有 139000 多人。临沂尤家庄，在抗战前全庄男女文盲有 490 人，占总人口 96%，现在全庄能写信记账的有 97 人，已入小学的男女儿童 59 人，识字的占全庄人口 47%。"①

经过教育大发展，广大乡村精神文化面貌逐渐改观。在华北解放区太岳区，抗战胜利后一年来太岳区文化运动大大发展。一是报纸方面：太岳《新华日报》一年来由 7000 份增至 11000 份，其中将近 60% 发行到区村。全区 3200 个行政村。每村平均有两份《新华日报》。全区有 2100 个读报组，他们采取互教互学的办法集体学习报纸。全区的小型报纸，一年来如雨后春笋般地产生，差不多每个县都有一个定期的或不定期的小报。这些都是反映群众斗争生活的通俗报，故能在村干部及群众中逐渐生根。二是出版事业：一年来，太岳新华书店出版及发行各种图书杂志共 324526 册，平均全区每 10 个人有 1 本新书。其中群众读物 21 万册，占全部出版量的 2/3，而以《农村应用文》《日用杂志》《识字课本》销路最好，每种销行 1 万至 2 万份。干部读物中以《论联合政府》为销行最广者。定期刊物有《工农兵月刊》《新文艺月刊》《新教育月刊》《文摘月刊》《经济月刊》《太岳政报》等，每种发行 3000 至 7000 份。另外一、二、三、四分区都有小型的石印工厂，一、二分区每月各能印书 5000 册，四分区每月能印 20000 册。但由于群众需要增加，出版事业还是供不应求。②

（二）民众觉悟不断提升，全力支持解放战争

教育既是满足民众精神需求的重要工具，也是民众改造主客观世界的

---

① 《太岳群众翻身后 大众文化广泛发展 鲁中区成立民校九千余处》，《人民日报》，1946 年 5 月 20 日，第 2 版。

② 参见《太岳文教鸟瞰》，《人民日报》，1946 年 8 月 12 日，第 2 版。

精神武器。解放战争以来，党和政府从各地实际经验和典型报告中深深感觉到，只有人民在政治上、经济上翻身之后，文化教育才有蓬勃发展的基础。当然，我们并不会等待群众翻身有了物质基础以后，才去动手干文教工作。"我们要把文化教育交给人民当作武器，来进行翻身斗争。过去，把文教当作武器进行抗日，取得胜利。今后，我们要把这个武器，交给人民去进行民主和生产斗争，争取政治上、经济上、文化上的彻底翻身。"①上文各类教育的大发展有助于教育发挥这种"精神武器"的功能。

首先，民众阶级观念和思想觉悟的提升为党的事业发展提供了群众基础。经过广泛教育，各解放区民众文化知识水平虽仍旧参差不齐，但其阶级观念和思想觉悟均有所提高。

经过冬学教育中的阶级意识教育，解放区民众思想觉悟得以启发。如在华中解放区，苏皖地区的冬学在选择内容时，注意"启发群众谁养活谁的思想；启发群众的翻身思想，打破听天由命的宿命观念；启发群众的斗争意识，不靠天，不靠地，要靠自己；启发群众的齐心思想，要团结，有组织就有力量；启发群众生产兴家的思想"。这些内容均有助于启发民众的阶级意识。此外，苏皖解放区还结合社会生产、生活实际，广泛深入地进行群众教育。如婆媳之间不睦，邻里关系不和，就讲"团结一条心，黄土变成金"的道理；有人上坟烧纸，就宣传破除迷信方面的科学知识；斗争形势紧张，就进行关于反"扫荡"的教育。由于这些内容都紧密联系现实生活，群众容易接受，效果很好。②经过广泛深入的社会教育，该解放区民众的思想认识有所提升，他们"在反日、反蒋斗争中，坚决站到革命方面来"，"不但明白了组织起来参加斗争，推翻了压迫剥削者才能求得自身翻身的道理，而且早已这样做了"，"迷信观念淡了，有些地方群众自己起来反迷信，提倡卫生保健"，"一般群众都懂得

---

① 戴伯韬编：《解放战争初期苏皖边区教育》，人民教育出版社1982年版，第3页。

② 参见王世杰主编：《安徽革命根据地教育史》，上海教育出版社1991年版，第124页。

抗日和自卫的道理，关心时事并能讲一套大道理"，"农村文娱活动，唱歌、演戏、跳秧歌舞已经很普遍。黑板报、通讯组、读报组的活动也猛烈地开展起来了，人民的文化水平比抗日前提高了不知多少"①。"人民的政治觉悟与文化水平已经空前提高，过去为上海人城里人所看不起的'江北佬''乡下人'，现在从上海人城里人看来，已经变成进步和幸福的代号了。"②

经过工人中的社会教育，解放区工人的思想认识和文化水平得以提升。在东北解放区，沈阳市开办了职工短期训练班，工人受训后思想认识有了很大提高。如冶炼厂老工友吴守本说："我们工友要象爱护自己的锅、碗、筷一样爱护咱们的工厂，应该用三、五年的，要想办法用它六、七年。"冶炼橡胶等厂的工友受训回来后，自动对个别磨洋工或不守纪律的工友进行了批评。铁路职工会办事处，每天接到20余工人打电话或写信等，要求给他们解答学习中遇到的问题。③经过初步的启蒙教育，职工文化生活也随之空前活跃。在晋察冀解放区，1946年6月，张家口市80余个工厂已创办工人学校识字班等50处，学生达1万余人。行业工人则多参加所居住街间的民校，工人学校的教员都是工人自己聘请选择的。当时，晋察冀总工会主办的《工人报》4个月来已收到各厂工人投稿的新闻、通讯、短评等2359篇，发表的有1200余篇，写稿工人达665人。该报编委会随时与工人通讯员保持着密切联系，把报纸作为推动工作、生产的工具。④

此外，各解放区注重发挥各类民间文艺在社会教育工作中的重要作

---

① 参见戴伯韬编：《解放战争初期苏皖边区教育》，人民教育出版社1982年版，第263—264页。

② 中央教育科学研究所编：《老解放区教育资料》第3卷，教育科学出版社1991年版，第109页。

③ 参见中央教育科学研究所编：《老解放区教育资料》第3卷，教育科学出版社1991年版，第309页。

④ 参见中央教育科学研究所编：《老解放区教育资料》第3卷，教育科学出版社1991年版，第474页。

用。如晋绥解放区组建了10余个职业剧团，发展了80余个评剧、梆子等民间旧剧团。晋中新解放区停顿多年之灯影秧歌班已恢复40余个，许多群众剧团自编自演，一年中创作剧本送文联者达百余种，民间文化发展十分活跃。①

其次，积极争取旧教育中的知识分子为党的事业开展凝聚了民意基础。民心是最大的政治，赢得了民心，党的各项工作开展起来就容易得多，反之，党的各项工作就会遇到挫折。

各解放区在改造旧师资和旧知识分子工作中，注重政治教育，努力从观念上加以转化。在华中解放区，针对约占师资15%的旧学校教师有重点地进行教育，每次只讲一个问题，打通思想、弄清问题后，即回去工作。如此一两年之后，大批教师的政治水平提高，认识改变，对革命工作由被动到自愿，由敷衍到积极。有一位中大教育系毕业的、曾在国民党地区任中学校长多年的教师说："我在研究班3个月，才知道我过去学的全是教条，才知道我犯了自高自大，好高骛远的毛病，才晓得共产党里有人材，我要好好学习。"②回校以后，他表现很好，已任教导主任。

各解放区针对青年学生思想活跃的特点，在教育中采取辩论方式，吸引学生参加，帮助学生认清时事。如在华北解放区的邢台市，1946年邢师等四个中等学校师生800余人，采取自由提问、讨论争辩的方法展开热烈的时事学习。他们主要围绕"谁为人民谁反对人民？为人民的力量大还是反人民的力量大？从哪里看力量大小？内战责任属谁？胜利属谁？"展开讨论，仅义德中学140余人就有120余人发言。还有不少大后方来的学生，以他们亲身的体验，说明国民党的黑暗统治。大家思想更加明确。③尽管环境紧张，不甘受蒋匪压迫的青年，还是冒着生命危险，通过层层的封锁，从几百里外来找学校。当学习结束，"宣誓""决心"这些

---

① 参见《文教简讯》，《人民日报》，1946年6月23日，第2版。

② 中央教育科学研究所编：《老解放区教育资料》第3卷，教育科学出版社1991年版，第207—208页。

③ 参见《文教简讯》，《人民日报》，1946年6月6日，第2版。

动人的场面，在各队都可看到。有很多人主动地要求参加武装，参加到人民炮兵里去。另外，分配什么工作就做什么工作，绝不讨价还价。[1]

最后，通过干部教育培养的大批干部为党的工作开展提供了组织基础。解放战争时期，中国共产党为实现干部教育规模化、教育内容专业化、教育制度规范化做出了努力，为党和军队尽快夺取新政权做出了积极贡献。

从量的角度看，解放战争时期干部教育成效鲜明。从1948年3月到1949年底，陕甘宁边区的老解放区中等以上学校培养了近10000名干部[2]，输送到新老解放区各条战线上去，为支援西北解放战争做出了重要贡献。从质的角度看，解放战争时期干部教育的质量也值得肯定。以华中解放区的苏中公学为例，该公学是抗战胜利前由抗大第九分校改组而来的，历时两年多共办三期，训练了4000多名干部，每期都有干部教育的典型事迹。第一期成绩表现在"王清泰不回家了"。这是有关知识分子改造的成功一例。王清泰是泰兴人，到学校后，因过不惯纪律生活，坚决要求退学。但在学校教育和同学帮助之下，最后决心为人民服务，不回家了。第二期成绩表现在"王良的转变"。这是部队落后分子改造的一个范例。王良参加革命多年，但因受旧社会影响太深，在作风上则表现出军阀思想，在生活上则自由散漫，在同志关系上则闹宗派不团结。经过进步运动，号召"爱惜光荣"，他悔悟这样搞下去会断送自己的前途，结果转变了。第三期成绩表现在"天桥英雄蔡元如"。这是苦学苦练后终于成功的一个范例。蔡元如在业务学习中，每天起早带晚走天桥，最初走得不大好。但他一面根据教师的指示，一面自己苦练，到最后全校竞赛时，终于获得"天桥英雄"的光荣称号。[3]总的说，通过干部教育学习，广大知

---

[1] 参见戴伯韬编：《解放战争初期苏皖边区教育》，人民教育出版社1982年版，第335页。

[2] 参见刘宪曾、刘瑞棻主编：《陕甘宁边区教育史》，陕西人民出版社1994年版，第94页。

[3] 参见戴伯韬编：《解放战争初期苏皖边区教育》，人民教育出版社1982年版，第332页。

识青年改造了主观主义思想，部队干部改造了军阀残余思想，地方干部改造了落后思想，提高了素质和理论水平。

（三）进一步探索和建立新民主主义教育体系

"一定的文化是一定社会的政治和经济在观念形态上的反映……至于新文化，则是在观念形态上反映新政治和新经济的东西，是替新政治新经济服务的。"[①]因此，解放区的教育必须为解放区的新政治、新经济服务。

首先，建立解放区的新教育是新民主主义经济、政治发展的必然要求。新中国成立前，除了新解放地区外，广大老解放区多数已经完成了土地改革，打破了长达数千年的封建地主土地所有制，确立了个体农民的土地所有制度，实现了"耕者有其田"。与此同时，党和政府通过没收官僚资本归新民主主义国家所有，保护和发展民族工商业，形成了新民主主义经济制度。随之而来的是，解放区的政权性质也转变为以工农联盟为基础的各革命阶级联合专政的人民民主政权。相比于旧中国经济、政治，解放区新民主主义经济是新经济，人民民主专政是新政治。前者为解放区乃至新中国各项事业奠定了经济基础，后者为解放区教育、科技、文艺、宗教、法律等一切上层建筑奠定了政治基础，提供了意识形态前提。因此，解放区新经济、新政治确立之后，在解放区建立和发展新文化新教育是必然要求。

其次，解放区的新民主主义教育体系在这一时期得到建立和逐步发展。从教育总方针看，解放区的教育贯彻了新民主主义教育要求。解放战争时期党的教育总方针是新民主主义的教育，即民族的、科学的、大众的教育。这一总方针体现在解放战争教育的各个方面。在教学内容上，教育要反映新民主主义革命不同阶段的中心任务，战争时期党的中心任务是争取战争胜利，因为这一时期的教育从课程设置到教材编写，都符合"为战争服务"的基本原则。在教育对象上，教育要体现大众的教育

---

① 《毛泽东选集》第2卷，人民出版社1991年版，第694—695页。

方针，因此解放战争时期的教育"在教育对象上各阶层子弟均有入学机会（地富子弟在内），但对贫苦军、烈、工属的子弟及一般贫寒子弟更应注意扶植"①。在教育方法上，教育要体现科学的教育方针，即实事求是，理论与实际相联系，因此解放战争时期的教育采取了"正确贯彻以文化为主联系实际的教学方针"，"提倡与贯彻启发的、群众路线的教学方针"，"贯彻民主管理"②等。以上这些方针原则都是党在新民主主义革命不同时期逐步探索形成的，并在各项教育工作中得到进一步贯彻与实践。

从教育体系看，解放区的教育逐步推动了新民主主义教育体系的建立和完善。具体来看，一是在覆盖地域上，解放战争时期党和政府推动了新民主主义的教育在老区、半老区、新区的建立和完善。其中，新解放区如东北、陕甘宁黄龙等地，在接收和改造日伪旧教育基础上，逐步确立新民主主义的教育。老解放区即由抗日根据地发展而来的广大解放区，在改进抗日战争时期战时教育的基础上，建立了新民主主义的教育。二是在教育类型上，解放战争时期党和政府推动了新民主主义教育在干部教育、社会教育、学校教育领域的建立和完善。这些不同教育类型中，干部教育被放在了突出位置，且干部教育的内容、形式和方法不断改进。社会教育被放在重要地位，着重发挥其提升民众觉悟、动员民众的作用。学校教育则在优先保障干部教育、社会教育的同时，重点发展了中等教育，同时发展了小学教育、高等教育，实现各学段学校教育的恢复、发展。三是在教育体制上，解放战争时期党和政府提出教育新型正规化改革，推动了教育工作各环节由战时教育向正规教育的转变。其中，制定和实施符合教育发展规律、学生成长规律的各类学校教育规章制度是重要内容。

---

① 中央教育科学研究所编：《老解放区教育资料》第3卷，教育科学出版社1991年版，第27—28页。

② 中央教育科学研究所编：《老解放区教育资料》第3卷，教育科学出版社1991年版，第29—31页。

　　总体上看，解放战争时期的教育坚持了新民主主义教育总方针，在地域、类型、体制上推动了新民主主义教育体系的建立和发展，为争取战争胜利提供了人才支撑，为新中国教育制度的建立和发展积累了宝贵经验，奠定了坚实基础。

第十四章 新民主主义革命时期中国共产党解决民生问题的经验启示

面对威胁民众温饱、健康、发展等方面突出问题，新民主主义革命时期中国共产党在巩固革命根据地和服务对敌战争中，着力解决每一时期突出的粮食问题、医疗卫生问题、社会保障问题、教育问题，其间积累的丰富经验为新中国各项民生制度的建立和发展奠定了基础，对当今加强民生建设、推进国家治理体系和治理能力现代化具有深刻启示。

一、新民主主义革命时期中国共产党解决民生问题的基本经验

在解决具体民生问题过程中，中国共产党始终把人民群众的根本利益作为解决民生问题的出发点和落脚点，紧紧围绕并服务于革命战争这一中心工作，自力更生，艰苦奋斗，统筹调动广大人民群众的积极性和创造性，在解决民生问题过程中探索各项制度的建立和发展，为新中国民生事业的开创和发展奠定了坚实基础。

（一）广大人民群众的根本利益是解决民生问题的出发点和落脚点

习近平总书记强调："一路走来，我们紧紧依靠人民交出了一份又一份载入史册的答卷。面向未来，我们仍然要依靠人民创造新的历史伟业。"[1]依靠人民创造历史伟业，体现了历史唯物主义的根本要求。人民

---

[1]《习近平著作选读》第2卷，人民出版社2023年版，第612页。

群众是推动人类社会历史发展的最终决定性力量，是历史的创造者和书写者，是真正的英雄。依靠人民创造新的历史伟业，首先需要中国共产党始终代表最广大人民的根本利益。

中国共产党始终把人民群众的根本利益作为解决民生问题的出发点和落脚点。自古以来，顺应民心、赢得人民的支持与拥护，是维持一个政权长治久安最重要的基础。在人类历史上，先进阶级及其政党只有始终代表人民群众的根本利益，才能顺应历史发展潮流，始终居于时代发展前沿。建党初期和大革命时期，中国共产党人看到了旧中国民生问题"就是如何解决劳动平民生计问题"[①]，"革命的中心，要是民众所真正需要的东西"[②]，并将解决旧中国民生问题的关注点放到了劳动阶层生存状况改善上。土地革命战争时期，以毛泽东同志为主要代表的中国共产党人认识到"一切群众的实际生活问题，都是我们应当注意的问题"[③]，将"改良群众生活"[④]作为土地革命战争时期党的两大任务之一。全民族抗日战争时期，毛泽东高度肯定了民众在全民族抗战中的重要作用，明确指出"战争的伟力之最深厚的根源，存在于民众之中"[⑤]。虽然旧中国国力落后，但在抗击日本帝国主义的战争中，我们"动员了全国的老百姓，就造成了陷敌于灭顶之灾的汪洋大海，造成了弥补武器等等缺陷的补救条件，造成了克服一切战争困难的前提"[⑥]。为此，毛泽东等中国共产党领导人多次提出党和人民军队要关心群众生活，保护群众利益。党的七大把全心全意为人民服务确立为中国共产党和人民军队的根本宗旨。抗

---

① 中共中央文献研究室、中央档案馆编：《建党以来重要文献选编（1921—1949）》第2册，中央文献出版社2011年版，第85页。

② 中共中央文献研究室、中央档案馆编：《建党以来重要文献选编（1921—1949）》第2册，中央文献出版社2011年版，第82页。

③ 中共中央文献研究室、中央档案馆编：《建党以来重要文献选编（1921—1949）》第11册，中央文献出版社2011年版，第150页。

④ 中共中央文献研究室、中央档案馆编：《建党以来重要文献选编（1921—1949）》第11册，中央文献出版社2011年版，第152页。

⑤《毛泽东选集》第2卷，人民出版社1991年版，第511页。

⑥《毛泽东选集》第2卷，人民出版社1991年版，第480页。

战胜利前夕，毛泽东提醒全体党员干部"我们的责任，是向人民负责。每句话，每个行动，每项政策，都要适合人民的利益"。他特别指出："人民要解放，就把权力委托给能够代表他们的、能够忠实为他们办事的人，这就是我们共产党人。我们当了人民的代表，必须代表得好。"①解放战争时期，中国共产党人继续重视解放区百姓生活，努力恢复和发展生产，探索各项制度建设，保障和改善民生状况，实现社会政治稳定，保障了解放战争的最终胜利。

新民主主义革命时期中国共产党和根据地政府十分重视民众生活的改善。在农村，党和政府通过解决农民土地问题，减轻农民所受的封建剥削，恢复发展农业生产；在城市，为了改善工人生活，中国共产党人积极倡导劳动立法运动，探索建设社会保障制度。在工商业经营方面，党和政府逐步认识到私人工商业的重要作用，保护民族工商业，繁荣根据地经济；在卫生防疫方面，党和政府努力发展红色医疗卫生服务，开展群众卫生运动，提升军民健康水平；在文化教育方面，党和政府重视干部教育，初步实行义务教育，广泛开展社会教育，兴办专门学校教育，探索建立了新民主主义教育。

实践表明，正是中国共产党始终把人民群众的根本利益作为解决民生问题的出发点和落脚点，才能充分动员广大人民群众参加中国革命，并带领全国各族人民浴血奋战、艰苦奋斗，取得新民主主义革命的伟大胜利。

（二）紧紧围绕和服务于党的中心工作是解决民生问题的现实要求

新民主主义革命时期不同阶段，中国共产党领导的革命根据地面临复杂繁重任务。总体上看，广大革命根据地面临着对外进行战争与对内建设政权两大任务；从服务对象看，广大革命根据地政权存在着供给军政与保障民生两种需求。新民主主义革命时期中国共产党必须准确把握革命战争与政权建设、供给军政与保障民生的关系。

---

① 《毛泽东选集》第4卷，人民出版社1991年版，第1128页。

在战争环境下，正确处理革命战争与政权建设、供给军政与保障民生的关系，是中国共产党认识与解决革命根据地民生问题的重要前提。土地革命战争时期，毛泽东指出"组织革命战争，改良群众生活，这是我们的两大任务"[①]。这一时期，党和苏区政府正是协调好了这两大任务，才不断巩固和扩大了苏区，开创了土地革命不断兴起的局面。全民族抗日战争时期，党的中心工作是领导并争取全民族抗战的最终胜利。这就要求党的各项工作既不能忽视民生保障，更不能脱离抗战这一中心工作。党和政府在巩固抗日民主政权、解决民生问题的同时，必须坚持一切围绕抗战这一中心。总体来看，全民族抗日战争时期党和政府对各项民生问题的关注和解决都是从抗战大局出发，其结果都是有利于抗战的。比如，发展农业生产，开展大生产运动，是为了及时解决抗日根据地普遍存在的粮食危机，达到供给军政抗日的需要；发展医疗卫生事业，实现广大抗日根据地人财两旺，是为了更好地保障和服务前线抗战；实行新民主主义教育，突出干部教育，开展社会教育，健全学校教育，是为了扫除抗日根据地文盲，提高民众文化水平和政治觉悟，这将有助于全民族的抗战动员，为抗战培养一批革命干部和专门人才；在社会保障方面，优抚抗日军人及其家属，保障广大抗属生活，是为了保障前线战士安心工作、积极抗战。解放战争时期同样如此。总之，对党和根据地政府来说，革命战争条件下服务和保障革命斗争需要是各项工作中心，也是开展政权建设、解决民生问题的现实要求。

（三）立足以我为主，坚持自力更生是解决民生问题的策略原则

应该说，中国共产党领导下的广大革命根据地粮食、医疗卫生、社会保障、文化教育等问题产生的主要根源在于旧中国落后的经济基础和社会条件。旧中国的经济社会发展普遍落后，政治建设和文化建设事业自然就会落后，社会事业建设也就无从谈起。要想改变广大革命根据地落

[①] 中共中央文献研究室、中央档案馆编：《建党以来重要文献选编（1921—1949）》第11册，中央文献出版社2011年版，第152页。

后的民生状况，根本在于调整生产关系，解放生产力，努力发展生产、繁荣经济。然而，新民主主义革命时期中国共产党所处的国内外环境决定了广大革命根据地在发展生产中只能依靠根据地军民自力更生，艰苦奋斗。

此外，长期战争环境中民生问题的解决又受到各种因素的影响和制约，给中国共产党解决革命根据地民生问题带来相当大的困难。比如，全民族抗日战争进入相持阶段后，日伪敌顽对抗日根据地的经济封锁和军事进攻，严重威胁着抗日根据地的生存和发展，使得抗日根据地各项民生问题愈发显现。面对这一局面，中国共产党和根据地政府对各种危机的应对和化解，始终依靠自身力量，发动人民群众，鼓励生产自给，保证军政供给。1939年7月，陕甘宁边区政府副主席高自立在谈到当年自力更生、发展生产的迫切性时指出："为什么要进行这样一个生产运动？……中国抗战是长期的，取得长期抗战的胜利，要依靠自力更生，外援虽然必需，但只能是副而不能是主。"[①]在外援几乎断绝的情况下，自力更生、发展生产就成为党和政府解决根据地民生问题的必然选择。后来，毛泽东做过评价："封锁这件事，除了它的消极的坏处一方面之外，还产生了一个积极的方面，那就是促使我们下决心自己动手，而其结果则居然达到了克服困难的目的，学得了经营经济事业的经验。"[②]实践表明，全民族抗日战争时期党和政府做出的自力更生、发展生产的决策是正确的合理的，也是成功的有效的。

新民主主义革命时期，以我为主、自力更生这一原则被广泛运用到中国共产党解决民生问题的各项实践中。比如，为解决抗日根据地财政困难和民生问题，增加粮棉产量，解决粮食危机，各抗日根据地发动军队机关学校等事业单位，响应毛泽东"自己动手、丰衣足食"的号召，开

---

① 陕西省档案馆、陕西省社会科学院编：《陕甘宁边区政府文件选编》第1辑，档案出版社1986年版，第306页。

② 中共中央文献研究室、中央档案馆编：《建党以来重要文献选编（1921—1949）》第19册，中央文献出版社2011年版，第625页。

展大生产运动。为解决灾民难民的生活问题，各抗日根据地鼓励抗灾与救灾相结合，政府赈济与群众互济自救相结合，通过开办民间义仓囤粮、实行群众互助救济等方式抗灾备荒、度过灾荒。为解决医疗资源匮乏问题，各抗日根据地重视发展民间中医药事业，利用当地盛产的药材，自行研制中药试剂替代紧缺的西药，从而缓解根据地医疗资源短缺的局面，保障了广大军民的生命健康。为解决根据地文化教育基础落后和教育资源极度匮乏的问题，党和政府在有限的条件下广泛发动人民群众，结合实际探索教育形式，推动各类教育恢复和发展，逐步建立起新民主主义的教育。总之，以我为主、自力更生的原则在新民主主义革命各阶段中国共产党解决各项民生问题、推进民生建设中起到重要作用，成为中国共产党领导中国革命的重要原则，甚至成为中国共产党革命精神的重要体现。

（四）统筹各方力量，调动一切积极因素是解决民生问题的主要方法

旧中国社会生产力极端落后，国力衰退，民生凋敝。为了改善广大革命根据地民生状况，中国共产党和政府必须大力解放和发展生产力。在人力物力财力极端紧张的时代条件下，要想通过发展生产力来改善革命根据地民生状况，就需要中国共产党和根据地政府充分调动广大人民群众的劳动生产积极性主动性。新民主主义革命时期，中国共产党高度肯定了人民群众中蕴含的巨大能量，党和各级政府切实贯彻了发展生产、繁荣经济、保障供给的方针，在经济、政治、文化各领域，充分调动各方积极力量，努力发展革命根据地的各项民生事业。

我们也要看到，中国共产党能否有效发动群众、切实动员群众，关键在于党和政府各项政策措施是否符合革命根据地广大民众的切身利益、是否符合中国革命的斗争实际、是否能够得到基层民众的广泛认可。所以，党和政府在"作群众政治动员时，必须联系到群众本身的生活问题，须按照各地方、各阶层、各职业的人在抗战期中提出适当的口号……还有动员

群众须使群众能动为条件"①。比如，抗日根据地普遍实行减租减息政策。一方面，它不同于土地革命战争时期完全没收地主土地的政策，而是将没收地主土地的政策进行调整，保留地主阶级的土地所有权，使地主享有土地收益，促使部分地主乡绅认同并拥护党的抗日救国主张，参加抗日民族统一战线。另一方面，减租减息政策又要求地主降低租率和利率，农民按照"二五减租"标准缴纳租率，这样减少了农民受封建地租和高利贷的剥削程度，广大农民得以从封建地租中解放出来，激发了农民阶级参加抗日斗争的积极性。再如，在发展小学义务教育过程中，由于地域分散，公办师资力量有限，党和政府鼓励民间力量发展民办小学。还如，为了发展根据地卫生保健事业，党和政府号召群众在自愿原则下，采取"民办公助"方式，多方筹集经费，设立保健药社、医疗合作社等民间机构，解决了抗日根据地医疗机构短缺和经费不足的困难。

可见，统筹各方力量，调动一切积极因素是中国共产党工作方法的重要体现，也是贯彻党的群众路线的必然要求。这一方法充分肯定了人民群众在发展生产、繁荣经济、巩固革命根据地政权中的巨大能量，充分发挥了广大人民群众在革命根据地各项民生问题的解决和民生事业的发展中的积极作用。

（五）加强党的自身建设，反对错误倾向是解决民生问题的重要保障

中国共产党的领导地位决定了党的各项路线、方针、政策对中国革命具有举足轻重的作用。进入近代以来，旧中国社会先进分子拯救民族危亡的努力最终归于失败的根本原因，就在于他们缺乏一个以科学思想指导的、能够充分发动人民群众的、统一的强有力的政党。与旧中国资产阶级政党不同，中国共产党在马克思主义先进理论指导下，以崇高的政治追求、坚定的初心使命、崭新的精神面貌出现在中国人民面前，并在中国革命斗争中逐步成为中国革命的领导者、中国人民的主心骨，最终

---

① 中共中央文献研究室、中央档案馆编：《建党以来重要文献选编（1921—1949）》第15册，中央文献出版社2011年版，第5页。

带领全国各族人民取得了新民主主义革命的伟大胜利。历史已经充分表明，坚持中国共产党的领导是中国近代历史发展和中国革命发展的必然结果，也是中国人民根本改变旧中国落后民生面貌的坚实保障。

　　然而，任何政党的发展壮大都会经历从幼小到强大的历史过程，而且在由幼小到强大、从不成熟到成熟的过程中，任何政党都不可避免地犯错误、走弯路。中国共产党也不例外，特别是中国共产党自建党伊始就面临着异常复杂严峻的斗争环境，受到了党内外、国内外各种因素的影响，尚处于成长时期的中国共产党对革命问题的认识难免犯错误，在斗争中出现"左"或右的错误倾向，导致中国革命遭遇曲折。因此，加强中国共产党的自身建设尤其是理论建设极其重要。作为中国革命的领导者，中国共产党只有制定了正确的路线方针，中国革命才能避免走弯路，党的各项政策才能顺利推行；只有用正确的理论不断武装全党，提高全党的理论水平，党内的各种错误思想才能得以肃清。土地革命战争时期，党内长期受到"左"倾错误影响，革命形势异常严峻。全民族抗战到来后，党内"左"右倾错误路线已经被纠正，但是这些错误思想残余在部分党员干部中仍然存在，难免会犯主观主义、经验主义错误。比如在根据地教育事业方面，党和政府开展教育正规化就曾出现了偏差，有的地方脱离抗日斗争需求和根据地具体实践，过于强调教育旧型正规化，忽视了各地教育发展的差异，教育政策的制定和执行上出现了"一刀切"的现象，结果导致各根据地的小学教育、中学教育严重萎缩，这对各根据地义务教育的普及和中等教育的发展极其不利。1942年党内整风运动时期，全党对长期存在的教条主义、主观主义思想做了彻底清算，教育领域也开始纠正教育旧型正规化运动中的偏差，逐步扭转抗日根据地基础教育严重萎缩的局面。这一例证可以说明，加强中国共产党自身建设、纠正和反对错误倾向是新民主主义革命时期党解决根据地民生问题的关键一环。

（六）在应对现实问题中探索建立制度规范是解决民生问题的宝贵财富

近代以前的中国社会是一个典型的农耕社会。在西方工业文明兴起之际，中国农业文明逐步衰落，最终没能够抵御住西方工业文明的冲击而逐步解体。近代中国也逐步由一个独立的纯粹的封建国家演变为半殖民地半封建国家。当时，旧中国从生产力到生产关系，从经济基础到上层建筑都处于落后状态。年轻的中国共产党就是在这种制度中产生的，对民生问题的解决也是在这种条件下进行的。这种状况决定了中国共产党只能从当时严重威胁百姓生存的温饱、健康、保障和教育等问题入手，采取各种措施和方法逐步予以解决，在解决过程中积累的宝贵经验具有鲜明的时代特色，探索的各项制度成果也具有重要的历史价值。

新民主主义革命时期，党和政府从建设模范根据地的现实要求，甚而从建设新社会制度的认识高度，注重在解决具体民生问题中探索并建立各项制度规范，为党解决民生问题本身提供了制度保障，而且许多制度和措施后来成为新中国民生建设的重要参考。比如，在农业生产中，陕甘宁边区农民创造的"变工队""扎工队"等劳动互助组织，有助于提高边区的劳动效率，最终得到党中央和毛泽东的高度称赞，随后在广大抗日根据地推广开来。这一探索为新中国成立后农业合作化运动提供了榜样。再如，在医疗卫生工作中，党提出了"预防为主、防治结合"的医疗卫生工作方针，各根据地普遍建立军队和地方的医疗卫生服务机构，形成自上而下覆盖全面的医疗卫生工作网络，这些为新中国的医疗卫生制度建设积累了经验。还如，在文化教育领域，各根据地依照"民办公助"原则，发动群众力量实施社会教育，为中国教育改革和发展做了有益探索。其中，以冬学运动为代表的群众教育形式成为新中国成立后北方地区社会教育的重要形式，并延续了相当长一段时期。

二、新民主主义革命时期中国共产党解决民生问题的当代启示

新民主主义革命时期中国共产党解决民生问题积累的丰富经验，对现阶段我国民生建设有着重要启示。在完善和发展中国特色社会主义制度，推进国家治理体系和治理能力现代化的过程中，中国共产党和政府关注和解决切实的民生问题，改革不适应社会建设和民生改善的体制机制，将激发民众热情与改善民生需求结合起来，在保障民众生存权的同时努力提升更高层次的发展权，从而"增进民生福祉，提高人民生活品质"①。

（一）在根本前提上，解决民生问题依赖于进步社会制度的建立和完善

民生问题总是表现为一定社会发展阶段上的一些具体问题。这些民生问题的产生和解决都离不开其所处的社会历史环境。近代以来，中国长期处于落后挨打的局面，各阶级先进分子先后提出各种改变旧中国民生状况的方案，但均以失败告终。究其原因，除了这些社会力量的阶级局限性外，旧中国落后的社会历史条件是一项重要因素。旧中国处在民族不独立、国家不统一、人民无权利的半殖民地半封建社会。广大人民群众要想根本解决民生问题，必须首先建立一个能够保障国家对外独立、对内自由的先进社会制度。只有如此，旧中国民生问题才有根本改变的可能。可见，建立新型的进步社会制度是解决旧中国民生问题的根本前提。

首先，建党伊始中国共产党就认识到要根本解决旧中国民生问题，必须站在建立新的社会制度的层面进行思考。在分析近代中国长期落后的

① 习近平：《高举中国特色社会主义伟大旗帜　为全面建设社会主义现代化国家而团结奋斗——在中国共产党第二十次全国代表大会上的报告》，人民出版社2022年版，第46页。

原因时，毛泽东认为"一是社会制度腐败，二是经济技术落后"[①]，社会制度腐败又是根本因素。因此中国共产党人唯有领导中国人民通过革命推翻旧的落后制度，建立新的进步制度才可能根本解决旧中国的民生问题。新民主主义革命时期，中国共产党人围绕着"什么是民生"和"如何解决民生问题"这些问题，在革命斗争中不断深化认识，提出解决旧中国民生问题的理想目标和现实道路，并在实践中逐步检验和发展这些认识。在中国共产党人看来，解决旧中国民生问题的理想目标是建立共产主义。为达到这一目的，中国必须首先争取新民主主义革命胜利，建立新民主主义社会，进而逐步走向社会主义乃至共产主义社会。

土地革命战争以来，尤其是全民族抗日战争期间，中国共产党和革命根据地政府努力解决根据地民生问题，努力把广大革命根据地建设好。比如，在全民族抗日战争时期各根据地坚持民族主义，巩固和发展抗日民族统一战线，实行民族平等原则，联合各民族各阶级共同抗日；坚持民权主义，发展民主政治，保障人民各项民主权利，普遍以"三三制"原则建立抗日民主政权；坚持民生主义，保障私人财产所有权，发展生产，保护民族工商业，废除苛捐杂税，制定各项社会保障政策，调整土地政策等。这些主张和政策表明，中国共产党领导的根据地政权已经成为新型的进步的革命政权，各根据地采取的各项政策为党解决根据地民生问题提供了制度保障。

经过长期的艰苦斗争，中国共产党领导中国人民取得新民主主义革命的胜利，建立了新中国，为根本解决旧中国民生问题、实现民生幸福奠定了制度基础。随后，中国共产党领导中国人民开始了社会主义建设探索，取得了改革开放和社会主义现代化建设的伟大胜利。当前，全国人民正在为实现全面建成社会主义现代化强国目标、实现中华民族伟大复兴而奋斗。我们要看到，我国长期处在社会主义初级阶段的基本国情没有变，我国作为世界上最大的发展中国家的国际地位没有变，我国社会

---

① 中共中央文献编辑委员会编：《毛泽东著作选读》下册，人民出版社1986年版，第848页。

主义制度许多具体方面仍然需要不断发展和完善。经过 40 多年的改革开放，我国社会生产力水平总体上显著提高，但发展不平衡不充分的一些突出问题尚未解决；各项民生需求层次不断提高，但是民生领域还有不少短板，群众在就业、教育、医疗、居住、养老等方面面临不少难题。这些问题与人民群众切身利益息息相关，其能否得到解决、解决程度如何将直接关系到广大人民群众的幸福。

其次，要解决好现时代的民生问题，必须坚持和完善中国特色社会主义制度，破除影响社会发展和人民生活提高的体制机制障碍。当前我国主要的民生问题大多数是形成于改革开放和社会主义现代化建设过程中的新问题，或者是旧有民生问题在更高层次上的表现。从根本上解决这些民生问题必须以解放和发展社会生产力为前提，以实现全体人民共同富裕为目标，着眼于社会主义优越性的充分发挥。为达此目的，中国共产党不断深入思考"什么是社会主义，怎样建设社会主义""建设什么样的党，怎样建设党""坚持什么样的发展，怎样发展"等一系列问题，开辟了中国特色社会主义道路，形成了中国特色社会主义理论体系，建立了中国特色社会主义制度，发展了中国特色社会主义文化。新时代，中国共产党人围绕坚持和发展什么样的中国特色社会主义，怎样坚持和发展中国特色社会主义，建设什么样的社会主义现代化强国、怎样建设社会主义现代化强国，建设什么样的长期执政的马克思主义政党、怎样建设长期执政的马克思主义政党等重大时代课题，创立了习近平新时代中国特色社会主义思想。

中国特色社会主义是道路、理论、制度、文化的有机统一，它为全面建成社会主义现代化强国、实现中华民族伟大复兴提供前进道路、理论指导、制度保障和文化支撑，更为解决我国现时代的民生问题、改善民生状况提供了坚实保障。习近平新时代中国特色社会主义思想是我们党必须长期坚持的指导思想。21 世纪以来尤其是党的十八大以来，党和政府着力加强以改善民生为重点的社会建设，努力使全体人民幼有所育、学有所教、劳有所得、病有所医、老有所养、住有所居、弱有所扶，不断提高人民生活水平，保证全体人民在共建共享发展中有更多获得感。在当代中国，只有不断完善和发展中国特色社会主义，只有不断深化改革、扩大开放，才能不断解决当前各项民生问题，老百姓才能过上更好的生活。

（二）在价值定位上，解决民生问题是执政的现实途径更是根本目的

在新民主主义革命时期，中国共产党人之所以致力于关注和解决民生问题，现实考虑主要在于中国共产党要想取得革命斗争的最终胜利，必须要通过关注和解决民生问题来调动广大民众参加革命的积极性，形成革命者的联盟，与共同的敌人作战；而根本原因在于中国共产党全心全意为人民服务根本宗旨的必然要求。比较而言，现实因素仅仅是把关注与解决民生问题当作一种革命动员途径，而根本原因则缘于中国共产党自身无产阶级政党的阶级属性和马克思主义人民立场的必然体现。

首先，新民主主义革命时期中国共产党关注、解决民生问题是中国共产党根本宗旨的必然要求，也是动员民众支援革命战争的有效途径。从党的建立到解放战争取得胜利，中国共产党对民生问题的关注、解决无疑表明了马克思主义的人民立场，鲜明体现了中国共产党全心全意为人民服务的根本宗旨。

中国共产党在长期革命斗争中认识到，取得新民主主义革命的成功必须牢牢把握革命的领导权，分清敌我友，找到可靠的同盟军。中国革命实际决定了作为革命主力军的工人阶级只有联合广大的农民阶级，结成可靠的工农联盟才能战胜强大的敌人。为了实现并巩固这一联盟，中国共产党必须调动农民阶级的革命热情。为此，中国共产党一方面给农民阶级以马克思主义的思想教育，使之具备较高的思想政治觉悟，另一方面给他们以看得见的利益，使其对革命前途充满信心。这种"看得见的利益"在旧中国民不聊生的特定背景下，更多的是土地、粮食、医疗等。这些民生问题解决得好坏直接影响到革命政权的巩固和发展，影响到民

众对党的领导和革命前途的信心。比如，全民族抗战开始后的前五年，陕甘宁边区涌入移民、难民10万人以上，他们有的是从沦陷区敌寇的压榨下逃出来的，有的是从后方灾区移来的。"边区政府对于这些难胞和贫民，一律优待，不但实行三年免征公粮，减少其他劳动负担，并从各方面给予积极的扶助，使他们都能参加生产，安居乐业。"[1]在东北解放区创立之初，毛泽东认识到："我党必须给东北人民以看得见的物质利益，群众才会拥护我们，反对国民党的进攻。"[2]正是中国共产党和根据地政府给了广大劳苦民众以"看得见的利益"，外来难民从自己生活前后鲜明反差中认识到"共产党就是为咱们老百姓的，真是一点儿不错呀"[3]。广大根据地民众纷纷拥护党和政府的工作，以各种方式支援全民族抗战，共同保卫得来不易的幸福生活。

需要说明的是，作为一种动员民众的具体途径，中国共产党对民生问题的关注与解决是在新民主主义革命时期斗争环境中进行的，动员民众参加革命是其一种迫不得已的选择。从效果来看，这一途径达到了对民众积极性的调动和对民生状况的逐步改善的目的，实现了途径与目标的紧密结合。

其次，解决好当代中国的民生问题、改善民生状况同样具有途径与目标的双重意义。改革开放40多年来，全国各族人民在中国共产党领导下，同心协力，攻坚克难，取得了举世瞩目的辉煌成就。当前，全国各族人民在以习近平同志为核心的党中央领导下致力于实现中华民族伟大复兴。"实现中华民族伟大复兴的中国梦，就是要实现国家富强、民族振兴、人

---

[1] 陕甘宁边区财政经济史编写组、陕西省档案馆编：《抗日战争时期陕甘宁边区财政经济史料摘编》第9编，陕西人民出版社1981年版，第423页。

[2] 中共中央文献研究室、中央档案馆编：《建党以来重要文献选编（1921—1949）》第22册，中央文献出版社2011年版，第888页。

[3] 陕甘宁边区财政经济史编写组、陕西省档案馆编：《抗日战争时期陕甘宁边区财政经济史料摘编》第9编，陕西人民出版社1981年版，第433—434页。

民幸福。"①当代中国虽然社会主要矛盾发生了变化，但基本国情、国际地位仍然没有变，实现民族复兴的中国梦，创造全体人民更加美好的生活，我们任重而道远。中国梦是民族的梦，也是每个中国人的梦。实现中国梦，需要中华民族团结一心、共同奋斗，更需要每一个中国人继续脚踏实地地辛勤劳动、努力付出。为实现这一神圣目标，中国共产党必须激发民众热情、凝聚中国力量，必须认真倾听人民呼声，回应人民期待，保障人民权益，让社会发展成果更多更公平地惠及广大人民。在民生建设中，党和政府要把关注和解决民生问题的现实要求与最终实现共同富裕的目标要求结合起来，将调动人民积极性与改善人民生活紧密联系在一起，不断取得教育、就业、医疗、保障、住房等各方面民生建设的新发展，让人民过上更好的日子。

当前，中国经济的发展形势决定了改善民生需求能够成为激发民众热情、凝聚中国力量的有效途径之一。一般而言，积累与消费是一对矛盾。当社会积累增加的时候，民众消费水平就会降低，反之亦然。在社会财富增长不足的传统计划经济时代，老百姓正常的民生需求往往与社会财富积累存在冲突。值得肯定的是，我国社会经济结构自改革开放以来实现了重大转型，出口和内需成为带动经济快速发展的两大力量。在当前全球经济增长乏力影响下，中国企业出口需求减少，强大的国内消费需求成为拉动经济增长的重要力量，这一变化已经成为社会各界的普遍共识。因而，保持中国经济中高速持续增长必须保持民众的消费需求，关键是增强民众的安全感，解决百姓的后顾之忧。这种安全感来自民众所接受的社会保障服务的水平，来自民众对各种社会保障制度的认可度。对于党和政府来说，当前的任务是必须大力解决就业、收入分配、社会保障、医疗、教育、住房等诸多民生问题。只有如此，民众才会产生更大的消费需求，才能在共建中共享改革发展成果，不断提高获得感幸福感。

---

① 习近平：《在第十二届全国人民代表大会第一次会议上的讲话》，《人民日报》，2013年3月18日，第1版。

解决民生问题、改善民生需求不仅是推动当前经济发展的途径，更是党和政府实现社会发展的目的所在。从根本上说，中国共产党实施改革开放的目的之一就是解放和发展社会生产力，让国家走上现代化，让中国人民富裕起来。

（三）在保障范围上，解决最广大人民群众的民生问题是根本着力点

首先，新民主主义革命时期党和政府努力解决革命根据地的民生问题，巩固和发展了革命统一战线，调动一切积极因素致力于革命实践。尤其全民族抗日战争时期，中国共产党人从国内主要矛盾实际出发，倡导建立抗日民族统一战线，将其作为抗日战争时期党的一切工作策略的总方针。与此相应，党和政府分别制定和执行政治、经济、文化各领域的统一战线政策，在解决抗日根据地民生问题时同样遵循着统一战线的方针。比如，在减租减息政策执行中，陕甘宁边区的土地法令就有对地主合法权益的明确规定，合理地纠正了"地主不分地"政策，既保护了农民在土改后的地权，也保障了地主基本的生存所需。这一时期，"中国共产党提出的各项政策，都是为着团结一切抗日的人民，顾及一切抗日的阶级，而特别是顾及农民、城市小资产阶级以及其他中间阶级的"[①]。这就表明，在抗日民族统一战线方针指导下，党在解决民生问题时既关注根据地全体成员的民生问题，也关注广大劳动人民的民生问题。这一政策最终促成了广大抗日根据地民众保卫民生果实，全力争取抗战胜利的局面。

其次，当前经济社会发展形势决定了党和政府只有解决最广大人民群众的民生问题，才能取得社会主义现代化建设的不断胜利。新中国成立后，党在过渡时期和社会主义建设时期十分关注民生。尤其是改革开放以来，解放、发展生产力和共同富裕上升为社会主义本质的层次。

2017年10月，习近平告诫全党："为什么人的问题，是检验一个政

[①]《毛泽东选集》第3卷，人民出版社1991年版，第808页。

党、一个政权性质的试金石。带领人民创造美好生活，是我们党始终不渝的奋斗目标。""保障和改善民生要抓住人民最关心最直接最现实的利益问题，既尽力而为，又量力而行，一件事情接着一件事情办，一年接着一年干。"①新时代党和政府应该努力解决百姓最关心最直接最现实的利益问题，循序渐进、踏踏实实，一步一个脚印。

（四）在目标层次上，解决民生问题既要保障生存权更要提升发展权

民生问题的产生与解决与人的需要密切相关。古往今来，人的需要曾被划分为不同类型，有唯心主义与唯物主义之分，有善恶之分，也有高低之分。西方学者马斯洛提出的"需要层次理论"将人的需要划分为五个层次。马克思、恩格斯把人的需要划分为生存需要、享受需要和发展需要三个层次，认为生存需要是为了维持人的生命和延续后代的需要，享受需要是在生存需要基础上更高级的需要，这两种需要主要是维持人生存和生活的手段，而发展需要居于三种需要的最高层次。一般而言，当低层次的需要得到满足后，高层次的需要就会产生。这样人的需要就表现为一个不断由低级向高级、由单一性向全面性发展的过程。不过，在马克思、恩格斯看来，有时人的不同层次需要又可以并存，一定条件下还会出现一定的波动和变化。由此看来，无论做何种划分，人的需要的层次性是毋庸置疑的。其中人的生存需要和发展需要又成为人的需要的两个重要层次，在民生问题上必然表现为生存型民生问题和发展型民生问题两大层次。

新民主主义革命时期，中国共产党认识与解决广大革命根据地民生问题的实践表明，党既关注并解决生存型民生问题，也开始关注发展型民生问题。当时所谓的生存型民生问题主要是民众的吃饭穿衣、疾病医治、灾难救济等方面，而发展型民生问题大多表现为文化、教育等问题。因

---

① 习近平：《决胜全面建成小康社会 夺取新时代中国特色社会主义伟大胜利——在中国共产党第十九次全国代表大会上的报告》，《人民日报》，2017年10月28日，第3版。

属于不同需求层次，这两大类民生问题一般是依次形成并逐步凸显出来的。然而，在中国共产党领导的广大革命根据地，这些民生问题是相互依存、相互影响的。1943年1月，毛泽东在给彭德怀的电报中曾有过指示："敌后各根据地的中心工作是战争、经济与教育三项。"①这就说明，除了对敌作战以外，广大抗日根据地的力量集中放在生产和教育两大任务上。因为生产是为革命战争解决物质保障问题，教育是为革命战争解决干部质量和民众动员问题。因此，全民族抗日战争时期党和政府既要着力解决根据地的粮食、医疗、保障等生存型民生问题，又要关注民众的教育等发展型民生问题。

随着时代的发展民生问题的各要素已经发生变化。今天，党和政府不仅要解决百姓的基本的生存需求问题，还要更好地解决其发展型需求问题。当前我国已经全面建成小康社会，正为实现全面建成社会主义现代化强国的目标而奋斗，广大百姓对于衣食住行需求和战争年代肯定不是同一水平上的。就是与改革开放初期比较，中国民众在需求层次上也有了很大的变化。以教育来说，新时代的教育越来越成为影响个人发展和社会进步的关键因素。当前，社会发展对教育提出的要求已经不是停留于扫除文盲的水平上，而是要培养适应现代化建设需要的高素质的创新人才。对个人而言，是否受教育决定了个人能否成为合格的劳动者，个体所接受教育的程度决定着个体生存和发展的机会及生活质量。对党和政府来说，提供良好的教育乃至公平的教育已成为其执政施政的重要职责。再以社会保障来说，随着劳动分工的细化和社会的不断发展，个体对社会的依赖程度持续上升，相比而言个体所具备的抵御风险的能力呈现下降之势，人们需要更好的社会保障。尤其是在市场经济条件下，人们不断增长的风险意识使得其对社会保障的需求更为迫切。党和政府在解决民生问题过程中，要将保障民众的发展权放在更加重要的位置上。

---

① 中共中央文献研究室、中央档案馆编：《建党以来重要文献选编（1921—1949）》第20册，中央文献出版社2011年版，第84页。

余　论

　　党的二十大报告提出，"江山就是人民，人民就是江山。中国共产党领导人民打江山、守江山，守的是人民的心"[①]。中国共产党是全心全意为人民服务的政党，建党伊始就将为中国人民谋幸福、为中华民族谋复兴确立为自己的初心使命。可以说，中国共产党带领全国各族人民革命、建设、改革的历史，也是努力让人民过上好日子的历史。正如习近平总书记在2024年新年贺词中所说，"我们的目标很宏伟，也很朴素，归根到底就是让老百姓过上更好的日子"[②]。最质朴的话语，道出最深刻的道理。为了让人民过上好日子，中国共产党自成立以来始终关注百姓民生。特别是在新民主主义革命时期，党在局部执政条件下一边做好革命斗争，一边注意群众生活，努力解决影响革命根据地人民过上好日子的突出问题，为革命根据地建设和争取革命战争胜利奠定了坚实基础、提供了动力源泉，也为新中国保障人民过上更好的日子作出了有益探索，积累了宝贵经验。

　　中国共产党的历史是一部为中国人民谋幸福、为中华民族谋复兴的历史，同样也是一部不断解决社会民生问题、为人民过上好日子而不懈奋斗的历史。实现中华民族伟大复兴是近代以来中国人民最伟大的梦想，

---

　　①《习近平著作选读》第1卷，人民出版社2023年版，第38页。
　　②《国家主席习近平发表二〇二四年新年贺词》，《人民日报》，2024年1月1日，第1版。

为了实现这个伟大梦想，一百多年来，"党领导人民浴血奋战、百折不挠，创造了新民主主义革命的伟大成就；自力更生、发愤图强，创造了社会主义革命和建设的伟大成就；解放思想、锐意进取，创造了改革开放和社会主义现代化建设的伟大成就；自信自强、守正创新，创造了新时代中国特色社会主义的伟大成就。党和人民百年奋斗，书写了中华民族几千年历史上最恢宏的史诗"①。从每一时期党所面临的主要任务看，党在每一时期领导民生建设的历史均反映出突出的时代特色，从而使一百多年来党解决民生问题的历程呈现出阶段性的发展轨迹，表现为从"革命求民生""建设求民生""改革求民生"到"复兴求民生"的演变过程。

为了让人民过上好日子，新民主主义革命时期中国共产党在局部执政范围内开展了"革命求民生"的实践探索。这一时期，中国共产党实现了由建党初期和大革命时期以领导民众斗争改变民生状况，向局部执政时期以革命政权保障民生改善的顺利转变，正确处理了服务革命战争、加强根据地建设、解决民生问题的相互关系，使新民主主义革命时期党领导民生建设的历史总体呈现"革命求民生"的特征。本书紧紧围绕"让人民过上好日子"这一主题，聚焦新民主主义革命时期中国共产党解决民生问题的历史，力图展现这一时期党所开展的"革命求民生"的实践活动，为考察党后续进行"建设求民生""改革求民生""复兴求民生"的伟大实践奠定基础。

本书力求在三方面有所创新，以弥补学界研究的不足。

一是在研究视角上，突出问题导向。本书强调问题导向，选取新民主主义革命时期影响革命根据地巩固和发展的突出民生问题作为具体对象，系统考察中国共产党解决革命根据地民生问题的具体实践。应该说，学界对民生问题关注已久，也不缺少从宏观、微观层面考察新民主主义革命时期民生状况的成果，但以民生问题为切入点，突出问题意识，系统

---

① 《中共中央关于党的百年奋斗重大成就和历史经验的决议》，《人民日报》，2021年11月17日，第1版。

研究新民主主义革命时期党的民生思想和实践的成果尚不多见。相比而言，本书对拓展中共历史研究领域、丰富研究内容具有一定的价值。

二是在研究内容上，实现系统贯通。为进一步深化革命根据地社会史研究，本书在吸收学界成果的基础上，既注重研究中心下移到具体民生问题，又强调研究时段延伸到中国共产党局部执政的各个历史时期，具体考察党在苏区、抗日根据地、解放区突出的粮食、医疗、保障及教育等民生问题。本书遵循"问题—行为—效果"的逻辑思路，具体考察上述民生问题的总体概况、解决措施、基本效果，将分散于经济史、社会史、教育史等领域的丰富成果系统化，力图呈现一部贯通研究新民主主义革命时期党解决根据地系列民生问题的专门性著作。

三是在研究方法上，力求丰富多样。长期以来，特别是党中央提出加强以民生为重点的社会建设以来，学界对社会建设各领域开展了较为扎实的研究，形成了一系列丰硕成果，这为本书的写作提供了良好基础。为了向读者呈现一部专门性的民生历史研究成果，本书在研究新民主主义革命时期中国共产党解决民生问题的思想和实践时，积极借鉴政治学、社会学、教育学等学科研究方法，克服学界现有民生问题相关成果中丰富史料无法有效展开的弊端，努力增强史料的丰富性、多样性，为深化新民主主义革命时期党的民生史研究提供参考。

通过写作本书，笔者对民生及民生问题的相关认知与理解也不断深化。

其一，民生问题研究对研究者素质能力的要求不断提升。民生史研究是个范围很广的领域。民生概念本身有广义和狭义之分，民生史又包括民生思想史和民生实践史。民生史范围宽广、领域较多，不易把握。要做好民生史研究，研究者需要熟悉多学科研究现状，具备宽广的知识背景。从事民生问题研究时，研究者起码须具备两方面素质。一是深厚的历史功底、较强的文献研读能力。在研究中国共产党解决某一时期具体民生问题时，研究者必须对这一时期各种民生史料有所了解，从中寻找出最为突出的民生问题，将其作为研究的着眼点。二是宽广的研究视野和对复杂史料的梳理概括能力。就研究视野而言，研究革命时期的民生问题就不得不考虑战争、建设与民生的关系，因为所有这一切问题都与民生息息相关，可以说在一定意义上也是民生，即大民生①。所以，研究者在研究具体民生问题时不应该受到该具体问题的视野局限，应该对其深入分析后将其上升到更高的认识层次。这种开阔的视野必然要求研究者具备较强的分析概括能力。本书在写作中力图体现这种要求，努力从复杂的民生实践活动中概括党对民生问题的认识与思考。

其二，民生问题研究的历史意义和价值不断凸显。从实质上来说，民生问题就是一种社会供求矛盾，即人民群众对生存和发展条件的各项需求与社会供给之间的紧张状态。在人类历史长河中，这种矛盾关系是长期的历史的，同时也是具体的现实的，这是辩证唯物主义和历史唯物主义基本原理的现实反映。所谓长期的历史的，指的是人类社会每一特定发展阶段都会存在这种供求矛盾，也会在旧的矛盾关系解决后产生新的矛盾，从而使人类社会民生水平实现从低到高的螺旋上升。所谓具体的现实的，是指在人类社会发展特定历史阶段人民群众的民生需求类型、层次与所处社会发展阶段的历史条件、发展程度密切相关。反过来，该社会对自身民生问题的解决程度也与所处特定社会发展阶段的历史条件、发展程度相关。因此，原始社会的人出行时不可能考虑乘坐汽车、飞机等现代交通工具。反之亦然，现时代的人对生存的需求也不会停留在饮血茹毛的层次上。人民群众在解决生活温饱以后，必然开始追求较高质量的生活，这就需要在新的层次上解决新的民生需求。在此意义上，每个时期民生问题解决的历史本身都有其重要的历史意义。

新民主主义革命时期，中国共产党解决民生问题的实践大多停留在民众基本生存层面，较少涉及发展层次上的民生问题，很多具体民生措施也仅适用于土地革命战争时期、全民族抗日战争时期、解放战争时期的

---

① "大民生"不仅包含老百姓衣食住行狭义内容和生存型与发展型民生等内容，还涉及政治、经济、文化、国防等领域。只要在一定时期与民众生活紧密相关、影响民生状况的问题，都可以算在"大民生"的范围内。

特殊环境。为此，当代人需要足够认同新民主主义革命时期党解决革命根据地民生问题的历史，客观看待其历史成就。我们要看到，这一时期党对民生事业的探索既是在低水平社会生产力基础上，又是在战乱不断的斗争环境下展开的。当时，中国共产党能够有效解决革命根据地民众各种生存型民生问题实属不易，况且当时党和政府已经着手解决教育普及、扫除文盲等较高层次的教育问题，较早探索解决发展型民生问题。今天来看，尽管这一时期党和政府对民生问题解决程度并不算彻底，但是这些问题能得以解决以及在一定程度上解决到令民众满意，已经是巨大的成功。

其三，民生史研究的评价标准必须明确坚持。评析解决民生问题的历史应该坚持价值标准和历史标准的统一。如前所述，民生需求的产生和解决取决于所处社会阶段的历史条件和发展程度。正如习近平所说的，我们在评价党的重要历史人物、重大历史事件时，"不能用今天的时代条件、发展水平、认识水平去衡量和要求前人，不能苛求前人干出只有后人才能干出的业绩来"①。因此，今天我们在评价过去中国共产党解决民生问题时，不能以产生于当今的民生需求和实现程度作为标准予以衡量，否则就是对前人的求全责备。当然，这并非说现时代的人在评判过去党解决民生问题时没有一定的标准。事实上，评价一定社会民生实践总要坚持一定的价值标准，即民生实践为谁服务的问题；评价一定社会的民生实践也有一定的历史标准，即领导者在特定历史条件下是否有满足当时民生需求的主观努力，是否达到尽可能满足当时民生需求的客观效果。本书在写作中尽力全面考察一百多年来中国共产党解决民生问题的历史，从新民主主义革命时期突出民生问题的成因入手，归纳党解决根据地具体民生问题的政策与措施，在坚持价值标准和历史标准相统一的前提下，评析当时民生问题得以解决的基本效果，总结经验启示。

目前来看，本书仍存在若干需深入探讨的问题，笔者将在今后的学习

---

① 习近平：《在纪念毛泽东同志诞辰120周年座谈会上的讲话》，人民出版社2013年版，第11页。

工作中进一步思考和研究。

一方面，对学界研究成果的选择、利用和概括能力有待提升。在经济史、社会史、文化史、军事史等领域，学界对苏区、抗日根据地、解放区的相关领域的研究已形成规模。在有的时期如苏区时期、有的地区如陕甘宁边区、有的领域如教育领域的相关成果十分丰硕。本书在写作中十分注重把握如何有效选择和借鉴上述成果的问题，力图以问题为导向，将党在不同阶段、不同地区、不同领域的民生建设成果合理吸收进来，全面展现党在新民主主义革命时期解决突出民生问题的实践历程。但由于新民主主义革命时期跨度长、党的局部执政区域广、民生实践内容多，以及研究者视野能力的限制，本书在选择利用学界成果方面仍然不够，难免挂一漏万，甚至一些重要文献资料、一些地区民生史料未能充分挖掘和使用。

另一方面，本书的篇章布局、详略处理方面尚有待改善。虽然本书尽力呈现了新民主主义革命时期中国共产党解决民生问题的历史进程，囊括了认识基础、实践历程、经验启示三大部分，但本书总体布局的详略侧重仍有差异。相比而言，本书对中国共产党解决民生问题思想认识的概括显得薄弱，对经验启示的理论提升尚有不足。这也是笔者今后需要进一步努力的方向。

参考文献

（一）经典著作

1.马克思恩格斯全集：第1卷［M］.北京：人民出版社，1995.

2.马克思恩格斯选集：第1卷［M］.北京：人民出版社，2012.

3.列宁全集：第42卷［M］.北京：人民出版社，1987.

4.列宁选集：第1—4卷［M］.北京：人民出版社，1995.

5.毛泽东选集：第1—4卷［M］.北京：人民出版社，1991.

6.毛泽东文集：第2，3卷［M］.北京：人民出版社，1993，1996.

7.毛泽东年谱（1983—1949）：上下卷［M］.北京：人民出版社，中央文献出版社，1993.

8.毛泽东书信选集［M］.北京：中央文献出版社，2003.

9.毛泽东农村调查文集［M］.北京：人民出版社，1982.

10.毛泽东著作选读：上下册［M］.北京：人民出版社，1986.

11.周恩来选集：上下卷［M］.北京：人民出版社，1980，1984.

12.周恩来早期文集（一九一二年十月——一九二四年六月）：上下卷［M］.北京：中央文献出版社，天津：南开大学出版社，1998.

13.周恩来年谱（1898—1949）：修订本［M］.北京：中央文献出版社，1998.

14.刘少奇选集：上卷［M］.北京：人民出版社，1981.

15.邓小平文选：第1卷［M］.2版.北京：人民出版社，1994.

16.习近平著作选读：第1—2卷［M］.北京：人民出版社，2023.

17.陈云文选：第1卷［M］.北京：人民出版社，1995.

18.孙中山全集：第2，9卷［M］.北京：中华书局，1986，1986.

19.李大钊全集：第1—4卷［M］.北京：人民出版社，2013.

20.陈独秀著作选：第2卷［M］.上海：上海人民出版社，1993.

21.陈独秀文集：第1—2卷［M］.北京：人民出版社，2013.

22.瞿秋白选集［M］.北京：人民出版社，2013.

23.方志敏文集［M］.北京：人民出版社，1985.

（二）资料汇编

1.安徽省财政厅，安徽省档案馆.安徽革命根据地财经史料选：第1—3册［M］.合肥：安徽人民出版社，1983.

2.北京军区后勤部党史资料征集办公室.晋察冀军区抗战时期后勤工作史料选编［M］.北京：军事科学院出版社，1985.

3.陈大白.北京高等教育文献资料选编（1949—1976）［M］.北京：首都师范大学出版社，2002.

4.陈明光.中国卫生法规史料选编（1921—1949.9）［M］.上海医科大学出版社，1996.

5.东北解放区财政经济史编写组.东北解放区财政经济史资料选编：第1—4辑［M］.哈尔滨：黑龙江人民出版社，1988.

6.甘肃省社会科学院历史研究室.陕甘宁革命根据地史料选辑：第1辑［M］.兰州：甘肃人民出版社，1981.

7.赣南医学院苏区卫生研究中心.中央苏区卫生工作史料汇编［M］.北京：解放军出版社，2012.

8.共青团中央青运史研究室，中央档案馆.中共中央青年运动文件选编（1921.7—1949.9）［M］.北京：中国青年出版社，1988.

9.河北省晋察冀边区教育史编委会.晋察冀边区教育资料选编（续集）

〔M〕.北京：北京师范大学出版社，1991.

10.河北省社会科学院历史研究所，河北省档案馆，等.晋察冀抗日根据地史料选编：上下册〔M〕.石家庄：河北人民出版社，1983.

11.湖南省财政厅.湘赣革命根据地财政经济史料摘编〔M〕.长沙：湖南人民出版社，1986.

12.江苏省财政厅，江苏省档案馆，财政经济史编写组.华中解放区财政经济史料选编：第1，2，3，4，5卷〔M〕.南京：南京大学出版社，1987，1987，1987，1988，1989.

13.江西省档案馆，中共江西省委党校党史教研室.中央革命根据地史料选编：上中下册〔M〕.南昌：江西人民出版社，1982.

14.教育部社会科学司.普通高校思想政治理论课文献选编（1949—2008）〔M〕.北京：中国人民大学出版社，2008.

15.《晋察冀抗日根据地史料丛书》编审委员会，中央档案馆.晋察冀抗日根据地文献选编：上下册〔M〕.北京：中央党史资料出版社，1989.

16.晋冀鲁豫边区财政经济史编辑组，山西、河北、山东、河南省档案馆.抗日战争时期晋冀鲁豫边区财政经济史资料选编：第1—2辑〔M〕.北京：中国财政经济出版社，1990.

17.晋绥边区财政经济史编写组，山西省档案馆.晋绥边区财政经济史资料选编：第1—4编〔M〕.太原：山西人民出版社，1986.

18.雷志华，李忠全.陕甘宁边区民政工作资料选编〔M〕.西安：陕西人民出版社，1992.

19.李文海，夏明方，黄兴涛.民国时期社会调查丛编（二编）（医疗卫生与社会保障卷）：上下册〔M〕.福州：福建教育出版社，2014.

20.李文海.民国时期社会调查丛编（社会保障卷）〔M〕.福州：福建教育出版社，2004.

21.清华大学校史研究室.清华大学史料选编：第5卷〔M〕.北京：清华大学出版社，2005.

22.山东省档案馆，山东社会科学院历史研究所.山东革命历史档案资料选编：第 10 辑［M］.济南：山东人民出版社，1983．

23.陕甘宁边区财政经济史编写组，陕西省档案馆.抗日战争时期陕甘宁边区财政经济史料摘编：第 2，6，7，8，9 编［M］.西安：陕西人民出版社，1981，1981，1981，1981，1981．

24.陕西省档案馆，陕西省社会科学院.陕甘宁边区政府文件选编：第 1，3 辑［M］.北京：档案出版社，1986，1987．

25.陕西师范大学教育科学研究所.陕甘宁边区教育资料：全 7 册［M］.北京：教育科学出版社，1981．

26.四川省财政科学研究所，川陕革命根据地博物馆.川陕革命根据地财政经济史料选编［M］.成都：四川社会科学院出版社，1987．

27.孙照海.陕甘宁边区见闻史料汇编：第 1—3 册［M］.北京：国家图书馆出版社，2010．

28.王礼琦.中原解放区财政经济史资料选编［M］.北京：中国财政经济出版社，1995．

29.王谦.晋察冀边区教育资料选编（干部教育分册）：上册［M］.石家庄：河北教育出版社，1990．

30.王谦.晋察冀边区教育资料选编（教育方针政策分册）：下册［M］.石家庄：河北教育出版社，1990．

31.武衡.东北区科学技术发展史资料·解放战争时期和建国初期（医药卫生卷）［M］.北京：中国学术出版社，1988．

32.张希坡.革命根据地法律文献选辑：第 2 辑［M］.北京：中国人民大学出版社，2017．

33.张希坡.革命根据地法律文献选辑：第 3 辑［M］.北京：中国人民大学出版社，2018．

34.张希坡.革命根据地法律文献选辑：第 4 辑［M］.北京：中国人民大学出版社，2019．

35.张挚，张玉龙.中央苏区教育史料汇编：上下册［M］.南京：南京大学出版社，2016．

36.中共冀鲁豫边区党史工作组办公室，中共河南省委党史工作委员会.中共冀鲁豫边区党史资料选编（文献部分）：上下册［M］.郑州：河南人民出版社，1988.

37.中共中央文献研究室，中央档案馆.建党以来重要文献选编（1921—1949）：第2，11，14册［M］.北京：中央文献出版社，2011，2011，2011.

38.中华全国总工会中国职工运动史研究室.中国工会历史文1（1921.7—1927.7）［M］.北京：工人出版社，1958.

39.中央党史研究室，中央档案馆.抗日战争时期中国解放区人口伤亡和财产损失档案选编：第1，3册［M］.北京：中共党史出版社，2015，2015.

40.中央档案馆.中共中央文件选集.第1，6，10，13，17册［M］.北京：中共中央党校出版社，1989，1989，1991，1991，1992.

41.中央教育科学研究所.老解放区教育资料：第1，3卷［M］.北京：教育科学出版社，1981，1991.

42.中央苏区工运史征编协作小组.中央革命根据地工人运动史［M］.北京：改革出版社，1989.

（三）回忆录与专著

1.《川陕革命根据地历史长编》编写组.川陕革命根据地历史长编［M］.成都：四川人民出版社，1982.

2.［澳］大卫·古德曼.中国革命中的太行抗日根据地社会变迁［M］.田西如，等译.北京：中央文献出版社，2003.

3.戴伯韬.解放战争初期苏皖边区教育［M］.北京：人民教育出版社，1982.

4.戴向青，余伯流，夏道汉，等.中央革命根据地史稿［M］.上海：上海人民出版社，1986.

5.邓拓.中国救荒史［M］.北京：北京出版社，1998.

6.邓铁涛，程之范.中国医学通史（近代卷）［M］.北京：人民卫生出版社，2000.

7.董纯才.中国革命根据地教育史：第1—2卷［M］.北京：教育科学出版社，1991.

8.房列曙.安徽敌后抗日根据地社会史研究［M］.合肥：安徽人民出版社，2007.

9.［美］费正清.剑桥中华民国史（1912—1949）：上下卷［M］.北京：中国社会科学出版社，1994.

10.［美］费正清，赖肖尔.中国：传统与变革［M］.陈仲丹，潘兴明，庞朝阳，译.南京：江苏人民出版社，1992.

11.［美］费正清.美国与中国：第2版［M］.张理京，译.北京：世界知识出版社，1999.

12.郝维谦，龙正中.高等教育史［M］.海口：海南出版社，2000.

13.胡民新，李忠全，阎树声.陕甘宁边区民政工作史［M］.西安：西北大学出版社，1995.

14.胡乔木.胡乔木回忆毛泽东［M］.北京：人民出版社，1994.

15.皇甫束玉，宁荐戈，龚守静.中国革命根据地教育纪事（1927.8—1949.9）［M］.北京：教育科学出版社，1989.

16.黄道炫.张力与界限：中央苏区的革命［M］.北京：社会科学文献出版社，2011.

17.黄克诚.黄克诚自述［M］.北京：人民出版社，1994.

18.霍文达，王如，刘卫东.鄂豫皖苏区教育史［M］.开封：河南大学出版社，1988.

19.金双秋.中国民政史：下册［M］.长沙：湖南大学出版社，1989.

20.雷云峰.陕甘宁边区史［M］.西安：西安地图出版社，1994.

21.李洪河，牟蕾，等.华北抗日根据地的医疗卫生事业研究［M］.北京：人民出版社，2023.

22.李景汉.定县社会概况调查［M］.上海：上海人民出版社，2005.

23.李维汉.回忆与研究.上下册［M］.北京：中共党史资料出版社，1986.

24.李文治.中国近代农业史资料：第1辑［M］.北京：生活·读书·新知三联书店，1957.

25.李玉荣.中共接管城市的理论与实践［M］.北京：首都师范大学出版社，2000.

26.刘春梅，卢景国.抗战时期晋察冀边区卫生工作研究［M］.北京：研究出版社，2018.

27.刘宪曾，刘端棻.陕甘宁边区教育史［M］.西安：陕西人民出版社，1994.

28.刘跃光，李倩文.华中抗日根据地鄂豫边区财政经济史［M］.北京：中国财政经济出版社，2017.

29.马齐彬，黄少群，刘文军.中央革命根据地史［M］.北京：人民出版社，1986.

30.孟昭华.中国灾荒史记［M］.北京：中国社会出版社，1999.

31.聂荣臻.聂荣臻元帅回忆录［M］.北京：解放军出版社，2005.

32.彭德怀.彭德怀自述［M］.北京：人民出版社，1981.

33.齐武.一个革命根据地的成长：抗日战争和解放战争时期的晋冀鲁豫边区概况［M］.北京：人民出版社，1957.

34.曲士培.抗日战争时期解放区高等教育［M］.北京：北京大学出版社，2005.

35.陕西卫生志编纂委员会办公室.陕甘宁边区医药卫生史稿［M］.西安：陕西人民出版社，1994.

36.石文光，伏斟.新四军卫生工作史［M］.北京：人民军医出版社，1991.

37.四川省粮食局粮食志编辑室.川陕革命根据地粮政史长编［M］.成都：四川大学出版社，1988.

38.宋金寿.抗战时期的陕甘宁边区［M］.北京：北京出版社，1995.

39.孙邦正.六十年来的中国教育［M］.台北：正中书局，1974.

40.谭克绳，马建离，周学濂.鄂豫皖革命根据地财政经济史［M］.武汉：华中师范大学出版社，1989.

41.田刚，陈莹.20世纪30年代苏区卫生防疫研究［M］.北京：中国财富出版社，2017.

42.王首道，肖克，等.回忆湘赣苏区［M］.南昌：江西人民出版社，1986.

43.魏宏运.晋察冀抗日根据地财政经济史稿［M］.北京：档案出版社，1990.

44.《新中国预防医学历史经验》编委会.新中国预防医学历史经验：第1卷［M］.北京：人民卫生出版社，1991.

45.星光，张扬.抗日战争时期陕甘宁边区财政经济史稿［M］.西安：西北大学出版社，1988.

46.徐向前.徐向前元帅回忆录［M］.北京：解放军出版社，2005.

47.许文博，等.中国解放区医学教育史［M］.北京:人民军医出版社，1994.

48.余伯流，凌步机.中央苏区史：上下册［M］.南昌：江西人民出版社，2017.

49.张水良.抗日战争时期中国解放区农业大生产运动［M］.福州：福建人民出版社，1981.

50.赵效民.中国革命根据地经济史（1927—1937）［M］.广州：广东人民出版社，1983.

51.赵秀山.抗日战争时期晋冀鲁豫边区财政经济史［M］.北京：中国财政经济出版社，1995.

52.中共中央党史研究室.中国共产党历史：第1—2卷［M］.北京：中共党史出版社，2011.

53.中华人民共和国财政部，《中国农民负担史》编辑委员会.中国农民负担史：第3卷［M］.北京：中国财政经济出版社，1990.

54.周良书.中共高校党建史（1921—1949）［M］.北京：北京师范大学出版社，2012.

55.朱建华，等.东北解放区财政经济史稿（1945.8—1949.9）［M］.哈尔滨：黑龙江人民出版社，1987.

56.朱克文，高恩显，龚纯.中国军事医学史［M］.北京：人民军医出版社，1996.

57.朱玉湘.山东革命根据地财政史稿［M］.济南：山东人民出版社，1989.

（四）研究论文

1.陈松友，杜君.抗战时期陕甘宁边区的疫病防治工作［J］.中共党史研究，2011（6）.

2.邓红，郑立柱.抗战时期晋察冀边区的疫病及其防治［J］.河北大学学报（哲学社会科学版），2004（4）.

3.杜君，王金艳.浅谈东北解放区各级教育的发展历程及基本经验［J］.史学集刊，2009（6）.

4.杜君，赵秋静.中国共产党对东北解放区知识青年的思想改造教育［J］.辽宁师范大学学报（社会科学版），2008（5）.

5.付建成，任晓伟.用民生建设统领经济建设：陕甘宁边区经济建设的历史经验新探［J］.中国延安干部学院学报，2010（5）.

6.傅尚文.晋察冀边区北岳区的粮食战［J］.历史教学，1985（2）.

7.郭华茹，张菊香.中国共产党改善民生的伟大实践和基本经验［J］.社会主义研究，2009（6）.

8.郭理.民主革命时期中国共产党解决民生问题的历程与经验［J］.党史研究与教学，2012（3）.

9.黄明哲.中国共产党九十年来解决民生问题的历史经验及其启示［J］.学习与实践，2011（6）.

10.黄正林.论抗战时期陕甘宁边区社会教育的几个问题［J］.河北大

学学报（哲学社会科学版），2003（4）.

11.蒋大椿.孙中山民生史观析论［J］.中国社会科学，2000（2）.

12.李分建.抗战时期中共粮食政策述略［J］.文史杂志，1994（4）.

13.李楠，周建华.90年来中国共产党解决民生问题的基本经验［J］.学术论坛，2011（5）.

14.李新军.南京国民政府时期社会保障资金管理研究：1927—1937［J］.兰州学刊，2011（12）.

15.刘建德，梁严冰.论抗战时期陕甘宁边区的干部教育［J］.云南行政学院学报，2008（3）.

16.瞿晓琳.抗日战争时期毛泽东的民生思想述论［J］.毛泽东思想研究，2010（2）.

17.田志杰，王晓荣.民主革命时期中国共产党解决民生问题的经验和启示［J］.人口研究，2009（3）.

18.王晓荣，朱雪平.抗战时期陕甘宁边区的民生实践与社会和谐［J］.学术论坛，2008（10）.

19.王元周.抗战时期根据地的疫病流行与群众医疗卫生工作的展开［J］.抗日战争研究，2009（1）.

20.温金童，李飞龙.抗战时期陕甘宁边区的卫生防疫［J］.抗日战争研究，2005（3）.

21.邬旭东，施光跃.中国共产党民生思想的历史与现实考察［J］.思想理论教育导刊，2009（9）.

22.姚力.中国共产党对医疗保障制度的探索与经验［J］.当代中国史研究，2011（4）.

23.曾丽雅.新中国在解决民生问题上的重要决策与实践［J］.当代中国史研究，2012（1）.

24.张静如.创建共产党就是为了让中国老百姓过好日子［J］.党史研究与教学，2011（3）.

25.张启安.陕甘宁边区的医疗卫生工作和医德建设［J］.中国医学伦

理学，2001（3）.

26.朱佩明.延安时期中国共产党的干部教育及其历史经验〔J〕.求实，2012（3）.

后　记

　　本套书是以国家社会科学基金青年项目"民主革命时期中国共产党解决民生问题的历史与经验"（项目编号 14CDJ001）结项成果为基础撰写的。该项目成果经过修改充实后，由安徽师范大学出版社以《让人民过上好日子——中国共产党解决民生问题的历史考察（1921—1949）》为书名，申报并获批国家出版基金项目资助（基金办〔2022〕8 号）。本套书是上述项目的最终研究成果，以上、中、下三编本形式呈现给广大读者。

　　全心全意为人民服务是中国共产党的根本宗旨。中国共产党的历史是一部为中国人民谋幸福、为中华民族谋复兴的历史，也是一部不断解决民生问题、让人民过上好日子的历史。学界对民生问题的关注已久，不乏从宏观、微观层面考察新民主主义革命时期民生状况的成果。相较而言，本套书对民生问题的解释有一定新意，研究视角上强调问题导向，遵循发现问题—筛选问题—研究问题—解决问题的基本思路，聚焦中国共产党在局部执政区域面临的突出民生问题，研究内容力图系统贯通，研究方法力求丰富多样。本套书算是突出重点、较为系统考察新民主主义革命时期中国共产党解决民生问题实践的专门著作。

　　细算起来，从最初确定博士论文选题，到申请国家社科基金、国家出版基金，再到本套书编校出版，这一路走来我得到了很多师友的支持和帮助，在此表示诚挚谢意。

　　感谢我在北京师范大学攻读博士期间各位领导、老师的关心和帮助。

在进入北京师范大学攻读中共党史专业博士之初，我参与恩师张静如先生主持的教育部哲学社会科学重大攻关项目的子课题研究，后来我选定《抗战时期中国共产党认识和解决民生问题的历史与经验》为博士论文选题。在先生身边学习的三年，件件事情历历在目！先生对我的谆谆教诲，我永远铭记于心！感谢北京师范大学中共党史学科点王炳林老师、朱志敏老师、孙秀民老师、周良书老师、赵朝峰老师、冯留建老师、张海荣老师等对我博士论文写作提出的宝贵意见。感谢马克思主义学院张润枝老师、高超老师的培养教育。感谢在读博期间，我的同门杨娜、王峰、王珂、刘建伟、李燕、刘洪森、孙伟、亢飞、牛利坡、王洪妮等兄弟姐妹们的热心帮助。

感谢安徽师范大学马克思主义学院各位领导、老师对我的教育和培养。我的硕士生导师王先俊老师在学习和工作上给予了我长期的指导和鼓励，中共党史教研室的老师们在课题申报、书稿撰写中给予了我大力支持，替我分担了繁重的教学任务。感谢安徽师范大学科研处的领导、老师提供的周到服务，特别感谢安徽师范大学出版社张奇才社长、戴兆国总编辑，以及谢晓博副总编辑、陈艳主任和各位编辑专业高效的工作。感谢我的研究生们为资料查找、书稿校对所做的大量工作。感谢我的父母、岳父母和我的妻子对我的信任和支持，他们为我顺利完成书稿写作提供了优良的保障。感谢在我的成长过程中所有关心和帮助过我的人！

由于我的水平有限，书中难免有不妥之处，恳请广大读者批评指正！

郭理于花津湖畔文典楼

二〇二四年四月